Lisa Stuckey
Forensische Verfahren in den zeitgenössischen Künsten

Undisziplinierte Bücher

Gegenwartsdiagnosen und ihre historischen
Genealogien

Herausgegeben von
Iris Därmann, Andreas Gehrlach und Thomas Macho

Wissenschaftlicher Beirat
Andreas Bähr · Kathrin Busch · Philipp Felsch
Dorothee Kimmich · Morten Paul · Jan Söffner

Band 7

Lisa Stuckey

Forensische Verfahren in den zeitgenössischen Künsten

—

Forensic Architecture und andere Fallanalysen

DE GRUYTER

Überarbeitete Fassung der Dissertation *LAW ON TRIAL: Kunst und Rechtsprechung bei Forensic Architecture und in exemplarischen zeitgenössischen Werkentwürfen*, die 2020 am Institut für Kunst- und Kulturwissenschaften der Akademie der bildenden Künste Wien verteidigt wurde. Die Dissertation wurde mit dem »Preis für wissenschaftliche Arbeit« der Akademie der bildenden Künste Wien sowie dem österreichischen Staatspreis »Award of Excellence 2021« des Bundesministeriums für Bildung, Wissenschaft und Forschung (BMBWF) ausgezeichnet.

Gefördert im Rahmen des Post-DocTrack-Programms der Österreichischen Akademie der Wissenschaften (ÖAW).

Veröffentlicht mit Unterstützung des Austrian Science Fund (FWF): PUB 873-G

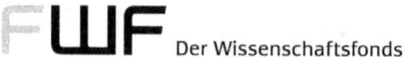 Der Wissenschaftsfonds.

ISBN 978-3-11-221614-9
e-ISBN (PDF) 978-3-11-073288-7
e-ISBN (EPUB) 978-3-11-079103-7
ISSN 2626-9244
DOI https://doi.org/10.1515/9783110732887

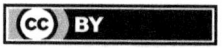

Wo nicht anders festgehalten, ist dieses Werk lizenziert unter einer Creative Commons Namensnennung 4.0 International Lizenz. Weitere Informationen finden Sie unter http://creativecommons.org/licenses/by/4.0.

Library of Congress Control Number: 2022932962

Bibliografische Information der Deutschen Nationalbibliothek
Die Deutsche Nationalbibliothek verzeichnet diese Publikation in der Deutschen Nationalbibliografie; detaillierte bibliografische Daten sind im Internet über http://dnb.dnb.de abrufbar.

© 2025 Lisa Stuckey, publiziert von Walter de Gruyter GmbH, Berlin/Boston. Dieses Buch ist als Open-Access-Publikation verfügbar über www.degruyter.com.
Dieser Band ist text- und seitenidentisch mit der 2022 erschienenen gebundenen Ausgabe.

Einbandabbildung: *Forensic Architecture: Towards an Investigative Aesthetics* (2017), Museu d'Art Contemporani de Barcelona (Sektion *INVESTIGATIONS*, Raummodel zur Investigation *Drone Strike in Miranshah*); Ausstellungsansicht © kunst-dokumentation.com / Manuel Carreón López
Lektorat: Moritz Bensch
Druck und Bindung: CPI books GmbH, Leck

www.degruyter.com

Inhalt

Einleitung —— 1
    1   Investigative Ästhetik in Künsten und Rechtsprechung —— 3
        1.1   Forensic Architecture —— 6
        1.2   Ermittlung/Aufdeckung —— 12
    2   Diskursraum und Methode —— 22
    3   Aufbau —— 27
        3.1   Teil I. Tat_Orte [Institutionen & Infrastrukturen] —— 28
        3.2   Teil II. Zur Sache! [Medien & Verfahren] —— 30
        3.3   Teil III. An_Klage [Figuren & Figurationen] —— 32

I   Tat_Orte
[Institutionen & Infrastrukturen] —— 35
    I.1   Metamorphosen institutioneller (Kunst- und Rechts-)Kritik —— 36
        I.1.1   Kunst/Demokratie: Ungehorsam und radikal? —— 52
        I.1.2   Kunst/Wissen: Kasuistische Erkenntnis – »Ästhetische Intention« —— 72
        I.1.3   Kunst/Urteil: Tribunalisierung – Institutionelle Funktionsübernahmen —— 85
    I.2   Zwischenfazit: Nachlass vorwegnehmen —— 119

II   Zur Sache!
[Medien & Verfahren] —— 145
    II.1   Wandel in der Medienrezeption —— 145
    II.2   Medienforensik des Films —— 170
    II.3   Simuliertes Architekturmodell: Jurisdiktionelles Dispositiv —— 185
    II.4   Zwischenfazit: Investigative Ästhetik als Evidenzverfahren —— 207

III   An_Klage
[Figuren & Figurationen] —— 227
    III.1   Vom »Artist as Ethnographer« zum Artist as Detective —— 227
    III.2   Öffentlichkeiten im Entzug: Spion:innen und Geheimintelligenz —— 245
    III.3   Poeto-Forensik: Ozeanografie linguistischer und verdateter Spuren —— 276
        III.3.1   Forensische Linguistik —— 284
        III.3.2   Gesang in medialer Stimme —— 292
        III.3.3   Trauerarbeit —— 296

         III.3.4   Aufkündigung des Dienstes und des
                   Verständlichkeitsdiktats —— **298**
   III.4 Zwischenfazit: Marginalisierte Register —— **304**
         III.4.1   Affektentzug und -übertragung —— **305**
         III.4.2   Architekturen als Patient Patients —— **313**
         III.4.3   Krise des Modus ›Anzeige gegen Unbekannt‹ —— **318**

IV Fazit —— 321
   IV.1 Negativfolien: Investigative Ästhetik – Investigative Poetik —— **323**
   IV.2 Law on Trial: Satirische Mimikry —— **336**
   IV.3 Ausblick —— **346**

Danksagung —— 349

Abkürzungsverzeichnis —— 351

Quellenverzeichnis —— 353

Bibliografie —— 353
         Zeitbasierte Medien —— **376**
         Interviewnachweise —— **377**
         Abbildungsnachweise —— **377**
         Textnachweise —— **378**
         Vortragsnachweise —— **379**

Namensregister —— 381

Sachregister —— 387

Einleitung

Law on trial – Gesetz/Recht (*law*) vor Gericht / auf Probe / auf dem Prüfstand / zur Verhandlung (*trial*) – sei eine vorausgeschickte konzeptuelle Figuration, deren Bezug auf zeitgenössische Künste kritisch beleuchtet werden soll.[1] Denn die vorliegende Arbeit untersucht als Investigationen kodierte Kunstwerke sowie als Kunstwerke kodierte Investigationen. Kunst- und Rechtstheorie wie -praxis werden aufeinander hin geöffnet, um deren instruktive Relationen nachzuvollziehen und den Implikationen verschobener »Valorisierungssphären« (Guattari 2013: 23) auf die Spur zu kommen.

Ziel ist eine kunst- und kulturwissenschaftliche wie -philosophische Aufarbeitung der »Investigativen Ästhetik«[2] im Kollektivsingular. Diese lenkt den Blick auf die veränderte Rolle künstlerischer und rechtlicher Institutionen, Plattformen und Organe und macht einen transformierten wie gesteigerten Mediengebrauch, der medienkulturtheoretisch gedeutet werden soll, sichtbar: Vom »artist as ethnographer« (Foster 1995) zum *artist as detective* wechselnd, setzen Künstler:innen und dem Kunstkontext nahestehende Personen, Kollektive und Agenturen forensische Verfahren ein. Zu verzeichnen ist eine neue Dimension der Aufdeckung, die an die Institutionskritik der Kunst der 1990er Jahre anschließt und dabei zu einem Funktionswandel der Künste und einer angewandten Befragung von Recht im Übergang führt.[3] Wieso es ausgerechnet ästhetische und poetische Verfahren sind, denen – im Sinne einer »response-ability« (Haraway 2008: 88) – eine radikale Befragung sozialer Gerechtigkeit überantwortet wird, nimmt diese Studie von unterschiedlichen Plateaus in den Blick und beabsichtigt, historisch informierte Gegenwartsdiagnosen zu erarbeiten.

Die zentrale Forschungsfrage lautet: Welche Konsequenzen hat die Verknüpfung von Rechts- und Kunstkontexten und wie ist diese Entwicklung vor dem Hintergrund einer Investigativen Ästhetik zu verstehen?

---

1 *LAW ON TRIAL* lautet der Übertitel meiner Dissertation. Zudem trägt eine seit 2010 jährlich stattfindende Veranstaltungsreihe der *School of Law* an der Birkbeck, University of London diesen Titel. *The Law on Trial* (1992) heißt auch eine Episode der TV-Serie *In the Heat of the Night*.
2 Der Begriff wird in dieser Arbeit als zusammengehörig und daher als Nomen geführt. Mehr zur Begriffsherleitung im anschließenden Kapitel 1.
3 In den 1990er Jahren kam es zu einem »Revival[] internationaler Strafgerichtsbarkeit«, um Vergangenheitsbewältigung mittels des Rechts zu versuchen (vgl. Priemel/Stiller 2013: 21): »Vor dem Hintergrund von Kriegen und genozidalen Verbrechen in Jugoslawien und Ruanda sowie der Transformationserfahrungen zahlreicher Diktaturen in Osteuropa, Afrika und Lateinamerika geriet ›Nürnberg‹ zum historischen Bezugspunkt für das neue Konzept der *transitional justice*« (ebd., H.i.O.).

Open Access. © 2022 Lisa Stuckey, publiziert von De Gruyter. Dieses Werk ist lizenziert unter einer Creative Commons Namensnennung 4.0 International Lizenz.
https://doi.org/10.1515/9783110732887-001

Meine Hypothese besagt, dass zeitgenössische Künste und Rechtsprechung[4] insofern verbunden sind, als sie bestimmte Verfahren der (bildlichen) Rekonstruktion und Urteilsfindung verfolgen. Beide Bereiche befinden sich jedoch in ›Realitätskrisen‹[5], sodass der Investigativen Ästhetik die Schwellenposition zukommt, zwischen deren Wahrheitsdefiziten zu übersetzen. In ihrer ursprünglichen Funktion ist die Ästhetik somit wieder darauf spezialisiert, offenzulegen, wie Wahrnehmung konstruiert ist und präsentiert wird.

Wie jedoch eine solche ›ursprüngliche Funktion‹ tatsächlich aussieht und adaptiert wie transformiert wird, ist auch eine Frage der (Un-)Übersetzbarkeit sowohl von *law* und *truth* als auch von *aisthêtikos/aesthetica/aesthetics* et cetera. – so das philosophische *Dictionary of Untranslatables: A Philosophical Lexicon* (engl. 2014, franz. Orig. 2004, hg. von Barbara Cassin):»The epistemological coherence that seems to guarantee the nearly identical circulation of a term that is perfectly identifiable from one language to the next [...] appears to be an illusion.« (Jimenez 2014: 14)

Im Zuge meiner Ausführungen werde ich Forschungsfrage und Hypothese entsprechend den jeweils gewonnen Erkenntnissen weiter präzisieren.

Wenn auch zeitweise schwer abzugrenzen, stehen im Fokus dieser Studie nicht das Kunst- und Urheber:innenrecht oder die Zensur der Kunst. In Nähe zu Forschungen über *Zeugen in der Kunst* und *Kunst vor Gericht* ist das erklärte Ziel

---

[4] Rechtsprechung ist die von der Judikative im Kontext der Rechtspflege (Pflege/Schutz des Rechts, der Rechtsnormen und Gesetze) ausgehende Judikatur, zu deren Aufgabenbereichen Rechtsauslegung, Rechtsanwendung, Rechtsfortbildung und Richterrecht zählen. Die Instanz, die bindend bei Streitigkeiten entscheidet, ist die Judikative, die rechtsprechende Gewalt. Zu den Organen der Rechtspflege zählen Gerichte, Ämter und die zur Exekutive gehörende Staatsanwaltschaft als Anklagebehörde. Aufgabenfelder der Rechtsprechung sind die bürgerliche Rechtspflege und die Strafgerichtsbarkeit, um Rechtsunsicherheit durch Rechtskraft zu beheben. Rechtsprechung bezieht sich auf materiell verbindliche Einzelfall-Entscheidungen.

Mit einer solchen Definition der kontinentaleuropäischen Rechtsprechung koexistieren oder konkurrieren andere Rechtskulturen, aber auch Rechtspluralismen und Tribunalisierungen.

[5] Die Rede von ›Realitätskrisen‹ mag polemisch klingen, lässt sie doch offen, ob sich Realitäten in Krisen befinden oder (auch) ihre begriffliche Konzeption. In der 2018 zum Schwerpunkt *Krisen der Realität* erschienenen sozialwissenschaftlichen Zeitschrift *Berliner Debatte Initial* stellen die Herausgebenden Karen van den Berg und Jan Söffner fest: »Dabei gehen selbst die einst (de-)konstruktivistisch dominierten Geistes- und Kulturwissenschaften merklich von dem Vorhaben einer Überwindung der Realität zu demjenigen ihrer Rettung über – und dies oft unter Verzicht auf alternative Theorieangebote.« (Van den Berg / Söffner 2018: 3) Der Aspekt der »Rettung«, wie wir bezogen auf Forschungsfrage und -material sehen werden, ist zentral und mit Debatten um Medienökologien verbunden, wohingegen nicht auf »alternative Theorieangebote« verzichtet wird, sondern einer Theorie in Praxis, nicht zuletzt im Falle von Forensic Architecture, eine wesentliche Rolle zukommt.

hingegen die Verschränkung von Künsten und Rechtsprechung, wobei die Konjunktion *und* auf eine »analogisierende, eine unterscheidende oder eine entgegengesetzte Funktion« (Derrida 1991: 8) deutet.[6] Näheres dazu speziell im Unterkapitel ERMITTLUNG/AUFDECKUNG nach Vorstellung des Forschungsmaterials.

1 Investigative Ästhetik in Künsten und Rechtsprechung

Ausgangspunkt dieser Untersuchung ist die »Investigative Ästhetik« der gegenwärtig tätigen Forschungsagentur *Forensic Architecture*. Die Agentur inquiriert aktuelle Kriegsverbrechen, Verbrechen gegen die Menschlichkeit und gegen die Umwelt und bringt sie, neben anderen öffentlichen Foren, in den Ausstellungs- wie Gerichtssaal, wobei die Resonanz seit Gründung der Forschungseinrichtung insbesondere vonseiten der Künste gegeben ist. Exemplarisch stehen die Investigationen im Fokus einer differenzierten Beschäftigung mit der hier anvisierten Verbindung von zeitgenössischen Künsten und Rechtsprechung. Auf (medien-)ästhetischer wie theoriepolitischer Ebene betrachtet werden soll die mir als operatives Konzept dienende Investigative Ästhetik. Schließlich gilt es, unter ihrem Blickwinkel Transfer- und Übersetzungsleistungen zwischen medienreflexiven, institutionsanalytischen und kriminologisch-systemischen Ansätzen sowie unterschiedlichen künstlerischen und rechtlichen Distributionsformaten und Mediensphären zu sondieren. Zunächst leite ich den Terminus von der Agentur her, um bei thesenhaften Markierungen insbesondere zu Ästhetik, Institution und Medien zu verweilen und Referenzen nachzuspüren.

Etwa zeitgleich zur begriffsgebenden Ausstellung *Forensic Architecture: Towards an Investigative Aesthetics*[7] (2017) am Museu d'Art Contemporani de Barcelona

---

6 Siehe die Sammelbände *Zeugen in der Kunst* (2016), hg. von Sybille Krämer und Sibylle Schmidt sowie *Kunst vor Gericht: Ästhetische Debatten im Gerichtssaal* (2018), hg. von Sandra Frimmel und Mara Traumane. Letzteres Werk zeichnet sich durch seine Kombination von Essays und Fallbeschreibungen und die so gegebene Verknüpfung von Metaebene und Kasuistik aus. Ebenso erwähnt sei die zwischen 2017–2020 von Tiziana Andina, Gianmaria Ajani und Werner Gephart hg. Zeitschrift *Art and Law*.
7 Ausstellung am Museu d'Art Contemporani de Barcelona (MACBA), 2017, kuratiert von Rosario Guiraldes. Die Ausstellung war in abgewandelter Form zeitversetzt im selben Jahr am Museo Universitario Arte Contemporáneo (MUAC) in Mexiko-Stadt zu sehen, von dem die Ausstellung co-produziert wurde. Eine Ausstellungsanalyse findet sich im Kapitel I.2.

erschien die Monografie *Forensic Architecture: Violence at the Threshold of Detectability* (2017) von Eyal Weizman (*1970), israelisch-britischer Architekt und Gründungsdirektor der Forschungsagentur. Darin wird »investigative aesthetics« folgendermaßen definiert:[8]

> Forensics is an *aesthetic* [H.i.O.] practice because it depends on the modes and the means by which reality is sensed and presented publicly. *Investigative aesthetics* [H. LS] slows down time and intensifies sensibility to space, matter, and image. It also seeks to devise new modes of narration and the articulation of truth claims. (Weizman 2017: 94)

Die Veröffentlichung von Investigationen in Ausstellungs- und Buchform ist bei Forensic Architecture seit Beginn an zeitlich aufeinander abgestimmt. Thomas Keenan und Eyal Weizman prägen den Terminus »forensic aesthetics« im Buch *Mengele's Skull: The Advent of a Forensic Aesthetics* (2012). Im Lexikon[9] von Forensic Architecture, das in der Publikation *Forensis* (2014) enthaltenen ist, wird er folgendermaßen definiert:

> Forensic aesthetics is thus the mode of appearance of things in forums – the gestures, techniques, and technologies of demonstration, methods of theatricality, narrative, and dramatization; image enhancements and technologies of projection; the creation and demolition of reputation, credibility, and competence. (Forensic Architecture 2014b: 745–746)

Die in diesen beiden Zitaten angesprochenen Ebenen charakterisieren die Investigative/Forensische Ästhetik folgendermaßen: (i) ästhetisch sei die Forensik aufgrund der Modi und Mittel, mittels derer Realität registriert und verhandelt werde, (ii) sie wirke als Sensorium, (iii) sie ermögliche neue Weisen, um Wahrheit zu entwerfen, (iv) sie sei gestische, technische, technologische, theatrale, dramatische sowie narrative Erscheinung und (v) sie sei Effekt, um Ruf und Kredibilität zu de-/konstruieren.

---

8 Das von Liliana Gómez hg. Buch *Performing Human Rights: Contested Amnesia and Aesthetic Practices in the Global South* (2021) untersucht das Zusammenkommen von Menschenrechtsdiskursen in *transitional justice* Kontexten mit Ästhetik und Performance in Fallstudien zu Spanien, Lateinamerika und dem Mittleren Osten – es teilt also mit der vorliegenden Studie ein Interesse an Schnittmengen von Kunst und Rechtsprechung. Angemerkt sei jedoch, dass Gómez (vgl. 2021: 111) im Aufsatz *Beyond the Courtroom: On Dust, Haunting, and the Archive* inkorrekterweise die begriffliche Prägung von »investigative aesthetics« vorgibt.
9 Dieses Lexikon zielt als Kompilation weder auf Lückenlosigkeit noch auf Universalismus, im Unterschied zum klassischen Medium des Wörterbuchs, das seine Blüte im Zuge der entstehenden Nationalstaaten im 18./19. Jahrhundert erlebte.

Produktionsästhetisch ist Ästhetik *als* Instrument der Investigation beziehungsweise der Spurensicherung (lat. *vestigium* = Spur) zu verstehen. Rezeptionsästhetisch hingegen ist eine von Untersuchungsmethoden und -mitteln abhängige Ästhetik *der* Investigation gemeint. Die in der 2017 erschienenen Monografie von Weizman postulierte neue Geschichtsschreibung der (Rechts-)Ästhetik könnte so zusammengefasst werden: Recht wird nicht in Ästhetik übersetzt, Ästhetik ist eine forensische Aufdeckungs- und Evidenzmethode und *Forensische Architektur* eine ästhetische Praxis – auf dieses Verhältnis wird noch zurückzukommen sein.

Obwohl das in den Investigationen entstehende prozessuale Produkt ein Beweis[10] ist, der sowohl in gerichtlichen, tribunalen wie kuratorischen Zusammenhängen distribuiert, verhandelt, bekannt gemacht und ausgestellt wird, ist vonseiten der Agentur kein Anspruch auf Kunst vernehmbar. Referenzsystem ist das Recht in seinen medienpolitischen Bedingungen – geschichtliche oder theoretische Anleihen an die Künste sind kaum auszumachen. Dieses Selbstverständnis unterziehe ich einer »›symptomatische[n]‹ Lektüre«[11] (Althusser 1972). Mehr dazu im Kapitel DISKURSRAUM UND METHODE.

Im kürzlich erschienenen Buch *Investigative Aesthetics: Conflicts and Commons in the Politics of Truth* (2021) von Matthew Fuller und Eyal Weizman wird der Fokus auf das »collective sensing and sense-making« (Fuller/Weizman 2021: 4) gelegt, wobei die Investigative Ästhetik asymmetrisch gelagerte Gemeinschaften, Akteur:innen und Sensoren verbindet. Zeitgleich zur Ausstellung *Inves-*

---

10 Wenn hier von ›Beweis‹ die Rede ist, dann sowohl im erweiterten (rhetorischen) Sinne der Evidenz (siehe Kapitel II.4.) als auch im juristischen Sinne. Je nach Verfahrensordnung und -recht gelten formale Beweisregeln oder die freie richterliche Beweiswürdigung (diese kann durch Beweisverbote eingeschränkt werden; zudem muss ein Urteil Beweggründe für die richterliche Überzeugung nennen). In der deutschen Strafprozessordnung ist der Grundsatz der ›freien richterlichen Beweiswürdigung‹ festgehalten. Bei Schuld- und Straffragen jedoch ist nur der Strengbeweis (Beweiserhebung, -verfahren und -mittel sind festgelegt) zugelassen, als dessen Erkenntnisquellen folgende Beweismittel gelten: Sachverhaltsermittlung durch eigene Wahrnehmung (richterlicher Augenschein, Urkunden, Gutachten), fremde Wahrnehmung (Zeug:innen) sowie fremde Fachkunde (Sachverständige). Aussagen und Geständnisse von Beschuldigten sind nicht Teil der Beweisaufnahme, können aber zu Beweisen werden. Rechtspluralismen schlagen sich auch in Beweisverfahren nieder, sodass hybride Prozesskulturen etwa in Tribunalen oder internationalen Strafgerichtshöfen konkurrieren können (vgl. Suntrup 2018: 400).
11 Die Methode der *lecture symptômale* (franz.), die eine subtextuelle anstelle einer textuellen ist, geht auf Louis Althussers Einführung zu *Das Kapital lesen I* (1972) zurück. Symptomatisch sei diese Form der Lektüre »in dem Maße, wie sie in einem einzigen Prozeß das Verborgene in dem gelesenen Text enthüllt und es auf einen anderen Text bezieht, der – in notwendiger Abwesenheit – in dem ersten Text präsent ist« (Althusser 1972: 32).

tigative Commons[12] (2021) am Berliner Haus der Kulturen der Welt (HKW) publiziert, sei die Absicht eine Theoretisierung, nicht aber eine Historisierung des Verhältnisses von Ästhetik und Investigation (vgl. ebd.). Es handelt sich um eine didaktisch angelegte Schrift, die gegenwärtige Allgemeinplätze aus der Perspektive von Forensic Architecture heraus bespricht und sie in Verbindung zu etablierten Diskurspositionen setzt, von denen sich einige mit den von mir in der vorliegenden Arbeit beleuchteten überschneiden (u. a. von Autor:innen wie Giorgio Agamben, Rosi Braidotti, Carlo Ginzburg, Felix Guattari, Jacques Rancière und Christina Sharpe). Erstmals in einer Publikation von/zu Forensic Architecture erfährt ›art‹ eine explizitere Berücksichtigung, wobei eine tiefgründige Auseinandersetzung mit Fragen der Künste ein Desiderat bleibt.

1.1 Forensic Architecture

Forensic Architecture, zugleich Forschungsagentur, interprofessionelle Gruppe und transdisziplinäre Praxis, ging 2010 aus einem PhD-Programm am *Center for Research Architecture* an der Goldsmiths University of London, hervor.[13] Inzwischen hat sich die Agentur[14] professionalisiert und das Team besteht aus ungefähr 25 Personen: Architekt:innen, Programmierer:innen, Softwareentwickler:innen, investigativen Journalist:innen, Künstler:innen und Drehbuchschreiber:innen; dazu kommen Research Fellows und projektspezifisch weitere Fachpersonen. Meistens sind es Menschenrechtsplattformen, Nichtregierungsorganisationen (NGOs) oder Gemeinschaften, welche Forensic Architecture mit der Ermittlung eines politischen oder rechtlichen Konflikts oder einer ökologischen Notlage beauftragen. Anfragen von Staaten oder Militär werden prinzipiell abgelehnt. Die Investigationen tangieren nicht bloß Gerichtsbarkeit und Kunst, sondern ebenso

---

12 Ausstellung am HKW, Berlin, 2021. Das kuratorische Team bildeten Christina Varvia, Dimitra Andritsou und Eyal Weizman von Forensic Architecture und der neugegründeten Berliner Zweigstelle *FORENSIS*, Bernd Scherer, Anselm Franke, Elisabeth Krämer und Paz Guevara vom HKW sowie Wolfgang Kaleck und Anne Schroeter vom *European Center for Constitutional and Human Rights* (ECCHR). Eine Ausstellungsanalyse wird im Kapitel II.4. vorgenommen.
13 Die Agentur Forensic Architecture entwickelte sich aus dem 2005 gegründeten *Center for Research Architecture*. Die Studienprogramme MA und MPhil/PhD in *Research Architecture* bestehen weiterhin.
14 Die Verwendung von ›Agentur‹ kann verschieden ausfallen – im Duden wird der Begriff folgendermaßen definiert: »1. a) Institution, die jemanden, etwas vertritt, jemanden, etwas vermittelt; b) Geschäftsstelle, Büro eines Agenten; 2. Kurzform für Nachrichtenagentur« (Duden.de, *Agentur*). Im Falle von Forensic Architecture ist dieses Konglomerat an Bedeutungen durchweg zutreffend.

unterschiedliche Instanzen der Rechtsprechung. Detektivisch werden kriminelle und als solche einzustufende Taten rekonstruiert und erfahrbar gemacht: unter anderem mittels Modellbildung, Architektursimulation und -animation, filmischer Montagetechniken, Videoanalyse, narrativem Environment, Protokollierung, Softwareentwicklung, Verfahren »rhetorischer Bildgebung« (Campe 2015) und *deep mapping*.[15] Das Ergebnis kann lineare Formen annehmen (Berichte, Zeitleisten, Ermittlungsvideos etc.) oder nicht-lineare (Installationen in einem Ausstellungsraum, interaktive Kartografien, Architekturmodelle usw.). Anfänglich forschte Weizman zur Architektur der Besatzung in Palästina und Israel.[16] Heute betreffen Investigationen darüber hinaus beispielsweise Drohnenangriffe in Pakistan, die Errichtung eines Folterlagers in Syrien, den Tod von Migrant:innen im Trift über das Mittelmeer, Umweltzerstörung in Indonesien, rassistisch motivierte Morde in Deutschland, politisch beeinflusste Entführungen in Mexiko, chemische Angriffe in Chile, Polizeigewalt in den USA oder transnationale Spionagenetzwerke. Rechtsverletzungen, völkerrechtlich relevante Verbrechen, bewusst gegen die Umwelt gerichtete Angriffe,[17] Kollateralschäden, die (meist urbane) Lebensräume wie auch Zivilist:innen betreffen, und Gewalt, die verleugnet wird oder straffrei blieb, sollen aufgedeckt und vor Gericht gebracht werden.

Die kriminalistische Disziplin der Forensik habe drei Handlungsbereiche: das Feld, das Laboratorium oder Studio sowie das Forum, so Weizman (vgl. 2017: 66); diese drei Bereiche werden jedoch durch den Einsatz und die Berücksichtigung der Ästhetik überschritten (vgl. ebd.: 94). Etwas forensisch zu untersuchen bedeute, materielle Spuren formal zu dekodieren (vgl. Siegel 2014: 16).[18] Mit

---

15 Geografische Daten, Events, Prozesse, Infrastrukturen und Akteur:innen treffen in *deep maps* zusammen: »[S]patially oriented software, represented by GIS, facilitates the integration of data that is so essential to our paradigmatic shift toward interdisciplinary research.« (Bodenhamer et al. 2015: 2) *Deep maps* bilden ein Environment, sie positionieren sich zwischen »matter and meaning«, seien topologisch und relational (vgl. ebd.: 3).
16 Siehe Eyal Weizmans Monografie *Hollow Land: Israel's Architecture of Occupation* (2007).
17 Die Zerstörung der Umwelt »can be undertaken as a means of population control and ethnic cleansing« (vgl. Weizman 2017: 118).
18 »In technologically modern societies, questions of accidents causation are investigated forensically. They are investigated, that is to say, through the scientific detection and inspection of material traces, the formal decoding of indexical signs, the rigorous analysis of physical evidence.« (Siegel 2014: 16, H.i.O.)

ihrer Praxis der »Forensis«[19] bezieht sich die Forschungseinrichtung begrifflich auf das gleichnamige lateinische Adjektiv, das so viel bedeutet wie »das Forum betreffend«. Zum einen leitet sich die angewandte Forschung aus der Architektur, zum anderen aus der forensischen Anthropologie ab. Im Unterschied zur Forensik findet in der »Forensis« eine Kontrollumkehrung statt, indem vorrangig gouvernementale Systeme untersucht werden. Zur Beschreibung dieser Invertierung greift Forensic Architecture den von Allan Sekula geprägten Begriff »counter-forensics« auf. Um Staaten(-verbünde) und Unternehmen zu ihrer Verantwortung zu zwingen, Taten aufzuklären, führt die Agentur Investigationen zur öffentlichen Wahrheit im Interesse von Gemeinschaften, NGOs, den Vereinten Nationen – »als medialer Verstärker der Instanz der Menschenrechte« (Vismann 2012: 247) – und der Zivilgesellschaft durch. Im rekonstruierenden Vorgang erkennt die »Forensis« ein (von animistischen Systemen und Kosmologien unterschiedenes) Sprechen des Leblosen an und spiegelt damit eine Rezeptionsverschiebung. Schließlich setze Forensic Architecture eine Entwicklung fort, die in den 1980er Jahren mit dem *forensic turn* in Argentinien begonnen habe (vgl. Weizman 2017: 78). Konkret wird der Fall von Mengele im Jahr 1985 als Geburtsstunde der forensischen Anthropologie angesehen, welche die bis dahin vorherrschende subjektfokussierte Ära der Zeug:innen (für die der Eichmann-Prozess im Jahr 1961 exemplarisch stehe) durch eine forensische Ära, in der internationale Verbrechen anhand unterschiedlicher Objekte aufgeklärt werden, ablöse (vgl. Keenan/Weizman 2012). Einerseits basierte dieser Wandel in der Beweisführung auf staatskritischem Engagement durch die NGO *Equipo Argentino de Antropología Forense*, die im Kontext unaufgeklärter Morde durch argentinische Militärjuntas eigenständig anfing, nach vermissten Körpern zu graben. Anderseits steht die Wende für eine stärker institutionell verankerte Praxis: Anhand in São Paulo gefundener Schädelüberreste konnte der nach dem Krieg untergetauchte Arzt Josef Mengele, der in Auschwitz tätig gewesen war, sechs Jahre nach seinem Tod identifiziert werden. Die zum Schwerpunkt *Forensik* (2019) erschienene Ausgabe der *Zeitschrift für Kulturwissenschaften* beginnt mit der Frage: »Wem gehören die Toten?« (Dziuban et al. 2019: 9); eine Feststellung diskurstheoretischer Art schließt daran an: »Die Toten sind zurückgekehrt.« (Ebd.) Für wen sie jemals weg beziehungsweise unsichtbar waren, ist fraglich. Im Zusammenhang mit der forensischen

---

19 »[F]orensis is used to interrogate the relation between the two constitutive sites of forensics – namely *fields* and *forums*. […] The forum […] is a composite apparatus. It is constituted as a shifting triangulation between three elements: a contested *object or site*, an *interpreter* tasked with translating ›the language of things,‹ and the assembly of a public gathering.« (Weizman 2014: 9, H.i.O.)

Wende nennen die Herausgeber:innen auch das damals einsetzende kritische Bewusstsein über koloniale museale Sammlungspraxen (vgl. ebd.: 10).[20]

Krisenereignisse und Vorkommnisse in Konfliktgebieten sind oftmals medial festgehalten: etwa durch offizielle Dokumente, ins Web hochgeladene Mobiltelefon-Aufnahmen, Daten von Überwachungs- und Sensortechnologien oder Zeug:innenaussagen. Im Zusammenspiel mit einer detaillierten Medienanalyse einer zu Schaden gekommenen Architektur (nicht auf Gebäude beschränkt) ermöglichen diese Fundstücke die investigative Arbeit von Forensic Architecture. Nicht planender Architekturentwurf, sondern rekonstruierende Architekturforschung steht auf dem Programm. So wie in der Forensischen Anthropologie Knochen als juristische Beweisgrundlage dienen, sind es bei Forensic Architecture medienarchitektonische Fragmente, auf denen die Untersuchungen basieren, die als Grundlage einer rechtlichen Forderung fungieren. Ließ sich das Forschen anfangs als ein Collagieren von gefundenem Datenmaterial beschreiben, um ein Geschehen raumzeitlich zu rekonstruieren und als kohärenten (narrativen) Ablauf darzustellen oder aber paradoxe Unterbrechungen in dessen Dokumentation aufzuzeigen, haben sich die investigativen Verfahren mittlerweile unter anderem in Richtung Fluiddynamik, Geolokalisierung, Softwareentwicklung, maschinelles Lernen, Fotogrammetrie, Schattenanalyse, Synchronisierung und virtuelle Realität weiterentwickelt (siehe Website Menüpunkt *Methodology*, Stand: November 2021).

Foren, in denen Investigationen präsentiert werden, sind juristischer, quasi-juristischer, akademischer, aktivistischer und kunstbezogener Art: künstlerische und performative (Ausstellungs- wie Versammlungs-)Kontexte, universitäre Diskursformate, Tribunal und Gericht als die beiden Großformen der Rechtsprechung (vgl. Vismann 2011) sowie emergente Webdisplays. Diese vielfältigen Distributionsformate und Einbettungen in das »Kuratorische«[21] stellen einen konventionellen Werkbegriff von Beginn an in Frage. So ist auch ›aktivistisch‹ weit gefasst – im Sinne einer Rechtspolitik nehmen Wahrheitskommissionen bei-

---

20 »Parallel dazu [zu den forensischen Ausgrabungen in Argentinien, LS] ist die physische Gegenwart von menschlichen Überresten, die in westlichen Museen und Sammlungen ausgestellt und gesammelt werden, seit den Anfängen der Provenienz- und Restitutionsdebatten der 1980er und 1990er-Jahre (USA, Australien und Neuseeland) und seit Beginn des 21. Jahrhunderts in Europa, zentral für die Debatten um die europäische Kolonialgeschichte, ihre gewaltvollen Hinterlassenschaften und Konflikte mit historischen und zeitgenössischen indigenen Gesellschaften.« (Dziuban et al. 2019: 10)
21 Die Verwendung erfolgt in Anlehnung an die Theoriebildung durch Beatrice von Bismarck – siehe insbesondere die Publikation *Das Kuratorische* (2021).

spielsweise »an *activist stance toward justice* (in contrast to the more instrumental bearing taken by forums of international law)« (Schuppli 2017: 546, H. LS) ein.

Forensic Architecture zeichnet sich nicht allein durch den Einsatz neuer Technologien aus, wie etwa Entwicklungen, die vom Militär vorangetrieben und von NGOs appropriiert wurden und zu deren konzeptueller Innovation auch die Medienkünste beigetragen haben. Ebenso charakteristisch ist die Zweckumwidmung in der Fusion von Forensik, Kartografie, Architektur- wie Konfliktdesignforschung und deren Übersetzung in und durch kuratorische Settings. Somit bleiben Architekturmodelle nicht ausschließlich virtuell, sondern sind Bestandteile metafilmisch-investigativer Installationen in Kultureinrichtungen und Kunstausstellungen.[22] Daher ist es meines Erachtens auf analytischer Ebene wichtig, nicht nur die Investigation als Werk, sondern ebenso ihre Rezeption im Kunstkontext, der Rechtsprechung und der Zivilgesellschaft zu berücksichtigen. Desgleichen ihre politischen Folgen, ihre Finanzierung, ihre Distribution und ihren medienökologischen, infrastrukturellen und ökonomischen Zusammenhang.

Jedes Projekt hat zumindest einen Partner (häufig ist es *Amnesty International*); in vielen Fällen kollaboriert die Agentur zudem mit anderen Forschungsplattformen, etwa mit *Bellingcat* oder *SITU Research*.[23] Die Finanzierung von Forensic Architecture setzt sich insbesondere aus EU-Fördergeldern für Grundlagenforschung durch das *European Research Council* (*ERC*[24]), aus Fördermitteln und Preisgeldern für *artistic* und *architectural research* und Ausstellungsbudgets

---

22 Ausstellungen umfassen u. a. *Mengele's Skull: The Advent of a Forensic Aesthetics* (2012) am Portikus in Frankfurt am Main, *Forensis* (2014) am Haus der Kulturen der Welt in Berlin, *Forensis* (2016) in der Fundación Proa in Buenos Aires, *Reporting from the Front* (2016) im Hauptpavillon der 15. Architekturbiennale Venedig, *Forensic Architecture: Towards an Investigative Aesthetics* (2017) am Museu d'Art Contemporani de Barcelona, *Counter Investigations* (2018) am Institute of Contemporary Arts in London, *Triple-Chaser* (2019) auf der Whitney Biennale in New York City, *Forensic Architecture: True to Scale* (2020) am Miami's Museum of Art and Design und *Investigative Commons* (2021) am Haus der Kulturen der Welt in Berlin.

23 Auf der Website von Bellingcat heißt es unter *About*: »Bellingcat uses open source and social media investigation to investigate a variety of subjects, from Mexican drug lords to conflicts being fought across the world. Bellingcat brings together contributors who specialise in open source and social media investigation, and creates guides and case studies so others may learn to do the same.« (Bellingcat) Auf der Website von SITU Research heißt es unter *About*: »SITU Research is an interdisciplinary applied-research division working at the intersection of architecture, urbanism, policy and human rights.« (SITU Research)

24 Während der ersten Förderperiode (2011–2015) trug das Projekt Forensic Architecture den Untertitel *The Space of Law in War*. Seit 2015 (aktuell gefördert bis 2021) führt Forensic Architecture beim *ERC* den Untertitel *The Media Environments of Conflict*.

sowie den jeweiligen *commissioners* (meist NGOs oder *communities*) zusammen.[25] Legitimation erfährt die quasi-institutionelle Agentur auch durch die universitäre Anbindung an das *Department of Visual Cultures* an der Goldsmiths University und die so eröffnete Möglichkeit, Drittmittel zu akquirieren.

Es sind eine Reihe historischer und diskursiver Verschiebungen an Forensic Architecture auszumachen, von denen einige implizit nahegelegt, andere explizit postuliert werden – hinsichtlich Institutionskritik, Habitus, Medienverfahren und -technologien: vom Werk zum Fall, vom Dokumentarischen zum Forensischen, von der Figur zu Ökologie und Architektur, von der Kritik zur Operation, von der Textualität zur visuellen Evidenz, von der Dekonstruktion zum medientechnologisch bedingten Rechtswandel, vom Gesetz zur Rechtsarchitektur, von der Linearität zur Tiefenkartografie, vom Kollektiv zur Agentur, vom Straßenprotest zur Spionage und von der Aushandlung zur Klage. Wovon, wenn nicht von einfachen Ablösungen, wird jedoch ausgegangen, wenn nach dem Schema *von–zu* argumentiert wird? Mögliche Antworten darauf bietet die Investigative Ästhetik. Die Agentur lässt – auch nach Publikation der Schrift *Investigative Aesthetics* (2021) – genügend Fragen offen, die das Verhältnis von Ästhetik, zeitgenössischen Künsten und Recht(-sprechung) betreffen. Notwendige Tiefenbohrungen betreffen etwa folgende Relationen: Handelt es sich bei der Investigativen Ästhetik um eine neue Ästhetik, die eine investigative ist, sich jedoch vordergründig aus ihren Produktionsbedingungen ableitet? Ist diese Ästhetik, zwischen Sinnen und Sensoren oszillierend, Mittel zur Investigation? Oder ist sie gar Ausdruck einer politischen Wahrheitskrise in Kombination mit sich immerwährend transformierender juristischer Beweisführung, die in die Ästhetik vorgelagert wird? Werden Begriffe, Methoden und Kulturtechniken der Rechtsprechung entlehnt und vice versa? Sind Kunst und Recht wechselseitig übersetzbar – trotz differierender Formate und Rituale der Verhandlung? Oder werden sie, da asymmetrisch zueinander, in den gemeinsamen Nenner der Ästhetik, die keinen der beiden Bereiche als originär positioniert, übertragen? Bildet sich somit in der Investigativen Ästhetik eine übergeordnete Ebene der kritischen Verknüpfung? Bleibt folglich die Investigative Ästhetik immer bezogen auf Rechtskulturen und Künste, zugleich aber unübersetzbar? Hat die Forschungsagentur mit der Investigativen Ästhetik diskursiv und operativ ein System geprägt und erfunden, das Künste und Formen der Rechtsprechung verständigt? Ist die Ästhetik gemeinsame Referenz,

---

25 Ebenso gefördert wird die Agentur durch die *OAK Foundation*, die *Potter Foundation* und den *Sigrid Rausing Trust* (vgl. Forensic Architecture, Website).

herzuleiten aus der parallelen Entwicklung von Kriminalistik und Detektivfigur, oder reicht die Debatte weiter zurück?

Forensic Architecture ist ein in Erforschung begriffenes multipel angelegtes Symptom, das verlangt, von verschiedenen Perspektiven in den Blick genommen zu werden.[26] Die Popularität der Forschungseinrichtung in Gegenwartskünsten und visuellen Kulturen legt nahe, sich mit den Investigationen und ihrer Aufbereitung, aber ebenso mit der Agentur als Phänomen zu beschäftigen: mit ihrer Rhetorizität, ihrem Habitus und ihrem virtuellen und personellen Auftritt.

1.2 Ermittlung/Aufdeckung

Kunst- und Rechtsentwicklungen können parallel oder versetzt, einander beeinflussend stattfinden. Wenn zeitgenössische Künste und Rechtsprechung in dem Augenblick aufeinandertreffen, in dem künstlerische und juristische Institutionen im Verhältnis zur »demokratischen Freiheit« (Rebentisch 2012: 16) füreinander durchlässig werden und unter dem Vorzeichen des Krisenhaften Verbindungen eingehen, findet sich die angerufene Kunst entweder in einer Schwellenposition – vergleichbar mit der Idee, Kunst öffne buchstäblich oder argumentativ einen »Third Space«.[27] Oder aber der Ästhetik wird Transferwirkung[28] zugesprochen, sodass sich Recht und Kunst aufeinander hin öffnen, deren Pole nicht mehr disziplinär auszumachen sind. Ästhetik verbindet dieser Argumentation zufolge Ethik, Politik und Architektur.

---

[26] Kürzlich erschien die Publikation *Medien der Forensik* (2021) von Simon Rothöhler, in welcher dieser vielfach auf Forensic Architecture eingeht. Doktorand:innen im deutschsprachigen Raum, die meines Wissens aktuell zu unterschiedlichen Aspekten der Praxis von Forensic Architecture forschen, sind Christoph Chwatal, Mira Anneli Naß und Anna Polze.
[27] Homi K. Bhabha prägte den Begriff »Third Space« in *The Location of Culture* (1994), um hybride Formationen in postkolonialen Kontexten zu beschreiben.
[28] Anstelle eines hypothetischen Dazwischens (Vorsilbe *inter-*) jenseits der Disziplinen und Nationen markiert die Vorsilbe *trans-* Überschreitung/Transformation/Verfremdung/Überwältigung der Ausgangsbereiche oder -konzepte.

Anstatt sie als getrennte Bereiche zu begreifen, sollen Künste und Rechtsprechung in ihrer »kulturellen Übersetzung«[29] verhandelt werden. Historisch kann ihr oftmals konfliktreiches Ineinanderfallen aus der Antike oder der Zeit der Aufklärung hergeleitet werden. Ihre Verschaltung über den Modus der Ermittlung und das Motiv der Aufdeckung seit den 1990er Jahren ist jedoch ein neuartiges Phänomen. Der Versuch, die Ebenen der topologischen Ineinanderfaltungen[30] aufzuschlüsseln – wie sie sich im Chiasmus von

$$\text{Investigation – Ästhetik}$$
$$\times$$
$$\text{Kunst – Rechtsprechung}$$

finden –, muss darin bestehen, kulturwissenschaftlich transversal vorzugehen. Eine Annäherung von Rechtsprechung und Künsten in der Investigativen Ästhetik kann über unterschiedliche Entwicklungen hergeleitet werden. Beziehungsweise müssen *Jurisdiktion* (Rechtsprechung) und *Jurisprudenz* (Rechtswissenschaften und -transformation) erst aufeinander bezogen werden, sobald sie getrennt, nicht auf einem Spektrum liegend gedacht werden; schließlich bewoh-

---

29 Im Aufsatz *Kulturelle Übersetzung: Erkundung über ein wanderndes Konzept* (2009) sondiert Birgit Wagner die jenes Konzept beanspruchenden Diskurse und Praktiken. Sie diskutiert die von Bhabha durchgeführte Metaphorisierung des Benjamin'schen Übersetzungsbegriffs, wodurch dieser von konkreter sprachlicher Übersetzung ausgehend auf kulturelle Prozesse angewendet werden konnte. Im elften Kapitel von Bhabhas *The Location of Culture* (1994) werde »kulturelle Übersetzung, das performative *staging of difference*[,] [...] zu einem restlos positiven Begriff, letztlich zur politischen Hoffnung« (Wagner 2009: 6, H.i.O.). Wagner kritisiert, dass Bhabha nicht berücksichtigt habe, dass Walter Benjamin Unübersetzbarkeit bloß als vorläufig denke (vgl. ebd.). Bezogen auf die Gegenwartskunst schreibt Rebentisch (2013: 189): »Ihr Projekt ist dann weniger das einer Übersetzung ›zwischen den Kulturen‹ denn das einer Kultur der Übersetzung, in der allein der nunmehr als dynamisch und unabgeschlossen zu denkende Universalismus der – nicht mehr westlich zentrierten – Moderne eine Zukunft hat. Dem entspricht eine Kunstpraxis, die der Versuchung widersteht, sich als das Andere des westlichen Kunstdiskurses anzubieten.«
30 Die topologische Figur der Faltung findet sich prominent in *Die Falte: Leibniz und der Barock* (dt. 1995, franz. Orig. 1988) von Gilles Deleuze.

nen Rechtstheorie³¹ und -praxis einander strukturell.³² Ebendies gilt für »*aisthêta* (sensible things or facts of perception) and *noêta* (intelligible things or fact of intelligibility)« (Jimenez 2014: 14, H.i.O.).

Entlang welcher diskurs-, wissens-, kunst- und medienhistorischer Bruchlinien und Genealogien ließe sich die Investigative Ästhetik herleiten? Im Folgenden möchte ich einige Momente seit der Moderne nennen, die mir für die Konstitution der Investigativen Ästhetik wesentlich erscheinen – diese sind als Orientierungspunkte ohne Vollständigkeitsanspruch zu verstehen. Im Rahmen der drei Teile dieser Arbeit wird die chronologische Situierung der Investigativen Ästhetik zugunsten anderer Kontextualisierungen weitgehend beiseitegelassen.

Im 18. Jahrhundert etablierte sich im deutschsprachigen Raum die Ästhetik als (kunst-)philosophisch-idealistische Disziplin und mit Alexander Gottlieb Baumgarten als »Wissenschaft der sinnlichen Erkenntnis« (Baumgarten 1750: § 1, hier 2007: 11), womit ihr auch eine »Verengung vorwiegend auf die Kunst oder gar

---

31 Der Sammelband *Neue Theorien des Rechts* (2006), hg. von Sonja Buckel, Ralph Christensen und Andreas Fischer-Lescano, unterscheidet Ansätze des Rechts grob in: »rechtsphilosophisch (Brandom, Davidson, Derrida, Habermas, Lyotard, Maus), rechtspolitisch (Agamben, critical legal studies, deliberative Theorien, feministische Rechtstheorien, Foucault, Postmaterialismus, Wiethölter), rechtssoziologisch (Jessup, Koh, Ladeur, Luhmann, Teubner, Weber), rechtsgeschichtlich (Amstutz, Fögen), rechtsökonomisch (Calabresi, Coase, Posner) oder rechtspsychologisch (Freud, Goodrich, Lacan, Legendre)« (Buckel et al. 2006: VIII). Rechtsphilosophie sei, ebenso wie die Moralphilosophie und die politische Philosophie, eine praktische Philosophie (vgl. Alexy 2008: 17).
32 Sesshaftigkeit in der antiken Polis führte zu einer Spaltung, Ausdifferenzierung und Präzisierung kultureller Bereiche. An der Schwelle von mythischer und rechtlicher Ordnung entstand die Tragödie, die Fragen der Gerechtigkeit narrativ bearbeitete: »Die griechische Tragödie erweist auf eine widersprüchliche Weise der sich entwickelnden rechtlichen Gleichheit der Bürger und dem neuen normativen Wissen ihre Reverenz [sic!], andererseits bringt sie auch die Trauer über den damit verbundenen Verlust der Helden, ihrer persönlichen Gründe und Abgründe und ihrer Geschichten zum Ausdruck.« (Vgl. Lupton 2005: 2, zit. n. Ladeur 2016a: 134)
Ob daraus abzuleiten ist, Recht und Gesetz seien aus der Tragödie entstanden – häufig an der Trilogie *Orestie* des Dichters Aischylos veranschaulicht –, ist umstritten. Ladeur (vgl. 2016a: 104–105) beispielsweise kritisiert die von Christoph Menke in *Recht und Gewalt* (2011) in Anschlag gebrachte These, dass das Recht mit der gewaltvollen Unterwerfung eines Rechtssubjekts seinen Anfang nehme. Mehr zu Ladeurs Hinterfragung poststrukturalistischer Rechtskritik im Unterkapitel I.1.3. Vismann (2001: 42) wiederum schreibt: »In Abwesenheit der Götter werden aus Tragödien Rechtsprozesse.«

nur aufs Schöne«[33] (Welsch 2017: 11) widerfuhr.[34] Ästhetisches und juristisches Urteil begannen zu korrespondieren (vgl. Vismann/Weitin 2006: 16). Erstmals wurde ›Volkssouveränität‹[35] in den Französischen und Amerikanischen Revolutionen Ende des 18. Jahrhunderts – zur Zeit der Museumsbesetzung des Pariser Louvre (vgl. Sternfeld 2018: 21–23) – formuliert. Noch während der französischen Monarchie wurde die erste ›Kunstjury‹ ins Leben gerufen; das ›tribunal d'artistes‹ – analog zum entstehenden Volkstribunal – war wenige Jahrzehnte später Knotenpunkt revolutionärer Auseinandersetzungen (vgl. Holert 1999: 185–186). Um das kollektiv zu treffende Urteil gruppierten sich mustergültige Gerechtigkeitsfragen, die Nominierung und Kompetenz der Juroren betrafen: Braucht es künstlerisch oder kunsthistorisch Geschulte, um Künstler:innen zu bewerten; ist also eine laienhaft-intuitive oder eine intellektuell-theoretische Begründung anzustreben; betreffend der Kriterien des künstlerischen Werks: Soll in Bezug auf die Ästhetik die technische Ausführung oder der revolutionäre Dienst positiv hervorgehoben werden; und schließlich betreffend Fragen des Formats und der Medien: Soll die Urteilsfindung individuell, kollektiv oder sogar unter Einbezug des Publikums stattfinden, in rückverfolgbarer geschriebener Form oder mündlich, öffentlich und unmittelbar (vgl. ebd.: 186–196)?[36] Ebenso ins 18. Jahrhundert falle Walter D. Mignolo zufolge die »Kolonialität der *Wahrnehmung*, der Empfin-

---

33 Die Reduktion oder Konzentration des Kunstverständnisses auf das ›Schöne‹ vollzieht sich folgendermaßen: »[...] Sobald Geschichte, Soziologie und Psychoanalyse eigenständige wissenschaftliche Disziplinen geworden sind, besitzen die Schriftsteller nicht mehr den Vorzug der besonderen Inspiration, sondern nur noch den der schönen Darstellung: Ihre Werke sind anschaulicher als die der Fachleute.« (Schlaffer 2005: 29)
34 Bezogen auf Baumgarten, dessen Ausgangspunkt die platonische und aristotelische Unterscheidung *aisthêta* und *noêta* gewesen sei (vgl. Jimenez 2014: 14, H.i.O.), schreibt Marc Jimenez (ebd., H.i.O.): »[T]he neologism *Ästhetik* seemed, at least in the mind of the German philosopher, not to suffer from any ambiguity, and European philosophers, aware of its Greek origins and its insertion into Latin philosophical vocabulary, spontaneously adopted it widely.«
35 Rebentisch (vgl. 2012: 87, Fn. 77) erwähnt, dass die antike Demokratie lange in Vergessenheit gelegen hatte und erst Jahrhunderte später bejahend rezipiert wurde: »Erst im 18. Jahrhundert begann man, sich positiv auf die Demokratie zu beziehen, und erst im 19. Jahrhundert gewann die Demokratie auf breiterer Ebene an Akzeptanz. In diesem Klima formiert sich die romantische Bewegung.« (Ebd.)
36 Hier sind bewusst nur die männlichen Formen ›Juroren‹ und ›Künstler‹ angeführt. Die Verwaltung wurde zur Schnittstelle der konfliktreichen, zwischen Kunst- und Rechtssystem angelegten Kunstjury-Debatte: »Letztlich handelte es sich bei dem Streit um die Zusammensetzung der Jury sowie den Modus von Urteilsfindung und Preisverleihung um Fragen der Rechtsauslegung. Aber weder das Innenministerium noch das *département* [de Paris, LS] sahen sich hier zuständig. Andererseits greift die Kulturbürokratie der Französischen Revolution in den ästhetischen Urteilsdiskurs ein, wo sie kann.« (Holert 1999: 190, H.i.O.)

dung«, sodass »die *aisthesis* vom imperialen Denken vereinnahmt und in *Ästhetik* verwandelt« worden sei (vgl. Mignolo 2012: 50, H.i.O.).

Im 19. Jahrhundert wurde die antike philosophische Strömung des Positivismus neu begründet, während das Gericht das Öffentlichkeitsdogma definierte. Parallel zur Disziplin der Forensik entstand die erste professionelle Detektivagentur, der Detektivroman als literarisches Genre der kriminalistischen Fallstruktur – anstelle des Fallbeispiels für eine generelle These – und bald darauf der Kriminalfilm. Schließlich wurden Film und Fotografie mit Evidenz assoziiert (vgl. Baxmann 2016: 73). Der investigative Habitus war von nun an gekoppelt an ein kriminalistisches, psychoanalytisches und kunstgeschichtliches »Indizienparadigma« (Ginzburg 2002). Kunst und Detektivismus kreuzen sich in Figuren, medialen Dispositiven und Ermittlungen von Materialitäten und Referenzen; die Zuschreibung, seismografisch Tendenzen vorwegzunehmen (Kunst) und anhand von Mutmaßung und Verdacht vorzugehen (Detektivismus), deutet auf ein Näheverhältnis von Forschung und Nachforschung/Aufdeckung.

Mit den Avantgarden zu Beginn des 20. Jahrhunderts erfuhren Kunsttheorie und -praxis eine Entgrenzung Richtung Demokratisierung, sodass in weiterer Folge die »Amalgamierung von Kunst und Theorie« (Busch 2016: 12) nicht nur den Werkbegriff radikal infrage stellte, sondern auch das kritische Denken über Kunst zunehmend transdisziplinär wurde. Sogenannte ›Justizen im Übergang‹ lassen seit den Nürnberger Prozessen in den 1940er Jahren verstärkt Medien in die Verhandlungen einfließen, was zu Wechselwirkungen zwischen juristischen und audiovisuellen Verfahren führte: »*Transitional Justice* ist zum Oberbegriff für die mannigfaltigen Prozessformen jenseits der ordentlichen Justiz geworden« (Vismann 2011: 356, H.i.O.); dies heiße »nicht allein, dass eine Periode des Übergangs zu einer öffentlichen Sache gemacht« werde, sondern »auch, dass die Justiz selbst sich im Übergang befindet« (vgl. ebd.: 360).[37] Nachdem sich in der Nachkriegszeit Informationsdesign und Datenvisualisierung entwickelten, brachten in den 1970/1980er Jahren Computertechnologien und Grafiksoftware neue Formen des Augenscheinlich-Machens und der Beweisführung hervor. In dieser verbanden sich Messung und Darstellung; der Einsatz von Gebrauchsästhetik suggerierte das Ideal (natur-)wissenschaftlicher Objektivität. Mit den entstehenden Kulturwissenschaften in den 1980er Jahren verschob sich der Fokus

---

37 Das *International Center for Transitional Justice* (*ICTJ*) mit Headquarter in New York führt folgende Definition an: »Transitional justice refers to the ways countries emerging from periods of conflict and repression address large-scale or systematic human rights violations so numerous and so serious that the normal justice system will not be able to provide an adequate response.« (International Center for Transitional Justice)

auf »Wissenspraktiken« (vgl. Brandt 2017: 93).[38] Der *practical turn* fand nicht nur in der Wissenschaftsgeschichte statt, sondern auch in der sich etablierenden kulturtechnisch[39] wie -theoretisch ausgerichteten Medienwissenschaft (vgl. ebd.: 100–101, H.i.O.).[40] Zudem orientieren sich Kulturwissenschaften an einem prosaischen fallgeschichtlichen Erzählen, an einer Kasuistik.[41]

Dies führt uns in die 1990er Jahre, die dieser Studie als wesentliche zeithistorische Referenzfolie dienen. Ausgemacht werden Kontinuitäten und Veränderungen, die sich zurzeit im Künstlerischen wie Rechtlichen abzeichnen. Während der Realismus als kunsthistorische Epoche und Genrebegriff Ende des 19. bis Anfang des 20. Jahrhunderts eine Gegenströmung zum Ästhetizismus bildet, ist die Investigative Ästhetik seit *The Return of the Real* (so das gleichnamige Buch von Hal Foster aus 1996) einem Realen verpflichtet. Die »Errungenschaften des subjektkritischen Neokonzeptualismus«[42] aufgreifend, lasse sich in der Kunst Ende des 20. Jahrhunderts ein einsetzender »Realitätsbedarf« wahrnehmen, so Diederichsen (vgl. 2010: 17). Feststeht, dass die hier betrachteten diskursiven Formationen der Realitätsdarstellung einerseits und die transversalen Verknüp-

---

38 Im Aufsatz *Kulturwissenschaften und Wissenschaftsgeschichte* (2017) sondiert Christina Brandt Entwicklungen, die in den 1980er/1990er Jahren einsetzten und die wesentlich sind, um bisher skizzierte Wissens- und Erkenntnispraktiken in den Künsten nachvollziehen zu können. Als sich in den 1980er Jahren die Kulturwissenschaften entwickelten, vollzog sich parallel dazu eine »kulturalistische Wende der Wissenschaftsgeschichte« (vgl. Brandt 2017: 93). Der Fokus verlagerte sich auf »Wissenspraktiken«; als wesentliche Publikation erwähnt Brandt den Sammelband *Wissenschaft als kulturelle Praxis 1750–1900* (1999), hg. von Hans-Erich Bödeker, Peter Reill und Jürgen Schlumbohn (vgl. ebd.). Diese Kulturwissenschaften seien »ihrem Selbstverständnis nach Selbstreflexion« (ebd.: 93).
39 Der damals entstandene Begriff der »Kulturtechniken« sei breiter angelegt als der Medienbegriff der Kommunikationswissenschaften, so Bernhard Siegert: »Mit dem Begriff der Kulturtechniken lässt sich eine Form der Analyse beschreiben, die schon seit den 1980er Jahren eine Spezifik der entstehenden Medien- und Kulturwissenschaften gewesen ist, eine Spezifik, die den angloamerikanischen *Cultural Studies* ebenso fremd ist wie der Kommunikationswissenschaft oder gar der Soziologie, die, im Banne der Aufklärung und des Gesellschaftsbegriffs stehend, über Medien grundsätzlich nur unter dem Aspekt der Öffentlichkeit nachdenken wollte.« (Siegert 2011: 116, H.i.O.)
40 In *Der lange Sommer der Theorie: Geschichte einer Revolte, 1960 bis 1990* (2015) zeigt Philipp Felsch anhand der Geschichte des linken Merve Verlags auf, wie der Poststrukturalismus mit seiner ›Theoriearbeit‹ (Felsch 2015: 13) exakt jenen *practical turn* vollzog. Entscheidenden Einfluss hatte die Publikation *Entwurf einer Theorie der Praxis* (dt. 1976, franz. Orig. 1972) von Pierre Bourdieu.
41 Zur Kasuistik siehe Unterkapitel I.1.2.
42 Typische, damit in Verbindung stehende Intentionen seien: »Wichtigkeit der Recherche, Relativierung der Künstlerposition, Erstellung von Versuchsanordnungen, [...] Repräsentationskritik etc.« (Diederichsen 2010: 17).

fungen von Kunst und Rechtsprechung anderseits sich nicht über bloße ›Realitätsbezüge‹ denken lassen; Fragen bezüglich Indexikalität und Mimikry bleiben dennoch bedeutend. Mit der Institutionskritik der zweiten Generation gelangen Fragen der (Kunst-)Produktion verstärkt in den Fokus: Unter welchen Bedingungen wird investigiert? In den Künsten lassen sich seit dem *documentary turn* gravierende Veränderungen feststellen: Dimensionen der Aufdeckung und die Wiederherstellung des Rechtszustands werden gestärkt und führen dazu, dass das Dokumentarische partiell durch die ›forensische Untersuchung‹ abgelöst wird. Ebenfalls Ende des 20. Jahrhunderts fallen die Entwicklung der Computersimulation, die Debatte um Neue Medien sowie die begriffliche Genese der »Medienästhetik« zusammen (vgl. Schröter 2013).[43]

Die durch die institutionskritische Kunst der 1990er Jahre geforderte widerständige Hegemoniekritik scheint vorübergehend eingelöst: Forensic Architecture ist das Versprechen von Aufdeckung und davon, nicht ›bloß‹ zu kritisieren, sondern (zumindest imaginär) öffentlich zu klagen. Tiefer in die Materie vorgedrungen, lässt sich nun die übergeordnete Forschungsfrage durch folgende differenzieren: Kann die Erwartung nach *Aufklärung* eingelöst werden oder handelt es sich dabei um eine *Verklärung*? Inwiefern ist die Sache[44] noch der konkret zu untersuchende Fall? Oder sind die in Konflikt geratenen *Dinge* – Kunst und Rechtsprechung – selbst *zur Sache* geworden?

Im 21. Jahrhundert umfasst die Investigative Ästhetik auch künstlerische und kuratorische Kulturen sowie edukative Praxisformen. Die Verwandlung eines Dings in einen Beweis (Ermittlungsprozess), ein Werk (Ausstellung) oder eine Ware mit Tauschwert (Markt) verbindet Recht, Kunst und Ökonomie über die Modi Handel, Handlung, Be- und Verhandlung, die, einander verwandt, durch Rahmungen und Displays reguliert und durch Interventionen hinterfragt

---

43 Die Simulation sei nach 1945 zu einer transdisziplinär eingesetzten Kulturtechnik geworden – ein »mächtige[s] Mittel, um sehr Reales entwerfen, erforschen, kontrollieren und herzustellen zu können« (vgl. Schröter 2013: 92). Aber erst mit der Computersimulation wurde es möglich, »auch andere technologische Medien simulieren« zu können (vgl. ebd.). Dies erlaubt Medienreflexion mittels simulierenden Medientechnologien, die Erkenntnis methodisch ans Testen/Probieren binden.

44 Mit ›Sache‹ im Deutschen gemeint sein könne das Ding »in the physical sense, or the thing in question during a debate or trial«, während die Derivate ›Sachlage‹ und ›Sachverhalt‹ »in everyday German designate the circumstances but in the philosophical language designate how things behave (*wie die Sachen sich verhalten*)« (vgl. Pradelle 2014: 921, H.i.O.).

werden.⁴⁵ Dieses Zusammenwirken ist für meine Arbeit wesentlich, um die ökonomische Strategie des Geschäftsmodells ›Agentur‹ Forensic Architecture zu erfassen, deren Aufträge vertraglich geregelt sind. Welche Vertragsgrundlagen ausgehandelt werden, ist in weiterer Folge Gegenstand meiner Ausführungen. Damit ist bereits eine Problematik angesprochen – ging es in künstlerischen Forschungspraxen vielfach darum, eine Verschiebung vom Werk zum Prozess vorzunehmen, kommt dem ›Beweis‹, zwischen beiden positioniert, ein bestimmter (und womöglich anderes gelagerter) ökonomischer, politischer, juristischer und ästhetischer Wert zu, wenn es darum geht, eine offizielle Darstellung eines Ereignisses oder einer Situation in Frage zu stellen oder sogar – quasi durch *rebuttal evidence* oder *rebuttal witnesses* – zu widerlegen. Kunsttheoretisch erfordert dies, Diskurse über die Entgrenzung des Werkbegriffs auf ihre Entsprechung zu überprüfen und gegebenenfalls neue Terminologien zu entwickeln. Denn wenn mit dem Beweis nicht mehr fixierbar ist, ob ein Produkt oder ein Dienst, ob Kunst oder Wissenschaft entsteht, muss erneut nach der Autonomie im Spannungsfeld zwischen vermeintlich ›freien‹ bildenden und angewandten Künsten gefragt werden, desgleichen nach den rechtlichen Folgen: Institutionelle Kooperation, kritische Haltung gegenüber bestimmten staatlichen Instanzen und eine »instituierende Praxis« (Raunig 2006) bestehen schließlich zugleich. Ein institutionskritischer Blick soll helfen, die spezifischen Ambivalenzen dieses Verhältnisses (wie sie sich beispielsweise in der Vorstellung eines hegemoniekritischen Dienstes oder einer dienstbaren Hegemoniekritik finden) auszuloten.

Die Investigative Ästhetik ist somit situiert und kontextbezogen, und keine von sozialen Zwängen oder medialen Bedingungen enthobene Ästhetik. Eine Analyse erfordert insofern eine kunstwissenschaftliche und -philosophische Betrachtung, muss dabei zugleich aber der räumlichen Öffnung Rechnung tragen und sich vom historischen Vokabular der Ästhetik freisagen.⁴⁶ Es bedarf einer permanenten Differenzierungsarbeit bei Kontextualisierungen und Theoretisie-

---

45 Die Verbindung zwischen Markt und Museum ist auch eine historische, wie Sternfeld (2018: 119) bezugnehmend auf Walter Benjamins folgenreichen Aufsatz *Das Kunstwerk im Zeitalter seiner technischen Reproduzierbarkeit* (verfasst 1935) schreibt: »[T]atsächlich entwickeln sich die beiden magischen Funktionen des Dings als Aura und als Fetisch auf dem Markt und im Museum parallel: Denn im Display der Dinge eifern Museen und Warenhäuser des 19. Jahrhunderts einander nach.«
46 Mit historischem Vokabular sind hier ›Klassiker‹ der europäischen und auch kolonialen Geistesgeschichte von etwa Platon und Aristoteles hin zu Baumgarten, Hegel, Kant und Schiller angesprochen.

rungen der Ästhetik, die nicht aus deren klassischen Argumentationslinien und Disziplinen erfolgen.[47]

Zur Verhandlung stehen für mich 1. *Entgrenzungs-*, 2. *Abgrenzungs-* und 3. *Hybridisierungstendenzen*:

Ad 1. Würde in der Investigativen Ästhetik von einer Ästhetisierung des Rechtlichen ausgegangen werden, meinte dies, dass Gegenstände und Sachverhalte in einen ästhetischen Kontext versetzt werden, der ihnen vorher fremd war; dies hätte eine *Entgrenzung* des Rechtlichen, ein Aufweichen seiner disziplinären Hoheitsgebiete zur Folge. Eine Fortsetzung einer solchen Entwicklung kann entweder zu einem Ergänzungsverhältnis von Kunst und Recht oder aber zu disziplinären Fluchtbewegungen führen. In diesem Falle kann Mehrdeutigkeit ins

---

47 Eine dreifach aufgeschlüsselte Definition der Ästhetik als »Lehre von der Wahrnehmung« liefert Eberhard Ortland: (i) Seit den 1970er Jahren wende sich die »Theorie der ›ästhetischen Erfahrung‹« gegen die idealistische Kunstphilosophie, die Ende des 18. Jahrhunderts entstanden war (diese beschäftigte sich mit der Frage der ›schönen‹ Kunst, deren Werke als Repräsentanten bestimmter Epochen instrumentalisiert wurden, um einen kunstgeschichtlichen Kanon zu etablieren). (ii) Hier gehe es um die historische Transformation ästhetischer Wahrnehmung und die Medien zur Weitergabe von Eindrücken. Es werde nach kulturell und historisch abhängigen »Wahrnehmungsdispositiven« und deren Relation zu subjektiven Wirklichkeiten gefragt. (iii) Diese Theorie frage nach der Eigentümlichkeit sinnlicher Wahrnehmung. (Vgl. Ortland 2001: 23–33)

In der ästhetischen Theorie werde zwischen folgenden Theorietypen unterschieden: (i) repräsentative Theorien fokussieren auf die reflektierende und repräsentative Wirkung von Kunst; (ii) expressive Theorien untersuchen die Rollen der Künstler:innen, des Publikums und des Werks; (iii) formalistische Theorien betonen die Bedeutung künstlerischer Formen und Materialitäten, die Auslöser für ein bestimmtes ästhetisches Empfinden darstellen; (iv) instrumentelle Theorien konzentrieren sich auf transformative, heilende, unterhaltsame, informierende und verbindende Aspekte von Kunst sowie deren Potential, in andere Bewusstseinszustände zu verhelfen. (Vgl. Williams/Boyd 2008: 287–288)

Gericht – über das »Entscheidungsparadox«[48] (Luhmann 1994/2004) hinausgehend – und Evidenz ins Museum Einlass finden.

Ad 2. Oder aber es ist, im Sinne einer *Abgrenzung*, darauf zu verweisen, dass auch Recht ästhetisch ist oder eine Ästhetik besitzt.[49]

Ad 3. Ansätze, die von einer Sphärenverschränkung ausgehen, finden sich beispielsweise bei Jacques Rancière, der in *Die Aufteilung des Sinnlichen* (2006) über spezifische Mischformen des Politischen und Ästhetischen nachdenkt. Diesen Gedanken greife ich in dieser Arbeit auf und führe ihn bezogen auf spezifische *Hybridisierungen* künstlerischer und juridischer Sphären fort. Will Forensic Architecture also zu neuen Aufteilungen des *Sinnlichen* beitragen oder neue *Sinn*fälligkeiten entstehen lassen – im Sinne Barbara Cassins (2005: 864) »›[m]anaging evidence‹ [...] mean[s] contriving new types of obviousness«?

Verfahren der Investigativen Ästhetik, die im Korpus dieser Arbeit vorzufinden und für meine Analyse relevant sind, umfassen unterschiedliche Typen der Untersuchung, der Probe, des Vergleichens und der Begriffsbildung. Die Methode, die zuweilen mit dem Format verschwimmt, besteht aktuell unter anderem aus: Reenactment, und zwar als »geschichtswissenschaftliche[s] Verfahren« (Kernbauer 2015: 13) wie auch als »populärkulturell-historische[s] Genre[ ]« (Rebentisch 2013: 199),[50] aus der Rekonstruktion (eines Ereignisses, einer Situation, einer Szene, einer Adresse etc.), aus Medienarchäologie, medialer und kultureller Überset-

---

48 Niklas Luhmann entwickelt diese Figur in *Die Paradoxie des Entscheidens* (erstmals 1994 publiziert) basierend auf folgenden Eigenschaften der Entscheidung: (i) eine Organisation unterscheide und erkenne sich darin selbst, (ii) sie basiere auf einem »Mindestmaß an Unvorhersehbarkeit«, was dazu verleite, sie beeinflussen zu wollen, (iii) ihr »Mysterium« korrespondiere mit dem »Mysterium der Hierarchie«, (iv) sie beinhalte Willkür und (v) verhülle einen »blinde[n] Fleck«, um »eine Paradoxie zu verdecken« (vgl. Luhmann 2004: 17–19). Die Entscheidung gehöre zur Gegenwart als »die Differenz zwischen Vergangenheit und Zukunft« bzw. »die *Einheit dieser Differenz* – [...] ein Paradox« (vgl. ebd.: 21, H.i.O.). Konkret gestalte sich dieses Zeitverhältnis folgendermaßen: »Was künftige Gegenwarten betrifft, geht die Entscheidung aber davon aus, *daß es einen Unterschied machen wird, ob und wie sie getroffen wird.* Also: keine Bindung an die (nicht mehr änderbare) Vergangenheit, wohl aber Selbstbindung in Richtung auf die (noch änderbare) Zukunft. So gibt sich die Entscheidung als motiviert, als intentional, als begründet; und so stellt sie sich für Rückfragen zur Verfügung.« (Ebd.: 22, H.i.O.)

49 Dies kann sich beziehen auf die Aufzeichnung und Wahrnehmbarkeit (nach Rancière [2006: 27] Sache einer »primären Ästhetik«) sowie auf die Ermittlung/Untersuchung und die Präsentation/Verhandlung (nach Rancière eine Frage der ›ästhetischen Praktiken‹ [ebd.]).

50 Die »künstlerischen Adaptionen des [...] *Reenactment*«, als die »möglichst detailgetreue Neuinszenierung und Wiederaufführung historischer Ereignisse«, werden »seit den 2000er Jahren als eine wichtige Strömung in der Gegenwartskunst wahrgenommen und diskutiert« (vgl. Rebentisch 2013: 199–200, H.i.O.).

zung, aus Forensik, Computersimulation und Montage (Arbeit mit und an der Lücke, an der Spur, am Indiz) sowie aus Synchronisation, Referenzierung und Quellenkritik.

2 Diskursraum und Methode

In dieser Studie wende ich dreierlei Methoden an:
1. Die erste besteht aus einer Rekonstruktion von Diskurssträngen, gefolgt von der Auswertung der Recherchen und Interviews in Barcelona, Berlin, London und Wien, um schließlich Forschungsergebnisse, Theoriedebatten, Diskurs-, Werk- und Ausstellungsanalysen zusammenzuführen.
2. Die zweite besteht aus einer vergleichenden Perspektivierung des primären Forschungsmaterials mit exemplarischen[51] zeitgenössischen Werkentwürfen und Fallanalysen.
3. Die dritte begründet sich in der Absicht, zu einer chronotopischen Kartierung hier versammelter wie implizit angedeuteter und in weiteren Projekten erst auszuformulierender denkerischer Plateaus beizutragen und ein Begriffsinstrumentarium investigativer Kunstpraktiken zu entwickeln.

Ad 1. Zuerst erfolgt die Rekonstruktion kunst-, kultur-, medien- und rechtstheoretischer wie -philosophischer Diskursstränge,[52] welche für Verschränkungen von zeitgenössischen Künsten und Formen der Rechtsprechung relevant sind. Daraus wird ein Begriffsraum definiert – im Sinne eines Mappings sowie als philosophi-

---

[51] Das ›Exemplarische‹ kann mittels »reflektierender Urteilskraft« zustande kommen: »Ist das Allgemeine (die Regel, das Prinzip, das Gesetz) gegeben, so ist die Urteilskraft, welche das Besondere darunter subsumiert, […] b e s t i m m e n d. Ist aber nur das Besondere gegeben, wozu sie das Allgemeine finden soll, so ist die Urteilskraft bloß r e f l e k t i e r e n d.« (Kant 2009: 19, H.i.O.) Mehr zu Immanuel Kants Urteilsbegriff insbesondere im Unterkapitel I.1.3.
[52] Relevant ist u. a. eine Auswahl an Diskursen der Kunstwissenschaften (Sabeth Buchmann, T. J. Demos, Georges Didi-Huberman, Jens Kastner, Jacques Rancière, Juliane Rebentisch), der Museumstheorie (Nora Sternfeld), der Medientheorie (Christa Blümlinger, Thomas Elsaesser, Lorenz Engell), der Mediengeschichte des Rechts (Cornelia Vismann), der Rechtswissenschaften (Hans-Georg Gadamer, Karl-Heinz Ladeur, Christoph Möllers, Jan Christoph Suntrup, Thomas Vesting), der Technikphilosophie (Gilbert Simondon), der politischen Theorie (Geoffroy de Lagasnerie, Michel Foucault), der Kulturwissenschaften (Carlo Ginzburg, Rosi Braidotti), der Black Theory (Christina Sharpe; M. NourbeSe Philip, Fred Moten), der Literaturwissenschaften (Heinz Schlaffer) sowie weitere poststrukturalistische (Félix Guattari), dekonstruktivistische (Jacques Derrida, Avital Ronell) und postkoloniale (Homi K. Bhabha) Ansätze, die vorwiegend aus dem angloamerikanischen, französischen und deutschsprachigen Raum kommen.

sche Kritik, bei der »Zeitdiagnose und Begriffsanalyse [...] Hand in Hand« (Jaeggi/Wesche 2009: 12) gehen. Die Begriffsarbeit an der Investigativen Ästhetik dient einem »Test Drive«[53] (Ronell 2007) ebendieser, um zu sehen, wie Forensic Architecture mit diesem Terminus verfährt. Mit welchen Konzepten und Begriffsapparaten, welcher rechtlichen Metaphorik und welchen medial-institutionellen Verfahren operiert die Agentur?

In einem weiteren Schritt werden die Investigationen innerhalb des zuvor definierten Diskursraums entlang der eingangs erwähnten zentralen Forschungsfrage ausgewertet. Unter der Voraussetzung, dass Gericht und Museum in jenem Moment, in dem sich Wahrheitskonzeptionen in einer misslichen Lage befinden, (a-)symmetrisch konvergieren, besteht die Möglichkeit der rekonstellierenden Übersetzung und Juxtaposition zwischen diesen Instanzen. Welche Expertise die Künste und welche die Rechtsprechung in einer solchen krisenhaften Entscheidungssituation und ihrer Übergangsphänomene beisteuern, wird beleuchtet.

Schließlich ziehe ich Primärressourcen[54] – bestehend aus den Investigationen und deren diskursiven Aufbereitungen –, Ergebnisse aus Interviews und Ausstellungsbesuchen in Barcelona, Berlin und Wien, meinem Forschungsaufenthalt am *Department of Visual Cultures* an der Goldsmiths University in London sowie Sekundärliteratur heran. Dabei wird besonderer Wert darauf gelegt, eine dichotome Trennung von Theorie auf der einen und Praktiken auf der anderen Seite zu vermeiden – schließlich illustrieren diese einander nicht bloß: Die zur Untersuchung stehenden Strategien wirken verändernd auf die Theoriebildung, insofern sie künstlerisch-forschend agieren. Theorien wiederum sind Akteurin-

---

53 Siehe Avital Ronell *The Test Drive* (2007).
54 Forschungsrelevante Primärliteratur zu Forensic Architecture umfasst u. a. *Mengele's Skull: The Advent of a Forensic Aesthetics* (2012) von Thomas Keenan und Eyal Weizman, *Forensis: The Architecture of Public Truth* (2014), hg. von Forensic Architecture, *Forensic Architecture: Violence at the Threshold of Detectability* (2017) von Eyal Weizman sowie *Investigative Aesthetics: Conflicts and Commons in the Politics of Truth* (2021) von Matthew Fuller und Eyal Weizman. Bezogen auf Constanze Ruhm sind insbesondere *Constanze Ruhm: Coming Attractions* (2012), hg. von Rike Frank, *Constanze Ruhm. Re: Rehearsals (No Such Thing as Repetition)* (2015), hg. von Alexandra Schantl, sowie Christa Blümlingers Kapitel *Jenseits des Films* in *Kino aus zweiter Hand* (2009) zu nennen. Forschungsrelevante Aufsätze zu *Zong!* von M. NourbeSe Philip kommen u. a. von den Autor:innen Almas Khan, Laurie R. Lambert, Fred Moten, Christina Sharpe und Jenny Sharpe.

nen und nehmen somit Einfluss auf Praktiken.⁵⁵ Darin begründet sich die Notwendigkeit, theoretische Parameter der Investigativen Ästhetik mit der konsequenten Befragung des Forschungsmaterials zusammenzuführen.

Ad 2. In Exkursen wird eine komparatistische Montage von ausgewählten Fallstudien und Stratagemen von Forensic Architecture mit zwei künstlerischen Positionen, nämlich Constanze Ruhm und M. NourbeSe Philip, vorgenommen. Denn: »Eine Montage herzustellen, meint nicht, Dinge einander anzugleichen, sondern *Ähnlichkeiten* aufblitzen zu lassen und jede *Gleichsetzung* unmöglich zu machen.« (Didi-Huberman 2007: 8, H.i.O.)

Constanze Ruhm⁵⁶ (*1965) ist eine österreichische Filmemacherin und Universitätsprofessorin für Medienkunst. Ihre Praxis ist geprägt von einem Interesse für dramaturgisch offene und netzwerkartig verknüpfte Figuren, von wechselseitigen Konstitutionsprozessen von Theorie und künstlerischer Produktion sowie von Autor:innenschaft im Übergang von Kino und Neuen Medien. Ruhms Arbeit oszilliert zwischen einer Dekodierung von Repräsentationsverkettungen und performativen Verschiebungen. Seit den 1990er Jahren entwickle sie, so Christa Blümlinger, konsequent eine »filmbezogene Archivkunst«, die auf Korrelationen von Kino und Medienkunst beruhe und sich zu gleichen Teilen der Appropriation sowie der Montage von Found-Footage bediene; die »zitative Dynamik« dieser Praktik lasse »sich mit dem Begriff der ›Virtualisierung‹ fassen [...], was zunächst die prozesshafte, nicht auf sofortige Ausführung insistierende Form des Werks meint« (vgl. Blümlinger 2015: 41–42).

M. NourbeSe Philip (*1947), stammend vom karibischen Inselstaat Trinidad und Tobago, ist eine in Kanada lebende Autorin und Juristin. Nach dem Studium der Politik- und Rechtswissenschaft arbeitete sie einige Jahre als Anwältin, bevor sie sich Anfang der 1980er Jahre gänzlich der schriftstellerischen Tätigkeit widmete. Wiewohl der Fokus auf dem Poetischen liegt, umfasst ihr Werk auch

---

55 Zu diesem Umkehr- und Verschränkungsverhältnis zitiere ich Busch (2016: 12–13): »So wie von einem Theoretisch-Werden der Kunst kann man von einem Kunst-Werden der Theorie sprechen. Auf der einen Seite wird Kunst zum Medium der Theorie: Kunst fungiert etwa in der Philosophie von Martin Heidegger, Gilles Deleuze oder Jacques Derrida nicht als der Gegenstand einer ästhetischen Erfahrung, sondern sie wird in der Philosophie – als Veränderung des Denkens – wirksam. [...] Im Gegenzug wird auf der anderen Seite auch die Philosophie zum Material und Arbeitsmittel der Kunst [...].«
56 Constanze Ruhm stellt national und international aus; Ausstellungen und Screenings umfassen u. a. folgende Galerien, Ausstellungshäuser, Biennalen und Filmfestivals: Zeit Kunst Niederösterreich, Internationale Filmfestspiele Berlin, Kunsthalle Bern, Kerstin Engholm Galerie, Museum Moderner Kunst Wien und Biennale di Venezia.

Romane und Essays. Im Vordergrund der Analyse hier wird Philips Gedichtband *Zong!* stehen, der für viele Theoretiker:innen zu einem wichtigen Referenzpunkt geworden ist. Christina Sharpe, Anglistin/Amerikanistin, ordnet *Zong!* der *Black expressive culture* zu, bei der es nicht darum gehe, Ausschlüsse aus dem Archiv zu erklären, sondern sie ästhetisch zu fassen (vgl. Sharpe 2016: 14).

Mit dem Ziel einer Perspektivierung der auf Forensic Architecture konzentrierten Reflexion ermöglichen mir die Werkentwürfe von Ruhm und Philip ein tieferes Verständnis der Ästhetik als Untersuchungsmodus in Hinblick auf Implikationen, Korrespondenzen, Ambivalenzen und Widersprüche. Stichprobenartig vergleiche ich Investigationen der Agentur mit medial-methodischen Verfahren von Ruhm insbesondere in den Kapiteln I.2., II.2. und III.2., sowie mit rechtskritischen Vorgehensweisen in einer Fallstudie von Philip vor allem im Kapitel III.3. Als sowohl beispielhafte wie singuläre Positionen verfolgen Ruhm und Philip wie auch Forensic Architecture repräsentationspolitische Anliegen. In der analytischen Montage offenbart sich ihr dialektisches Verhältnis zueinander; die eine Fallstudie tritt analytisch in den Fokus, sobald die Gefahr einer superfiziellen Rezeption einer anderen aufkommt. Oder anders ausgedrückt: Die eine bestimmte Diskursivierung anbietende Investigation verkompliziert sich im Zuge einer solchen Lesart, zumal die Arbeiten von Ruhm und Philip zeitweise als Kontrastfolie zur Forschungseinrichtung dienen werden.[57]

So tangiert beispielsweise Ruhms Werk Recht(-sprechung) scheinbar nicht, bis es im Kontext der skizzierten Problemfelder befragt wird. Ihre ›feministische‹ Kritik unterhält dann eine besondere Nähe zum selten gewaltfreien Urteilen[58] und verfolgt die Absicht, Geschlechterordnungen poetisch-medienpropädeutisch zu diagnostizieren und sich mit bestimmten gegenkulturellen Bewegungen zu solidarisieren. Sie nimmt in ihren Arbeiten eine Dekonstruktion des filmischen Mediums vor: Ein bestimmtes Werk der Kinomoderne untersucht sie auf Blickachsen, Architekturen und Archivierungsprozesse mittels Computersimulation, Found-Footage-Montage, Essaystrategien und dem theatralen Format der Probe; sie bewegt sich dabei innerhalb der Künste und setzt filmisch-psychoanalytische Mittel und poststrukturalistische Theorien ein. Im Unterschied

---

[57] Meine Absicht besteht darin, Investigationen von Forensic Architecture mit solchen von Ruhm und Philip miteinander in Dialog zu setzen, die inhaltlich und formal korrespondieren, ohne homogen zu sein.
[58] Passend dazu schreibt Derrida (1991: 70): »In dem Maße, in dem der Begriff der Kritik eine Entscheidung und eine Frage beinhaltet (eine Entscheidung in Gestalt des Urteils, eine Frage nach dem Recht, etwas zu [be]urteilen), hängt wesentlich, in seinem Wesen selbst mit der Sphäre des Rechts zusammen.« Dies verlange nach Reflexion, um die Gewalt der eigenen, »niemals gewaltfreien Interpretation« anzuerkennen (vgl. ebd.: 25).

zu ihr ist Forensic Architecture ebenso interessiert an diesen medienreflexiven Verfahren, zielt darüber hinaus aber auf die Bereitstellung von Beweismaterial. Unter strategischem Einsatz operativen Wissens aus den Künsten intendiert die Forschungsagentur mit ihrer forensischen Medienarbeit eine kritische Befragung und Wendung der öffentlichen Wahrheit.

Die forensische Analyse tritt auch in Kombination mit poetischen Verfahren auf, in denen rechtshistorische Angelegenheiten mittels *hauntology* bearbeitet werden, um epistemische Sprachgewalt, Macht und Herrschaftsverhältnisse relational und gesetzeskritisch auszuloten, wie M. NourbeSe Philip es in *Zong!* unternimmt. Schließlich ist *to be haunted* ein mediales Phänomen, das speziell in der Auseinandersetzung mit (neo-)kolonialer Thematik auftaucht.

Ad 3. Zuletzt sei gesagt: Einer *contemporaneity*[59] verdankt das vorliegende Projekt seine Konzeption. Die künstlerisch-wissenschaftlichen Positionen von Forensic Architecture, Ruhm und Philip sind *einander zeitgenössisch*.[60] Als Zeitgenossin schreibe auch ich ohne die Autorität der Vergangenheit über diese, um seismografisch einen Wandel zu konstatieren, welchem wachsende Relevanz zukommt. Zeitgeist ist ein Versprechen – er muss immer wieder neu übersetzt werden. Obwohl der Verzögerung wissenschaftlicher Publikationspraxis kaum zu entkommen ist, bleibt eine Kartografie der Gegenwart unersetzbar: »A cartography is a theoretically based and politically informed reading of the present.« (Braidotti 2011: 216) Methodisch verlangt dies nach einer Dialektik von Binnen- und Außenperspektive:[61] Daher lese ich ein Werk oder einen Fall sowie eine auktoriale Position zum einen aus der jeweils eigenen theoretischen Setzung heraus, zum anderen – um nicht bloß zu illustrieren – ziehe ich eine kritische Kommentarebene ein. Mit der bereits erwähnten »symptomatischen Lektüre« beabsichtige ich, die im Forschungsmaterial angelegten diskursiven Leerstellen, disziplinären

---

59 Mit Rebentisch (vgl. 2015: 223–234) verstanden zeichnet sich das Zeitgenössische in der zeitgenössischen Kunst über »meaning for the present« und ein reflexives Verhältnis zur Moderne aus, in dem die Vergangenheit zur Interpretation steht; das Zeitgenössische ist somit nicht als neutrales und ewiges Jetzt misszuverstehen.

60 Dieses Versatzstück ist aus *Die Existenzweise technischer Objekte* von Gilbert Simondon (2012: 167, H. LS) entlehnt, dessen Thesen zur Ästhetik für dieses Forschungsprojekt relevant sind: »Folgt man einer solchen genetischen Hypothese, dann wäre es angebracht, die verschiedenen Weisen des Denkens nicht als parallel zueinander aufzufassen; so kann man religiöses Denken und magisches Denken nicht vergleichen, weil sie nicht auf der gleichen Ebene liegen; dagegen aber ist es möglich, technisches Denken und religiöses Denken zu vergleichen, weil sie *einander zeitgenössisch* sind.«

61 Vielen Dank an Sabeth Buchmann, in deren Dissertant:innenseminar über dieses Vorgehen nachgedacht wurde.

Abgrenzungen und methodischen Annäherungen auszumachen, um sie in einer Topologie[62] zu situieren – nicht nur »*über* die Kunst, sondern als Provokation des Denkens« (Pichler 2009: 41, H.i.O.) auch *mit* Kunst und Recht, ihren Relationen, Formationen und Kontingenzen.

3 Aufbau

Diese Studie gliedert sich, unter Bezugnahme auf konkrete Fallanalysen sowie Theoriebildungen, in drei Schwerpunktperspektiven: In Teil I untersuche ich die institutionellen und infrastrukturellen Bedingungen der zur Analyse stehenden investigativen Praxis von Forensic Architecture unter kunst- und rechtskritischen Gesichtspunkten. Da eng mit dem Mediengebrauch zusammenhängend, widme ich mich im Teil II medienreflexiven Verfahren, den von ihnen ausgehenden Veränderungen sowie Bedeutungsverschiebungen; Arbeiten werden in Hinblick auf die jeweilige Gewichtung und Bewertung der Medien als wesentliches strukturelles und zugleich ästhetisches Moment befragt. Schließlich stelle ich in Teil III daraus zu extrahierende (Denk-)Figuren und Figurationen[63] vor, anhand derer

---

[62] Wie verhält sich das philosophische topologische Denken zur mathematischen Topologie? Diese Frage behandelt Wolfram Pichler in der Einführung zu *Topologie: Falten, Knoten, Netze, Stülpungen in Kunst und Theorie* (2009), hg. von Wolfram Pichler und Ralph Ubl: »Konfigurationen von Hindernissen und Wegen sind – wie Knoten und Labyrinthe – uralte Formen der Produktion und Erforschung von Bezügen im Raum, die schon lange vor ihrer (historisch späten) Mathematisierung als ein Medium des Denkens gewirkt haben.« (Pichler 2009: 17) Wann vollzog sich also die »Mathematisierung«? »Zu einer reich verzweigten und institutionell gut verankerten mathematischen Disziplin sollte sich die Topologie [bzw. die topologische Geometrie, im Unterschied zur euklidischen, LS] erst seit ca. 1900 entwickeln.« (Ebd.: 18) Pichler nennt einige Autoren, die seit der Mitte des 20. Jahrhunderts einflussreiche topologische Figuren geprägt haben: u. a. Gilles Deleuze, Jacques Lacan (der Sigmund Freuds Topiken aktualisierte), Jean-François Lyotard, Maurice Merleau-Ponty, Michael Serres und Gilbert Simondon (vgl. ebd.: 19). Weiter schreibt Pichler: »Die zwei Autoren, denen die vielleicht wichtigsten Beiträge zu einer Topologie (in) der Kunstgeschichte geschuldet sind – Hubert Damisch und Wolfgang Kemp –, stehen beide dem Strukturalismus nahe und sind gleichermaßen an einem Denken von und in Relationen interessiert. [...] Sie begreifen die Kunstgeschichte nicht eigentlich als ein Wissen *über* die Kunst, sondern als Provokation des Denkens.« (Ebd.: 41, H.i.O.) Wenn es dann über Damisch und Kemp heißt, sie erkennen »in der Kunst ein topologisches Denken sich abzeichnen, das es als Theorie so nicht gibt« (ebd.), entspricht dies der Einschätzung, Kunst generiere Wissen, und widerspricht zugleich der These von Theoriebildung als Wissenspraxis.
[63] Eine Figuration sei laut Braidotti (vgl. 2011: 216–217, H.i.O.) ungleich Metapher, wohingegen »*conceptual personae* [Deleuze/Guattari 1994, LS] or figuration« zusammenhängen würden.

sich die Potentiale und Problematiken beleuchten lassen, welche die Rahmung der Investigativen Ästhetik vorgibt.

3.3 Teil I. Tat_Orte [Institutionen & Infrastrukturen]

Im Kapitel METAMORPHOSEN INSTITUTIONELLER (KUNST- UND RECHTS-)KRITIK stelle ich eingangs die Frage, wann und in welchen Kontexten der Kunstbegriff affirmativ bis negierend vonseiten der Agentur Forensic Architecture sowie weiterer künstlerischer und politischer Akteur:innen in deren Umfeld beansprucht wird und wie sich dieser dadurch transformiert. Anschließend gebe ich einen Überblick zum multifunktionalen Einsatz der zeitgenössischen Kunstinstitution für die Aufdeckungs- und Vermittlungsarbeit der Agentur. Vor dem Hintergrund zeithistorischer Umbrüche und demokratie- und wissenspolitischer Entwicklungen wird in drei Unterpunkten Veränderungen seit der Institutionskritik der zweiten Generation unter Berücksichtigung rechts- und kunstkritischer Blickwinkel praxistheoretisch nachgegangen, um nicht zuletzt zum Usus gewordene Charakteristika zeitgenössischer Künste herauszufordern. Unter den Stichworten ›Forum‹, ›Ästhetik‹ und ›Publikationsformat‹ wird mit Bezugnahme auf rechtshistorische Eckpunkte auch die transformierte Rolle der Ausstellung beleuchtet.

In KUNST/DEMOKRATIE: UNGEHORSAM UND RADIKAL? hinterfrage ich das politische Versprechen, das bei Forensic Architecture im Auftritt als Gerechtigkeitsorgan in Repräsentationskrisen mitschwingt und reflektiere, wie dieses infrastrukturell eingebettet ist. Für diese Erwägungen zwischen Kunst, Politik und Recht werden eine Reihe von Begrifflichkeiten auf ihre Entsprechung und Relation zueinander abgeklopft. Hervorzuheben sind jene zur »Postdemokratie« von Colin Crouch und die kritische Rezeption derselben durch Jens Kastner, jene zum »radikaldemokratischem Aktivismus« von Oliver Marchart und das davon durch Nora Sternfeld abgeleitete »radikaldemokratische Museum«, ferner jene zu zivilen Ungehorsam durchkreuzenden Fluchtpraktiken von Geoffroy de Lagasnerie, jene zu Bildpolitiken und rechtlichen Plattformen von Eyal Weizman, jene zum Menschenrechtsdiskurs von Cornelia Vismann sowie die zur Ästhetisierung von Juliane Rebentisch.

In KUNST/WISSEN: KASUISTISCHE ERKENNTNIS – »ÄSTHETISCHE INTENTION« adressiere ich zunächst Facetten künstlerischer Forschung, um die Investigationen nach dem Status des Wissens sowie dessen Genese und Wirkung zu befragen. Welche Art von Wissen oder Erkenntnis produzieren die fallspezifischen Untersuchungen, und mit welcher Methode? Den durch Gilbert Simondon geprägten Konzepten »ästhetische Intention« und »Transduktivität« kommt hier eine wesentliche Rolle zu, wenn es darum geht, diskurspolitisch nachzuvollziehen, wie sich rechtliche und künstlerische (Denk-)Bereiche aufgrund von Soll-Ansprüchen an die Künste in kasuistischen Aufdeckungen verschalten.

In KUNST/URTEIL: TRIBUNALISIERUNG – INSTITUTIONELLE FUNKTIONSÜBERNAHMEN dient mir die durch Cornelia Vismann geprägte Unterscheidung von Gericht und Tribunal als Analyseinstrument, um den Einsatz von Versatzstücken beider Rechtsprechungsformate bei Forensic Architecture auszumachen. Eine Analyse der Versammlungsformen und Sprechweisen der Agentur soll deutlich machen, inwiefern sie sowohl Akteurin als auch Symptomträgerin kunst- und rechtsinstitutioneller Funktionsübernahmen darstellt. Referenziell herangezogen werden dafür die 1990er Jahre, um Veränderungen zur heutigen Zeit aufzuzeigen. Zudem greife ich Vismanns Derrida-Lektüren auf, da diese Problematiken transdisziplinären Arbeitens über das Dispositiv der Dekonstruktion, das sich gegen die Dogmatik[64] wendet und Recht mit Gewalt gleichsetzt, verdeutlichen. Unter Betrachtung verschiedener Tribunale (*Tribunal NSU-Komplex auflösen, Russell Tribunal, Kongo Tribunal* und *Kapitalismustribunal*) entspinnt sich eine Diskussion darüber, wie nicht zuletzt Lai:innen das Recht transformieren und neu entstehende Expertisen sich auf ästhetisch-juristische Urteile auswirken. Hierfür kontextualisiere ich auch den aus dem 18. Jahrhundert kommenden, mit Immanuel Kant assoziierten Begriff der ›Urteilskraft‹ – gestützt auf die Rezeption durch Hans-Georg Gadamer. Wo im performativen Bereich die Probe beginnt und das Gericht endet, diskutiere ich in einem Exkurs zum Verhandlungsformat des »mock trial« *ein Prozess – die Strafsache gegen Herrn Noethen* (2002, von Rainer Kirberg und Fareed Armaly am Künstlerhaus Stuttgart initiiert). Wird das »Recht als Transformation« (Stephan Kirste) begriffen, gilt es die feinen Unterschiede zwischen künstlerischer und rechtlicher Setzung beziehungsweise »Instituierung« (Gerald Raunig) herauszuarbeiten.

Im Anschluss nehme ich in ZWISCHENFAZIT: NACHLASS VORWEGNEHMEN eine vergleichende Analyse der Großausstellung *Forensic Architecture: Towards an Investigative Aesthetics* (2017) und der als Retrospektive aufgezogenen Ausstellung *Constanze Ruhm. Re: Rehearsals (No Such Thing as Repetition)* (2015/2016) mit Fokus auf Displaykonzeption, Autor:innenschaft und Geschichtlichkeit vor. Überprüft wird, welche Zeitbegriffe sich in künstlerisch-kuratorischen Displayentscheidungen und den in Werkkomplexe eingewobenen Metaebenen manifestieren. Da die Ausstellungen installativ konzipiert waren, betrachte ich, inwiefern Juliane Rebentischs Installationsbegriff, für den die rezeptionsästhetische Offen-

---

64 Die Dogmatik meint die richtige Auslegung von Gesetzestexten (vgl. Baer 2011: 60) sowie allgemein die Gesetzesanwendung.

heit der Erfahrung maßgeblich ist, zutreffend ist und wo er im fallbezogenen Arbeiten mitunter zugunsten einer produktionsästhetisch verfassten Historiografie durchkreuzt wird. Es erfolgt ein Exkurs zu Fareed Armalys institutionskritischer Installation *The (re)Orient* (1989/2021). Umkehrverhältnisse zwischen Kunst und Kunstgeschichte, wie sie etwa Sabeth Buchmann und Eva Kernbauer analysieren, werden aufgegriffen, um kuratorische Strategien des Nachlasses zu Lebzeiten zu thematisieren. Dies wiederum berührt Fragen nach der Autor:innenschaft: reflexiver, referenzieller, zerstreuter, anonymisierter oder abstrahiert-institutionalisierter Natur.

3.3 Teil II. Zur Sache! [Medien & Verfahren]

Im Kapitel Wandel in der Medienrezeption beginne ich mit einer zeitlichen Einbettung der Ökologiedebatte – für die medienhistorische Herleitung von Forensic Architecture wesentlich – unter anderem in Kunst, Philosophie, Technologie, Kybernetik und Architektur. Dafür rekonstruiere ich relevante Theoriestränge und (Diskurs-)Ereignisse seit den späten 1950er Jahren. Im Anschluss wird die Medienökologie als Untersuchungsmethode sowie Figuration situativ bestimmt, gefolgt von Referenzen zur *Eco- and Environmental Art* und einer kommentierenden Lektüre der Schrift *Die drei Ökologien* von Félix Guattari. Vor dem Hintergrund des *documentary turn* in den 1990er Jahren reflektiere ich den medialen Einsatz von Found-Footage, um allgemeiner auf den künstlerisch-filmischen Umgang mit dem Fragment einzugehen. Wie sind Medien historisch gesehen in die Rechtsprechung eingebettet? Die Nürnberger Prozesse sind dabei wesentlicher Referenzpunkt. Medientheoretische Überlegungen zu (post-)kinematografischen und rechtlichen Archivpraktiken entspinnen sich im Dialog mit Texten insbesondere von Johannes Binotto, Thomas Elsaesser, Anna Maria Guasch Ferrer, Erich Hörl, Cornelia Lund und Cornelia Vismann. Mithilfe des »Indizienparadigmas« von Carlo Ginzburg, mit dem dieser die Verbindung von Kriminalistik und Kunstgeschichte um 1900 erklärt, sowie der Analysen forensischer Medien von Greg Siegel diagnostiziere ich abschließend die Fokusverschiebung vom Dokumentarischen zum Forensischen.

Um die Figur des ›Metafilmischen‹ geht es im Kapitel Medienforensik des Films. Die Fallstudien *77sqm_9:26min* (Forensic Architecture, 2017) und *Apartment* (Constanze Ruhm, 1999) werden verglichen, da sowohl Forensic Architecture als auch Ruhm in ihren Architekturanalysen mehrfach das Format wechseln: Filmisches oder videobasiertes Material ist Ausgangspunkt eines Raummodells, dessen Animation wiederum in quasi filmische Form beziehungsweise ein

Ermittlungsvideo rückgeführt wird. In der Untersuchung von Ruhms Arbeit gehe ich von Christa Blümlingers Begriffsbildung zum *Kino aus zweiter Hand* aus und führe diese mit Überlegungen zu Figur versus Chor und der Relation von Ästhetik, Projektion und Information fort. Techniken, die von Ruhm und Forensic Architecture eingesetzt werden, liegen zwischen einer Nachstellung von Abläufen und Blickachsen sowie einer Medienforensik des Films als Material wie Wahrnehmungsdispositiv.

Räumliche Dimensionen der Untersuchung diskutiere ich auch im Kapitel SIMULIERTES ARCHITEKTURMODELL: JURISDIKTIONELLES DISPOSITIV. Zunächst stelle ich fest, welcher Typ von Erzählung sich in den Investigationen von Forensic Architecture findet. Es wird beleuchtet, wie sehr der Film das kriminalistische Detektivgenre mitgeprägt hat und welche Implikationen sequentielle im Unterschied zu simultanen Erzählformen mit sich bringen. Die interaktive Plattform *Ayotzinapa* (Forensic Architecture, 2017) vergleiche ich mit der *Movie Map* (Architecture Machine Group, 1970er Jahre); wichtiger Bezugspunkt bei der Relation architektonischer, filmischer und kartografischer Medien ist hier ein Text von Felicity D. Scott. Aufgeschlüsselt wird die multifunktionale Einsatzmöglichkeit des Spuren verortenden simulierten Architekturmodells mittels *deep mapping* im Untersuchungs- und Verhandlungsprozess. Es folgt eine Analyse des Ermittlungsvideos zum Fall *The Architecture of Memory / Drone Strike in Mir Ali* (Forensic Architecture, 2013), um Architektur als Erinnerungstechnik näher zu betrachten. Zuletzt hinterfrage ich, inwiefern Forensic Architecture das Potential wahrnimmt, über Simulation vorauszudeuten, wobei ich mich auf die Begriffsdifferenzierung von Inge Hinterwaldner berufe.

Teil II schließt mit dem ZWISCHENFAZIT: INVESTIGATIVE ÄSTHETIK ALS EVIDENZVERFAHREN. Weshalb ausgerechnet die Ästhetik zu Hilfe gerufen wird, um Evidenz zu erzeugen, zu hinterfragen oder zu negieren, wird hier beleuchtet. Zuerst schärfe ich den Evidenzbegriff, dann ziehe ich den Montagebegriff von George Didi-Huberman heran, um zu verdeutlichen, wie Transparenz über das mediale Spuren-Dekodierungsverfahren inszeniert wird. Zentral in diesem Zwischenfazit ist die doppelte Anlage der Investigativen Ästhetik als spezifische Erscheinungsform basierend auf den jeweils angewandten Programmen und Verfahren auf der einen, und als (Legitimations-)Methode der sich selbst zum Thema machenden Aufdeckung auf der anderen Seite. Anschließend befrage ich die Investigative Ästhetik auf die von Jacques Rancière in *Die Aufteilung des Sinnlichen* definierten Regime hin. Abschließend wird die Ausstellung *Investigative Commons* (2021) in Bezug zu früheren Ausstellungen von Forensic Architecture gesetzt und ein ›aktivistisches Regime‹ der Künste diagnostiziert.

3.3 Teil III. An_Klage [Figuren & Figurationen]

Im Kapitel Vom »Artist as Ethnographer« zum Artist as Detective schlage ich den Begriff *artist as detective* vor und überprüfe ihn als Habitusform. Dafür unterscheide ich ihn zuerst vom Terminus »artist as ethnographer«, den der Kunsthistoriker Hal Foster prägt, um anschließend deren institutionskritischen Gemeinsamkeiten herauszuarbeiten. Intention ist, die detektivische Subjektposition von Forensic Architecture als Agentur zu reflektieren, die sich zwischen Dienstleistung und einem »Undienlich-Machen« (in begrifflicher Anlehnung an Iris Därmann) bewegt und deren Tätigkeit vertraglich reguliert ist. Die Frage des Vertrags diskutiere ich aus rechtlicher und rhetorischer Perspektive, um neue Formationen des Ideals ›Wirksamkeit‹ in den Blick zu bekommen. Als weitere Referenzen dienen mir der philosophische Traktat über den Detektivroman von Siegfried Kracauer sowie Luc Boltanskis soziologische Analyse des Kriminalromans.

Öffentlichkeiten im Entzug: Spion:innen und Geheimintelligenz sucht hinter den Kulissen der Investigationen nach den am Fall beteiligten Produzent:innen und Akteur:innen. Meine Absicht ist, das spezifische Verhältnis von Öffentlichkeit und ihrem Entzug zu bestimmen. In diesem Kontext werden die Begriffe Leak und *proxy* bezogen auf anonymes hegemoniekritisches Handeln und Transparenzversprechen evaluiert. Im argumentativen Spannungsfeld zu den Investigationen von Forensic Architecture analysiere ich den Film GLI APPUNTI DI ANNA AZZORI: *Uno specchio che viaggia nel tempo* (Constanze Ruhm, 2019), um Spion:innen in ihrer Mehrfachbedeutung von architektonischen Mechanismen und Agent:innen zu beleuchten. Sehen, ohne gesehen zu werden: Welche Arbeits- und Medienbegriffe sind in diesem Zusammenhang sowohl bei Ruhm als auch bei Forensic Architecture festzumachen?

In Poeto-Forensik: Ozeanografie linguistischer und verdateter Spuren widme ich mich den Möglichkeiten, Gewalt sowie gegenwärtiges oder vergangenes Unrecht über sprachliche und datenförmige Spuren anzuklagen. Zur komparatistischen Analyse stehen die Fallstudien *Liquid Traces – Left-to-Die Boat* (Forensic Architecture, 2014) und *Zong!* (M. NourbeSe Philip, 2008). Welche medialen Aufbereitungen bedienen welches Format der An_Klage – der rechtlichen Anklage im Gegensatz zur trauernden (Weh-)Klage? Unter Rückgriff insbesondere auf Maria Boletsis »vasanizomai«, Avital Ronells »complaint«, Christina Sharpes »wake work«, Giorgio Agambens und Jacques Derridas Reflexionen der Zeug:innenschaft sowie Judith Butlers Überlegungen zur Trauer begegne ich diesen Fragen.

Das ZWISCHENFAZIT: MARGINALISIERTE REGISTER beginnt mit einem historischen Exkurs zu ›Justitia‹ und einer an der Figur festzumachenden gerichtlichen Skepsis gegenüber Visuellem. Mein Ziel in diesem Zwischenfazit ist, offenzulegen, wie und weshalb Investigationen von Forensic Architecture spezifische Affekte und Register aussparen oder marginalisieren: Sind es die des Psychischen, des Körperlichen oder der Imagination? Rechtliche wie künstlerische Vorstellungen von Sorge werden einer Revision unterzogen. Die Verschiebung von einer persönlichen ›Erfahrung‹ zu einer entpersonalisierten und auf das Material projizierten Vorstellung des ›Widerfahrenen‹ analysiere ich diagnostisch. Zum Tragen kommen neben bereits in vorherigen Kapiteln aufgegriffenen Konzepten auch Überlegungen zu Affekt und Krieg von Judith Butler und zum Bild im Recht von Cornelia Vismann.

I Tat_Orte
[Institutionen & Infrastrukturen]

Gefolterte Häftlinge, sich selbst überlassene Bootsflüchtlinge, verbrannte Fabriksarbeiter:innen, gekidnappte Studierende und ausgebeutete Umwelten (21. Jahrhundert), das Verschwinden filmischer Figuren (20. Jahrhundert) und über Bord geworfene Sklav:innen (18. Jahrhundert) – Zerstörung, metaphorischer Tod und buchstäblicher Mord scheinen grundlegende Ereignisse der sich so verschieden präsentierenden Investigationen von Forensic Architecture, Constanze Ruhm und M. NourbeSe Philip zu sein. Genau genommen sind es das Widerstreben gegen diese Vorfälle und ihre strukturellen Bedingungen, das Aufdecken der Morde und das Rekonstruieren des Verschwindens von Personen und Beweismitteln. Verschiedene Krisen gehen den Fallstudien voraus: eine Krise demokratischer Institutionen geknüpft an eine »Gerechtigkeitskrise« (Neskovic 2016: 19) des Kapitalismus, eine ökologische Krise des Anthropozäns, eine Krise der Repräsentation in politischen und künstlerischen Öffentlichkeiten, eine Krise normativer Instanzen und der Verifizierbarkeit sowie möglicherweise ebenso eine Krise der Kritik.

Entsprechend dieses Trends stehen nicht die affizierten Personen im Vordergrund, sondern die Tatortsarchitekturen. Es handelt sich dabei nicht allein um Investigationen, in denen von Tatorten – aus einer zentraleuropäischen Blickrichtung – an vermeintlichen Rändern der Gesellschaft erzählt wird, sondern die mittendrin zu finden sind: etwa in der deutschen Rechtsprechung, dem französischen Autor:innenkino oder der europäischen Kolonialgeschichte. Welche Tatorte werden jedoch als solche erkannt? Die *crime scene* kann ein Gebäude, ein Stadtteil, eine Fabrik, ein Ozean, ein Filmstudio oder eine Piazza sein, aber auch eine bestimmte Rechtsarchitektur oder ein Archiv als Co-Produzent kulturellen Gedächtnisses. Insofern sind auch Institutionen und Instanzen selbst Tatorte, die inner- oder außerinstitutionell bearbeitet werden. Während Tatorte erster Ordnung aus Tat und involvierten, affizierten oder bezeugenden Akteur:innen bestehen, sind die Tatorte, um die sich die Investigationen drehen, zweiter Ordnung – nämlich medial vermittelt. Der Fund- oder Ereignisort kann ein Tatort zweiter Ordnung sein. In den rekonstruierten Tathergängen bilden die teils fluiden und prozessualen Orte die zentralen Protagonist:innen; sie werden mit der Absicht sozialer Gerechtigkeit analysiert, rekonstruiert, montiert und simuliert.

Während es zwischen Forensic Architecture, Ruhm und Philip also die Gemeinsamkeit der Tatort-Aufdeckung gibt, fallen daraus gezogene Konsequenzen unterschiedlich aus. Kontinua von Lebendigem und Totem denkt Forensic Architecture vordergründig über Daten, Ruhm über Projektion–Gegenprojektionsanalysen und Philip über das Motiv der Heimsuchung. Zudem variiert das Deliktstadium: Während sich dieses bei einem deklarierten Mord eindeutig gestaltet, müssen – etwa mithilfe von Architekturanalysen – patriarchale Sichtbarkeits- und Lebensordnungen, in Recht und Gesetz manifestiert, erst als Vergehen aufgedeckt werden.[65] »Unter einem bereits formulierten Gesetz aber wird Erfahrung zum Sachverhalt, subsumierbar unter bestimmte Tatbestandsmerkmale.« (Vismann 2012: 243) Erfahrung kann folglich aktivistisch oder künstlerisch zum Sachverhalt erklärt werden oder die Subsumption unter einen gerichtlichen Spruchkörper abwehren.

Damit ist der Fokus auf die Umgebung und die Tatortsarchitektur konträr zur Konzeption der seit 1970 bestehenden populären TV-Serie *Tatort*, deren Folgen meist mit einem Mord beginnen und in denen die Ermittlungstätigkeit der Kommissar:innen vordergründig ist. Der Einsatz realer Versatzstücke suggeriert, mit Untersuchungs- und Strafverfahren vertraut gemacht zu werden. Inwiefern dabei Zerrbilder vermittelt werden, kommentiert und reflektiert beispielsweise der von der ZEIT produzierte *Kriminalpodcast: Verbrechen*: »Echte Kriminalfälle aus Deutschland« im Duktus eines aufklärend-unterhaltsamen Kaffeekränzchens.[66]

I.1 Metamorphosen institutioneller (Kunst- und Rechts-)Kritik

Die Praxis von Forensic Architecture wird nun in Hinblick auf Metamorphosen institutioneller Kunst- und Rechtskritik seit den 1990er Jahren befragt. In der Verbindung dreier Autor:innen findet sich der Problemhorizont, in dessen Rahmen ich diese Fragestellung diskutiere; denn in ihren Schriften sind sowohl die entscheidenden Diskurse erörtert als auch die methodologischen Vorgänge angelegt, sodass ich darin mein hermeneutisches Analysewerkzeug finde:

Cornelia Vismanns Unterscheidungen sind auf der formal-inhaltlichen Ebene relevant: Die medienkulturtheoretischen Texte der Rechtswissenschaftlerin und Philosophin bilden an vielerlei Stellen die Ausgangsbasis einer kritischen Analyse der medienbasierten Übersetzung zwischen Künsten und Rechtsprechung. Sie

---

65 So konnte beispielsweise in Hollywoodproduktionen eingesetztes Filmmaterial lange Zeit dunkle Hautfarbe kaum darstellen. Diese war nicht im Normspektrum der *Shirley-Card* von Kodak vertreten, sodass sich Rassismus technisch auf den Filmstreifen einschrieb. Lorna Roth analysiert dies kritisch im Aufsatz *Looking at Shirley, the Ultimate Norm: Colour Balance, Image Technologies, and Cognitive Equity* (2009).

66 Die Gespräche finden zwischen Sabine Rückert, Gerichts- und Kriminalberichterstatterin und stellvertretende Chefredakteurin von DIE ZEIT, und Andreas Sentker, Leiter des ZEIT-Wissensressorts, statt (vgl. ZEIT).

deckte mit Betonung auf die Medien von Gericht und Tribunal – anstelle des üblichen Fokus auf die Textualität des Gesetzes und die Performanz des Prozesses – einen *blind spot* auf: Ins Zentrum rücken räumlich-mediale Formate sowie Verhandlungsmethoden.[67]

Juliane Rebentischs Überlegungen dienen mir auf der formal-ästhetischen Ebene zur Reflexion von Ortsspezifität sowie des entgrenzten Werkbegriffs der Investigationen und ihres institutionellen Gefüges. Zudem ist die von ihr systematisch aufgearbeitete Ästhetisierungskritik relevant in Hinblick auf das Demokratieverständnis im künstlerisch-rechtlichen Umfeld von Forensic Architecture. In meiner Argumentation sind Entgrenzungsphänomene nicht nur der Kunstproduktion, sondern ebenso der Kunstrezeption und -diskursivierung zentral; dies spiegelt sich in der Adressierung ›großer Themen‹, wie denen von Demokratie und Wissen.

Gilbert Simondons[68] Konzepte schließlich sind auf der diskurspolitischen Ebene relevant, da mit ihnen hinterfragt werden kann, was Ästhetik leisten kann und soll. Dabei geht es um disziplinäre Spezialisierung versus Synchronisation auseinanderliegender Denk- und Praxisbereiche.

Ein Gründungsmoment institutionskritisch-investigativer Künste liegt in der Analyse von Produktionsbedingungen, Ritualen und Repräsentationspolitiken im Museum.[69] Institutionskritische Künstler:innen der 1990er Jahre, wie Andrea

---

67 Vismann (2011: 341) schreibt über Medien, welche die Justiz für bis dato fremde Elemente geöffnet haben: »Mit dem Eindringen der Kameras in die geschlossene Welt des Gerichts wird eine Gerichtsverhandlung durchlässig für justizfremde Anforderungen [...].«

68 Laut Pichler (vgl. 2009: 29–30) sei die Theoriebildung Simondons topologisch, da seine in den 1960er Jahren angestellten »Untersuchungen zum Prozess der Individuation die fundamentale Rolle der Unterscheidung von innen und außen in der räumlichen (und zeitlichen) Struktur lebendiger Individuen« betonen; seine Ansätze haben schließlich großen Einfluss auf das Topologieverständnis von Gilles Deleuze genommen.

69 Während die Avantgarden allgemein nach der Kunst fragten, fokussierten Künstler:innen ab den 1970er Jahren auf die Kunstinstitution als ›Betriebssystem‹ (im Besonderen auf den *white cube*). Im Unterschied zum organischen und kontextunabhängigen Kunstwerk intendierte die ortsspezifische Kunst sich der Kommodifizierung als Ware zu entziehen. Dies gelang jedoch letztlich nicht, sofern Sekundärprodukte der Installation – von Seiten ihrer Produzent:innen mit demokratischer Öffentlichkeit zusammengedacht – gehandelt und erneut ausgestellt werden konnten. »Kultursponsoring«, private und staatliche Förderung sowie Beauftragungen brachten neue und komplex verstrickte Abhängigkeiten hervor. Insofern diene die ortsspezifische Installation mehr als ein kritischer Indikator von Abhängigkeitsverhältnissen innerhalb des Kunstbetriebs. Seit den 1970er Jahren habe sich, so Rebentisch, institutionskritische Kunst zunehmend an die Institution angedient, um eine Kritik von innen heraus zu formulieren und Rezeptionsbedingungen selbst zu beleuchten. (Vgl. Rebentisch 2003: 263–267)

Fraser, Fareed Armaly, Hans Haacke, Luis Camnitzer und Renée Green, arbeiteten mit einer reflexiven Aufdeckung des Kunstsystems, indem sie etwa Ausstellungsarchitekturen und -infrastrukturen freilegten, Sammlungen nach außen kehrten oder unsichtbare Informations-, Kommunikations- und Reproduktionsabläufe des Betriebs adressierten. Im Sinne poststrukturalistischer Kritik durchleuchteten sie die sprachliche und soziale Konstruiertheit von Aussagen und Angelegenheiten. Kunsthistorisch betrachtet stellt jene Institutionskritik der zweiten Generation[70] mit ihren *case studies* in Form investigativer Installationen und gesellschaftskritischer Interventionen einen wichtigen Vorläufer der Praxis von Forensic Architecture dar: Wenn Kriminalistik auf nicht-fiktionale Weise (aber unter Einbezug narrativer Dimensionen) in den Kunstkontext Eingang findet, setzt die Forschungsagentur die genannten Kritikformen[71] voraus, ohne in ihnen aufzugehen oder auf bekannte Weise das Erbe fortzuschreiben.

In *Theorien der Gegenwartskunst* (2013) skizziert Juliane Rebentisch Gegenwartskunst als Fortführung (anstatt als Bruch mit) der in der Moderne stattfindenden Entgrenzungstendenzen.[72] Diese gewannen in den 1960er Jahren durch die Aufhebung des geschlossenen Werkbegriffs an Momentum; die markantesten Diskursereignisse seien die des Readymade und der Konzeptkunst gewesen (vgl. Rebentisch 2013: 20), sodass seit damals der Kunstbegriff selbst zur Diskussion

---

[70] Diese fand, im Gegensatz zur Institutionskritik und Konzeptkunst der ersten Generation (späte 1960er und frühe 1970er Jahre), in den späten 1980er und frühen 1990er Jahren statt. Siehe dazu beispielsweise den Ausstellungskatalog *Kontext Kunst: Kunst der 90er Jahre* (1995), hg. von Peter Weibel. Es etablierte sich damals das »subjekt- und repräsentationskritische[ ] Paradigma[ ]« einer »Kunst der Recherche« (vgl. Diederichsen 2010: 23).
[71] Ebenso unterscheidet sich ihr Vorgehen von einer Architekturkritik des Bauens. Diese ist, jenseits des Schreibens über Architektur, eine dem Bauen inhärente Kritik, denn Bauende kritisieren immanent, was schon da ist: Entwerfen und Reflektieren gehören zusammen; Referenzbeispiele sind wesentlich, um etwas zu kritisieren.
[72] Im Fokus steht bei Rebentisch die europäische und angloamerikanische Moderne. »Nun konzentriert sich [...] Entgrenzung [...] eher produktionsästhetisch auf die neuartigen *Formen*, die die Kunst seit den 1960er Jahren annimmt, während [...] Erfahrung [...] eher rezeptionsästhetisch die *Wirkungen* fokussiert, die von der Kunst ausgehen. [...] So ist der Begriff der Erfahrung nicht zuletzt in Reaktion auf die durch die Entgrenzungstendenzen in der Kunst ausgelöste Krise des Werkbegriffs zum Schlüsselbegriff ästhetischer Theoriebildung geworden.« (Rebentisch 2013: 25–26, H.i.O.)

stehe (vgl. ebd.: 107). Damit verbunden ist die Repräsentationskrise in der Kunst,[73] die auf folgenden Zäsuren basiert: »Dematerialization — The status of the art object«, »Involvement — The relation to the viewer« und »Critique — The relation to the institution« (vgl. Sternfeld/Ziaja 2012: 22–23). Forensic Architecture jedoch bezieht sich mit der Investigativen Ästhetik weder aktiv auf die Krise des Werkbegriffs, noch wird über das Erzählen oder Archivieren an sich philosophiert (wie es beispielsweise im Essayfilm[74] geschieht). Reflektiert die Agentur über Kunst oder wird diese – womöglich zurecht – nur als Plattform pragmatisch genutzt? In einer Theoretisierung der Forschungsagentur muss eine Auseinandersetzung mit Kunstbegriffen aus mindestens zwei Gründen geschehen: Zum einen aufgrund des ökonomischen Aspekts (Kunst- und Forschungsinstitutionen ermöglichen die investigative Arbeit durch *coproductions*, *commissions*,[75] *loans*, *acquisitions* und *research* Förderungen), zum anderen aufgrund des angewandt-philosophischen Aspekts der Investigativen Ästhetik.

Zunächst lassen sich folgende diskutable Kunstbegriffe differenzieren: (i) Kunst und Institution: Bei einer »Institutionentheorie«[76] der Kunst könnten jedoch ›populäre‹ Institutionen wie das Kino aus der Definition ausscheiden

---

[73] »Krisen der Repräsentation« werden im 20. Jahrhundert in den Wissenschaften, den Künsten (etwa im russischen Konstruktivismus, im Happening, in der Institutionskritik und im postdramatischen Theater) sowie den neuen sozialen Bewegungen ('68er und Occupy) bearbeitet; in der Philosophie seien diese Krisen bereits Ende des 18. Jahrhunderts Thema gewesen (vgl. Sternfeld 2018: 22–23).
[74] Mehr dazu im Kapitel II.1.
[75] Nausikaä El-Mecky bringt die historische und bis heute aktuelle Problematik der *commissions* im Aufsatz *A Very Nuanced Scandal: Gustav Klimt and the Mythologisation of the University Paintings Controversy* (2018) folgendermaßen auf den Punkt: »Public art commissioned in our age also frequently attracts anger, debate, petitions or protests regarding its aesthetic, underlying message, or faces accusations over the ›misuse of public funds.‹ [...] [Klimt's Faculty Paintings are, LS] example of an issue that remains unresolved: when it comes to works of art commissioned to benefit a wider audience, where does public interest begin and artistic autonomy end?«
[76] Die »Institutionentheorie« sei maßgeblich auf George Dickie zurückzuführen (siehe *Art and the Aesthetic: An Institutional Analysis* [1974] und *The Art Circle: A Theory of Art* [1984]), so Bertram: »Dieser Theorie zufolge gilt als Kunstwerk, was von den Institutionen der Kunst – wie Museen, der Kunstkritik, der Kunst- und Kulturförderung usw. – als Kunstwerk behandelt wird.« (Bertram 2005: 32–33) Für Rebentisch (vgl. 2003: 272) bleibt »die Institutionalisierung von Kunst deren Begriff äußerlich«. Sie schreibt: »Zwar erheben die im Museum oder der Galerie ausgestellten Objekte deutlich einen Anspruch auf Kunst, doch hängt dessen Einlösung an den historisch wandelbaren ästhetischen Erfahrungen, die an ihr vollzogen oder nicht vollzogen werden, sowie an deren jeweiliger Objektivierung im ästhetischen Diskurs.« (Ebd.)

(vgl. Bertram 2005: 33); (ii) Kunst und Plattform:[77] Ein aktivistischer oder instrumenteller Einsatz von Kunst kann dazu dienen, Fördergelder zu akquirieren, Produktionskosten zu decken, strategisch Bildung zu fördern oder Versammlungen abzuhalten; (iii) Kunst und Forschung; (iv) Kunst und »symbolisches Kapital« (Bourdieu 1982); (v) Kunst und ästhetische Autonomie: Ein systematischer Eingriff in Politik und Recht könnte allerdings mit der Autonomie brechen. Rebentisch (vgl. 2013: 174) beispielsweise schlägt eine Definition des Werks vor, demnach sich dieses nicht im »Fürsichstehen«, sondern in seiner »Kontextreflexivität« vollzieht.[78] Ob eines dieser Kunstverständnisse auf die Investigationen zutrifft, bleibt zu evaluieren. Wenn auch kontextreflexiv, so lässt sich jedoch bereits erkennen, dass Wirkung und Werkoffenheit in den Untersuchungen von Forensic Architecture anders gelagert sind, als es Rebentischs (vgl. 2013: 25) Verständnis der Entgrenzung vorsieht. Ein antiessentialistischer Kunstbegriff fragt nicht mehr nach dem Wesen der Kunst, sondern stellt die ästhetische Praxis (die sich verändern kann) in den Vordergrund; zudem »können Gegenstände unabhängig davon Gegenstände einer ästhetischen Praxis sein, ob sie dezidiert als Kunstwerke geschaffen wurden oder nicht« (vgl. Bertram 2005: 31). Auf Manifestationen und Veränderungen von Autonomie werde ich wiederkehrend Bezug nehmen.

Betreffen Einwände gegen die Investigationen von Forensic Architecture die inhaltliche oder formal-ästhetische Ebene? Betrachten wir die populäre Rezeption in politischen, rechtlichen und künstlerischen Kontexten, betreffen Streitigkeiten ideologische, definitorische oder methodische Aspekte. Ein ideologischer Einwand kann sich auf die Institutionalisierung der Beweisproduktion oder die forensische Umkehrung, aufdeckend gegenüber Staaten und Konzernen zu agieren, beziehen. Definitorisch hingegen kann vonseiten poststrukturalistischer Kunstkritik eingewendet werden, die Investigationen der künstlerischen Gruppierung seien instrumentell und positivistisch; ein gesetzespositivistischer

---

77 So lautet der »collaborative mission text from 2011« von *Occupy Museums*: »WE OCCUPY MUSEUMS TO RECLAIM SPACE FOR MEANINGFUL CULTURE BY AND FOR THE 99%. ART AND CULTURE ARE THE SOUL OF THE COMMONS. ART IS NOT A LUXURY!« (Occupy Museums, H.i.O.)
78 »Dass eine Auseinandersetzung mit dem Zusammenhang zwischen Präsentationsbedingungen, Kunstbegriff, Rezeptionshaltungen und Gesellschaft im Medium der Kunst selbst statthaben kann, verweist nämlich auf eine tiefgreifende Veränderung im Kunstbegriff [...]. Die Autonomie der Kunst ist jetzt dezidiert nicht mehr im Sinne des monadischen Fürsichstehens der Werke verstanden, vielmehr entfaltet sie sich erst in einer Erfahrung, die sich nicht gegen den Einfluss von Kontexten immunisiert, sondern sich im Gegenteil im Modus der [politischen, ökonomischen, kulturellen, LS] Kontextreflexivität vollzieht.« (Rebentisch 2013: 174)

Rechtsbegriff, in dem deduktiv[79] Schlüsse gezogen werden, passt scheinbar nicht in ein rechtsrealistisches Wertesystem, in dem binäre Codierungen (auch die von Recht–Unrecht) mit Vorbehalt behandelt werden.[80] Oder es existiert eine grundlegende methodisch-disziplinäre Skepsis gegenüber kriminalistischen Analysen (rational wie narrativ) in den Künsten. Die gleichzeitige Auszeichnung derselben, beispielsweise durch die Nominierung von Forensic Architecture für den *Turner Prize 2018*,[81] zeigt, dass eine Kunstgalerie das tatsächliche politische Eingreifen in den symbolisch-realen Rechtsraum befürwortet.[82] An die Forschungsagentur werden konfligierende Ansprüche aus Kunst und Recht *herangetragen* und zugleich Konflikte an ihr *ausgetragen*. Letztlich wurden bestimmte Fälle aus Vorbehalt gegenüber der Kunstinstitution nicht mehr an die detektivische Agentur vergeben:[83] Die mögliche Nähe der Kunst zur Fiktion löst Unglaubwürdigkeit aus, die auf die eingesetzten Evidenzmethoden übertragen wird. In diesem Zusammenhang lassen sich entgegengesetzte Ansichten symptomatisch lesen: Auf der einen Seite dominiert der rezeptionsästhetische Vorwurf an Forensic Architecture, instrumentell zu agieren und daher keine Kunst zu produzieren. Auf

---

79 Simondon (2012: 194) schreibt über den wiederholenden Charakter der Deduktion: »Für das kontemplative deduktive Wissen ist die Anstrengung der Erkenntnis lediglich diejenige der Bewusstwerdung einer bereits existierenden Ordnung, nicht jene eines wirklichen und wirksamen Ordnens; das Wissen verändert das Sein nicht, das ihm vorgängig ist und innerhalb dessen sich das Wissen wie dessen Widerschein entfaltet.«
80 Dem muss hinzugefügt werden: »Das Recht als stabile Repräsentation von Einheit ist selbst eine [...] poststrukturalistische Mystifikation.« (Ladeur 2016a: 145)
81 Der *Turner Prize* wird jährlich von der Tate Gallery vergeben. »Forensic Architecture was nominated for four exhibitions held across 2017 and 2018: *Counter Investigations* at the Institute of Contemporary Art; *Hacia una estética investigativa / Towards an Investigative Aesthetics* held at the Museo Universitario Arte Contemporáneo (MUAC) and Museu d'Art Contemporani de Barcelona (MACBA); and *77sqm_9:26min* presented as part of documenta 14.« (Forensic Architecture 2018, H.i.O.)
82 Interessanterweise werden innerhalb der interdisziplinären Rechtsforschung (iRF), zusätzlich zu ihren Spannungen mit der Dogmatik, mit vergleichbaren Argumenten Kritik und Instrumentalismus ausgehandelt: »Bisher gerieten diejenigen, die in der iRF normativ arbeiten, zuweilen in den Verdacht, Politik unter dem Deckmantel der Wissenschaft zu betreiben. Der Vorwurf trifft überwiegend diejenigen, die sich für die Rechte von Minderheiten einsetzen oder das Recht zur Veränderung sozialer Verhältnisse mobilisieren. Umgekehrt sind jene, die sich normativer Forschung entziehen, dem Vorwurf ausgesetzt, in jedem Sinne des Wortes ›wertlose‹ Forschung zu betreiben.« (Rosenstock et al. 2019: 24)
83 Dies gab Eyal Weizman auf dem Symposion *Concerning Matters and Truths: Postmodernism's Shift and the Left-Right-Divide* (2018) am HKW preis, wo er jedoch auch erwähnte, dass die Agentur mehr Anfragen erhalte, als sie annehmen könne. Wie genau der Entscheidungsprozess bei Anfragen ausfalle, wurde nicht bekanntgegeben. Die unter »How do we choose our cases?« auf der Website von Forensic Architecture bereitgestellte Information fällt recht allgemein aus.

der anderen Seite wiederum existiert die produktionsästhetische Einschätzung der Agentur selbst, sich aufgrund der Zurückweisung, auf klassische Weise in Sammlungen aufgenommen zu werden, einer institutionellen Indienstnahme zu entziehen und die Kunstinstitution bloß strategisch zu nutzen. Dass es sich bei den Investigationen nicht um Kunst handle, impliziert das partielle und zweischneidige Abstreiten des künstlerischen Habitus vonseiten der Agentur: In der von Forensic Architecture veröffentlichten *Response to the report presented by the CDU parliamentary group in Hessen on 25 August 2017* im Kontext eines NSU[84]-Untersuchungsausschusses wird die durch die CDU abwertend eingesetzte Bezeichnung »artist-group« (Forensic Architecture 2017d: 2) als Grund erwähnt, die durch die Gruppe produzierte Untersuchung[85] zum sogenannten »NSU-Komplex« nicht als glaubwürdiges Beweismaterial gelten zu lassen. Forensic Architecture antwortete auf diese zur Diskreditierung gebrauchte Bezeichnung mit Verweis auf die transdisziplinäre Verfasstheit der Agentur, die gemäß der Ethik und dem wissenschaftlichen Kodex der Europäischen Union arbeite (vgl. ebd.). Um diesen Konflikt nachzuvollziehen, müssen disziplinär-institutionelle Komponenten von Recht und Kunst beachtet werden: So scheint es ein strategischer Zug sowie ein rhetorischer Akt zu sein, zugunsten der rechtlichen Plausibilität die künstlerische Position zurückzuweisen. Somit wird vor Gericht eben nicht in avantgardistischer Manier der freien Künste für deren Autonomie argumentiert.[86] Wenn, wie Rebentisch (2013: 109) schreibt, »die Autonomie der Kunst [...] sich

---

[84] Die rassistisch und staatsfeindlich motivierte Anschlag- und Mordserie 2000–2007 des NSU (Nationalsozialistischer Untergrund) umfasste Morde an neun Geschäftsinhabern/Fabrikarbeitern/Händlern und einer Polizistin in einer »postmigrantischen« Gesellschaft (begrifflich zurückgehend auf das »postmigrantische Theater« von Şermin Langhoff). Bevor sich die Gerichte der rechtsextremen Dimension widmeten, stand die Viktimisierung im Vordergrund. Linke Kritik lautete unter anderem, dass sich die Instanzen ordentlicher Gerichtsbarkeit in Deutschland nicht des gesellschaftlichen Zusammenhangs der Fälle angenommen hätten – also inwiefern Behörden in den NSU-Komplex verwickelt seien. Juristisch betrachtet mag der NSU-Prozess mit dem rechtskräftigen Urteil des deutschen Bundesgerichtshofs im August 2021 nach erfolgter Enttarnung der Terrorzelle im Jahr 2011 beendet sein, nicht jedoch abgeschlossen ist die Aufarbeitung des NSU-Komplexes, die zudem durch Aktenvernichtung und die so gegebene Gefahr amtlicher Strafvereitelung und Urkundenunterdrückung erschwert wurde.
[85] Eine Analyse der Investigation *77sqm_9:26min* von Forensic Architecture findet sich im Kapitel II.2.
[86] Somit unterscheidet sich das hier beschriebene Verhältnis von einer Verteidigung der Kunstfreiheit vor einer konservativen Justiz, wie sie sich beispielsweise in Fällen fand, die Mara Traumane im Aufsatz *Wie Kunst vor Gericht zu Kunst wird* (2018) analysiert. Zugleich wählt die CDU als politische Partei sehr wohl eine normative Argumentation: Das Etikett ›Kunst‹ kommt durch Fremd- nicht Selbstzuschreibung zustande, wobei es um generelle Zugehörigkeit und nicht einen Streit zwischen tradierten versus avantgardistischen Kunstbegriffen geht.

gerade in ihrem Widerstand gegen die Logik der Identifikation selbst« und ihre Konventionalisierung zeigt, ist die erfolgreiche Rezeption von Forensic Architecture im Ausstellungskontext auch deren Widerstand gegen die Kunsthistoriografie geschuldet. Sofern die Kunst jedoch die Negation ihrer selbst erlaubt, braucht es keine *counter-art*. Dabei bezieht sich das bei der Agentur feststellbare Unbehagen am Kunstbegriff vorwiegend auf die Wertschöpfung des Marktes (die allerdings nur ein Teilbereich der Kunst ist) sowie die postmodernistische Prägung der Kunstkritik. So kommt es, dass womöglich die »Forensis«, die sich als ästhetische Praxis getrennt von einer künstlerischen Position inszeniert und sich erst sekundär für Kunstdiskurs und -kanon interessiert, diese rekonfiguriert, indem sie indirekt das Denkmodell des Kanonbruchs bedient und so die Kritik zwingt, ihre Annahmen zu revidieren.[87] Zugleich könnte eine postmodernistische Perspektive dazu verleiten, die Investigationen als Überwindung des Werkbegriffs zu verstehen, dabei jedoch ihre ortsspezifische Installation und das eingesetzte Wissen aus Künsten und Versammlungspraxen zu vernachlässigen. Das als Investigation kodierte Kunstwerk ist nicht flüchtig: Vielmehr ist es angelegt, um intermedial archiviert und distribuiert zu werden. Forensic Architecture präferiert die Handlung[88] insofern nicht wegen ihres Flüchtigkeitscharakters, sondern wegen ihrer Fähigkeit, transformativ fürzusprechen.[89] Zum anderen mögen die Investigationen nahelegen, diese als Überwindung poststrukturalistischer Kritik zu verstehen, dabei aber dazu verleiten, die Voraussetzungen zu übersehen, auf denen ihre Stratageme beruhen.

Wendet sich Institutionskritik, die Kritik verharmlost und zähmt, an einen Chor der Bekehrten, mag dieser nicht die richtige Adresse sein. So schreibt Ronell (2018: 59): »The complaint presupposes an address, probably the wrong one.« Das Kokettieren mit der Ambivalenz gegenüber den Künsten, vom Tenor *Kanon ist Hegemonie* getragen, ist auch Zeichen der inhärenten Widersprüchlichkeiten des

---

87 Der Bruch mit dem Kanon bezieht sich hier insbesondere auf die Erzählung einer Stilgeschichte: »Jenseits der Frage gegenseitiger Versäumnisse zwischen Künstler:innen und Kunsthistoriker:innen ist es ebenso bedauerlich wie folgerichtig, dass die institutionelle Dominanz stilgeschichtlicher Konzeptionen in der Kunstgeschichte und ihre reflexartige Theoriefeindlichkeit und Abwehrhaltung gegen die jeweilige Gegenwartskunst dazu geführt hat, dass die Ausformulierung innovativer kunsthistoriografischer Konzepte regelmäßig *gegen* die Kunstgeschichte als Wissenschaftsdisziplin geschehen ist.« (Kernbauer 2015: 21, H.i.O.)
88 Die Bewegung von der »Kunst zur Handlung« als »Kritik an modernistischer Objektzentrierung« geschah »[v]or dem Hintergrund zahlreicher Involvierungen von KünstlerInnen in die sozialen Bewegungen der 1960er-Jahre« (vgl. Sternfeld 2018: 28).
89 Zur Frage des Fürsprechens siehe Kapitel II.3.

Kunstbetriebs. Jedoch beginnt mit der Institutionskritik nicht die Verstricktheit der Kritik, sondern ihr Bewusst- und Zum-Thema-Werden. Im fortgeschrittenen Kapitalismus, zu dem es kein Außen gibt, ist Ungehorsam immanent und kritische Praxis ambivalent (zugleich affirmativ und negierend). Dieses systemische Verhältnis machen die Künste deutlich, indem sie Kritik fördern und vermarkten. Insofern setze ich in der hier verfolgten Analyse die zwiespältige Verfasstheit von Repräsentationskritik im Museum – Kompliz:innenschaft mit Hegemonie und Ökonomisierung – voraus, die auf Erkenntnissen und dem Versuch der Institutionskritik basiert, *to change things from within*.

Bevor ich tiefer auf die Problematiken und Konsequenzen einer sich wandelnden Institutionskritik eingehe, sei die Rolle der zeitgenössischen Kunstinstitution für die investigative Praxis erläutert. Die folgenden Punkte – zu 1. Forum, 2. Ästhetik und 3. Publikationsformat – sind extrahiert aus Texten von Eyal Weizman und Thomas Keenan, durch Hinweise zur Rechtsprechung ergänzt und zu einer Übersicht der in der Ausstellungspraxis von Forensic Architecture angelegten Diskursstränge weiterentwickelt:

Ad 1. Forum: Forensic Architecture öffnet den Fall hin zum Forum – dem Kunstbetrieb oder dem Tribunal. Wahrheit zu verhandeln ist für die Agentur ein praktischer Akt, der im Museum seit der Moderne lange nur in Relation zu ihrer Ambiguität oder als Angriffsfläche möglich war, obwohl – das sollte nicht vergessen werden – es schon der Performancekunst der 1960er und 1970er Jahre um tatsächliche Vollzüge und Verursachungen, um echtes statt um Theaterblut und um effektive Interventionen in gesellschaftliche Abläufe ging. Wahrheitskritik kann beispielsweise getätigt werden (i) als die Produktion konkurrierender Wahrheit auf Basis neuer Beweisführung und anschließender Anzeige, (ii) als Feststellung, dass es sich bei einer offiziellen Darstellung oder Montage eines Ereignisses um eine Lüge, eine Erinnerungsverfälschung[90] oder einen Irrtum handle (maßgeblich kann hier die Frage nach dem Typus der Rückblende[91] sein) oder (iii) als Aufdeckung, dass ein potentielles Beweismittel intentional versteckt oder zerstört wurde.

---

90 Der Erforschung dieses Phänomens, das auch vor Gericht eine Rolle spielen kann, widmet sich die (Neuro-)Psychologie.
91 Drei verschiedene Rückblenden kennzeichnen das Genre Gerichtsfilm: Hugo Münsterbergs imaginäre Rückblende, Billy Wilders lügende Rückblende und Otto Premingers Rückblende, die den äußeren Tathergang zeigt und so Richter:innen die Interpretation überlässt (vgl. Vismann 2011: 211).

Aufgrund der Distanz, welche die Kunst spätestens ab den 1960er Jahren zur »Wahrheitsästhetik« eingenommen hat (vgl. Rebentisch 2013: 40–41), geht es Forensic Architecture um einen anderen Diskurs um Wahrheit, der diese als antagonistisches Kampffeld positioniert und situativ mit auf Staunen abzielendem Neuheitscharakter enthüllt.

Keenan/Weizman (2012: 29) schreiben über das Forum und seine performativ hergestellte Ortsspezifik: »The forum is not a given space, but is produced by a series of entangled performances.« Ein Museum, ein Ausstellungs- oder Theaterhaus konstituiert sich gleichfalls über ineinander verwobene Rituale und der Kunstbegriff ist nie selbstverständlich, selbst wenn ein erodierter Kanon dies immer noch glauben macht. Folgendes Ziel scheint die Agentur zu verfolgen: Das tribunalisierte Museum sowie das medienaffine Tribunal werden zum buchstäblichen wie zum gesellschaftlichen Ort, um öffentliche Wahrheit zu verhandeln, zu beeinflussen und zu wenden. Die Einführung der *public truth* ins Museum scheint symptomatisch für das Zeitalter der ›Postfaktizität‹.[92] Das Umstrittene wird als *claim* (Forderung und Inanspruchnahme) (wieder) in den Kunstraum geholt, der zu einem von widerstreitenden Kräften bestimmten Forum wird. Sofern eine »agonistische Öffentlichkeit« (Chantal Mouffe[93]) durch die Informationsproduktion angestrebt wird, basiert diese nicht unbedingt auf einer tröstlichen Wahrheit. Keenan/Weizman (2012: 29, H.i.O.) schreiben ferner: »Forums are gathered precisely *around* disputed things [...].«[94] Diese Aussage deutet auf ein früheres Verständnis der Rechtsprechung, als sich Zusehende bis ins 13. Jahrhundert um eine »Thingstätte« versammelten, um über eine umstrittene Sache zu entschei-

---

92 Mehr zur Postfaktizität im Kapitel III.1.
93 Siehe Chantal Mouffe, u. a. 2008: 85–106; 2002: 101–112; 2014. Oliver Marchart kontextualisiert Mouffes Denken in der Einleitung zu *Das demokratische Paradox*: »Mit ihrem Alternativvorschlag eines *agonalen Pluralismus* zielt Mouffe, ohne deshalb die Errungenschaften liberaler Institutionen aufgeben zu wollen, auf eine *Radikalisierung* von Demokratie: auf eine stärkere Einbeziehung der Konfliktdimension politischen Handelns, auf eine Rückbesinnung auf den Kernbegriff der Volkssouveränität, auf eine Ausweitung von Gleichheitseffekten auf möglichst viele gesellschaftliche Felder bei gleichzeitiger Respektierung pluraler Autonomieformen.« (Marchart 2008: 7, H.i.O.) Mouffes »emanzipatorisches Projekt« könne »vernünftigerweise nicht *gegen* die demokratische Revolution gerichtet sein«, denn es gebe »keine radikaleren Ressourcen [...] als jene, die von der modernen Demokratie bereitgestellt werden (selbst wenn zugleich deren umfassende Einlösung blockiert wird): Freiheit und Gleichheit für alle« (vgl. ebd.: 14, H.i.O.). Ladeur (2016a: 290–291) kritisiert: »Agonistische Demokratieverständnisse laufen darauf hinaus, stets die eine Seite des Konflikts, den ›Widerstand‹, zu akzentuieren und die andere Seite, die Achtung des praktischen Funktionierens der Demokratie, geringzuschätzen oder für selbstverständlich zu halten.«
94 Damit grenze sich ein Forum ab von der »more common procedure whereby evidence enters existing courts« (vgl. Weizman 2014: 20).

den, wie Vismann (vgl. 2011: 133) ausführt.[95] Oder nach Bruno Latour: »[T]he *Ding* or *Thing has for many centuries meant the issue that brings people together because it divides them.*« (Latour 2005: 23, H.i.O.) Somit eröffnet die »Forensis« ein nomadisches Tribunal, das sich ad hoc versammelt, wo es gebraucht wird. Es kann überall rund um eine ungeklärte Sache abgehalten werden; dies zeigt sich auch historisch, sofern Tribunale sehr unterschiedliche Typen von Räumlichkeiten für ihren Zweck temporär angepasst und bespielt haben (Mehrzwecksäle, Theater, Hallen etc.). So bilden sich neue hybride und selbstreflexive[96] Foren – institutionell oder informell und experimentell.[97]

Verwandt mit der Epistemologie des Suchens, der *research based exhibition* und der künstlerischen Forschung, kann die Investigative Ästhetik ein Gegenmodell zur Idee von Eigentum bilden, wenn davon ausgegangen wird, dass ein Forum, im Gegensatz zum Museum, nach keiner Sammlung verlangt. Es erstrebt diesem Verständnis nach nicht eine Sammlung, sondern eine *Ver*sammlung – ungleich einer konventionellen Zusammenkunft oder Übereinkunft. Derzeit ist der Trend zu verzeichnen, institutionelle Handlungsmacht folgendermaßen zu nutzen: *Arenas, assemblies, forums, public programs* und Kapitalismustribunale[98] werden in Museen, Theaterhäusern, Kunsthallen und Biennalen eingerichtet. Diese Entwicklung spiegelt ebenso das Erblühen des Kuratorischen (*artist as curator, curator as artist, critic as curator*) und der metareferenzielle[99] Verweis der Foren unter- und zueinander wider. Womöglich gelingt es Forensic Architecture in einer stets auf die Rechtsprechung verweisenden Kunst der Versammlung,

---

95 Im Gegensatz dazu sei heute »die Kontrollfunktion der Öffentlichkeit eine symbolische«, in der die »unbeteiligten Zuschauer [...] keine andere Aufgabe [haben, LS], als die Öffentlichkeit herzustellen« (vgl. Vismann 2011: 134). »Der Gerichtssaal ist die architektonische Umsetzung des Öffentlichkeitsgrundsatzes.« (Ebd.) Die forensischen Architekturen des 19. Jahrhunderts mit ihren Gängen und Türen zur Trennung der Prozessbeteiligten schränken die Zuschauerschaft ein, welche zusätzlich durch die Massenmedien ersetzt werde (vgl. ebd.: 139).
96 Franke (2014: 492) beschreibt die Ausstellung als besondere Art des Forums: »[T]he exhibition is [...] a forum of a particular kind, uniquely suited, because of this double character, to question the very constitution of forums in general.«
97 »Forums are not fixed, even if they are sometimes consolidated within fixed institutional structures; they are dynamic and contingent, temporary, diffused, and networked by new technology and media.« (Keenan/Weizman 2012: 30)
98 Mehr dazu im Unterkapitel I.1.3.
99 Zur Technik der »Metareferenz« siehe die von Werner Wolf hg. Bände *Metareference across Media: Theory and Case Studies* (2009) sowie *The Metareferential Turn in Contemporary Arts and Media: Forms, Functions, Attempts at Explanation* (2011). Wolf schreibt, es sei ahistorisch und redundant, Metafiktion mit dem »postmodernist recycling of past genres and styles« gleichzusetzen; während lyrische Poesie einen besonderen Hang zur Metareferenz habe, seien neue Technologien wie das Computerspiel von Anfang an davon geprägt (vgl. Wolf 2011: 7–19).

teils national-kolonial[100] geprägte Sammlungen zu infiltrieren oder sie zugunsten einer progressiven Sammlungspraxis umzugestalten. Allerdings ist hier Vorsicht geboten – Kuratorin und Museumstheoretikerin Nora Sternfeld warnt: »In Anbetracht neoliberaler Transformationsprozesse erscheint es problematisch, die Frage Museum oder Ereignis bzw. Repräsentation oder Präsenz in einer der beiden Richtungen aufzulösen.«[101] (Sternfeld 2018: 39) Ob es darum geht, was gesammelt wird oder wer sich im Museum (auf Einladung!) um welche ›kuratorische[n] Dinge‹ (Bismarck 2019: 67) versammeln darf: Stets handelt es sich um Deutungshoheit und Legitimation. Insofern ist die Versammlungspraxis von Forensic Architecture nicht vergleichbar mit den *workers councils* der 68er oder (Post-)*Occupy*[102]-Bewegungen, wenn die Forschungsagentur auch in Verbindung mit diesen Entwicklungen steht. Es scheint vielmehr um eine Versammlung und Kartografierung umstrittener Dinge – oftmals in Form umstrittener Daten – zu gehen.

Resümierend: Die Wahrheitsdiskussion in zu Plattformen umfunktionierten Institutionen der Gegenwartskünste ist ein Bruch mit poststrukturalistischen Paradigmen, sofern die dekonstruktivistische Aporie der Wahrheit bedeutet, die Nicht-Entscheidung zum Standard zu erklären. Kontinuität hingegen gibt es in der raumzeitlichen Situiertheit von Wahrheitsproduktion, die auf einen stets konkreten Fall zutrifft. Deshalb dürfen Foren zur Wahrheitsverhandlung im Museum nicht als Umkehrung des Verhältnisses von Kunst und Leben, hin zu einem Leben, das sich der Kunst annäherte, bewertet werden. Folgendes ließe sich argumentieren: Da aufgrund der angesprochenen Distanznahme von einem Werkbegriff der »Wahrheitsästhetik« Investigationen nicht als Kunst adressiert werden können, macht die Agentur einen Exkurs über Nicht-Kunst. Diese Strategie kann jedoch nur eine provisorische sein.

Notabene: Srafprozessrechtliche Gerechtigkeits- und Wahrheitskonzeptionen fallen unterschiedlich aus, abhängig davon, welchem Verfahrensmodell sie folgen. Die Ermittlungswahrheit von Forensic Architecture, als die ich sie bezeichnen möchte, fusioniert Versatzstücke des adversatorischen und inquisitorischen Modells. Schließlich wird weder einzig eine auf formale Fairness ausge-

---

100 Schließlich seien »die Depots der westlichen Museen [...] bekanntermaßen auch voll mit Beutegut und Leichenteilen.« (Sternfeld 2018: 89)
101 »Denn in neoliberalen Transformationsprozessen und neuen gouvernementalen Logiken soll ja gerade Dauerhaftigkeit zugunsten von Unsicherheit und Flexibilisierung zurückgelassen werden.« (Sternfeld 2018: 58)
102 *Occupy Wall Street* versammelte sich 2011 um die umstrittene Sache – eine Zahl: (Wir, die) 99%. – in der New Yorker Wall Street und inspirierte weitere *Occupy* Bewegungen (u. a. in Spanien, Kanada und Tunesien).

richtete Prozesswahrheit noch eine universelle/absolute Wahrheit angestrebt,[103] sondern Wahrheit kontextabhängig und perspektivisch-interpretativ gedacht, aber dennoch versucht, objektiv zu ermitteln. Das lässt sich auch darauf zurückführen, dass internationale Strafgerichtshöfe wie das *International Criminal Court (ICC)*[104] in Den Haag mit konkurrierenden Verfahrensmodellen und Prozesskulturen agieren. Zu strafprozessrechtlichen Wahrheitskonzeptionen kommen medienästhetische hinzu, die erstere herausfordern können: So scheint sich in der Vorstellung einer materiell manifestierenden Medienästhetik die *materielle Wahrheit* des inquisitorischen Modells tatsächlich auf die Wirklichkeit und nicht nur das *materielle Recht* zu beziehen. Welche Konsequenzen dies für Wahrheitsermittlung und Untersuchungsformen hat, wird an anderer Stelle ausführlich diskutiert werden.[105]

Ad 2. Ästhetik: Die Investigationen werden in Distributionskanälen wie Kritikformaten zeitgenössischer Künste rezipiert, von denen Agentur und Aufdeckung maßgeblich profitieren. Schließlich ist die Kunstinstitution für Forensic Architecture auch ein Ort, um Ästhetik entgrenzend einzusetzen. Als lebendiges Archiv, Mediensystem oder Gedächtnisstätte eignet sich eine Kunstinstitution, um den ästhetisch-politischen Status der Ermittlungen zu befragen. Als öffentliche Einrichtung mit Bildungsauftrag ist das Museum auf die Reflexion des Displays und die Erprobung des *displaying* spezialisiert.

Es tritt die wechselseitige Beeinflussung der Gebiete zu Tage – im Sinne einer Vermittlung von Kunst und Kunst als Vermittlung: Die Vermittlung, die zugleich erforscht, zeigt sich künstlerischer, während die Kunst vermittelnder agiert.[106] Die Frage nach der Kunst ist dabei weniger interessant als die Kommunikation komplexer gegenwärtiger Sachverhalte, deren Wahrnehmbarmachung nicht erst in ihrer Übersetzung in die Kunstinstitution passiert, sondern die primär auf der Ebene des Ästhetischen operieren. Ästhetik wird als relationsherstellende

---

103 Suntrup (vgl. 2018: 387, H.i.O.) spricht bezüglich dieser Differenz von »*justice as fairness*« und »*justice as truth*«. Bezüglich Wahrheitsfindung mag die Verschränkung von Ermittlung und agonaler Verhandlung im Beweis paradox erscheinen, wenn Folgendes angenommen wird: »[...] Während das Ermitteln von Wahrheit und Gerechtigkeit oft eine regulative Idee von Prozessen ist, sind Gerichtsverhandlungen realiter Kämpfe, bei denen das Ziel nicht in erster Linie die Wahrheit, sondern das Gewinnen ist [...].« (Ebd.: 162)
104 Der Internationale Strafgerichtshof ist ein permanentes und autonomes internationales Strafverfolgungsorgan (und nicht Teil der Vereinten Nationen), das Völkermord, Verbrechen gegen die Menschlichkeit, Kriegsverbrechen und Verbrechen der Aggression richtet. Grundlage ist das multilaterale Rom-Statut aus 1998, das 2002 in Kraft getreten ist.
105 Siehe insbesondere Unterkapitel I.1.3.
106 Irit Rogoff spricht über den »educational turn in curating« u. a. im Aufsatz *Turning* (2010).

Erkenntnismethode in filmisch-architektonischen Simulationen eingesetzt, wobei nicht nur der Inhalt, sondern auch die Montage veranschaulicht werden soll. Es geht somit in der investigativen Installation weder allein um den Ausstellungsraum noch um einen Bezug auf ein »äußerästhetisches Anderswo«[107] (Rebentisch 2003: 274) oder ein außerfilmisches Anderswo. Anstelle solcher ›Anderswos‹ kann bezüglich der Ortsspezifität der Arbeit von Forensic Architecture von einer ›transduktiven‹[108] Ästhetik (mehr zu diesem Konzept Simondons im Anschluss) ausgegangen werden. Ausstellungsdesign vermittelt den Eindruck, zur Verstärkung der Informationsübermittlung inhaltlich motiviert und nicht illustrierend zu sein: Ein Verbrechen wird ›vermessen‹ und anschaulich gestaltet präsentiert.

Die Leistung von Forensic Architecture liegt, den bisherigen Ausführungen zufolge, in einer philosophisch-politischen Ästhetik, in der Manifestationen der Wahrnehmung problematisiert werden: von der sinnlichen zur sensorischen Erkenntnis. Außerdem liegt sie in einer kriminalistischen Reformierung der Ästhetik als Oberflächenindiz und Verhandlungsrhetorik (weniger als Theorie[109]) sowie in einer kritischen Verknüpfung künstlerischer und jurisdiktioneller Foren bezogen auf ihren Mediengebrauch. Die Investigative Ästhetik bietet insofern eine Erweiterung des Ästhetikbegriffs. Sie ist jedoch in gleichen Maßen auch ein doppelter Rückbezug: (i) in der Definition der *aisthêta* wieder darauf spezialisiert, wie Wahrnehmung konstruiert ist und präsentiert wird, sowie (ii) im Sinne der *krisis* funktionierend als ästhetisches Urteil, das auf einer innerinvestigativen

---

107 »So bezieht sich der Begriff der Ortsspezifik seit den neunziger Jahren weniger auf die künstlerische Reflexion des Ausstellungsraumes und seiner Gesetze; vielmehr bezieht er sich nun auf eine gegenüber der Scheinneutralität der modernen Kunst und ihrer Erfahrung emphatisch sich in sozialen, kulturellen, ökonomischen, politischen Kontexten verortende Kunst. Für die zweite, seit den späten achtziger Jahren, frühen neunziger Jahren aktive Generation ortsspezifisch-institutionskritisch arbeitender KünstlerInnen ist nicht mehr der jeweilige Ort der Installation an sich der zentrale Gegenstand der künstlerischen Reflexion, sondern dieser wird hier vielmehr zum Modus eines inhaltlichen Bezugs auf ein zumeist dezidiert *außerästhetisches Anderswo*. [...] Keine andere Kunstform steht heute so dezidiert für die Entwicklung hin zu einer gesellschaftlich engagierten Kunst wie die der Installation.« (Rebentisch 2003: 273–274, H. LS)
108 Siehe Unterkapitel I.1.2.
109 In der Rechtspraxis habe sich Theorie erst aus der Rhetorik entwickelt: Während antike griechische Gerichtsverfahren noch rhetorisch angelegt waren, manifestierte sich erst in antiken römischen Verfahren »eine sekundäre Beobachtungsebene« als *iuris prudentia* (Jurisprudenz) mithilfe der platonischen Dialektik (vgl. Vesting 2015: 176, H.i.O.).

Logik zu beruhen scheint – als solches soll es transformativ in die Wirklichkeit eingreifen.[110]

Angemerkt sei, dass für Weizman (vgl. 2017: 94) die »material aesthetics« der menschlichen Wahrnehmung und dem menschlichen Urteil vorausgeht.[111] Zu kritisieren ist hier die Vorstellung einer originären Informationsästhetik, in der *matter* als apriorischer Wahrheitslieferant betrachtet wird. Beachtet werden muss dabei, dass das deutsche Wort ›wahrnehmen‹ eine Verbindung zum ›Wahren‹ herstellt (vgl. Brague et al. 2014: 1168). Dabei gibt es keine nicht-aufbereitete Information, bloß Übertragungen und Gegenübertragungen – auch auf die Architektur.[112] (Fragen dieser Art werden im Kontext von *WikiLeaks* später erläutert.[113]) Weizmans Einschätzung steht symptomatisch für die vom Medienkulturwissenschaftler Jens Schröter thematisierte Simulationskontroverse der 1990er Jahre, welche die philosophische Trennung von Erkenntnis und Ästhetik verkehrte; Gestaltung wurde abgewertet und eine medienästhetische Wirklichkeit postuliert, um zum Schluss zu kommen, dass »die Aisthetik als Analyse der medientechnischen Formierung der Wahrnehmung [...] überhaupt jeder Erkenntnistheorie vorgelagert« sei (vgl. Schröter 2013: 89). Hierin findet sich bereits ein Verständnis der (Medien-)Ästhetik zur Analyse einer mediendurchdrungenen und -bestimmten Wirklichkeit.

Ad 3. Publikationsformat: Ausstellungen werden von Forensic Architecture häufig als Publikationsformat eingesetzt. Der Zeitpunkt der Veröffentlichung, Öffentlichkeit herstellend, erfordert ein behutsames Timing, auch weil die Fallanalysen sensible personenbezogene Informationen zu bestimmten Ereignissen enthalten können. Damit ist bereits das die »Forensis« prägende Zeitverständnis angesprochen. Systemtheoretisch gedacht existiere Zeit im Rechtssystem nämlich »nur ereignishaft, als *Zeitpunkt*, [...] als Differenz zwischen einem Vorher und einem Nachher der Zeit« (vgl. Vesting 2015: 72, H.i.O.). Somit komme es zu einer »Verzeitlichung der Gegenwart, die dadurch zum historisch einmaligen Ereignis« werde

---

110 Es muss hier von einer emanzipativen Transformation ausgegangen werden, denn auch Gewalt *greift* (transformativ oder erhaltend) *ein*: »Denn zur Gewalt im prägnanten Sinne des Wortes wird eine wie immer wirksame Ursache erst dann, wenn sie in sittliche Verhältnisse *eingreift.*« (Benjamin 1965: 29, H. LS)
111 Weizman (vgl. 2017: 94-95) selbst erwähnt die Verbindung zur griechischen *aísthēsis*.
112 Mehr zur zeitgenössischen Bildpolitik an den Schnittstellen von Auge/Maschine/Mensch im Unterkapitel I.1.1.
113 Siehe Kapitel III.2.

(vgl. ebd.: 87).[114] Zentral ist hier die Spur: »[...] Das, was zur Spur gemacht wird, ist nicht *hergestellt*, sondern hat sich *ereignet*.« (Grube 2007: 235, H.i.O.)

Insofern die Ausstellung einen Fall formal als investigative Installation publiziert, ist sie Forum einer unabgeschlossenen Publikation und die Publikation ein Ereignis. Gezeigt wird der Ermittlungsprozess *vor* (als Beweis) und *hinter* den Kulissen (als Evidenzverfahren). Die Kunstinstitution – obschon mit der Fiktion verknüpft oder womöglich gerade deshalb – wird zum neuen (Massen-)Medium mit hohem Aktualitätsgrad und ergänzt so Presse und Rundfunk, deren Methoden in Verdacht geraten sind. Hinter diesem postfaktischen Narrativ steckt allerdings ein Trugschluss, insofern keiner der genannten Bereiche ein Vorrecht auf Glaubhaftigkeit hat und womöglich nur deren kritische Verschränkung zu einer gelebten Demokratie beitragen kann. Wenn dem *complaint* auch die Dimension des *release* eingeschrieben ist (vgl. Ronell 2018: 52), können Beschwerde oder legale Klage sowohl ›Befreiung‹ (von etwas) als auch ›Veröffentlichung‹ bedeuten.[115] In Konsequenz kann eine Veröffentlichung von klagerelevanten Materialien in der Ausstellung diese zu einem Nebenschauplatz eines gerichtlichen Forums machen. Mit diesem Vorgehen wird zur Repräsentation weniger im Sinne einfacher Sichtbarkeitsplädoyers[116] beigetragen; vielmehr werden aufmerksamkeitsökonomisch Thematiken und Darstellungen in andere Formate übersetzt, da sich auch kritische Auseinandersetzungen raumzeitlich verschieben (beispielsweise weg von Printmedien hin zu Netzwerken, Ausstellungen und Websites). Die Ausstellung ist somit ein Distributionsfeld zweiter Ordnung – rechtlich weniger reguliert als ein Gericht, kann sie strategisch als Publikationsplattform genutzt werden.

Zum Zwecke einer verdichtenden Hinterfragung einer der Kunstproduktion – als Arbeitsform – zugeschriebenen wissensgenerierenden und -ökonomischen Leistungsfähigkeit beleuchte ich im Folgenden die den Gegenwartskünsten überantwortete interventorische, subversive und widerständige Kraft (teils wird diese

---

114 Die die Investigationen von Forensic Architecture prägende und »[f]ür autopoietische Systeme [konstitutive, LS] [...] Zeit des Augenblicks« (Vesting 2015: 72) ist problematisch insofern sie ahistorisch gedacht ist, da »die Vorstellung einer ›zeitpunktabhängigen Gegenwärtigkeit‹ eine Zeitstruktur voraussetzt, die frühestens die moderne Gesellschaft ausgebildet hat, nämlich die Abkoppelung einer operativen oder linearen Zeit von jedweden anthropomorphen oder kosmomorphen periodischen Vorgängen« (ebd.: 87).
115 Über diese Doppeldeutigkeit von *release* denkt etwa auch Hannah M. Bruckmüller im Aufsatz *Press and Release: Im Journal mit Marcel Broodthaers* (2017) nach.
116 Zudem könnten Abbildungen von Personen rasch als Stellvertreterinnen ethischer und kultureller Vielfalt eingesetzt werden.

eigens von der Kunstpraxis perpetuiert). Ausgehend von Forensic Architecture erfolgt die Debatte entlang der Unterpunkte KUNST/DEMOKRATIE, KUNST/WISSEN und KUNST/URTEIL – drei komplexe Topoi westlicher Kunstrezeption.

I.1.1 Kunst/Demokratie: Ungehorsam und radikal?

Um die Frage veränderter Institutionskritik bei Forensic Architecture angemessen zu diskutieren, muss über den Demokratiebegriff nachgedacht werden. Denn die vormals auf die Kunstinstitution fokussierte Kritik bezieht sich deutlicher auf die der demokratischen Institution im Allgemeinen. Dies ist insofern eine Zuspitzung und kein Novum, als dass Institutionskritik bereits in ihren Anfängen »mehr als eine Kunstströmung« (Kastner 2011) gewesen ist. Der Kunstsoziologe Jens Kastner kritisiert den Text *Von der Ästhetik der Verwaltung zur institutionellen Kritik* (1990) von Benjamin Buchloh für die darin ausgeführte rein »kunstinterne Genealogie«, nach der »ästhetische Erfahrungen« einzig durch die Kunstinstitution »gerahmt« würden, anstatt die Bedeutung sozialer Bewegungen zu berücksichtigen (vgl. ebd.).[117]

Wird die investigative Praxis von Forensic Architecture symptomatisch gedeutet, lässt sie sich politisch gesehen herleiten aus Widersprüchen und Transformationen von Demokratien seit der postkolonialen Nachkriegsordnung sowie Spannungen zwischen nationaler Souveränität und internationalen Rechtsprechungsinstanzen.[118] Der hier angesprochene (räumliche) ›Rechtspluralismus‹[119]

---

117 »Die Verbindung zu außerkünstlerischen Kritiken an Institutionen wird nicht hergestellt. Buchlohs Position ist paradigmatisch für diese Art Selbstabschließung der Kunstgeschichte. Obwohl gleichzeitig mit dem Aufkommen der künstlerischen Institutionskritik Ende der 1960er Jahre die Kritik an gesellschaftlichen Institutionen, an deren autoritärer Struktur ebenso wie an ihrer kapitalistischen Ausrichtung, auf den Straßen tobte, bleibt die kunsthistorische Beschreibung ganz bei ihrem Gegenstand. Soziale Bewegungen kommen nicht vor.« (Kastner 2011)
118 »[D]er Trend zu nationaler Autonomie ist *genauso* wie der Trend zur Globalisierung in der Moderne verwurzelt. [...] Praktisch wurden die Kämpfe um die Ausdehnung der Sphäre der Repräsentation bis vor kurzem noch innerhalb der Nationalstaaten ausgefochten, und primär war nicht das internationale Recht, sondern der Nationalstaat Garant von Zivil- und Staatsbürgerrechten.« (Hall 2002: 32, H.i.O.)
119 Baer (2011: 9, H.i.O.) erläutert: »Recht besteht aus einer Vielzahl an Normen und Rechtspluralismus ist der Begriff, mit dem die *Koexistenz unterschiedlicher Regeln* benannt wird. Rechtspluralismus ist nicht, wie im kolonialen Bild früherer Rechtsethnologie bzw. -anthropologie, ein Zustand, den der moderne Rechtsstaat irgendwann überwindet. Vielmehr ist es ein Zustand, in dem sich Gesellschaften dauernd befinden.« Es könne zwischen räumlichem und personalem Rechtspluralismus unterschieden werden (ebd.: 100–102).

sei im 21. Jahrhundert komplexer, so die Rechtswissenschaftlerin Susanne Baer, als es das Plädoyer des ›lebenden Rechts‹, wie 1913 durch Eugen Ehrlich formuliert, zu fassen vermochte; Ehrlichs Forderung in heutigen Jargon übersetzt ließe sich als »Öffnung zur Basis, eine Demokratisierung, eine *Rechtswissenschaft ›von unten‹*« fassen (vgl. Baer 2011: 88–90, H.i.O.). Eine einschlägige Demokratisierung betrifft bezüglich der Tätigkeit von Forensic Architecture die der Kunst äußerliche Beweisproduktion via medialer Aufzeichnungsapparate inklusive *self-tracking*.[120] Im Einstehen für eine gerechtere und mit sozialen Kämpfen solidarische rechtliche Vertretung spielen Moral[121] und Ethik eine Rolle. Und das, obwohl am Beginn der investigativen Praxis nicht abstrakte moralische Prinzipien stehen und sich die Agentur hinsichtlich der Investigationen nicht für Partizipation einsetzt,[122] die über das Zur-Verfügung-Stellen von Footage eines Krisenereignisses hinausginge. Insofern leitet Forensic Architecture auf manchen Ebenen Demokratisierungsprozesse, nicht aber Demokratisierungsbewegungen ein; die Agentur ist somit verbunden mit sozialen Bewegungen, ohne intern jedoch als demokratisches Forum strukturiert zu sein. Dies impliziert: Wir repräsentieren eure Interessen – auf Basis der Beweise – besser als Parlamente. Sofern »Museen heute vor dem Hintergrund einer Transformation des öffentlichen Bereichs von wohlfahrtsstaatlichen zu neoliberalen Institutionen geworden« (Sternfeld 2018: 15) sind, übernimmt die Agentur Teilbereiche der öffentlichen Wohltätigkeit.[123]

Wo wären in diesen Prozessen ›symbolisch‹ und ›real‹ begrifflich zu verorten? Wie verfährt die Kunst, wenn sie engagiert ins Soziale eingreift: Verlässt sie den symbolischen Raum der Künste zugunsten von Gegenwärtigem? Angenommen, »die Gegenstände der Kunst wurden radikal demokratisiert – um einen Gegenstand zum ›Kunstwerk‹ zu machen, muss es den KünstlerInnen nur gelin-

---

120 Die Demokratisierung der Beweisproduktion hängt jedoch mit folgender Entwicklung zusammen: Vom technischen Standpunkt her seien die im Web 2.0 gebräuchlichen Software-Applikationen (z. B. Javascript und XML) maßgeblich an der Verschiebung zu »neogeography« und zur *bottom-up*-Verarbeitung von Daten (nicht nur staatlichen oder kommerziellen Ursprungs) beteiligt; dies führe folglich zu einer Demokratisierung geografischen Wissens (vgl. Warf 2015: 137). »[W]hereas traditional cartography and geographic information systems (GIS) are expert-centric, neogeography is obviously user-centric.« (Ebd.) Bei Forensic Architecture werden *users* zu *experts*. Dennoch können Faktoren wie Ethnizität, Klasse und Geschlecht den Zugang zu digitaler Technologie beschränken (vgl. ebd.: 141). Mehr zu *deep maps* im Kapitel II.3.
121 Rechtliche Normen unterscheiden sich von moralischen Normen in ihrer (Durch-)Gesetztheit oder haben ihnen dies sogar voraus (vgl. Kirste 2008: 154). Zugleich betont der materiale Ansatz (im Gegensatz zum formalen) die Gebundenheit des Rechts an die Moral – obwohl sich Moral und Recht formal unterscheiden (vgl. ebd.: 137–143).
122 Siehe Kapitel III.2.
123 Siehe Kapitel III.4.

gen, einen unsichtbaren symbolischen Rahmen um ihren Gegenstand zu weben« (Hall 2002: 21) –, muss es, analog dazu, den Investigierenden nur gelingen, ein Kunstwerk zum Beweis zu machen, indem *ein* symbolischer Raum zugunsten *eines anderen* symbolischen Raums verlassen wird? Die Unterscheidung real/symbolisch wird verzichtbar, wenn sowohl das Museum als auch das Gericht symbolische Räume darstellen, in denen reale Handlungen vollzogen werden. So besteht bei Forensic Architecture scheinbar weniger Interesse daran, ein etwaig Reales der Rechtsprechung in ein etwaig Symbolisches der Kunst zu übersetzen. Aufgrund der geschichtlichen ›Vorbelastung‹ des Kunstraums verläuft der Transfer der Investigation in eine investigative Installation nicht friktionslos; Kastners Rancière-Rezeption ist so gesehen beizupflichten:

> Die Kunst produziere kein Wissen oder Repräsentationen für die Politik, sondern stelle selbst ›Fiktionen oder Dissense her, gegenseitige Bezugnahmen von heterogenen Ordnungen des Sinnlichen.‹ [...] Das Fiktionale soll dabei die Trennung zwischen Faktischem und Bildhaft-Symbolischen verwischen. (Kastner 2012: 116; Zitat im Zitat: Rancière 2006: 89)

Die Untersuchungen entstehen zu einem Zeitpunkt, zu dem durch Medienreflexivität, Installation, Ambivalenz des Faktisch-Fiktiven sowie Werk-, Wahrheits-, Institutions- und Repräsentationskritik geprägte Kunsttheorie und -praxis mit philosophischer Ästhetik und juristischer Operation verzahnt werden. Im Unterschied zur Institutionskritik der ersten und zweiten Generation sowie politischem Aktivismus, der häufig seine Form zugunsten des Inhalts vernachlässigte, wird nicht Kunst *oder* Politik betrieben, indem der Referenzbereich gewechselt würde, sondern eine Verknüpfung beider vorgenommen, ohne sie einander gleichzusetzen. Differenzen zu Rebentisch, die trotz ihres entgrenzten Begriffs von Politik und Kunst an deren Unterscheidung zugunsten einer ästhetischen Autonomie festhält, ergeben sich insofern, als dass die investigativen Installationen von Forensic Architecture Kunst sein können, *obwohl* sie »politisch ›eingreifen‹« (Rebentisch 2003: 278) – denn dieser Eingriff passiert weniger als Versuch direkter Abbildung der Gesellschaft als in Form einer angewandten ästhetischen Reflexion.

Die folgenden Abschnitte sind von der Frage getragen, welche Demokratieauffassung bei Forensic Architecture zu finden ist. Im Zuge dieser Überlegungen kommen zuvorderst Ansätze von Colin Crouch, Geoffroy de Lagasnerie, Jens Kastner, Oliver Marchart, Juliane Rebentisch, Nora Sternfeld, Cornelia Vismann und Eyal Weizman zur Sprache.

Vorweg sei gesagt, dass Forensic Architecture alle Ansprüche einer den Mehrwert des Umstrittenen betonenden radikaldemokratischen Museumspraxis zu erfüllen scheint, von der Nora Sternfeld in *Das radikaldemokratische Museum*[124] (2018) spricht. Die Strategie besteht in folgenden Punkten: »1) Das Archiv herausfordern; 2) Den Raum aneignen; 3) Gegen-Öffentlichkeit organisieren, [sic!] 4) Alternatives Wissen produzieren; und 5) Bildung radikalisieren.« (Sternfeld 2018: 65) Welche Schwierigkeiten sich dabei jedoch ergeben, wird noch erläutert werden.

Auch die Plattform *Demokratie als unvollendeter Prozess* (2001), ein Diskursereignis im Vorfeld der *documenta 11* (2002), ist Befund dessen, zu welcher gesellschaftskulturell relevanten Auseinandersetzung das Kunstsystem genutzt werden kann. Mit jenem Topos fassten die Beteiligten Demokratie seit dem Kalten Krieg. Sie bewege sich, laut dem Politikphilosophen Oliver Marchart, zwischen »einer empirisch unvollendeten Demokratie« und einer, die »notwendigerweise unvollendbar« sei und sich im »Versprechen«[125] realisiere (vgl. Marchart 2002: 291). Daran anknüpfend eine Entscheidungsfrage: Wäre die investigative Tätigkeit von Forensic Architecture in einer idealbildlich funktionierenden demokratischen Gesellschaft hinfällig?

Nein, insofern Demokratie »notwendigerweise unvollendbar« ist und kein festes Gerüst hat, sondern dezentral gelebte und prozessual zu erstreitende Öffentlichkeit bedeutet. Dies geht mit einer terminologischen wie praxeologischen Öffnung der ›Zivilgesellschaft‹[126] einher. Sie tritt bei der Agentur argumentativ an die Stelle des *demos*; folglich obliegt seine Verwirklichung nicht einzig etwaigen sich aktiv beteiligenden Staatsbürger:innen, sondern ebenso jenen, denen dieser legale Status verwehrt bleibt. Dies verlangt auf gesetzlicher Ebene

---

124 Hier bezieht sich Sternfeld (vgl. 2018: 19–20) vordergründig auf *Der demokratische Horizont: Politik und Ethik radikaler Demokratie* (geplantes Erscheinen: 2022) von Oliver Marchart, der mit seiner Publikation wiederum an *Hegemony and Socialist Strategy: Towards a Radical Democratic Politics* (1985) von Ernesto Laclau und Chantal Mouffe anknüpft.
125 Angenommen, Derridas Überlegungen zur Demokratie funktionieren nach dem strukturellen Prinzip des Versprechens, dürfe dieses nicht linear aufgefasst werden, sondern als sich in der Gegenwart aktualisierend – so Marchart (2002: 298): »Weder handelt es sich um eine zukünftige Realität noch um eine Utopia ohne jegliche Realität.« Mit Ladeurs (2016a: 210) juristischer Perspektive wiederum lässt sich entgegnen: »Insbesondere dem distribuierten Charakter des Rechts kann der Dekonstruktivismus nicht gerecht werden, wenn er gerade diese Besonderheit des Rechts als ein Verfehlen des dem Gesetz zugeschriebenen allgemeinen (logozentrischen) ›Versprechens‹ kritisiert.«
126 Die begriffliche Verwendung der ›Zivilgesellschaft‹ geht Baer (vgl. 2011: 140–141) zufolge über das Öffentlichkeitsverständnis von Jürgen Habermas hinaus, insofern dieser sie auf die rechtsstaatliche Verfassung beschränkt.

nach neuen *Citizenship*-Regelungen, wie sie beispielsweise die feministische Philosophin Rosi Braidotti mit »Nomadic Citizenship«[127] (Braidotti 2011: 207–264) vorschlägt. Zudem sei die »Unbestimmtheit, das heißt auch: ihre Angewiesenheit auf performative, formgebende Akte, [...] ein Wesenszug der Demokratie« (vgl. Rebentisch 2012: 31–32).[128]

Ja, insofern Demokratie »empirisch unvollendet« ist und im Sinne Marcharts (vgl. 2002: 292) am »tatsächlichen Defizit real existierender Demokratien« angeknüpft wird. In diesem Fall wird für und mit nicht-repräsentierten Gruppen und Personen gesprochen und werden bedrohte Subjektpositionen (beispielsweise in migrantischen Kontexten) im Sinne einer kopräsenten Zivilgesellschaft miteinbezogen. Forensic Architecture versucht insofern mit dem vom Poeten und Performancetheoretiker Fred Moten in *Blackness and Nothingness (Mysticism in the Flesh)* (2013) beschriebenen Ausschlussmechanismus – »blackness as exterior to civil society and, moreover, as unmappable within the cosmological grid of the transcendental subject« (Moten 2013: 740) – zu brechen.[129] Statt

---

[127] Mit dem Konzept »Nomadic Citizenship« plädiert Braidotti (vgl. 2011: 207–264) für eine postnationale flexible Staatsbürger:innenschaftsregelung. Ihr Vorbild ist die Europäische Union, die als »antifaschistisches, antinationales und antimilitärisches« (ebd.: 243, übersetzt d. LS) Projekt Ausgangspunkt eines nicht-eurozentrischen »›becoming-minor‹ of Europe (Deleuze and Guattari 1980)« (ebd.: 257) sein könnte. Guattari (2016: 14) beschreibt die problematische Verfassung des Staates folgendermaßen: »In der doppelten Klemme sehen die Staaten ihre traditionelle Vermittlerrolle mehr und mehr schwinden und stellen sich immer öfter in den zweifachen Dienst der Weltmarktinstanzen und der militärisch-industriellen Komplexe.«
[128] Seiner klassischen Definition nach bedarf der *demos* der Verwirklichung durch das Staatsvolk. Definitorisch erweitert werde er im von Michael Hardt und Antoni Negri in *Empire* (2002) geprägten Begriff der *Multitude*, wobei *multitudo* schon bei Baruch de Spinoza vorkomme (vgl. Saar 2018: 286–288). Daraus schließt Saar (ebd.: 289): »Die Voraussetzung wirklicher Demokratie ist die Negation des Volkes.« Ähnlich verstehen lässt sich Rebentisch (2012: 337, H.i.O.), wenn sie schreibt: »Der unbestimmte *demos* kann nicht repräsentiert werden. Er unterhält ein Spannungsverhältnis zu allen Versionen des Gemeinwillens [...].«
[129] »[...] I am in total agreement with the Afro-pessimistic understanding of *blackness as exterior to civil society and, moreover, as unmappable within the cosmological grid of the transcendental subject*. However, I understand civil society and the coordinates of the transcendental aesthetic – cognate as they are not with the failed but rather with the successful state and its abstract, equivalent citizens – to be the fundamentally and essentially antisocial nursery for a necessarily necropolitical imitation of life.« (Moten 2013: 740, H. LS)

einer binären Gegenüberstellung von Selbst und Anderen[130] spricht die Agentur über eine bestimmte politische/soziale/ethnische Gruppierung nur im speziellen rechtlichen Kontext (es kommt zu keinem Einsatz eines »strategischen Essentialismus«[131]). Entgegen der Vorstellung, das repräsentative Parlament übernehme verantwortungsvoll alle demokratischen Aufgaben, kompensiert Forensic Architecture darüber hinaus Ermittlungspflichten von Staaten und internationalen Verbänden.[132] Manifestieren sich kompensatorische Infrastrukturen, können sie zu kritischen (also unverzichtbaren) Infrastrukturen werden. Der Judikative steuert die Agentur *evidence* bei oder produziert Beweise gegen sie, sofern notwendig. Dieses Vorgehen richtet sich somit gegen das buchstäbliche Versagen demokratischer Instanzen oder gegen Regime, welche einen quasi-legalen Rahmen schaffen, um Grund- und Menschenrechte außer Kraft zu setzen.[133] Daher muss Zivilgesellschaft bezogen auf eine konkrete politische Repräsentation gedacht werden, in der die detektivische Forschungseinrichtung ein Bindeglied darstellt, um die nötige mediale Aufmerksamkeit zu generieren und Ressourcen zur Aufdeckung zu sichern. Die aufklärende Agentur gegen den verbrecherischen Staat ist ein verführerisches Narrativ; Staaten – im Vergleich zu Einzelpersonen – zu klagen/

---

130 Zu behaupten, die detektivische Agentur spräche für Andere, hieße, von einem unitären Subjekt auszugehen. Konzeptionen des Relationalen hingegen basieren auf radikalen Epistemologien geprägt etwa von Feminismen, Ökologiebewegungen oder poststrukturalistischen Denker:innen: »Poststructuralist philosophies have produced an array of alternative concepts and practices of nonunitary political subjectivity. From the ›split subject‹ of psychoanalysis to the subject-in-process of Foucault, the ›sexed subject which is not one‹ of Irigaray and the rhizomatic complex of Deleuze and Guattari, multiplicity and complexity have been widely debated in Continental philosophy.« (Braidotti 2011: 4–5)

131 Dieses Konzept wurde geprägt durch Gayatri Chakravorty Spivak in *In Other Worlds: Essays in Cultural Politics* (1987).

132 Wenn von ›Kompensieren‹ die Rede ist, fügt sich das in die Handlungsweise von NGOs ein. Diese, »als Erben aller Menschenrechtsbewegungen«, gleichen »mit finanzieller Unterstützung von staatlicher Seite durchaus staatliche Untätigkeit« aus (vgl. Vismann 2012: 490, Anm. 3).

133 Dies lässt sich mit dem Begriff *lawfare* fassen: »The former American colonel and military judge Charles Dunlap, who was credited with the introduction of this term in 2001, suggested that lawfare can be defined as ›the strategy of using — or misusing — law as a substitute for traditional military means to achieve an operational objective.‹ In the hands of non-state actors, the lawfare effect is created by an interaction between guerrilla groups that ›lure militaries to conduct atrocities‹ and human rights groups that engage in advocacy to expose these atrocities, and who use whatever means for litigation they have at hand. Lawfare refers to the multiple ways by which contemporary warfare is conditioned, rather than simply justified, by international law. In both cases international law and the systems of courts/tribunals that exercise and enact it are not conceived as spaces outside the conflict, but rather as one of the battlegrounds internal to it.« (Forensic Architecture 2014b: 747–748)

anzuklagen, macht imaginär jedoch mehr Unterschied als rechtlich gesehen. Denn im internationalen Recht gelten sowohl Staaten als auch Staatsbürger:innen als Rechtssubjekte (vgl. Vismann 2012: 249).[134]

Für den Sozialphilosophen Martin Saar ist die »Krise der Demokratie« ein wiederkehrender Topos, breitenwirksam 1968 sowie in den 2010er Jahren als verzögerte Reaktion auf die Umbrüche von 1989 (vgl. Saar 2018: 281). Mit der Demokratie gilt auch die Natur seit den 1960er Jahren als etwas zu Beschützendes. Wird mit dem Aufdrängen medialer Konfliktökologien die Agentur Forensic Architecture zu einer Protagonistin mit »democratic gaze« (Crouch 2004: 12)? Wie so ein Blick ausgeprägt sein könnte, verraten die Perspektiven ›postdemokratisch‹ und ›radikaldemokratisch‹, die sich in ihrem Pessimismus–Optimismus gegenüberstehen.

Colin Crouch wählt in der kontrovers diskutierten Publikation *Post-Democracy*[135] (2004) das Bild einer Parabel,[136] um die rezessive Dynamik der Postdemokratie zu beschreiben (vgl. ebd.: 5).[137] Gründe für diese Entwicklung seien Kommerzialisierung, Kommodifizierung und Privatisierung von öffentlichen Services des Wohlfahrtstaates sowie Korruption und ein die Politik dominierender Lobbyismus – Interessenvertretungen aus der Wirtschaft versuchen auf Exekutive und Legislative Einfluss zu nehmen (vgl. ebd.: 80). Symptome der Krise der

---

134 »[D]ie Rechtssubjektivität bildet keinen stabilen Referenzrahmen; ihre Figuren standen von Beginn an in einem kollektiven transsubjektiven Ordnungszusammenhang.« (Ladeur 2016a: 139)
135 »By the late 1980s the global deregulation of financial markets had shifted the emphasis of economic dynamism away from mass consumption and on to stock exchanges.« (Crouch 2004: 10) »Since then [2001, LS], in the USA and Europe alike, there have been, on the one hand, new justifications for state secrecy and the refusal of rights to scrutinize state activities, and, on the other hand, new rights for states to spy on their populations and invade recently won rights of privacy.« (Ebd.: 14)
136 Ihren Zenit habe die *parabola* vor dem Zweiten Weltkrieg in Nordamerika und Skandinavien und nach dem Zweiten Weltkrieg in vielen weiteren Gesellschaften gehabt – bedingt durch den Wiederaufbau der Nachkriegszeit und der dadurch hervorgerufenen breiten Beteiligung am öffentlichen Leben sowie dem Wirtschaftsmodell des Keynesianismus (vgl. Crouch 2004: 7–8).
137 Diese Entwicklung spiegelt auch der *Democracy Index*, den *The Economist* seit 2006 jährlich berechnet; es wird darin in *full democracies, flawed democracies, hybrid regimes* und *authoritarian regimes* unterschieden (vgl. The Economist). Eine solche statistische Differenzierung des ansonsten unbestimmten Demokratiebegriffs ist notwendig. Philosophisch betrachtet hat seine Unbestimmtheit einen anderen Stellenwert: »›Demokratie‹ ist offenbar weder der Begriff für eine bestimmte Regierungsform noch die Bezeichnung einer bestimmten Verfassung. Vielmehr zeichnet sich der Begriff durch eine Unbestimmtheit aus, die keine Folge eines theoretischen Unvermögens ist. Daher gilt es, diese Unbestimmtheit selbst begrifflich einzuholen. Denn ihre Unbestimmtheit, das heißt auch: ihre Angewiesenheit auf performative, formgebende Akte, ist ein Wesenszug der Demokratie [...].« (Rebentisch 2012: 31–32)

(Post-)Demokratie sind dementsprechend Politikverdrossenheit, Wahlberechtigte, die nicht wählen gehen, verschwurbelte Sprache von Politiker:innen und oberflächlicher Journalismus. Die meisten Komponenten der Demokratie bleiben erhalten, erodieren jedoch (vgl. ebd.: 22). Crouchs zentrale These besagt, dass Politik und Regierungen zunehmend wieder in die Hände privilegierter Eliten fallen, wie es typisch für prädemokratische Zeiten sei (vgl. ebd.: 6).

Im Aufsatz *Postdemokratische Räume* (2014) rezipiert Jens Kastner die Argumentation von Crouch kritisch vor dem Hintergrund des ›spatial turn‹:[138] Er fragt, ob auch die Zunahme an Demokratie konzeptuell mit der Postdemokratie gefasst werden könne. Wird »›Demokratie‹ als normatives Ideal« analysiert, gelte es nicht nur die realpolitische Demokratie als Standard heranzuziehen (bei Crouch die Nachkriegszeit bis in die 1970er Jahre), sondern Demokratie »als eine erst zu schaffende« zu konzipieren, sodass das Präfix *Post-* kontraproduktiv sei (vgl. ebd.: 94–95). Dem fügt er hinzu, dass urbane und künstlerische Versammlungspraktiken und Raumerschaffung durch Lai:innen in die Betrachtung postdemokratischer Räume miteinbezogen werden müssen. (Vgl. Kastner 2014: 90–99)

Welcher Versammlungstyp findet sich im Umkreis von Forensic Architecture? Im Gegensatz zu einer ›verfassungsgebenden Versammlung‹ (performativ-konstituierend), die von der Gewalt des ›Volkes‹ selbstautorisiert ausgeht und meist im Kontext revolutionärer Umbrüche als Gründungsereignis stattfindet, ist die *public truth* der Agentur noch keine handelnde Zusammenkunft. Beschränkt sich diese öffentliche Wahrheit auf die Adaption des ›Volkswillens‹ – sich entnationalisiert nicht auf identitätspolitische Faktoren stützend? Sie funktioniert auf den ersten Blick nach dem Diktum *Wissen ist Macht*, initiiert durch kollektives Registrieren und Intervenieren in umkämpfte (Un-)Rechtsordnungen. Auf welche Art artikuliert Forensic Architecture jedoch Kritik an Staaten, Institutionen, der

---

138 Über den topologischen Trend schreibt Pichler (2009: 19–20, H.i.O.): »Und als Anfang der 1990er-Jahre Gilles Deleuze's Leibnizbuch in englischer Übersetzung vorlag [mit dem Titel *The Fold: Leibniz and the Baroque*, LS] und zugleich neuartige computergestützte Entwurfsmethoden für Architekten zur Verfügung standen, die es erlauben, gegebene räumliche Strukturen nach Belieben einem *morphing* zu unterwerfen, kam es zur bislang vielleicht auffälligsten Ausprägung topologischen Denkens außerhalb der Mathematik, dem sogenannten *topological trend* in der Gegenwartsarchitektur [...].«

»Global Firm«[139] (Crouch 2004: 33) und *corporate states*[140] – als Urteil, das zukünftige Gerechtigkeit garantieren soll, oder als rückwirkende Korrektur?

Demokratiekritik formiert sich, anschließend an Marcharts Weiterentwicklung der politischen Philosophie Claude Leforts, aus folgender Position: Der sich verschiebende Horizont[141] der Demokratie ersetze nach postfundationalistischer Perspektive die Position des ›Grundes‹ der Gesellschaft. Die sich vom Staat ablösende Zivilgesellschaft verhandle Angelegenheiten demokratiekritisch – in einer gelebten Öffentlichkeit, die »historisch durch die Erklärung der Menschenrechte abgesichert« sei. Als Teil der »Selbst-Institution« werden diese »in der und durch die Zivilgesellschaft selbst deklariert« und stellen eine »Entflechtung von Macht, Recht und Wissen« dar. Sie seien gekennzeichnet durch die Doppelstruktur, zum einen die »etablierten Rechte *im Prinzip* einer Befragung auszusetzen« und umgekehrt auf »*das Recht, Rechte zu haben*« zu bestehen. (Vgl. Marchart 2002: 301-303, H.i.O.)

Anstelle von »Befragung« spricht Rebentisch (2012: 333) in vergleichbarer Argumentation von »Krise«: »[D]er Menschenrechtsdiskurs markiert immer eine Krise der Bürgerrechte.«[142] Forensic Architecture geht es sowohl um die Integrität der rechtsstaatlichen Gewaltenteilung als auch um die Geltendmachung der Menschenrechte, wie sie in der Europäischen Menschenrechtskonvention festgehalten und zum völkerrechtlichen Referenzpunkt geworden sind. Der Umstand,

---

139 Es habe negative Folgen für die Demokratie, so Crouch (vgl. 2004: 35), dass der »Global Firm« zunehmend Institutionsfunktionen zukommen: Sie dominiere nicht nur die Ökonomie, sondern ebenso die Regierungsführung (vgl. Crouch 2004: 44). Denn die »Global Firm« genieße in der Postdemokratie eine bevorzugte Stellung – ähnlich der Monarchie und Aristokratie im vorrevolutionären Frankreich, die beide von der Steuerpflicht ausgenommen waren und politische Macht monopolisierten (vgl. ebd.: 33).
140 *Corporate state* übersetzt bedeutet ›Ständestaat‹, meint hier jedoch die Verschränkung von liberaler Demokratie und freiem Markt.
141 Bezugnehmend auf Ernesto Laclaus Verständnis eines Horizonts funktioniere Demokratie als materieller und zugleich imaginärer Horizont, so Marchart (vgl. 2002: 293). Auch Stuart Hall greift Laclaus Begriff des Horizonts auf: Er sei »ohne spezifischen, transhistorischen Inhalt, ein notwendig inhaltsleerer Signifikant« (vgl. Hall 2002: 22). Dem liberalen westlichen Demokratiemodell mit seinen eng an den freien Markt gebundenen Institutionen sei es jedoch gelungen, »diesen leeren Horizont zu hegemonisieren« (Marchart 2002: 295). Dennoch bleibe, so Hall (vgl. 2002: 23), die Demokratie eine starke kritische Idee zum Anprangern von Machtstrukturen. Derrida (vgl. 1991: 53) wiederum erhebt Einspruch gegenüber dem Begriff der Horizonte, insofern diese zugleich ›Öffnung‹ und ›Grenze‹ seien.
142 »Dass die Demokratie der Möglichkeit einer Reformulierung des Gemeinwillens und damit einer Neubestimmung des *demos* Rechnung trägt, zeigt sich nicht zuletzt in ihrer Verpflichtung auf die Menschenrechte.« (Rebentisch 2012: 332, H.i.O.) Jedoch könne »sich die Wirkungskraft der Menschenrechte immer nur auf der Ebene von Bürgerrechten entfalten« (vgl. ebd.).

dass Menschenrechte Exempel seien für die »Hybridität sozialer Normen«, in denen Recht, Moral und Politik ineinandergreifen, so Möllers (vgl. 2018: 441), spielt meines Erachtens auch für ihre Adressierung als universelles und philosophisches Prinzip eine Rolle. Einer affirmierenden Auffassung der Menschenrechte ist der Verlust einer einstigen Qualität entgegenzuhalten. Denn sobald die Menschenrechte ihre »klassische doppelte Anlage« (die »Unterscheidung von Bürger und Mensch«) aufgrund »ihrer eigenen Verrechtlichung« verlieren, fällt ihre originäre Funktion, »eine Instanz über allen Gesetzen« zu sein, weg (vgl. Vismann 2012: 246–248).[143] Demokratie wiederum habe in der Antike als abwesende Herrschaftsordnung gegolten und werde erst seit der Moderne – positiv konnotiert – als gerechte Regierungsform verstanden (vgl. Saar 2018). Der Demokratie kommt von da an die zweifache Aufgabe zu, zugleich Regierungsform und Herrschaftskritik zu sein.

Ob eine Sache vor Gericht, im Tribunal oder im Museum verhandelt wird: Der ›radikaldemokratische[ ] Aktivismus‹[144] (Marchart 2002: 300) vollzieht sich stets innerhalb der Demokratie. In der Zivilgesellschaft, der »staatskritische Funktionen« zukommen, formieren sich »differenzielle Kräfte« im Kampf um die »Anerkennung neuer politischer [...] Rechte« (vgl. Dussel 2002: 316). Insofern bewegt

---

143 Jene Verrechtlichung geht schon auf die französische Verfassung aus 1791 zurück. Die *Déclaration des droits de l'homme et du citoyen* wurde 1789 von der französischen Nationalversammlung in Artikelform veröffentlicht und »zwei Jahre später in die französische Verfassung transformiert« (vgl. Vismann 2012: 230–231). Die Allgemeine Erklärung der Menschenrechte der Vereinten Nationen gibt es seit 1948. Vismann (vgl. ebd.: 229) schreibt über die veränderte Rolle der Menschenrechte seit 1989: »[E]inst Bürge für Humanität« haben die Menschenrechte mit Ende des ›Kalten Kriegs‹ »die Rolle einer ideologischen Sicherheitsgarantie« übernommen und »sind damit an die funktionale Stelle einer Rhetorik der Abschreckung getreten«. Während sie ursprünglich ermöglichen sollten, dass Menschen »gegen Unrechtsregierungen« eintreten, sind sie zum demokratischen und rechtsstaatlichen Instrument »westlicher, das heißt vor allem marktwirtschaftlicher Prägung« geworden (vgl. ebd.).
144 Die auf Henri Lefebvre zurückgehende Forderung *Recht auf Stadt* (siehe Publikation *Le droit à la ville*, 1968) bekam in den 1990er Jahren erneut Aufwind; die Einforderung dieses Rechts war gekoppelt an »die Forderung nach radikal demokratischer Selbstverwaltung« (vgl. Mullis 2018: 23). Lefebvre griff den Begriff »Autogestion« auf, um die Strategie der pluralistischen autonomen Verwaltung zu benennen, die sich nicht damit zufriedengeben dürfe, sich der gesellschaftlichen »Nischen« anzunehmen (vgl. ebd.: 25). Lefebvres marxistischer Ökonomismus und die Idealisierung eines aufbegehrenden Proletariats stehen im Kontrast beispielsweise zu Laclaus oder Mouffes radikaldemokratischen Thesen, denen zufolge »das transformatorische Subjekt in den Kämpfen selbst entsteht und keine Faktoren bestimmt werden können, von denen aus Klassen vorformiert würden« (vgl. ebd.: 26).

sich die Produktion einer kritischen Wahrheit zwischen Re- und Derealisierung[145] der Demokratie, wobei speziell in demokratisch unsicheren Zeiten Gestaltungsmöglichkeit an Relevanz gewinnt: Wer ist in der Politik der ethischen Verantwortung gewachsen und somit im doppelten Sinne souverän?[146] Der Rechtsspielraum wird ausgehandelt und so auch, in Form revolutionärer Umbildungen, die Legalität von Aneignung und Appropriation, die (auch in den Künsten) seit der Moderne prominent auftauchen. Wird das Museum über seine »demokratische Entstehungsgeschichte«[147] (Sternfeld 2018: 19) hergeleitet, ist es »auch als *demokratische* Institution in Krise« (ebd., H.i.O.). Ähnliches lässt sich für das Gericht als rechtliche Verhandlungsanordnung und Verifizierungsapparatur konstatieren. Die Krisen beider porös gewordener Repräsentationsinstanzen machen diese kontaktfähig und führen zu ästhetischen Durchdringungen und politischen Neubesetzungen, so die hier vertretene These. Augenfällig ist das geteilte Selbstverständnis sowohl in der Geschichte des Gerichthaltens als auch der Museumsgeschichte bezüglich westlicher Gründungsmomente in »der Antike, der Renaissance, der Französischen Revolution und der Zeitgeschichte nach 1945« (ebd.: 41).

Ist ›ziviler Ungehorsam‹ ein auf die Tätigkeit von Forensic Architecture zutreffender Begriff? In *The Art of Revolt: Snowden, Assange, Manning* (2017) argumentiert der Philosoph und Soziologe Geoffroy de Lagasnerie, dass die mit den genannten Personen in Verbindung stehenden Aktivitäten nicht unter diesem Terminus gefasst werden können (vgl. Lagasnerie 2017: 42). Denn es würde bedeuten, sie

---

145 Über die »*de-realization*« schreibt Bhabha (2002: 402, H.i.O.): »Wenn wir versuchen, die Demokratie zu ›derealisieren‹, wenn wir sie aus dem vertrauten Rahmen ihres historischen Kontextes und ihres politischen Projekts lösen, erkennen wir nicht ihr Scheitern, sondern ihre *Fragilität*, ihre *brüchigen Ränder und Grenzen*, die über Inklusion und Exklusion entscheiden [...].« (Ebd.: 402, H.i.O.)
146 »Es gibt keinen Gemeinwillen ohne Rhetorik und Souveränität (im Sinne von Macht- und Herrschaftsanmaßung).« (Rebentisch 2012: 318)
147 Beim Museum werde »von mehreren möglichen Gründungsmomenten« ausgegangen (vgl. Sternfeld 2018: 40): »Je nach Museumsidee beginnt die Geschichte entweder [(i), LS] in der hellenistischen Antike oder [(ii), LS] mit den Wunderkammern in der Renaissance oder – gehen wir vom modernen Museum aus – [(iii), LS] mit dem Louvre der Französischen Revolution.« (Ebd.: 40) Bezogen auf drittgenannten Gründungsmoment: »[D]as Museum ist ja weder die Straße der Demonstration noch das Parlament. Es ist allerdings ein politischer Ort – vergessen wir nicht, dass sich die Geschichte des Museums doch wesentlich einer Museumsbesetzung verdankt, der Eroberung des Louvre in der Französischen Revolution. Das Museum ist eine öffentliche Institution, die mit der Straße als Raum des Protests und dem Parlament als Versammlungsraum verbunden ist aber anders kann und macht.« (Ebd.: 21) Zudem gründe sich das Museum als transnationales »[(iv), LS] 1946 mit der Bildung des International Council of Museums (ICOM)« in engem Kontakt mit der UNESCO auf Konferenzen neu (vgl. ebd.: 40–41).

als Fortsetzung der demokratischen Kämpfe des 20. und 21. Jahrhunderts, die den legalen Rahmen maximal ausdehnten, ihn zugleich aber mit der Geste der Verteidigung bestätigten, zu konzeptualisieren (vgl. ebd.: 42–46): »The subject or the collective that disobeys is supposed to disobey publicly, in plain sight« (ebd.: 46). Im Gegensatz zu diesem Subjekt, das die gesetzlichen Konsequenzen seines Verhaltens trage, weigere sich das neue politische Subjekt, das seine Interventionen anonym ausführe und für das Edward Snowden, Julian Assange und Chelsea Manning beispielhaft stehen, »to take on the law personally or to recognize his or her inscription in the order of the law« (vgl. ebd.: 51). Daher betreibe dieses neue Subjekt eine auf Staaten bezogene Fluchtpraxis (vgl. ebd.: 87). Forensic Architecture bewegt sich zwischen dieser neuen politischen Subjektivität und althergebrachtem zivilem Ungehorsam – was etwa darin offensichtlich wird, dass es im Direktor nach wie vor eine repräsentative Figur gibt (der die Undiszipliniertheit von Forensic Architecture moderiert), Verträge anstelle Spuren tilgender *cyberculture*-Anonymität stehen und politisches Agieren tendenziell mit öffentlicher Adressierung und Deliberation verknüpft wird.

Ohne große politische Umbaupläne anzupreisen, wirken die Investigationen der Agentur als moralischer Kompass: Philosophische Fragen sind an Aktionsformen gebunden, sodass die weitgehend an den Menschenrechten orientierte erstrebte politische Ordnung kritisch-posthumanistisch die Ökologie einbezieht; dies konsequent weitergedacht führt zur rechtlichen Figur der »Earth jurisprudence« (Demos 2016: 25).[148] Die Verknüpfung aktivistischer Sorgearbeit,[149] rechtspolitischer Ethik und Ästhetik mit dem Ziel, zu einer verantwortungsvollen Rechtsprechung – der in einer gesetzeskonkretisierenden Perspektive eine bedingte rechtsschöpferische Autonomie zukommt – beizutragen, entpuppt sich als institutionalisierte Partikular-Sorge. Um diese zu erreichen, operiert die Agentur mittels transterritorialer und -disziplinärer Allianzbildung in verschiedenen institutionellen und selbstverwalteten Kontexten. Forensic Architecture arbeitet beispielsweise mit NGOs[150] im Kampf für eine nicht-korrupte Strafverfolgung und geht gegen strukturellen/institutionalisierten Rassismus vor (beispielsweise

---

148 Das veränderte Ökologieverständnis, insbesondere in Bezug auf Medien, wird im Kapitel II.1 ausführlich diskutiert.
149 Siehe Kapitel III.4.
150 Enrique Dussel greift das Argument auf, der Staat habe vielfach an Bedeutung verloren, wodurch Demokratisierungsprozesse vermehrt durch NGOs und Solidaritätsgruppen eingeleitet würden, und entgegnet, dass eine »*Repolitisierung der Intersubjektivität der Bürger als Akteure der Gemeinschaft*« ohne die Existenz des Staates nicht möglich sei (vgl. Dussel 2002: 324, H.i.O.). Jedoch ist die »Territorialität der globalen ›BürgerInnen‹ zugleich postnational, denational und transnational« (Bhabha 2002: 404).

gemeinsam mit dem *Tribunal NSU-Komplex auflösen*). Als Teil dieser Strategie kooperiert Forensic Architecture fallspezifisch mit dem »›jurisdiktionell ungeklärten‹ Status von Wahrheitskommissionen[151] [...][,] dem Internationalen Strafgerichtshof« (Bhabha 2002: 408) und Menschenrechtstribunalen. Die mit diesen Foren assoziierten moralischen Debatten und politischen Diagnosen bewegen sich auf trans- und postnationalem Terrain (vgl. ebd.: 408–409). Weizman (vgl. 2017: 136) macht sich jedoch keine Illusion, dass die Zusammenarbeit mit internationalen Gerichten, Menschenrechtsorganisationen oder Kommissionen der Vereinten Nationen per se transformative Plattformen entstehen lasse oder bürokratische Verfahren der Gerechtigkeit ersetze, wenn sie auch Teil einer größeren zivilgesellschaftlichen Strategie seien. Die ordentliche Gerichtsbarkeit wird somit stets angestrebt; schließlich gelten »Wahrheits- und Versöhnungskommissionen [auch als, LS] Kinder des Kompromisses«[152] (Achour 2002: 148).

Zweierlei Kritikformen aufgreifend, agiert Forensic Architecture modisch im Sinne des Zeitgeists: Zu nennen ist eine sich in der Wendung zur Ökologie manifestierende Anthropozentrismus-Kritik sowie die gesellschaftliche Kritik am *ICC*, die darin besteht, dass nur bestimmte (nationale) Regierungen, nicht jedoch Konzerne in dessen Jurisdiktion fallen (nicht unerwähnt bleiben darf, dass der Internationale Strafgerichtshof nach dem Kalten Krieg zur forensischen Wende beigetragen hat und in der Untersuchung von Menschenrechtsverletzungen eine bedeutende Rolle spielt). Angenommen, medienreflexive Praktiken verbinden sich mit der »Stärke der Demokratie [...] [,] sich selbst zu hinterfragen« (Bhabha 2002: 402), lenkt das Ausstellen kriminalistischer Kartografien über den Inhalt

---

151 Die sehr unterschiedlich konstituierten Wahrheitskommissionen Ende des 20. Jahrhunderts hatten gemeinsam, Verletzungen universeller Werte durch einstige Regime zu ermitteln. Intention sei gewesen, »das Schweigen [...] zu brechen unter Berufung auf das ›Recht zu wissen‹, wie es Louis Joinet in seinem Bericht für die 55. Sitzung der Menschenrechtskommission der Vereinten Nationen (1999) genannt hat«. Die »Wiedergutmachung« beginne bei der »Anhörung« der Opfer zur öffentlichen »Anerkennung ihrer Leiden«. (Vgl. Achour 2002: 145)

Jedoch, so Rustom Bharucha, werde Versöhnung vielfach praktiziert, um beunruhigende Wahrheiten zu vertuschen (vgl. Bharucha 2002: 431). Er problematisiert daher die oft mit Schrägstrich angeführten Wahrheits-/Versöhnungskommissionen (vgl. ebd.: 407).

152 »Fest verankert im Politischen, sind die Wahrheits- und Versöhnungskommissionen in Wirklichkeit Kinder des Kompromisses. [...] Die Wahrheits- und Versöhnungskommissionen scheinen die Ordnung der Wahrheit und die Ordnung der Gesellschaft zur Deckung zu bringen. [...] Freilich darf man nicht die Augen davor verschließen, dass die Reue und das Verzeihen, um die es hier geht, nicht die Authentizität des Religiösen besitzen. Das politische Interesse prägt den ganzen Prozess [...]. [...] Auf diese Weise wird die Wahrheit paradoxerweise zum Instrument des Politischen. Wahrheit und Politik gehen hier zusammen [...] und schaffen so die Grundlage für eine bessere Zukunft.« (Achour 2002: 148)

hinausgehend die Aufmerksamkeit auf das interventionistische Potential in zeitgenössische Bildpolitiken, die von der Agentur mittels Investigativer Ästhetik dekodiert und verhandelt werden. Mediale und architektonische Fundstücke, auch Spuren der Zerstörung und materieller Transformationen betreffend, stellen kulturelles Erbe dar – in Medienökologien in konstanter »Remediatisierung«[153] begriffen. Anstatt auf die Protagonist:innen zu fokussieren, ist die Konzentration auf die Ökologie, die (urbane) Umgebung, den Hintergrund und die Architektur in den Investigationen von Forensic Architecture auch auf die der Öffentlichkeit verfügbaren Bildmaterialien in niedriger Auflösung zurückzuführen. Schließlich seien Satellitenbilder derzeit in einem Verhältnis von 0,5 Meter pro Pixel zugänglich;[154] Parameter dafür bilde der von oben betrachtete menschliche Körper, der durch dieses Maß an der Schwelle von Sicht- und Unsichtbarkeit oder genauer der *Schwelle der Aufspürung*[155] gehalten werde (vgl. Weizman 2017: 28–30). *Counter-forensics* agiert im Spannungsfeld von (Un-)Dienstbarkeit: Rechtlichen Architekturen wird in Form einer diagnostischen wie ungehorsamen Besetzung begegnet. Dieser der Aufdeckung[156] zweckdienliche Ungehorsam unterscheidet sich von einem grundsätzlichen Ressentiment gegen den Staat, insofern die Agentur ihr Handeln am (inter-, trans- oder supra-)nationalen Recht oder am damit unter

---

153 Diese Bezeichnung prägen Jay David Bolter und Richard Grusin in *Remediation: Understanding New Media* (1999): Wird angenommen, dass Medien stets auf andere Medien angewiesen sind und diese einander wiederholen, bedingt »Remediatisierung« als Form des Recyclings mediale Konstitutionsprozesse.
154 In den späten 1990er Jahren wurden Satellitenbilder durch eine Gesetzesänderung für NGOs öffentlich zugänglich. Ein Bild zu erlangen, sei kostengünstiger, als dafür zu bezahlen, dass ein Satellit den Orbit wechsle, um einen spezifischen Ort oder eine Krisenregion zu passieren. Zeitgenössische Konflikte seien an optische Regime geknüpft: Das Militär beispielsweise nutze bildgebende Verfahren, die von Maschinen zur Weiterverarbeitung durch andere Maschinen gemacht werden, ohne jemals in eine für die menschliche Wahrnehmung erkennbare Repräsentation konvertiert zu werden (z. B. Sensoren auf Drohnen oder »optical heads on guided munitions« – im Unterschied zu GPS, das nicht unbedingt optisch funktioniere, sondern über Vektoren berechne). (Vgl. Weizman 2017: 97)
Variationen in der Auflösung – je nach Status der Zugreifenden – zeigen sich auch im Entertainmentsektor: In niederer Auflösung sind audiovisuelle Materialien häufig kostenfrei zu sichten/anzuhören, wohingegen für ein scharfes Bild oder einen qualitativ hochwertigen Sound (mehr) bezahlt werden muss.
155 Siehe gleichnamiger Untertitel, *Violence at the Threshold of Detectability*, von Eyal Weizmans Publikation zu Forensic Architecture aus 2017.
156 So wurde etwa die Objektivität des Münchner Oberlandesgerichts in der Untersuchung der NSU-Verbrechen aufgrund des Aufdeckungsakts durch die Investigation *77sqm_9:26min* von Forensic Architecture hinterfragt. Siehe Kapitel II.2.

Umständen verschalteten Völkerrecht[157] ausrichtet, um Ermittlung und Strafverfolgung einzufordern. In ihrer Herrschaftskritik ist die Agentur hegemoniekritisch[158] – nicht gegenhegemonial – gegenüber (de-)zentralisierter privatwirtschaftlicher, gouvernementaler oder juridischer Macht.[159]

Ihre Ermittlungen können dazu drängen, ein Ermittlungsverfahren einzuleiten. Zudem kann die museale Präsentation einer Ermittlungswahrheit,[160] aus der sich eine politische Positionierung wie krisenfallspezifische Lösung oder Anklageerhebung ableitet und mittels derer jurisdiktionelle Leerstellen markiert werden, politischen Druck auf ordentliche Gerichte machen. Selbst wenn Forensic Architecture sich gegen Lücken und nicht geklagte Ereignisse wendet, hat die Agentur ihre eigene Deutungsmacht, von einer scheinbar unwiderlegbaren Argumentationsweise getragen, die jedoch nicht einfach äquivalent ist zur »epistemischen Gewalt«,[161] gegen die es sich wendet. Grundsatzdebatten werden eingangs keine angerissen, obwohl die Aufdeckung zu verbindlichen Konsequenzen in der Wirklichkeit führen soll.

Wie wird Eyal Weizman öffentlich wahrgenommen? Er präsentiert sich weniger als Strafrichter denn als Untersuchungsrichter, der mit seinem Team ›von der Mitte aus‹ ermittelt. Diese vermeintlich benachteiligte Position sorgt in bestimmten Kontexten für einen Vertrauens*vorschuss*, der auf einer postfaktisch[162] bedingten Vertrauens*verschiebung* beruht: Die ›öffentliche Wahrheit‹ lässt die Vermutung

---

157 Das Völkerrecht bzw. das Internationale Öffentliche Recht – z. B. Charta der Vereinten Nationen – besteht aus dem überstaatlichen Völkervertragsrecht (niedergeschriebene Verträge) und dem Völkergewohnheitsrecht. Das Völkervertragsrecht ist bindend für alle Völkerrechtssubjekte (meistens Staaten), die den Vertrag ratifiziert haben. Das Völkergewohnheitsrecht braucht neben der Überzeugung von der rechtlichen Bindung eine ständige Übung.
158 Der Hegemoniebegriff, demnach etwas nicht nur auf Zwang, sondern auch auf Konsens basiert, geht auf die zwischen 1929 und 1935 verfassten *Quaderni del carcere* von Antonio Gramsci zurück – siehe die von Klaus Bochmann und Wolfgang Fritz Haug 1992 hg. deutschsprachige Gesamtausgabe der *Gefängnishefte*. Da eine Philosophie der Praxis für die vorliegende Arbeit von Bedeutung ist, sei erwähnt: »The expression ›philosophy of *praxis*‹ is one of the leitmotifs of Gramsci's *Prison Notebooks* [...], a fragmentary work that many people regard as a ›refoundation‹ of Marxist philosophy [...]. It has to be recognized that in some respects, *praxis* was a coded expression intended to deceive the censors.« (Balibar et al. 2014: 827, H.i.O.)
159 Der Begriff der »Gouvernementalität« ist zentral in Michael Foucaults kritischer Diskursanalyse. »Rechtliche Macht ist [in der Perspektive von Foucault, LS] als *juridische* Macht [...] die Macht in Gestalt des Rechts.« (Baer 2011: 155, H.i.O.)
160 Siehe ebenso Kapitel I.1.
161 Zum Begriff der ›epistemic violence‹ (Spivak 1988: 70) siehe *Can the Subaltern Speak?* (1988), ein Aufsatz von Gayatri Chakravorty Spivak.
162 Siehe Überlegungen zur ›Postfaktizität‹ im Kapitel III.1.

zu, andere Instanzen würden nicht wirklich im öffentlichen Interesse agieren. Forensic Architecture tritt als das ›radikal andere‹ Gerechtigkeitsorgan auf, das genauer als die Presse recherchiert, besser als das Parlament vertritt (Stellvertretung/*proxy*), klüger als das Strafverfolgungsorgan Polizei ermittelt und fairer als das Gericht entscheidet. Der Kampf um Anerkennung ihrer Beweise erkennt indirekt den genannten Gewalten (Presse, Legislative, Exekutive, Judikative) Wahrhaftigkeit und Agency ab.[163] Obwohl die Agentur ihr Tun als offene Verifizierung stilisiert, verkörpert sie Expertise, die professionell (bezahlt) und nicht aktivistisch neben anderen Erwerbstätigkeiten hervorgebracht wird. Bemerkenswerterweise verschwimmen Definitionsgrenzen, wenn institutionelle Geldquellen für Wissensproduktion kanalisiert werden, die einem aktivistischen Zweck dienen – es steckt darin das zentrale Bedürfnis der Ent-Privilegierung. Auf diese Weise wird die Agentur als symbolische Definitionsmacht über faktische Zusammenhänge wahrgenommen, auch wenn sie nicht die notwendige Verfügungsgewalt besitzt, um bestimmte Tatsachen zu schaffen. Zeitweise wirkt die Agentur eher als produktive Störung der Evidenz. Hier muss daher von einem ›Suggerieren‹ gesprochen werden, da die Überlegenheit gegenüber rechtsstaatlichen Gewalten stark durch die reale wie fiktive Figur der Detektiv:innenagentur geprägt ist. Es handelt sich um ein Kräftespiel zwischen rechtlichen und quasi-rechtlichen / kulturell-künstlerischen Instanzen im symbolisch-faktischen Zugriff auf die ›wahre Wirklichkeit‹. Indem das symbolische Kapital der Künste in ein primär ökonomisches Kapital umgewertet wird (etwa über *commissions*), erhalten Museums- und Theaterhäuser den Status des Realen. Als Plattformen direkter Aktion befürwortet (die Rede ist dann von Forum und *people's tribunal*), wird zugleich ihr dennoch nicht einfach abzustreifendes symbolisches Kapital angezweifelt. Anzumerken ist, dass der von Forensic Architecture zur politischen Repräsentation geleistete Beitrag nicht auf einer Struktur des demokratischen Gewähltseins[164] basiert, sondern auf einem Engagement als Verdienstmodell. Dennoch schwingt eine Aufforderung nach ›echter‹ Demokratie mit, die nahelegt, es brauche

---

163 So schreibt Benjamin (vgl. 1965: 57) über die doppelte Gewalt der Rechtsetzung als Mittel sowie als Zweck: »Rechtsetzung ist Machtsetzung und insofern ein Akt von unmittelbarer Manifestation der Gewalt.« (Ebd.)
164 »In der Demokratie müssen sich die Anwärter auf ein politisches Amt buchstäblich vor einem Publikum produzieren, um von diesem den Regierungsauftrag erteilt zu bekommen.« (Rebentisch 2012: 71)

weniger eine repräsentative, als eine deliberative oder direkte Demokratie.[165] Da der deliberative Diskurs sich jedoch auf die Zukunft richte, stehe er dem sich auf die Vergangenheit konzentrierenden gerichtlichen Diskurs entgegen (vgl. Cassin 2005: 862) – denn es ist letzterer, der die »Forensis« prägt. Laut dem Rechtsphilosophen Christoph Möllers gilt für die auf »Vorhersage künftiger Entscheidungen« ausgerichtete Normenordnung hingegen, dass sie sich nicht auf das geschriebene Gesetz reduzieren lasse (vgl. Möllers 2018: 78): »*Die Normativität des Rechts zeigt sich im Output der Richter.*« (Ebd., H.i.O.) Deliberation aber dient als Basis der Rechtfertigung[166] weniger der Vorhersage einer Entscheidung denn zur rationalen Entscheidungsfindung durch Szenarienbildung und kann somit (wenn nicht rein sprachlich gedacht) Parallelen zu forensischen Verfahren aufweisen.

Forensic Architecture ist Symptomträgerin wie Akteurin einer Reihe historisch gewachsener Konflikte. Um zunächst zwei für die Fragestellung dieser Arbeit relevante Genealogien anzuführen: zum einen die Institutionalisierung kritischer Kunst in der Institutionskritik und ihre darauffolgende Assoziierung mit Ökonomisierung und Genre, zum anderen die Institutionalisierung der Menschenrechte, einst kritischer und überpositiver Horizont des Gesetzes, zugleich jedoch ohne Garantie rechtlicher Konsequenz bei ihrer Verletzung.[167] In dieser Erzählung basieren beide, Kunst und Recht, auf einer dichotomen Struktur aus Sender und Adressat. Ästhetik, bezogen auf Ökologie und Architektur, kommt als verbindende Intention ins Spiel, sobald festgestellt wird: »Greift das binäre

---

165 ›Direkt‹ und ›deliberativ‹ sind nicht synonym zu denken: »Das Ideal der *direkten* Demokratie, verstanden als unmittelbare Beteiligung aller Bürgerinnen und Bürger an allen sie betreffenden Entscheidungen, ist eine revolutionäre Forderung geblieben und wird auch durch den *deliberativen* Ansatz nicht verfolgt.« (Tohidipur 2006: 393–394, H. LS) »Die Verwendung des Begriffs der ›deliberativen Demokratie‹ (deliberate democracy) in der aktuellen wissenschaftlichen Literatur lässt sich zurückverfolgen bis zu J. M. Bessette und seiner diesbezüglichen Betrachtung des amerikanischen Regierungssystems im Jahre 1980.« (Ebd.: 393)
166 »Kommunikative Handlungen sind dann deliberativ zu nennen, wenn es sich um argumentative Sprechakte handelt, bei denen Geltungsansprüche mit Gründen gestützt und mögliche Gegenpositionen berücksichtigt werden. Generell reagieren die Modelle der Deliberation auf augenscheinliche Mängel moderner Demokratien, indem sie der politischen Welt der Machtspiele und der klandestinen Entscheidung die Logik des Rechtfertigens und Argumentierens implantieren möchten […].« (Suntrup 2018: 170)
167 Die Menschenrechte garantieren dann keine Umsetzung, wenn sie nach dem Soll-Prinzip funktionieren: »Sie kommen einem Forderungskatalog gleich, der auf ›der Gnade‹ der jeweiligen Autorität fußt«, wobei »[d]ie Adresse der Gewährleistung […] dabei immer der Staat oder eine staatsähnliche Autorität« sei (vgl. Lenz et al. 2016c: 14). Darin bestehe der utopische Charakter jeder Verfassung, die »nicht der Schlussstein, sondern der Grundstein eines gesellschaftlichen Gebäudes« sei (vgl. Neskovic 2016: 20).

Aussageschema nicht, weil Wahrnehmung und Beschreibung von Repression komplexer und zugleich ambivalenter sind, als die Menschenrechte es hergeben, muss die Erfahrung entweder darauf reduziert werden oder aber sich andere Ausdrucksformen suchen.« (Vismann 2012: 250) Nachdem das Museum bereits durch einen »postrepräsentativen«[168] Prozess gegangen ist, stellt sich aktuell die Frage, ob im Kunstbereich eine normative Wende[169] zu verzeichnen ist: Was Kunst leisten *soll* simplifiziert auf Ethisches oder Kausales – obwohl Normen vielmehr, die Argumentation Möllers' (vgl. 2018: 13–15, H.i.O.) aufgreifend, »*positiv markierte Möglichkeiten*« sind, sodass durch normative Praktiken »Distanz von der Welt genommen werden« kann.[170]

Wie ersichtlich wurde, besteht der Fokus dieses Kapitels auf Institutionskritik, weil sich Forensic Architecture auf die »politischen Institutionen und Verfahren« (Rebentisch 2012: 16) demokratischer Freiheit, nicht die »Lebensführung im ganzen« (ebd.) konzentriert. An dieser Stelle möchte ich eine philosophische und theoriepolitische Debatte aufgreifen, die mir für das Verhältnis von Demokratie und Kunst wesentlich erscheint. Juliane Rebentisch beginnt *Die Kunst der Freiheit: Zur Dialektik demokratischer Existenz* (2012) mit einer »Apologie der Ästhetisierung« (ebd.: 11) – einer Verteidigung, die eine »Kritik der (Ästhetisierungs-) Kritik« (ebd.: 17) zum Ziel hat.[171] Die wechselseitigen Zuschreibungen, Indienst-

---

168 Das Konzept des »postrepräsentativen Museums« entwickelte Sternfeld (vgl. 2018: 29) aus dem postdramatischen Theater. »›Postrepräsentativ‹ heißt [...] keinesfalls ›nach den Kämpfen um Repräsentation‹. Ganz im Gegenteil – die [...] Krise der Repräsentation kann nur als Ergebnis dieser Kämpfe verstanden werden. Sie haben sich mit dem mächtigen Wissen der Institutionen aus bürgerlicher, proletarischer, feministischer, antirassistischer und antikolonialer Perspektive angelegt.« (Ebd.: 61)
169 Auch im Bereich der *radical urban theory* sei ein »normative turn« zu beobachten, der auf einer radikalen Kontextualisierung poststrukturalistischer Kulturwissenschaft aufbaue, so Barnett (vgl. 2018: 13–14). Normativ sei nicht misszuverstehen als »insistence, that theories should somehow be strongly founded in moral principles« (vgl. ebd.: 19–20): »[N]ormativity is a dimension of social practice that is poorly understood when reduced either to the logic of discipline, legitimation and subjection, or elevates to the status of utopian ideals.« (Ebd.: 20)
170 Normen als Fiktionen zu begreifen, wo sie keine Effekte erzielen, sei ein Fehlschluss; denn wo es in einem instrumentalistischen Verständnis um Effekte gehe, sollen Ursachen, nicht Normen gesetzt werden (vgl. Möllers 2018: 18). Möllers argumentiert zudem, dass es gelte, »Normativität da zu entdecken, wo sie konsequent geleugnet« werde – »am deutlichsten heute vielleicht in Institutionen des Kunstbetriebs« (vgl. ebd.: 489).
171 Die gemeinhin negativ konnotierte »Ästhetisierung«, die Rebentisch (2012: 9) in Bezug auf Ethik und Politik diskutiert und als einen demokratischer Kultur inhärenten Bestandteil verteidigt, lässt sich genauso bezogen auf das Recht kritisch besprechen: »Der Begriff der Ästhetisierung bezeichnet mithin eine Transformation, durch die Ethik und Politik sich selbst fremd, nämlich ästhetisch werden.«

nahmen und Abgrenzungsmechanismen operieren argumentativ mit der ›Ästhetisierung der Lebenswelt‹[172]; diese Diskussion gehe nicht erst auf die Postmoderne oder gar die Moderne zurück, sondern beginne mit der praktischen Philosophie der Antike und ihren »Krisendiagnosen, die das Vordringen des Ästhetischen in den Bereich von Ethik und Politik als deren Zersetzung bekämpft haben«: mit der von Platon im Dialog *Politeia* ausgearbeiteten Demokratiekritik, so Rebentisch (vgl. ebd.: 11–14).[173] Speziell das Theater versinnbildliche ein nach Geschmack urteilendes Volk, wobei Platon die Entgrenzung der Künste (um die es in den ebenfalls dialogförmigen *Nomio* gehe) und ihren auf affizierende Wirkung ausgerichteten Zugriff auf die Politik – ohne Kenntnis der Gesetze – für das »Unheil Athens« verantwortlich mache (vgl. ebd.: 69–75). Mit der »Theatrokratie«[174] (ein Konzept Platons) erweitere sich nicht nur der Kreis der Urteilenden von den freien Athenern auf alle, sondern Erfahrung (zentraler Bestandteil von Rebentischs Kunsttheorie) werde bezogen auf das Gute zu einer neuen Entscheidungskategorie (vgl. ebd.: 76). Die Ästhetisierungskritik zeichne sich dadurch aus, stets bestimmte ästhetische Formen für eine Zersetzung der ihr äußerlichen Bereiche

---

172 Hiermit bezieht sich Rebentisch auf Rüdiger Bubners Kapitel In *Ästhetische Erfahrung* (1989).
173 Die bekannteste Ästhetisierungskritik des 20. Jahrhunderts finde sich, so Rebentisch (vgl. 2012: 342), in Walter Benjamins Aufsatz *Das Kunstwerk im Zeitalter seiner technischen Reproduzierbarkeit*. In diesem schreibt Benjamin (1963: 51, H.i.O.): »*So steht es um die Ästhetisierung der Politik, welche der Faschismus betreibt. Der Kommunismus antwortet ihm mit der Politisierung der Kunst.*« Auch die Herausgeber:innen des Sammelbands »*Ästhetisierung«: Der Streit um das Ästhetische in Politik, Religion und Erkenntnis* (2010), Ilka Brombach, Dirk Setton und Cornelia Temesvári, nennen Benjamin und darüber hinaus Guy Debord sowie verschiedene Vertreter:innen der Postmoderne als zentrale Figuren der Ästhetisierungskritik (vgl. Brombach et al. 2010: 7). Mit Fokus auf das 20. Jahrhundert lassen sie die in die Antike reichende Theoriegeschichte nicht unerwähnt: »Der Sache nach führt der Diskurs der Ästhetisierungskritik ein Theoriegenre fort, das von Platons Mimesiskritik in der *Politeia* bis hin zu Carl Schmitts *Politische Romantik* reicht.« (Ebd.: 8, H.i.O.)
174 Mit Christoph Menke ist darauf aufmerksam zu machen, dass Ästhetisierung sowohl das Recht als auch die Kunst selbst betreffen kann: »Das bildet den Kern des kritischen Modells der Theatrokratie: Theatrokratie ist die Herrschaft der Sinne, die nicht weniger als eine Auflösung der Gesetzlichkeit der Künste bedeutet, – der Gesetzlichkeit ebenso der Hervorbringung wie der Beurteilung der Künste. Theatrokratie, die Ästhetisierung der Künste, ist Erosion oder Subversion ihrer Normativität.« (Menke 2010: 19) Den Künsten jedoch komme eine Vorreiterrolle zu – als Experimentierfeld? –: »Von den Künsten aus greift die Ästhetisierung auf die Kultur im Ganzen über.« (Ebd.)

verantwortlich zu machen, wobei im Gegenzug andere ästhetische Formen entgegengehalten würden (vgl. ebd.: 340).[175]

Augenfällig ist die Anschlussfähigkeit sowohl der Ästhetisierungskritik als auch ihrer Kritik als Affirmation der Ästhetisierung in gegenwärtigen definitorischen Kämpfen, die bei weitem nicht nur bezüglich der Künste geführt werden. Um das Beispiel erneut aufzugreifen: Die CDU diskreditiert den von Forensic Architecture für das *Tribunal NSU-Komplex auflösen* erbrachten Beweis, indem sie eine Verwandtschaft der Agentur zur Kunst herstellt. Damit impliziert sie, es handle sich um ein ästhetisches Urteil und somit um eines des Geschmacks, was als Ästhetisierungsvorwurf zu verstehen ist. Wenn nach den soziologischen Studien Pierre Bourdieus Geschmack – »als bevorzugtes Merkmal von ›Klasse‹« (Bourdieu 1982: 18) – im Milieu situiert ist, bestätigt der »Glaube an die notwendige Zustimmung aller« (Weitin 2005: 158) im Geschmacksurteil die Entscheidungsparadoxie. Diese ist gegeben, sobald ein Wahrnehmungssubjekt,[176] -organ oder -sensor und Informalität vorliegen, sodass nicht nur nach Regelverfahren quasi automatisiert zum Schluss gekommen werden kann.

Die künstlerisch-angewandte Ermittlungspraxis von Forensic Architecture – um die es im Folgenden gehen wird – greift in Praktiken der Versammlung, der Kartografie und der Diskursproduktion sowohl auf normative[177] rechtliche Kategorien als auch auf kritisch-postkoloniale und -posthumanistische Ansätze zurück. In einem methodischen Spagat werden juristisch-kriminalistische Operation zur Untersuchung des konkreten Scheiterns der Demokratie und ihrer epistemischen Systeme und Ordnungen, ethisch-politisches Engagement und die konsequente Fortentwicklung designbasierter Forschung verzahnt.

---

175 Bei Platon sei es »die epische Erzählung« gegen das »theatrale[ ] Rollenspiel« gewesen – mit Folgewirkung etwa »in Bertolt Brechts ›epischem Theater‹« (vgl. Rebentisch 2012: 340).
176 »Eine tragende Säule des Systems der formalen Beweiswürdigung war die Schriftlichkeit des Verfahrens, das heißt das Prinzip der Trennung von untersuchendem und erkennendem Gericht, das qua Urteil nach Aktenlage sicherstellen sollte, dass die entscheidende Instanz nicht durch die direkte Anschauung der Prozessbeteiligten affiziert und irritiert wird. Es ging also um die Ausschaltung jener *Kontingenz, die überall dort unweigerlich einbricht, wo Wahrnehmungssubjekte unmittelbar im Spiel sind.*« (Weitin 2005: 147, H. LS)
177 Alexy (vgl. 2008: 15–16) stellt fest, dass Argumentationen für eine »Natur des Rechts« dreierlei Probleme betreffen: (i) die »Norm« des normativen Rechtssystems, (ii) den »Rechtspositivismus – also die »reale und faktische Dimension«, die wiederum in »autoritative Gesetztheit« und »soziale Wirksamkeit« unterschieden werde – sowie (iii) die »Moral«, in der es um »Richtigkeit oder Legitimität« gehe.

I.1.2. Kunst/Wissen: Kasuistische Erkenntnis – »Ästhetische Intention«

Wird in der Rezeption von Forensic Architecture das Verhältnis von Kunst und Wissen(-schaft) anvisiert, kann zunächst gefragt werden, ob Investigationen sich in Kunst ›verwandeln‹, sobald sie im Museum gezeigt werden. Gegenfrage: Können die Investigationen Kunst sein, wenn sie nicht in künstlerischen Kontexten exponiert werden? Ja, sofern das Museum als Ort gemeint ist und Kunst im ästhetischen Diskurs stattfindet. Auf der Urteilsebene sind Museum und Gericht ohnedies aufeinander verwiesen, wenn Ausstellen, mit Ludger Schwarte gesprochen, ein exhibitionistischer Akt und keiner des Zeigens ist, was bedeute, »etwas aus einer epistemischen, moralischen oder politischen Ordnung und auch aus einem ästhetischen Schema herauszurücken« (vgl. Schwarte 2019: 88). Schließlich stehen »[b]ei allen Arten von Ausstellungen [...] die Seltenheit, die Sehenswürdigkeit und die Glaubwürdigkeit der Exponate auf dem Prüfstand« (vgl. ebd.: 85). Ebenso interessant wäre die hypothetische Frage, ob die Agentur mit Kunst- und Kulturinstitutionen kollaborieren würde, wenn ihre Investigationen prinzipiell erfolgreich von ordentlichen Gerichten behandelt werden würden.

Kuratorische Entscheidungen, Arbeiten wie die von Forensic Architecture auszustellen, verraten einiges über das komplexe Gefüge internationaler Kunstförderung, die speziell Arbeiten als förderungswürdig einstuft, die Forschung betreiben. Das Förderprinzip des *ERC* »ground-breaking, high-risk and high-gain research« (European Research Council) erfüllend, wird die Agentur gefördert, um Wissen zu generieren und öffentlich zu machen (in Foren, Workshops etc.). Auf exemplarische Weise agiert sie dabei im Spannungsverhältnis der künstlerischen Forschung: zum einen in der Tradition der Werkkritik verortbar, jedoch vom Einbezug in die Kunsthistoriografie und ihrem »kunsttheoretischen und -kritischen Objektivismus« (Rebentisch 2003: 16) nicht unberührt, zum anderen dienstbar und institutionell etabliert, jedoch subversiv in ihrer Verschränkung von Theorie und Praxis. Künstlerische Forschung kann unterschiedliche Implikationen haben, abhängig von den genannten institutionellen, ästhetischen, epistemischen, sozialen und gesellschaftspolitischen Aspekten. In einem ersten Schritt rücke ich in diesem Unterkapitel Potentiale des *artistic research* und damit die Begriffe »ästhetische Intention« und »Transduktivität« des Philosophen Gilbert Simondon in den Fokus. In einem zweiten Schritt betrachte ich die Wissensproduktion von Forensic Architecture infrastrukturell (unter anderem in Universitäten, Ausstellungsräumen und weiteren kulturellen Bereichen), wobei Überlegungen zur kasuistischen Kunst- und Wissenschaftsförderung zentral sind.

Künstlerische Forschung, ihrer Etablierung äußerlich, kann eine antinomische Intention verfolgen und eine kognitive wie soziale Praxis meinen. Inwiefern dies impliziert, dass Produzierende die eigene Tätigkeit kritisch beurteilen, ist im speziellen Fall zu betrachten. Selbstdeutung[178] kann für eine von *gossip* oder *rumor* gefütterte Kommentarebene sorgen oder idealiter situierte Kontextualisierung hervorrufen. Die Reflexion der eigenen Position sowie der Formatierungen, Konfigurationen, Darstellungsformen und der Geschichte einer »Poetologie des Wissens«[179] (Vogl 1999, 2011) kann selbst poetologisch sein.

In ihren heterogenen Ausprägungen liegt die künstlerische, architektonische, angewandte oder engagierte Forschung von Forensic Architecture in der Verknüpfung der Foren, Diskurse und Ästhetiken von zeitgenössischen Künsten und Rechtsprechung mit der Referenz auf Wissens- und Handlungsformen des jeweils anderen Bereichs. Wird Kunst als Übersetzung gedacht, ist notwendigerweise auf einen geschützten Raum der Kunst zugunsten einer von produktivem Dissens geprägten wissensökonomischen Austauschbewegung zu verzichten. Der Begriff der Entgrenzung ist konstruktiv, um die neue investigative Praxis historisch aus den Künsten herzuleiten; um die Übersetzungskulturen jedoch zu erhellen, ist es nicht ausreichend, von Entgrenzungs*tendenzen* zu sprechen – operative Begriffe wie »Transduktivität« (Simondon 2012: 185) und damit einhergehende Transformationen zuvor separat gedachter Bereiche sind dann aussagekräftiger. Wegweisend zur Bestimmung der Wissenspraxis von Forensic Architecture erscheint deren »ästhetische Intention« (ebd.). Lässt sich diese Intention im Gegensatz zu

---

178 Das ist ein Terminus, mit dem Rebentisch die von Platon mit Demokratie assoziierte Willkür verhandelt. Sie hält dem das Bewusstsein einer Geschichtlichkeit des Guten als »nachmetaphysische[ ] Ontologie« sowie »kontextsensible[ ] Selbstrevision« (im Gegensatz zum Opportunismus) als zentralen Baustein einer »demokratischen Freiheitskonzeption« entgegen. (Vgl. Rebentisch: 38–75)

179 Joseph Vogl, Herausgeber des Bands *Poetologien des Wissens um 1800* (1999), beschäftigt sich mit der Öffnung der literaturwissenschaftlichen Sphäre durch die Fokusverschiebung vom ›Was‹ auf das ›Wie‹. In seinem Aufsatz zu eben diesem Thema in der von Harun Maye und Leander Scholz hg. *Einführung in die Kulturwissenschaft* (2011) artikuliert er das zentrale Anliegen einer »Poetologie des Wissens« folgendermaßen: »›Poetologie‹ ist als eine Lehre von der Verfertigung der Wissensformen – von ihrer *poiesis* – zu verstehen, als Lehre von deren Genres und Darstellungsmitteln, die den Gattungsbegriff morphologisch ausweitet [...]. Eine Poetologie des Wissens unterstellt also, dass sich jede epistemische Sachlage, jede epistemologische Klärung mit einer ästhetischen bzw. darstellungslogischen Entscheidung verknüpft.« (Vogl 2011: 55, H.i.O.) Die »dreifache Problemstellung« bestehe in der »Frage nach den Formaten des Wissens, nach dem Verhältnis von Wissen und Darstellungsform, nach dem Einsatz der Geschichte« und sie könne »diverse Herkunftslinien und Inspirationen beanspruchen« (vgl. ebd.: 56–57).

Immanuel Kants Dogma der Interesselosigkeit,[180] die im Zentrum einer kritischen Kunstsoziologie steht, positionieren? Die Investigationen sind nicht interesselos, sondern interessiert und involviert. Dennoch sind sie weder kollaborativ oder partizipativ per se – Merkmale der »socially engaged practice« nach einer Definition der Tate Gallery.[181] Ist den Untersuchungen folglich keinerlei Verständnis von Kunstfreiheit eingeschrieben – entbunden von einem spezifischen Nutzen, Zweck oder Instrumentalismus? Schon eher adäquat scheint Rebentischs (vgl. 2003: 274–275) Fassung der engagierten und interessierten Kunst: Diese bedeute nicht, »daß sie sich als bloßes Mittel zur Übermittlung (identitäts-)politischer oder (gesellschafts-)theoretischer Botschaften als Kunst selbst verleugnet«. Dadurch, dass Kunstwerke der interessierten Installationskunst nicht unmittelbar in einem bestimmten Kontext aufgehen, seien sie nicht mit Politik, Kritik oder gar Diskursanalyse gleichzusetzen; vielmehr bleiben sie »bedeutungsoffen« und »ortlos auch und gerade dort, wo sie sich offensiv auf ihren doppelten Ort – den buchstäblichen und den gesellschaftlichen – beziehen« (vgl. ebd.: 275). Nun ist anzumerken, dass ein vor Gericht vorgebrachter Beweis nicht auf Bedeutungsoffenheit aus sein kann, will er doch etwas Spezifisches belegen oder verhandeln. Insofern interessierte Installationskunst seit den 1990er Jahren »identitätspolitische Themen bearbeitet«, habe dies eine »ästhetikpolitische Pointe« – diese Kunst sei daher aber keineswegs mit bloßem »Inhaltismus« zu assoziieren (vgl. ebd.: 276). Sofern im Kunstraum ausgestellte Beweise beziehungsweise Bildevidenzen das leisten, mischen sich beim Ausstellungsbesuch bestenfalls ästhetische Erfahrung, ethische Erkenntnis und Reflexion des eigenen Wissensbestands über Recht. Dabei kann eine Einstellung unter Umständen politisiert werden, ohne auf eine identitätspolitische reduziert zu werden. Inszenatorisch erzählt werden bei Forensic Architecture die Verstrickungen der Dinge, Ökologien, Bezeugenden, Affizierten und Investigierenden auf der Ebene der Daten – des Gegebenen (lat. Plural für *datum*) mit Bezug zum Gesetzten (*positum*).

---

180 In der Frage nach dem Wert der Kunst begreift Bertram (vgl. 2005: 41) die von Kant als notwendig empfundene ›Interessenslosigkeit‹ der ästhetischen Erfahrung als eine »Selbstzweckhaftigkeit«. Arendt (vgl. 1985: 97) wiederum schreibt: »Unparteilichkeit wird bei Kant ›Uninteressiertheit‹ genannt«.
181 »Socially engaged practice describes art that is collaborative, often participatory and involves people as the medium or material of the work« (Tate).

I.1 Metamorphosen institutioneller (Kunst- und Rechts-)Kritik — 75

Wie angekündigt und bereits angeschnitten greife ich nun Denkfiguren Gilbert Simondons auf, um der Frage des Ästhetischen aus praxisphilosophischer[182] Perspektive zu begegnen. Seine Schrift *Die Existenzweise technischer Objekte* (dt. 2012, franz. Orig. 1958) spricht die Fähigkeit zur onto-epistemologischen Öffnung ausgerechnet der Kunst und dem ästhetischen Denken zu. Das bedeutet, dass diese nicht deduktiv oder induktiv, sondern transduktiv verfahren. Im abschließenden Teil entwirft Simondon eine auf Wirkung und Veränderung abzielende Kunstphilosophie im Schatten seiner Technikphilosophie.[183] Ein Gutteil ist dem ästhetischen Denken gewidmet.[184] Er skizziert dort ein viereckiges Modell, in dem sich Magie[185] in Religion und Technik spaltet, sodass die *figure* (Figur) in die

---

182 In der europäischen Philosophie kommen die zwei Hauptströme des Praxisbegriffs zum einen aus der *Nikomachischen Ethik* von Aristoteles, zum anderen aus den *Thesen über Feuerbach* von Karl Marx; dazwischen liege die *Kritik der praktischen Vernunft* von Immanuel Kant. Im 20. Jahrhundert gebe es »returns to the problem of *praxis* (including projects for reconstituting a ›philosophy of praxis‹) that either try to fulfill the promises of Marxism (Georg Lukács, Antonio Gramsci, Jean-Paul Sartre, and, by antithesis, Louis Althusser), or seek to propose an alternative to its political conception (Jürgen Habermas, Hannah Arendt), or to modify the term's semantic value in order to locate it, along with nature, morality, and history, in the element of institution and usage (Ludwig Wittgenstein).« (Vgl. Balibar et al. 2014: 820, H.i.O.)
183 Vielen Dank an Elisabeth von Samsonow, die mich im Rahmen meines Gastvortrags *Das Meer spricht: Forensische Foren und die Ökologie im Kunstbetrieb* innerhalb der Vorlesungsreihe *Magie Technik Kunst: Das Rearrangieren von Welt in Zeiten ihrer Bedrohung* (2017) an der Akademie der bildenden Künste Wien auf die Produktivität Simondons Schriften für mein Forschungsprojekt hinwies.
184 Siehe S. 167–186, betitelt *Technisches Denken und ästhetisches Denken*. In weiterer Folge widmet sich Simondon auch der ästhetischen *Impression*, der ästhetischen *Intention*, der ästhetischen *Intuition* sowie dem ästhetischen *Wirken*.
185 Ein Vorgriff auf die Detektivfigur (mehr dazu im Kapitel III.1.): »Magie [...] sickert nur schwer durch den Sphärenfilter hindurch; ihre Negation ist [im Detektivroman, LS] der rationale Prozeß [...].« (Kracauer 1979: 16) Ein Sonderfall ist die »›okkulte[] Detektivgeschichte‹, eine literarische Gattung, die im 19. Jahrhundert populär war«, in welcher »der jeweilige Held/Protagonist Kenntnisse der modernen Naturwissenschaften mit altem magischem Wissen [vereine, LS], um Kriminalfälle und Geheimnisse zu lösen, die übernatürliche Ursachen haben können oder auch nicht« (vgl. Thacker 2020: 93). Ferner erkennt Eugene Thacker in *Im Staub dieses Planeten (Horror der Philosophie)* (dt. 2020, engl. Orig. 2011) in diesem ›Subgenre‹ eine Variation »des magischen Kreises als okkultem Werkzeug«, insofern es dabei nicht um sogenannte Anomalien des Kreis-Inneren oder -Äußeren gehe, sondern darum, dass der Kreis selbst neue Eigenschaften offenbare (vgl. ebd.: 92–93).

Technik und der *fond* (Grund) in die Religion übergeht.[186] Religion und Technik seien zueinander komplementär und existierten simultan (vgl. Simondon 2012: 219). Die Operation der Ästhetik beziehungsweise die Rolle der Kunst ist, diese Spaltung transduktiv aufzuheben, ohne jedoch wieder zu einer animistischen Weltanschauung zurückzukehren. Mit »Transduktivität« beschreibt Simondon die Fähigkeit der »ästhetischen Intention«:

> Sie ist, was es erlaubt, von einem Bereich zum anderen, von einem Modus zum anderen hinüberzuwechseln, ohne auf eine gemeinsame Gattung zurückgreifen zu müssen; die ästhetische Intention birgt die transduktive Kraft, die von einem Bereich zum anderen führt [...]. [...] Ohne die ästhetische Intention gäbe es eine unendliche Suche nach denselben Wirklichkeiten innerhalb einer immer enger werdenden Spezialisierung; deswegen erscheint die ästhetische Intention, wenn man von den zentralen Richtungen der Suche und Forschung ausgeht, als eine beständige Abweichung; diese Abweichung ist in Wirklichkeit eine Suche nach der wirklichen Kontinuität unter der willkürlichen Zerstückelung der Bereiche. (Simondon 2012: 185)

Die »Herstellung einer transduktiven Kontinuität« (ebd.) scheint Rosi Braidottis nomadischem »Posthumanismus«[187] verwandt: Sich im Besonderen auf Spinoza und Deleuze berufend, versucht sie sozusagen ein Kontinuum in Simondons Viereck zu denken. Die Kunst zeichnet dabei nicht auf (und es sind weniger ihre Objekte/Werke gemeint), sondern versucht, auseinanderdriftende Kontinente zur Übereinstimmung zu bringen: Sie hängt am Horizont, an dem die Objekte erscheinen.

In den transdisziplinären Investigationen von Forensic Architecture findet die »ästhetische Intention« ihre Bestimmung: Sie besitzt die Fähigkeit, »eine horizontale Relation zwischen verschiedenen Denkmodi« (ebd.) herzustellen, sodass sich eine Ebene der kritischen Verknüpfung zwischen den Bereichen bildet. Der Ansatz der ästhetischen Intention, »keinen spezialisierten Bereich [...] der Kunst« zu schaffen, sondern transduktiv Modi zu verbinden (vgl. ebd.: 186), steht, wie

---

186 Die Dialektik von ›Figur‹ und ›Grund‹, die durch die Ästhetik überschritten wird, ist nicht zuletzt deswegen relevant, da Forensic Architecture Investigationen unter diesem Wortpaar listet und einen Lexikoneintrag zu *Figure–Ground* führt. In diesem spricht sich die Agentur für eine Kollision des cartesianischen Kontrasts der »figure of ›humanity‹ against the planetary backdrop of ›nature,‹ the driving engine of History with a capital *H*« zugunsten seiner Wechselwirkung aus (vgl. Forensic Architecture 2014b: 745, H.i.O.): »Every forensic act is an act of ›figuration,‹ tracing a lost figure within an already almost undifferentiated ground, as in the process of exhumation, or of folding figure into ground by reversing the nexus of agency, the active (agent) with the passive (patient), for instance between a human actor and a natural force.« (Ebd.)
187 Siehe *Nomadic Theory: The portable Rosi Braidotti* (2011) sowie *Posthumanismus: Leben jenseits des Menschen* (2014) von Rosi Braidotti.

ich zu zeigen versucht habe, im Gegensatz zu Juliane Rebentischs Verteidigung ästhetischer Autonomie. Simondon (vgl. ebd.: 171) koppelt das »ästhetische Denken« an einen auf einer Netzwerkstruktur basierenden Werkbegriff. Folglich beruht sein Kunstbegriff auf der Vorstellung einer übersetzenden und zugleich rahmenden Funktion: Die Kunst sei es, die »ein Ensemble von Wirklichkeiten auf eine bestimmte Weise zusammenfasst und in eine andere zeitliche Einheit, zu einem anderen Moment der Geschichte transportierbar macht.« (Ebd.: 186) Aus Zitaten wie diesen ist herauszuhören, dass der Transduktion das Ideal der Rekonziliation/Heilung/Transformation anhaftet – sie erstellt eine Rezeptur, nicht nur eine Diagnose.

Die angerissene Kunstphilosophie wird schließlich abgeschwächt: Religiöses, technisches und ästhetisches Denken seien »primäre Modalitäten«, die der »direkten Prüfung und Erfahrung *[épeuvre]*« bedürften; Kommunikation, Ausdruck und Urteil hingegen gehörten den sekundären Modalitäten an (vgl. ebd.: 187–188, Anm.i.O.). Das »ästhetische Wirken« mache auf die zu überwindende Spaltung zwischen Religion und Technik aus der Position der Zeitgenoss:innenschaft aufmerksam, kommentiere und rufe nach Kultur, während letztlich bloß die »philosophische Intuition« fähig sei, tatsächlich zu übersetzen (vgl. ebd.: 220–221). Die dem philosophischen Denken[188] durch Simondon zugeschriebene performative Fähigkeit wird in Diskursen zur künstlerischen Forschung ebenso der Ästhetik überantwortet. Simondon (vgl. ebd.) jedoch erkennt ein Problem darin, dass das ästhetische Denken als Zeitgenossin der Spaltung von Religion und Technik diesen beiden zu nahe stünde, um einen »neutralen Punkt im Werden des Denkens« zu beziehen; daher »bedürfte es eines philosophischen Denkens als Ästhetik der Ästhetiken«. Während die Sehnsucht nach einer neutralen Denkposition mit feministischen Epistemologien und kritischen Stand-

---

188 »Im philosophischen Denken ist das Verhältnis zwischen Technik und Religion kein dialektisches; denn genau in dem Maße, in dem Technik und Religion zwei gegensätzliche und komplementäre Aspekte einer ursprünglichen Weise des Zur-Welt-Seins sind, müssen diese beiden Pole in dem Paar, das sie bilden, zusammengehalten und aufrechterhalten werden: Sie sind simultan. [...] Das ästhetische Denken wirkt nicht direkt; es findet keinen Widerhall im Wirklichen, von dem es ausgeht; es beschränkt sich darauf, es auszubeuten, indem es sich von ihm ablöst; in ihm brechen sich Aspekte der Wirklichkeit, aber es reflektiert sie nicht. Dagegen geht das philosophische Denken weiter als das ästhetische Wirken, denn indem es vom genetischen Werden ausgeht, fügt es sich wieder in dieses ein, um es zu vollenden. [...] [D]ie Philosophie greift als Strukturierungsvermögen ein, als Fähigkeit, Strukturen zu erfinden, welche die Probleme des Werdens lösen [...].« (Simondon 2012: 219–220)

punkttheorien,[189] welche die Relativität des Wissens und die Lückenhaftigkeit der Darstellung berücksichtigen, unvereinbar ist, lassen sich bei Simondon die Rufe nach einer Kunstphilosophie, welche die Trennung von Kunstpraxis (als Wirken) und Ästhetik (als Denken) aufhebt, deutlich erkennen. Er schreibt: »Jeder Modus [Denken sowie Urteile umfassend, LS], der theoretische wie der praktische, besitzt Figur und Grund; aber nur beide gemeinsam haben sie das vollständige Erbe des ursprünglichen magischen Denkens [...].« (Ebd.: 196)

Welche Regungen, Überlegungen und Haltungen gehen den Investigationen voraus? In den Montagen von Forensic Architecture ist es ein widersprechendes ›Nein!‹, gefolgt von einem *counter-judgment*. Um das Kritisierte mit dessen eigenen Mitteln zu schlagen, kommen *counter-cartography* (Edward Saïd), *-forensics* (Allan Sekula), *-information*, *-memory*, *-narration* und *-surveillance* zum Einsatz. Erschöpfen sich Ungehorsam und radikale Praxis im *counter-* Vorsatz? Die Strategie ist historisch zu begründen. Um es noch einmal aufzugreifen: Der rhetorische Diskurs der Menschenrechte, einst eingesetzt, um kritisch über das Gesetz zu wachen, wurde institutionalisiert (vgl. Vismann 2012: 228–252). Da die Menschenrechte als kanonisierte, in das Gesetz einverleibte, nicht mehr als Gesetzeskritik aktiviert werden können, kommt es zur Formation jener *gegen*-Praktiken, die unmissverständlich ihr Ziel verlautbaren und einen neuen Umgang mit Institutionen hegen (mehr dazu im Unterkapitel KUNST/URTEIL). Dies schafft erneut eine produktive Lücke, in der Rechtspositivismus nicht mehr staatszentriert praktiziert wird. Denn die Gefahr einer solchen Zentrierung bestehe, so Vesting (vgl. 2015: 107), in politischer Willkür – einer »staatszentrierten Umpolung der rechtspositivistischen Quellenlehre«. Der Bezug auf positiviertes Recht verspricht, Wahrheit juristisch zu erkämpfen – trotz Ambivalenz der (für den Gründungsakt typischen) Gewalteinschreibung. Kanonisiertes (formalisiertes und ausdifferenziertes) Recht wird ausgerechnet dann für die Kunst interessant, sobald kunsthistoriografische Gesetzmäßigkeiten (Kanon) sich ihrerseits rechtfertigen müssen oder durch Stilzitate und andere Referenzen historisiert werden.

Die Posten in Simondons Viereck sind in der überschreitenden Investigativen Ästhetik variabel. Bei Forensic Architecture ist es diese Ästhetik als Praxisphilosophie sowie forensische Technik, mittels derer sich über die Spaltung zwischen Figur und Grund hinwegzusetzen intendiert wird, die aber dennoch die Spannung zwischen den Bereichen aufrechterhält. Im Agieren zwischen den Foren kann Handlungswissen aus sozialen und aktivistischen Bewegungen, radikalen

---

189 In ihrem vielzitierten Aufsatz *Situated Knowledges: The Science Question in Feminism and the Privilege of Partial Perspective* (1988) argumentiert Donna Haraway für die Situiertheit und Kontextbezogenheit von Wissen und Wissenschaft.

Epistemologien, Institutionskritik, Ästhetik und Rechtsprechung zueinander übersetzt und dabei die Referenz einer Handlung oder eines Objektes verschoben werden. Wenn Ästhetik immer bereits Ästhetisierung als Transformation gemeint hat (vgl. Menke 2010: 20) und somit Simondons Konzeption der transduktiven »ästhetischen Intention« entspricht, ist es kaum verwunderlich, dass es der Ästhetikdiskurs ist, der die moderne Etablierung der Ästhetik als Kunst insbesondere dann herausfordert, wenn etwas in Krise geraten ist und somit nach transformativer Kreativität verlangt:

> Die Künste sind in diesem Bild also nicht nur das Feld, auf dem die Ästhetisierung beginnt und zuerst erfolgreich ist. Die Künste sind nicht nur das erste Opfer der Ästhetisierung (weil ihre Gesetze zuerst von den Kräften ästhetischer Freiheit zerrieben werden), die Künste sind auch die Quelle, die Instanz, ja die *Agenten* der Ästhetisierung. (Menke 2010: 20, H.i.O.)

Die Künste werden also in Anspruch genommen, um zu verändern, zu befragen und zu verunsichern. Zugleich sind sie selbst operative Verursacher. Naheliegend wäre der allgemeine Schluss, die Investigationen von Forensic Architecture leisteten transdisziplinäre Wissensvermittlung sowie kulturelle Übersetzung in Form einer emanzipatorischen, institutionskritischen und ästhetischen Befriedigung des »Recht[s] zu wissen« (Achour 2002: 145). Zusammenfassend ginge es bezüglich Wissensgenerierung somit darum, neue Raumordnungen zu produzieren, sich Information anzueignen und Gegeninformation im Sinne einer gelebten Demokratie und einer engagierten Rechtskritik[190] zur Verfügung zu stellen.

Um nochmals weiter auszuholen: Kunst und -geschichte werden von (Kunst-)Philosophien, die Ikonografie beiseitelassen, durchdrungen – Simondons Überlegungen machen dies auf beispielhafte Weise deutlich. Die Revision der disziplinären Spaltung durch Überschreitung/»Transduktivität« rückt die Methodenfrage in die künstlerische Produktion und Epistemologie.

Dabei ist jedoch zu beachten, dass für die Aufdeckung der Ausdruck ›Erkenntnis‹ womöglich treffender ist – verglichen mit einem der künstlerischen Forschung zugeschriebenen Wissensbegriff. Hierbei stütze ich mich auf die Begriffs-

---

190 Je nach Ausrichtung fokussiere die kritische Rechtsforschung auf unterschiedliche Aspekte des Rechts im Verhältnis zu Ungleichheit und -gerechtigkeit: die marxistisch-materialistische Rechtsforschung auf ökonomische Aspekte, die feministische Rechtsforschung auf Geschlechterverhältnisse und die postkoloniale Rechtsforschung auf rassistische Verstrickungen (vgl. Baer 2011: 135–136). Solcherlei rechtswissenschaftlichen Ansätze seien »zwingend interdisziplinär« und »reflexiv« – nicht »anti-juristisch«, sondern »realistisch« (vgl. ebd.: 142). »Die kritischen Konzepte finden ihre Wurzeln daher auch im Rechtsrealismus – und damit in der Rechtssoziologie.« (Ebd.: 142–143) Die Rechtssoziologie entstand in Kritik zum strengen Positivismus, dem als Recht nur das gilt, was vom Staat gesetzt wurde.

differenzierung, die der Philosoph Markus Gabriel im Essay *Wissen und Erkenntnis* (2013) vornimmt:[191] »Wenn man Erkenntnistheorie betreibt, beschäftigt man sich mit der Frage, wie wir überhaupt Überzeugungen über Gegenstände erlangen können, die wahr oder falsch sein können. Einzelne Erkenntnisse werden durch eine Einbettung in Zusammenhänge zu Wissen.« (Gabriel 2013: 1914) Wenn die Erkenntnis eine im Werk selbst produzierte ist, von einem disambiguierenden *Aha!*-Effekt der Rezipient:innen getragen, ist die Frage nach dem Erkenntnis- und Untersuchungsweg elementar. Die aus dem Altgriechischen kommende Bezeichnung der Methode (*méthodos*) ist ›der Weg auf ein Ziel hin‹ (Kluge 1989: 476) sowie die regelbasierte »Art u. Weise eines Vorgehens« (Dudenredaktion 2015: 684, *Methode*). Orientieren sich die Investigationen an einem »Kanon[ ] juristischer Argumente« (Vesting 2015: 77)? Selbst wenn die Untersuchungen diesen Kanon durchkreuzen, übernehmen sie die Logik der Rekursion auf Gesetze (in der Rechtsprechung auch auf Präjudizien, also auf richtungsweisende Vorentscheide) – und seien es im Werk eigens etablierte Setzungen. Bei der Entwicklung, Anpassung oder Entfremdung bestehender Vorgangsweisen geht es nicht nur darum, Begriffe oder Diskursfelder mit einer Signatur zu besetzen; spannend wird es insbesondere dann, wenn neue Erkenntniswege ausgelotet werden, die Wissensproduktion überhaupt erst ermöglichen. Die »Forensis« (anstelle der Forensik), Philips *underwriting* (anstelle des *writing*) sowie Ruhms theatral-filmische Probe sind nicht nur zerlegende, sondern auch produktive Verfahren (die letzten beiden werden später näher erläutert); solche Rekontextualisierungen der Methode können als primäre künstlerische Leistung betrachtet werden.

---

191 Wissen und Erkenntnis seien nach verschiedenen Architekturen gebaut; zu ihrer begrifflichen Verwischung sei es insbesondere durch die Konzentration auf den englischen Wissensbegriff gekommen, in dem es kein Äquivalent zum deutschen Erkenntnisbegriff gebe. Wissen sei bedingt durch (i) Gewissheit bzw. Überzeugung (es sei notwendig »von der betroffenen Sache überzeugt« zu sein), (ii) den Glauben daran, etwas sei wahr sowie (iii) seine rechtfertigende Kontexteinbettung. Zusammenfassend sei Wissen, stets in einem »größeren Zusammenhang« einer »Netzwerkstruktur« eingebettet, »der Name für den Erfolgsfall, für einen erfolgreichen Wissensanspruch«. (Vgl. Gabriel 2013: 1903–1909)

Erkenntnis dagegen leitet Gabriel folgendermaßen her: »In der deutschsprachigen Tradition, die prominent im Gefolge von Gottfried Wilhelm Leibniz beginnt und in Immanuel Kants kritischen Hauptwerken kulminiert, [...] [gehe es, LS] zunächst um Erkenntnis [...], was in gewisser Weise ein grundlegenderer Begriff ist. Denn wenn man etwas erkennt, nimmt man es zur Kenntnis. Man kommt zu Überzeugungen über dasjenige, was man erkennt. Die Grundstruktur der Erkenntnis ist die einer wahren und damit offensichtlich wahrheitsfähigen Bezugnahme auf irgendeinen Gegenstand [...].« (Ebd.: 1913)

Künstlerische Forschung als mittlerweile etablierte universitäre Disziplin sowie institutionalisierte Förderschiene verschaltet – wie bereits die Kunstvermittlung[192] – Service und Kritik neu und führt zu veränderten Produktionsbedingungen. Künstlerisch-explizites Wissen entsteht in situativen (orts- und fallspezifischen) Formaten, Programmen und Analysemethoden. Ungleich einem Werk (auch dort, wo Flüchtigkeit, Prozesshaftigkeit oder Interaktivität seine Abgeschlossenheit konterkarieren), das zum Träger einer Spekulation über ein erfolgreiches Künstler:innensubjekt werden kann, beginnt die Arbeit an der Investigation erst, sobald die Sichtung der Bewerbungsunterlagen absolviert oder die Einladung/Beauftragung ausgesprochen wurde. Investigativ-kuratorische Diskurskunst,[193] geübt in Antragsrhetorik, ist mitunter gespickt mit *buzzword*-Markierungen und wildwüchsigem Referenz-*dropping* zur Wertsteigerung ihrer *criticality*: Begründen mit Schlagwörtern – *apply with a hypothesis*. Es mag *sexier* sein, einen *turn* oder *shift* zu behaupten, als Kontinuität aufzuzeigen. Gleichzeitig ist historische oder biografische Herleitung im Förderantrag maßgeblich, um einen *shift* argumentativ vorzubereiten. Anträge führen häufig zu einer Abdeckung mehrerer Aufgaben zugleich und zu Stellvertretungsangeboten[194] nach dem Schema *artist as*. Insofern kommt die bereits erwähnte Verschränkung von Kunst, Vermittlung und Kritik auch von Verwertungsstrukturen wie beispielsweise inneruniversitärem Monitoring: Ansuchen um Förderung, Dokumentation und Evaluierung durch eine ›Wissensjury‹.

Berechtigt sind Bedenken gegenüber der staatlichen Etablierung der künstlerischen Forschung an Universitäten (die um das Jahr 2000 begann) und der institutionellen Indienstnahme künstlerischer Ansätze, wenn Rationalisierung,

---

192 Sternfeld (vgl. 2018: 76) hebt die Analysen von Carmen Mörsch hervor, welche Vermittlung zwischen affirmativer Dienstleistung und Reproduktion, Dekonstruktion und Transformation verortet. Diese Tätigkeiten finden im Kontext der »Professionalisierung der Kunst- und Kulturvermittlung« statt, welche sich »zumindest im deutschsprachigen Raum« »seit den 1990er-Jahren gemeinsam mit der Neoliberalisierung des öffentlichen Bereichs« entwickle (vgl. ebd.: 148–149). »Die KunstvermittlerInnen sind [...] tatsächlich klassische Subjekte des Neoliberalismus – unterworfene prekäre AkteurInnen, die sich permanent gezwungen sehen, ihn kritisch voranzutreiben.« (Ebd.: 149)
193 Weiterführend siehe den von Eszter Lázár verfassten Eintrag *Discursivity* im von Eszter Szakács hg. *Curatorial Dictionary* (2012).
194 Mehr dazu im Kapitel III.1.

Kommodifizierung und Quantifizierung angesprochen sind.[195] Zudem läuft die Kunstinstitution oder -universität Gefahr, wirtschaftlich instrumentalisiert und zum politischen Vehikel zu werden. Künstler:innen beteiligten sich jedoch bereits davor an Regierungstechniken. Plötzlich erscheint die Frage berechtigt, inwiefern es förderlich ist, zwischen Kunst und Leben zu unterscheiden: Wirkt die Kunst angewandt auf das Leben ein oder greift umgekehrt das Leben auf die Kunst zu? Es hat den Anschein, dass in der künstlerischen Forschung als neuer hybrider Disziplin Kunst als angewandte Kulturwissenschaft in Dienst genommen wird, um einen erneut auflodernden Methoden- und Legitimationskonflikt zwischen Natur- und Geisteswissenschaften auszutragen. Der Habitus der spezialisierten detektivischen Künstler:innenagentur steht symptomatisch für die Investigation basierend auf einer empirisch aufbereiteten Fall-zu-Fall-Struktur, geeignet, *outcome* durch Expert:innen zu veranschaulichen. Denn die Fälle fungieren »als Schnittstelle von abstrakter Wissenschaft und verständlicher Rede« (Tyradellis 2006: 145) und vermitteln so (zumindest den Versuch) objektive(r) Informationsweitergabe. Expert:innen können als Gegenmodell zu allgemein Gelehrten – klassischerweise die Ältesten einer Gemeinschaft – gelesen werden, wobei genau genommen bei Ersteren die Grenze zwischen rechtlichen Dilettant:innen und wissenschaftlichen Spezialist:innen verschwimmt.

---

195 Diese Entwicklung sondiert Tom Holert in *Knowledge Beside Itself: Contemporary Art's Epistemic Politics* (2020): »[T]he systematic privileging of the epistemic that gained traction around the turn of the millennium was unprecedented. Long considered to be the exclusive domain of Conceptual art — the niche carved out by the linguistic turn in visual arts in the late 1960s — the swing toward epistemology, education, and research became a stronghold of more than one Post-Conceptual generation of artists that, beginning in the late 1980s, worked with and against the methodologies of early Conceptual art and first-generation institutional critique.« (Holert 2020: 28–29)

Die Kasuistik[196] spiegelt auch ökonomische Bedingungen – die Prekarisierung von Kunst und Forschung durch Projektförderung anstelle von Festanstellung, bei zunehmender auch transdisziplinärer Spezialisierung. Die Förderung von Investigationen verdeutlicht also das Streben nach kasuistischer Wissensproduktion sowie die im Modell dargelegte Forschung. Zudem zeigt sich darin die *imaginierte Fallstruktur des Rechts*. Denn einer »Archiv-Archäologie« entgehen »Epochenbrüche (vom Fall zum Gesetz)«, so Vismann (vgl. 2012: 205)[197] im Aufsatz *Arché, Archiv, Gesetzesherrschaft* (2009/2012). Darin stellt sie fest, dass die von Derrida gezeichnete »strukturelle Parallele« zwischen Archiv und Gesetz rechtshistorisch jedoch eher als zeitliche Abfolge gesehen werden müsse, die Heidegger richtigerweise im »Imperium« situiert habe: Im 6. Jahrhundert n. Chr. »ist da Archiv [...] ein Rechtstext, es ist Gesetz geworden«, anstatt dass weiterhin »in archivierten Gerichtsreden nach Regeln gesucht« werde würde (vgl. ebd.: 193–194).[198]

Zugleich verstärkt die Vergabepraxis der Kunst-Forschungsförderung ästhetisch-rhetorische Aspekte der Didaktik, der Information und allgemein des Instrumentellen. Die künstlerische Forschung als zielgerichtete Nachforschung verstanden, verlangt in ihrer forensischen Ausprägung Verständlichkeit. Geschichtlich betrachtet verweise die »›inquisitorische‹ Aktivität« wissenschaftlicher Erkenntnis im Kontext von Beweisverfahren auf eine Einebnung von Wissen

---

196 *Kasuistik* existiert in folgenden Bereichen: »1. Teil der Sittenlehre, der für mögliche Fälle des praktischen Lebens im Voraus anhand eines Systems von Geboten das rechte Verhalten bestimmt [...]. 2. (Rechtswiss.) Versuch u. Methode einer Rechtsfindung, die nicht von allgemeinen, umfassenden, sondern spezifischen, für möglichst viele Einzelfälle gesetzlich geregelten Tatbeständen ausgeht. 3. (Med.) Beschreibung von Krankheitsfällen [...]. 4. spitzfindige Argumentation; Wortverdreherei; Haarspalterei«. (Dudenredaktion 2015: 545, *Kasuistik*) Zu Punkt 2.: Die rechtliche Kasuistik ist geprägt durch Richterrecht, nicht durch Gesetzesrecht. Eine Subsumption (via Deduktion gezogene analytische Schlüsse) unter Präjudizien (frühere Gerichtsentscheidungen) als Rechtsquelle heranzuziehen, ist eine induktive Vorgehensweise. Fallrecht findet sich auch dort, wo Gesetzgebung neuen Rechtsfragen hinterher ist – wo also Lücken entstanden sind. Unter die medizinische Kasuistik (Punkt 3.) fällt die auf Erzählung oder Diskurs basierende Freud'sche Psychoanalyse. Als konstitutive Aufdeckungsmethode der vergangenen Kindheit entspricht die Selbstbeforschung im Verhältnis von Arzt:Ärztin als Laie:Laiin und Patient:in als Experte:Expertin einem Krimi mit Transformationsversprechen; es ließe sich hier von einer Vorform der künstlerischen Forschung sprechen.
197 Das Archiv betreffende Fragen werden im Kapitel II.1. näher behandelt.
198 Unter kritischer Bezugnahme auf Jacques Derridas *Dem Archiv verschrieben* (dt. 1997, franz. Orig. 1995) schreibt Vismann (2012: 191, H.i.O.): »Derridas Essay enthält eine Theorie des *arché* als Anfang von Gesetzesherrschaft. Sie besteht in der Macht des Auslegens. Nomos ist die Chiffre für den rückbezüglichen Umgang mit Texten, den man Interpretieren nennt. Das Archiv ist für Derrida in erster Linie ein Modus, kein Ort. Der Modus als das Gesetz, nach dem sich der Akt des Archivierens vollzieht, wird von der Tätigkeit des *archein* vorgegeben.«

als Erkenntnis zur Zeit von Platon und Aristoteles (vgl. Vogl 2011: 51). In diesem Sinne machen die Arbeiten von Forensic Architecture glauben, eine Krise oder ein Vergehen sei zu verstehen und müsse bloß entwirrt werden. Rhetorisch präsentieren sich die Investigationen nicht als Meinungen,[199] sondern als Erkenntnisse; als solche haben sie jedoch keine dauerhafte Gültigkeit, sofern sich Sachlagen verändern. Wissen wird vielmehr über die Verfahrensweise der Aufdeckung und ihrer Kommunikation generiert. Darüber hinaus lässt sich die Fallstruktur der Aufdeckung auf die detektivische Betrachtungsweise zurückverfolgen, an deren anderem Ende die Faszination für die Serialität des Erzählens steht, die womöglich mit einer Serialität von Verbrechen korrespondiert.

Überleitend zu KUNST/URTEIL eine abschließende Frage: Wie legitimiert und präsentiert sich künstlerische Forschung, wie *sichert* sie ihre Prozesse, Resultate und Aufgaben ab, wie *versichert* sie sich? Die Disziplin der künstlerischen Forschung verlangt, nicht nur Absicherungsvorkehrungen der Kunst (wie etwa Ausstellungsbeteiligungen) und der Wissenschaft (Fußnotenapparate, Wissensbilanz etc.) zu bedienen, sondern ebenso desjenigen Bereiches, den sie unter die Lupe nimmt – hier: die Rechtsprechung. Analog zur Versicherung durch den Peer-Review findet die Kreuzvernehmung der Materialien statt und wird ein Sachverständigengutachten verfasst, das vorgibt, eine objektive Informationsquelle zu sein. Daher holt sich Forensic Architecture Legitimität nicht nur von den Künsten und ihrer Öffentlichkeitswirksamkeit sowie aus empirischen und evidenzgebenden[200] Verfahren der angewandten Forschung, sondern ebenso von der Autorität des Rechts. Die »Forensis«, die begrifflich das Forum Romanum aufgreift (ein mit erhöhtem Podest versehener öffentlicher Platz, auf dem sich Menschenmengen versammelten und Recht gesprochen wurde), belegt bei Forensic Architecture

---

199 Wenn Meinung (*doxa*) ausgespart, die Ästhetik (*aisthesis*) hingegen rehabilitiert wird, steht dies in einem spezifischen Verhältnis zur Wissensgeschichte, in der Hierarchien nicht notwendigerweise überwunden, sondern verschoben werden: »Obwohl der Begriff des Wissens in der griechischen Antike noch die verschiedenen Bereiche von praktischen, technischen und poietischen Tätigkeiten umschloss, wurde bereits bei den Vorsokratikern eine Einengung auf den spekulativen Gebrauch bemerkbar. Spätestens seit Platon und Aristoteles führte die Ausgrenzung der *doxa*, des Meinens und Glaubens – aber auch der *phronesis*, der praktischen Kenntnisse und privaten Einsichten, und der *aisthesis*, der bloßen Sinneswahrnehmung – aus dem Reich der *episteme* zu einer Verschmelzung von Wissen und Erkenntnislehre: eine folgenreiche Eingrenzung des Wissensbegriffs, deren Spuren und Abwandlungen sich bis in die Neuzeit verfolgen lassen.« (Vogl 2011: 51, H.i.O.)
200 Siehe Kapitel II.4.

die Referenz auf Rom,[201] die auch das heutige Europa noch rechtskulturell prägt. Vismann (vgl. 2012: 33) stellt bezüglich netzwerkartiger Strukturen zwei mögliche Thesen auf: zum einen die, dass die »Referenz Rom« von anderen Strukturen ersetzt werde, zum anderen jene, dass im Virtuellen ihre »Hierarchie und Zentralität«, obwohl überlagert, fortbestehe und die Persistenz von Rom verdeutliche. Diese Rom-Referenz, als »genealogische Fiktion« des Abendlandes (vgl. Vismann 2000: 10), bei der auch auf den *Club of Rome* (gegründet 1968) sowie das *Rom-Statut* (1998/2002) hingewiesen werden muss, koexistiert bei Forensic Architecture mit anderen Bezügen, die in weiterer Folge behandelt werden.

I.1.3 Kunst/Urteil: Tribunalisierung – Institutionelle Funktionsübernahmen

In diesem Unterkapitel behandle ich auf Basis der vorangegangenen Überlegungen institutionelle Funktionsübernahmen von Museum und Gericht im Tribunal auf Basis einer Selbstinstitutionalisierung der Forschungsagentur Forensic Architecture.

Zeuxis und Parrhasios erhielten den Auftrag, ein Stillleben mit Weintrauben zu malen. Die Vögel hielten die Weintrauben auf Zeuxis' Malerei für echt, Zeuxis wiederum den Vorhang vor den Trauben auf Parrhasios' Gemälde. Parrhasios gewann den Wettstreit, da er sowohl den Blick der Vögel als auch den des Künstlers getäuscht hatte. (Vgl. Plinius Secundus 2007: 56–59)

Diese Legende aus dem fünften vorchristlichen Jahrhundert, überliefert durch die *Naturalis historia* (77 n. Chr., Buch XXXV: *Farben. Malerei. Plastik*) von Plinius dem Älteren, ist nicht nur als kunstgeschichtliche Anekdote zur raumillusorischen Malerei interessant. Auch eine Geschichte der Rechtsprechung kann davon ausgehend erzählt werden – schließlich handelt es sich beim Wettstreit um eine frühe Form der Urteilsfindung. In den Sinn kommt die gerichtliche Zeigemacht, zu verdecken und aufzudecken, die seit Einführung des Öffentlich-

---

201 Zur »Referenz Rom« siehe Vismann (2012: 21–33). Die spätantiken, aus 533 n. Chr. stammenden *Digesten* (lat.) / *Pendekten* (griech.), später *Corpus Iuris Civilis* genannt, wurden im 12. Jahrhundert wiederentdeckt; sie überliefern das römische Recht. Damit kam es zu einer Verwissenschaftlichung des Rechts: Richter sind nun in der Doppelfunktion, Verfahren zu leiten und ein Urteil zu fällen (vgl. Vismann 2011: 21). Die Bedeutung des römischen Zivilrechts auf die Entwicklung des modernen Privat- und Strafrechts sowie des öffentlichen Rechts sei weniger dem Inhalt der *Digesten* als deren strengem formalem Aufbau geschuldet, »an dem sich das europäische Rechtsdenken geschult und an dem sich das formal-rationale Recht entwickelt« habe, so Vestings (vgl. 2015: 152–157) Rezeption von Max Webers »Entwicklungsgeschichte des Rechts«.

keitsdogmas im 19. Jahrhundert über die dem römischen Theater entnommene Kulturtechnik des Vorhangs reguliert wird (vgl. Vismann 2011: 148–152). Korrespondenzen zwischen ästhetischen und juristischen Urteilen, die sich im Blickwinkel der Investigativen Ästhetik bereits an der Legende von Zeuxis und Parrhasios zeigen, müssen auf den Prüfstand gestellt werden. Cornelia Vismann und Thomas Weitin nennen in dem von ihnen herausgegebenen Band *Urteilen/Entscheiden* (2006) Immanuel Kants *Kritik der Urteilskraft*[202] (1790) als wesentlichen Wendepunkt (vgl. Vismann/Weitin 2006: 15):

> Seit dieser umfassenden ›Verrechtlichung‹, dem Zusammenfallen von Ästhetik mit Recht im Urteil des 18. Jahrhunderts, kommt keine Disziplin mehr an dem vorbei, was man den Juridismus der Wissenschaft und des Wissens nennen könnte [...]. (Ebd.: 16)

Im Gegensatz zu der sich in den 1760er Jahren durchsetzenden »Genieästhetik« mit der »Emphase für das Besondere und die Kritik am Normativ-Allgemeinen« (vgl. Weitin 2005: 157) sah die »Urteilskraft« in Kants »metaethische[r] Diskussion« (Möllers 2018: 63) die umgekehrte Richtung vor. Mit dieser beabsichtigte er die Subsumption eines Details oder Einzelfalls unter ein Ganzes oder Allgemeines – ein Prinzip, das ein »Sonderfall«[203] mitunter durchkreuzt oder aber definiert. Dies wiederum entspricht der Vorgehensweise des modernen Rechts, das in allgemeingültigen Normen niedergeschrieben ist, nicht situativ und ad hoc praktiziert wird. Gadamer (vgl. 1960: 27) schreibt, dass ›Urteilskraft‹ und »sensus communis« – »[d]er ›gesunde Menschenverstand‹, mitunter auch der ›gemeine Verstand‹ genannt« – seit dem 18. Jahrhundert eng verschlungen seien. Die deutsche Aufklärungsphilosophie rechnete die Urteilskraft jedoch »nicht dem höheren Vermögen des Geistes [...], sondern dem niederen [also sinnlichen,

---

202 Die *Kritik der Urteilskraft* folgte auf die *Kritik der reinen Vernunft* und die *Kritik der praktischen Vernunft*. »Zweifellos ist Kant derjenige, mit dem das Urteilen zu einem Thema und zugleich zu dem Vorgehen der Philosophie schlechthin wird. Das Urteilen ist die Operation der Kritik. Dabei verpflichtet die *Kritik der Urteilskraft* jegliches Urteilen, ob es nun Gegenstände der Natur oder der Geschichte betrifft, auf ein rechtliches Paradigma, für das wiederum die Ästhetik modellbildend ist. Im Urteil über das Schöne erscheint das Urbild des Urteilens überhaupt.« (Vismann/Weitin 2006: 15, H.i.O.)

203 Inwiefern von »Sonderfall« gesprochen werden muss, stellt Gadamer (1960: 36) heraus: »Der Einzelfall, an dem die Urteilskraft tätig wird, ist nie ein bloßer Fall; er erschöpft sich nicht darin, die Besonderung eines allgemeinen Gesetzes oder Begriffes zu sein. Er ist vielmehr stets ein ›individueller Fall‹, und bezeichnenderweise sagen wir dafür: ein besonderer Fall, ein Sonderfall, weil er von der Regel nicht erfaßt wird.«

LS] Erkenntnisvermögen« zu (vgl. ebd.: 28).[204] Kants *Kritik der Urteilskraft* liest Gadamer (vgl. ebd.: 31–32) dahingehend, dass der »Gemeinsinn« verengt werde auf den mit humanistischen Idealen verknüpften »Geschmack«, obwohl ersterer ursprünglich einen moralischen und keinen ästhetischen Kern gehabt habe.[205]

Wenn auch beauftragende NGOs dem Kunstkontext konfliktuell gegenüberstehen mögen, ist die gemeinsame politische Ausrichtung maßgebend: Die Ausstellungskontexte, in denen sich Forensic Architecture bewegt, sind politisch eindeutig von linken Denktraditionen kritischer (antikolonialer, feministischer, dekonstruktivistischer, poststrukturalistischer etc.) Theorien geprägt. In diesem Framing scheint die Urteilsbildung den Besucher:innen und der angerufenen Zivilgesellschaft überlassen, was sie tatsächlich aber nur auf der Ebene der politischen Bewertung, nicht jener der Evidenz ist.

Die rechtsgeschichtliche Unterscheidung von Gericht und Tribunal, die Cornelia Vismann in *Medien der Rechtsprechung* (2011) vornimmt, verdeutlicht, inwiefern der rezeptionsästhetische Konflikt um die Arbeit von Forensic Architecture nicht allein zwischen Gerichtsbarkeit und Kunst stattfindet, sondern ebenso zwischen unterschiedlichen Handlungsinstanzen der Rechtsprechung. Architekturgeschichtlich lässt sich, wie Vismann zeigt, die Entwicklung der Tribunale aus dem griechischen Agon herleiten, während Gerichte aus den räumlichen Strukturen der Theater entstanden. Orte des Gerichthaltens waren multifunktional und öffentlich, bevor das Öffentlichkeitsdogma der Justiz eingeführt wurde: der griechische rechteckige Innenhof, die freie römische Fläche sowie die altgermanische

---

204 Hannah Arendt rezipiert Kants politische Philosophie folgendermaßen: »Urteile [kommen, LS] weder durch Deduktion noch durch Induktion zustande«, nicht also durch Logik (vgl. Arendt 1985: 14). »Die Urteilskraft ist keine praktische Vernunft; praktische Vernunft ›räsoniert‹ und sagt mir, was zu tun und zu unterlassen ist; sie schreibt das Gesetz vor [...]. Das Urteil entsteht demgegenüber aus einer ›bloß kontemplativen Lust‹ oder aus ›untätigem Wohlgefallen‹.« (Ebd.: 26; Zitat im Zitat: Kant 1968, Band 7: 316) Und weiter: »Das Wort ›Kritik‹ steht [...] im Gegensatz einmal zur dogmatischen Metaphysik und andererseits zum Skeptizismus. Die Antwort in beiden Fällen lautete: kritisches Denken.« (Arendt 1985: 47)
205 Somit sei der Geschmack, in seinem »ideale[n] normative[n] Element« mehrheitlich verkannt, »die höchste Vollendung des sittlichen Urteils«, so Gadamer (vgl. 1960: 37). Weitin (2006: 231) hingegen stellt heraus: »Die Subjektivität des Urteils als Frage des Geschmacks aufzufassen, ist dabei präzise im Sinne jener ›interdisziplinären Verschlungenheit‹ [Meder 1999: 81, zit. n. ebd., LS] des Urteilsbegriffs, die im 18. Jahrhundert Recht, Literatur und Ästhetik füreinander durchlässig werden lässt. Die ästhetische Urteilskraft, die Kants dritte Kritik mit dem Namen ›Geschmack‹ belegt, zielt auf dem Gebiet der Literaturtheorie einen breiten Schluss-Strich unter die Epoche der Regelpoetiken und des rationalistischen Kunstrichterbegriffs Wolffscher Provenienz [...].«

Stätte, markiert durch eine Gerichtslinde (vgl. Vismann 2011: 147). Während zur Zeit der Römischen Republik Recht und Politik auf den Tribünen im Freien ausgeübt wurden, entstand in der Kaiserzeit die geschlossene Kammer, in welcher der Einblick der Zuschauerschaft mit einem – bereits erwähnten – Vorhang reguliert wurde (vgl. ebd.: 148). »Von da an stehen Gericht und Tribunal sich als die beiden antagonistischen Großformen der Rechtsprechung gegenüber.« (Ebd.: 149)

Forensic Architecture bezieht sich (aber nicht ausschließlich) auf positiviertes Recht. Die anderen das Gericht definierenden Aspekte sind jedoch nicht sogleich zu erkennen – theatral, förmlich, medienskeptisch und Sichtbarkeit regulierend zu sein und über eine neutrale dritte Person zu funktionieren (zum Gericht[206] siehe Vismann 2011: 146–183). Die Agentur steht dem Tribunal[207] näher, insofern ihr Agieren medienbefürwortend ist. Wird jedoch ebenso angenommen, die Schuldigen bereits zu kennen, im Unterschied zu einem ordentlichen Gerichtsverfahren, in dem die Ungewissheit der Entscheidung maßgeblich ist (vgl. ebd.: 160–161)? Und ist Forensic Architecture tatsächlich tribunal – agonal, unbürokratisch, ontologisch offen und nach der Logik der Versammlung funktionierend (zum Tribunal siehe Vismann 2011: 146–183)?

> Fehlen die drei Elemente, die für die staatliche Gerichtsbarkeit kennzeichnend sind, fehlen also die Neutralität des Richters (1), die unvoreingenommene Entscheidung nach Anhörung der Parteien und in Gemäßheit einer bestimmten Wahrheitsnorm (2) sowie die Verbindlichkeit der richterlichen Entscheidung (3), hat man es mit einem Tribunal zu tun […]. (Vismann 2011: 165)

Vorausgesetzt, Urteilskategorien, Tatbestände und prozessuale Regeln werden erst während des Verfahrens ausgefochten, haben Tribunale einen »weiteren

---

[206] Der den Blick auf die Rechtsprechung lenkende Vorhang der geschlossenen Kammern lasse eine unbeteiligte Zuschauer:innenschaft entstehen (vgl. Vismann 2011: 151). Im Gericht gebe es einen neutralen Dritten, die Richterin oder den Richter, um zwischen den Streitenden zu vermitteln (vgl. ebd.: 160). Vismann (vgl. ebd.: 163) verortet Versöhnung im Bereich des auf Transformation zielenden »Gerichtstheaters« (Legendre). Dies schließt nicht aus, dass Wahrheitskommissionen des 20. Jahrhunderts häufig tribunal organisiert waren.

[207] Das Tribunal sei ein »Schau-Prozess«, in dem die Zusehenden entscheiden, wie sie es in der antiken Tragödie oder dem mittelalterlichen Gerichthalten um ein Ding getan hatten (vgl. Vismann 2011: 151). »Die größere Reichweite, oft medial verstärkt, und der pädagogische Impuls kennzeichnen die Tribunale.« (Ebd.: 150) In der dyadischen Ordnung des Agons gebe es auch eine dritte Person, allerdings keine neutrale, sondern eine parteiische, wobei die Kläger:innen in die Rolle der Richtenden treten (vgl. ebd.: 160). Hier gibt es eine deutliche Parallele zur »›agonistischen‹ Perspektive« (im Gegensatz zur ›dialogischen‹), sofern diese »sich eine tiefgreifende Veränderung der bestehenden Machtverhältnisse und die Schaffung einer neuen Hegemonie zum Ziel setzt« (vgl. Mouffe 2007: 70).

Aktionsradius« als Gerichte, die auf das positivierte[208] Recht referieren (vgl. ebd.: 161–162). Aus diesem Blickwinkel sind Tribunale informell und im Bereich der Jurisprudenz anzusetzen. Ihre Urteile sind nicht bindend und enden meist in einer Veröffentlichung, einem symbolischen Schuldspruch oder einer Urteilsempfehlung. Eine *Urteilsempfehlung* richtet sich auf vergangene Ereignisse, die durch Forensic Architecture in forensischer Szenarienbildung untersucht worden sind; davon zu unterscheiden ist eine auf zukünftige Ereignisse gerichtete *Handlungsempfehlung*, wie sie im Thinktank[209]-Modell anzutreffen ist. Beide sind *Entscheidungsempfehlungen*. Häufig sind Tribunale von Gerechtigkeitsbestrebungen und volkspädagogischen Intentionen getragen (vgl. ebd.: 162). Giorgio Agamben schreibt: »Almost all the categories that we use in moral and religious judgments are in some way contaminated by law: guilt, responsibility, innocence, judgment, pardon.« (Agamben 1999: 18) Er macht damit – in einer gesetzeskritischen Haltung gegenüber dem selbstzweckhaften Urteil (»Law is solely directed toward judgment, independent of truth and justice.« [Ebd.]) – auf eine Problematik aufmerksam, die auch Tribunale betrifft, denn diese können unterschiedliche Ziele verfolgen, wie beispielsweise das Anklagen eines vergangenen Regimes zur Versöhnung, das Absetzen eines Regimes, das Verkünden von Befunden oder das Anregen eines Wahrheitsdiskurses.

Wir haben es im Falle von Forensic Architecture mit koexistierenden Registern des Unmittelbaren und repräsentierenden Theatralen zu tun: zum einen mit dem Geschlossenen des »Gerichtstheaters[210]«, zum anderen mit dem tendenziell

---

208 Positives/positiviertes Recht ist das der gesetzgebenden/souveränen Macht, also das nicht durch Gott oder die Natur gesetzte und somit geltende Recht – das lateinische *positum* ist das Partizip von *ponere*.
209 Weiterführend siehe den von Thomas Brandstetter, Claus Pias und Sebastian Vehlken hg. Band *Think Tanks: Die Beratung der Gesellschaft* (2010).
210 »Gerichtstheater« ist ein Begriff von Pierre Legendre, hier in der Verwendung von Vismann (vgl. 2011: 38–71). In ihrem Text »Rejouer les crimes« – *Theater vs. Video* (1999) fasst sie die Bedeutung des ›theater of justice‹ folgendermaßen zusammen: »For Legendre this expression is neither a pleasant metaphor nor a derogative paraphrase for courtroom proceedings as a mere show. It follows law's rule, law's logic of representation, and under such premises the main task of a trial is not to investigate the truth, since this can be done outside of the courtroom, at the backside of the stage, but to dramatize, and hence discursify, the violation within an instituted legal frame.« (Vismann 1999b: 166)
Umgekehrt gilt für die formal-inhaltliche Verwiesenheit von Theater und Recht: »Der Aufstieg des Rechts als Form der Streitentscheidung durch Verfahren spiegelt sich auch im Theater wider: Die Konstruktion von ›Fällen‹ auf unsicherer Grundlage findet eine Entsprechung im Theater der absolutistischen Epoche, wo Rechtsfiguren, auch der König, in literarischen Formen ›durchgespielt‹ werden und der Zuschauer (Leser) als ›Richter‹ angerufen wird.« (Vgl. Biet 2002, 2008: 403, zit. n. Ladeur 2016a: 33)

Offenen des Tribunals. Bezugnehmend auf die *Geschlossene und offene Form im Drama* (1960) von Volker Klotz entspricht das »Gerichtstheater« dem geschlossenen Drama. Das offene Drama (Klotz) und das offene Kunstwerk (Umberto Eco) hingegen sind mit dem Tribunal und seinem gleichzeitigen Ablauf mehrerer Handlungen vergleichbar. Ausgehend vom »theatralen Dispositiv« (Vismann 2011) der Rechtsprechung macht der in der gerichtlichen Sitzordnung verräumlichte Macht-/Wissenskomplex die Verhandlung zu einem zeitlich abgegrenzten Event – im Unterschied zur zeitlich offenen Struktur der investigativen Installation[211] mit tribunaler Anordnung. In seinen heterogenen Ausformungen ist das Tribunal oftmals kritisch gegenüber der gerichtlichen Institution. Das Gericht wiederum ist kritisch gegenüber dem Informalismus der Tribunale und deren affektiven Artikulationsweisen. Insofern Tribunale sich für eine offene Verhandlung unter Einbezug verschiedener Interessengruppen aussprechen, ist häufig folgender Widerspruch auszumachen: Argumente sind aus medialen Vernetzungen und Verkettungen der Echokammern sozialer Medien generiert, die das Glauben-Gemachte perpetuieren, anstatt es dialektisch zu strukturieren (wie etwa durch einander widersprechende, nebeneinander gedruckte Zeitungsartikel). Folglich können Tribunale zu Ereignisorten der Zensur werden, bestimmt durch eine im jeweiligen Kontext hegemoniale/geltende Kritik. Maßgeblich dabei ist allerdings, dass Forensic Architecture zwar parteiisch (nicht im Sinne von Parteipolitik, sondern im Sinne einer stellvertretenden Fürsprache), aber situiert und in Bezug auf Evidenzen um Transparenz bemüht nach wissenschaftlichen Parametern vorgeht. Auf welche Weise Offenheit mit Geheimhaltung verschränkt ist, werde ich an anderer Stelle problematisieren.[212]

Die angeführten[213] Aspekte zur Rolle der Kunstinstitution für die investigative Praxis (Forum, Ästhetik und Publikationsformat) beinhalten die Chance auf Übersetzung: Forensic Architecture vermittelt nicht allein zwischen Kunst und Recht, sondern auch jurisdiktionell zwischen Gericht und Tribunal: Tribunalisiertes Museum und theatrales Gericht werden zur Wirksamkeitssteigerung (ihrem *verwirklichenden* Einfluss auf die *Wirklichkeit*) verschaltet. In Krisenzeiten, so meine Einschätzung, wird das Museum verstärkt als Tribunal angerufen, wenn Streit und Vermittlung im Vordergrund stehen – dies inkludiert die Umsetzung und potentielle Ausweitung der Menschenrechte. Oder das Gericht ist Vorbild, wenn Versicherung, Ordnung und Objektivität erlangt werden sollen –

---

211 Wie es Rebentischs Installationsbegriff verlangt (siehe Kapitel I.2.).
212 Zur Frage, wie weit Transparenz reicht, siehe Kapitel II.4.
213 Siehe Kapitel I.1.

es erfolgt ein kollektives Berufen auf Gesetztes, selbst wenn ergänzend, kompensierend und schöpfend in gesetzlichen Lücken gesucht werden muss, um ein Anliegen zu stützen. Forensic Architecture agiert insofern positivistisch und jurisprudent zugleich. Daher kommt es zur Verschränkung der Wahrheitsformen der tribunalen Probe und der gerichtlichen Untersuchung in Agon und Theater, wie sie Vismann differenziert.[214] Die Probe – bis ins 12. Jahrhundert in Form von Eid, Zweikampf oder Ordal/Gottesprobe (vgl. Suntrup 2018: 370) zur ereignishaften Wahrheitsfindung eingesetzt – kann selbst zur Untersuchung werden. Dies ist eines der zentralen Argumente von *Putting Rehearsals to the Test: Practices of Rehearsal in Fine Arts, Film, Theater, Theory, and Politics* (2016), herausgegeben von Sabeth Buchmann, Ilse Lafer und Constanze Ruhm. So meint die Aktualisierung der Probe als Arbeitsform, Simulationstechnik und Instrument des Testens, dass diese zum »topos, format, medium, site, and tool« (Buchmann et al. 2016: 18–19) wird.

Im Eintrag HISTORY/STORY des *Dictionary of Untranslatables* findet sich ein für die Forschungstätigkeit relevanter Hinweis auf die begrifflichen Ursprünge der »judicial inquiry« im fünften Jahrhundert vor Christus:

> ›Inquiry‹ in all senses of the term, *historiê* refers more to a state of mind […] and a way of proceeding than to a particular domain in which it is specifically exercised. […] We can use it to describe the activity of a ›traveling-inquirer‹ […], a judicial inquiry (seeking to know something, inquiring, certifying something). (Hartog/Werner 2014: 440, H.i.O.)

Erst aber nachdem die Beweisprobe im Mittelalter ihre Verlässlichkeit eingebüßt hatte, etablierte sich auf dem europäischen Kontinent »aus verfassungsrechtlichen und politisch-kulturellen Gründen das Modell des gelehrten, investigierenden Richters« (Suntrup 2018: 374).

---

214 »Probe (*épreuve*) und Untersuchung (*enquête*) sind die beiden Formen juristischer Wahrheitsfindung, die historisch betrachtet einander ablösen.« (Vismann 2011: 153, H.i.O.) Die »Enquête-Wahrheitstechnik« des Gerichts erschaffe »eine Kette von Verweiszeichen«, wobei dieser Wandel in der Beweiskonstruktion impliziere, dass der Zweikampf nicht mehr als legitimes Beweismittel gelte und das Geständnis an Bedeutung gewinne (vgl. ebd.: 154). Die Wahrheitsbildungsmethoden Probe und Untersuchung prägen Gericht und Tribunal folgendermaßen: Im theatralen Dispositiv der Rechtsprechung müsse Wahrheit untersucht werden, während sie im agonalen Dispositiv ein Schlachtfeld darstelle (vgl. ebd.: 160). Für Foucault (vgl. 2003: 54) ist die mittelalterliche *enquête* eine stärker rationalisierende Akzentuierung der antiken Wahrheitsermittlung über Suche und Entdeckung, exemplarisch zu sehen an der griechischen Tragödie *König Ödipus* von Sophokles (vgl. ebd.: 31). Diese Ermittlungsform bleibe »nach dem Untergang des Römischen Reichs mehrere Jahrhunderte lang verborgen« – bis zu ihrer Wiederentdeckung im 12. Jahrhundert (vgl. ebd.: 62).

Foucault (vgl. 2003: 84) diagnostiziert das Verhältnis von Justiz und Erziehungsanstalten (»der Justiz beigeordnet« und ihr zuarbeitend) als Auslagerung von Disziplinierung.[215] Solche Verantwortungsübernahmen mögen aufgrund seines pädagogischen Bildungsauftrags auch im Museum auffindbar sein. Darüber hinaus aber lassen alternative Diskurs-Distributionsweisen, teils auf neue Förderformate zurückzuführen, Institutionen in ihren herkömmlichen Funktionen brüchig werden – das negativ konnotierte ›Forum Shopping‹[216] ließe sich anführen. Feedback-*re*-aktionen zwischen rechtlichen und künstlerischen Akteur:innen der Institutionskritik äußern sich in Debattentransfers, gegenseitigen Kommentierungen sowie negierenden Bezugnahmen wie affirmierenden Indienstnahmen. Dies ist auch auf rechtliche Mischformen – bereits angesprochene Rechtspluralismen[217] – sowie Justizen im Umbruch[218] zurückzuführen.

---

215 Ausführlich beschäftigt sich Michel Foucault damit in *Überwachen und Strafen: Die Geburt des Gefängnisses* (dt. 1976, franz. Orig. 1975). Seine Analysen von Kontrolltechnologien streifen das transdisziplinäre Feld der Kybernetik.

216 Bezogen auf judikativen Pluralismus sei »[i]m ausgehenden 20. Jahrhundert [...] unter dem Stichwort ›Forum Shopping‹ heftig [...] gestritten« worden (vgl. Seinecke 2017: 217).

217 Siehe weiterführend den Aufsatz *Rechtspluralismus in der Rechtsgeschichte* (2017) von Ralf Seinecke, in dem er »vier analytische[] Variationen« des Rechtspluralismus anführt: (i) »die Kollision materiellen Rechts«, (ii) »Konflikte zwischen Gerichten und Spruchkörpern«, (iii) »die Konkurrenz von Recht und anderen Ordnungen« sowie (iv) »die unterschiedliche Genese von Recht« (vgl. Seinecke 2017: 218). Nicht unter diese Punkte subsumierbar sei »das Verhältnis von Rechtspluralismus und Weltanschauungen«, wobei dabei insbesondere das Verhältnis von Rechtspluralismus zum Spannungsverhältnis von Rechtsgewohnheit und Gewohnheitsrecht in den Blick genommen werden müsse (vgl. ebd.: 218–221).

218 Diskussionen rund um *transitional justice* können eine Dezentrierung der Shoah als unvergleichbares Verbrechen gegen die Menschlichkeit implizieren und auf ähnlich katastrophale systematisierte Gewalt verweisen – siehe dazu beispielsweise den Sammelband *Experimente mit der Wahrheit: Rechtssysteme im Wandel und die Prozesse der Wahrheitsfindung und Versöhnung* (2002), hg. von Okwui Enwezor, Carols Basualdo, Ute Meta Bauer, Susanne Ghez, Sarat Maharaj, Mark Nash und Octavio Zaya. Fred Moten wiederum schreibt: »[M]odernity (the confluence of the slave trade, settler colonialism and the democratization of sovereignty through which the world is imaged, graphed and grasped) is a socioecological disaster« (Moten 2015). Im 20. Jahrhundert war der Übergang von Regimen zum Frieden durch sehr unterschiedliche Intentionen getragen: »Abgesehen von der Befreiung der Erinnerung, die allen Versuchen der Vergangenheitsbewältigung gemeinsam ist, ähneln sich die Kommissionen kaum. Manche haben einen internationalen Charakter (El Salvador), manche sind gemischt (Haiti), manche sind national (Südafrika). Einige arbeiten parallel und in Kooperation mit den Gerichten (Argentinien, Chile), andere sind unabhängig, da sie gerade ein gerichtliches Verfahren verhindern sollen. Manche Kommissionen hatten den Auftrag, nur allgemeine Ermittlungen zu führen, ohne Namen zu nennen (Chile), andere sollten ausdrücklich das Zeugnis und die Geständnisse der Schuldigen anhören (Südafrika). Bei manchen kann man von einem relativen Erfolg sprechen, andere sind gescheitert.« (Achour 2002: 146–147)

Zuweilen legen *shifting institutional grounds* von Rechtskulturen und Künsten die Vermutung nahe, dass sich Ausnahmezustände normalisieren, anstatt zeitlich überwunden zu werden: *National emergencies* (Notstandsgesetze) beispielsweise gelten öfters über Dekaden hinweg,[219] sie legitimieren Eilverfahren, die beschleunigte Umsetzung politischer Agenden oder die Umgehung demokratischer Organe beispielsweise durch das Eindringen der exekutiven in die legislative Gewalt. Über diese Abkürzungen zur Machtausübung wird das Außergewöhnliche gewöhnlich. Erst aus historischer Distanz wird zu beantworten sein, ob Ausnahmezustände bloße Ausnahmen gegenüber kanonisierten Verfahren darstellen oder aber strukturelle Veränderungen hervorrufen. Rechtspolitisch und -philosophisch adressiert Giorgio Agamben »the right of resistance and the state of exception« (Agamben 2005: 11) anhand konkreter Gesetzestexte und Verfassungen in *State of Exception* (engl. 2005, ital. Orig. 2003) – dabei gehe es letztlich um »the question of the juridical significance of a sphere of action that is in itself extrajuridical« (ebd.).[220]

Informelle oder bürokratische Untersuchungen bringen jeweils Vor- und Nachteile. In den künstlerischen und jurisdiktionellen Foren geht es um ein Argumentieren, Ausstellen und (Sich-)Zeigen oder dessen Verweigerung: Mit anderer Zweckbestimmung werden diese im Gericht jedoch angehört, verhört, verhandelt und darüber entschieden. In welcher ungewohnten Rolle befindet sich folglich das Museum, wenn es zum Refugium wird – einerseits zum (letzten) Ort, um Investigationen finanzieren zu lassen, anderseits zum Ausweichquartier, um Klage- und Wiederaufnahmeverfahren einzuleiten oder zumindest einzufordern? Wenn das Museum zum Tribunal erklärt wird, ist es tribunalisiert[221] und dient

---

219 Seit dem Erlass des ersten *National Emergency Under the National Emergencies Act* im Jahr 1979 beispielsweise hatten die USA bisher (Stand: November 2021) bereits 72 *emergencies*, manche davon laufen nach wie vor (vgl. Brennan Center for Justice 2021).
220 Agamben (vgl. 2005: 5) erinnert daran, dass die Idee des Ausnahmezustands als »state of siege« aus der Französischen Revolution und der 1791 abgehaltenen Nationalversammlung komme : »[I]t is important not to forget that the modern state of exception is a creation of the democratic-revolutionary tradition and not the absolutist one.« (Ebd.) Lagasnerie (2017: 35), der Agamben liest, schreibt über die Kippfigur von ›exception‹ – nämlich ›statelessness‹: »In the first instance, this extralegal realm comes into focus from within the sphere of justice and law (as the exception); in the second case, the extralegality occurs outside the sphere of justice and law (when people are deprived from rights).«
221 »Die Taktik, Justizverfahren zu tribunalisieren, greift, weil das Tribunal im Gericht latent vorhanden ist, was schon von der Genese aus der Rechtsprechung der Tribunen herrührt. […] Umgekehrt ist kein Tribunal in seiner Reinform zu haben, sobald Elemente des Performativen darin vorkommen – allen voran der Tisch.« (Vismann 2011: 183)

als Medienverstärker sowie freie Fläche und verfolgt einen starken Vermittlungsanspruch.[222] Eine ähnliche Debatte gab es bereits zu einem anderen Zeitpunkt. Daher greife ich im Folgenden Cornelia Vismanns kritische Rezeption rechtsrelevanter Schriften von Jacques Derrida auf. Drei ihrer Texte (aus 1992, 1999 und 2005) sollen dabei unterstützen, den transdisziplinären Zugriff auf das Recht in Hinblick auf Kunst/Urteil zu thematisieren.

Anleihen bei Konzepten Derridas, einem geläufigen Grenzgänger der Textkritik zwischen Literatur und Recht, finden sich auch in den Arbeiten der von mir ausgewählten Positionen: bei Forensic Architecture bezüglich Zeug:innenschaft, bei Ruhm im Erproben von Theorie anhand daraus abgeleiteter Charaktere und bei Philip in der Referenz auf *haunting*. Gerechtigkeit verlange, wie Derrida in seiner viel diskutierten Schrift *Gesetzeskraft: Der »mystische Grund der Autorität«*[223] (1991) nahelegt, nach

> einer Dekonstruktion, die im Sinne ihrer eigenen Konsequenz nicht in rein spekulativen, theoretischen und akademischen Diskursen eingeschlossen bleiben möchte, und [...] erhebt, Folgen zu haben, die Dinge zu *ändern* und auf eine Weise einzugreifen, die wirksam und verantwortlich ist, mag sie zugleich auch sehr vermittelt sein: einzugreifen nicht nur im beruflichen Bereich, sondern ebenfalls in dem was man den bürgerlichen, städtischen Raum [...], die *polis* und allgemeiner noch die Welt nennt. (Derrida 1991: 18–19, H.i.O.)

Dem ist hinzuzufügen: »Im übrigen war es normal, vorhersehbar, wünschenswert, daß Untersuchungen dekonstruktivistischen Stils in das Problemfeld des Rechts, des Gesetzes und der Gerechtigkeit einmünden.« (Ebd.: 16–17) Die Dekonstruktion meine dabei zuallererst eine kritische (Denk-)Bewegung, die nach Gerechtigkeit verlange (vgl. ebd.: 52).[224] Ist die Forensik nicht Dekonstruktion par excellence? Forensik und Dekonstruktion lassen sich in ihren Gemeinsamkeiten überlappend (beide seien aufdeckende Analyseverfahren) oder in ihren Divergenzen dichotom denken. Diskurshistorisch gesehen trennt sie ihr medienspezifischer Einsatz: Die Dekonstruktion stellt ein antinormatives wie -formalistisches Dispositiv dar, das von text- und schriftbasierten Praktiken ausgeht. Als

---

[222] Die *documenta* kann als tribunalisiert verstanden werden: »[k]eine documenta ohne neue kritische Vermittlungsansätze« (Sternfeld 2018: 151).
[223] 1991 erschien die deutschsprachige Übersetzung des 1990 veröffentlichten zweisprachigen Buchs *Force of Law / Force de loi*, das auf einem Vortragsmanuskript zur Präsentation an der Cardozo School of Law in New York beruhte.
[224] »Diese Gerechtigkeit, die kein Recht ist, ist die Bewegung der Dekonstruktion: sie ist im Recht oder in der Geschichte des Rechts am Werk, in der politischen Geschichte und in der Geschichte überhaupt, bevor sie sich als jener Diskurs präsentiert, den man in der Akademie, in der modernen Kultur als ›Dekonstruktionismus‹ betitelt.« (Derrida 1991: 52)

dekodierende Informationsanalyse, als deutende und empirische Spurenentzifferung und als von technisch gestützten Wahrnehm- und Empfindungsvermögen bedingt, geht, wie mit Ginzburg dargelegt wurde, die Forensik genealogisch aus der semiotischen Medizin hervor. Kritikgeschichtlich wurde die Dekonstruktion mit Streik[225] assoziiert, die Forensik mit kriminalpolizeilicher Technik. Insofern bedarf Zweitere erst der kritischen Bedeutungsverschiebung hin zur Gegen-Forensik oder »Forensis« – eine nahezu Derrida'sche Geste, das ›c‹ der *Forensics* zugunsten des ›s‹ der *Forensis* beiseitezulassen.[226]

Im Aufsatz *Das Gesetz ›DER Dekonstruktion‹* (1992/2012) analysiert Cornelia Vismann *Gesetzeskraft* hinsichtlich der darin vorgeschlagenen Weise, Gerechtigkeit herzustellen: Nicht das Gesetz ableitend sollen, laut Derrida, Jurist:innen verfahren, sondern es unterbrechend und seine Leseordnung bestreikend (vgl. Vismann 2012: 321).[227] Dies stehe im Gegensatz zur Polizei, in Kriminalerzählungen meist als »dumm« dargestellt, da die (Lese-)Ordnung des dem Gesetz Entrissenen für sie nicht erkennbar sei (vgl. ebd.: 327–328). Auffällig ist, dass diese negative Konnotation der polizeilichen Profession auch im Medium des Fernsehens zu finden ist: »Crisis-prone, yet

---

225 Derrida hat einen Großteil seiner Überlegungen zu Streik als (Nicht-)Handlungsform Walter Benjamin zu verdanken. Wie stark Derrida seine Argumentation aus Benjamins Aufsatz (siehe 1965: 36–39, in *Zur Kritik der Gewalt*, erstmals 1921 publiziert) bezieht, wird deutlich, wenn Letzterer etwa von einer »entmutigende[n] Erfahrung der letztendlichen Unentscheidbarkeit aller Rechtsprobleme« (Benjamin 1965: 54) spricht, auf die Derrida (1991: 56) mit einer Gerechtigkeit »im Kommen« reagiert. Ist die Dekonstruktion notwendigerweise eine Annäherung an Gerechtigkeit, die »eine Erfahrung des Unmöglichen« (ebd.: 33) darstellt, ist die Anrufung des Rechts bzw. bestimmter Gesetze ein Drang, der Gerechtigkeit gerecht zu werden. Einer vehementen Rechtskritik unterzieht Ladeur (2016a: 19) den Dekonstruktivismus Derridas: »Die Kant'sche Philosophie der Autonomie des Subjekts als Grundlage einer [modernen und vernunftszentrierten, LS] Selbstgesetzgebung, [...] bringt eine Paradoxie der bürgerlichen posttraditionalen [von der Adelsgesellschaft abgelösten, LS] Welt zum Ausdruck, deren Unlösbarkeit beinahe die gesamte spätere Philosophie des Rechts und der Gerechtigkeit bis hin zur postmodernen Philosophie und ihrem nur noch resignativen Verweis auf die Gerechtigkeit ›à venir‹ beschäftigt hat.« So denke Derrida das Zukunfts-»Versprechen« nicht empirisch und sozialwissenschaftlich bezogen auf die Wirklichkeit, sondern ahistorisch als Bruch, so Ladeur (vgl. ebd.: 260). »[D]ie Dekonstruktion der Bewusstseinsphilosophie« (vgl. ebd.: 212), die sich in Derridas in *Marx' Gespenster* entwickelter Figur des ›Messianismus ohne Messias‹ zeige, münde in der »Umkehrung zu einer negativen religiösen Rhetorik, die jeder Ordnung [inklusive der gesetzlichen, LS] ihren festen Boden entziehen will« (vgl. ebd.: 216–217).
226 Vergleichbar ist dieser Eingriff mit dem Ersatz des ›e‹ in ›différence‹ durch ein ›a‹ in ›différance‹, ein Begriff, den Jacques Derrida im Zuge der Dekonstruktion in der *Grammatologie* entwickelt.
227 Für Derrida (vgl. 1991: 81) liegt »in jeder deutenden Lektüre die Möglichkeit eines Generalstreiks.«

unable to tell what it sees, television is inundated with stories of policing and judicial narrative [...].« (Ronell 2018: 98) Vor diesem Hintergrund ein Verweis auf die Fallanalyse *77sqm_9:26min*[228] von Forensic Architecture: Den Polizeibericht zu investigieren (beziehungsweise eine Rekonstruktion zu rekonstruieren), stellt die Souveränität der exekutiven Investigation infrage. Und welche Rolle spielt die Justiz? Nach Derrida (vgl. 1991: 75) ist die Bezugnahme auf das Recht eine auf Gewalt: »Gewalt als Ausübung des Rechts« und »Recht[ ] als Gewaltausübung«. Inwiefern diese Gleichsetzung problematisch ist, wird noch zu erörtern sein. Forensic Architecture verfolgt eine Praxis der kritisch-kreativen Unterbrechung bestehender Ermittlungen oder drängt dazu, ausstehende Prozesse einzuleiten. Der Streik geht der engagierten Dienstleistung voraus, insofern die von *counter-* eingeleitete Handlung nicht gleichzusetzen ist mit dem »Nicht-Handeln« (ebd.: 74) des Streiks. Somit verbindet die Agentur die »unterbrechende Gewalt des Streiks« (Vismann 2012: 326) mit »der wiederherstellenden [und wirklichkeitserzeugenden, LS] des Rechts« (ebd.).

Vorausgesetzt, Philosophie ist weder Handlungsanweisung noch mit Erhaltung beauftragt, liegt ein wesentlicher Widerspruch von *Gesetzeskraft* darin, dass der antiessentialistische und -logozentrische linke Denker Derrida, indem er einen Subversionsaufruf an Jurist:innen richtet, aus der Dekonstruktion eine Praxisanleitung formuliert.[229] Heute hat die von Derrida beschworene Gesetzesbestreikung aus Gründen, die sich von jenen der 1990er Jahre unterscheiden, eine anders gelagerte Konjunktur: Rechte Politiker:innen *bestreiken* die demokratische Ordnung ihrerseits, um sie subversiv mit deren eigenen Mitteln zu untergraben.[230] Daher ist in Zeiten seiner Bedrohung durch autoritären Populismus ein Rückbezug auf das Recht als emanzipatives[231] Projekt zu beobachten. Die Abwendung von der Dekonstruktion, dem populären Dispositiv der 1970er bis 1990er Jahre, erklärt sich auch

---

228 Eine ausführliche Analyse findet sich im Kapitel II.2.
229 Bezogen auf die poststrukturalistische Rechtstheorie kritisiert Ladeur (vgl. 2016a: 187) »die Herrschaft der Theorie über die Praxis, die auch vom Dekonstruktivismus und seiner Fixierung auf die differentielle Ordnung der Zeichen als Referenzrahmen des Denkens im Allgemeinen und der Beobachtung der Praxis im Besonderen nicht aufgegeben wird«.
230 Eine vergleichbare Feststellung findet sich bei Ronell (2018: 63): »[N]owadays, [...] ›deconstruction‹ is hijacked by the far right as a designation for constitutional degradation and civic injury.«
231 »Es ist eine in ihrer kulturellen Bedeutung kaum zu überschätzende Leistung des griechischen Rechts, dass es den Raum der Stadt rechtlich verfasst hat.« (Ladeur 2016a: 102) Weiter schreibt Ladeur (ebd.): »Dabei kam es auf die ›Gesetze‹ sehr viel weniger an als auf die Form der Herausbildung einer ›Urteilskraft‹, die auf die Gleichheit der Bürger einschließlich ihrer Amtsträger bezogen war und (noch) nicht auf die juristische ›Expertise‹.« Mit dem »Übergang von der archaischen zur städtischen Gesellschaft« erfolgen somit »Rechtsentscheidung weniger durch Rechtsnormen als durch ein Rechtsverfahren (der Abstimmung)« (vgl. ebd.: 135).

aus ihrem akuten Spannungsverhältnis zu neoempirischen, -positivistischen und -materialistischen Ansätzen. Es wäre jedoch ein Fehler, von emanzipatorischen Denkbewegungen und kritischen Konzepten aufgrund ihrer Instrumentalisierung zur Freiheitseinschränkung oder aufgrund neuer Theoriekonjunkturen gänzlich abzuweichen. Es gilt vielmehr, die Dekonstruktion als philosophisch wertvolles Konzept zu verteidigen und neu zu rüsten: Widersprüchliche Interpretationen müssen gleichzeitig Geltung haben dürfen und dennoch muss Wahrheit als situative und situierte produziert werden können.

Ist von einem Oszillationsraum der Künste zwischen Wirklichkeit und Fiktion die Rede, können Dichotomien vermieden und bis dato nicht denkbare Demokratisierungen potentiell vollzogen werden. Diesem Verständnis nach unterstützt das Museum die Simulation durch institutionelle Legitimierung, zudem können Prozesse von Tribunalen sowohl kompensiert als auch zeitlich wie inhaltlich vorweggenommen werden. Sofern die »Forensis« als radikale Mimikry sich Disziplinen und Techniken zuwendet, die einen stärkeren Entscheidungsdruck haben als die in Kunst-, Kultur- und Geisteswissenschaften eingesetzten, scheint Forensic Architecture gefährdet, in positivistisches Denken zurückzufallen. Der anwendungsbezogene Zugriff auf Gesetze muss jedoch sowohl vom philosophischen Positivismus als auch von einem blinden Agieren im legalen Raum unterschieden werden.[232] Denn es ist der staatszentrierte Gesetzespositivismus der symbolischen

---

[232] Der Positivismus ist eine philosophische Strömung aus der Antike, die im 19. Jahrhundert neu begründet wurde. Fokussiert auf Erkenntnisse tatsächlicher und sinnlich wahrnehmbarer Befunde (Empirie) unterscheidet er sich von der Transzendentalphilosophie, der Theologie und der idealistisch-kritischen Philosophie. Die Lehre des Rechtspositivismus basiert auf positiver Setzung von Rechtsnormen, die kodifiziert wurden – systematisch zu einem Gesetzeswerk zusammengefasst und aufeinander referierend (auf ›Kodifizierung‹ beruht z. B. das *civil law* des römisch-germanischen Rechtskreises). Fehlt die ordnende Systematik, handelt es sich um ›Kompilationen‹ (dies betrifft z. B. das *common law*). Eine Weiterentwicklung ist der Neopositivismus, der zu Beginn des 20. Jahrhunderts prominent vom Wiener Kreis vertreten wurde. »Historisch ist der Aufstieg des Positivismus zu erklären mit der Notwendigkeit des Bruchs mit dem tradierten Recht und seiner informalen Infrastruktur: Durch den Bruch wird auch und gerade die Verknüpfung des Rechts mit sozialen Normen verändert, nicht aber aufgehoben.« (Ladeur 2016b: 43) Für Gesetzespositivist:innen müsse das Gesetz »für sich selbst sprechen und den ›Willen‹ des Gesetzgebers allein repräsentieren« (vgl. Forgó/Somek 2006: 270). Gegen diesen Ansatz wende sich das »nachpositivistische Rechtsdenken«, insofern »der emanzipatorische Akt der gesetzespositivistischen Selbstreflexivität historisch einhergeht mit der Herausbildung der rechtswissenschaftlichen Dogmatik als Abkapselung von den so genannten juristischen Grundlagenwissenschaften wie insbesondere Rechtsgeschichte, Rechtsphilosophie und Rechtstheorie« (vgl. ebd.). Weiter kritisieren Forgó/Somek (vgl. ebd.) die zu Beginn des 20. Jahrhunderts stattgefundene »Verdrängung der sozialen Konsequenzen des juristischen Handelns aus der dogmatischen Analyse [...] [als, LS] Folge wie Voraussetzung rechtspositivistischen Denkens«.

Macht ›Staat‹, der in eine Krise geraten ist: imaginär am Posten der ›Religion‹ im Simondon'schen Viereck sitzend.

Eine verkürzte Fassung der rechtspositivistischen Interpretation als realitätsblindes »Anwendungs- und Subsumptionsmodell« sei ein »Mythos der Nachkriegszeit«; das wahre Manko des Rechtspositivismus liege in der Annahme, Interpretation sei nicht nur unabhängig von Politik und Moral, sondern ebenso von Temporarität (vgl. Vesting 2015: 122–125). Gegen diese Autonomieillusion (bezüglich Mediengebrauch, insbesondere Schrift und Sprache implizierend, unterschiedlichen Formen situierten Handlungswissens sowie Verstehen) wandte sich die philosophische Hermeneutik von Hans-Georg Gadamer, wie er diese in *Wahrheit und Methode: Grundzüge einer philosophischen Hermeneutik* (1960) entwickelte (vgl. ebd.: 127–128). Obwohl oder gerade weil hier Hermeneutik auf Poststrukturalismus trifft, könnte die Bedeutung von Gadamers Erkenntnissen, die dieser vor Derridas Thesen zur Aporie der Entscheidung und deren »Heimsuchung durch das Unentscheidbare« (Derrida 1991: 49) entwickelte, für die stets vermittelte und in Übersetzungsprozessen beheimatete kasuistische Praxis von Forensic Architecture größer nicht sein.[233] Hier gilt ebenso (wenn auch nicht fokussiert auf sprachliche Medien): Gesetzesauslegung ist Gesetzeskonkretisierung der (richterlichen) Entscheidung, mit der Folge konstanter (performativer) »Transformation des Sinngehalts von Rechtsnormen« im Zuge ihrer Anwendung (vgl. Vesting 2015: 128).[234] Es komme zu einer »Erschütterung der stabilen Wahrheitsvorstellung« und einer Kritik des abstrakten und vernunftszentrierten Rechtspositivismus, ohne dass deshalb Meinung an die Stelle von Erkenntnis oder Objektivitätsanspruch treten würde (vgl. ebd.: 129–130).

Im Aufsatz *Jurisprudence: A Transfer Science* (1999) argumentiert Cornelia Vismann nicht dafür, trotz dekonstruktivistischem Denkansatz zeitweise normative Kategorien einzusetzen, um mit deren Hilfe Ungerechtigkeiten zu registrieren und innerhalb der Rechtsordnung handlungsfähig zu bleiben. Ihr schwebt eine andere Argumentation vor: Für sie ist Dekonstruktion bloß eine Inversion der Dogmatik (vgl. Vismann 1999a: 279). Sie beschreibt eine in den 1990er Jahren

---

233 Weiterführend siehe *Der ununterbrochene Dialog* (2004) von Jacques Derrida und Hans-Georg Gadamer, hg. von Martin Gessmann. Im Gegensatz zur Hermeneutik verweigere der Dekonstruktivismus die vererbte Welt der Fakten anzunehmen, so Ladeur (vgl. 2016a: 229).
234 In Bezug auf die »Produktivität des Einzelfalls« (Gadamer 1960: 35) heißt es bei Gadamer selbst: »Wir kennen diese Funktion der Urteilskraft besonders aus der Jurisprudenz, wo die rechtsergänzende Leistung der ›Hermeneutik‹ eben darin besteht, die Konkretion des Rechts zu bewirken. [...] Der Richter wendet nicht nur das Gesetz in concreto an, sondern trägt durch seinen Richtspruch selber zur Entfaltung des Rechts bei (›Richterrecht‹).« (Ebd.)

merkbare Wende: Während Gruppierungen und Personen verschiedener Disziplinen und Bewegungen sich Recht und Gesetz annäherten und beabsichtigten, im Kontext von Gerichtsprozessen über politische Ideologien zu richten, kehrten Jurist:innen, die in den 1970ern auf direkte gesellschaftliche Reformen über das Recht gesetzt hatten, zur strikten Dogmatik zurück (vgl. ebd.: 280). In eben jener gesellschaftlichen ›Kluft‹ entstand Derridas *Gesetzeskraft*:

> It did not need Derrida, reading Benjamin, to discover the conflict between the abyss of meaning and the founding of law. The law itself deals constantly with its logical and verbal aporias of foundation and enforcement. Dogmatics is nothing other than the result of having worked through the incompatibility of the violence and the force of law, *Gewalt* and *Geltung*. The answer to this paradox is a dogma, one which is itself constructed paradoxically, since it must be treated as prior to paradox in order to provide the criteria for their recognition. [...] The law understands how to make use of the undermining, constituting aporias for its own ends. It does not collapse under the burden of paradoxes, it is not rendered hopelessly illegitimate for example by the exposure of contradictions. Instead, the law inexorably erects its admirably stable dogmatic edifice upon its founding aporias. (Vismann 1999a: 281, H.i.O.)

Dieses per definitionem paradoxe Dogma steht in Verbindung mit der historischen Verortung der ›Paradoxie‹ innerhalb des rechtlichen Systemdenkens: »[E]ng mit dem Aufkommen der Computerkultur verbunden« trete für Luhmann (der jedoch die Geschichtlichkeit seiner eigenen Theorie vernachlässige, so Vesting) an die Stelle der durch Hans Kelsen definierten »Grundnorm« in rechtspositivistischen Systemen die »Gründungs- und Entscheidungsparadoxie« (vgl. Vesting 2015: 85–86). Diese hat weitreichende erkenntnistheoretische Folgen: »[Es, LS] wäre zu akzeptieren, dass prinzipiell nur solche Fragen entschieden werden können, die unentscheidbar sind.« (Ebd.: 137) Denn sofern Entscheidungen vollends auf Interpretation zurückzuführen wären, »brauchte ebenfalls nicht mehr entschieden zu werden«; darin liege die Entscheidungsparadoxie: »Sie dient der provisorischen Bindung von Ungewissheit« (vgl. ebd.: 138).

Die Rechtswissenschaften übten eine Anziehung auf die Literaturwissenschaften aufgrund der möglichen Analogisierung zwischen Gesetzestext und literarischem Text aus: Dogma–Grammatik und Fall–Narration, so Vismann (vgl. 1999a: 282). Obschon deklarative Sprechakte per definitionem legalen Instanzen vorbehalten sind, haben die durch Forensic Architecture empirisch und via Evidenz produzierten Äußerungen kundmachenden und offenbarenden Anschein. John L. Austins Unterscheidung performativer Sprechakte entspreche, laut Vismann, jener in *deklarative* (von einer legalen Instanz artikulierte) und *vertragliche* (an einen legalen Adressaten gerichtete und als Versprechen funktionierende) Akte und gehe zurück auf H. L. A. Hart, »the author, who has transfered the theory of speech acts to jurisprudence« (vgl. ebd.: 282–283).

Im Kontext dieser Debatte kann die Performancekunst mit ihrem Hang zum Realen und ihrer Faszination für das »Recht als Handlungssystem« (Frankenberg 2006: 111) verortet werden. *[E]in Prozess – die Strafsache gegen Herrn Noethen* (2002) beispielsweise, ein *mock trial* von Rainer Kirberg und Fareed Armaly, an dessen Konzeption Constanze Ruhm mitwirkte,[235] bestand im Transfer eines legalen Rahmens ins Künstlerhaus Stuttgart. Die formalisiert-rituelle Recht*sprechung* (Ausübung und sprachliche Umsetzung von *law*) wurde aufgegriffen, um die Bedeutsamkeit des Einstudierens juristischer Rollen zu untersuchen und so die Aufmerksamkeit der Probe zuzuwenden:

> In einer szenischen Aufführung, die eine Ausbildungsveranstaltung der Frankfurter Staatsanwaltschaft der Öffentlichkeit zugänglich macht, zeigt Rainer Kirberg für haus.0 einen authentischen Fall aus der deutschen Rechtsprechung. Im Unterschied zu einem populären ›real-life‹-Fernsehformat, der Gerichtsshow, zeigt haus.0 mit *ein Prozess – die Strafsache gegen Herrn Noethen* nicht simulierte Realität, sondern reale Simulation. Das Exerzieren der Abläufe vor Gericht gehört bei der Staatsanwaltschaft Frankfurt zur praktischen Berufsvorbereitung der Rechtsreferendare, die in dieser Übung die Rollen der Verfahrensbeteiligten – Richter, Staatsanwalt, Verteidiger, Angeklagter, Zeugen – einnehmen und einen aktenkundigen Rechtsfall bis zur Urteilsfindung durchspielen. Der ausgewählte Fall wurde in der Rechtspraxis als ›nicht justiziabel‹ eingestuft. Die Gründe hierfür werden in der Simulation des Verfahrens deutlich. Sie beleuchten ein spezifisches Dilemma des Rechts als normativer Macht, wenn es darum geht, ein juristisch nicht vordefiniertes Segment gesellschaftlicher Realität mit den Mitteln der Rechtsprechung zu besetzen. Zugleich öffnet *ein Prozess – die Strafsache gegen Herrn Noethen* den Blick auf einen kulturell-ökonomischen Sektor, in dem die doppelte Existenz des Menschen als Sozial- und Naturwesen materiell wird: das Bestattungswesen. Über das Juristische hinaus wird in diesem Prozess also ein weit reichender Kontext rechtsphilosophischer und ontologischer Fragen berührt. (Haussite 2002, H.i.O.)

Auffällig ist die Abgrenzung gegenüber den Als-ob-Fernsehgerichtsshows (»nicht simulierte Realität, sondern reale Simulation« [ebd.]). Indem die Realität auf die Bühne des Kunstraums treten durfte, wurde die gerichtliche Theatralität entblößt. Diese Strategie wirkt auf den ersten Blick jener von Forensic Architecture vergleichbar, unterscheidet sich jedoch maßgeblich: Nicht geht es der Agentur um eine rituelle Anrufung eines Gerichtsprozesses im Ausstellungsraum zur Persiflage

---

[235] Bei *ein Prozess – die Strafsache gegen Herrn Noethen* handelte es sich um eine Performance / einen Vortrag / eine Produktion, abgehalten im Rahmen des von Fareed Armaly initiierten Projekts *haussite.0* (1999–2002); Konzept/Realisierung: Rainer Kirberg, Idee: Fareed Armaly, Durchführung: Rechtsreferendare der Staatsanwaltschaft Frankfurt (vgl. Haussite 2002). Danke an Constanze Ruhm für den Hinweis zu dieser Produktion.

der Ordnungsmäßigkeit der Gerichte. Ebenso wenig soll deren normative Macht in ein zwiespältiges Licht gerückt oder die Ambivalenz ihrer Gesetzeskraft als -gewalt angeprangert werden.[236] Vielmehr entsteht in der Verknüpfung des Museums mit Medienarchitekturen der Rechtsprechung ein übergeordnetes Forum. *How are conflicts managed?* Über eine Vernetzung von Expertisen, Dispositiven und Organisationsformen sowie die gleichzeitige Expansion politischer Anliegen in Kunst und Recht. *ein Prozess* kompensiert mit dem »in der Rechtspraxis als ›nicht justiziabel‹ eingestuft[en]« (ebd.) Fall – beinahe im Sinne Derridas – das vom Gericht Ausgeschlossene. Im Verweis auf ›normativ‹ jedoch wird eine Selbstbezüglichkeit und -reflexivität von *law* übersehen, über die Vismann spricht:

> [I]n the difference between material and formal (procedural) law, [...] the law enters a referential relation to itself. Rules for how to do things with words [eine Anspielung auf Austins gleichnamiges Werk *How to do things with Words* aus 1962, basierend auf Vorlesungen von 1955, LS], i.e., programmes for founding and applying the law, can be found in all kinds of pre-texts, such as preambles, interpretational instructions, legal commentaries, procedural rules, practical advice, executive orders, all of which are normative forms at the margins of a legal corpus, programmes for legal acts and actions, algorithms of the law. (Vismann 1999a: 283)

Bekanntlich geht die juristische Auslegung bereits interpretativ vor und bewegt sich somit in einem Kraftfeld. Die politische Motivation von Urteilen des US-amerikanischen *Supreme Court*[237] beispielsweise ist aufgrund der gewählten Richter:innen ein offenes Geheimnis – im Gegensatz zum *civil law*. Der größere richterliche Spielraum könne sich im *common law* auch sprachlich niederschlagen – in Form von Metaphern- und Analogiebildung, wie Daniel Damler in *Rechtsästhetik: Sinnliche Analogien im juristischen Denken* (2016) darlegt (vgl. Damler 2016: 62). Im Kontext der spannungsreichen Gesetzesinterpretation sind

---

236 Das Gesetz bewege sich laut Derrida (vgl. 1991: 15) in der Differenz von Kraft und Gewalt. Ladeur (2016a: 151) problematisiert dies folgendermaßen: »Die ›Kraft‹ ist der Platzhalter für die Geschichte, die mehr oder weniger ignoriert wird.«
237 »Im Common Law spielen Richterinnen und Richter [...] eine andere Rolle als im Civil Law, dem Recht der römischen Rechtstradition. Richterinnen und Richter werden zudem teilweise direkt, also politisch gewählt, bleiben im Höchsten Gericht (dem *Supreme Court*) auf Lebenszeit im Amt (und nicht wie im [deutschen, LS] Bundesverfassungsgericht auf 12 Jahre), und in der Justiz werden mit der Jury auch Laien viel prominenter eingesetzt als die Schöffen in deutschen Gerichten.« (Baer 2011: 145, H.i.O.)

jedoch nicht nur Gerichte, sondern auch Verwaltungen[238] entscheidungstragend. Indem diese unter Umständen auf Basis der Vorstellung einer bloßen Revision agieren, berufen sie sich auf Normen in einer scheinbar zwingenden Logik. Denn die Norm, auf deren Vorstellung seit dem 19. Jahrhundert rechtliche Autonomie basiert, wird von einem apriorisierenden Effekt (sie sei immer schon da gewesen) begleitet. Rechtstransfer sei, das werde oft vernachlässigt, nicht bloß von Dogmatik und Prozessordnung abhängig, sondern maßgeblich ebenso von Techniken und Medien einer »non-discursive administration« (vgl. Vismann 1999a: 284).

Dem *mock trial* verwandt klingt die Ankündigung zu dem am Dutch Art Institute abgehaltenen Symposion *The Strange Case of the Case* (2017), kuratiert vom Kunsthistoriker Sven Lütticken:

> You are warmly invited to join us in Arnhem [...] for the 11th edition of our Roaming Assembly, during which the *theatre* Huis Oostpool in Arnhem *becomes a meta-court* in which artists and art historians discuss and *(re)enact legal cases*. It is in courts that the world is remade on a *case-by-case basis*. If, for Cicero, actors merely mimic the real while (legal) orators act the real, this distinction is far from clear-cut. Even while the juridical seeks to regulate art and fully subject the aesthetic to the productive logic of (intellectual property) law, the *court case as legal theater can be subject to unscripted interventions by various players*. (Dutch Art Institute 2017, H. LS)

Das zum Meta-Gericht umfunktionierte Theater wird zum Synonym (i) einer symbolischen Verhandlung ohne rechtskräftiges Urteil, (ii) einer reflexiven Intervention in die performativ-theatrale (auf Mündlichkeit basierende) Rechtsprechung und (iii) einer Versicherung, den gesamtgesellschaftlichen Zusammenhang in den Blick zu nehmen. Darin[239] wird ersichtlich, dass die von Vismann in den 1990er Jahren ausgemachte Beobachtung eines laienhaften Zugriffs auf rechtliche Instanzen zugunsten des Verhandelns soziokultureller Probleme wieder hochaktuell ist. Die Autonomie von Kunst wie auch Recht steht zur Debatte: Dienen ihre jeweiligen Infrastrukturen der Veränderung oder der normativen Aufrechterhaltung? Welche Aktionsformen und Sprechweisen sind zugelassen? Transformieren sich Recht und Kunst, weil rechtliche Inhalte künstlerisch bearbeitet werden, oder transformieren sich Recht und Kunst, weil künstlerische und

---

[238] Verwaltungsakte, auch als ›Rechtsfürsorge‹ bezeichnet, gehören nicht zur Rechtsprechung. In Verwaltungen, so Luhmann (vgl. 2004: 40), »ist Entscheidung nicht nur Verfahren, sondern auch und vor allem Produkt der Organisation«. In den deutschen Widerspruchsausschüssen beispielsweise erfolgt die Filterung von Widersprüchen durch einen administrativen Apparat.

[239] Ebenso wie im *Tribunal NSU-Komplex auflösen*, siehe Kapitel II.2.

visuelle Inhalte in rechtlichen Formaten bearbeitet werden? Fusionieren Kunst und Recht auf methodischer Ebene?

Wesentlich erscheint mir der Vorschlag von Stephan Kirste, *Recht als Transformation*[240] (so der gleichnamige Aufsatz aus 2008) zu verstehen: »Dort, wo es wirkt, und so, wie es wirkt, transformiert [...] das Recht außerrechtliche Tatsachen und Normen in eine rechtliche Form.« (Ebd.: 156) Dies steht in einem instruktiven Verhältnis zur Ästhetisierung als Transformation: Wenn im Gericht nicht mehr bloß rechtlich den Einzelfall betreffend, sondern politisch Gesellschaftsordnung verhandelt werden soll und sich in Foren neue Urteilsformen herausbilden, fordert dies das Gericht (Kritik als Urteil) und das tribunale Forum (Kritik als Prozess) definitorisch heraus. Muss dementsprechend gefragt werden, wie Forensic Architecture die von der Zivilgesellschaft aus gedachte und umzusetzende Gerechtigkeit erstrebt – dekonstruktivistisch oder dogmatisch? Sofern mit einer Popularität der Jurisdiktion im institutionskritischen Kunstdiskurs und im radikaldemokratischen Kunstraum der handlungsblockierende Aspekt der Dekonstruktion vermieden werden soll, erscheint eine Wendung zur handlungsauffordernden Dogmatik naheliegend. Ein Dogma ist die Beglaubigung eines Glaubenssatzes, so wie das Zeugnis das Erzeugnis bezeugt.[241] Ein fabrizierter Beweis muss institutionalisiert sein, um autorisiert (verbindlich, gültig) und gerichtlich verwertbar zu sein. Eine wahre, aber nicht autorisierte Version eines Beweises stellt rechtliche Instanzen auf die Probe, sodass es bei ihrer Wirkung auf Distributionsmilieu und Sphäre ankommt: »In der Kunst [...] wird die Bedeutung des Zeugnisses nicht aufgehoben im Verdikt.« (Krämer/Schmidt 2016: 13) Obwohl diese Aussage mit der Verschaltung des ästhetisch-juristischen Urteils zu entkräften wäre, stimme ich zu, dass das Zeugnis auf Verhandlung und Prozess, nicht auf Urteil abzielen kann. Nicht jedoch zustimmen kann ich Krämer/Schmidt (vgl.

---

240 Dieses Verständnis solle unterschiedliche rechtswissenschaftliche Ansätze, die entweder Inhalt, Form oder Methode als Besonderheit des Rechts betonen, obsolet werden lassen (vgl. Kirste 2008: 137).
241 Sybille Krämer und Sibylle Schmidt schreiben über *Zeugen in der Kunst* (2016): »Zeugenschaft und Kunst verbindet traditionell ein zwiespältiges, ja widersprüchliches Verhältnis. Zuerst einmal scheint klar: Künstlerische Produktion und Akte des Zeugnisgebens schließen einander *grundsätzlich* aus. Ein Zeugnis ist gerade *kein Erzeugnis*. [...] Schon Aristoteles bestimmte das Zeugnis als ein ›kunstloses Überzeugungsmittel‹, weil seine Evidenz nicht der Kunstfertigkeit des versierten Redners entspringt, der durch rhetorische Mittel überzeugen will. Daher bleibt das Zeugnisgeben ein Fremdkörper im rhetorischen Diskurs, denn das Zeugnis bildet die Spur des Realen in der Welt der Sprache und der Fiktionalität der Kunst.« (Krämer/Schmidt 2016: 8, H.i.O.) Jedoch habe Derrida mit der Fiktion gezeigt, dass die »Entgegensetzung von Zeugnis und Kunst äußerst instabil« sei und somit ein Zeugnis, im Unterschied zu einem Beweis, angezweifelt werden könne (vgl. ebd.: 9).

ebd.) darin, dass das Zeugnis »virulent« bleibe, weil es sich »Archivierung und Dokumentation« entziehe. Denn die Frage ist dann die nach der speziellen Konfiguration des Dokumentierens: Nicht nur Zeugnisse, auch Beweise können in Archive und Sammlungen von Kunst- und Kulturinstitutionen Eingang finden – mehr dazu später.

Sind Museum und Gericht verschränkt, wird die Entscheidungspflicht der Dogmatik – Resultat einer überzeugten Richterin oder eines überzeugten Richters, nachdem im Prozess Zweifel in Gewissheit umgewandelt worden ist (vgl. Vismann/Weitin 2006: 11) – auf die Ausstellung projiziert. Worauf wird dabei referiert? Wird ein Enthüllungsgestus gewählt?

Zur Erläuterung der interdisziplinären Rechtsforschung (iRF[242]) klären die Herausgeber:innen des gleichnamigen Bands, Christian Boulanger, Julika Rosenstock und Tobias Singelnstein, das Verhältnis zur Rechtsdogmatik, die ihre Wissensproduktion weniger deutlich markiert:

> Die dogmatische Untersuchung will keine ›neugierige‹ Erkundung sein, sie will aufdecken mit der Behutsamkeit archäologischer Grabungen, nicht entlarven. [...] Dementsprechend greift sie auf eine deduktive Struktur der Entscheidungs*begründungen* zurück, denn diese ist stets geeignet, etwas als ›systemisch‹ darzustellen. (Rosenstock et al. 2019: 10–11, H.i.O.)

---

[242] Aktuell wachse die interdisziplinäre Rechtsforschung, obwohl ihr Verhältnis zur »(dogmatischen) Rechtswissenschaft« ein kompliziertes sei: »zwischen Grundlagenwissenschaft und Hilfswissenschaft, Kritikinstanz und Partner« (vgl. Rosenstock et al. 2019: 26).

Außerrechtliche Akteur:innen beziehen sich auf das Recht in der Hoffnung, gesellschaftliche Veränderung zu bewirken. Forensic Architecture zieht zu diesem Zweck juristische Expertise heran, während umgekehrt das Recht sich Expertisen aus anderen Bereichen holt. Wird die rechtliche Sphäre, etwa in *transitional justice*-Kontexten, durchlässig, begünstigt dies zudem den Zugriff auf sie, sodass im Umkreis der Institutionskritik Rechtsinstanzen in den Fokus der Künste geraten. Sofern folglich von einer Entgrenzung des Rechts gesprochen werden muss, wäre es naheliegend, sie mit einer rechtlichen Informalisierung[243] zu erklären. Diese könne, gemäß dem Rechtswissenschaftler Boris Burghardt, bei der Rechtssetzung, der -anwendung oder der -durchsetzung anknüpfen (vgl. Burghardt 2019: 260). Warum in Folge das Zusammenfallen mit Kunstpraxis und -wissenschaft? Vermutlich, weil diese über ein Wissen betreffend Entgrenzung, Schwellenmomente und Ausfransung verfügen, das aktuell einem rechtlichen Handeln zugutekommt. Einen anderen Standpunkt vertritt Ladeur (vgl. 2016a: 263): Wird das Recht bloß als formalisiertes Regelwesen stilisiert, werden damit »die Zugehörigkeit des Rechts zum praktischen Register des Wissens und seine Verschleifung mit den Praktiken der Lebensformen und Techniken verfehlt«. Gleichwohl ist die Verschränkung von Kunst und Recht nicht nur in eine Richtung wirksam: Denn während sich bestimmte rechtliche Bereiche informalisieren, formalisieren und systematisieren sich künstlerisch-wissenschaftliche Bereiche (wie bereits im Unterkapitel KUNST/WISSEN ausgeführt). Der Autoritätsgestus der rechtlichen Sphäre, durch Rechtskritik unterminiert sowie bestätigt, ist stärker ausgeprägt als in der politischen Sphäre, in welcher Partizipation zentral ist. Daraus ließe sich schließen, dass sich das Recht verzögert auf das Lai:innenhafte

---

243 Einen Überblick zur Debatte liefert Boris Burghardt im Aufsatz *Informalisierung des Rechts* (2019). Diese betreffe aktuell etwa das Strafrecht, während das Privatrecht zu einer Formalisierung tendiere (vgl. Burghardt 2019: 260). »[D]ie intuitive Vorstellung, wie Recht aussieht und wie es funktioniert, von wem es gesetzt und durchgesetzt wird – wird spätestens seit dem 19. Jahrhundert stark von einem Idealtypus des formal-zwingenden Rechts geprägt: Staatliche Organe der Rechtssetzung erlassen abstrakt-generelle Regelungen, in denen Ge- und Verbote an die Rechtsunterworfenen bestimmt werden. [...] Unter [...] Informalisierung (oder Entformalisierung) des Rechts lassen sich verschiedene Phänomene in allen Rechtsgebieten zusammenfassen, denen gemeinsam ist, dass sie von dem skizzierten Idealtypus abweichen.« (Ebd.: 259) Als Gründe der Entformalisierung führt Burghardt (vgl. ebd.: 268) unter anderem »Beschleunigung der Verfahren, eine Schonung staatlicher Personalressourcen sowie Kostenreduzierungen« an, was »zugunsten von angeblichen Effizienzgewinnen und Kosteneinsparungen die Abweichung von eigentlich konsentierten materiellen und prozeduralen Standards bewirkt« (ebd.: 271). Grundsätzliche Kritik daran betrifft daher die »Auflösung der Positivität des aktuellen Rechts« (Naucke 1986: 201, zit. n. ebd.: 270).

öffnet, während die zu begrifflicher Verschleifung tendierenden Gegenwartskünste von rechtlichen Begriffsdifferenzierungen Gebrauch machen.

Da das Gericht Redeweisen reguliert und Anschaulichkeiten ausschließt, nimmt Forensic Architecture einen Exkurs über das Museum, in dem andere Dinge wahrnehmbar und zugänglich werden können (»Wissen und Information als Commons« zu begreifen entspricht der durch Rainer Kuhlen geprägten »Wissensökologie«[244]). Verändert sich das Recht durch die Praxis von Forensic Architecture? Nähert sich eine selbstreflexive Wende dem Gericht an – als Poetologie der (Rechts-)Ordnung und Befragung der gerichtlichen Zeigemacht? Medienreflexivität (als Vorführung der medialen, narrativen und konstruktiven *Begründung*) und Textkritik (die, mit Institutionskritik vergleichbar, Strukturen der ästhetischen und gesetzlichen Repräsentation zu beschreiben intendiert) stehen im Gegensatz zum Gesetz: »law is so outspoken, so dogmatic about its fictitious grounds« (Vismann 1999a: 282). Dies ist rechtshistorisch höchst relevant: Vesting (vgl. 2015: 82) spricht bezugnehmend auf die Systemtheorie[245] Luhmanns von einer für die Rechtspflege notwendigen institutionalisierten »Entparadoxierung [...] der Gründungsparadoxie« des Rechts, die durch die »Institution des Entscheidungszwangs innerhalb der staatlichen Gerichtsbar-

---

244 »Wichtig [...] für die Grundlegung der Wissensökologie ist eine systematische Auseinandersetzung darüber, wie Commons theoretisch begründet und praktisch bewahrt und befördert werden können. Dazu ist es nützlich zu erinnern, dass erst ab etwa dem 17. Jahrhundert die Regelungen der privaten Güter (*res privatae* [H. LS]) gegenüber den bis dahin in Politik und Recht sehr differenziert behandelten Gegenständen im öffentlichen Bereich (*public domain*) Vorrang gewonnen haben. [...] Commons sind [...] am ehesten den *res communes* zuzuordnen, also deutlich von den *res nullius*, aber auch von den *res publicae* zu unterscheiden. Zu den *res communes* [H. LS] sind aber nicht nur die Dinge der Natur zu rechnen, sondern auch, wie bei Nachhaltigkeit, die sozialen, kulturellen und immateriellen. Sie können alle unter dem Begriff der *gemeinschaftlichen Ressourcen* zusammengefasst werden.« (Kuhlen 2013: 73, H.i.O.)
245 Während die Normentheorie des Rechts »sich primär [...] für vermeintlich stabile Strukturen, für Rechtstexte, wie Gesetzesbücher oder einzelne Rechtsnormen« interessiere, sei für die Systemtheorie des Rechts hingegen die Anwendung zentral: »der Akt rechtsrelevanten Sprechhandelns, die Rechtskommunikation« (vgl. Vesting 2015: 69). Als prominenter Vertreter der Systemtheorie prägte Niklas Luhmann mit dem Begriff der ›Autopoiesis‹ ein Verständnis eines sich selbst organisierenden und herstellenden Rechtssystems (vgl. ebd.: 70): »Im Unterschied zu älteren Theorien der Selbstorganisation bezieht sich die fortwährende Reproduktion des Systems [...] auch auf die elementaren, für das System selbst nicht weiter auflösbaren Operationen, die rechtsrelevanten Ereignisse und Handlungen [...].« (Ebd.) Dieses System sei operativ geschlossen, insofern »Recht mit Recht« verknüpft werde (vgl. ebd.: 71). Luhmann unterscheide im Rechtssystem zwischen »Normen (Selbstreferenz) und Fakten (Fremdreferenz)« (vgl. ebd.: 77–78).

keit gesichert« sei.[246] Das »Rechtsverweigerungsverbot« produziere somit eine »Entscheidungsparadoxie« (vgl. ebd.), von der bereits die Rede war.[247] Allerdings würden sich rechtliche Hybridisierungen seit den 1990er Jahren teilweise in selbstreflexiven Urteilen internationaler Gerichtshöfe äußern, so Suntrup (vgl. 2018: 403) – was die vorangegangene Frage nach einer reflexiven juridischen Wende bejaht.

In *Derrida, Philosopher of Law* (2005)[248] überprüft Cornelia Vismann die Terminologien, die Derrida dem Juristischen entlehnt, um die Erkenntnisse seiner *Grammatologie* (dt. 1983, franz. Orig. 1967) auf ethische Gerchtigkeitsfragen anzuwenden. Derrida »addresses law not as an executing force with various practices, as for example Michel Foucault does, but as the instance of formatting a discourse« (Vismann 2005: 8). Sprache und Gesetz stünden für Derrida in einer paradoxen Abhängigkeit zueinander, die es mittels Dekonstruktion freizulegen gelte, um über das Ausgeschlossene – dessen Dramatisierung Vismann kritisiert – zu einem besseren Recht oder einer Gerechtigkeit ohne Gesetz[249] zu gelangen (vgl. ebd.: 6–7). Zu dieser Form des Antijuridismus äußert sich Vismann (ebd.: 9, H.i.O.) folgendermaßen: Die »*Rechtsförmigkeit* (juridicality) of Derrida's philosophy [...] is a concern with the juridical conditions of language, conditions of the impossible at the bottom of all our utterings«. Im nachstehenden Zitat dekonstruiert sie die Anwendbarkeit der Dekonstruktion auf das Recht, insofern diese ein Versprechen und keine Doktrin (also nicht applikabel) sei:

> In contrast to the law, deconstruction never claims that it can secure this direction to the better. *Deconstruction is*, after all, *a promise, not a doctrine*. Its *ju-radicality or cry for justice* does not trust in grand dialectical turns. It is *a theory of approximation* towards that which it deconstructs. It therefore never comes to a halt. (Vismann 2005: 7, H. LS)

---

246 In Derridas (vgl. 2000: 16, H.i.O.) Worten bestehe der Entscheidungszwang in der »impossibility of *remaining* [...] in the undecidable«.
247 Über diese Paradoxie schreiben Vismann/Weitin (2006: 8): »Die grundsätzliche Spannung bei jedem Entscheidungsvorgang, den das Recht zu bewältigen hat, besteht darin, dass das Recht hin- und hergerissen ist zwischen dem Abwägen aller Gründe, um zu einem gerechten Urteil zu gelangen, und der Notwendigkeit, ein Ende zu finden. Das Recht moderiert diese Spannung durch einen gesetzlich verstärkten Zwang zum Entscheiden, was zweifellos funktioniert, ohne jedoch die Aporien des Entscheidens zu beseitigen [...].«
248 Dieser Text diente als Einführung in die von Florian Hoffmann und Cornelia Vismann 2005 hg. Sonderausgabe des *German Law Journal* anlässlich Derridas Tod im Jahr 2004.
249 Für Derrida (vgl. 1991: 104) ist der Gedanke an eine »Gerechtigkeit ohne Recht« zugleich kühn, notwendig und gefährlich.

Im Grunde geht es dabei um eine prinzipielle Frage der Institutionskritik: transformieren aus einer Binnenposition des Rechts oder über einen interdisziplinären und infrastrukturellen Im- und Export? Die Investigative Ästhetik will beides sein: Das Versprechen nach entlarvender Aufdeckung sowie eine medienreflexive Doktrin. Die institutionelle Anbindung an Kunst und Forschung und die daran anknüpfenden heterogenen Stilzitate verdeutlichen diese Doppelung. Methodisch gehöre »*doing doctrine*« zur Rechtskritik der *Critical Legal Studies (CLS)*,[250] die sich damit, so der Rechtswissenschaftler Günter Frankenberg, »systematisch in die Niederungen der Dogmatik begibt, um diese nachhaltig zu analysieren und zu dekonstruieren« (vgl. Frankenberg 2006: 108, H.i.O.). Angewandte und systematisch vorgehende Institutionskritik wird dann zur verwertbaren Systemkritik.[251]

Ergänzend zu Vismanns Problematisierung von Derridas Rechtsverständnis ist Karl-Heinz Ladeurs *Die Textualität des Rechts: Zur poststrukturalistischen Kritik des Rechts* (2016) anzuführen, worin dieser auch Ansätze von Giorgio Agamben, Jean-Luc Nancy und Christoph Menke rezipiert. Zusammenfassen lassen sich die von Ladeur vorgebrachten Einwände folgendermaßen: (i) Sie richten sich

---

250 Die *Critical Legal Studies*, deren Gründungsmoment Duncan Kennedy zugeschrieben wird, wenden die Kritische Theorie der Frankfurter Schule auf die Rechtswissenschaften an. »Die zentralen Thesen der critical legal studies sind der Formalismus des Rechts (*legal formalism*) und die Unbestimmtheit (*indeterminacy*) des Rechts.« (Baer 2011: 145, H.i.O.)

Schließlich sei die Rechtsentscheidung in der Rechtsprechung nicht einzig von »der Funktionslogik von Recht als Regelsystem« oder von »der Funktionslogik von Recht als Handlungssystem« abhängig, sondern maßgeblich von außerrechtlichen Komponenten – etwa von politischen Orientierungen und kulturell geprägten Verständnissen oder Vorurteilen –, so Günter Frankenberg im Aufsatz *Partisanen der Rechtskritik: Critical Legal Studies etc.* (2006). Rechtskritik berücksichtige die »historische und gesellschaftliche Bedingtheit von Recht«. Herausgebildet hatten sich die *CLS* in den 1970er Jahren als »linke Intelligentsia«, nicht als Gruppe oder Bewegung; heute handle es sich mehr um »ein offenes Netzwerk von JuristInnen«, das den »*legal realism*« politiktheoretisch radikalisiere. Die dritte Generation (seit Mitte der 1980er Jahre) adaptiere poststrukturalistisch informierte Literaturkritik zur Rechtskritik; in den 1990er Jahren verschob sich der Fokus »gegenüber den 1970er und 80er Jahren von Vertrags-, Arbeits- und Verfassungsrecht und anderen Feldern des nationalen Rechts hin zum Völkerrecht und der Rechtsvergleichung«. (Vgl. Frankenberg 2006: 97–111, H.i.O.)

251 Dazu ausführlich im Kapitel II.3.

gegen den Kurzschluss von »Recht als Gewalt«[252] bei Derrida (vgl. Ladeur 2016a: 59), der sich auch bei Agamben und Benjamin finde, für die Rechtsordnung stets an Ausnahmezuständen leide; in Anschluss an Benjamins Geschichtsverständnis sei auch für danach kommende poststrukturalistische Denker:innen Geschichte »eine Ansammlung von Katastrophen und Gewaltausbrüchen« (vgl. ebd.: 75–76):[253] »Dem Tod Gottes folgt der Tod des Gesetzes, der sich als eine Mystifikation der Gewalt erweist.« (Ebd.: 76) (ii) Zudem kritisiert Ladeur die Vernachlässigung des »praktischen Registers« des Rechts, den Derrida als ›mystisch‹ missverstehe und als ›Kraft‹ begreife (vgl. ebd.: 55–56), bei gleichzeitiger Überbetonung des geschriebenen Gesetzes (vgl. ebd.: 101–102). (iii) Ferner spricht sich Ladeur gegen die problematische Überbewertung abfällig konnotierter ›Souveränität‹ aus, da so die »Komplexität und Ambivalenz der historischen Dynamik des Rechtswandels« (vgl. ebd.: 30) übersehen werde: »[D]as Recht hat sich aus den und an den Konflikten entwickelt, seine Grundlagen sind nie eindeutig gewesen, sie waren umkämpft [...].« (Ebd.: 112) (iv) Verkannt werde, so Ladeur, auch die funktionale Notwendigkeit, das »fiktive Moment der *Konstruktion*« des Rechts/ Gesetzes unsichtbar zu halten (vgl. ebd.: 54, H.i.O.), was mit der Suche nach einem Anfang des Rechts korrespondiere, der sich von da an in performativen und willkürlichen (gewalteinschreibenden) Setzungen wiederhole (vgl. ebd.: 54, 107). (v) Außerdem kritisiert Ladeur die Annahme, Gerechtigkeit bleibe immer zukünftig und somit ein unerfülltes Versprechen (vgl. ebd.: 58, 107).[254]

---

252 Diese Gleichsetzung Derridas analysiert Ladeur (2016a: 59–60, H.i.O.) folgendermaßen: »Die Einschreibung der Menschen als Subjekte in das Gesetz schließt die Offenheit der Bewegung der sprachlichen Differenzen, der Alterität, und damit jede Emanzipation innerhalb des Systems aus. Die *différance* ist dann die Suche nach und die Erzeugung von Brüchen in der Präsenz der Identitätseffekte, über die allein widerständiger menschlicher Sinn innerhalb des Rechts erzeugt werden kann. Letztlich geht es dabei stets um denselben Bruch zwischen Identität und Differenz [...].«
253 Nachdem »[d]ie Praxis der Philosophie des 18. Jahrhunderts [...] die Lebensform des Bildungsbürgers« (vgl. Ladeur 2016a: 15) und somit der universalistischen Philosophie war (vgl. ebd.: 175), manifestiert sich nach »dem Verfall des literarischen Individualismus des ›Bildungsromans‹« (vgl. ebd.: 173) mit Benjamin das »Primat des Politischen: Nur dort kann die verlorene Einheit [von Zeichen und Bezeichnetem, LS] wiedergefunden werden – allerdings in einer nur als ›à venir‹ zu denkenden Weise« (vgl. ebd.: 167).
254 »Bei G. Agamben, J. Derrida, in gewisser Weise auch schon Foucault, lässt sich eine starke Überschätzung der ›konstituierten‹, hierarchisch gestifteten Seite des Rechts, insbesondere der Setzung des Gesetzes durch einen Souverän beobachten, während die hier so genannte *Infrastruktur des Rechts* entweder gar nicht oder als bloße ständige Wiederholung des gleichen, durch die Souveränität gestifteten Verhängnisses der Gewalt, jedenfalls als rein politisch bestimmt eingeordnet wird.« (Ladeur 2016a: 303, H. LS)

Inwieweit dem bezogen auf meinen Forschungskorpus zuzustimmen ist, habe ich teilweise demonstriert und werde ich in weiteren Anläufen diskutieren. Jedoch ist bereits deutlich geworden, dass im Gegensatz zum problematischen Wunsch einer Unterbrechung oder Aussetzung des Rechts eine Unterbrechung *mittels* Recht Teil seiner positivistisch-jurisprudenten Dynamik ist.[255] In der Kunst wiederum stößt seit dem Poststrukturalismus der Wunsch, *mittels* dieser zu unterbrechen, auf fruchtbaren Boden. Wenn Kunst nur über Umwege – hier über Rechtsprechung – auch aufgrund von Krisendynamiken und Anrufungen solcher greifbar wird und auch das von ihr ausgehende kritische Denken ins Recht interveniert, es »bestreiken« (Derrida) soll, scheint die Kunst geeigneter Erzeuger von Ausnahmezuständen und herausragenden Erfahrungen, institutionell-personalen Konstellationen und Biografien zu sein. Das Dispositiv der Dekonstruktion, das in den Künsten eine erfolgreiche Karriere zurückgelegt hat, ist dann insbesondere für eine laienhafte Imagination des Rechts produktiv, um Souveränitätskritik auszuloten und dem Befehl in Probe- und Verhandlungsformaten partiell zu entkommen. Unterdessen wandelt sich das Boheme-Credo *L'art pour l'art* zu *L'art pour la justice*. Die Übersetzung des Slogans *Art for art's sake* beinhaltet zwei Aspekte: der Kunst zuliebe (in kritisch-affirmativer Zuneigung) sowie der Sache wegen. Was der französischen Kunsttheorie des 19. Jahrhunderts als Befreiung galt, ist für Forensic Architecture Angriffsfläche schlechthin. Die »Transduktivität«, welche die Kunst nicht als eigenen Bereich begreift, sondern als Akt des Zurückgehens dorthin, wo wir noch nie waren, ist die Gegenbewegung zur Kunst, die getrennt vom Zweck ist. Nicht der Sache selbst wegen, sondern *Zur Sache!* soll die Aufdeckung kommen, um das Umstrittene dialektisch zu vereinen – pendelnd zwischen Provokation und Harmonisierung. Diese Kunst ist nicht mehr zweckfrei oder sich selbst genügend: Sie steht im Interesse der postfordistischen Forschung, ist der sozialen Gerechtigkeit verpflichtet und legitimiert sich im Dienst an einer besseren Gesellschaft. Im Zeitalter der Evaluierung von Kunst und Wissenschaft ist institutionelle Autonomie äußert wichtig geworden, sodass im Zusammenhang mit einer *L'art pour l'art revisited* von einer Autonomie zweiter

---

255 Über diese Dynamik schreibt Ladeur (2016a: 127–128, H.i.O.) mit systemtheoretischem Blick auf Textualität: »Das Recht erlaubt gerade Dissens – auch nachdem eine Entscheidung gefällt worden ist, weil es den Einzelfall benutzt, um Orientierung für künftige Fälle zu geben [...]. Insofern ist auch das Recht in der Systemtheorie kein Verhaltenscode sondern ein *Gegenstand des Studiums* [...]. Die vorangegangenen Spielzüge lagern innerhalb des Netzwerks ihre Spuren in den Anschlusszwängen und Anschlussmöglichkeiten ab, die die Vergangenheit festhalten, aber zugleich neue, den gegenwärtigen Zustand transzendierende *Konflikte erlauben*.«

Ordnung gesprochen werden könnte.[256] Diese bezieht sich auf ökonomisch relativ unabhängig agierende Einrichtungen, wie es bei Forensic Architecture der Fall ist. Obwohl auch deren Bilanz mit Ansuchen um eine neue Förderperiode vom *ERC* evaluiert wird, gibt es eine bedingte Unabhängigkeit, sobald diese Hürde genommen ist. Auch zu den Künsten, von denen derzeit Gelder bezogen werden, besteht für die Agentur kein direktes ökonomisches Abhängigkeitsverhältnis. Solche Institutionalisierungstendenzen können als eine Reaktion auf *Verunsicherungen* verstanden werden – *Versicherungen* funktionieren nach dem Prinzip kollektiver Risikoübernahme. Emanzipatorische Initiativen haben das Potential, sich zu etablieren, wenn sie institutionell angebunden oder eigens zur Einrichtung werden.

Daran anschließend werde ich im Folgenden die Vorgehensweise von Forensic Architecture von der des *Russell Tribunal* (1966–[257]) sowie des *Kongo Tribunal* (2015) abgrenzen und Gemeinsamkeiten herausarbeiten – unter anderem basierend auf dem komparatistisch angelegten Aufsatz *Spiele mit Zeugen: Zur Gerichtsbarkeit der Bühne im Gegenwartstheater* (2016) des Theaterwissenschaftlers Michael Bachmann. Ebenso betrachten werde ich das *Kapitalismustribunal* (2015–) und die dazu erschienene Publikation.

Zum einen ist Forensic Architecture abhängig von der beauftragenden Partei, zum anderen im Urteil unabhängiger als eine staatliche Instanz: Das auf Basis der Beweisermittlung gefällte Urteil ist jedoch nicht nur ein symbolisches. (Wäre es ein rein symbolisches, läge darin eine ›performative Ineffektivität‹[258] als Limit direkter Aktion im Kunstraum.) Partiell Vergleichbares galt bereits für das *Vietnam War Crimes Tribunal*, bekannt auch als *Russell-Sartre Tribunal*, über das Bachmann (2016: 215, H. LS) schreibt: »[...] Ein *echtes Urteil* wird getroffen, das sich ernsthaft auf die Situation in Vietnam [...] bezieht, doch weil das Urteil als Spiel suspendiert ist, *übt es institutionelle Kritik* an jenen, die kein staatlich oder transnational legitimiertes Tribunal einberufen.« Auf andere Weise jedoch übt Forensic Architecture institutionelle Kritik, die nicht

---

256 Vielen Dank an Sabeth Buchmann für den wertvollen Hinweis auf diese zweite Ordnung. Mit Ladeurs (vgl. 2016a: 243) Kritik an der poststrukturalistischen Rechtskritik gesprochen, wenden sich solche Institutionalisierungstendenzen gegen die poststrukturalistische Proklamation permanenter Revolution bei »Zurückweisung jedes Gedankens an den Entwurf neuer Institutionen«.
257 Das erste Tribunal wurde von Bertrand Russell initiiert und von Jean-Paul Sartre veranstaltet. Nach der Einrichtung 1966 folgten weitere *Russell Tribunals* mit unterschiedlichem Fokus, aktuell bis ins Jahr 2014.
258 Angelehnt an die »performative Effektivität« bei Bachmann (2016: 212).

ins Spiel ausweicht oder aber an einem *ernsten Spiel* teilhat: Im Unterschied zum *Russell Tribunal* stellt die Agentur ihren Investigationen keine »suspendierte Machtposition« (ebd.: 214) voran, obwohl es mit diesem gemein hat, dass ein »Sprechakt vollzogen [wird, LS], der durch seine Form auf Konsequenzen pocht, aber nicht entsprechend institutionalisiert ist« (ebd.).[259] Ein ›Nichturteil‹[260] ist ein in seinem Vollzug suspendiertes Urteil. Selbst wenn Forensic Architecture nicht die ermächtigte Kompetenz hat, rechtlich hoheitlich zu handeln, inszeniert sich die Agentur als (Entscheidungs-)Instanz: Mitunter tritt sie (imaginär) als Klägerin in die Rolle der Richtenden.[261] (Die beklagte Partei ist meist ein Staat – wie häufig in Tribunalen der Fall – oder eine Firma.) Insofern zeichnet sich Forensic Architecture durch eine gewisse Autopoiesis aus. Damit gemeint ist »Institutionenbildung ohne Gründungsdekret«, wenn ihr einer Faktenermittlung folgender »Rat [...] wie ein Urteil« aufgenommen wird (vgl. Vismann 2011: 102).[262] Die empfehlende Urteilsbildung von einem akademischen Standpunkt aus steht konträr zu der von Forensic Architecture eingenommenen Ermittler:innen-, Advokat:innen- und Verteidiger:innenrolle einer öffentlichen Wahrheit vor Gericht sowie ihrer moderierenden Vermittlungsarbeit zwischen Gericht und Tribunal.[263] Mit Raunig (vgl. 2007) wäre dies als »Instituierung« zu fassen: Diese »soll keine konstituierte Macht einsetzen, sondern läuft auf eine Selbst-Einsetzung, Selbst-Einrichtung hinaus«.[264] Inwiefern begreift Raunig die Selbstsetzung als rechtliche – entspricht sie dem his-

---

259 »[D]ie spezifische Konfiguration von Theatralität und Performativität beim Russell Tribunal [bestehe, LS] im Einnehmen einer gleichsam suspendierten Machtposition: Das Tribunal verkündet ein Urteil, ohne die notwendige Autorität dafür zu besitzen. Mit anderen Worten wird ein Sprechakt vollzogen, der durch seine Form auf Konsequenzen pocht, aber nicht entsprechend institutionalisiert ist.« (Bachmann 2016: 214)
260 »*Nichturteile* sind Aussprüche die lediglich den Anschein erwecken Urteile zu sein, denen aber die durch Verfahrensrecht und richterliche Kompetenz vermittelte Autorität fehlt. So etwa ›Femeurteile‹ selbst ernannter Tribunale oder Texte die zu Ausbildungszwecken oder aber zur Unterhaltung in Form eines Urteils erscheinen.« (Kühne 2010: 612, H.i.O.)
261 Siehe bezüglich dieser strategischen Verschiebung in Tribunalen Vismann (2011: 160).
262 Dies schreibt Vismann in Bezug auf die zu Richtern gewordenen Juraprofessoren im historischen Kontext der Aktenversendung.
263 Eine geschichtliche Anmerkung: »Es waren im antiken Griechenland die Sophisten, die die prozessuale Rhetorik der Plädoyers und Anklagereden entwickelten. Sie ließen sich dafür teuer bezahlen.« (Paoli 2016: 49)
264 Gerald Raunig arbeitet zentrale Aspekte des lateinischen Verbs *statuo* heraus: »Damit ist einerseits ein Vorgang des Aufstellens von Objekten gemeint, das Erbauen von Gebäuden ebenso wie die Aufstellung von Gegenständen oder Menschen in einer gewissen Anordnung, andererseits aber auch so performative Sprech- und Setzungsakte wie das Fällen von Gerichtsurteilen oder gar die Gründung von Reichen.« (Raunig 2007)

torischen Rechtspositivismus und der Kodifizierung[265] des Rechtsstoffs? Oder ist sie eher im Sinne der seit den 1990er Jahren wahrnehmbaren neuen transnationalen wie konstitutionellen »Formen der Selbstbegründung des Rechts« zu verstehen: unabhängig von »nationalstaatlichen Zentren, ihren Institutionen und Quellen (Parlamenten, Gerichten, völkerrechtlichen Verträgen)« (vgl. Vesting 2015: 143)?[266]

Ebenso anzuführen ist der von Marina Vishmidt geprägte Begriff der »infrastructural critique« für eine von der Institutionskritik zu unterscheidende Kritik, welche die Möglichkeit bereithält, selbst Plattformen zu gründen (vgl. Vishmidt 2016).[267]

Im Sinne eines normativen Sollanspruchs wird von Künsten heute vielfach ethisches und sozialpolitisches Engagement erwartet, sodass sich mit dem ›Beweis‹ ästhetische Untersuchungen an rechtlichen Anforderungen ausrichten. Gälte nach wie vor die antike »sophistische *physis*/*nomos*-Unterscheidung« (Vesting 2015: 104, H.i.O.), böten die Künste idealtypische Orte künstlicher (Rechts-)Setzungen: Denn auch noch »[d]as Spätlateinische (2.–6. Jahrhundert n. Chr.) kannte das Wort [*positivus*, LS] u. a. als dasjenige, was nicht von Natur aus besteht, sondern durch Setzung oder Kunst erzeugt wird« (ebd.).

Im Unterschied zum »Gerichtstheater« soll nun das Quasi-Gerichthalten in Theaterräumlichkeiten betrachtet werden: Das sogenannte *Kongo Tribunal* (2015), vom Theaterregisseur und Autor Milo Rau initiiert, tagte in Berlin und Bukava. Es ließe sich von einem ›politischen Theatergericht‹ sprechen: Seit den 1990er

---

[265] Die Kodifizierung unterscheide sich, so Vesting (vgl. 2015: 104), von »[d]er frühen griechischen ›Gesetzgebung‹ während der archaischen Zeit«, die »zunächst Aufzeichnung, Einkerbung oder Einschreibung oral tradierter Formeln und Sprüche in Stein« bedeutete: »Rechtsgeltung blieb in Griechenland über seine Frühzeit hinaus eng mit den Normbeständen anderer sozialer Handlungskontexte (Riten, Sitten, Brauch, Konvention) verknüpft. [...] Das hängt vielleicht auch damit zusammen, dass die griechische Philosophie [...] nie eine eigenständige Form der juristischen Expertise, wie später die Römer, ausgebildet hat.« (Ebd.)

[266] Instituierung im Recht gestaltet sich folgendermaßen: »Die Rechtssubjektivität wird nicht durch einzelne Urteile [...], sondern durch die Einordnung in den Verweisungszusammenhang aller Urteile und Operationen in ihrer Form der Offenheit für die Beobachtung von Anschlusszwängen und -möglichkeiten bestimmt. Dies ist der ›instituierte‹ praktische Prozess des Rechts, der unterhalb des ›konstituierten‹ Texts ›fließt‹.« (Ladeur 2016a: 200)

[267] Marina Vishmidt schlägt eine Verschiebung von der Institutionskritik in der Kunst zu einer Infrastrukturkritik der Gegenwart vor. Erstere habe die Institution verinnerlicht, zweitere hingegen stehe der Realität näher und könne eigens zur affirmierenden oder negierenden Bildung von Institutionen und Plattformen führen. Zwischen dem Materiellen und Möglichen situiert, rücke der »productive register« wie »transitive character« der Infrastruktur in den Vordergrund, wobei technologische und soziale Aspekte von ökologischen und politischen abhängig seien. (Vgl. Vishmidt 2016: 265–268)

Jahren andauernde Verbrechen im Kongo sollten verhandelt und Unternehmen und Staaten(-Gemeinschaften) für Menschenrechtsverletzungen verantwortlich gemacht werden. Mit diesem Vorhaben wurde die Theaterbühne für sechs Tage zum Tribunal umfunktioniert. Weniger als dass es sich um ein fiktives Gericht (vgl. Krämer/Schmidt 2016: 12) gehandelt hätte, funktionierte das *Kongo Tribunal* sowohl alternativ-kompensatorisch zu Gerichten als auch als Kritik an deren institutionell bedingter Schwerfälligkeit. Es bediente sich diverser Verfahrenskonventionen und -formate: Leitung durch einen Juristen, anfängliches Erheben der Anwesenden, Einbezug einer Jury, Präsentation von dokumentarfilmischem Beweismaterial sowie Zeug:innen- und Expert:innenvernehmung. Im Vergleich zum *Kongo Tribunal* ist das *Tribunal NSU-Komplex auflösen*, dessen Namen Programm ist und das seit 2017 mehrere Tribunale im Kontext der Verbrechen im NSU-Komplex initiiert hat, weniger durch Theatralität[268] als durch Versammlung geprägt; als Solidaritätsnetzwerk/Aktionsbündnis fungiert es sowohl als juridisch-aktivistische Plattform als auch als Gegenarchiv für Ereignisse, Zeugnisse und Memoiren von Betroffenen und deren »migrantisch situiertem Wissen« (Tribunal NSU-Komplex auflösen).[269] Zudem ist das durch Forensic Architecture bereitgestellte Beweismaterial nicht dokumentarfilmischen, sondern architekturforensischen Stils.[270]

Jean-Paul Sartre hatte im Fehlen der »Rechtskraft« des *Russell Tribunal* Formen von »Legitimität« und »Unabhängigkeit« gesehen – gilt dasselbe auch für das *Kongo Tribunal*, das keinen »Auftraggeber und offiziellen Adressat[en] für seine Empfehlung« hatte (vgl. Bachmann 2016: 213)? Wird, wenn kein rechtlich

---

268 Rebentisch (vgl. 2012: 271–272) diskutiert Jean-Jacques Rousseaus Verteidigung der Demokratie vor dem Hintergrund ihrer Theatralisierung (er denke, im Unterschied zu Platon, Demokratie nicht mit dem Theater, sondern positiv besetzt mit der Versammlung zusammen). Im Gegensatz zur gängigen Annahme, dass im Theater »der Schauspieler nicht mit seinen Rollen identisch« sei, befürchte Rousseau das Deckungsgleichwerden zwischen Rolle und Identität (vgl. ebd.: 277). Es handelt sich dabei um einen Prozess, den Richter:innen im »Gerichtstheater« in Form einer Institutionalisierung (nicht also einer Ästhetisierung) auf performative Weise unterlaufen. Wie sehr realitätsstiftende Handlungen selbst vom Theatralen durchsetzt sind, hat im gerichtlichen Kontext etwa Cornelia Vismann (siehe 1999b u. a.) gezeigt. Je nach Betrachtungsweise löst die Computersimulation entweder das theatrale Nachspiel ab oder führt es fort.
269 Relevant ist die Positionierung des *Tribunals NSU-Komplex auflösen* gegenüber dem deutschen Staat (siehe Menüpunkt *Wir* auf dessen Website): »Den Staat anzuklagen war die Tradition der Russel-Tribunale der 1960er und 1970er Jahre, sowie eines Staatsverständnis, wie es ein kruder Antiimperialismus bis in die 1980er Jahre vertreten hatte. Wir verstehen den Staat als einen Kompromiss gesellschaftlicher Kräfte und nicht als einen unabhängigen Akteur.« (Tribunal NSU-Komplex auflösen)
270 Differenzierungen zu Medienfragen dieser Art finden sich insbesondere im Kapitel II.1.

I.1 Metamorphosen institutioneller (Kunst- und Rechts-)Kritik — 115

bindendes Urteil möglich ist, auf ein ästhetisches ausgewichen? Nein, insofern die Rechtsästhetik selbst gemeint ist; ebenso nein, sofern die Künste gemeint sind, denn diese bilden im Falle von Forensic Architecture keinen Ersatzrahmen für legale Instanzen. Während das *Kongo Tribunal* eine »Verschiebung [...] des gesamten legalen Verfahrens in den ästhetischen Rahmen« (ebd.: 218) vollzog, ist das Selbstverständnis des *Tribunals NSU-Komplex auflösen* ein anderes: »Unsere Anklage ist [...] nicht juristisch, sondern politisch zu verstehen.«[271] (Bundesweites Aktionsbündnis »NSU-Komplex auflösen« 2021: 46)

Während in rechtsstaatlichen Strafverfahren nur die staatliche Anklagebehörde Anklage erheben kann, verlautbarte das vom *Haus Bartleby – Zentrum für Karriereverweigerung* initiierte *Kapitalismustribunal*,[272] das 2016 in Wien tagte und sich in die Geschichte der »Revolutionsgerichtshöfe«[273] (Lenz et al. 2016b: 43–44) einzuschreiben beabsichtigte: »Jeder lebende Mensch ist kostenlos berechtigt, auf der Internetseite kapitalismustribunal.org in vier Kernsprachen anzuklagen. Aus dem eigenen Erleben und aus wissenschaftlicher Expertise.« (Ebd.: 43) Guillaume Paoli analysiert die »Aufdeckung des Realen« im *Russell Tri-*

---

[271] In der Anklageschrift des Tribunals vom Mai 2017 heißt es: »WIR KLAGEN AN, ABER WIR VERKÜNDEN KEIN URTEIL. Weil wir es nicht können und weil wir es nicht wollen. Wir können kein Urteil fällen, weil Untersuchungen blockiert, Ermittlungen verweigert, Beweise vernichtet oder versteckt werden. [...] Die Verantwortung liegt bei allen, die das antidemokratische Zusammenwirken – die Kollusion von Geheimdiensten und Neonazis – beendet sehen wollen und die eine Gesellschaft ohne Rassismus anstreben. Unsere Anklage ist kein Schlusspunkt, sondern ein Anfang.« (Bundesweites Aktionsbündnis »NSU-Komplex auflösen« 2021: 46, H.i.O.)

[272] Das »unabhängige« *Kapitalismustribunal*, das 2016 tagte, wurde entwickelt und umgesetzt durch das Haus Bartleby »mit konzeptueller Partnerschaft« des *Club of Rome*; Unterstützer:innen der Prozesse waren das Brut Wien, die Rosa-Luxemburg-Stiftung, die Heinrich-Böll-Stiftung, der Heimathafen Neukölln sowie die *Supporters League of the Capitalism Tribunal* (vgl. Haus Bartleby). Weiterführend siehe die zum Tribunal erschienene Publikation *Das Kapitalismustribunal: Zur Revolution der ökonomischen Rechte (Das rote Buch)* (2016), hg. von Anselm Lenz, Alix Fassmann, Hendrik Sodenkamp und Haus Bartleby. Darin heißt es, dass der Kapitalismus sich als »ökonomisches System [...] einer grundlegenden Untersuchung stellen« müsse (vgl. Lenz et al. 2016c: 14). »Das Kapitalismustribunal rückt die Emergenz aller Ökonomie aus den Gesetzen erstmals systematisch in den Mittelpunkt der wissenschaftlichen und juristischen Erforschung, um daraus rechtswirksame Grundsätze abzuleiten.« (Ebd.)

[273] Mit affirmativem Bezug insbesondere auf die Nürnberger Prozesse aber auch auf das *Russell Tribunal* werden als an diesen »Revolutionsgerichtshöfen« geschätzte Aspekte deren Fähigkeit zum aufdeckerischen Nachweis und zur »fairen Beurteilung« von Taten, das Brechen mit dem strafrechtlichen Prinzip *nullum crimen, nulla poena sine lege* (an dessen Stelle die »Radbruch'sche Formel« zugunsten von Gerechtigkeit treten solle), sowie deren überpositivrechtliche Anlage angeführt (vgl. Lenz et al. 2016b: 44).

bunal rechtspsychologisch als Anklage-Umkehrung[274] der Nürnberger Prozesse und nimmt im Anschluss kritisch Bezug auf das *Kapitalismustribunal*; dessen performative Rechtssetzungen entlarvt er als symbolisch, parteiisch und tautologisch – weil »Prozessgegenstand und Angeklagter, Tat und Täter identisch« seien (vgl. Paoli 2016: 49–52).[275] Um selbstermächtigt zu richten, wurden rechtliche Verfahrensweisen beliebig zitiert oder zurückgewiesen. Die Prozessmaxime der Unschuldsvermutung etwa ist außer Kraft gesetzt, wenn angenommen wird, das Urteil bereits vor dem Verfahren zu kennen:[276] künstlerische Absicht, rechtliches Experiment oder eine Verschleifung beider? Daran die Anschlussfrage: Wie bürokratisch müssen Organe strukturiert sein, um gerecht und transparent arbeiten zu können? Wenn Forensic Architecture »ohne Gründungsdekret« arbeitet, bleibt zu fragen: Hat die Agentur ein (einsehbares) Statut, das ihre Zielsetzung und Organisationsstruktur im Detail offenlegt? Am Beginn stehen weder Dekret noch Manifest (wie etwa beim *Bauhaus* und dessen Avantgardebestrebungen, freie und angewandte Künste zu verbinden), sondern Forschungsprogramm, Lexikon, Verträge und Mandat in Abstimmung mit dem *Charter of Goldsmiths College* (Goldsmiths, University of London), in welches das Gründungsdokument aus 1990 eingegangen ist.

---

274 »Das [Russell, LS] Tribunal, darin bestand seine skandalöse Schlagkraft, war ein *umgekehrtes Reenactment der Nürnberger Prozesse*, indem die Ankläger von damals [die US-amerikanische Armee, LS] jetzt auf der (*imaginären*) Anklagebank saßen und die von ihnen erstellten Straftatbestände selbst zu verantworten hatten: Verbrechen gegen die Menschlichkeit und gar Genozid.« (Paoli 2016: 49–50, H. LS)
275 Über den Kapitalismusbegriff schreibt Paoli (vgl. 2016: 50), dass der Wunsch des Tribunals darin bestanden habe, »das Abstraktum« – »ein System, eine Ordnung, eine Logik, eine Weltanschauung, eine Epoche« – vor Augen treten zu lassen (vgl. ebd.). Wo es üblicherweise die zugelassenen Beweismaterialien sind, mit denen ein Tathergang rekonstruiert wird, sind es hier die Anklagen selbst: »Der Kapitalismus wird [...] durch die Summe der Anklagen gegen ihn definiert, besser gesagt rekonstruiert. Mit dem Beschwerdekatalog wird zugleich ein Phantombild des Täters erstellt und der Tatbestand beschrieben.« (Ebd.)
276 Die zuletzt gebrachten Einwände stehen im Kontrast zur »Prozessordnung« des *Kapitalismustribunal*s, die als Appendix (S. 137–148) in der Publikation abgedruckt ist. Dieser unterstelle ich einen persiflierenden Gestus, sofern dort Anspruch auf Prozessmaximen erhoben wird, die aus der ordentlichen Rechtsprechung bekannt sind: etwa Objektivität und wissenschaftliche Evidenz, Unparteilichkeit, Unschuldsvermutung, Beschleunigungsgebot und Öffentlichkeitsgrundsatz. Diese Gebote sind vermengt mit einem eklektischen Rechtsmix: »Anklage, Verteidigung, Jury und Versammlung können auf überpositives Recht, Naturrecht, Vernunftrecht, die Erklärung der Menschenrechte, die Literatur, das Argument und mündlich überliefertes Recht zurückgreifen.« (Lenz et al. 2016a: 138) Zu den gerichtlichen Appropriationen kommen Partizipationsaufforderungen an das Theaterpublikum hinzu: »Die Versammlung wirkt an der Verhandlung mit. Sie entscheidet über Schuld und Unschuld.« (Ebd.: 144)

Vorerst abschließend gefragt: In welchem Stadium befinden sich zeitgenössische Künste und Rechtsprechung betreffend Kritik und Krise, die etymologisch ein besonderes Verhältnis zur Entscheidung unterhalten? Wie bereits angesprochen, tritt in der Investigativen Ästhetik das ästhetische Urteil an die Seite des juristischen. Aufgrund des Narrativs, es gebe kein Außen zur Kritik – Ausdruck einer Krise der Kritik, die sich mit Raunig (2006) als basierend auf »Verschließungsphantasmen« diagnostizieren ließe –, bezieht sich Forensic Architecture auch positivistisch ›von innen heraus‹ auf Gesetze, um mit ihnen in die Wirklichkeit einzugreifen. Investigationen und der um sie gesponnene Diskurs erwecken den Eindruck, dass Kritik der Agentur als pejorativer Begriff gilt: Forensic Architecture etabliert eine Skepsis gegenüber dem Kritikbegriff und einigen der Verfahren, die bis dato als kritisch gegolten haben, immunisiert sich selbst gegen Kritik und leistet Institutionskritik als Institutionsbildung. Dabei geht es um die Mittel, derer sich Kritik bedient: Seit den 1990er Jahren ist ein Trend zu beobachten, sich vom textlich-performativen Dispositiv der Dekonstruktion ab- und der Computersimulation zuzuwenden. Mit Blick auf die heterogenen *Critical Legal Studies*, die ab den 1970er Jahren den Fokus auf die institutionelle Unbestimmtheit sowie historische Bedingtheit von Recht lenken, wird deutlich, dass Kritik nicht nur radikal befragend, sondern auch radikal praxeologisch und rechtlich doktrinär vorgehen kann.

Ein tatsächlich schwerwiegender Vorwurf läge darin, nahezulegen, die »Forensis« sei die bessere linke Praxis als die mit postmodernistischen und poststrukturalistischen Denkräumen assoziierten. Umgekehrt können positivistische Setzungen in poststrukturalistisch geprägter Kunstkritik einen Generalverdacht gegenüber bereits überwundenen Essentialismen auslösen und den »Positivismusstreit«[277] aktualisiert wiederaufleben lassen. Daraus gibt es zunächst scheinbar nur einen Ausweg: an Antiessentialismus und Identitätskritik philosophisch festzuhalten, ohne daraus eine Handlungsanweisung zu formulieren.

Wird ein Urteil gerichtlich *gefällt*? Wird es bei einer tribunalen Zusammenkunft *getroffen*? Wird es vermittelnd und pädagogisch *gebildet*? Ist die prozessuale Debatte (Diskurs) oder der gezogene Schluss (Fest-Stellung) maßgebend?

Der Umstand, dass Forensic Architecture Teil des beratenden Gremiums des *ICC* ist, des *Technology Advisory Board*, verweist darauf, dass das von der Agentur technisch gefällte und zum Ermittlungsprozess beitragende Urteil »wie

---

[277] Im Positivismusstreit der 1960er Jahre standen sich Vertreter der Kritischen Theorie der Frankfurter Schule und Vertreter des Kritischen Rationalismus gegenüber. Siehe weiterführend *Der Positivismusstreit in der deutschen Soziologie* (1969), hg. von Theodor W. Adorno, Ralf Dahrendorf, Harald Pilot, Hans Albert, Jürgen Habermas und Karl R. Popper.

ein Urteil« aufgenommen werden kann. Das heißt mit Austins Sprechakttheorie (siehe *How to do things with Words* [1962]), dass diese Untersuchungen nicht nur feststellen, sondern in Form von Verdikten handeln. Das Den Haager ›Tribunalsgericht‹ delegiert Aspekte juristischer Entscheidungen an Forschungsinstitutionen; insofern ist die Investigation nicht etwa als Lai:innenurteil durch ein Geschworenengericht gerahmt. Technische Expertise, ästhetisches Urteil und angewandte Forschung bilden die Bestandteile des Aufdeckungsplots, der Krisen entgegengehalten wird. Es entspricht der Tradition des (US-amerikanischen) Rechtsrealismus, sich auf die Expertise beispielsweise von Sozialwissenschaftler:innen zu stützen. (Es wäre Amtsmissbrauch, versuchten Sachverständige,[278] die rechtliche Lai:innen sind, zu entscheiden.) Der Plot, entsprechend des sich im Beweis materialisierenden Offensichtlichen zu handeln, funktioniert über die Bezeichnung *expert*, sodass Laientum, Dilettantismus und Amateurismus durch forensische Expertise ersetzt werden. Insofern wäre die Bezeichnung der Teammitglieder von Forensic Architecture als Rechtslai:innen infrage zu stellen: Zum einen holt sich die Agentur, wie bereits angemerkt, rechtlich professionelle Expertise, zum anderen erlangen die Forschenden aus der fallspezifischen Notwendigkeit eine gewisse Rechtsexpertise. Dies führt dazu, dass diese sich empirische Fragen bezüglich des Gesetzes stellen, verbunden mit Gesetzeskritik (Binnen- und Außenperspektive).

---

[278] Sachverständige können natürliche oder juristische Personen (etwa Behörden) sein. Sie werden üblicherweise im gleichen Prozessabschnitt wie die Zeug:innen vernommen (vgl. Vismann 2011: 123).

I.2 Zwischenfazit: Nachlass vorwegnehmen

Kontrastieren möchte ich nun eine Ausstellung von Forensic Architecture mit einer von Constanze Ruhm hinsichtlich Displaykonzeptionen, Autor:innenschaft und Geschichtlichkeit.

Forensic Architecture: Towards an Investigative Aesthetics (2017) war räumlich, formal und inhaltlich in drei Sektionen gegliedert. Die erste Sektion, *PROPOSITION* (Abb. 1), widmete sich Josef Mengele, wie schon die Ausstellung *Mengele's Skull*[279] (2012) am Portikus in Frankfurt am Main, über die Beatrice von Bismarck schreibt: »Nicht der Schädel selbst, sondern seine durch die Aufarbeitung hergestellte Mediatisierung tritt als Exponat in Erscheinung.« (Bismarck 2019: 68) Im mittleren Teil der Ausstellung, *INVESTIGATIONS* (Abb. 2, 3, 4, 29), wurden Fälle der vergangenen Jahre sowie in die Gegenwart reichende gezeigt, die Forensic Architecture meist in Kollaboration mit anderen Einrichtungen und Initiativen durchgeführt hat.[280] Im letzten Raum, *CENTRE FOR CONTEMPORARY NATURE*, lag der Fokus auf radikalen Befragungen der Ideengeschichte der ›Natur‹ anhand von Untersuchungen zu Verbrechen, die sich gegen ›Umwelten‹ richteten. Ein in theoretischer, historischer und methodischer Hinsicht einleitendes Vokabular war auf die Räume verteilt an Tafeln angebracht. So führten zentrale Termini aus dem Lexikon von Forensic Architecture vermittelnd in den Diskurshorizont der Agentur ein.[281] Die Begriffsbildung der »Forensis« zielt auf die theoretische Untermauerung eines neuen transdisziplinären Genres und gipfelt nicht zuletzt in der rückwirkenden Proklamation des *forensic turn* (Wende, Bruch oder Mappingversuch eines Gebietes?), gefolgt von *investigative aesthetics*. Wie bereits bezüglich

---

279 Die von Anselm Franke kuratierte Ausstellung beinhaltete auch die in Auftrag gegebenen filmisch-installativen Arbeiten *The Kiss* und *Leibniz' Skull* von Hito Steyerl, die sich auf die Hypothesen des parallel publizierten Buchs bezogen.
280 Die Titel der Investigationen sind stets informationsreich und indexikalisch: Sie beinhalten beispielsweise Ortsmarkierungen (*Khan Sheikhoun Crater, Al-Jinah Mosque, M2 Hospital*), benennen das methodische Verfahren (*Ground Truth*) oder bezeichnen ein Verbrechen (*Torture and Detention in Bujumbura, Lethal Warning: The Killing of Luai Kahil and Amir a-Nimrah, The Destruction of Yazidi Heritage*).
281 Im Bereich PROPOSITION waren es *Forensic Turn, Political Building Surveyors, Before and After, Forensis* sowie *Investigative Aesthetics*, im Bereich INVESTIGATIONS waren es *Threshold of Detectability, Architecture of Memory, The Architectural Image Complex, The Sea as Killer and Witness* und *Ground Truth* und im Bereich CENTRE FOR CONTEMPORARY NATURE schließlich *Centre for Contemporary Nature* und *Environmental Violence*. An dieser Aufteilung – Vorschlag, Untersuchung und Zentrum – ließe sich eine Kritik an der Triade formulieren oder über den Zweck dieser dialektischen Synthese nachdenken.

gerichtlicher und tribunaler Formate diskutiert, werden bei der Agentur Vermutungen entlang eines positivistischen Rechtsverständnisses empirisch anhand von Indizien verifiziert, als Evidenzen aufbereitet und jurisprudent verhandelt. Eine Tafel trug die Bezeichnung *Political Building Surveyors*:

Dies hängt damit zusammen, dass die Praxis von Forensic Architecture, zufolge Eyal Weizmans, sich in bestimmten Aspekten mit der von Bausachverständigen überschneide, deren Aufgabe darin bestehe, Schäden in Gebäuden (häufig im Zusammenhang mit Versicherungsstreiten) zu evaluieren. Meist seien diese Analysen jedoch recht oberflächlich und vernachlässigten die »hyperesthesia«[282] (das gesteigerte Empfindungsvermögen) von Gebäuden und deren Materialien, die in konstanter Transformation seien und auf Umweltveränderungen reagieren würden. Forensic Architecture interessiere sich jedoch nicht bloß für diese Materialien, die als ›Knochen‹ der Gebäude fungieren, sondern ebenso für die die Architektur beeinflussenden (mechanischen, elektronischen, infrastrukturellen) Systeme. (Vgl. Weizman 2017: 51–52)

Greift hier noch die philosophische Unterscheidung von Wahrnehmung und Empfindung, die im griechischen Begriff der *aísthēsis* zusammengefasst ist? Erstere setzt ein (Wahrnehmungs-)Organ voraus und ist daher stets mittelbar, wohingegen Empfindung als unmittelbar gilt. Beide Termini beziehen sich üblicherweise ausschließlich auf Lebewesen, während technische Apparate registrieren. *Aísthesis* wäre mit Elmar Waibl als eine sinnliche Aneignung von Wirklichkeit zu verstehen (vgl. Waibl 2009: 14). Forensic Architecture denkt Ästhetik auf der Ebene der Affizierung – die Objekte, Architekturen und Naturen werden als ›sensorische Materie‹ aufgewertet.[283] Dies entspricht der medientheoretischen Dezentrierung des Menschen:

> Was aber nun, wenn die Neuen Medien beginnen selbst wahrzunehmen? Gibt es dann eine Medienästhetik im Sinne der Aisthesis der Medien selbst? Und was bedeutet das? [Mark B. N., LS] Hansen bemerkt, dass die ›technische Vervollkommnung gegenwärtiger mobiler Medien und allgegenwärtiger Computervorrichtungen eine gewaltige Ausdehnung des Empfindungsvermögens entfacht hat.‹ (Schröter 2013: 98; Zitat im Zitat: Hansen 2011: 372)

---

[282] Von der 2017 formulierten Bedeutung von Hyperästhesie weicht die von 2021 ab – Fuller/Weizman (2021: 33, H.i.O.) differenzieren: »*hyper-aesthetics* [...] we consider to be the augmentation and elaboration of such experience, and *hyperaesthesia* [...] we consider to be the state in which experience overloads or collapses, and, as a result, sensation stops making sense«.
[283] Es handelt sich um nicht-intentionale Sensoren: »Sensing entities include technical instruments of measure and material substances that are not designed to be sensors but that do indeed sense the world in idiomatic ways.« (Fuller/Weizman 2021: 196) »Aesthetics is originally understood as that which pertains to the senses, but in this context it designates not the human senses but rather the sensorial capacity of matter itself.« (Weizman 2014: 14)

Zeugte das Ausstellungsdisplay von repräsentationskritischen Überlegungen oder war es eher an der klaren und didaktischen Vermittlung der Fälle und ihrer Untersuchungsprozesse interessiert? Machte es die Übersetzung in den Kunstraum deutlich, entgrenzte es ihn oder versuchte es, den Transfer möglichst zurückhaltend zu gestalten? Bezogen auf den Schädel als Exponat in *Mengele's Skull* schreibt Bismarck (2019: 67) ferner: »[U]m das Objekt, das der Ausstellungstitel anspricht, überhaupt forensisch nutzbar werden zu lassen, musste es vom Ding zu einem Artefakt [...] werden.« Sie stellt einen kuratorischen Wandel in der Rezeptionsoffenheit der Präsentationen von Forensic Architecture fest: Während die genannte Ausstellung *Evidenz auf Probe* (2019, so auch der Aufsatztitel) stellte, machte sich in der zwei Jahre später stattfindenden Schau *Forensis*[284] (2014) am HKW eine Verschiebung vom »Artefaktischen« zur »juristisch-politischen Leistungsfähigkeit« der Exponate bemerkbar (vgl. ebd.: 77). Diese Tendenz setzte die Ausstellung am MACBA fort – mit einem wesentlichen Unterschied. Denn *Forensis* zeigte zehn CASES von Forensic Architecture und vierzehn FILES, als Verhandlungen der öffentlichen Wahrheit ausgewiesen. Üblicherweise besteht ein FALL aus einer Vielzahl an AKTEN.[285] Auch hier waren die Akten in der Mehrzahl, allerdings kam ihnen eine ungewöhnliche (Ver-)Handlungsmacht zu. *Forensis* war nicht nur eine Retrospektive – eine die künstlerische Position würdigende Schau –, sondern auch eine elaborierte verräumlichte Zwischenbilanz der ersten Förderperiode von Forensic Architecture durch das *ERC*. Die konzeptuelle Unterscheidung in *cases* (offene Fälle) und *files* (historisch abgeschlossene Forschungen sowie konzeptuelle Referenzen) war eine pragmatische Entscheidung: Denn zum Ausstellungszeitpunkt war die Agentur noch stärker mit dem *Research Architecture*-Studienprogramm an der Goldsmiths University verbunden – heute hingegen macht Forensic Architecture nur noch *cases*.[286] Während das Display in *Forensis* insbesondere aus Bildschirmen, schwarz gehaltenen Stellwänden, Tischen und Leuchtkästen bestanden hatte, verstärkte *Towards an Investigative Aesthetics* die gestalterische Komponente, die eine Gebrauchs- und Informationsästhetik verfolgte: Das Vokabular war auf überlebensgroßen schwarz-weiß gehal-

---

284 Ausstellung im Rahmen des Anthropozän-Projekts am Haus der Kulturen der Welt, Berlin, 2014, kuratiert von Eyal Weizman und Anselm Franke.
285 Obwohl sich Akten, so Cornelia Vismann in *Akten: Medientechnik und Recht* (2000), »[a]ls Variablen im Universum der Schrift« einer allgemeinen Definition entziehen, komme ihnen die Aufgabe zu, die »Trennung des Rechts in Autorität und Administration« zu »prozessieren« (vgl. Vismann 2000: 8–9). »Die beiden elementaren Aktionsformen der Akten sind *Übertragen* und *Speichern*. [...] Die beiden Haupttätigkeiten der Akten ziehen schließlich eigene Institutionen nach sich: die Kanzlei als Übertragungs- und das Archiv als Speicherinstanz.« (Ebd.: 11, H.i.O.)
286 Danke an Anselm Franke für den Einblick in diese kuratorische Überlegung.

tenen Tafeln angebracht und wichtige Passagen waren hervorgehoben; Hinweise zu den Fallanalysen fanden sich auf kleineren Tafeln, bei denen die Warnfarbe Gelb die Dringlichkeit zu unterstreichen schien; zudem waren Materialgruppen farblich unterlegt und großflächige Wandtapeten angebracht, die eine beinahe dekorative Hintergrundfunktion einnahmen – grafisch gestaltet durch das New Yorker Designstudio *Other Means*.

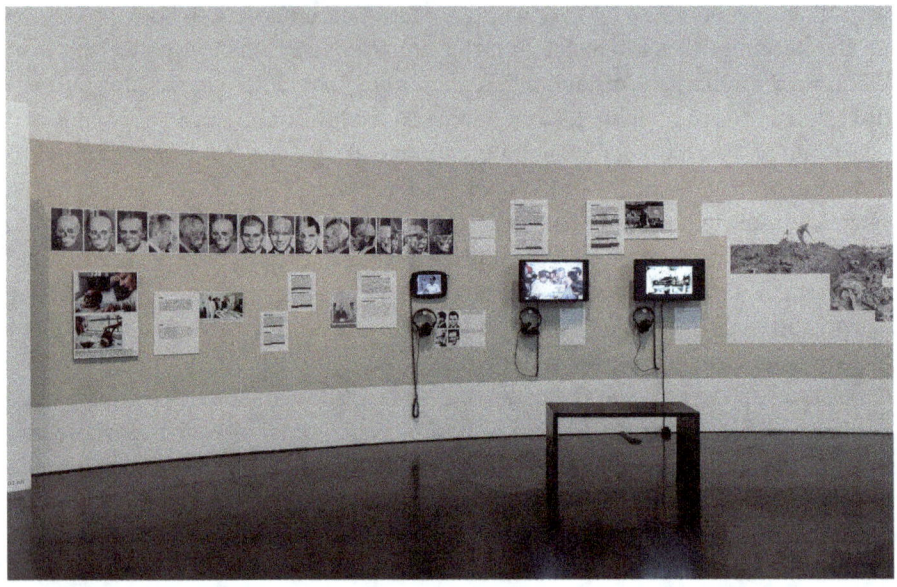

Abb. 1: *Forensic Architecture: Towards an Investigative Aesthetics* (2017), Museu d'Art Contemporani de Barcelona (Sektion *PROPOSITION*)

In der musealen Anordnung trafen unterschiedliche Elemente und Ebenen der sowohl prozess- wie ergebnisorientierten Fälle in einer investigativen Installation zusammen: die – juristisch betrachtet – legitimierenden Protokolle (textbasierte Informationen oder Stellungnahmen, die vom Medienformat her sowohl an Gesetzbücher als auch an Urteile begleitende Gutachten gebunden bleiben), die Dokumentationen der forensischen Untersuchung in Form von Ermittlungsvideos, evidenzerzeugende Utensilien sowie eigens für die Ausstellung vor Ort lokal produzierte Grafiken und Objekte, die ich als ›Lehrexponate‹ begreife (dazu gehörte beispielsweise die 3D-gedruckte und in Vitrinen präsentierte Arbeit *Bomb Cloud Atlas*[287]). Sie fungieren als demonstrative Lehrobjekte einer forensischen Co-Konstitution, weniger als auratische Reste der Beweisproduktion. Dabei findet die diskursive Auseinandersetzung rund um Forensic Architecture als Praxis ebenso ausgeprägt in kunstinstitutionellen Rahmenprogrammen wie Podiumsdiskussionen und Workshops statt – als Wissenstransfer, nicht als Erkenntnis[288] –, während im rechtlichen Ermittlungs- und Prozessverfahren das simulierte virtuelle Modell die Beweisführung übernehmen soll.[289]

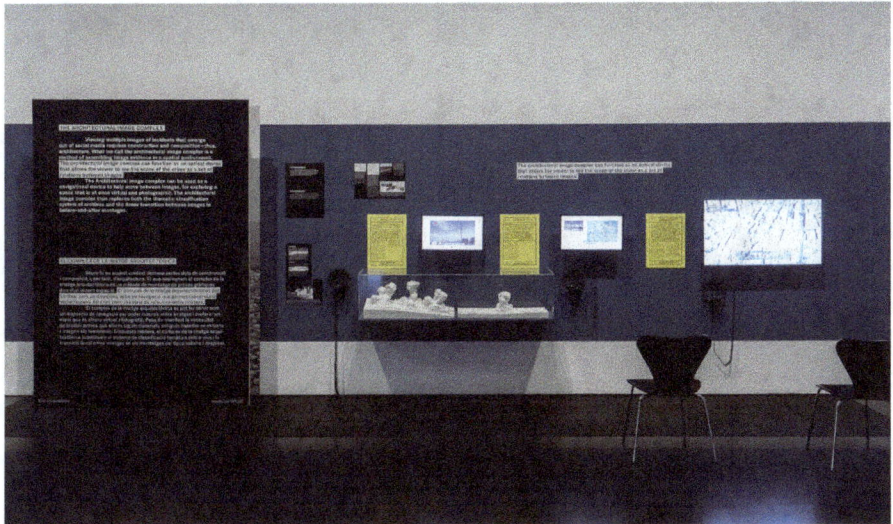

Abb. 2: *Forensic Architecture: Towards an Investigative Aesthetics* (2017), Museu d'Art Contemporani de Barcelona (Sektion *INVESTIGATIONS*)

Im Allgemeinen ist die Ausstellungspraxis von Forensic Architecture eine sehr kontrollierte. Abgegeben wird die Installation nur im Falle von Ausstellungsbeteiligungen – nicht bei Einzelschauen –, wobei ein Leihgabevertrag Instruktionen zum

---

[287] Diese ist Teil der Untersuchung zu den Bombardierungen der palästinensischen Stadt Rafah im Jahr 2014.
[288] Die Erkenntnis bildet die Basis für das Wissen und seinen Transfer, denn erstere ist, mit Gabriel gesprochen, eben grundlegender (wie bereits im Unterkapitel I.1.2. erläutert).
[289] Ausführlicher dazu im Kapitel II.3.

erwünschten Aufbau einer Investigation enthält.[290] Während in der ersten Förderperiode durch das *ERC* auf repräsentationskritische Überlegungen insbesondere von kuratorischer Seite insistiert wurde (zu nennen ist hier insbesondere Anselm Franke,[291] Kurator am HKW im Bereich Bildende Kunst und Film und Mitglied des *Advisory Board* von Forensic Architecture), kollaboriert die Agentur bei größeren Shows mittlerweile in Sachen Ausstellungsgestaltung und -display mit Designer:innen.

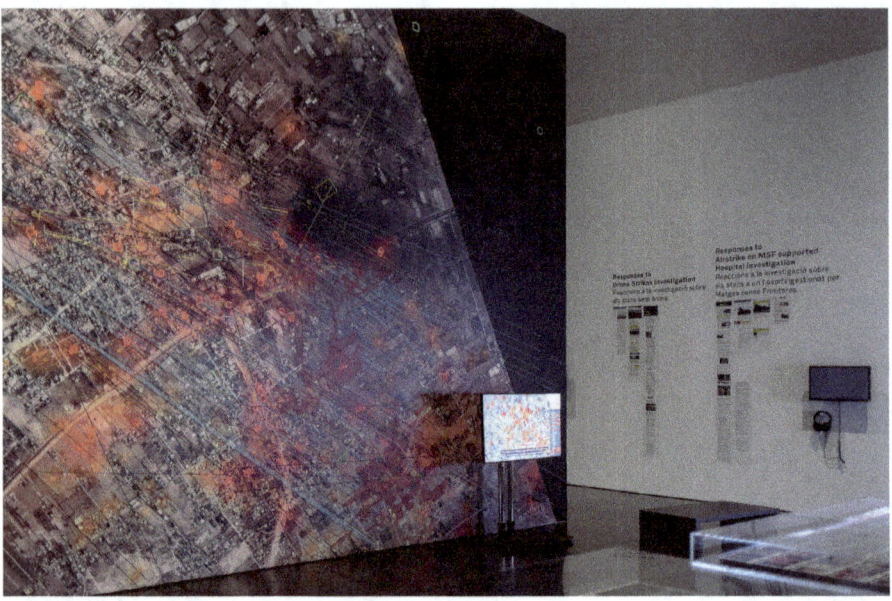

Abb. 3: *Forensic Architecture: Towards an Investigative Aesthetics* (2017), Museu d'Art Contemporani de Barcelona (Sektion *INVESTIGATIONS*)

---

290 Diese Instruktionen besagen u. a., dass die Investigation in einem (visuell und akustisch) möglichst ungestörten Rahmen gezeigt und eine Warnung vor gewaltvollem Material angebracht werden solle – danke an Sarah Nankivell für diese Auskunft.
291 Danke an Anselm Franke für das Gespräch über die Ausstellungspraxis von Forensic Architecture.

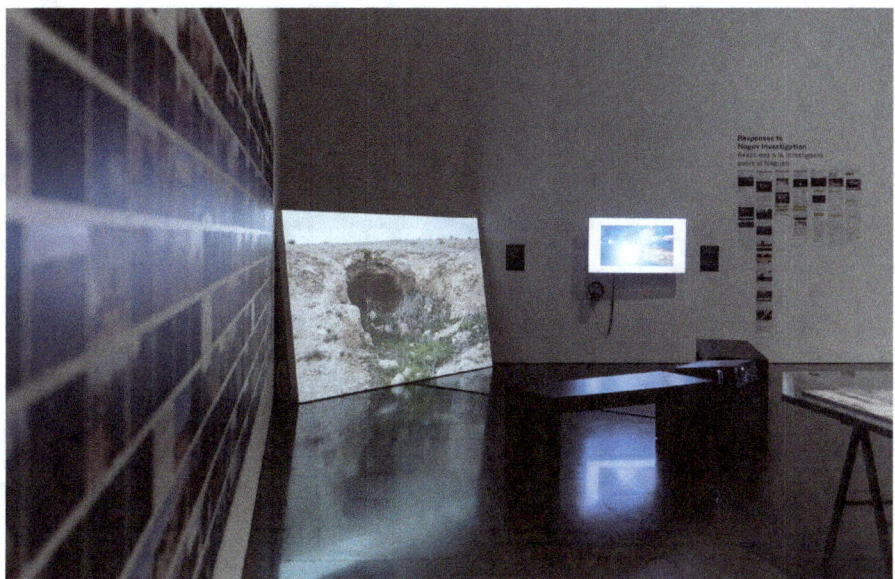

Abb. 4: *Forensic Architecture: Towards an Investigative Aesthetics* (2017), Museu d'Art Contemporani de Barcelona (Sektion *INVESTIGATIONS*)

Die Ausstellung *Constanze Ruhm. Re: Rehearsals (No Such Thing as Repetition)*[292] (2015/2016) war Ruhms filmischer Werkserie *X CHARACTERS* (2001–2013) gewidmet, in der sich die Künstlerin in methodenreflexiven Probeverfahren mit Kino-Ikonen auseinandersetzt. Ebenso vertreten war der damals fertiggestellte Film *PANORAMIS PARAMOUNT PARANORMAL* (2014/2015) mitsamt begleitenden Materialien (Abb. 22).[293] Für mein hier verfolgtes Interesse am Vorlass/Nachlass steht die räumliche Ausstellungskonzeption im Fokus (Abb. 5, 6, 7, 8). Das Display ging aus Ruhms Projekt *Coming Attraction / X Characters (In Search of an Author)* (2001) hervor (vgl. Ruhm 2015: 114). Es dekonstruierte und würdigte zugleich den Kinoapparat als modernes Wahrnehmungsdispositiv, um ihn mit der Geste der Aufdeckung zu veräußern:

> Die Spulen des Projektors, die Synchronisation von Licht, Mechanik und Optik werden in ein Modell verwandelt, das als Grundriss der Ausstellung dient und den geschlossenen Projektionsraum mit dem offenen Ausstellungsraum verbindet. (Ebd.: 115)

---

[292] Ausstellung, Zeit Kunst Niederösterreich, St. Pölten, 2015/2016, kuratiert von Alexandra Schantl.
[293] Ausführlicher dazu im Kapitel III.2.

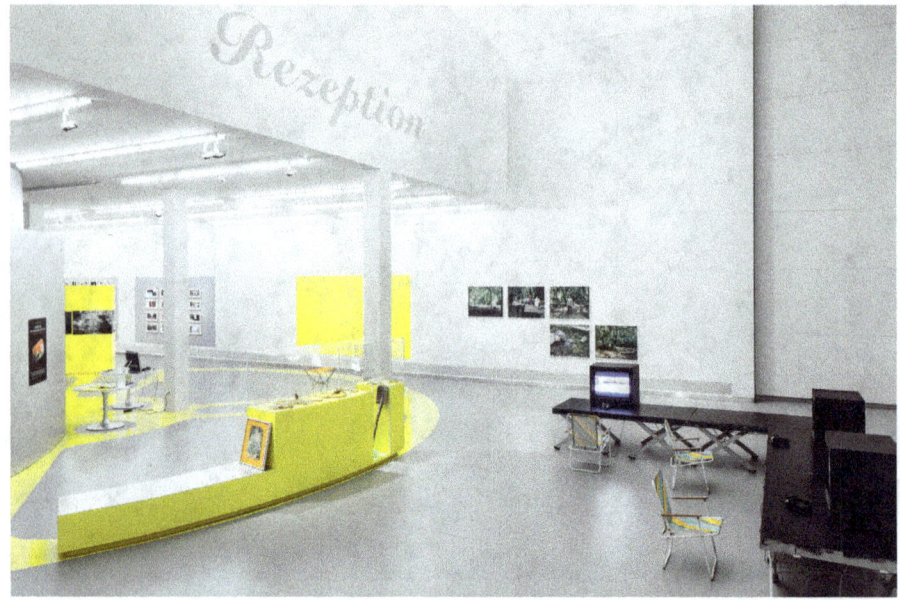

Abb. 5: *Constanze Ruhm. Re: Rehearsals (No Such Thing as Repetition)* (2015/2016), Zeit Kunst Niederösterreich

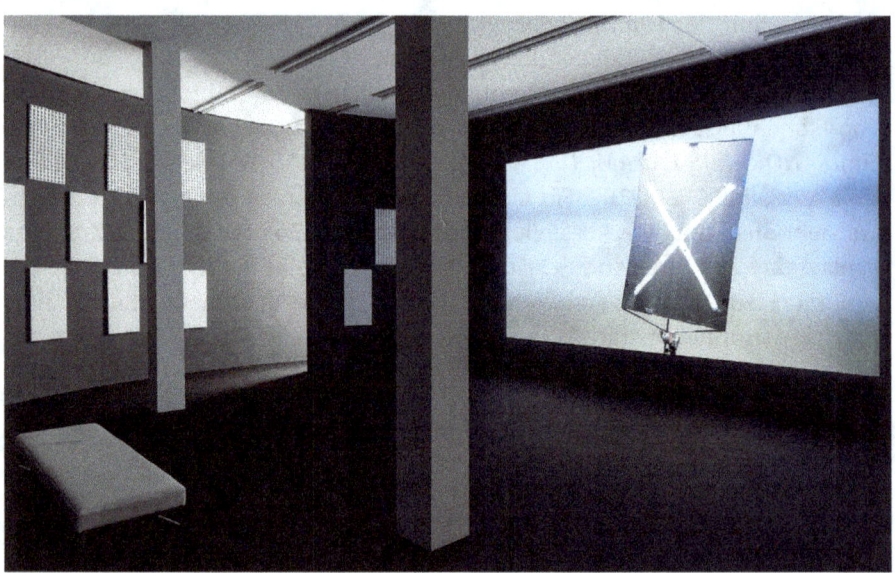

Abb. 6: *Constanze Ruhm. Re: Rehearsals (No Such Thing as Repetition)* (2015/2016), Zeit Kunst Niederösterreich

Im Analysieren der Dramaturgie wird augenscheinlich, dass Found-Footage und Requisiten (wie eine Fischkonserve, Möbel und ein Ohr [Abb. 8]), Recherchematerialien (wie Bücher und Architekturpläne) sowie mit den Filmen in Verbindung stehende Foto- und Posterserien der Werkkomplexe wie forensische Objekte präsentiert wurden. Engells (2017: 305, H. LS) Entsprechung trifft auf Ruhms Ausstellung zu: »[D]ie Parallele zwischen dem *Tatort* und dem *Filmset* ist zu augenfällig, um übersehen zu werden«. Abgesehen von dem Unterschied, dass Engell über die Selbstbezüglichkeit des Fernsehens spricht, unterhält seine an der Serie *Crime Scene Investigation* (*CSI*, 2000–2015) festgemachte These eine Nähe zur später bezüglich Ruhm auszuformulierenden These einer forensischen Analyse des Kinos und der Fiktion.[294] »[F]orensische Bilder«[295] führen sich vor: »*CSI* lässt sich [...] als eine Art Forensik des Fernsehens selbst lesen und in Sonderheit als eine Forensik der Serie, eine vor aller Augen öffentlich durchgeführte Untersuchung darüber, wie das serielle Bild des Fernsehens funktioniert und welche Handlungsmacht es besitzt.« (Ebd.: 301, H.i.O.) Ruhms Investigationen spiegeln die serielle Struktur der Fälle/Verbrechen, zu deren Imagination Serien der Unterhaltungsindustrie beigetragen haben müssen; sie leisten damit mediale Grundlagenforschung: Das Leben wiederholt sich in Variation und variiert in der Wiederholung.[296]

---

294 Ausführlich dazu im Kapitel II.2.
295 Diese Bezeichnung entwickelt Engell (vgl. 2017: 301) aus Scholz' »epistemischen Bildern« und Nohrs »nützlichen Bildern«.
296 Anke te Heesen betrachtet die Serie als prägende Denkfigur um 1900: Vor dem Hintergrund industrieller Entwicklungen fragten sowohl Kunst als auch Biologie nach der Organisation, (An-)Ordnung und Sammlung von Wissen – exemplarisch dafür stehe die Publikation *Das Gesetz der Serie* (1919) von Paul Kammerer sowie ein Aufsatz des Architekten Rudolf Schwarz (vgl. Te Heesen 2006). »Die Auffassung von Serie gibt eine der grundlegenden Strukturen vor, wie Welt um 1900 verstanden und erklärt wurde. Sie zeigte sich in der Kunst- und Designtheorie, die über Muster und Ornamente des Alltags diskutierte, ebenso wie in der Biologie, die die Wiederholungen im Lebensgeschehen untersuchte.« (Ebd.)

I Tat_Orte [Institutionen & Infrastrukturen]

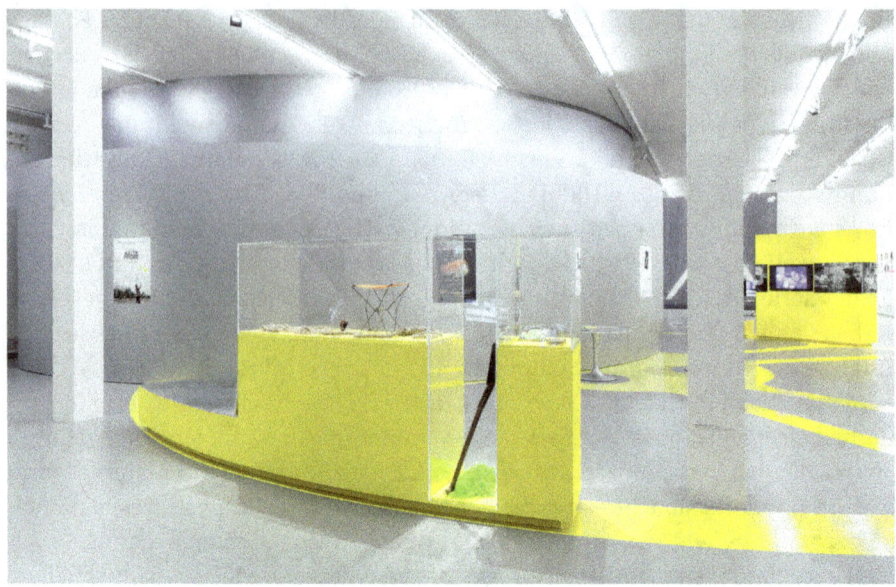

Abb. 7: *Constanze Ruhm. Re: Rehearsals (No Such Thing as Repetition)* (2015/2016), Zeit Kunst Niederösterreich

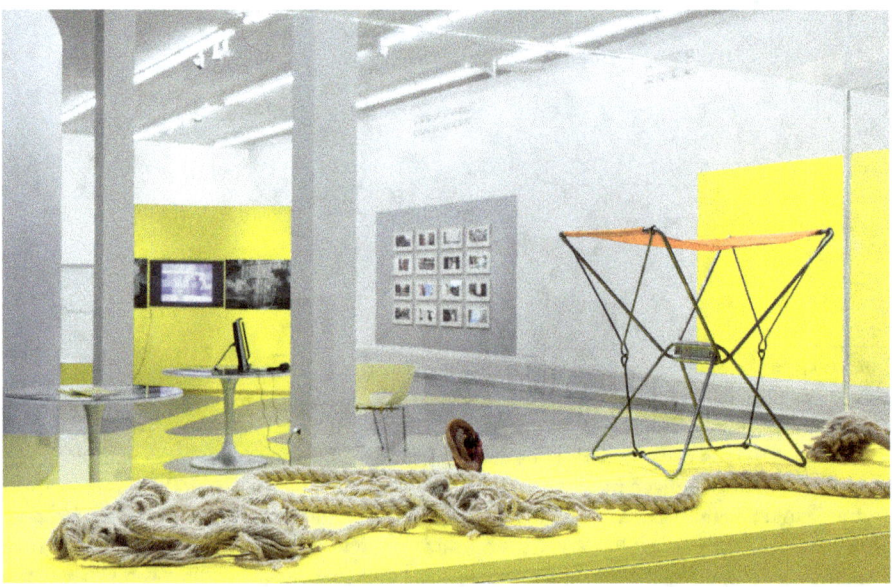

Abb. 8: *Constanze Ruhm. Re: Rehearsals (No Such Thing as Repetition)* (2015/2016), Zeit Kunst Niederösterreich

An dieser Stelle ein genauerer Blick auf das Ausstellungsdisplay beider Positionen: Die Strategie des *split screen* entstammt dem *expanded cinema* und dem verstärkten Ausstellen von Film seit den 1990er Jahren. Wenn nun die Installation als Tatort aufbereitet ist, bleibt zu fragen, welcher Begriff eine entsprechende Konzeptualisierung leisten kann. Ist es der auf ästhetische Erfahrung ausgerichtete offene Installationsbegriff von Juliane Rebentisch? Bei installativer Kunst könne, so Rebentisch in *Ästhetik der Installation* (2003), der Streit um das Verhältnis von Werk[297] und Erfahrung[298] seit den 1960er Jahren deutlich ausgemacht werden (vgl. Rebentisch 2003: 13). Der Beginn metafilmischer[299] Praktiken lässt sich mit damals entwickelten kinoartigen Installationen zusammen bringen, als Medienreflexivität und Display ins Zentrum des Experimentalfilms sowie der Kinomoderne rückten. Nicht einfach die Präsentation eines Bewegtbildes auf einem Monitor oder in einem abgedunkelten Ausstellungsraum mache eine »kinematographische[ ] Installation« aus, sondern die Arbeit an und mit der »Struktur zeitlicher Offenheit« (vgl. ebd.: 194). Ihr Potential liege darin, Film im vom Kino unterschiedenen Präsentationsformat ästhetisch zu beleuchten (vgl. ebd.: 188). Vor dem Hintergrund dessen, dass Rebentischs viel rezipierter Installationsbegriff auf den ersten Blick auf die Arbeiten von Ruhm und Forensic Architecture zuzutreffen scheint, folgende Frage: Lässt sich diese Begriffskonzeption vom rezeptionsästhetisch angelegten Erfahrungsbegriff ablösen, sodass sie nach

---

297 Anstatt sich vollends vom Werkbegriff abzuwenden, schlägt sie eine antiobjektivistische Fassung ebendieses vor, um die vermeintliche Trennung künstlerischer Praxis und philosophischer Ästhetik zu überwinden (vgl. Rebentisch 2003: 10-11). Installation genealogisch über die Neoavantgarden herzuleiten, würde deutlich machen, dass »bereits die Geschichte der modernen Kunst wesentlich geprägt ist durch Entgrenzungstendenzen, die man heute zuweilen geneigt ist, pauschal der sogenannten Postmoderne zuzuschlagen« (vgl. ebd.: 14). Insofern sieht Rebentisch am Beispiel der Installationskunst die künstlerische Entgrenzung »nicht als Bruch mit, sondern im Gegenteil als Radikalisierung der Prinzipien der ästhetischen Moderne« (vgl. ebd.: 14). Installation als Kunst zu akzeptieren bedeute, so Rebentisch, nicht, sich von der Idee ästhetischer Autonomie zu verabschieden, ohne die »der Begriff von Kunst konzeptuell leer« wäre (vgl. ebd.: 13) »Diese Frage [nach der Autonomie der Kunst, LS] wird natürlich erst in der Moderne wirklich dringlich, also in dem Moment, in dem sich die Kunst von ihrem Dienst an Kirche und Staat entbunden sieht.« (Ebd.: 96)
298 Von der Produktions- und Werkästhetik verschieden sei die Erfahrungsästhetik: »Ästhetisch sind demnach allgemein jene Gegenstände, die zu einer bestimmten, einer spezifisch ästhetischen Erfahrung Anlaß geben.« (Rebentisch 2003: 10) Bezüglich der Erfahrungsästhetik erkennt Rebentisch (vgl. ebd.) die Gefahr, dass darin subjektivistisch und kunstfern Ästhetik verhandelt werde.
299 Das Metafilmische wird an anderer Stelle in einem Werkvergleich von Forensic Architecture und Constanze Ruhm ausführlich behandelt, siehe Kapitel II.2.

wie vor ein sinnvolles Instrumentarium darstellt, um Displaystrategien sowohl von Forensic Architecture als auch von Ruhm nachvollziehen zu können?

Eine knappe komparatistische Montage soll Antwort geben: Im Sinne unterschiedlicher Redeweisen des Offenen (vgl., bezugnehmend auf Umberto Eco, Rebentisch 2013: 29) sind die Arbeiten Ruhms zumindest auf den ersten Blick auf »systemisch-metaphorische« Weise bedeutungsoffen, jene von Forensic Architecture dagegen im Sinne einer »konkreten Unvollendetheit« (hinzukommende Fragmente können die Beweislage in ein anderes Licht rücken, zudem bedürfen Beweise der Verhandlung) und Philips *Zong!* aufgrund »kongenialer Interpretation« (mehr dazu in einem späteren Kapitel[300]). Tatsächlich stellt sich die Frage, wie viel Raum die theatralen Filme Ruhms der Rezeption lassen – sind sie doch stark produktionsästhetisch gedacht und daher weniger bedeutungsoffen als anfangs aufgrund inhaltlicher Thematisierung von Offenheit erwartet. Denn es kann nicht unbemerkt bleiben, dass alle drei, Ruhm, Philip und Forensic Architecture, in ihren Arbeiten bereits eine Diskursivierung der Werke anbieten – derart, dass die Investigationen die Codes zu ihrer Entschlüsselung bereithalten und ihre eigene Konstruiertheit von Beginn an ausstellen. Die ausgeprägte Selbstdiskursivierung entwirft ein Netzwerk aus Referenzen und gibt die Rezeption metareferenziell in den Fallstudien selbst oder in Form von Paratexten (wie begleitenden Publikationen) vor.

Während es in den Aufbereitungen der Investigationen von Forensic Architecture vielfach um Übersetzungen medienspezifischer und funktionaler Art geht, finden sie in *Towards an Investigative Aesthetics* über die Ausstellungsarchitektur statt. Für diesen Transfer jedoch scheint der Begriff der ästhetischen Erfahrung (der seinerseits den des geschlossenen Kunstwerks ersetzte) nicht zutreffend.[301] Trotz gestalterischen Bezugs auf die »kinematographische Installation« sind andere Referenzen herauszuarbeiten. Die Informationstafeln sowie die kartografischen und modellhaften Darstellungen kommen aus dem systemischen

---

300 Siehe Kapitel III.3.
301 Die Präsentationsformen ähnelten größteils den bereits online oder analog publizierten Materialien: Reporte waren auf DIN-A4-Papier direkt an den Wänden angebracht und in Vitrinen befanden sich Bilder und deren Analysen. Ein jede Sektion einleitender Text war auf Englisch und Katalanisch an Paneelen variabler Größe im Raum installiert, die spanische Version ließ sich über einen Link als PDF herunterladen. Beinahe jedes Bild(-dokument) trug einen informationsreichen Untertitel, wobei relevante Textpassagen grafisch hervorgehoben waren. Die auf der Website der Agentur eingebetteten Videos waren in ein- und mehrkanaligen Installationen, auf Bildschirmen oder als Projektionen zu sehen. Zudem gab es eine Soundinstallation in einer Blackbox und eine in einer Raumnische sowie eine Installation zur Fallserie *Drone Strikes*, wie sie auf der Architekturbiennale in Venedig 2016 als Teil von *Reporting from the Front* ausgestellt war.

Denken über Medieninfrastruktur (seit Kybernetik und Konzeptkunst) ab den 1940er Jahren; wenn in der Simulation von Ästhetik gesprochen wird, ist meist »Systemästhetik«[302] gemeint.

Die Ausstellungsstruktur enthielt eine weitere Dimension: Propositionen der analytischen Philosophie treffen auf Handlungen der praktischen Philosophie. Denn bei dem Wortpaar PROPOSITION, INVESTIGATIONS kann von einer bewussten kuratorischen Anspielung oder einem kunstgeschichtlichen Referenz-*dropping* auf die als Installation angelegte *The Ninth Investigation: Proposition*[303] (1972) des Konzeptkünstlers Joseph Kosuth ausgegangen werden. Im Aufsatz *Art after Wittgenstein: Über den Topos des ›Unsagbaren‹ in der zeitgenössischen Kunst* (2014) beschäftigt sich die Kunsthistorikerin Sabeth Buchmann mit dem Kontext, in dem die Arbeit von Kosuth entstand – zur Zeit der analytischen (nicht synthetischen) Phase der Konzeptkunst, als Wittgensteins Sprachphilosophie breitenwirksam die Konzeptkunst ab Ende der 1960er Jahre beeinflusste. Kosuth sei es um »linguistische Propositionen« gegangen, in denen er für Kunstobjekte als »Frage des Wirklichkeitsbeweises, mithin der Selbstaussage in eigener Sache« plädierte – »als Antithese zu den seiner Meinung nach willkürlichen und autoritären ästhetischen Werturteilen des damals vorherrschenden *Formal Criticism*« (vgl. Buchmann 2014: 277–280, H.i.O.).[304] Wird bei Forensic Architecture jedoch tatsächlich bloß vorgeschlagen oder werden nicht doch auch ästhetische Werturteile gefällt, worauf nicht zuletzt der Ausstellungstitel selbst verweist?

Ruhm wie Forensic Architecture arbeiten mit Ausstellungsdesign als Praxis der Wissensaufbereitung. Das Display hält ein Verweissystem bereit, das nicht einfach Fälle (vergleichbar mit rechtlichen *casebooks*) seriell anordnet, sondern diese aufeinander referieren lässt (vergleichbar mit rechtlichen *treaties*).[305] Anstelle von Vermittler:innen kontextualisiert diese Ausstellungssystematik die Investigationen weitgehend. Dem Versuch, kuratorische Anordnungen wie die

---

302 Systemästhetik entwickelte Jack Burnham, so Inge Hinterwaldner in ihrer technisch detailreichen Monografie *Das systemische Bild* (2010): »Bereits Ende der 1960er Jahre macht er in der Kunst das Aufziehen eines Übergangs von objektzentrierten zu systemorientierten Ansätzen aus.« (Hinterwaldner 2010: 103) Dies bedeutete, dass der »Austausch von Information zum normativen Ziel ästhetischer Erfahrung« wurde (vgl. Burnham 1970: 100, zit. n. ebd.: 104).
303 Ausstellung in der Galerie Leo Castelli, New York City, 1972.
304 Joseph Kosuth verfasste u. a. den einflussreichen Aufsatz *Art After Philosophy* (1969).
305 »In den USA als einem Land mit einer Common-Law-Tradition (im Unterschied zur kontinentaleuropäischen Civil-Law-Tradition) entwickelt sich Recht weniger durch Gesetzgebung und mehr durch fallorientierte Interpretationen von Grundprinzipien. Deshalb gibt es auch Fallsammlungen (*casebooks*) für das Jura-Studium und kaum systematische Lehrbücher (*treatises*).« (Baer 2011: 145, H.i.O.)

von Ruhm und Forensic Architecture zu rezipieren, folgt ein Verweis in ein System aus Referenzen. Zu diesem Sachverhalt äußert sich Buchmann folgendermaßen:

> A reference-based approach can also be used to read historical material by means of those methods of representation that are created only in the process of appropriation and interpretation. The character of the material selected and presented always draws on a reassessment of the relationship between authorship and mediation. (Buchmann 2012: 38)

Diese Vermittlerrolle oszilliere zwischen der von Historiker:innen, Administrator:innen und Archivar:innen (vgl. ebd.). Ist die bei Forensic Architecture wie Ruhm festzustellende Haltung, weder Kritiker:innen noch Kurator:innen zu brauchen, weil die auktorialen Investigations-Produzent:innen bereits über ein hohes Maß an Reflexion verfügen, anmaßend? Liegt darin die Notwendigkeit anders gelagerter Kontextualisierung? Es hat den Anschein, als wären Kritik und Kunstwissenschaft in ihrer Aufgabe, vergleichbare künstlerische Verfahren und Erzeugnisse zu behandeln, bevor sie ein (Geschmacks-)Urteil fällen, arbeitslos geworden – zugespitzt im Zuge der künstlerischen Forschung. Schließlich bricht Diskurskunst mit der »Modernist division of labour between producers and explainers« sowie der Trennung zwischen »the aesthetic« und »the circumstantial« (vgl. Harrison 2001: 54–55). Der Kunstbegriff bleibt selbst nach der ästhetischen und räumlichen Entgrenzung (Narrativ der Avantgarden) definitorisch an Wirklichkeits- und Werkreflexivität gebunden, und zwar an eine, welche die Kunstgeschichte schon seit der Moderne heimsucht: »Demnach hat die Kunst [...] die Funktion der Kunstgeschichte übernommen, deren vormalige Deutungshoheit demzufolge in Konkurrenz sowohl mit der Philosophie als auch mit ihrem Gegenstand tritt.« (Buchmann 2014: 284)

Das Reflexionsgebot der zeitgenössischen Künste ist auch ein spätkapitalistisches Paradigma – Selbstverwirklichung und -coaching: Förderanträge schreiben, Werbung schalten, die Arbeit diskursivieren und mittels Produktionsästhetik die Rezeptionsästhetik bestimmen. Mit Eva Kernbauers Neologismus der »Kunstgeschichtlichkeit« ließe sich dieses zu beobachtende »Durchdringen künstlerischer und kunstwissenschaftlicher Praxis«, welche »die Handschrift einer akademischen geprägten Kunstpraxis« trage, fassen (vgl. Kernbauer 2015: 9–10). Tatsächlich kann sich Forensic Architecture der Kunsthistoriografie nicht entziehen, da die Diskursstränge der »Forensis« von Poststrukturalismus und -modernismus (als philosophisch-ästhetisches Konzept[306]) durchzogen sind. »Denn

---

[306] »Thus, when we speak of postmodernism it is important first of all to clarify whether we mean it as the diagnosis of a signature period, or as a set of philosophical methods, and/or as a political or artistic concept.« (Kastner 2010: 473)

wenn alle Gründungsakte Referenzakte sind« (Vismann 2012: 32), haben Forensic Architecture wie Constanze Ruhm die Postmoderne zur obersten Referenz gemacht: Ruhm affirmativ, filmisch-schriftstellerisch verwertet, Forensic Architecture in Form einer Abgrenzung, die ein *Danach* oder vielmehr ein *Trotz* der Postmoderne[307] zu denken anstrebt, an die ihre Handlungen folglich gebunden bleiben. (Ebenso sind bestimmte Argumentationsweisen wie die der Wahrheit als Prozess typisch für eine performative Verschiebung vom Werk zum Ritual.) Dafür exemplarisch steht das *Lexicon*[308] von Forensic Architecture: Konzepte von Denker:innen wie Hannah Arendt, Gilles Deleuze, Jacques Derrida, Michael Foucault und Donna Haraway wurden zusammengetragen, um aktualisiert und aktiviert zu werden. Zum anderen bestätigt das Nachschlagewerk die Bedeutung sozialer Bewegungen (im Kontext neuer dokumentarischer Praxen, der forensischen Ausgrabungen der 1980er Jahre sowie Versammlungsformaten wie *councils* und *tribunals*) und deren subversiver Argumentationen, die wiederum von Autor:innen aufgegriffen wurden und uns heute vielfach als kanonisierte theoretische Literatur bekannt sind. Im Lexikon sind die durch Forensic Architecture eigens entwickelten Konzepte den zitierten gleichgestellt. Eine Lexikalisierung ist meist zugleich eine aneignende als auch eine würdigende Kodifizierung von Wissen.[309]

Diese Überlegungen bringen mich zum Vorlass–Nachlass: Der Nachlass, der noch zu Lebzeiten übergeben wird, ist ein Vorlass – juristisch gesprochen ein Vermächtnis oder Testament. Als solches institutionalisiert er ein Archiv der Gegenwart. Dieses unterscheidet sich vom kulturellen Erbe, das ästhetische Produktio-

---

307 »A classification under postmodern approaches was, and still is, a discursive production: disparate theoretical currents as well as diverse intellectuals have been subsumed under the category of postmodern thought. These include for example poststructuralist positions (from Michel Foucault to Gilles Deleuze / Félix Guattari), deconstructionists (Jacques Derrida), prominent figures in postcolonial studies (Edward Saïd, Homi K. Bhabha, Stuart Hall, Gayatri S. [sic!] Spivak), and a line of thinking that has been dubbed ›postfeminism‹ (Judith Butler).« (Kastner 2010: 474)
308 Abgedruckt in der Publikation *Forensis* (2014) und bis vor Veröffentlichung der neuen Website online abrufbar. Dort trug es folgende Beschreibung: »The following interpretations of key terms and concepts employed in the research of Forensic Architecture were suggested by contributors to the project, and together form a collective LEXICON.« (Forensic Architecture, *Lexicon*, H.i.O.)
309 So schreibt Ginzburg (2002: 36, H.i.O.) über eine im 17. Jahrhundert stattfindende Wissensaneignung: »Die Bourgeoisie startet eine regelrechte kulturelle Offensive und eignet sich einen großen Teil des Wissens der Handwerker und Bauern an, sei es Indizienwissen oder nicht; sie kodifiziert es und beschleunigt gleichzeitig den ungeheuren Kultivierungsprozeß [...]. Symbol und zentrales Instrument dieser Offensive ist natürlich die *Encyclopédie*.«

nen einschließen kann, jedoch prinzipiell anonym als Praktik übermittelt wird.[310] So zeitgemäß und aktuell die Investigative Ästhetik zutage tritt, vermittelt sie stellenweise – als den Investigationen mitgegebener methodischer Kontext –, schon Zukunft sein zu wollen. Als solche möchte sie nicht bloß auf Vergangenes blicken können, sondern vorgeben, wie dieses zu betrachten ist. Sie tut dies, indem sie es durch ein letztes Wort absichert und verteidigt. Das letzte Wort hat auch im Gerichtsprozess eine besondere Stellung:[311] »Seine Bezeichnung als *letztes* Wort, das dem Angeklagten gewährt wird, lässt an Vermächtnis und Schafott denken.« (Ebd.: 264, H.i.O.) Wie ist ein ultimatives Wort vorstellbar, wenn es vor dem Urteil ausspricht, wie das auktoriale Schaffen zu bewerten ist? In welchem Zusammenhang steht es mit dem Reflexionsgebot der Diskursinvestigationen?

Während Ruhms Arbeit Autor:innenschaft (so schon der Titel *In Search of an Author*) zum Thema macht, wäre zu fragen, wo bei Forensic Architecture der kritische Blick auf die eigene auktoriale Autorität bleibt. Damit verbunden ist die Frage, was mit den Artefakten und Akten der Investigationen passiert, wenn sie das Museum (oder das Gericht oder Tribunal) verlassen haben? Interessant ist folgende rechtliche Einschätzung von Akten: »Sie sind Nicht-Institution, Nicht-Gesetz, Nicht-Urkunde, Nicht-Eigentum, nicht rechtskräftig, sie haben weder Autor noch Urheber […].« (Vismann 2000: 28) Werden sie hingegen in ein Archiv aufgenommen, können sie, über die gerichtliche funktionale Beweiswürdigung hinausgehend, Reflexionsgegenstand oder aber quasi zur Reliquie werden.

Im Falle beider Positionen bleibt die Ausstellung visuell als dokumentierende Bildserie bestehen – und darüber hinaus? Während Ruhm bestimmte Gegenstände einer (Film-)Installation oder Arbeit in einer anderen Konstellation erneut ausstellen kann, werfen ›Beweise‹ ein Problem auf: Werden sie zu historischen Dokumenten oder Sammlungsstücken, oder steht ihnen eine Entsorgung bevor? Hier wird die Frage des individuellen Nachrufs – »*Après ma mort*, [...] between authorized speech and anonymous rumor« (Ronell 1986: 128, H.i.O.) – zu einer der Bewahrung, der lebendigen Weitergabe und der Beschäftigung mit

---

310 Siehe diesbezüglich Legendre (2008: 17): »In past cultures, aesthetic productions were, for the most part, anonymous as a rule, which relativizes, in some measure, art history and psychology.«

311 Während in der Frühen Neuzeit das letzte Wort erst nach der Verurteilung gesprochen werden konnte, wurde es mit dem »Strafrecht der Aufklärung, das noch das unsere ist, [...] auf die Hauptverhandlung, wenn noch kein Urteil gesprochen ist«, verlegt (vgl. Vismann 2011: 264). »Das Recht auf das letzte Wort, das der Angeklagte nicht seinem Verteidiger überlassen kann, sondern in eigener Person vortragen muss, kennt keine Diskursbeschränkung. Außer, dass das letzte Wort keine Stellvertretung duldet, gibt es keine Verfahrensvorschriften für den letzten Auftritt vor Gericht.« (Ebd.: 183)

der Interpretation des hinterlassenen kulturellen Erbes und zu hinterlassenden Nachlasses. »[A]nonymous rumor« erlaubt Anschluss an Lagasneries (vgl. 2017: 58) positives und instrumentelles Verständnis von Anonymität, mit der eine zusammentreffende Verhandlung umgangen werden könne: »Anonymous action enables the formation of conflict free from reciprocity of any kind.« (Ebd.: 74) Er findet dafür die Bezeichnung »nonrelational politics« und spekuliert, ob es sich dabei um »pure politics« handle (vgl. ebd.: 75).

Der ökonomische Aspekt der (Kunst-)Produktion liegt im hohen Gebrauchswert des Beweises, worin zugleich seine eventuale Kurzlebigkeit steckt: Er überholt sich, kann jedoch als Sammlungsobjekt auratisch werden. Das Archiv wird beispielsweise »herausgefordert« (vgl. Sternfeld 2018), indem Teile einer investigativen Installation nicht des Objekts wegen verkauft werden, sondern kurzfristig oder dauerhaft verliehen werden, um den finanziellen Ertrag in künftige Untersuchungen einfließen zu lassen und so das Fortbestehen der Agentur zu sichern. Handelt es sich bei diesem Vorgehen von Forensic Architecture jedoch nicht auch um einen rhetorischen Akt (post-)konzeptueller Kunst, der es mehr um das Konzept oder die Praktik als um das Objekt geht? Ebenso lässt diese Setzung an ein Spendenmodell denken, in dem das spendende Museum als symbolischen Dank etwas Objekthaftes erhält und so das Objekt als ein allen Beteiligten bewusster Vorwand gehandhabt wird.[312]

Das finanzielle wie diskursive Erfolgsmodell Forensic Architecture hat Schattenseiten – vorerst wertfrei ausgedrückt, Seiten, die im Schatten der Aufmerksamkeit liegen und daher auch in weiterer Folge thematisiert werden. Autor:innenschaft bewegt sich in einem Spannungsverhältnis von Habitusformen, die aus unterschiedlichen Bereichen adaptiert werden: (i) im Kontext ›kreativer Schöpfung‹ wird nach ihrer Signatur gestrebt, (ii) oder sie ist bewusst kollektiviert, um neue Denk- und Produktionsprozesse zu erproben, (iii) sie kann unter einem Label subsumierte sein, wie im Falle des Studiosystems, (iv) oder eine geteilte und kollaborative Autor:innenschaft ist Schutzschild, hinter dem es sich aufgrund von Sicherheitsbedenken strategisch verstecken lässt, während (v) Publizieren zum Wohle des *common good* wiederum keiner Autor:innenschaft bedarf. All diese Aspekte treffen teilweise auf die Agentur zu, näher eingegangen werden soll jedoch zunächst auf Punkt (iv): Per Universitätsgesetz ist die Sicherheit der Goldsmiths-Angestellten festgehalten: Diese dürfen sich nicht in Gefahrensituationen bringen oder an gefährliche Orte begeben, wenn sie universitär

---

[312] Wie sich diese Fragen bei Forensic Architecture konkret in Verträgen manifestieren, wird im Kapitel III.1. besprochen.

forschen. Das hat zur Folge, dass teilweise Geheimhaltung zu einer relevanten Kategorie werden kann, ohne dass damit automatisch Anonymität, ermöglicht durch eine Organisationsstruktur »meant to guarantee the possibility of acting without a face« (Lagasnerie 2017: 55), gemeint sein muss.[313]

Wie sind die Sprechweisen von Constanze Ruhm und Forensic Architecture konstruiert? Bei Ruhm mischen sich produktionsästhetisch angelegte Dramaturgien mit einer poetisch-essayistischen Abstraktion der Ich-Perspektive, artikuliert über semi-autobiografisch verfasste Figuren. Bei Forensic Architecture waltet eine institutionelle Abstraktion: Obwohl Untersuchungen der Agentur unbürokratischer sind als die von Exekutiven (der detektivische[314] Habitus entbürokratisiert die Forschung entlang des Verdachts), weisen Sprechduktus und Organisationsaufbau von Forensic Architecture eine ausgeprägte Institutionalisierungstendenz auf. Schließlich kodiert das Recht die Sprache: beispielsweise durch eine Verwandlung von Verben in Substantive und das Aussparen der Ich-Rede, an deren Stelle die das Ich verkörpernde Institution tritt. Im theatralen Gerichtsprozess vollzieht sich nicht nur über Sprache, sondern auch über strikte performativ-visuelle Symbolik eine Abstraktion:[315] »Der profane, natürliche Körper wird verdeckt und verklärt zu einem symbolischen Körper, dessen mystische Unangreifbarkeit die Amtsgewalt des Richters vollzugsbereit hält.« (Weitin 2006: 225) Bemerkenswerterweise stammt die Wissenschaftssprache vom bürokratischen Code der Ämter ab.[316] Die Bürokratisierung bei gleichzeitiger Verwissenschaftlichung der Künste spiegelt sich sprachlich in der *Antragsrhetorik*, die auf ein Juryurteil und so schlussendlich auch ein richtendes Gutachten abzielt. Nicht zufällig handelt es sich um eine *antragende Rhetorik*, die überzeugend plausible (nicht notwendigerweise wahre), allgemein taugliche und zugleich innovative Ergebnisse hervorzubringen versprechen muss, die vor dem Hintergrund des soziopolitischen wie etho-ästhetischen Problems von Zweck und Zweckfreiheit[317] alsbald evaluiert

---

313 Mehr zu diesem Aspekt im Kapitel III.2.
314 Zum Detektivischen siehe Kapitel III.1.
315 Eine weitere Facette dieser Abstraktion findet sich in der Verfassung: »Obwohl die *prosopopoiia* die Fiktion einer Stimme des Volkes erzeugt, die im Verfassungstext bloß (re-)präsentiert wird, verweist sie – als Figur, qua Figuralität – gleichwohl auf das, was durch sie verstellt ist: auf die Sprach- und Gesichtslosigkeit dessen, was durch sie erst eine Stimme und ein Gesicht erhält.« (Rebentisch 2012: 316, H.i.O.)
316 Vielen Dank an Thomas Macho, der mich in der IFK-Dissertationswerkstatt auf diesen Aspekt aufmerksam machte.
317 Diesem Verhältnis widmet sich die Publikation *Zweck und Zweckfreiheit: Zum Funktionswandel der Künste im 21. Jahrhundert* (2019) von Judith Siegmund.

werden. Notabene: »Die Rhetorik hat sämtliche Redeweisen vor Gericht gründlich normiert.« (Vismann 2001: 59) So ist auch die evaluierende Redeweise der Kunstförderung gezwungenermaßen eine normierende.

Während Universitäten im Vergleich zu Firmen üblicherweise einzelkämpferisch organisiert sind, weist die Agentur ein starkes ›Wir‹-Moment auf – ergeben sich hier Parallelen zu Organisationslogiken von politischen Parteien, Künstler:innenkollektiven, Bürogemeinschaften, Kanzleien, NGOs, Thinktanks, Film- und Brandingstudios oder Start-ups? Oder entspricht dies strukturell den »unternehmerisch bis bürokratisch agierenden Künstlern und Künstlerinnen« (Diederichsen 2010: 16)? Die von der Londoner Universität angestellten Mitarbeiter:innen, bei denen ein rascher Personalwechsel zu verzeichnen ist, arbeiten in einem Großraumbüro, ein spezifischer Ort der Wissensproduktion, und genießen dabei eine bedingte projektbasierte Unabhängigkeit. Autor:innenschaft wird in den Investigationen nicht einem Individuum unterstellt;[318] die Projektbeteiligten sind vielmehr meist namentlich angeführt – im Unterschied etwa zu Malereiwerkstätten der Renaissance. Dennoch arbeiten sie unter dem letzten Wort des Direktors, was nicht zwangsläufig impliziert, dass die Teammitglieder unter der Hierarchie leiden würden; es kann als positiv empfunden werden, mit einer starken Leitung Rücksprache zu halten und gemeinsam für etwas ›Großes‹ zu kämpfen – entsprechend des Unterschieds von Autorität *haben* oder eine Autorität *sein*.[319] Trotz dieses jeweiligen Empfindens ist strukturell festzustellen, dass Eyal Weizman bereits jetzt, um Vismanns (2012: 71, H.i.O.) Phrase zu entlehnen, als »Diskurs-Vater, DER GROSSE GESCHICHTSSCHREIBER« in das kulturelle Gedächtnis eingeht. Denn obwohl die Wirksamkeit zugunsten eines gesteigerten Einflusses auf politische Ökologien und Rechtskulturen der kooperativen Ermittlungspraxis vorangestellt wird, ist die Agentur geprägt von einer vom Direktor ausgehenden Diskursivitätsbegründung,[320] gekoppelt an eine (bereits angespro-

---

318 Quasi-institutionelle Autor:innenschaft tritt an die Stelle einer singulären. Mit der Autorität und kollektiven Handlungsmacht einer expertenhaften Figurengruppe ist Forensic Architecture eine Einrichtung, die advokatisch Forderungen durch Evidenzen untermauert.
319 Diese Unterscheidung wurde durch den Sozialpsychologen Erich Fromm in *Haben oder Sein: Die seelischen Grundlagen einer neuen Gesellschaft* (dt. 1976, engl. Orig. 1976) geprägt.
320 Foucault unterzog Autor:innenschaft einer historischen und systematischen Lektüre und fand darin das grundlegende Paradigma von Individualität und essentialistischem Subjekt, welches das europäische Selbstverständnis begründe. In seinem erweiterten Autor:innenbegriff seien beispielsweise Freud oder Marx nicht bloß Autoren ihrer Schriften, sondern »Diskursivitätsbegründer«, die mit ›Dispositiven‹ als »begrifflichen Anlagen und Begriffsartikulationen« operieren. (Vgl. Schiesser 2008: 26–27)

chene) Institutionsgründung. Die Beweisproduktion von Forensic Architecture mag unbürokratischer sein als die von Strafverfolgungsbehörden, jedoch funktioniert die Agentur bürokratisch: Weizman wird zugearbeitet; insbesondere er, in seiner Doppelfunktion als Professor und Direktor, erhält Forschungsgelder und Einladungen zu *keynotes*; er ist nicht Träger einer sozialen Bewegung, sondern Gründer einer Disziplin. Diese Disziplin verspricht Kohärenz, sodass die Tätigkeit nach »epistemologischen Brüchen in der Geschichte des Wissens« (Vogl 1999: 11) nicht in Einzelfälle (*cases*) zerfällt. Schließlich stützt die Institutionsbildung in Form einer Agentur die Fälle methodisch, ohne dass diese zu bloßen Beispielen werden. Gleichzeitig steht der Direktor als akademischer Popstar an der Spitze seiner Agentur, die sich im öffentlichen Diskurs poststrukturalistischer Referenzen bedient, um sie zum Eigenzweck und häufig in Abgrenzung zur eigenen Genialität zu platzieren. Mehr ist die Agentur dabei Schule (mit internationalen Fellows und Mitarbeiter:innen) als Kollektiv oder gar Rechtsprechungsinstanz. Dennoch gibt sich Forensic Architecture als Organ. Ist dieses ein Telefon – Avital Ronell zieht den Vergleich zwischen Telefon und Nierenorgan in *The Telephone Book: Technology, Schizophrenia, Electric Speech* (1989) – oder ein Verstärker, mit dem die Agenturmitglieder Weizmans Argumentationsführung weitergeben? Hat also das Organ eigens Sprachrohre *to spread the word*?

Im Kontext der Vorlesungsreihe über juristische Wahrheitspraktiken in Rio de Janeiro im Jahr 1973 spricht Foucault über die Bedeutung des Sophismus: Diese Form des strategisch-spielerischen Sprechens war nicht auf Wahrheit aus (wie bei Sokrates, für den es sich beim Sprechen zudem um eine Gedächtnisübung handelte), sondern auf Macht und Gewinn der Diskursführung. Und obwohl Widerspruchsfreiheit für die Sophisten keinen hohen Stellenwert hatte – Paradoxa[321] wurden nahezu kultiviert –, war die Annahme, Gesagtes materialisiere sich, sodass die sprechende Person daran gebunden bleibe. (Vgl. Foucault 2003: 136–137)

---

[321] Über die ›Paradoxie‹ schreibt Luhmann, dass sie aus der Rhetorik, nicht der Logik komme. Während die Logik Paradoxien »unter die allgemeine Kategorie des Widerspruchs gebracht und sich damit begnügt [habe, LS], Widerspruchsfreiheit zu postulieren«, konzentrierte sich die Rhetorik hingegen auf die »Effektivität von Kommunikationen«, um »durch Aussagen, die offensichtlich gegen allgemein akzeptierte Meinungen verstießen und in diesem Sinne ›para-dox‹ auftraten, Aufmerksamkeit und Nachdenklichkeit zu erregen«. Nachdem eine »mathematisch-empirisch orientierte Wissenschaftsbewegung den Sieg davongetragen [...] und die Rhetorik mitsamt ihrer Faszination durch Paradoxien erstickt« habe, entdeckte erst das 20. Jahrhundert die Paradoxie als Problem und Form wieder, und zwar teils in den »Begründungsproblemen der mathematischen Logik, teils im langen Todeskampf der ontologischen Metaphysik – um nur Nietzsche, Heidegger und Derrida zu nennen«. (Vgl. Luhmann 2004: 23–24)

Betrachten wir die Agentur Forensic Architecture tatsächlich auch als (professionalisierte) *school of thought and practice* (sie ging immerhin aus einem Doktoratsprogramm hervor), ist sie womöglich schon über die Einzelperson Weizman hinausgewachsen, sodass die Einrichtung zukünftig von Nachfolgenden geleitet werden kann. Bis zu welchem Grad jedoch können Schulen antiautoritär-kritisch sein? »Schulen und Sekten sind, Kantisch ausgedrückt, unaufgeklärt, weil sie von den Lehren ihrer Gründer abhängen.« (Arendt 1985: 54) In jedem Falle braucht es Delegierte, welche die Lehren in nomadischen Tribunalen und Workshops verbreiten. Mit der Forderung, die Pädagogik zu rehabilitieren, rücken auch die Sophisten, antike Rhetoriker, Wanderlehrer, Berater und Gelehrte und die Frage der Anerkennung ihrer Vermittlungsarbeit und Diskursverbreitung ins Bewusstsein. Eine aufgeladene philosophische Debatte um Deutungshoheit, die an späterer Stelle wiederaufgenommen wird.[322]

Konzeptuell entscheidend in Ruhms Ausstellungstitel ist das *Re:* vor *Rehearsals* – legt es in der Verhandlung von Autor:innenschaft nahe, uns vom ›Übersetzen‹ als Äquivalenz zu verabschieden, um es stattdessen als Verwandlung, Anverwandlung, Appropriation zu verstehen? Oder vermag erst das doppelte *Re* das eine *Re* bemerkbar zu machen? Die Wiederholung der Probe ist auch eine Wiederaufführung und Neuanordnung des eigenen Werks. Schließlich markiert die Ausstellung den Abschluss einer ›Schaffensperiode‹, offenkundig in metabolisch wiederkehrenden Figuren und Themen, die so zum Bestandteil einer Ruhm'schen Kosmologie werden. In dieser ist Ambivalenz in Bezugnahmen auf westliche Theoreme gewissermaßen zum Prinzip geworden; hervorzuheben sind die antipsychiatrische Bewegung und die feministischen Filmwissenschaften.[323] Wenn Sammeln, Zeigen, Organisieren, Forschen und Vermitteln zu den »kuratorischen Kernaufgaben« gehören (vgl. Sternfeld 2018: 37), soll die »Fähigkeit zur Selbstkritik« im Museum und seiner Akteur:innen nicht bedeuten, »in einen selbstreflexiven Zirkel zu verfallen, in dem jede Analyse der Institution Gefahr läuft, zu einer selbstlegitimierenden Leerformel zu werden« (vgl. ebd.: 90). Medien- und Selbstreflexivität zusammenzudenken war vor allem in Bereichen feministischer Video- und Filmkunst oftmals psychoanalytisch informiert; anzuführen ist hier etwa Juli Carsons analytische Figur »artist-as-analyst«, auf die ich zurückkommen werde.[324] Mit der Verschiebung zum Forensischen rücken Selbstreflexivi-

---

322 Überlegungen zum Sophismus werden im Kapitel III.1. sowie im Fazit wieder aufgegriffen.
323 In diesem Zusammenhang sei das audiovisuelle künstlerische Forschungsprojekt *Assemblages* (2010) von Angela Melitopoulos und Maurizio Lazzarato genannt, das sich dem Denken Félix Guattaris widmet. Mehr zu Guattari im Kapitel II.1.
324 Siehe Kapitel II.2.

tät und Autobiografie (als Form der Zeug:innenschaft, mit Derrida [vgl. 2000: 43] gesprochen) in den Hintergrund, Medienreflexivität darf bleiben. Dieses in Vergessenheit-Geraten und Verdrängt-Werden emanzipatorischer Komponenten spiegelt sich in der Konstellation der Agentur, die hierarchische Sichtbarkeitsregulationen des Gerichtlichen imitiert, aber gleichwohl in ihren Investigationen heterarchische Verknüpfungsverfahren anwendet.

Ein medienforensischer (nicht per se kriminalistischer) Blick prägt Ruhms Arbeit, in der das Evidenzparadigma als Referenzparadigma auszumachen ist: In der Verschränkung von Analyse und Produktion legt die als Theoretikerin operierende Künstlerin bewusst Indizien in referentieller Form, entlang derer Rezipient:innen das Werk lesen sollen, wobei diese Referenzen selbst eine ausgewiesene Relektüre darstellen. Ruhms kritische Einverleibung von Theorie soll die Relation ausgewählter Charaktere aus Spiel-, Dokumentar- und Experimentalfilmen sowie Büchern zueinander ändern: Durchdrungen von Angelesenem und Angesehenem werden Verweise in ein assoziatives Kontinuum versetzt.[325] Diese Kommentarapparate würden in anderen medialen und institutionellen Rahmen nach Fußnoten verlangen, dürfen hier jedoch als Referenzen ohne exakte Adresse (wie etwa Seitenzahlen) im Abspann gewürdigt werden. Das hohe Maß an Werkreflexivität macht das konzeptuell entgrenzte Werk sich seiner eigenen Konstitutionsbedingungen bewusst. Im Gegenspiel, ließe sich argumentieren, etabliert und entwirft das Ausstellungsdisplay neue Ordnungen, die in sich geschlossene Zeitlichkeiten produzieren, um sich ausgerechnet in ihrem hohen Reflexionsgrad gegen Kritik zu immunisieren. Oder aber Kunstinstitutionen werden als Zeitmaschinen verstanden, die dramaturgische Logiken vom Theater entlehnen (vgl. Hirsch 2014: 66–67).

An Fragen von Geschichtlichkeit und musealen Mechanismen anknüpfend, sei auf eine für die zweite Generation der Institutionskritik idealtypische Arbeit von

---

325 Obwohl es Ruhm durchaus um einen Standpunkt geht, unternimmt sie eine Absorption von Theorien, wie sie Adorno dem Essays zuschreibt: »Wie er Begriffe und Erfahrungen von draußen absorbiert, so auch Theorien. Nur ist sein Verhältnis zu ihnen nicht das des Standpunkts. [...] Er zehrt die Theorien auf, die ihm nah sind; seine Tendenz ist stets die zur Liquidation der Meinung, auch der, mit der er selbst anhebt. Er ist, was er von Beginn war, die kritische Form par excellence; und zwar, als immanente Kritik geistiger Gebilde, als Konfrontation dessen, was sie sind, mit ihrem Begriff, Ideologiekritik.« (Adorno 1974: 27) Näheres zum Essay im Kapitel II.1.

Fareed Armaly hingewiesen: *The (re)Orient*[326] (1989/2021) war eine Installation, die orientalistische[327] Prozesse des *othering* über das Medien- und Architekturdispositiv der Kamera reflexiv behandelte. Der Raum im Ausstellungsraum war über ein Tor begehbar, in dem sich ein Türspion beziehungsweise Sucher befand. Durch diesen fiel der Blick auf einen Bildschirm, der eine bearbeitete Sequenz aus Jean-Luc Godards Spielfilm *Bande à part* (1964) zeigte, in der Protagonist:innen durch die Galerien des Louvre um die Wette laufen, um mit der Vorstellung einer »timeless art history« zu brechen, so die Werktafel. Die Glaspyramide des Museums – eine Anspielung auf Napoleons Feldzug nach Ägypten, die 1989 in Paris als identitätspolitisches Monument eröffnet wurde – nahm Armaly zum Anlass einer beispielhaften Orientalismuskritik. Im Eingangsbereich befand sich ein zu entnehmender *Exhibition Guide* (1989/2021), in dem der Künstler Sachverhalt und Konzept folgendermaßen einleitet:

> *The (re)Orient* occurs within a space linking the histories of media and architecture: the camera ([...] meaning ›vaulted room‹) becomes the place we find ourselves lost in; a boxlike construction whose interior walls are arranged to throw light on a subject by focusing through an objective. Its contribution to the discourse constituting ›the Orient‹ can't actually be pictured but rather re-pictured, re-imagined. (Armaly 1989, H.i.O.)

Grafisch und inhaltlich war der Ausstellungsführer in sich durch die Heftmitte vertikal gespiegelt und griff damit die Logik des Positiv-/Negativfilms auf (hier nicht in schwarz-weiß, sondern sandfarben-weiß gehalten). Der vordere Heftteil enthielt Kurztexte zu den »Steps« 1, 2, 3 (*Truth*), 4 (*Description*), 5 (*Observation*) und 6 (*Memory*), der hintere zu den »Steps« 0 (*Timelessness*) und 1–5, beide Teile beinhalteten zudem »Side-steps« 1–2. Diese Schritte korrespondierten wiederum mit den ebenso auf sandfarbenen Trägern ausgestellten gerahmten Fotografien und Grafiken, schematischen Darstellungen an Wänden, Filmausschnitten auf Bildschirmen sowie Objekten und Artefakten in Vitrinen, wobei die Architektur stets nur einen partiellen Blick auf die gesamte Arbeit erlaubte.

---

326 1989 war die Arbeit in der Galerie Lorenz in Paris zu sehen. Sie befindet sich heute in der Sammlung des Museums für moderne Kunst Stiftung Ludwig Wien (mumok) und wurde für die von Matthias Michalka kuratierte Sektion *Die Grenzen unserer Welt* der Ausstellung *Enjoy: Die mumok Sammlung im Wandel* (2021/2022) neu produziert. Für diesen Kontext wurde die Installation um einen Nebenraum erweitert, in dem sich der Künstler Akram Zaatari unter dem Titel *Three Snapshots and a Long Exposure* – so wie Fareed Armaly vor ihm – mit dem Bild und Bildern Beiruts auseinandersetzt.
327 Diesen Begriff prägte Edward Saïd im Buch *Orientalismus* (dt. 1981, engl. Orig. 1978), um den eurozentrischen Blick auf den Nahen Osten zu bezeichnen.

Aus der Parallelentwicklung der Fotografie und des ›Orients‹, die eine der Informationstafeln erläuterte, erklärt sich das Konzept des begehbaren Innenraums einer Kamera: Neun auf Podesten angeordnete Spiegel ließen an die Vorrichtung einer Spiegelreflexkamera denken, in der ein Spiegel im 45 Grad Winkel das Einfallsbild umleitet – hier bestand es aus den Betrachter:innen selbst. Auf einem Rundtisch mit mittigem Loch waren Textausschnitte zum libanesischen Bürger:innenkrieg überlappend im Kreis angeordnet, sodass sie quasi am Buchrücken das Wort »VOYAGE« zu erkennen gaben. Dieses Tischobjekt referierte auf gleich mehrere Aspekte: (i) auf aneinandergereihte Einzelbilder, die durch die Filmspule den Eindruck flüssiger Bewegung vermitteln, (ii) auf imperialistisch-touristische Reisen in Ägypten und Syrien zur Zeit Napoleons inklusive des Zeitraums, als der Libanon französisches Mandatsgebiet war (1919–1943), (iii) sowie auf einen Loop im buchstäblichen wie übertragenen Sinne. Ausstellungsarchitektur und -führer wurden somit zum wechselseitig aufeinander verweisenden (*Orient*ierungs-)Display, welches die Konstruktion der Fiktion von Beirut als »›Paris of the East‹ (for the West)« (ebd.) und vom Nahen Osten als Orient durch die Methode des »retracing« (ebd.) im Kuratorischen nachvollzog.

Speziell an dieser Arbeit Armalys lässt sich der Einfluss auf Ruhms Werk erkennen, der in Hinblick auf *Re: Rehearsals (No Such Thing as Repetition)* an folgenden Eckpunkten festzumachen ist: (i) In beiden Ausstellungen erfolgte eine Übertragung des Kamera- oder Projektionsapparats in das Display, (ii) beide referieren explizit auf das filmische Werk Godards und (iii) beide benutzen sie die Vorsilbe des *re*/Re, um Verhältnisse der *mise en scène* zum »pseudo-doublet: Realität/Wirklichkeit« (Courtine 2014: 879, H.i.O.) in einem gesteigerten Bewusstsein für kuratorische Dynamiken auszuloten.

Aber auch zu den Investigationen von Forensic Architecture, die Konflikte und Kriegsschauplätze in ihrer Repräsentation forensisch investigieren, können Beziehungen hergestellt oder Umwandlungen von tagespolitisch aktuellen Indizien in Sammlungsstücke analysiert werden.

Indem *The (re)Orient* in einer agential-medialen Sicht die (De-)Konstruktion ›des Orients‹ im Moment der installativen Begehung ausführt, wird nicht nur der (Besucher:innen-)Blick zurückgeworfen, sondern geht eine Medien- und Bildforensik zweiter Ordnung vonstatten. Wie eine weitere Werktafel erläutert, bezieht sich Armaly kritisch auf die von Vivant Denon (der für Napoleon arbeitete) angefertigte Zeichnung *Ruines d'Hieraconpolis* (1802), in der dieser die tatsächlichen Ruinen durch das Hinzufügen eine Szene spektakulärer machen wollte, indem er seinen eigenen (künstlerisch-dokumentierenden) Feldzug inklusive Lasttieren und Dienern abbildete.

In diesem Zusammenhang sei ein anderer fiktionaler Eingriff in historische Dokumentwerdung erwähnt: Das bekannte Foto, welches angeblich den sogenannten »Sturm auf den Winterpalast« im Kontext der Oktoberrevolution 1917 zeigt, ist in Wahrheit Produkt eines Reenactments durch den Theaterregisseur und Dramaturgen Nikolaj Evreinov im Jahr 1920 (vgl. Arns et al. 2017).[328]

In diesem Lichte lassen sich die analysierten Ausstellungen und kuratorischen »Konstellationen« (siehe dazu Bismarck 2021) als Retrospektiven auf das unmittelbar Vergangene und partiell Unabgeschlossene lesen, die bereits die Systematik eines Nachlasses spekulativ-performativ vorwegnehmen: *review – looking again and thinking back* (nachdenken) – *turning back*.[329] Der Nachlass, der Nachruf und das *Re*: haben etwas mit einer gegenwärtigen Vorstellung und in visuellen und versinnlichten Substituten[330] bereits dargestellten Zukunft zu tun. Anschluss gibt es hier auch zur Simulationsdebatte und zu den in postmodernen Diskussionen präsenten Fragen um kontingente Ereignisse, Zukunftsdeutung, Kybernetik, Vorwegnahme und Spekulation. Es scheint, dass seit Zunahme des Virtuell-Simulativen das *Genre der Ästhetisierungskritik*[331] eine Aufwertung erlebt: Ästhetisierung als Wirklichkeitssimulation ist zu einer wichtigen Probe-, Kontroll- und Vorhersagestrategie *for the not yet* geworden. Die Zukunftsdimension ist der Ästhetik eingeschrieben, sofern Zukünftiges in visuellen Artefakten und Spuren alphabetischer, numerischer, sprachlicher, sinnlicher, datenförmiger oder auch rechtlicher Art vorhanden ist.[332]

---

328 Siehe dazu die Ausstellung *Sturm auf den Winterpalast – Forensik eines Bildes* (2017/2018), kuratiert von Inke Arns und Sylvia Sasse, Hartware MedienKunstVerein, Dortmund, sowie die Publikation *Nikolaj Evreinov: »Sturm auf den Winterpalast«* (2017), hg. von Inke Arns, Igor Chubarov und Sylvia Sasse.
329 Zeitdimensionen der Ausstellung behandelt auch der Band *Timing: On the Temporal Dimension of Exhibiting* (2014), hg. von Beatrice von Bismarck, Rike Frank, Benjamin Meyer-Krahmer, Jörn Schafaff und Thomas Weski: »The dividing of exhibitions into phases, sequences, pre- and postevents clearly stands apart from the typical notion of the exhibition as a self-contained, one-time experience.« (Bismarck et al. 2014: 8)
330 Diesen Begriff im Kontext der Simulation entnehme ich dankend einem Gespräch mit Sabeth Buchmann.
331 Zur »Ästhetisierung« als »Kritikgenre« siehe Brombach et al. 2010.
332 In der differenzierten Operationslogik indiziere »[d]ie Bezeichnung als ›Spur‹ [...] die kollektive nicht-intentionale apersonale Seite der Rechtspraxis und ihre[ ] Produktion von immer mehr Anschlüssen« (vgl. Ladeur 2016a: 283).

Wenn Ästhetisierung im Recht wirkt (wo auf abwertende Weise nach wie vor von Ästhetizismus[333] die Rede sein kann, sobald Geschichtlichkeit zugunsten von Subjektivismus missachtet wird) und es zu einer Verrechtlichung in den Künsten kommt, treten beide Bereiche füreinander ein. Rechtliche und künstlerische Institutionen und Instanzen können sich so als Orte der Gesellschaftskritik reproduzieren.

Während die Rechtsprechung – mit ihrem Format der retrospektiven und vergegenwärtigenden Untersuchung, die sich im gerichtlichen wie theatralen Werk von Forensic Architecture und Constanze Ruhm findet – vergangene und bis in die Gegenwart reichende Sachverhalte behandelt, ist das sich im Fall konkretisierende abstrakt gehaltene Gesetz auf zukünftige Anwendung ausgerichtet:

> Mit der Anweisung, den Gedanken des Gesetzes im Anwendungsakt *neu* entstehen zu lassen, war das positive Recht also keineswegs auf einem einmal erreichten *status quo* eingefroren, sondern offen für eine in die Zukunft gerichtete Anwendungsgeschichte, die sogar den echten Lückenfall, den Auftritt eines neuen, bisher unbekannten Rechtsverhältnisses einschloss. (Vesting 2015: 124, H.i.O.)

So wie sich Gerichtswesen und Strafrecht der »Disziplinargesellschaft« des 19. Jahrhunderts nicht mehr auf tatsächliche, sondern auf mögliche Handlungen richteten (vgl. Foucault 2003: 78–83), beinhalten Untersuchungen über die visuellen Substitute Zukunftsversprechungen. Potentielle (inklusive staatlicher) Vergehen werden überwacht, womit bereits die »Kontrollgesellschaft« vorweggenommen ist.

Eine Frage, die in die Ausführungen der Teile II und III mitgenommen werden soll, ist folgende: Wie verhält sich Evidenzproduktion zu Mehrdeutigkeit?

---

333 Dies findet auch bei Damler (2016: 61, H. LS) Erwähnung: »Gar nicht so selten finden sich indes auch in der juristischen Literatur Glossen und Bemerkungen über ›metaphorische Irrtümer‹ oder die Gefahren eines ›juristischen Ästhetizismus‹, die darauf hindeuten, dass auch die Vertreter des geltenden Rechts zumindest intuitiv den Einfluss von Sprachbildern auf die juristische Argumentation erkennen.«

II Zur Sache!
[Medien & Verfahren]

»Zur Sache!« ermahnt der Richter in Heinrich von Kleists Bühnenstück *Der zerbrochene Krug* (1808) die ausschweifende[334] Klägerin; denn es sei eine Prozessregel, das *Ding* im Gerichtsprozess auf die *Sache* zu reduzieren (vgl. Vismann 2011: 46–47). Das englische *Down to business!* lässt die Vermutung zu, dass es um eine ernste Angelegenheit oder sogar ein Geschäft gehen wird. Wie das Zur-Sache-Reden oder Zur-Sache-Zeigen sich kulturell verändert, ist auch von medialen Brüchen abhängig, um die es in diesem Teil gehen wird.

II.1 Wandel in der Medienrezeption

> To write stories concerning exclusions and invisibilities is to write ghost stories. To write ghost stories implies that ghosts are real, that is to say, that they produce material effects. (Gordon 1997: 17)

Mit Medien lässt sich über diese erzählen, denn sie sind hochgradig instabil und nur durch die Präsenz anderer Medien herstellbar. Aktuell ist eine Rezeptionsverschiebung zu verzeichnen – von einer bevorzugt psychoanalytischen zu einer materialorientierten und ökologischen Rezeption der Medien, die in Folge auch die Investigative Ästhetik verändert: vom Dokumentarischen zur forensischen Untersuchung.

> [S]o muss die Medienästhetik genau von diesen neuen Habitaten [sozio-technischer Netzwerke, LS] Rechenschaft ablegen, sich als die Schwester der Medienökologie erweisen und selbst medienökologisch verfahren. (Hansen/Hörl 2013: 13)

In *Decolonizing Nature* (2016) skizziert der Kunsthistoriker T. J. Demos eine historische Konjunktur der Ökologie in drei Phasen, die er an ausgewählten Events, Ausstellungen und Arbeiten bespricht: (i) »restaurationist eco-aesthetics« der 1960er/1970er Jahre, wo die Kunst mit der Reparatur des Ökosystems beauftragt

---

334 Bei diesem rhetorischen Ausschweifen handelt es sich um eine »Ekphrasis« (vgl. Weitin 2006: 226): »die detaillierte Beschreibung von Personen, Sachen, Ereignissen nach eigener Anschauung« (Dudenredaktion 2015: 290, *Ekphrasis*). Beim Unterbinden des Redeflusses durch den Hinweis *Zur Sache!* wiederum handelt es sich um »[d]ie Richtermacht der Interdiktion« (Vismann 2011: 199), »which translates literally into prohibition of talking« (Vismann 1999b: 169).

war; (ii) »system aesthetics« der 1970er, wo kybernetische Theorien von Bateson und Kepes das Verhältnis von Natur und Technologien bestimmen wollten; sowie (iii) die Formierung einer politischen Ökologie in den 1990er Jahren, in der diese im Zusammenhang von Natur-Kultur-Assemblagen und der Ökonomie gesetzt wurde (vgl. Demos 2016: 26). In Verbindung mit den Phasen (i) und (ii) sowie den »Diskussionen um die Erweiterung des Medienbegriffs [...] im Kontext der bildenden Kunst seit den späten 1960er Jahren« (Rebentisch 2013: 90) ist die frühe ›Medienökologie‹ anzusiedeln, die sich aus den Künsten und von Strömungen außerhalb dieser speiste – von kybernetischen Technologien zu Umweltbewegungen. Begrifflich ist die Medienökologie zurückzuführen auf Theorien von Marshall McLuhan, die Neil Postman 1968 ausführte. Dieser prägte damit vordergründig eine Kritik des Fernsehens, von dem er meinte, dass es als neues Massenmedium das öffentliche Leben unterwerfe.

»Insgesamt untersucht die Medienökologie mit ihrer theoretischen Einschätzung von Medien als integraler Bestandteil sozialen Wandels Veränderungen in unserer Gesellschaft, die durch Medien hervorgerufen werden.« (Ganguin 2011: 362) Trotz des Reizes eines ökologischen Ansatzes in den Medienwissenschaften dürfe die historische Dimension der Mediensysteme nicht außer Acht gelassen werden (vgl. Cubitt 2005: 2). Die Problematik beschreibt Dovey (vgl. 2014: 15–16) als eine des systemischen Denkens, dem es daran mangle, Beweggründe (anstatt bloßer Effekte) zu verstehen.[335] Die »Ökosophie« Guattaris, die ich im Anschluss aufgreife, geht über diese Art des Systemdenkens hinaus.

Das Besondere an der Medienökologie ist, dass sie sowohl als Theorie als auch Forschungsansatz gilt: Der Einbezug der Ökologie(n) in die Medienwissenschaften bedeutet eine »begriffs- und theoriepolitische[ ] Transformation« (Hörl 2016: 35) sowie »eine grundlegende Perspektivenverschiebung: Statt ›Medienrevolutionen‹ und ihrem Kreislauf von Innovation, Akkumulation und Obsoleszenz interessieren vermehrt Praktiken des Reparierens, des Recyclens« (Löffler/Sprenger 2016: 17). Eindrücke von Verlust und Nutzlosigkeit treten dementsprechend zugunsten von Prozessen der Remediatisierung zurück. In der Medienökologie treffen posthumanistische Ethik und Medienwissenschaften zusammen: Sie umfasst die Gesamtheit an Wahrgenommenen, an Medien strukturierenden Operationen und an technologischen Bedingungen. Es werde untersucht, wie weitgehend die Einführung neuer Medien auf die Struktur des Denkens, der Wahrneh-

---

335 »[...] ›Systems thinking‹ is very good at explaining networks and their effects; it is less useful to the arts or social sciences when it comes to explaining human experience or dealing with power. What is the ideology of an ecosystem? In biological terms it is a meaningless question; an ecosystem seeks its own sustainability.« (Dovey 2014: 15–16)

mung und des Verhaltens verändernd einwirke (vgl. ebd.: 12). Für Giesecke (vgl. 2007: 256–257, zit. n. ebd.) handelt es sich beim Begriff der Ökologie immer um Relationen und Korrelationen und somit bei Medien um »Ökosysteme«.[336] Insofern markieren die Paradigmen der transdisziplinär angelegten Medienökologie eine Dezentrierung von Bedeutungskonventionen, die neben dem menschlichen Subjekt auch Objekte, Theorien, Apparate et cetera umfassen. Während die ›alte‹ Medienökologie und die Ökologiedebatte der 1960er Jahre das Verhältnis von Medien und Menschen prothetisch dachten, basiert die neue Medienökologie auf dem Verständnis eines »Akteur-Netzwerks« (Latour u. a. 1987) und dem Kollabieren der Natur-Kultur-Trennung. Bezugnehmend auf Timothy Mortons *ecology without nature*[337] und T. J. Demos Konzeption eines Nach-der-Natur[338] erkennt Mariella Franzoni eine Tendenz der zeitgenössischen Kunst ähnlich der 1960er/1970er Jahre, Paradigmen ökologischen Denkens und Fragen der Nachhaltigkeit[339] aktualisiert zu verhandeln (vgl. Franzoni 2014: 292). Relevante Publikationen dieser Zeit, die vom Bewusstsein einer krisenhaften Verfassung der Umwelt zeugen, sind *Steps to an Ecology of Mind* (1972) von Gergory Bateson sowie der im selben Jahr vom *Club of Rome* veröffentlichte Report[340] *The Limits to Growth*. Anselm Franke untersucht das im Jahr 1968 erstmals auftauchende Bild

---

336 Der Sammelband *Media and the Ecological Crisis* (2015), hg. von Richard Maxwell, Jon Raundalen und Nina Lager Vestberg, möchte mit der Medienökologie nicht eine metaphorische Konzeption der Medienumwelt bezeichnen, sondern die ökologische Dimension des Medieneinflusses auf die Umweltkrise untersuchen; kritisiert wird die alte Medienökologie, geprägt durch John Dewey, Marshall McLuhan und Neil Postman, für ihr prothetisches Verständnis von Medientechnologie und Kommunikationsumwelten (vgl. Maxwell et al. 2015: xi–xix). Joachim R. Höflich dagegen möchte mit Medienökologie nicht die »ökologischen Konsequenzen einer Medienwelt (Stichwort: E-Waste)« verstanden wissen, sondern »Medien *als* Umwelten«; der didaktische Impetus, der die Medienökologie in den Fokus der Medienpädagogik rücke, zeige sich in der Frage nach einem kommunikativen »Gleichgewicht«; er schlussfolgert, dass Gleichgewicht stets Veränderungen durch Neue Medien unterworfen sei (vgl. Höflich 2016: 204, H.i.O.). Handelt es sich um »*Kommunikationsökologien*« (ebd.: 203, H.i.O.), geht es um die Verknüpfung parallel existierender technischer, sozialer und symbolischer Medienkomplexe, ohne deutliche Trennung zwischen Nutzer:innen und Apparaten.
337 Siehe *Ecology Without Nature: Rethinking Environmental Aesthetics* (2007) und *The Ecological Thought* (2010) von Timothy Morton.
338 Siehe *Art After Nature: The Post-Natural Condition* (2012) von T. J. Demos.
339 Der Begriff der Nachhaltigkeit geht auf das 18. Jahrhundert und die Forstwirtschaft zurück (vgl. Kuhlen 2013: 69); er bezeichnet eine Einstellung zum Umgang mit Ressourcen und hängt von der Frage ab, wie wir von der Umwelt eingefasst sind – nach dem Prinzip von *endo* oder *exo*? Wenn konzipiert als *endo*, kann der Mensch als ein Parasit betrachtet werden.
340 Der Report wurde hg. von Donella H. Meadows, Dennis L. Meadows, Jørgen Randers und William W. Behrens III.

des Planeten Erde, die vom Weltall aus betrachtet zu einem forensischen Objekt wurde, das die Vorstellung einer globalen Gemeinschaft (oder eines globalen Forums) von Mensch und Natur evozierte; aufgrund der Bedrohung und Fragilität der Erde wurde ihr Bild zur Ikone der Ökologiebewegung (vgl. Franke 2014: 483). So begann das Evident-Werden der Erde durch Satellitenbilder in zweierlei Richtungen, denn im Hineinzoomen gewannen Details an Schärfe, während im Herauszoomen die Umgebung in Erscheinung trat. »Seeing the Earth from space is the beginning of ecological thinking.« (Morton 2010: 14) In Konsequenz hafte dem Begriff der Umwelt (*environment*), so Florian Sprenger, ab den 1960er Jahren eine Schutzbedürftigkeit an (vgl. Sprenger 2014: 15).

Verschiedene Argumentationsstrukturen und Verfahren prägten die (westlichen) Ökologiebewegungen der 1960er/1970er Jahre. Auf der Geste des Naturschutzes basierte die in der öffentlichen Debatte dominante politisch-ökonomische Ökologiebewegung: Die ›Natur‹ gehöre mit geeigneten Gesetzen geschützt. Im Kontext heutiger Auseinandersetzungen um das Anthropozän wird das Rechtliche, über Naturschutz hinausgehend, ausgeweitet. Im Jahr 2008 führte dies auf europäischer Ebene zu einer neuen rechtlichen Kategorie von Verbrechen: *Ecocide* beziehungsweise *Environmental Crime*.[341] Spätestens eine solche gesetzliche Definition erfordert, mit Rancière gesprochen, neue Ordnungen des Sinnlichen kognitiv und perzeptiv zu aktivieren. Die Verrechtlichung der Natur und die ihr zugeschriebene Schutzbedürftigkeit stehen konträr zur Trennung von Rechtspositivismus und Naturrecht,[342] in dem »Natur [...] als das Nicht-Gesetzte, Nicht-Änderbare und Nicht-Kontingente« (Vesting 2015: 103–104) gegolten hatte.

> Theoretisch wird die Natur schon in der Naturphilosophie zum Produkt eines theoretischen Entwurfs [...], und praktisch wird die Natur seit dem *take-off* der Industrialisierung in der Mitte des 19. Jahrhunderts zur ›Umwelt‹, in die Wissenschaft und Technik seitdem immer tiefer intervenieren [...]. (Ebd.: 97, H.i.O.)

---

341 Das Europäische Parlament und der Europarat verordneten 2008 eine Direktive zum Umweltschutz und die strafrechtliche Verfolgung von »environmental crime« (vgl. European Commission).

342 »Als ›Naturrecht‹ wird in rechtstheoretischen Zusammenhängen herkömmlich eine Art ›höheres‹ Recht bezeichnet, das das geltende Recht an bestimmte inhaltliche Prinzipien bindet, vor allem an Gerechtigkeit und Gleichheit. Naturrechtstheorien ziehen eine zweite Ebene in das Rechtssystem ein. [...] Eine naturrechtliche Geltungsbegründung des Rechts steht [...] vor der Schwierigkeit, auf eine ›Natur‹ referieren zu müssen, deren Entstehungskontext und Horizont im Übergang zur modernen (liberalen) Gesellschaft untergegangen ist. Nur im Kontext der stationären Adelsgesellschaft des Alten Europas war es möglich und konsistent, die Grundlagen der Rechtsgeltung in der Natur zu lokalisieren: Naturrecht setzt die Vorstellung der Natur als sinnvolles, verpflichtendes und als solches für die Gesellschaft nicht verfügbares Ordnungsgefüge voraus.« (Vesting 2015: 97)

Im Augenblick des medizinischen oder technischen Gebrechens, des Verbrechens und der Krise macht sich die (datenförmige) Einebnung zwischen Körpern, Organen, Psychen, Materialien, Medien und Objekten bemerkbar. So sind technischen Aufzeichnungsapparaten mediale und bauliche Architekturen sowie Flora und Fauna als sensorische Materien hinzuzufügen. Zum einen speist sich eine solche gerne als ›posthumanistisch‹ eingestufte Horizontalisierung diskursiv vielfach aus Indigenen Epistemologien, die bereits Ansätze des Ökologischen konzeptualisiert hatten, die niemals anthropozentrisch angelegt waren. Ihre zitatlose Aneignung kritisiert beispielsweise Demos (vgl. 2016: 22–23) in *Decolonizing Nature*. Zum anderen ist die Horizontalisierung auch systemtheoretisch zu verstehen: »An die Stelle der vertikalen Induktions- und Deduktionsschritte des rechtspositivistischen Systems, [...] tritt eine dynamische, rekursive, horizontale Vernetzung von Operationen [...].« (Vesting 2015: 80) Bezüglich des Dilemmas der Zitation sei der feministische Ansatz Sara Ahmeds angeführt: »Citation is feminist memory. Citation is how we acknowledge our debt to those who came before« (Ahmed 2017: 15).[343]

Nun stellt sich vor dem Hintergrund der Praxis von Forensic Architecture die Frage, ob es aufgrund der Ausweitung des Lebendigen auf Sensorisch-Affizierbares – bei gleichzeitiger Ausweitung des Rechtlichen – legitim wird, im Namen Anderer zu sprechen, wenn diese nicht mehr als solche konzipiert werden. Das bei der Agentur auszumachende architekturforensische Ökologieverständnis kodiert das der feministischen Ökologiebewegung der 1970er Jahre sowie heutiger »eco-protesters« (Milligan 2013: 17) um: Anstelle des Spirituellen tritt ein medial-materielles Sensorium. Dieses steht konträr zum Göttlichen, über das Krämer (vgl. 2007: 178) bezugnehmend auf Heideggers metaphysischen Spur-Begriff schreibt, dass es »trotz seiner Spuren entzogen« bleibe. Entgegen dieser Interpretation spannt sich ein Bogen zwischen einer »götterbotengleich[en] [...] dichterischen Rede« (ebd.) und der detektivischen De- und Rekodierung, in der sich die Spur eben nicht davor »›bewahren‹« (ebd.) lässt, »durch die Idee des Zeichens im Sinne vergegenwärtigender Repräsentation subsumiert und dienstbar gemacht zu werden« (ebd.) – dazu an späterer Stelle ausführlicher.[344] In der positiven Epistemologie irdischer Ermittlungsprozesse dürfen Spuren keinesfalls als entzogen gedacht werden. Derweil die als Subkultur agierenden Hippie- und Ökofeminismusbewegungen eine Kooperation mit der Erde auf der Ebene der

---

[343] In *Living a Feminist Life* (2017) verfolgt Ahmed (2017: 15) einen Grundsatz, der methodisch auf einer Verschiebung beruht: »In this book, I adopt a strict citation policy: I do not cite any white men.«
[344] Siehe Kapitel III.3.

Kräfte (Magie) verfolgten, ist die ökologische (nicht nur medienökologische) Natur nun depotenziert. Als ein nichts vergessender Tatort dient die Oberfläche der Erde der Spurensicherung.

Wegweisend für die Engführung der Ökologiedebatte mit Architektur und Design war die *International Design Conference in Aspen* (*IDCA*, abgehalten von 1951 bis 1986) mit der hervorzuhebenden Konferenz *Environment by Design* (1970). In die Ära fallen auch die Theorie der *Zwei Kulturen*[345] von Charles Percy Snow (1959) sowie das von Steward Brand gegründete *Whole Earth Network* (der dazugehörende Katalog[346] erschien regelmäßig zwischen 1968 und 1972). Parallel zu diesen Entwicklungen fand die Antipsychiatrie-Bewegung mit prominenten Vertretern wie Michel Foucault oder Gilles Deleuze und Félix Guattari statt, die gemeinsam die »Schizo-Analyse«[347] (Deleuze/Guattari 1974) entwickelten, um sich gegen die Konventionen herkömmlicher psychiatrischer Verfahren und damit gegen Formen der Entrechtung von Patient:innen im therapeutischen Kontext zu wenden.

Medientheorien von Marshall McLuhan aber auch Medienkünste der 1960er Jahre wirkten teilweise bereits als Fusionierung psychologischer und ökologischer Ansätze. Das künstlerische Kollektiv *US / Company of US* (*USCO*) beispielsweise verband in rituellen Settings multimedialer *happenings* den utopischen

---

345 In seiner 1959 im Senate House, Cambridge, gehaltenen Rede suchte Charles Percy Snow eine Klammer zwischen Human- und Naturwissenschaften herzustellen. Die Rede erschien unter dem Titel *The Two Cultures and the Scientific Revolution* (1959) sowie als Neuauflage unter dem Titel *The Two Cultures: And a Second Look* (1963) – heute enthalten u. a. in *The Two Cultures* (1998).
346 Der *Whole Earth Catalog*, von Stewart Brand als Art vordigitale Suchmaschine konzipiert, begründete die *Do-It-Yourself* (*DIY*) Kultur. Der Übergang von Gegenkultur zur digitalen Kultur findet seine Formulierung beispielsweise in *From Counterculture to Cyberculture: Stewart Brand, the Whole Earth Network, and the Rise of Digital Utopianism* (2006) von Fred Turner.
347 Die »Schizo-Analyse«, wie sie Gilles Deleuze und Félix Guattari in *Anti-Ödipus: Kapitalismus und Schizophrenie I* (dt. 1974, franz. Orig. 1972) entwickelten, entstand im Zuge der 68er-Bewegung als Gegenbegriff und -praxis zur klassischen Psychoanalyse Sigmund Freuds. Zentral ist die Hypothese eines widersprüchlichen Unbewussten, geleitet von einem vitalistisch-pantheistischen Denken. In Anschluss an einen saloppen (weil ohne Quellenangabe in essayistischem Stil formulierten) positiven Bezug auf Derridas Gleichsetzung von Dekonstruktion und Gerechtigkeit möchte Didier Eribon die Absicht von Deleuze und Guattari radikalisieren und mit deren kulturtheoretischer Psychoanalyse bzw. »Schizoanalyse« zugunsten einer queeren »anti-ödipale[n] Politik und [einer, LS] [...] nicht-ödipale[n] Ethik« brechen (vgl. Eribon 2018: 209). Er hält dem universalistischen wie »individualistischen Dogma« der Psychoanalyse – deren »Begrifflichkeiten [...] ein Komplex von ideologischen und mythologischen Schemata [darstellen, LS], die das androzentrische Unbewusste der Kulturen des Mittelraums widerspiegeln« (ebd.: 28) – ein kollektivierend-geschichtliches und gesellschaftspolitisches entgegen (vgl. ebd.: 26–27).

Glauben an Technologien mit der Einnahme psychedelischer Substanzen und bis dahin auseinanderliegende Theorieschulen und Lebensformen – östliche Mystik und ökologische Systemtheorien, wie Fred Turner herausstellt (vgl. Turner 2006: 48).[348] Mit ihren Aktivitäten prägte das Kollektiv workshopartige Organisationskulturen mit einer Vielzahl an Versuchsanordnungen als Teil der US-amerikanischen Gegenkultur, die von neuen Technologien ebenso geprägt war wie von neuen kollektiven Lebensformen (beispielsweise der Polyamorie). Darin zeigt sich der Bezug zum ästhetischen Denken Simondons, das die Spaltung von Religion und Technik rückgängig zu machen beabsichtigt.

Das Update der Medienökologie legt nahe, ihre terminologische Brauchbarkeit zu hinterfragen. Hat sie an Durchschlagskraft verloren? Ein erfolgreicher Begriff lege in den Kulturwissenschaften, so Birgit Wagner, üblicherweise folgende Stationen zurück: »Emergenz«, »hegemoniale Präsenz«, »inflationäre[] Entwertung« beziehungsweise »Dissemination« (vgl. Wagner 2009: 1). Während es »Ökologie« außerhalb der Kulturwissenschaften bis zur Dissemination geschafft hat, scheint »Medienökologie« in der Medientheorie nicht über die Phase der Emergenz hinausgekommen zu sein. Genealogisch jedoch lebt sie in Konzepten wie »image complex« weiter. Meg McLagan und Yates McKee prägten diese Bezeichnung (auf die sich Forensic Architecture bezieht) in *Sensible Politics: The Visual Culture of Nongovernmental Politics* (2012), worin sie folgende Aspekte des Bildkomplexes berücksichtigen wollen: »financial, institutional, discursive, and technological infrastructures and practices involved in the production, circulation, and reception of the visual-cultural materials« (McLagan/McKee 2012: 9).[349] Dokumentarisches Footage wird zum Material des räumlichen Arguments; Fragmente unterschiedlicher medialer Milieus, Ökologien und Materialitäten werden in *eine* Medienökologie überführt – jene des »architectural image complex«, eine

---

348 »Rather than work with a transmission model of communication, in which performers and others attempt to send a message to their audience, USCO events tried to take advantage of what Gerd Stern called ›the environmental circumstance‹. That is, USCO constructed all-encompassing technological environments, theatrical ecologies in which the audience was simply one species of being among many, and waited to observe their effects.« (Turner 2006: 50–51)
349 Angelehnt an den Terminus »image complex« fordert auch der Kunsthistoriker Demos eine Diagnostik, die bezüglich Bildpolitiken ebenso Distributionskanäle, institutionelle Komponenten und »legal-political-economic assemblages« visueller Kulturen berücksichtigt, um »interlinked crises« zu adressieren, ohne in Narrative des Katastrophenkapitalismus zu verfallen. Der Galerie komme im gegenwärtigen Kunstaktivismus die Aufgaben der Präsentation von Feldforschung sowie der politischen Mobilisierung zu. (Vgl. Demos 2016: 11–13)

Begriffsvariation durch Forensic Architecture.[350] Verändert hat sich die Taxonomie: von der Bildserie (wie in der TV-Serie *CSI*[351]) zum Bildkomplex. Erika Balsom (vgl. 2017) denkt das Bewegtbild ebenso über Kopie und Zirkulation, knüpft dies jedoch an eine Demokratisierung; sie verortet einen methodologischen *shift* in den Filmwissenschaften von Textualität zu Distribution.

Zur psychoanalytischen Technik und Theorie gibt es das einschlägige, als Nachschlagewerk konzipierte Buch *The Language of Psycho-Analysis* (engl. 1973, franz. Orig. 1967) von Jean Laplanche und Jean-Bertrand Pontalis. Womöglich liegt das Fehlen eines vergleichbaren Begriffsspektrums der Medienökologie daran, dass diese aufgrund einer nicht-enzyklopädischen Verfasstheit noch nicht systematisch ausformuliert worden ist. Als Pionierleistung einer sich vorwagenden Begriffsbildung zur zeitgenössischen Medienökologie – und über diese hinausgehend – kann das bereits erwähnte *Lexicon* von Forensic Architecture betrachtet werden.

Von kunstgeschichtlicher Bedeutung für die Ökologiedebatte ist ihre Übersetzung in den Ausstellungsraum. Die *Eco- and Environmental Art* der 1960er/1970er erneuerte die Sprache und visuelle Rhetorik von Ausstellungen, so Franzoni (vgl. 2014: 284).[352] Sie beschreibt, wie Ökologie der Kunst der 1970er Jahre zu einem Denkmodell bezüglich Dynamiken des Ausstellungsraums, des Kunstfelds und schließlich der Gesellschaft verhalf, obwohl es dennoch primär um die Entwicklung einer neuen Ausstellungssprache ging: »[T]he social and political dimensions of ecological art of the 1960s and 1970s — apparently less politicized — manifest themselves in its language of exhibition.« (Ebd.: 291) Die Anwendung

---

350 Es geht Forensic Architecture weniger um *ein* Bild oder *eine* Karte als um mediale/materielle Architekturen und Bildräume. Siehe weiterführend »Bildraum« bei Pichler/Ubl (2014: 175–183) sowie »Image Space« bei Weizman (2017: 97–100).
351 Über *CSI* schreibt Engell: »Objekte werden zu Bildern«, dann werden diese »seriell angeordnet«. Dabei gehe es »in *CSI* zunächst um die Übertragung des Sachverhalts aus einer Materialität – der gemischten Lage des Biologischen und Physiologischen, des Textilen, Gläsernen und Metallenen, des Staubs und der Überreste am Tatort, kurz: des toten und fragmentierten Materials – in eine andere, diejenigen der Bilder nämlich, [...] und namentlich in die Plastizität und lebendige Bildsamkeit des elektronischen Bildes«. (Vgl. Engell 2017: 306–308, H.i.O.)
352 Die Ausstellung *Radical Software: The Raindance Foundation, Media Ecology and Video Art* (2017/2018) am ZKM in Karlsruhe widmete sich der 1969 gegründeten *Raindance Corporation* (später *Foundation*): Das Medienkollektiv arbeitete an den Schnittstellen neuer Informationstechnologie, Kunst und Diskursbildung zugunsten einer Gegenöffentlichkeit. Das im Kontext der Ausstellung veranstaltete Symposium führte folgende Beschreibung: »Inspiriert von Theoretikern wie Gregory Bateson entwickelte Raindance die Vorstellung einer ›Medien-Ökologie‹, ein Modell für die Beschreibung der Umwelt als informationsprozessierendes System, in dem technische, soziale, psychologische und ästhetische Aspekte nicht mehr getrennt behandelt werden können.« (Zentrum für Kunst und Medien 2017)

ökologischer Termini – wie Adaption, Mutation, Parasitismus, Produzenten, Recycling, Symbiose oder Synökologie (Betrachtung der Wechselwirkungen von Lebensgemeinschaft und Biotop in einem Ökosystem oder zwischen verschiedenen Ökosystemen) – mag sinnvoll erscheinen. Über den neokolonialen, nostalgischen, spirituellen oder aktivistischen Import von ›Natur‹ in den *white cube* hinausgehend, meinte Ökologie ab den 1960er Jahren jedoch ebenso die dynamischen Prozesse und fließenden Übergänge zwischen Objekt, Handlung, Publikum und Raum – die Gesamtheit an materiellen, ästhetischen, konzeptuellen und kommunikativen Bedingungen der Ausstellung. Dies trug zum Verständnis eines »Natur-Kultur-Kontinuum[s]« (Braidotti 2014: 8) und einer »ecology as an epistemological paradigm of knowledge« (Franzoni 2014: 290) bei.[353] Nicht zuletzt ist diese Entwicklung im Zusammenhang mit dem *performative turn* zu sehen, der ab den 1950er Jahren in den Disziplinen der Geistes- und Sozialwissenschaften stattfindet, um dem Ritual zwischen Objekten mehr Aufmerksamkeit zu schenken als einzelnen Objekten.

In *Die drei Ökologien* (dt. erstmals 1994, franz. Orig. 1989) sowie in *Chaosmose* (dt. 2017, franz. Orig. 1992) unternimmt Félix Guattari eine Rekonzeptualisierung sowohl der Ökologie – er spricht im erstgenannten Buch nicht nur von »Ökosophie«, sondern ebenso von einer »Ökologie des Virtuellen« (Guattari 2013: 27) – als auch der Ästhetik. In seiner Aktualisierung der Ästhetik gehe es laut Hansen/Hörl (vgl. 2013: 10) darum, den »Kern der zeitgenössischen Kondition und ihrer veränderten Subjektivitätsproduktion [...] als Effekt einer medientechnologischen Tiefentransformation« zu verstehen, womit in seinem Denken Ästhetik bereits medienästhetisch angelegt sei.

Drei ökologische Register, an anderer Stelle als öko-logische Praxisformen bezeichnet, umfassen die mentale, soziale und Umwelt-Ökologie (vgl. Guattari 2016: 44). Diese sieht Guattari »unter einer ethisch-ästhetischen Ägide einer Ökosophie« verschränkt (vgl. ebd.: 32). Deren ganzheitlicher Anspruch werde in der Umwelt-Ökologie nur angedeutet (vgl. ebd.: 48) – »Mikrobereiche der Empfindsamkeit, der Intelligenz und des Wunsches« (ebd.: 13) müssten jedoch ebenso adressiert werden. *Die drei Ökologien* liest sich als manifestartige Schrift, als angewandte Philosophie und realpolitische Diagnose. In der Rezeption vielfach neben Deleuze untergegangen, wird Guattari der sich gegen das therapeutische Narrativ

---

353 Franzoni (2014: 285) beschreibt diesen Vorgang folgendermaßen: »This type of art, in challenging the epistemological power of the modern exhibition space, suggests an ecological hermeneutics of the work. That is, it offers the spectator of the exhibit a modality of interpretation intended to overcome the paradigmatic opposition between nature and culture [...].«

richtenden Antipsychiatrie zugeordnet: Seine Thesen lassen sich an den Schnittstellen erweiterter Psychoanalyse und Ökologie, beides Wissenschaften der Relationen, verorten. Es geht ihm um eine neue Verbindung der ökologischen Register. Solle die Psychoanalyse wiederbelebt werden, wie es beispielsweise durch die »Schizoanalyse« geschehe, müssen »die individuellen und kollektiven subjektiven Gefüge [als, LS] potentiell entwicklungsfähig« eingestuft und »Ökosysteme« ›transversal‹ gedacht werden (vgl. ebd.: 30–34).[354] Die drei Ökologien treten nicht in sich geschlossen, sondern prekär auf; sie können jedoch durch neue Praktiken zu einer »prozessualen Öffnung« führen (vgl. ebd.: 51).

Durch Guattaris »Ökosophie« schimmert eine Kunstphilosophie. Mit dem Vorbild der Künste, deren Methoden als detektivische beschrieben werden,[355] appelliert der Autor an die stete Weiterentwicklung und Öffnung der »Psy-«Professionen. »[A]lle Institutionen der Hilfe, der Unterstützung, der Erziehung und auch jedes individuelle Heilverfahren [sollen, LS] stets das Anliegen haben, ihre Praxis ebenso wie ihr theoretisches Rüstzeug weiter zu entwickeln.« (Ebd.: 31)

In *Das neue ästhetische Paradigma* (2013, sechstes Kapitel der Übersetzung des Buchs *Chaosmose*) differenziert Guattari drei Typen von (Äußerungs-)Gefügen beziehungsweise »Wertuniversen«: das territorialisierte,[356] das deterritorialisierte sowie das prozessuale; während er das deterritorialisierte grob als kapitalistisch bezeichnet, macht er darauf aufmerksam, dass diese Abschnitte zwar aufeinander folgen, aber historisch nicht klar voneinander abzugrenzen seien (vgl. Guattari 2013: 24). Der prozessuale dritte Typus »unserer Epoche«[357] (ebd.: 21) übertrage dem »ästhetische[n] Paradigma« (ebd.: 24) die besondere Aufgabe der »Transversalität« (ebd.). Das Argumentationsschema weist auffällige Parallelen zu Simondons »Transduktivität« auf – von der Guattari beeinflusst gewesen sein muss –, wenn es darum geht, Bereiche/Sphären/Universen zu synchronisieren,

---

354 »Die traditionellen dualistischen Oppositionen, die das soziale Denken und die geopolitischen Kartographien bestimmt haben, gehören der Vergangenheit an. Die Konflikherde bleiben bestehen, aber sie setzen vielpolige Systeme in Gang [...].« (Guattari 2016: 18)
355 »Ich möchte betonen, dass diese neue ökosophische Logik verwandt ist mit jener des Künstlers, der dazu veranlasst werden kann, sein Werk völlig zu überarbeiten aufgrund des Eindringens eines zufälligen Details, eines Ereignisses oder Zwischenfalls, das sein ursprüngliches Projekt plötzlich die Bahn wechseln lässt, um ihn weit von seinen einstigen Perspektiven abzutreiben [...].« (Guattari 2016: 48)
356 Guattari (2013: 22) bevorzugt, von einem »protoästhetischen Paradigma« zu sprechen, das sich »nicht auf die institutionalisierte Kunst« beziehe, sondern »auf ein Emergenzvermögen«.
357 »Obwohl gleichberechtigt gegenüber den anderen Vermögen philosophischen Denkens, wissenschaftlichen Erkennens und politischen Handelns, scheint uns das ästhetische Empfindungsvermögen auf dem besten Weg zu sein, innerhalb der kollektiven Äußerungsgefüge unserer Epoche eine privilegierte Position einzunehmen.« (Guattari 2013: 21)

ohne zu etwas Altbekanntem zurückzukehren.[358] Veränderungsfähigkeit wird über operative und wirkungsorientierte Modi angerufen.[359]

Des Weiteren argumentiert Guattari (vgl. 2016: 44–45), dass gegen die Ausweitung und Deterritorialisierung kapitalistischer Politik (die ins Unbewusste Einzug halte[360]) soziale und mentale Ökologien Formen des Zusammenlebens auch über den »Dissens« rekonfigurieren müssen. Seine Schrift enthält einen Appell, der nach der »Forensis« zu verlangen scheint: »Man kann sich nicht mehr blind auf die Technokraten der Staatsapparate verlassen, wenn es darum geht, die Entwicklungen zu steuern und die Risiken abzuwenden, welche im Wesentlichen durch die Prinzipien der Profitwirtschaft bestimmt werden« (ebd.: 33). Via der Investigativen Ästhetik, die Verästelungen rhizomatisch verknüpft, könnte der investigative Prozess von Forensic Architecture zu einer neuen »Ökosophie« führen. Diese definiert Guattari folgendermaßen:

> Eine neue Art der *Ökosophie*, zugleich *praktisch und spekulativ, ethisch-politisch und ästhetisch*, scheint mir demnach die alten Formen von unter anderem religiösem, politischem, vereinsmäßigem Engagement ersetzen zu müssen. Sie wird weder einer Disziplin der Rückwendung auf die Innerlichkeit noch eine bloße Erneuerung alter Formen von ›Aktivismus‹ sein. Es wird sich vielmehr um eine reich facettierte Bewegung handeln, die analytische und zugleich Subjektivität produzierende Instanzen und Dispositive einsetzt. Eine ebenso individuelle wie kollektive Subjektivität, die von überall her die individuierten, ›patriachalisierten‹, auf Identifizierung hin abgeschlossenen Bezirke überschreitet und *sich nach allen Richtungen zum Sozius öffnet, aber auch zu den maschinischen Phyla, den technisch-wissenschaftlichen Referenzuniversen, den ästhetischen Welten* und auch zu neuen ›präpersonalen‹ Auffassungen der Zeit, des Körpers, des Geschlechts... (Guattari 2016: 72, H. LS)

---

358 Dass Guattari über Simondon informiert war, belegen die *Zeitschrift für Medienwissenschaft* zum Schwerpunkt *Medienästhetik* (1/2013) sowie *ARTMACHINES: Deleuze, Guattari, Simondon* (2016) von Anne Sauvagnargues.
359 »Die allgemeine (und relative) *Ästhetisierung* der verschiedenen Wertuniversen führt zu einer anderen Art der Wiederverzauberung der Ausdrucksmodalitäten der Subjektivierung. Magie, Mysterium und das Dämonische werden sich nicht mehr wie früher aus derselben totemistischen Aura ableiten. [...] Der unaufhörliche Zusammenstoß der Bewegung der Kunst mit den etablierten Rahmungen (bereits seit der Renaissance, aber vor allem während der modernen Epoche), ihr Hang dazu, ihre Ausdrucksmaterien zu erneuern und die ontologische Textur der Perzepte und Affekte, die sie fördert, bewirken, wenn nicht eine direkte Kontamination der anderen Bereiche, so zumindest eine Hervorhebung und Neubewertung der kreativen Dimensionen, die sie alle durchqueren.« (Guattari 2013: 24–25, H. LS)
360 Solche Entwicklungen bezeichnet der Philosoph Byung-Chul Han als »Psychopolitik« (Han 2014).

Guattaris Trennung in mentale, soziale und Umweltökologie ist heute jedoch insofern zu überarbeiten, als beispielsweise der Ozean als elektromagnetisches Feld Spuren in sich trägt (näheres dazu in der Analyse des Projekts *Forensic Oceaonography*[361]).

Ab den 1960er Jahren lassen sich zwei Tendenzen beobachten: Zum einen liefern Psychoanalyse (etwa Jacques Lacans »gespaltenes Subjekt«[362]) und Semiotik das notwendige Vokabular, um Blickregime über den Bezugsrahmen des Kinos politisch zu verhandeln. Zum anderen florieren, wie bereits erläutert, ökologische Bewegungen und Ansätze. Wird eine Verschiebung von einer psychoanalytischen zu einer materialorientierten und ökologischen Rezeption der Medien angenommen, bietet das Beispiel Found-Footage folgende Auslegungsmöglichkeiten: (i) psychoanalytisch betrachtet als filmische Struktur, in deren Oberfläche Erinnerungen wie Flashs erscheinen, wobei die Figur der Verdrängung die Schwellenzone markiert, oder (ii) medienökologisch betrachtet als mediales Fundstück mit Fokus auf Organisation, Vernetzung und Distribution, wobei die Figuren des Abfalls und des Recyclings Schwellenmarker bilden. Bei genauerem Hinsehen allerdings verkompliziert Found-Footage die Tendenz zur erwähnten diskursiven Verschiebung. Aufschlussreich ist hierzu Johannes Binottos Aufsatz *There are no Subbasements: Zur Oberflächlichkeit von Film, Erinnerung und Unbewussten* (2014), in dem er argumentiert, dass eine psychoanalytische Filmtheorie in Wahrheit materialorientiert sei (vgl. Binotto 2014: 196): »Damit wird jeder Film allein durch seine technische Verfasstheit zur psychoanalytischen Theorie, während umgekehrt die Psychoanalyse eigentlich immer schon Kino war – ohne es zu wissen.« (Ebd.) Aufgrund der parallelen Entwicklung der Kinotechnologie und der Psychoanalyse um 1900 sind heute viele Filmtheorien psychoanalytisch gefärbt.[363] Wird Film über den Streifen gedacht, gibt es diverse Montagestrategien, um dessen Linearität zu unterbrechen. Diskursiv wurde – mit großer Konsequenz für die Kulturwissenschaften – die Figur des *haunt* herangezogen, um dichoto-

---

[361] Siehe Kapitel III.3.
[362] Siehe Lacans 1963/1964 abgehaltenes Seminar XI: *Die vier Grundbegriffe der Psychoanalyse*.
[363] Zu Beginn setzte sich psychoanalytische Filmtheorie vordergründig mit Alfred Hitchcock und Hollywood auseinander, während feministische Filmtheorien die inszenatorische Manifestation gesellschaftlicher Normen des Blickens und Begehrens diskutierten. Mit der ›Apparatus-Theorie‹ der 1970er Jahre wurde das Kino als Projektionsapparat, narrativer Kosmos und Diskurs und Filme als inkorporierte psychoanalytische Vorgänge rezipiert. Damit seien Vergangenes und Verdrängtes, Bewusstes und Unbewusstes im Film wie in der Psyche immer zugleich präsent, ohne räumliche Trennung, um im nächsten Moment in einem Bild aufzuflackern (vgl. Binotto 2014).

mes Denken heimzusuchen und einen Riss im Filmband zu erzeugen. Kann *hauntology* frei gewählt werden oder ist sie Umstand? Nimmt sie, vor dem Hintergrund investigativer Gesten, *haunted non-visibility* in Betrachtung, um nach den Bedingungen zu fragen, welche sichtbar/unsichtbar machen? Das Gespenst, gebunden an »Dimensionen von Heimsuchung, Traditionsirritation, Interferenz und medialer Wiedergängerschaft« (vgl. Ballhausen 2016: 6), hat entschieden dazu beigetragen, Archive jenseits der Pole ab- und anwesend zu positionieren. In seinem Vortragsmanuskript *Die Ethik der Aneignung: Found Footage zwischen Archiv und Internet* (2014) beschreibt Thomas Elsaesser Found-Footage als Symptom jenes Moments Ende der 1920er Jahre, in dem der Tonfilm eingeführt wurde; in Folge verlor der Stummfilm seine Bedeutung fürs Kino und wurde in den 1930er Jahren in Museen sowie neu gegründete Filmarchive als historisches Dokument aufgenommen (vgl. Elsaesser 2014: 10–11). Somit ist Found-Footage ein historisches Phänomen, welches das Kino seit seinem Beginn heimsucht; das Gespenstische ist in ihm angelegt.[364]

Found-Footage Filme seien geneigt, »Formen von Para-Kino und Meta-Kino« zu erschaffen (vgl. ebd.: 1). Das Meta-Kino, wie es sich bei Constanze Ruhm findet, einzig als Folge der Digitalisierung zu lesen, wäre verkürzt, da metareferenzielle Formen des Erzählens weiter zurückreichen. Ein *uncanny*[365] *fragment* verkörpert idealtypisch eine mit gefundenem Filmmaterial operierende Medienkunst mit zitativem Bezug auf das psychoanalytisch diskursivierte Kino. Auch bei Avery Gordon gibt es eine Parallelisierung zwischen »the other door«, dem Fragment und dem Unheimlichen, durch die das Gespenstische in Erscheinung tritt (vgl. Gordon 1997: 66). Nun ist der ›gespenstische‹ Status von Found-Footage und dessen Remediatisierung über mediale Milieus hinweg auch anders deutbar. Im Wunsch nach Repräsentation, die den Mechanismen von »state sponsored systems of disappearance« entgegenwirkt, möchte Gordon (vgl. ebd.: 70) von einer Gleichsetzung von Gespenstern und Toten absehen. Vom ›unheimlichen Fragment‹ führt so eine direkte Überleitung zum ›spektralen Beweis‹, der gegen Regime des Unsichtbarmachens antritt. Spektral/gespenstisch sind in den Investigationen von Forensic Architecture weniger die (toten) Personen als die Architekturen oder Ökologien betreffenden Beweise. Hier treten Found-Footage und andere mediale Fundstücke durch Sensorentechnologien in Erscheinung,

---

[364] »Ghosts have been with cinema since its first days, finding a natural residence in the films of trick filmmakers [...]. Cinema's capacity for substitutions, transpositions, and other tricks enabled and motivated the production of ghost and poltergeist scenes [...].« (Leeder 2015: 4)
[365] Das Unheimliche gilt auch als räumliches Phänomen, siehe beispielsweise Anthony Vidlers Analysen moderner Architektur in *The Architectural Uncanny: Essays in the Modern Unhomely* (1992).

denn »modernity has brought with it the hopes that we might document ghosts, objectively and scientifically, using modern media« (Leeder 2015: 2). Während das Unheimliche als angstvolle Vermutung und Irritation zu Tage tritt, zeigt sich *spectral evidence* erst beim Ausforschen der Zonen der Wahrnehmbarkeit.

In den 1990er Jahren entstanden im Zuge der Institutionskritik vielfältige dokumentarische Strategien und Plattformen,[366] die Widerständigkeit durch Modi der Untersuchung versicherten. Der sogenannte *documentary turn*[367] geht in seiner Kritik an nicht-reflexiven Formen von Aufzeichnung mit der Institutionalisierung des Dokumentarfilms auf internationalen Kunstpräsentationen im Übergang von Avantgardekino zur Installationskunst, seiner Verbreitung auf Filmfestivals und im Internet sowie dem Florieren dokumentarischer Strategien und Distributionsformate einher (prominent etwa auf der Kassler *documenta 11*, 2002, unter der künstlerischen Leitung von Okwui Enwezor). Die zu beobachtende Emergenz des ›Genres‹ bezieht sich zum einen auf die Künste sowie zum anderen auf ein sich transformierendes mediales Dispositiv.[368] Cornelia Lund schreibt im Aufsatz *Die Elastizität des Dokumentarischen* (2017), dass sich mit dem Dokumentarischen in der Kunst die Ansätze nach und nach vermischen, »weil es zunehmend ›Grenzgänger:innen‹ zwischen den Bereichen gibt (wie

---

[366] Erwähnt sei die Kunstzeitschrift *META* (1992–1994), die von der Kuratorin Ute Meta Bauer am Künstlerhaus Stuttgart herausgegeben wurde, um »nicht nur Kommentar und Reflexion, sondern eine Fortsetzung des Künstlerhausprogramms mit anderen Mitteln« (Bauer 1992: 4) zu sein. In der zur gleichnamigen Konferenz erschienenen Ausgabe *META 2 – A NEW SPIRIT IN CURATING?* (1992) ist quasi vom Funktionswandel der Kunstinstitution die Rede, wenn es in der vorwortartigen *Hausmitteilung* heißt: »Ausgehend von der Skepsis gegen die gängige Ausstellungspraxis interessiert mich der Umgang meiner Generation mit einem veränderten Kunst- und Werkbegriff in den 90er Jahren. Welche Neudefinition könnte es für die entleerten Räume geben? Was machen die Macher, wenn im herkömmlichen Sinne nichts mehr zu tun ist? usw. [...] Minimal Curating! Curate the future – not walls!« (Ebd.)

[367] In der Einleitung zu *Documentary Across Disciplines* mit dem Titel *The Documentary Attitude* – das Dokumentarische sei eine Haltung, kein Genre, so die These – schreiben Balsom/Peleg (vgl. 2016: 16–17), dass es in den 1990er Jahren zu einem Florieren von Dokufiktionen komme – Hybride aus essayistischen, ethnografischen, archivarischen, dokumentarischen Formen (mit prominenten Filmemachern wie Chris Marker und Harun Farocki); die Digitalisierung ermögliche Manipulation, neue Zirkulationswege und Formen des Re-Organisierens von Welt.

[368] Publikationen zur Vielfalt dokumentarischer Ökologien und Distributionsplattformen tragen Titel wie *New Documentary Ecologies: Emerging Platforms, Practices and Discourses* (2014), hg. von Kate Nash, Craig Hight und Catherine Summerhayes; *Ortsbestimmungen: Das Dokumentarische zwischen Kunst und Kino* (2016), hg. von Eva Hohenberger und Katrin Mundt; *Documentary Across Disciplines* (2016), hg. von Erika Balsom und Hila Peleg; *Medienkulturen des Dokumentarischen* (2017), hg. von Carsten Heinze und Thomas Weber; sowie *After Uniqueness: A History of Film and Video Art in Circulation* (2017) von Erika Balsom.

Harun Farocki) oder Filmemacher:innen, die in den Kunstkontext ›übersiedeln‹ (z. B. Isaac Julien)« (vgl. Lund 2017: 261). Da das Dokumentarische einen »floating signifier« (Lévi-Strauss 1950) – ein Signifikant ohne Signifikat – darstellt, müssen seine jeweiligen Implikationen und sein (Nach-)Wirken bei Forensic Architecture herausgearbeitet werden.

Simultan zum *documentary turn* gab es eine Hinwendung zum Kunstwerk als Archiv oder genauer zur Archivkunst – Hal Foster war mit seiner Publikation *An Archival Impulse* (2004) einer der wichtigsten Autoren, diese Entwicklung zu beschreiben. Die Bezugnahme auf das Archiv gewann im künstlerisch-dokumentarischen Kontext speziell mit Medienumbrüchen an Anziehung. Häufige Bezugspunkte künstlerischer Produktion waren die Historiografie, die Archivarchitekturen und ihre Referenzialität sowie der digitale und virtuelle Raum als endloses Archiv, welches Objekte und Materialien zu mobilen/instabilen[369] und Veränderungen unterworfenen zeitlichen Indexen mache (vgl. Guasch Ferrer 2014: 3). Der verstärkte Bezug des Dokumentarischen auf Daten habe, laut Dovey (vgl. ebd.: 27), drei Bestandteile: erstens semantische Daten, mit deren Hilfe Inhalte der Zuordenbarkeit wegen getaggt werden, zweitens die klassische Form der Statistik und deren Visualisierung, drittens die Anhäufung von Daten durch Nutzer:innen von Plattformen. Die Statistik verbindet sich in ihrer Gleichgültigkeit gegenüber dem Qualitativen (vgl. Ginzburg 2002: 33) in den Investigationen von Forensic Architecture mit der Befürwortung der qualitativen Beschreibung.

Anschließend an die bisherigen Ausführungen ist es notwendig, nach dem Status der künstlerisch referenzierten Archive zu fragen. Mit welchem Archivbegriff haben wir es in der zeitgenössischen investigativen Praxis zu tun? Im Mai 2019 lancierte Forensic Architecture eine neue Website; diese ist (i) als öffentliches Archiv strukturiert, typologisiert und verschlagwortet, (ii) eine kuratierte Selbstdarstellung der Agentur sowie (iii) kommunikative Schnittstelle zwischen jurisdiktionellen, juridischen, kunstbezogenen und aktivistischen Foren. Dabei ist die investigative Methodik buchstäblich zur obersten Kategorie geworden. Dies verweist auch darauf, dass sich mit medialen Kommunikations- und Dokumentationstechnologien die Rechtspraxis (von der Dogmatik über die Rechtsprechung zur Verteidigung) verändert und auf neue Verfahren und Instanzen öffnet: »[T]he law lives only in the inventive actualizations of jurisprudence (*the life of law*).«

---

[369] »In addition to the earlier ›archontic‹ quality of archives, digital culture generates a new ›memory culture‹. The digitization of stored materials involves trans-archivization: the organization of memory yields grounds to arenas of circulation that are more constructive than reconstructive.« (Guasch Ferrer 2014: 4)

(Lefebvre 2005: 105, H.i.O.) Erinnert sei an dieser Stelle an Sternfelds Anliegen, das Archiv herauszufordern – sie erweckt den Eindruck, dieses sei zwar widerständig, jedoch zu knacken und zudem nicht auf die buchstäbliche museale Sammlung zu beschränken. Welchen Status jedoch benötigen Archive, sofern tatsächliche Sammlungen gemeint sind, um überhaupt einseh- und erforschbar zu sein?

> Das offene und Historikern zugängliche Archiv [...] bildet einen Sonderfall in der Geschichte der Institution des Archivs: Das historische, für besondere Öffentlichkeiten geöffnete Archiv ist ein Restbestand von Institutionen, die entweder nicht zerstört wurden oder die nicht unmittelbar gebraucht wurden. (Ebeling/Günzel 2009: 19–20)

Wie bereits erwähnt, ist es ein institutionskritisches Verfahren, Ausschnitte von Kunstsammlungen auf die Bühne des Kunstraums oder, allgemeiner gesprochen, an die institutionelle Oberfläche zu holen. Weniger erreicht wird damit, etwas tatsächlich der Öffentlichkeit zugängig zu machen, als zu zeigen, dass etwas unter Verschluss ist. Während museale Sammlungen und Filmarchive verstärkt in Zugzwang geraten, ihre Bestände als ›lebendige Archive‹ hinterfrag- und nutzbar zu machen, können behördliche Archive diese Öffnung gemeinhin nicht leisten, bevor rechtlich festgelegte Fristen abgelaufen sind, sodass Dokumente nicht mehr zu den »laufenden Geschäften des Alltags (kurrente Akten)« (Doßmann 2018: 43) zählen und es zudem geschafft haben, die Vernichtung zu überdauern. Denn »alles, was als nicht einmalig, nicht mehr rechtserheblich und/oder als historisch wertlos eingestuft« sei, werde kassiert (geschreddert im Falle analoger Akten) (vgl. ebd.).

Im folgenden Abschnitt nähere ich mich der Forensik als zunächst empirischer Methode der Aufdeckung und Korrektur. Um 1900 war die Forensik verstrickt in Psychoanalyse, Medizin, Kunstgeschichte, Kriminalforschung und Ingenieurwesen.[370] Aus diesem Umstand erklärt sich die Gleichgültigkeit des detektivisch-forensischen Blicks gegenüber einem Körper, einer Psyche, einem Gemälde oder einem Gebäude – und dies bereits vor dem Aufkommen neuer Materialismen, welche das (stumme) Sprechen Dingen zukommen lassen, das es unter Berücksichtigung der medialen wie legalen Bedingungen zu übersetzen gelte. Zugleich

---

[370] Sigmund Freud und Sherlock Holmes haben sich »beide dem konjekturalen Paradigma ärztlicher Diagnostik verpflichtet« und sich dabei für das Abjekte und Randständige interessiert (vgl. Just 2018: 152). Eine ähnliche Konzeption liegt der Medienökologie als investigativer Methode zugrunde – nicht mehr einzig vernetzte Informationsflüsse, sondern auch Apparate, ihre Nutzung etc. werden in die Analyse des medialen Metabolismus des ›Restes‹ einbezogen.

rückten mit fotografischen Experimenten verstärkt Medientechnologien in den Vordergrund. Wie weit geht die von der »Forensis« unternommene Aktualisierung von Strömungen um 1900? Für die Rechtsprechung sowie die Geschichtsschreibung galt damals, sich in der Beweisführung bevorzugt auf nichtintentionale Überreste (»unintentional remains«) zu stützen (vgl. Vismann 2012: 81). Überreste unterschieden sich von mit Generalverdacht versehenen intentional als Beweis angelegten Dokumenten, wobei Vismann (vgl. ebd.: 79–81) den Historiker Johann Gustav Droysen als einen diese Sichtweise prägenden Protagonisten anführt.[371] Die Positivität betraf nicht das übrig gebliebene Fragment an sich, sondern den Umgang damit (vgl. ebd.: 84). Insofern damals auch die Arbeit im Archiv begann (vgl. ebd.: 85), gilt es im Grunde, übersehene Information in den Archivalien mit Tags zu versehen. Forensic Architecture verbindet (historisch gesehen) sich ablösende Tendenzen, wenn darauf bestanden wird, Quantifizierbares zu erzählen; die Erzählung erzählt immer auch den Prozess des Ersichtlich-Werdens der Geschichte. Schließlich sei die Verweigerung, Fragmente zu einer kohärenten Erzählung zusammenzuführen, um sie stattdessen nur zu beschreiben oder zu zählen, Vismann (vgl. ebd.: 85–86) zufolge typisch für das 20. Jahrhundert.

Carlo Ginzburg schreibt über ein »epistemisches Modell«, das sich Ende des 19. Jahrhunderts (zwischen 1870–1880) quasi im Stillen in den Humanwissenschaften etablierte (vgl. Ginzburg 2002: 7, 17): das »Semiotik- oder Indizienparadigma« (ebd.: 47).[372] Er stellt bei verschiedenen Typen von »Spur« eine Analogie fest: »Symptome (bei Freud), Indizien (bei Sherlock Holmes) und malerische Details (bei Morelli)«; alle drei basieren sie auf einer »medizinischen Semiotik: einer Wissenschaft, die es erlaubt, die durch direkte Beobachtung nicht erreichbaren Krankheiten anhand von Oberflächensymptomen zu diagnostizieren« (ebd.: 17). Laut Ginzburg (vgl. ebd.: 39–40) wurde dieser Bezug auf die Medizin durch die sich vom anatomischen Modell abspaltende semiotische Indizienlektüre (von Diskursen, Schriften, Gemälden etc.) begünstigt, die sich in den Humanwissenschaften weitgehend durchsetzte. Der »detektivische Arzt und Kunsthistoriker [Giovanni, LS] Morelli« war mit seiner »mikrologische[n] Methode« und »tiefenhermeneutische[n]« Praxis des Spurenlesens Vorbild für

---

[371] »The historian of remains becomes an analyst who has to track the misplacements and the displacements of those locations. This procedure is in turn like that of the sixteenth-century humanist lawyers, with the difference that they began with the notion of a past intactness while Droysen begins with the positivity of the fragment.« (Vismann 2012: 80)
[372] In Wahrheit jedoch gehe dieses Paradigma bereits auf Jagdmethoden zurück (vgl. Ginzburg 2002: 17–18). In der englischen Übersetzung ist von »conjectural paradigm« (Ginzburg 1980: u. a. 15) die Rede.

Sigmund Freuds Studien des Unbewussten, so Just (vgl. 2018: 151–152).[373] Insofern Morelli als »Kunstsachverständige[r] [...] dem Detektiv vergleichbar« sei (vgl. Ginzburg 2002: 10), könnten seine Erkenntnisse bezüglich einer etwaig vorliegenden Fälschung in weiterer Folge dem Kunstrecht dienlich werden: In vermeintlich unwesentlichen Details verrät sich das Bild – nicht im Motiv in seiner Doppeldeutigkeit als Thema sowie Beweggrund/Triebfeder. In der Fälschung wird das Gemälde zum Tatort, an dessen Oberfläche um die methodischen Implikationen des ästhetischen Urteils gestritten wird – und das nicht erst mit heutigen strahlendiagnostischen Verfahren, sondern schon in den mikrokunsthistorischen Zugängen Morellis. Denn bekanntlich erfuhr dieser von Kunsthistoriker:innen Gegenwind, die seine Verfahrensweise »als mechanisch und grob positivistisch« abwiesen (vgl. ebd.). Dieser Vorwurf ist auch in der Kritik an investigativen Techniken von Forensic Architecture präsent und erfordert eine weitere Evaluierung des ›Positiven‹ und ›Positivistischen‹. Zunächst begünstigt durch den Einsatz klassischer evidenzbringender Mittel (wie der Kartografie, der Simulation, der Statistik, Graphen und Dokumenten) und insofern es kein Nicht-Zeigen gibt, zeigt auch die geringste Spur, das unauffälligste Symptom oder das kleinste Indiz ›positivistisch‹ auf ein Verbrechen oder ein Geheimnis. Vor diesem Hintergrund ist die veränderte Handhabung bezeichnend: »Die Veränderung der Definition politischer Geheimnisse von einem gut geschützten *arcanum* in den Akten zu einer völligen Verheimlichung vor den Akten vollzog sich um 1900.« (Vismann 2012: 165, H.i.O.) Wird die »Spur als empirisches Indiz« konzipiert, bei der die »Kulturtechnik des Spurenlesens« dient, »um Abwesendes in Anwesendes« und »Unkenntnis in Wissen zu transformieren«, handle es sich um »*positive Wissenskunst*« (vgl. Krämer 2007: 156, H.i.O.). Diese Spurensicherung, die Ginzburg »als eine kulturgeschichtliche und kulturwissenschaftliche Forschungsmethode profiliert« habe, kontrastiert Krämer (vgl. ebd.: 156–157) mit einer Betrachtung der Spur, die »Kristallisationspunkt der Unmöglichkeit von positivem Wissen« sei – wie etwa im Denken Heideggers, Levinas' und Derridas, in dem das Vergangene unwiederbringlich absent sei; sie schlägt dafür (analog zu Ginzburgs ›Indizienparadigma‹) die Bezeichnung ›Entzugsparadigma‹ vor.[374] Spurennachzeichnung beschränkt sich nicht auf Dinge, sondern umfasst auch die juristische Argumentation, über die Bruno Latour in *The Making of Law* (engl. 2010, franz.

---

373 Dies mache nicht zuletzt Freuds Schrift *Der Moses des Michelangelo* (1914) evident, wo explizit auf Morelli als Wegbereiter der medizinischen Psychoanalyse verwiesen werde, so Ginzburg (vgl. 2002: 12–13).
374 Ginzburgs ›Indizienparadigma‹ und seine »Positivierung« basierend auf Semiotik einerseits und das ›Entzugsparadigma‹ und seine »Negativierung« in der Metaphysik anderseits konstituieren das »epistemologische[] Doppelleben der Spur«, so Krämer (vgl. 2007: 163).

Orig. 2002) schreibt, dass sie weit hergeholt erscheinen möge, jedoch immer die Nachzeichnung eines Weges erkennen lasse, der als ›legal‹ bezeichnet werde (vgl. Latour 2010: viii).

Ist das Forensische also im Dokumentarischen angelegt oder ist es ein Bruch mit dessen Formen? Das ist neben den eben angeführten Epistemologien der Spur auch eine Frage nach der historiografischen Begriffsarbeit: Sollen Veränderungen anstelle von radikalen Innovationen festgestellt werden, können entweder Begriffsvariationen (beispielsweise vom Dokumentarismus zum Dokumentarischen) vorgeschlagen, der Fokus verschoben (vom Werk zum Prozess oder vom Genre zur Haltung, wie bei Balsom/Peleg 2016 zu finden), Bindestrich-Praktiken definiert (etwa semi-dokumentarisch oder Doku-Fiktion), Wechselverhältnisse anvisiert (jeder Spielfilm sei ein Dokument seiner eigenen Entstehung und jeder Dokumentarfilm inszeniert) oder Genealogien beispielsweise mit Generationen (etwa Institutionskritik der ersten, zweiten und dritten Generation) gedacht werden.

Siegel (vgl. 2014: 23–24) zufolge seien forensische Medien nicht scharf von anderen dokumentarischen und evidenzerzeugenden Verfahren abzugrenzen, obwohl ein entscheidender Unterschied in der dreifachen Temporalität[375] liege; bezugnehmend auf Foucaults Feststellung in *Die Geburt der Klinik: Eine Archäologie des ärztlichen Blicks* (dt. 1973, franz. Orig. 1963), dass in der Medizin Ende des 18. Jahrhunderts Krankheiten erstmals anhand ihrer Zeichen und Symptome anamnestiziert (Vergangenheit), diagnostiziert (Gegenwart) und prognostiziert (Zukunft) wurden, sieht er vergleichbare Prozesse bei forensischen Medien am Werk. Der gemeinsame Begriffs- und Verfahrenshorizont des forensischen Ingenieurwesens und der forensischen Medizin äußere sich sprachlich in »a shared rhetoric and tropic vocabulary« sowie einer gemeinsamen Logik der Aufdeckung mittels eines forensischen Blicks (vgl. ebd.: 38).[376] Relevant ist dabei erneut die

---

375 »As cultural technologies, forensic media articulate these temporalities of initial capture (recording), subsequent re-creation (playback), and indefinite deferral/ideological disavowal (imaginary projection). They conjure and conjoin these moments of automatic inscription (anamnesis), clinical description (diagnosis), and speculative prescription/proscription (prognosis).« (Siegel 2014: 24)
376 »[T]he two forensic disciplines exhibit what might be called a shared *manner of regard*. [...] Though their domains of objects are distinct materially and institutionally, forensic engineering and forensic pathology — together with the paradigmatic forensic science known as ›criminalistics,‹ [...] — each partake of the same sociohistorical arrangement of knowledge and perception, the same culturally contingent scheme of thought and enouncement. Moreover, and accordingly, they each deploy the same sort of inspective gaze, a uniquely modern gaze — a properly *forensic gaze*.« (Siegel 2014: 38, H.i.O.)

Simulation. Denn während »in der Luft- und Raumfahrt computergestützte Simulatoren« in den 1990er Jahren bereits etabliert waren, wurden sie erst dann auch zu medizinischen Zwecken angewendet (vgl. Hinterwaldner 2010: 159). Forensic Architecture arbeitet zumeist anamnestisch und diagnostisch mit dem Präsenten sowie dem präsent Abwesenden, seltener prognostisch. Die Investigationen vermitteln evidenzbasierte[377] systematische Verarbeitungen gefundener Daten: Sie werden forensisch im Studio *diagnostiziert*, ausgewertet und *bewertet*; *therapeutisch* gegenüber der Zivilgesellschaft wird das Resultat anschließend im Forum in Hinblick auf eine antagonistische öffentliche Wahrheit verhandelt.

Die (Be-)Setzung des Fragments – anstelle eines intakten Ganzen – prägte im 20. Jahrhundert sehr unterschiedliche moderne und postmoderne (künstlerische) Verfahrensweisen: Collage (Kontextverschiebung des Fragments), Konzeptkunst (Idee transportiert über das Fragment), Medienökologie (Reparatur/Verwandlung des Fragments) und essayistische Strategien der Annäherung (Befragung der Authentizität des Fragments, das poetologisch, nicht evidenzbringend eingesetzt wird).

Von welchen Darstellungskonventionen und welchen kritischen Strategien profitiert, von welchen distanziert sich die »Forensis«? Der durch einen *stream of thought* flanierende Essay, der sich vom systemischen Modelldenken unterscheidet und als kurze und versöhnliche Form in seiner hypothetischen Geste mitdenkt, ist der Versuch der (Nach-)Moderne, die Gegenwart zu lesen. Er wirft Licht auf die beiden Seiten einer Medaille: die forschende Kunst und die künstlerische Forschung. In *Der Essay als Form*, geschrieben in den 1950er Jahren, spricht Theodor W. Adorno über die Unmittelbarkeit des Essays, der das Fragmentarische, Ephemere, Diskontinuierliche nicht scheue; obwohl Begriffen und Theorien gegenüber skeptisch (vgl. Adorno 1974: 10–33), sei »[s]eine Diffe-

---

377 Im medizinischen Kontext heißt ›evidenzbasiert‹: »auf der Basis empirisch zusammengetragener u. *bewerteter* wissenschaftlicher Erkenntnisse erfolgend (von *diagnostischen* od. *therapeutischen* Maßnahmen)« (Dudenredaktion 2015: 297, H. LS, *evidenzbasiert*)

renziertheit [...] kein Zusatz sondern sein Medium« (ebd.: 23).[378] Ab den 1970er Jahren wird der Essay als sowohl schriftliches wie auch filmisches Format, das oft semi-autobiografisch, assoziativ, bedeutungsoffen, medienreflexiv, selbst- und ideologiekritisch angelegt ist, zu einer beliebten Form der künstlerisch-forschenden Untersuchung. Wo die essayistische Untersuchung endet – im Sinne der Metaphorisierung, des freien Paraphrasierens, der poetologischen Auslassung als Methode der Intensivierung und als Imperativ, sich bloß an den Gegenstand anzunähern, ohne ihn zu berühren, um eine Setzung zu vermeiden – setzt die forensische Untersuchung an: als wörtliches Zitieren und Zerlegen, als Durchblicken und Mapping, als Hervorkehren von Details und Zoom auf das Essentielle. In Beweiscollagen folgt diesem Erforschen häufig dissonantes Erzählen prosaischer Art, wo das positivierte Fragment, von linken Interessenskonflikten und rechten Tendenzen herausgefordert, als Diagnose und Legitimation krisenhafter Gegenwärtigkeiten fungiert. Es wird dann entweder von der Adresse eines zu kartografierenden Fragments ausgegangen oder seine Adresse rekonstruiert, um ein situatives Archiv herzustellen. Denn jede Archivalie brauche eine Adresse, so Vismann (vgl. 2012: 181). Die Investigative Ästhetik koppelt diese Zitats- und Verweispraxis an Evidenzproduktion. Wird auf diese Weise erreicht, Problematiken des Dokumentarischen zu wenden? Selbst wenn dieses nicht-essentialistisch verstanden (siehe beispielsweise Weber 2017), über Relationalität und Nähe zur Fiktion (siehe etwa Rancière[379] 2006) gedacht wird, fehlt dem Dokumentarischen

---

378 Adornos Aufsatz ist zugleich Plädoyer für als auch Charakterisierung des unkonventionellen essayistischen Schreibens. Attribute, die er dem Essay zuschreibt, umfassen u. a.: Er fange undogmatisch »an [...] mit dem, worüber er reden will«, er intendiere keinen »geschlossenen, deduktiven oder induktiven Aufbau«, er widersetze sich der »seit Platon eingewurzelte[n] Doktrin, das Wechselnde, Ephemere sei der Philosophie unwürdig«, ohne subjektivistisch zu sein verleihe ihm Erfahrung »soviel Substanz wie die herkömmliche Theorie den bloßen Kategorien«, er wende sich ab von traditionellen Wahrheitsvorstellungen und somit von traditionellen Ideen von Methode, er integriere einen »antisystematischen Impuls ins eigene Verfahren« und führe, auf deren Relation achtend, »Begriffe umstandslos, ›unmittelbar‹ so ein, wie er sie empfängt«, er komme »dem hic et nunc des Gegenstandes so nah, bis er in die Momente sich dissoziiert, in denen er sein Leben hat«, er denke »in Brüchen, so wie die Realität brüchig ist, und findet seine Einheit durch die Brüche hindurch, nicht indem er sie glättet«, er wahre »ein Moment der Sophistik« und seine »Aktualität« sei »die des Anachronistischen« (vgl. Adorno 1974: 10–32).
379 »[D]ie ästhetische Revolution« löse »die aristotelische Trennlinie zwischen zwei ›Geschichten‹ – die der Historiker und die der Dichter« auf, denn »Zeugnis und Fiktion unterstehen ein und demselben Sinnstiftungsregime« (vgl. Rancière 2006: 60). Im selben Zug macht Rancière (ebd.: 61) einen Rekurs auf den fiktionsaffinen Dokumentarfilm: »Dabei ist der Dokumentarfilm als der Film, der sich dem ›Realen‹ verschrieben hat, sogar eher zu einer stärkeren fiktionalen Erfindung fähig als das Kino der ›Fiktionen‹, das leicht einer gewissen Stereotypie von Handlungen und Charakteren unterliegt.«

zum einen die kriminalistische Aufdeckungsfunktion auf der mikroskopischen Ebene und zum anderen der performative und etymologisch in der Evidenz[380] angelegte Doppelaspekt von ›Wirklich*werden*‹ und ›Verwirklichen‹ mittels der »ästhetischen Intention« (Simondon).

Diesem medialen Wandel gemäß lässt sich bei Forensic Architecture ein Unbehagen am Dokumentarischen verzeichnen, dem Abgrenzungsstrategien folgen: Nicht bloß die Zeug:innenaussage, auch das Dokument rückt durch forensische Praktiken in den Hintergrund. Letztendlich existiert das Dokumentarische in den Künsten nur noch als phantasmatischer Bezug; in sich bereits brüchig konstruiert, hat es ein Problem eingeführt, das historisch abgearbeitet werden muss. Zudem ist Dokumentarisches mit Fiktion zu verknüpfen mittlerweile zur Konvention geworden – es ist dann von einem faktisch-fiktiven Oszillieren »transmersive[r] Effekte« (Weber 2015: 227) die Rede.[381] Das Dokumentarische wird zwar in den Investigationen von Forensic Architecture nicht gänzlich durch die forensische Untersuchung abgelöst, es verliert allerdings seinen privilegierten Status in der Wahrheitsproduktion. Für die Rhetorik des Bezeugens ist es als narratives und didaktisches Element jedoch nach wie vor von Bedeutung: Jedes Ermittlungsvideo demonstriert auf diese Weise seine eigene Relevanz; das Anliegen, die Elemente einer Investigation sinnvoll zu vermitteln, resultiert in filmischer Montage und multimedialer Rauminstallation. Jedoch ist es die forensische Rekonstruktion, innerhalb der Wahrheit erprobt, überprüft und erzeugt wird. Making-of Bilder, wie sie auf Filmsets entstehen, oder einen Blick hinter die Kulissen in das Londoner Büro der Agentur gibt es nur selten. Das Dokumentarische, so die hier vertretene These, bildet bei Forensic Architecture die Rahmenerzählung in Form eines *Making-of-the-evidence*.[382] In diesem vermischen sich juristische mit filmischen Strategien des Belegens. Dokumentarische Verfahren kommentieren und führen die forensische Investigation vor und auf – als *displaying evidence*. Jene Rahmenerzählung bespielt den kontingenten Wahrheitsanteil der Investigation,

---

380 Zur Etymologie der ›Evidenz‹ siehe Kapitel II.4.
381 Das Aushandeln des Verhältnisses von Dokumentarischem und Fiktionalem im Film ist der Frage nach »transmersive[n] Effekte[n]« – Verweise »auf eine außerfilmische Realität« – gewichen (vgl. Weber 2015: 227). Hito Steyerl schreibt in *Kunst oder Leben? Dokumentarische Jargons der Eigentlichkeit* (2009), dass es gelte, Dokumentarisches nicht als Abbild des wahren Lebens zu lesen, sondern als »Ausdruck einer Wirklichkeit, die ebenso [...] prekär ist wie alle dokumentarischen Bilder vor ihr« (vgl. Steyerl 2009b: 129).
382 »Evidence, in English, is a matter of appearance, of sight, of what manifests itself before the eye or in the realm of visibility. What is evident is what appears, what comes into the light, what comes out into sight. [...] This does not have to happen naturally – evidence here is what enters or is admitted into a specific domain of visibility or audibility – but it is nevertheless only that which is presented to the senses, that which can be seen or heard.« (Keenan 2014: 43–44)

während die Untersuchung die forensische Wahrheitserhebung übernimmt. Auffällig ist, dass das dokumentarische Framing häufig klassische Erzähltechniken anwendet, die, mit Blick auf die Film- und Kunstgeschichte, mittels innovativer Dokumentar- und Essaystrategien dekonstruiert worden waren. Gemeint ist ein didaktischer Gestus, der auf die stets um Aufklärung bemühte Ermittlungsarbeit zurückzuführen ist. Um auf den Evidenzbegriff vorzugreifen: Die Investigative Ästhetik *erzeugt* forensisch Evidenz, während das Dokumentarische den Verfahrensprozess *bezeugt*.

Zur Fokusverschiebung vom Dokumentarischen zum Forensischen ein rechtshistorischer Hinweis: Die Nachkriegszeit brachte neue mediale Formen der Aufdeckung, sodass auch Vollzugsarchitekturen überarbeitet und temporär oder permanent an neue Technologien angepasst wurden. Ein wesentlicher Wandel in diesem Zusammenhang ist der gesteigerte Medieneinsatz in der Rechtsprechung seit den Nürnberger Prozessen (1945–1949).[383] Die dokumentarische Praxis im ehemaligen Konzentrations- und Vernichtungslager Auschwitz legte die Grundlage für »eine neue Epoche des *bildlichen Beweises*« (Didi-Huberman 2007: 103, H.i.O.), die nach Zusammentragen der Zeugnisse durch die Alliierten 1945 nicht zuletzt den Nürnberger Prozessen dienlich wurde (vgl. ebd.). Insofern müssen, anknüpfend an Vismanns rechts- und kulturwissenschaftliche Analysen, die sich häufig aus dem Filmischen ableitenden Evidenzverfahren von Forensic Architecture genauer beleuchtet werden. Vismann (vgl. 2011: 241–270) spricht vom Nürnberger Hauptkriegsverbrecherprozess, dem ersten von dreizehn Prozessen, als »Cine-Gericht«. Erstmals war ein eigens für den Prozess angefertigter Dokumentarfilm als Beweisstück der Anklage zugelassen. *Nazi Concentration Camps*[384] (1945, Regie: E.

---

383 Die Nürnberger Prozesse waren Militärtribunale, bestehend aus dem sogenannten ›Hauptkriegsverbrecherprozess‹ des *International Military Tribunal* (IMT, 1945–1946), eingerichtet von den vier Siegermächten des Zweiten Weltkriegs, sowie aus den zwölf Verfahren der US-amerikanischen *Nuremberg Military Tribunals* (NMT, 1946–1949). Welche feinen Unterschiede hinsichtlich Rechtsgrundlagen und völkerstrafrechtlichem Erbe zwischen den Prozessen bestanden hatten, behandelt die Publikation *NMT: Die Nürnberger Militärtribunale zwischen Geschichte, Gerechtigkeit und Rechtschöpfung* (2013), hg. von Kim Christian Priemel und Alexa Stiller. Zu relativieren wäre folglich die Aussage, dass »[d]er [...] Gedanke eines Rechtsbegriffs, der sich auf die allgemeinen Menschenrechte stützt, [...] ein Erbe der Nürnberger Prozesse der Jahre 1945–1946« (Enwezor et al. 2002: 14) sei, sofern die NMT kein »bloßer Appendix des IMT« gewesen seien, sondern retrospektiver wie prospektiver »Begegnungs- und Aushandlungsort von Recht und Geschichte, Politik und Moral« (vgl. Priemel/Stiller 2013: 11–13).
384 Der Film zeigt kommentierte Aufnahmen der Konzentrationslager nach Ankunft der Alliierten, nachgestellte Szenen der dort angewendeten Foltermethoden sowie die Konfrontation der deutschen Bevölkerung mit den Verbrechen in Interview-Situationen.

R. Kellogg) wurde »als cinematographisches Argument der Anklage« mit dem Ziel einer im »Kino-Gerichtssaal« (Abb. 9) stattfindenden »*re-education*« vorgeführt (vgl. ebd.: 250–252, H.i.O.).[385]

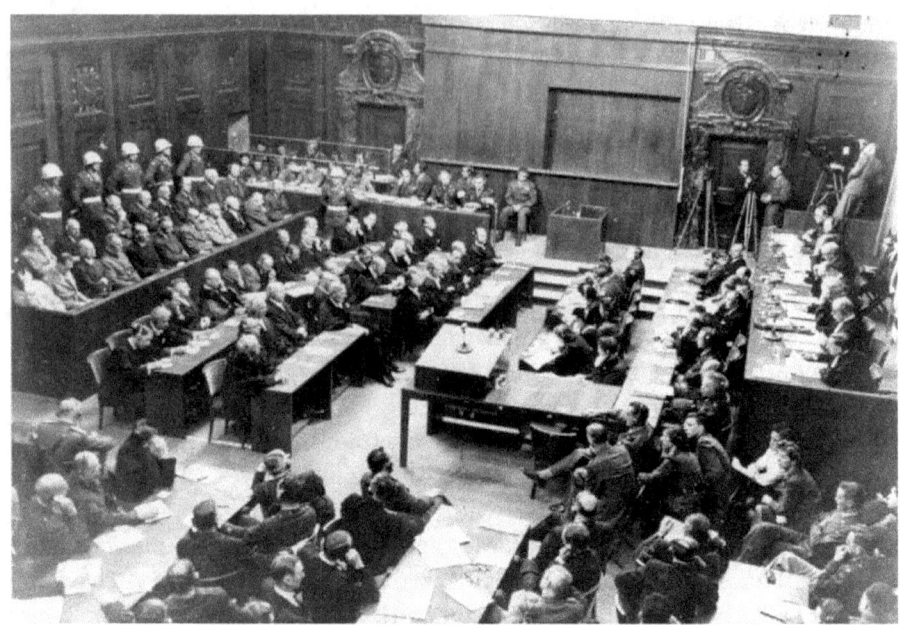

Abb. 9: Verhandlungssaal, *International Military Tribunal* (Justizpalast, Nürnberg, 30.9.1946)

Jene Verhandlungen gelten auch als der Beginn des Simultandolmetschens (als Kultur*technik*). Es war ein Ereignis, das zudem das Genre ›Gerichtsfilm‹ in seinen Loops medialer Verwertung ankurbelte – zwischen Dokumentar- und Spielfilm florierte das *courtroom drama* im Fernsehen der 1950er bis 1990er Jahre. Seit jenen Prozessen treffen in der internationalen Rechtsprechung[386] (wie sie etwa

---

[385] Ein weiterer damals in den Prozess involvierter Dokumentarfilm war *The Nazi Plan* (1945, Regie: George Stevens) – ein unkommentierter Zusammenschnitt deutscher Wochenschauen mit anderem Archivmaterial.

[386] Die Nürnberger Prozesse, als Gründungsmythe nicht nur der internationalen Rechtsprechung, sondern auch als Referenzmythe von Rechtssystemen im Übergang, brachten eine Änderung im Strafrecht hin zu einer stärkeren individuellen Verantwortung, denn der »Nürnberger Kodex« lasse ein Handeln auf ›höheren Befehl‹ nicht mehr als Entschuldigung zu (vgl. Teitel 2002: 275–276). Schuppli (vgl. 2017: 540) erwähnt die 1946 abgehaltenen *Tokyo Trials* als den Nürnberger Prozessen hinsichtlich internationaler Strafverfolgung gleichbedeutend.

im *ICC* praktiziert wird) Elemente des Theatralen und Agonalen aufeinander;[387] eine postdramatische Fassung des »Gerichtstheaters« verwirklicht sich in hybriden medial-räumlichen Formaten. Damit ist der Bogen zu den Künsten geschlagen: »Die Institution des Theaters hat sich im Zeichen des Postdramatischen auf performative und installative Formen geöffnet, die die traditionellen Theatersäle hinter sich lassen.« (Rebentisch 2013: 107) Eben dies spiegelt sich in dem sich auf das Tribunal öffnenden »Gerichtstheater«. Oder der Theatersaal wird umfunktioniert und von neuen Akteur:innen bespielt, wie es aktuell beispielsweise im Maxim-Gorki-Theater in Berlin geschieht.[388] Wo das Theater mit der vierten Wand[389] bricht, wird – um den Bogen weiter ins Militär zu schlagen – in der Kriegsführung die Taktik »un-walling the wall« (Weizman 2006, zurückgehend auf Gordon Matta-Clark) eingesetzt. Operative Narrative der räumlichen, verhandlungstechnischen und investigativen offenen Form in Theater, Film, Militär und Rechtsprechung sind Zeugen des Unberechenbaren und Nichtlinearen – einer angewandten »nomadischen Theorie« (Braidotti 2011) mitsamt ihren Potentialen und Gefahren.

Ein weiteres juristisches Diskursereignis, das in diesem Zusammenhang aufgrund des gesteigerten Mediengebrauchs in Augenschein genommen werden muss, ist der Eichmann-Prozess. Weizman (vgl. 2017: 80, Fn. 49) spricht von einer damit eingeleiteten »era of the witness« (Wieviorka[390] 2006), gefolgt von Opfernarrativen in Menschenrechtsinitiativen, Kunst und Medien; diese Ära sei vom Verlangen nach Empathie geprägt gewesen und habe vielfach zu Individuation und apolitischer Haltung geführt (vgl. Weizman 2017: 81). So lässt sich über den Zeug:innen-Auftritt vor Gericht sagen: »In this manner *truth comes to be instituted, but not uncovered.*« (Brague et al. 2014: 1165, H. LS) Krämer/Schmidt (vgl. 2016: 10) konstatieren die von Wieviorka beschriebene Ära ausgerechnet als trans-

---

387 Zur Unterscheidung des Theatralen und Agonalen in der Rechtsprechung siehe Vismann 2011.
388 Das Maxim-Gorki-Theater, eines der kooperierenden Theater des *Tribunals NSU-Komplex auflösen*, zeichnet sich in seinem gesellschaftspolitischen Engagement dadurch aus, die klassischen Theaterstrukturen (wie Bühne und Ensemble) beizubehalten, jedoch die Programmierung zu diversifizieren (entlang der Trennungslinien von Gender, *race*/Ethnie, Klasse und Alter). Die Selbstbeschreibung, »Das Gorki öffnet sich zur Stadt« (Maxim-Gorki-Theater) korrespondiert mit Ansätzen von *Artistic Citizenship*.
389 Die imaginäre vierte Wand einer Guckkastenbühne des naturalistischen Theaters des 19. Jahrhunderts ist die zum Publikum gewandte offene Bühnenseite. Räumlich, inhaltlich oder dramaturgisch damit zu brechen, kann durch Werk-, Medien- und Selbstreflexivität geschehen.
390 Mit dieser Formulierung zitiert Weizman das gleichnamige Buch *The Era of the Witness* (engl. 2006, franz. Orig. 1998) von Annette Wieviorka.

formative Reaktion auf die wiederum von Felman/Laub diagnostizierte »Krise der Zeugenschaft« (1992), wobei die Künste (und nicht etwa »Recht, Geschichte oder Philosophie«) die Konjunktur der Zeug:innenschaft nach dem Holocaust begünstigt hätten. Weizman (2017: 80) betont speziell neue Ausformungen konzeptueller Künste und dokumentarischer Praktiken: »Testimony also reshaped sensibilities throughout Western culture, exercising a decisive cultural, aesthetic, and political influence on the visual and conceptual arts and documentary practices.« Obgleich durchdrungen von psychisch-medialen Verfahren der Verdrängung, der Verschiebung und der Projektion, wie sie mithilfe psychoanalytischer investigativer Methoden durchleuchtet wurden, war die Annahme dominant, dass Opfer und Täter:innen die entscheidenden Bezeugenden und Sprechenden seien – im analytisch-dokumentarischen Sinne der *talking heads / talking cure*.[391] Die sich dem entgegenstellende »Forensis« bewirkt eine Affektübertragung, die ich zu einem späteren Zeitpunkt diskutiere.[392]

II.2 Medienforensik des Films

Der Filmemacher und Autor Harun Farocki kann als einflussreicher Begründer einer investigativ-filmischen Medienforensik angesehen werden, wie schon sein Film *Videogramme einer Revolution* (1989) deutlich macht.[393] Ebenso zu erwähnen ist seine Filmserie *Auge/Maschine 1–3* (2000–2003), die den Wechsel der Zeug:innenschaft des Auges zu jener der Maschine in militärischen Kontexten behandelt.[394]

---

391 Während in Nürnberg die Angeklagten im Fokus der Beobachtung standen (vgl. Vismann 2011: 252), waren es in den nachfolgenden Frankfurter Auschwitzprozessen (1963–1965) die Opfer, die als Zeug:innen angehört wurden (vgl. ebd.: 264). »Der Eichmann-Prozess revidierte die dokumentbasierte Prozessführung der Nürnberger Prozesse.« (Ebd.: 267) Vor dem Hintergrund dessen, dass erstmals ein gesamter Prozess auf Video aufgezeichnet wurde, unterliefen die 111 Zeug:innen des Eichmann-Prozesses ein regelrechtes Casting (vgl. ebd.). Der Prozess wurde im Fernsehen ausgestrahlt und »sollte […] zu einem Mahnmal im kollektiven Gedächtnis werden« (vgl. Sivan 2002: 317).
392 Siehe Kapitel III.4.
393 Elsaesser (2016: 149) schreibt über Farockis Found-Footage-Filme: »Farocki hat es geschafft, dem Begriff ›Aneignung‹ eine neue Bedeutung zu geben: Aneignung, nun verstanden als der Transfer von Wissen, kulturellem Gedächtnis, Bildern oder Symbolen von einer Generation zur anderen und damit als alternative Möglichkeit der Aneignung dessen, was einmal einem anderen gehörte […].«
394 Diese Beobachtung bestätigt sich in der Lektüre von *Investigative Aesthetics* (2021), worin erwähnt wird, dass Farocki einen Film zu Forensic Architecture geplant hatte und seine Praxis als Pionierleistung einer Investigativen Ästhetik gesehen werde (vgl. Fuller/Weizman 2021: 4–5).

Vor dem Hintergrund seiner Arbeit ein Blick auf die Medienforensik von Forensic Architecture und Constanze Ruhm: Diese scheint, zwischen Kunst und Recht übersetzend, eine metafilmische Verfahrensweise einzunehmen – so die hier zu überprüfende Annahme: Die sich in der Wiederverwertung[395] vollziehende Transformation von Archivmaterial und Found-Footage bedingt eine performative Rekonstitution des Dokumentarischen, das in sich (wie im vorherigen Kapitel ausgeführt) bereits brüchig konstruiert ist. ›Metafilmisch‹ meint – als Weiterentwicklung der Montage von Found-Footage, welches das Kino seit jeher heimsucht und als Filmisches zweiter Ordnung[396] fungiert – ein Filmisches dritter Ordnung.

Die folgenden Überlegungen erfordern ein Denken im Film und womöglich nach dem Film. Für die Verfasstheit des Filmischen zweiter Ordnung scheint, historisch betrachtet, neben den Nürnberger Prozessen auch die *Ästhetik der Installation* (2003) von Juliane Rebentisch ein wesentlicher Bezugspunkt zu sein – in Hinblick auf Format und Reflexivität, selbst wenn vom Erfahrungsbegriff der Autorin abgewichen wird (siehe vorangegangene Ausführungen[397]). Denn Forensic Architecture ist medienreflexiv im systemischen Sinne. Damit gemeint ist, dass es sich nicht um eine Reflexion des verwendeten Mediums handelt, das sich quasi selbst befragt (wie viele von Ruhms Arbeiten, die Kunst sind, die Medien reflektieren), sondern um eine Reflexivität, die der Informationsgenerierung dient. Wir haben es nicht mit einem Film über einen Film zu tun, sondern mit einer metafilmischen Investigation von zueinander kartografiertem Material, das etwa filmisch, datenförmig oder ästhetisch-sensorisch sein kann: Die medialen Fragmente bedürfen der Translation und Transposition zueinander. Welche dem Film entlehnten Strategien sind insofern der Medienforensik eingeschrieben? Das Kino wurde lange als Erkenntnisform über die Psyche angesehen. Anschließend an Godard begreift auch Didi-Huberman (vgl. 2007: 197) das Kino als »Denkform«, das auf der Montage zunächst zweier Bilder ein drittes entstehen lasse, ohne

---

395 Der Begriff der Medienökologie tritt speziell im Zusammenhang mit den Ambivalenzen kollaborativer Prozesse auf, wie beispielsweise Jon Dovey im Aufsatz *Documentary Ecosystems: Collaboration and Exploitation* (2014) herausarbeitet. In diesem analysiert er Dynamiken aus Kollaboration und Ausbeutung als konstitutiv sowohl für biologische wie kulturelle Ökosysteme (vgl. Dovey 2014: 17). Er zieht eine Parallele zum Virus, der simultan zerstört wie co-produziert und in dem eine Werteumkehrung stattfinde: Giftiger Abfall bilde Nahrungsstoff für einen anderen Organismus (vgl. ebd.: 18). Statements von Augenzeug:innen, Interviews und das Sammeln von Informationen bezeichnet er als klassische kollaborative Dynamiken in dokumentarischen Ökosystemen (vgl. ebd.: 20).
396 Relevant sind hier Christa Blümlinger Analysen in *Kino aus zweiter Hand* (2009).
397 Siehe Kapitel I.1. und I.2.

dass es dabei zu einer »Synthese« oder »Fusion« der Bilder komme.[398] Zudem ist das Kino eine bekannte Schnittstelle kriminalistischer Thematiken, Narrative und Untersuchungsverfahren; die Investigative Ästhetik hat insofern Tradition im Film. Im Einsatz filmischer Mittel spiegelt sich der untersuchende Gestus beispielsweise in *establishing shots* der *crime scene*, in Zooms und Maßstabsveränderung oder im Sichern der Materialien im Feld. Wo sich Forensic Architecture oder Constanze Ruhm solcher visueller Rhetoriken des (Kriminal-)Films und im Speziellen der *detective science fiction* bedienen, wäre fallspezifisch festzumachen. Es sei erwähnt, dass sich die Disziplin der Kriminalistik parallel zum detektivischen Genre (zuerst literarisch, dann filmisch) im 19. Jahrhundert entwickelte.[399] Für Daniel Marcus und Selim Kara ist »the new media regime of the twenty-first century [...] governed by the extra-cinematic«[400] (vgl. Marcus/Kara 2015: 1). An diesen außer-kinematografischen Umstand knüpft das Metafilmische an.

In den Investigationen *Apartment*[401] (Constanze Ruhm, 1999) und *77sqm_9:-26min*[402] (Forensic Architecture, 2017), die hier vergleichend analysiert werden, lässt sich ein ›metamorphosierender Metabolismus‹ feststellen. Als transformativer Akt der Einverleibung geschieht dieser Prozess so gründlich, dass das ›gefundene‹ auditive oder visuelle Material im Endeffekt kaum mehr als solches zu erkennen ist. Die Aneignung vollzieht Ruhm in *Apartment* mit »transformatorische[m] Zugriff auf einen bereits bestehenden Film« (vgl. Blümlinger 2015: 50)[403] in Bezug auf dessen Montagen, Strategien und Charaktere. Die metabolische Aneignung durch Forensic Architecture betrifft in *77sqm_9:26min* einen in die Öffentlichkeit gesickerten Polizeibericht.

---

398 Sich auf Kracauers *Theorie des Films* beziehend, betont Didi-Huberman (2007: 247) den konstruktiven Effekt des Bildes, Realität zu dekonstruieren: »Bislang übersehene Objekte erobern plötzlich den Bildschirm, der Wechsel der Maßstäbe verändert unseren Blick auf die Welt, die neuen Zusammenstellungen der Montage erlauben uns eine andere Auffassung der Dinge.«
399 Zum Detektivischen siehe Kapitel III.1.
400 Die »kinematographische Installation« ist vergleichbar mit dem Terminus »Veräußerung des Kinos« (Schulte Strathaus 2015: 68).
401 *Apartment* ist eine stumme schwarz-weiße Animation, die im Kinosaal des damaligen 20er Hauses, Museum für moderne Kunst Wien (heute: Belvedere 21), ausgestellt wurde.
402 Es handelt sich um eine Fallstudie (Video + Report), in Auftrag gegeben durch das *Tribunal NSU-Komplex auflösen*, unterstützt durch das HKW, die *Initiative 6. April* und die *documenta 14*, auf der die Installation in Kassel 2017 ausgestellt war. Die *Initiative 6. April* ist als (neue soziale) Bewegung zu verstehen, die sich die detektivische Expertise von Forensic Architecture zunutze macht.
403 Blümlinger erwähnt dies in Bezug auf Ruhms installativ-filmische Arbeit *A Memory of the Players in a Mirror at Midnight*.

77sqm_9:26min (Abb. 10, 11) rekonstruiert einen mit dem »NSU-Komplex« assoziierten Mord an Halit Yozgat in dessen Internetcafé in Kassel im Jahr 2006. Nach vorausgehenden Gesprächen mit Nebenkläger:innen des NSU-Prozesses war das Ausgangsmaterial der Investigation von Forensic Architecture ein online veröffentlichtes Video einer polizeilichen Untersuchung. In diesem Video stellt der damals vor Ort anwesende Verfassungsschützer Andreas Temme sein Verhalten während des Geschehnisses nach, um zu veranschaulichen, nichts von der Ermordung mitbekommen zu haben. Forensic Architecture zweifelte an der Richtigkeit seiner Aussage und unterzog sie einer Plausibilitätsprüfung, verknüpft mit dem Verfahren des Möglichkeitsausschlusses. Dafür erstellte die Agentur ein digitales Modell des Internetcafés auf Basis der Materialien des Polizeiberichts sowie Open Source vorgefundener Fotografien (Aufsicht-, Luft- und Satellitenbilder). Am HKW in Berlin wurde im März 2017 zudem ein physisches Modell des Cafés als maßstabsgetreue Installation errichtet, um den Vorgang des Mordes in beiden Modellen parallel in Form dreier Szenarien zu untersuchen. Für die Simulation der relationalen Tätigkeiten der damals anwesenden Personen wurden im physischen Modell Schauspieler:innen eingesetzt, welche die Ereignisse rein bewegungsmäßig nachstellten. Die Forschenden berücksichtigen – im Sinne einer synästhetischen[404] Analyse – die raumzeitliche Matrix des Ablaufes (anhand von Telefon- und Logindaten sowie Zeug:innenaussagen), die visuelle Komponente der Blickachsen, die akustische des Pistolenschusses sowie die olfaktorische der chemischen Bestandteile des Schießpulvers inklusive dessen räumlicher Ausbreitung.[405] Der dritte Schritt bestand darin, ein digitales Modell des physischen zu erstellen und alle drei Ebenen zu überlagern – sozusagen zueinander zu übersetzen, um sie zu vergleichen, zu kombinieren und zu überprüfen.

---

[404] Synästhesie meint hier, dass eine investigative Installation oder Beweisführung mehrere Sinne gleichzeitig anspricht. Für Bertram (vgl. 2005: 93) ist Synästhesie eine Grundlage des Gesamtkunstwerks (geprägt durch Richard Wagner Mitte des 19. Jahrhunderts), wodurch »die Grenze zwischen Wirklichkeitsorientierung und Wirklichkeitsüberschreitung überspielt wird«.
[405] Für diese Simulationen wurde jeweils ein Spezialist für Akustik, Pistolen und Berechnung der Geruchsausdehnung herangezogen.

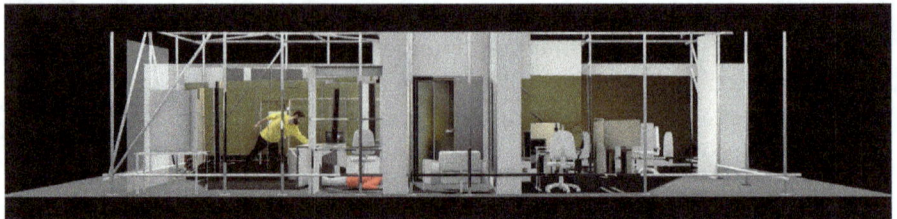

Abb. 10: *77sqm_9:26min* (2017), Forensic Architecture

Der Titel der Investigation fungiert als Code: 77 Quadratmeter hatte das Internetcafé, 9:26 Minuten dauerte der Mord und 1:07 Minuten das Video-Reenactment Temmes. Zwischen diesen räumlichen und zeitlichen Einheiten wurde nach einer öffentlichen Wahrheit gesucht.[406] In der Untersuchung interessierte sich Forensic Architecture nicht für die Tonalität der Stimmen der im Internetcafé Anwesenden, sondern für die zeitlichen Spuren der Logins als Ordnungsstrukturen des Digitalen. Datensammeln ist bei Forensic Architecture eine situativ-kasuistische Archäologie. Es handelt sich somit nicht um eine systematische Aufzeichnung, wie beispielsweise im Kontext von Regimen oder prophylaktisch durch Staaten und Firmen zur Überwachung, Sicherheit oder Kontrolle praktiziert. Die Datifizierung der mediatisierten und gescreenten Personen und Materialien impliziert eine Fokusverschiebung von Sinnen auf Sensoren. Dabei geht es nun nicht bloß um das Belegen eines Gegenteils oder um eine Gegenevidenz, sondern um einen informationsbasierten Erkenntnisgewinn. Das zentrale investigative Verfahren in *77sqm_9:26min* ist die Modellbildung, die ausschließlich auf Basis öffentlich zugänglicher Materialien geschah.[407] Ein Modell kann Entwurf, Muster, Nachbildung oder Simulation bedeuten. Prozesse der Abstraktion und

---

[406] Diese Medienforensik der *split second* weist Parallelen zum Versuch einer Mordaufklärung nach dem Attentat auf den US-amerikanischen Präsidenten John F. Kennedy auf: »Jedes Einzelbild des Films [den ein Augenzeuge des Attentats gemacht hatte, LS] erhielt eine Nummer und wurde als solches zum zeitlichen ›Ort‹ des Geschehens. Die Schüsse fallen [...] zwischen frames Z-210 und Z-313: insgesamt 5,6 Sekunden. Jede Sechzehntelsekunde wird jetzt zur Spur, zum Rätsel, jedes Einzelbild zu einem eigenen Kapitel des Tathergangs [...].« (Horn 2007: 424–425)

[407] Die Materialien setzen sich aus verschiedenen Quellen zusammen: »In 2015, many of the police records documenting this investigation were leaked by a website known as ›NSU Leaks‹ [...]. The leak made public police reports, witness testimonies, computer and phone logs and crime scene photographs.« (Forensic Architecture 2017a: 6) Zudem wurden Zeug:innenaussagen des Verfahrens im Oberlandesgericht München und zwei Konversationen zwischen Forensic Architecture und Ismail Yozgat, der seinen ermordeten Sohn zuerst entdeckt hatte, herangezogen (vgl. ebd.).

Reduktion auf etwas als essentiell Eingestuftes bereiten es für die gerichtliche Zeitökonomie vor. Auch ausgewählte Einrichtungsgegenstände galten als unabdingbar für den Verlauf der forensischen Nachstellung möglicher Szenarien. Auf die anfängliche Recherche folgte das Erstellen eines Architekturmodells, in dem die Untersuchung vorgenommen und Handlungen eingespeist wurden. Außerdem wurden mittels Grafiksoftware Texturen und Oberflächen gerendert, sowie Ablauf, Licht und weitere sensorische Komponenten simuliert. In einem weiteren Schritt vollzog sich die Animation, in der die virtuelle Kamera durch das Raummodell gleitet. Hierbei war die das Reenactment vorgebende Blickrichtung entscheidend, da es nicht darum ging, in freier Bewegung die virtuelle Architektur zu erkunden, sondern darum, einen forensischen Blick auf den zu ermittelnden ›Sachverhalt‹ zu werfen. (Ähnliches gilt für *Apartment* – dazu im Anschluss.)

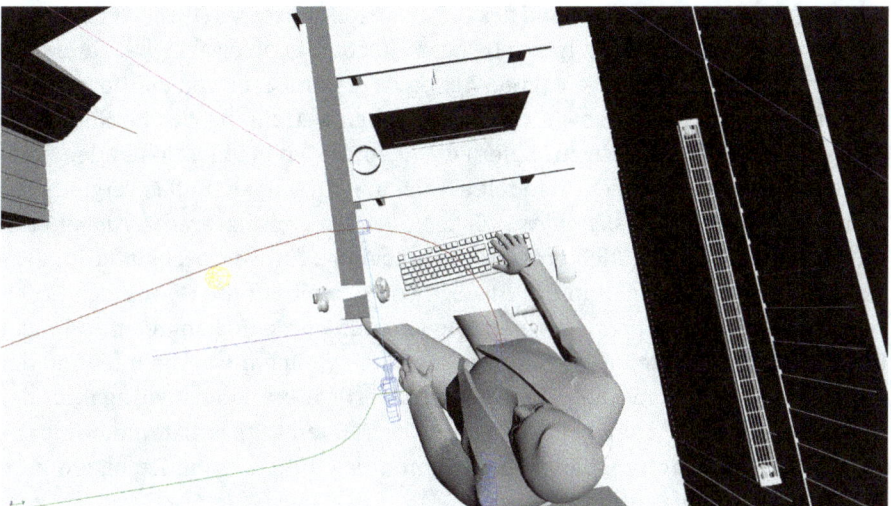

Abb. 11: *77sqm_9:26min* (2017), Forensic Architecture

Das *Tribunal NSU-Komplex auflösen*, welches die Untersuchung durch Forensic Architecture beauftragte, kritisierte nicht die Gesetzeslage per se, sondern die strukturell rassistisch motivierte Rechtsprechung. Diesen Eindruck bestätigte nicht zuletzt der Gerichtsprozess selbst, in dem sich »alltägliche Hegemonien des Sprechens und Zuhörens« reproduzierten, wie Johannes Salim Ismaiel-Wendt im Aufsatz *RICHT-MIKROFONE: Gutachten zu Fragen möglicher »sonischer Segregation« im sogenannten NSU-Prozess* (2018) feststellt (vgl. Ismaiel-Wendt 2018: 183):

> *Sie*, die Angeklagten, Mittäter:innen, Unterstützer:innen der Angeklagten, haben das Recht zu schweigen ... Die immer noch als ›die Anderen‹ Imaginierten, die Betroffenen und Hinterbliebenen der Mordopfer bleiben auch in der sonischen Situiertheit des Gerichts in der Rolle eingeladener ›Gäste‹ inszeniert. Die sogenannte Nebenklage klagt buchstäblich, räumlich und sonisch wie von nebenan. (Ebd., H.i.O.)

Die Nebenklage, im deutschen Strafverfahrensrecht eine Ausnahme zur Offizialmaxime, kann als Mittlerin zwischen Tribunal und Gerichtsprozess (Hauptverhandlung 2013, Ende der Beweisaufnahme 2017, Ende der Plädoyers 2018, Urteil 2021) auftreten. Welches Recht jedoch rief das Tribunal, dem offiziellen NSU-Prozess gegenüber ambivalent, an? Es steht in einer Tradition anderer »trauma trials« (Felman 2002: 4), deren »indivisibility and the reversibility between private and collective trauma« (ebd.: 7) Shoshana Felman in *The Juridical Unconscious: Trials and Traumas in the Twentieth Century* (2002) anhand des Eichmann-Prozesses (1961, von kollektiv zu privat) und des O. J. Simpson-Prozesses (1995, von privat zu kollektiv) analysiert: »What has to be heard in court is precisely what cannot be articulated in legal language.« (Ebd.: 4) Neu ist der Einbezug von Plattformen der zeitgenössischen Künste sowie von forensischen Verfahren. Welche Rolle kam Forensic Architecture darin zu? Sofern die Agentur sich in einer richtenden Rolle wiederfindet, gilt zu fragen: Handelt es sich um ein Vorgehen, das vergleichbar ist mit gesetzes*konkretisierendem*, lücken*füllendem*, gesetzes*vertretendem* oder gesetzes*korrigierendem* Richterrecht? Eine mögliche Antwort besteht darin, dass sich ihre Untersuchungen in der Anzeige von Gewalt auf die *Gewalt* des Gesetzes als *Kraft* eines *life of law* berufen. Die Agentur wurde im konkreten Fall nicht beauftragt, eine Polizeiinvestigation zu erstellen; vielmehr war die Intention der forensisch-architektonischen Analyse die Investigation einer Investigation der deutschen Polizei.[408] Die Agentur machte hier Affären kritisierbar, indem sie die lückenhaften und intransparenten Verfahren des die deutsche Rechtsordnung vertretenden Organs aufdeckte.

In welchem Stil ist das abschließende Protokoll zu *77sqm_9:26min* verfasst – im Gutachtenstil (angewendet im Jurastudium, im Konjunktiv geschrieben und mittels Subsumption unter Rechtssätze erstellt) oder im Urteilsstil (sprachlicher Tenor der Richterin oder des Richters, mit vorangestelltem Fazit, im Indikativ geschrieben und mit einer Begründung, die dem *wenn–dann nach Paragraf*-Prinzip folgt)? Die Konklusion zur Untersuchung ist anfangs im Konjunktiv verfasst, endet jedoch mit dem Fazit: »These results establish that Temme's testimony is

---

[408] Darauf verwies Eyal Weizman im Seminar *Investigative Aesthetics, Events and Traces*, Begleitprogramm zur Ausstellung *Forensic Architecture: Towards an Investigative Aesthetics* am MACBA im Juni 2017.

untruthful.« (Forensic Architecture 2017a: 31) Die Agentur gelangte hier also zu einem Urteil, das nicht besagt, wer den Mord begangen hat, aber die Inkorrektheit von Temmes Aussage feststellt und ihn im selben Zug zum Zeugen ersten Grades deklariert (davor hatte er nicht als *witness* des Mordes gegolten). Sein Reenactment-Video wurde ursprünglich als repräsentative Darstellung gehandhabt, aufgrund des Experimentalbeweis-Verfahrens durch Forensic Architecture jedoch wurde es als ›Verbrechen‹ entlarvt.[409]

Die Rekonstruktion, mitsamt ihrer Performativität, Probenhaftigkeit und Spektralität, ist eine Untersuchungsform. In *Forensic Media* (2014) beschreibt Greg Siegel vier (ineinandergreifende) forensische »spectral repetitions«, wobei zwei ganz besonders das Verfahren von *77sqm_9:26min* bestimmen. Allen voran das Mittel »replay«[410] (Siegel 2014: 43): Da in der spekulativen Wiederholung und obsessiven empirischen Analyse neue Informationen stets die Beweislage modifizieren können, wird so lange überprüft und erprobt, bis die faktischen Zusammenhänge passen. Forensic Architecture reproduzierte dafür den Tatort. In ihrer Rolle als Expert:innen[411] und Sachverständige ließen sie dem theatralen Nachspiel die metafilmisch übersetzte Präsentation in Tribunal und Museum folgen. In der »representation«[412] (ebd.) vollzog sich die wissenschaftliche Darstellung der Information aus forensischen Medien.

Des Weiteren lässt sich feststellen, dass es zu einer medialen Verschiebung der Streitsache kam. Tobias Ebbrecht-Hartmann schreibt im Aufsatz *Rekonstruktion, oder: Dokument-Werden: Metafilmische Praktiken der (Wieder-)Aufführung*

---

409 »Im Gegensatz zu sonstigen Beweisen, die auf die Rekonstruktion von vergangenen Tatsachen abstellen, geht es beim *Experimentalbeweis* um das experimentelle Nachstellen von Verhaltens- und Wahrnehmungsmöglichkeiten. Deshalb ist der Experimentalbeweis je nach konkreter Ausformung ein Sachverständigenbeweis oder eine Augenscheinseinnahme.« (Kühne 2010: 466, H. LS)
410 »*Third repetition*: the crime or accident becomes the subject of scientifically informed speculative *replay*. Mysteries are investigated through an almost obsessive-compulsive process of empirical analysis and imaginary reenactment. New theories of the case are continually advanced and mentally auditioned in relation to the evidence at hand. New stories about ›who did it‹ or ›what really happened‹ [...] are generated, rehearsed, and revised until they ›fit‹, until they ›match‹ the known facts.« (Siegel 2014: 43, H.i.O.)
411 Wohingegen üblicherweise Expert:innen von Zeug:innen unterschieden werden, widmet Susan Schuppli der Figur »Expert Witness« in *MATERIAL WITNESS: Media, Forensics, Evidence* (2020) ein eigenes Kapitel (S. 197–214).
412 »*Fourth repetition*: the crime or accident becomes an object of scientific *representation*. The peculiar art of forensic reconstruction involves numerous feats of instrumentally mediated detection and depiction. An assortment of graphic, photographic, electronic, and digital technology – a battery of forensic media – is used to register, record, and reproduce various criminal or catastrophic phenomena in an effort to reveal the true essence.« (Siegel 2014: 43, H.i.O.)

und *Transformation historischer Filmmaterialien* (2016), dass der Einsatz von »Genremustern« die Belegfunktion in der Praxis der Rekonstruktion unterstütze (vgl. Ebbrecht-Hartmann 2016: 244). Was er in Bezug auf den Film *Rekonstituirea* (1959) feststellt, hat Gültigkeit für die Investigation *77sqm_9:26min*, da in dieser ebenso eine »Überführung des kriminologischen Falls vom Streitmedium des Gerichts in das des Films« (ebd.: 244) vonstattenging. Das Reenactment seines Verhaltens sollte im Rahmen der polizeilichen Untersuchung Temmes Unschuld darlegen. Dessen scheinbar unbedeutendes Verhalten wurde jedoch auf Basis der forensischen Untersuchung zur faktischen Tat – über ein filmisches Dokument veranschaulicht. Die Beglaubigung seiner Unschuld wird in *77sqm_9:26min* zur Beglaubigung seiner Mitschuld oder seines Mitwissens am Mord. Darin liegt das realitätsstiftende Moment des filmischen Mediums.

Von den in der Ausstellung *Investigative Commons* (2021) am HKW vorgestellten Investigationen erhielt *The Murder of Halit Yozgat* (Abb. 12) besondere Aufmerksamkeit: Aufbereitet in Form einer Installation bestand der zentrale Teil aus einem Bodenteppich, der den Grundriss des Tatorts Internetcafé abbildete; auf einem Videotriptychon war die Untersuchung *77sqm_9:26min* zu sehen und auf einem Bildschirm das Making-of des Reenactments am HKW im Jahr 2017 durch Forensic Architecture in Kollaboration mit den angeheuerten Spezialisten. Kennzeichnend für dieses Making-of ist die Präsenz des technischen Equipments, des Filmteams hinter den Kulissen sowie derjenigen, die Szenarien erproben/testen. Ein beigestellter Tisch (Abb. 13) zeigte neben einer Zeitleiste zum Fall und der Distributionsgeschichte des ›Beweises‹ *77sqm_9:26min* in verschiedenen Foren auch Materialien in Papierform, eine Videodokumentation der Demonstration *Kein 10. Opfer!* (Kassel, 2006) sowie eine Videodokumentation der Präsentation der Untersuchungsergebnisse durch Forensic Architecture auf dem *Tribunal NSU-Komplex auflösen* (Schauspielhaus Köln, 2017).

II.2 Medienforensik des Films —— 179

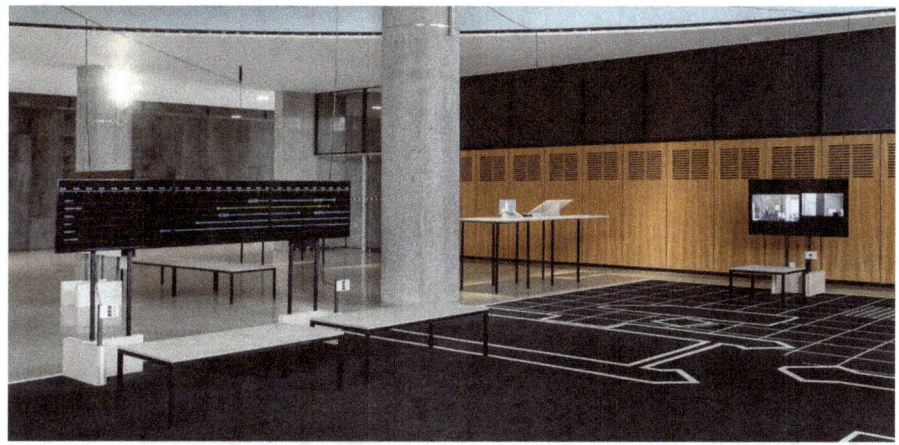

Abb. 12: *Investigative Commons* (2021), Haus der Kulturen der Welt (Investigation *The Murder of Halit Yozgat*)

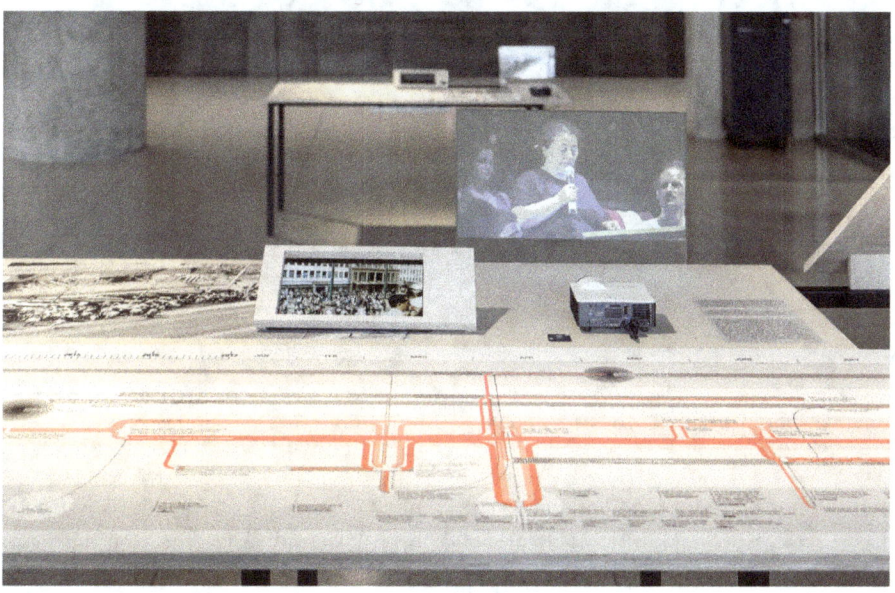

Abb. 13: *Investigative Commons* (2021), Haus der Kulturen der Welt (Investigation *The Murder of Halit Yozgat*)

Apartment (Abb. 14) von Constanze Ruhm ist ein virtuelles Architekturmodell des Apartments in Jean-Luc Godards Film *Le Mépris* (1963) in Form eines computeranimierten Videos. Das Setting ist reduziert auf weiße Wände, zugleich funktionale Filmarchitektur wie Projektionsfläche.[413] Eine Kamera nimmt die Perspektive der Protagonistin (gespielt von Brigitte Bardot) ein und simuliert ihre Blicke und Bewegungen in einer Szene mit ihrem Partner (besetzt mit Michel Piccoli) kurz vor der Trennung. Das Ergebnis, eine zu durchstreifende Kartografie eines Apartments, enthüllt gegenderte Sichtachsen in einem vermeintlich ideologiefreien Raum. ›Die Kamera bewegt sich endlos durch diesen leeren Raum, der sich selbst beschreibt [...].‹ (Ruhm in Fuchs 2015: 164) Blümlinger (1999) schreibt über *Apartment*: »Die Abwesenheit der Erzählung führt zu einem Überfluss von Bild und Bewegung.«

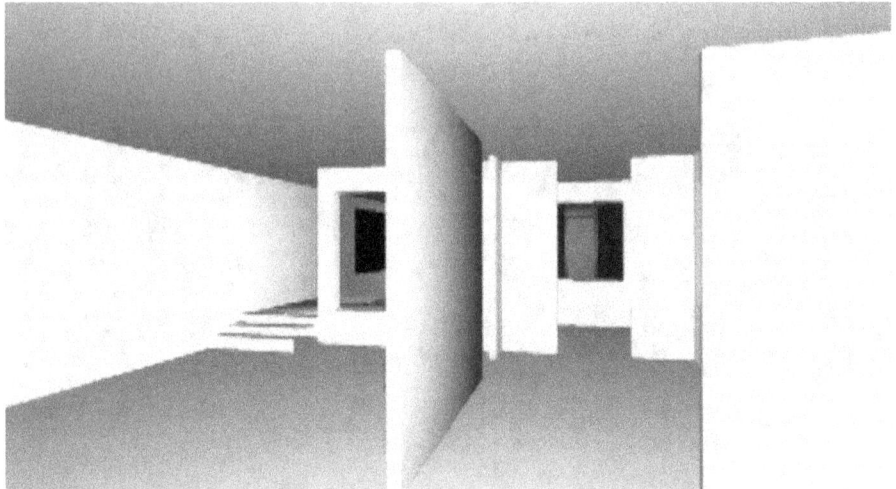

Abb. 14: *Apartment* (1999), Constanze Ruhm

Insofern es sich um eine Fallstudie der *Nouvelle Vague*-Ikone *Le Mépris* handelt, kann das dort ausgeführte Narrativ dekonstruiert und auf seine Bedingungen hinterfragt werden. *Le Mépris* selbst aber richtete sich, zuvorderst durch das Metanarrativ des Filmdrehs, bereits gegen die Konventionen und Erzähltraditionen des Hollywoodkinos: Vielfältige Montagestrategien, wie beispielsweise

---

413 »*Apartment* zeigt eine räumliche Konstellation von Wänden als weiteren Projektionsflächen und spiegelt insofern intern seine eigenen Rahmenbedingungen wider.« (Fuchs 2015: 162–163, H.i.O.)

Jumpcuts, erinnern stets daran, dass es sich um eine Inszenierung handelt. Insofern sich der Blick Bardots in *Apartment* nicht einfach auf die Kamera oder ihren Partner richtet, sondern auf die jeglicher Einrichtung und Farbe entleerte Architektur als funktionale Bedingung der Narration, ist die Computeranimation keine einfache Umkehrung von *Le Mépris*. In Ruhms »digitalen Simulationen filmischer Sets«, wie sie sich in ihren Arbeiten *Travelling / Plan 234 / Extérieur nuit* (1999) und *Apartment* (1999) finden, »geht es nicht nur darum, buchstäblich einen Blick hinter die Kulissen von Dreharbeiten zu werfen, sondern die grundlegenden Prinzipien einer *Mise en scène* abstrahiert zu präsentieren« (vgl. Blümlinger 2015: 47). Diese *mise en scène* untersucht das Apartment als Struktur des Privaten im Politischen, als exemplarische Studie einer Zelle (Kleinwohnung) eines größeren Organismus (Mietshaus). In *Apartment* erforscht Constanze Ruhm Godards filmische Sequenz hinsichtlich der räumlichen Bedingungen der Beziehung zwischen Bardot und Piccoli. Hierfür dekonstruiert sie die raumzeitlichen Blickregime in *Le Mépris*. Somit ist *Apartment* als eine forensische Analyse des Kinos zu verstehen, gerichtet auf die bewegte Filmarchitektur der *Nouvelle Vague*. Stünde nicht das Motiv der Korrektur im Vordergrund, ließe sich *Apartment* als Gemeinschaftswerk bezeichnen, das sich in Godards Einzelwerk (an welchem selbst viele Akteur:innen beteiligt sind) einschreibt, indem Ruhm Godard übersetzt.

Jenseits des Films, um ein Kapitel aus Christa Blümlingers Buch *Kino aus zweiter Hand* (2009) zu zitieren, das der »Virtualisierung«[414] des filmischen Raums und dem metakritischen Agieren von Constanze Ruhm gewidmet ist, knüpft meine Überlegung zum ›forensischen Kino‹ an. Dieses kann entweder bedeuten, (i) dass der kinematografische Inhalt die Forensik betrifft oder (ii) dass die Elemente des Kinos (raumzeitliche Anlage, Apparat, Figuren, Handlung, Montage sowie Produktion, Rezeption und Distribution) sowie der ›mediale Untod‹ (auf systemischer, nicht darstellungsbezogener Ebene) einer forensischen Analyse unterzogen werden. Variante (ii) soll nun argumentativ getestet werden: Den ideologischen Gehalt sowie die Funktionsweise von Godards Kinofilm durchleuchtet Ruhms investigativ-filmische Fallstudie *Apartment*, in der eine krisenbehaftete Architektur den Status des forensischen Objekts einnimmt. Untersucht wird die Verstrickung von Kinoarchitekturen, -theorien und -apparaturen mit zeitbedingten narrativen Ästhetiken, welche das mediale Milieu der Figuren und deren

---

414 »Virtualisierung« transformiere »architektonische Strukturen«, »narrative Figurationen« und »raumzeitliche Abfolgen« (vgl. Blümlinger 2009: 256). Auch in einem späteren Aufsatz beschreibt Blümlinger (vgl. 2015: 46–47) drei ineinander übergehende Strategien bzw. Modalitäten im Werk von Ruhm als »virtualisierende Rekonfiguration«, die zugreife auf (i) den Raum, (ii) den Drehort, (iii) Geschichte und Produktion, die dekonstruiert werden.

Archivierung konstituieren. Auf der Metaebene vollzieht *Apartment* eine psychoanalytisch-forensische Analyse des Films, bevor er das Kino verlassen hat. Dieses gilt dabei als ideologisches Repräsentationssystem und angewandter psychoanalytischer Apparat. Kinematografische Verfahrenstechniken werden im Sinne der künstlerischen Forschung als Mittel ihrer eigenen Untersuchung eingesetzt. Das durch Carson (2007: 111–113) geprägte ›Conceptual Unconscious‹ ist vor allem für Videoinstallationskunst relevant: »This model entails a self-reflexive, non-positivist conceptual strategy whereby the unconscious drives of the *artist-as-analyst* are put under interrogation, alongside the analysis of a given ›event‹ in history and/or aesthetics.« (Ebd.: 112, H. LS) Die als »artist-as-analyst« operierende Constanze Ruhm unterzieht die Psychoanalyse einer forensischen Analyse – primär bezogen auf filmische Räumlichkeiten (Dispositive) und Projektionen wie Projektoren (Apparaturen), sekundär bezogen auf den Einsatz von Spracherzählung.

In *Apartment* erst angedeutet, macht Ruhms späteres Werk ein ›Kompositionsprinzip‹ explizit: Angelehnt an Deleuze/Guattaris ›Hybride‹ spricht Buchmann (vgl. Buchmann/Ruhm 2012: 169) bezüglich Ruhms Arbeiten von der »Idee rhizomatisch vernetzter Figuren- und Handlungsdispositive«. Blümlinger (vgl. 2015: 42) wiederum erkennt in Ruhms Arbeit die von Hal Foster beschriebene »verzweigte[] Logik des Archivs«. *Verzweigt* und *rhizomatisch*[415] vernetzt – die Projektion biologischer Figuren (des Organismus, des hybriden Netzwerkes etc.) auf kulturelle und mediale Phänomene und das Identisch-Machen dieser hat sich mit der Digitalisierung verstärkt. Dabei betont *vernetzt* die materiell-diskursive Einbettung der Referenz selbst. Eben jene Applikation der Umweltwissenschaft und der ökologischen Historiografie auf das relationale Denken zwischen Medium, Umwelt und Gesellschaft halten beispielsweise Maxwell et al. (vgl. 2015: xiif) für problematisch.[416] Ruhm, die seit dem Jahr 2001 mit Schauspieler:innen arbeitet, nimmt diese Entwicklung vorweg, indem sie Narration netzwerkartig verknüpft, also Fiktion und Kino selbst in ihren Zyklen von metabolischer Verwandlung, Referenz und Zitation erprobt und dabei ihre Zeitgenoss:innenschaft zu Theoremen und Technologien mitreflektiert.

Stefanie Schulte Strathaus wiederum behauptet, dass Ruhm ihren Figuren helfe, sich von auf sie gerichteten männlichen Projektionen zu befreien, indem

---

415 Aus dem botanischen Begriff des ›Rhizoms‹ entwickelten Deleuze und Guattari 1976 ein philosophisch-epistemisches Alternativkonzept zur Ordnungsmetapher des ›Baumes‹ – publiziert im Vorwort zu *Tausend Plateaus: Kapitalismus und Schizophrenie* (dt. 1992, franz. Orig. 1980).
416 Der Problematik lässt sich mit Hörl (vgl. 2013: 128) entgegnen, dass im Kontrast zu dem, was der Begriff ›Ökologie‹ heraufbeschwört – das Gesunde, Intakte, Beständige –, die allgemeine Ökologie »eine unnatürliche, nichtnatürliche, sagen wir subtraktive Ökologie« ist.

»sie ihnen ein Exil« verschaffe, in welchem sich diese entfalten können (vgl. Schulte Strathaus 2015: 72). Sie rezipiert Ruhms Arbeit vor dem Hintergrund von Derridas psychoanalytischer Archivtheorie mit einer Gleichsetzung von Archivierung und Verdrängung (vgl. ebd.: 67–68). Psychoanalytische Referenzen seien bei Ruhm (vgl. 2012: 168–169), so dieselbe, geprägt von einer Kritik an der Freud'schen und theatralen Triade. Ähnlich wie in der »Forensis« ermittelt sie in *Apartment* »Narrative ohne Geschichten« (Ruhm) basierend auf Architektur und räumlichen Bedingungen. Die Offenheit, welche die Investigation charakterisieren könnte, ist jedoch gebrochen durch die die Rezeption vorgebende selbstreflexive Darstellung und die Technik des Meta-Kinos. Äquivalent zur Technik der Meta-Fiktion[417] hält die metafilmische Investigation häufig bereits Rezeption von Form und Inhalt bereit. Es wird somit nie vergessen, dass es sich um einen selbst- und medienreflexiven Bezug auf das Kino handelt, ohne notwendigerweise Kino zu sein. Die »Umstände der Vermittlung« (Martínez/Scheffel 2016: 22) werden stets in Erinnerung gerufen. Ist es die Diagnose einer *Krise der Fiktion* (vgl. Rancière 2012), die Constanze Ruhm zu ihrer Form der forensischen Analyse veranlasste?[418] In *Und das Kino geht weiter* (2012) schreibt Jacques Rancière:

> Nicht das Reale befindet sich heute in Schwierigkeiten, sondern die Fiktion. Die Fiktion als erfundene Welt, die der Realität keine Rechenschaft schuldig ist, gleichzeitig aber eine Sphäre gemeinsamer Referenzen und Erfahrungen mit dieser definiert. (Rancière 2012: 21)

Ruhm (1999) zitiert in ihrem Portfolio zu *Apartment* dessen etymologische Bedeutung gemäß dem Architekten Mark Rakatansky als »being a-part-of and being apart-from«. Der metamorphosierende Metabolismus der Sequenz aus *Le Mépris* bringt ein unheimliches Fragment hervor, das zwischen Vertrautem (*being a-part-of*) und Unbekanntem (*being apart-from*) changiert. Während das Unheimliche außerhalb des Bildfeldes (*hors champ*) zu liegen scheint, befinden sich Beweise und Informationen *in spe* in Gestalt unscharfer Pixel, Bildstörungen oder gespenstischer Leerstellen häufig im Bildfeld (*champ*).[419]

---

417 Eine Metafiktion liegt vor, wenn die fiktionale Rede »durch verschiedene Formen der Selbstreflexion ihren besonderen Status in Form und Inhalt reflektiert und sowohl die Grundlagen ihrer Produktion explizit macht als auch Anweisungen für ihre Rezeption enthält« (vgl. Martínez/Scheffel 2016: 19).
418 Es sei angemerkt, dass Rancière auch »die alten Gründungsväter und neuen Nachkommen der Nouvelle Vague« dem Bereich der »konsensuellen Fiktion« zuordne, so Lie (vgl. 2012: 203).
419 »Innerhalb der Filmtheorie wurde der filmische Raum immer wieder als Beziehung zwischen Bildfeld (*champ*) und dem nicht Sichtbaren jenseits des Bildfeldes, dem sogenannten *hors champ*, beschrieben.« (Blümlinger 2009: 256, H.i.O.) Das postklassische Kino strebe nach dem *hors champ* (vgl. ebd., H.i.O.).

Erlauben psychoanalytische und ökologische Begriffs- und Verfahrenshorizonte eine medientheoretische Fusionierung in der Ästhetik? Und zwar als sensorisch-materielle *In-formation* (Einprägung und oberflächliche Einschreibung) oder *Projektion* (Übertragung) der Figur in ihre Umgebung? In den Investigationen von Forensic Architecture ist Architektur »aestheticized to its environment« (Weizman 2014: 14); über Leaks verfügbar gewordenes Material sowie ebenso die Abwesenheit desselben (»negative evidence«[420]) gelten als Information. In *Apartment* rekonstruiert Ruhm die Projektion: Auf diese Weise stellt sie nicht die Protagonistin wieder her, sondern lässt den ›Hintergrund‹ auftreten. Ruhm (vgl. Buchmann/Ruhm 2012: 160) versteht ihre eigene Praxis als Verweis auf den »griechischen Theaterchor und seine[] Kommentarfunktion«. Wie allerdings lässt sich der Auftritt des Grundes denken? Die Figur des Chors[421] ist eine nomadische, nicht in eine Dialogstruktur gefasste, sowie eine, die auch nicht-menschliche Formen trägt. Sie unterhält eine starke Verbindung zur Landschaftsfrage: Im Dionysostempel, in dem die griechische Tragödie aufgeführt wurde, zog der Chor vom Meer her ein – durch ein eigenes Tor in der Theaterarchitektur. Er sollte die Bühne für die Protagonisten (im damaligen Falle nur männliche) vorbereiten.[422] Die Amphitheater am Südhang der Akropolis »öffneten sich auf das Meer« und stimmten durch ihre Ausrichtung das Tragödienende zeitlich auf den Sonnenuntergang ab (vgl. Vismann 2011: 80): »Diese Öffnung auf die Umwelt unterscheidet das agonale Dispositiv von der theatralen Entscheidungssituation, die in der Kammer stattfindet [...].« (Ebd.) So sind wir wieder bei der Rechtsprechung angelangt.

Resümierend sei festgestellt: Die launische Stimmung Bardots in ihrem Streifzug durch das Apartment in *Le Mépris* wird übersetzt in die diesen Rhythmus nachstellende virtuelle Kamera in *Apartment*. Anstelle der dialogischen Struktur der Protagonist:innen tritt der Chor auf; er macht als mediale Ökologie in Form der

---

420 »This term indicates an absence of material evidence that is evidence in itself. Negative evidence can, potentially, be used to dismantle complex constructions and networks of knowledge. It is like an antibody to the practice of producing complex data assemblages.« (Forensic Architecture 2014b: 749)
421 Der *chorós* (Chor) gehört zu griechischen Dramen (v. a. Tragödien, aber auch Komödien). Situiert zwischen *Theatron* (Zuschauerbereich) und *Proskenion* (Bühne) kommt dem *Orchestra* als Tanzort des Chors eine zentrale architektonische Rolle zu. Nach dem *Prólogos* zieht der Chor durch einen eigenen Eingang ein. Jede *Epeisodion* wird durch den Chor (bestehend aus 12–25 Sängern, ursprünglich von Bürgern performt) eingeleitet.
422 Jünger als die Chorfigur ist die Auftrittsfigur, die sich im Theater des fünften vorchristlichen Jahrhunderts mit der griechischen Polis durchsetzte. Es ist eine repräsentative Figur, die im Sinne des Rechtssubjekts Probleme der Sesshaften in Szene setzt und Antagonismen verhandelt.

Architektur auf sich aufmerksam. Dies leitet über zu Forensic Architecture: Aus theaterphilosophischer Sicht ließe sich das Herausschälen der Agentur aus der Zivilgesellschaft als Moment des zum Akteur werdenden Chors lesen, der politisch kommentiert und – zugespitzter – investigiert und aufdeckt. Das In-den-Vordergrund-Treten der Ökologie, der Umgebung und des Milieus, das im vorigen Kapitel bereits mit Guattari behandelt wurde, lässt sich in den (semifiktiv-)forensischen Untersuchungen sowohl von Ruhm als auch von Forensic Architecture verzeichnen. Der Auftritt des Chors, das sich Aufdrängen der »Hyperobjects« (Morton 2013) und die »Gaia hypothesis« (Lovelock 1972, Lovelock/Magulis 1974), in der die Erde zur Akteurin wird, da die ökologische Krise durch eine systematische Zerstörung eingeleitet wird, konfrontieren die dialektische Dramalogik der Protagonist:innen affektiv. Einem medienökologischen Blick bleibt eine lineare Lesart der Wahrheit als Bedeutungs- und Geschehnisverkettung verwehrt. Eine solche Betrachtung verbindet *fond* und *figure* (es sei an die Überschreitung dieser durch die Simondon'sche »ästhetische Intention« erinnert). Architekturen handeln wie Akteur:innen, sind sensorische Materien und Orte der Historiografie, in denen Figuren, Personen und Ereignisse Indizien und Geschichtsfragmente hinterlassen haben, die rekonstruiert werden müssen. Spuren sind *da*, befinden sich jedoch zugleich im Entzug – verdrängt, ausgelassen, marginalisiert, übersehen, ignoriert oder aufgrund fehlender Übersetzung im Verschwinden begriffen (anstatt *lost in translation* zu sein).

II.3 Simuliertes Architekturmodell: Jurisdiktionelles Dispositiv

Homi K. Bhabha beleuchtet die »Jurisdiktion« – die übliche Bezeichnung für die Rechtsprechung – als das »Recht zu erzählen«:[423]

> [E]s ist keine bloße juristische Angelegenheit; es ist auch eine Angelegenheit der ästhetischen und ethischen *Form*. Die freie Meinungsäußerung ist ein individuelles Recht; das Recht zu erzählen ist dagegen [...] ein *kommunikatives* Recht [...]. Und dieses soziale Verhältnis – diese ›Relation‹ im doppelten Sinne des Wortes *to relate*, zu erzählen und miteinander

---

423 Der griechischen Etymologie von *dikê* spürt das *Dictionary of Untranslatables* nach: »The word *dikê*, which is of the same family as *deiknunai*, ›to show,‹ has the primary meaning of ›sentence‹ [...]; from this derives *dikazein* [...], ›to judge.‹ By extending this action to a procedure, it means ›an action of justice‹ (from which comes ›case argued, right claimed,‹ in other words, the expected sentence given) and, more generally, ›trial.‹ In these institutional contexts, still linked to the temporal idea of a procedure that is meant to end in a decision, the word, unlike the Latin *ius*, does not designate a preexisting right that ought to be recognized. Instead, the rights are themselves defined by the judgment.« (Judet de la Combe / Cassin 2014: 1125, H.i.O.)

zu verbinden – wird unsere Jurisdiktion, unsere buchstäbliche *juris-dictio*, der Ort, von dem aus wir sprechen, von dem aus wir die *Poiesis*, das Machen von Kunst und Politik beginnen. (Bhabha 2002: 418, H.i.O.)

Die Investigationen von Forensic Architecture mögen auf Faktizität reduziert und ohne offensichtliche Narrativierung hervortreten. Doch das quasi-künstlerische Kollektiv rekonstruiert nicht bloß, sondern reflektiert im »Recht [die öffentliche Wahrheit, LS] zu erzählen«. Narrativierte Collagen aus Fakten erlauben ein Geschehnis plausibel erfahrbar zu machen, sich empathisch in Daten-Landschaften einzufinden und aus dem, was bloß registriert wird, eine Erkenntnis zu gewinnen. (Kultur-)Techniken materieller Zeug:innenschaft bringen persuasive Visualisierungen hervor, die sich an juristischen, aber, wie eben festgestellt, auch an filmisch-forensischen Methoden orientieren.[424] Bevor auf diese Aspekte näher eingegangen wird, sei die investigative Erzählung von einer testimonialen Erzählung als potentiellem Bestandteil einer Investigation abgegrenzt: Denn die forensische Beweisproduktion verlangt nach einer gewissen »Denarrativierung« (Suntrup 2018: 179) einzelner Beweismittel. Auf die »Denarrativierung« folgt die Narrativierung im Ermittlungsvideo.

Gemeinhin wäre die »Forensis« mit faktualem[425] Erzählen in Verbindung zu bringen. Daher hier der Versuch, die Art der Erzählung in der Fallstudie *77sqm_9:26min* näher zu bestimmen: Die Agentur bettet die autorisierte und lineare Erzählung des Polizeireports in eine größere ein, sodass dem Report sein autoritärer Status abgesprochen wird. Das Modell hingegen bleibt durchlässig für etwaig ergänzende Informationsausschnitte, Materialien und mediale Versatzstücke, die systemisch betrachtet die Relation der anderen Elemente zueinander verändern können. So nimmt die Investigation rückwirkend Einfluss auf den abgeschlossenen Polizeibericht, indem sie diesen zum Fragment einer investigativen Karte oder Collage erklärt. Im Mapping macht allerdings erst das »broadcasting further« (Weizman 2014: 12) mediale Artefakte zu Beweisen. Der Beginn jeder von Forensic Architecture durchgeführten Investigation liege in der Widersprüchlichkeit aller Berichte und Darstellungen und führe zur Erarbeitung

---

[424] Was die juristische Überzeugung und die Produktion von Klarheit betrifft: »Staatsanwälte, Verteidiger, Angeklagte und Zeugen, sie alle arbeiten daran, den grundsätzlichen Zweifel des Gerichts an allem, was dort vorgetragen wird, in Gewissheit zu verwandeln.« (Vismann/Weitin 2006: 11)

[425] Im *Lexikon und Register erzähltheoretischer Begriffe* (enthalten in *Einführung in die Erzähltheorie* von Matías Martínez und Michael Scheffel) wird die »faktuale Rede« folgendermaßen definiert: »Authentische (schriftliche oder mündliche) Rede aus Aussagesätzen, die von einem realen Sprecher mit behauptender Kraft geäußert werden [...].« (Martínez/Scheffel 2016: 217)

eines möglichst kohärenten (Gegen-)Narrativs,[426] so Weizman (vgl. 2017: 128). Diese Vorgehensweise entspricht der Wahrscheinlichkeits*erzählung* (seit Cicero – vgl. Vismann/Weitin 2006: 12) oder der einer analytischen Erzählung: »[Es] [...] gehört zum Modell der *analytischen Erzählung* [...], dass sie mit einem rätselhaften Ereignis beginnt und dann Schritt für Schritt das Geschehen *vor* diesem Ereignis rekonstruiert (oder zumindest zu rekonstruieren versucht).« (Martínez/Scheffel 2016: 41, H.i.O.) Durch das Motiv der Aufklärung werden Investigationen so erzählt, als handle es sich um Detektivgeschichte, wobei Daten und Kartenmaterial die authentisch-analytisch-faktuale Erzählweise unterstützen.

Im Unterschied zu narrativen Texten, deren Linearität konstitutiv ist (vgl. ebd.: 34–35),[427] ermöglicht das Mapping die Darstellung gleichzeitiger Ereignisse und Sequenzen inklusive unterschiedlicher raumzeitlicher Matrizen.

Eruptive und langsame Gewalteinwirkung sichtbar zu machen, sei, so Weizman, sowohl auf wissenschaftlich-repräsentativer Ebene (aufgrund der zeitlich-territorialen Ausbreitung sowie der multiplen beteiligten Akteur:innen[428] und Phänomene) als auch auf juristischer Ebene herausfordernd, da das Gesetz nach linearer Darstellung von Kausalitäten verlange. Während Gerichte mit linear-kausalen Protokollen agieren und so Relationen auseinanderreißen, arbeite Forensic Architecture« neben dem Format des Protokolls auch mit »causal ecologies« und »field causality«[429]; ausgegangen werde von einer systemisch-ökologischen Konfliktorganisation. Da diese Vorgehensweise räumlicher Repräsentation jedoch in

---

426 Gegen-Narrative können auf unterschiedlichen Ebenen zustande kommen: (i) innerhalb von Gerichtsverhandlungen durch Konfrontationen zwischen Narrativen der Anklage und Gegen-Narrativen der Verteidigung (vgl. Suntrup 2018: 163) oder (ii) zwischen oder innerhalb einer Rechtsordnung(en), wo ›Geltungsgeschichten‹ (Melville/Vorländer) stets Gegen-Narrative hervorrufen (vgl. ebd.: 184).
427 Dies bedeute jedoch nicht, dass Erzählzeit und erzählte Zeit übereinstimmen müssen – nicht-chronologische Anordnungen sind möglich. Narrative Anachronien gebe es in Form von Rückwendungen/Analepsen und Vorausdeutungen/Prolepsen. (Vgl. Martínez/Scheffel 2016: 35–36)
428 Biotische (wie Menschen und Tiere), abiotische (wie Feuer und Gestein) und immaterielle (wie Kommunikation und Ideen) Akteur:innen können in Hinblick auf ihre raumzeitlichen Beziehungen und ihren Einfluss auf Ereignisse unterschieden werden (vgl. Yuan et al. 2015: 180–181).
429 »In the gestalt of human rights work, the figure (individuals/testimonies/exhumations) and the ground (collectives/territorial studies/epidemiology) occupy opposite ends of the spectrum. We needed another operative concept in order to work across the figure–ground divide. *Field causalities*, relating to the dimension of field in the field/forum divide of forensic practices, allowed us to connect individuals, environments, and artifices. They are, as our curator Anselm Franke explains, articulated through multiple foldings of figures into grounds, beings into their milieus, forms emerging out of origins, influencing these ›grounds‹ in return.« (Weizman 2014: 26–27, H.i.O.)

juristischen Foren ausgenützt werden könne, um Verantwortung abzuwenden, seien es momentan vermehrt politische Foren, in denen »field causality« berücksichtigt werde. (Vgl. Weizman 2017: 114–120)

Diese Problematik trägt dazu bei, dass sequentielle Erzählformen im Genre des schriftlichen und filmischen Reports attraktiv bleiben. In kartografierten und simulierten Räumen, visuellen Kartografien und Architekturmodellen hingegen liegt ein Enthüllungsversprechen, das im Überblick über das Simultane und in einer gewissen Unbestechlichkeit komplexer medienarchitektonischer Argumentation begründet ist (mehr dazu im Anschluss).

Die Investigationen verweilen nicht bei einer »emotionale[n] Katharsis des Geschichtenerzählens« (Bharucha 2002: 422) als Teil einer »Kultur der Versöhnung«[430] (ebd.) oder beim Beklagen – keine Versöhnung ohne Aufklärung.[431] Transformation nimmt die detektivische Erzählung aber nicht vorweg: Weniger wird also ein Übergang angerufen, als interventiv Wahrheit erstritten. In diesem Sinne erfolgt keine (implizite) Zusicherung, dieses oder jenes Verbrechen werde nie wieder passieren – wie es vielfach bei Wahrheits- und Versöhnungskommissionen der Fall war. Vielmehr ist die *public truth* selbst das Versprechen: Es findet sich bei Forensic Architecture insofern eine emotionale Katharsis des Geschichten*rezipierens* in Form verständlich aufbereiteter Ermittlungsvideos. Diese offerieren eine kasuistische – den speziellen Fall raumzeitlich betreffende – Aufklärung, statt allgemein Repression und Verbrechen zu eliminieren. Allerdings

---

430 Eine solche Kultur habe die südafrikanische *Truth and Reconciliation Commission* (*TRC*) geprägt, so Bharucha (vgl. 2002: 422). Die Bewertung und Einschätzung jener *TRC*, die 1996–1998 tagte (mit einer Verlängerung bis ins Jahr 2002), fällt unterschiedlich aus: Stets geht es darum, wer (etwa Täter:innen, Opfer oder Expert:innen) im Mittelpunkt der Anhörung stand und welche rechtlichen und moralischen Konsequenzen diese gebracht habe. Näheres dazu etwa in *Computing the Law: Searching for Justice* (2017) von Susan Schuppli.

431 Während »Erinnerungsprozesse [...] einen real existierenden demokratischen Kontext [benötigen, LS], indem sie sich entfalten können«, fragt beispielsweise Nauta danach, »wie viel Aufklärung eine Gesellschaft vertragen kann, ohne zu zerfallen«. Von Erinnerungsarbeit könne nur gesprochen werden, sofern sie öffentlich stattfinde und »*kulturell zum Ausdruck* gebracht« werde. Dieser Ausdruck müsse aus widerspruchsvollen »Gegen-Denkmäler[n]« bestehen. (Vgl. Nauta 2002: 382–386, H.i.O.)

Aufklärung kann verschiedene Verfahren der Aufarbeitung umfassen: »Prozesse, Amnestien, Begnadigungen, [...] Straferlasse, Wahrheitsprozesse, Prozesse im Ausland, [...] wirtschaftliche Entschädigung und [...] die Wiedereinsetzung der Gerechtigkeit in den nationalen Gerichtshöfen durch eine gerichtliche Aufhebung der Amnestesie« (vgl. Guembe 2002: 271).

erweckt der Einzelfall zuweilen Aussicht auf eine über ihn hinausgehende historische Korrektur.[432]

Dies leitet über zur von Forensic Architecture in Zusammenarbeit mit dem *Equipo Argentino de Antropología Forense* und dem *Centro de Derechos Humanos Miguel Agustín Pro Juárez* durchgeführten Investigation *Ayotzinapa* (2017) (Abb. 15, 16). 43 Studierende wurden 2014 in Iguala, im mexikanischen Bundesstaat Guerrero, gekidnappt, sind aber nicht spurlos verschwunden – vielmehr hat ihr Verschwinden spezifische Spuren hinterlassen.

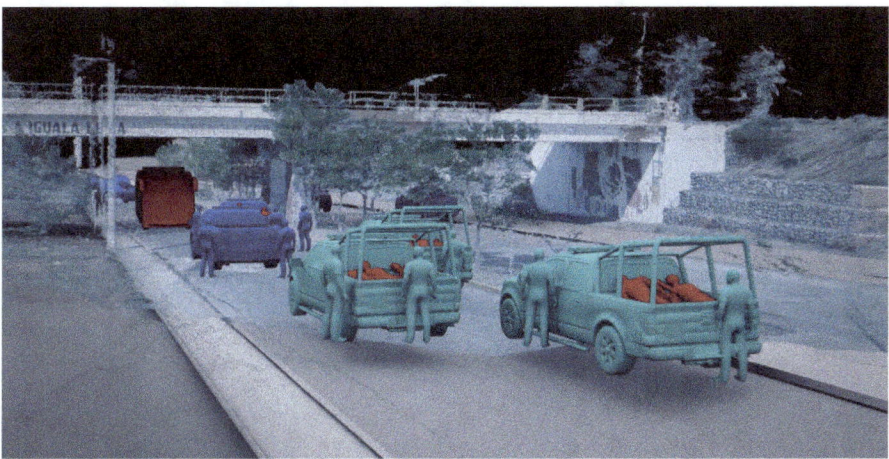

Abb. 15: *Ayotzinapa* (2017), Forensic Architecture

Während die mexikanische Staatsanwaltschaft unter anderem eine DNA-Analyse von menschlichen Körperresten durch das gerichtsmedizinische Institut der Medizinischen Universität Innsbruck beauftragte,[433] wurde Forensic Architecture von NGOs angefragt, den Fall zu untersuchen: Die Agentur legte den Fokus jedoch nicht auf physische Artefakte, sondern hauptsächlich auf digitale Daten. In der folgenden Analyse geht es nicht um den konkreten Ablauf der Entführung, sondern die formalen Strategien ihrer Untersuchung:

---

432 Korrektur wird dann der Strafe vorgezogen: »Während die Strafe im herkömmlichen Sinne weitgehend retributive Ziele hat, werden ihre Ziele in Übergangssituationen korrektiv: Sie greifen über den einzelnen Täter hinaus auf die Gesellschaft insgesamt.« (Teitel 2002: 281–282)
433 Siehe dazu die Einträge *Successful DNA analyses on missing Mexican remains* sowie *43 Mexican students missing – one victim identified* (Institut für Gerichtliche Medizin).

Die interaktive[434] Plattform ist Resultat eines »data mining« auf Basis verschiedener Open-Source-Software (zur Datenanalyse, zur Webvisualisierung und zum Datenmanagement) sowie von Satellitenbildern. Auf der Plattform können zu Information gewordene Daten erfahren und untersucht werden. *Ayotzinapa* funktioniert über räumliches und zeitliches Zoomen und einen möglichen Achsenwechsel innerhalb dreidimensionaler Ebenen. Hauptschauplatz sind drei Tatorte. Die auf der Plattform verfügbaren Videos dienen der Erläuterung der Ereignisse sowie der Bedienung der Plattform selbst (*tutorial*). Zum einen ist *Ayotzinapa* strukturiert nach Art des Ereignisses, nach Bewegungen, beteiligten Akteur:innen und Kommunikationsabläufen, wobei die dominantesten im Verschwindenlassen der Körper sowie in der Vernichtung von Beweisen bestehen, zum anderen sind die investigativen Schritte verzeichnet. Wichtigstes methodisches Darstellungsverfahren ist das *geo-tagging*[435] samt der damit verknüpften Symbole, die ein- und ausblendbar sind. (Vgl. Forensic Architecture 2017c)

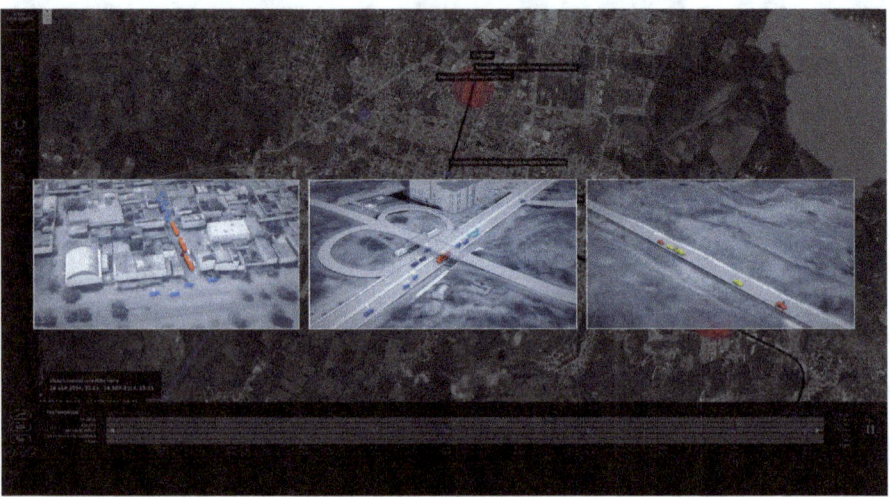

Abb. 16: *Ayotzinapa* (2017), Forensic Architecture

---

434 Interaktivität sei »engstens an das Wahrnehmbare geknüpft« (vgl. Hinterwaldner 2010: 153). »Nur über die Versinnlichung der Rechenergebnisse ist es möglich, im ›laufenden Betrieb‹ der Simulation zu intervenieren.« (Ebd.)
435 Um nur einige Begriffe herauszugreifen: medizinische Hilfe, Unfall, Kommunikation, Überwachung, Gewaltreport, Befehl, Angriff, Schüsse usw.

Ayotzinapa war auch Teil der Ausstellung *Forensic Architecture: Hacia una estética investigativa* (2017) am Museo Universitario Arte Contemporáneo (MUAC) in Mexiko-Stadt. Die Übersetzung in den Ausstellungskontext erfolgte als investigative Installation, deren zentraler Part aus einem großflächigen Diagramm bestand, ortsspezifisch in der mexikanischen Tradition in Form eines Wandbilds (*Mural*) mit dem Titel *The Forking Paths of Ayotzinapa* (Abb. 17). Eine Legende machte die diagrammatische Wandkarte verständlich.

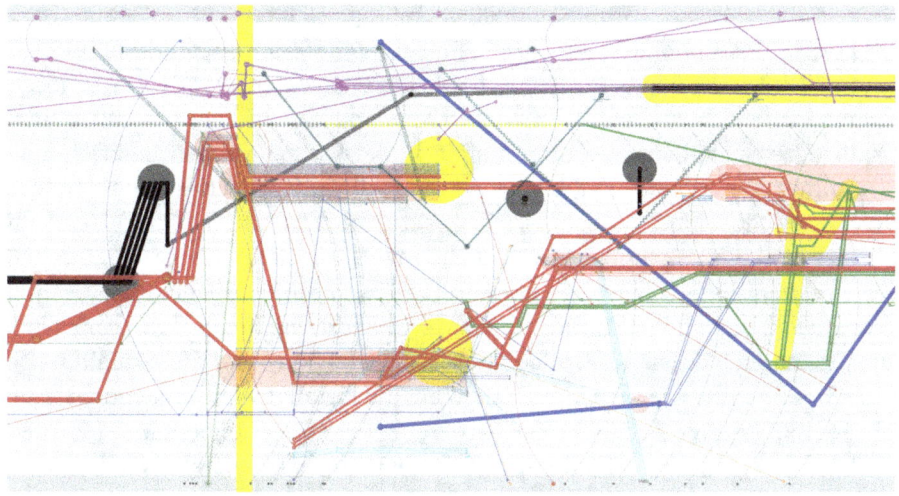

Abb. 17: *Ayotzinapa* (2017), Forensic Architecture (Wandbild *The Forking Paths of Ayotzinapa*)

Die Investigation funktioniert als »spatial narrative«[436] und ist ein anschauliches Beispiel für eine *deep map*, die zusätzlich zur räumlichen Dimension einer Erzählung Verfahren der Raumdarstellung nutzt. Mustererkennung, Vergleichsmöglichkeit, Datenillustration, Multiperspektivität und der Wechsel von Größenansichten seien einige der durch *deep maps* eröffneten Möglichkeiten (vgl. Bodenhamer et al. 2015: 5). Eine Kritik an solcherlei Praktiken formuliert beispielsweise Gab-

---

[436] Eine *deep map* »is a way to engage evidence within its spatiotemporal context and to trace paths of discovery that lead to a spatial narrative and ultimately a spatial argument« (vgl. Bodenhamer et al. 2015: 3).

riele Schabacher: »[D]as Zoomen[437] suggeriert eine Form der Sichtbarmachung, die einen problemlosen Übergang zwischen Globalem und Lokalem voraussetzt [...].« (Schabacher 2015: 88) Die junge Praxis des *deep mapping*, als »critical cartography«, werde in den Sozial- und Humanwissenschaften als (neue) Form der politischen Repräsentation eingesetzt; im Unterschied zu flachen Karten würden *deep maps* nicht bloß quantitativ mehr Information beinhalten, sondern auch medienreflexiv ihren Zweck offenlegen und seien sich ihrer Agentialität bewusst (vgl. Warf 2015: 136).[438] Vorläufer dieser kartografischen Verfahren liegen neben vorkolonialen Praktiken und kolonialen Appropriationen[439] in Geografie, Konzeptkunst, Institutionskritik, Soziologie (ethnografische Feldforschung) und Journalismus. Der Einsatz wissenschaftlicher Ästhetiken dient als »verwirklichender Effekt« (Campe 2015: 136) und verstärkt die Wirklichkeitssuggestion. Naturwissenschaftliche Verfahren treffen in der kartografischen Aufzeichnung disziplinenübergreifend auf bildgebende (auch künstlerische) Verfahren wie Zeichnung oder Montage. Historisch betrachtet entwickelten sich *deep maps* auch aus der affektiven Haltung gegenüber Urbanität, wie sie in der Psychogeografie der *Situationistischen Internationalen* und im *Unitary Urbanism* praktiziert wurde (vgl. Bodenhamer 2015: 21). Die *deep maps* von Forensic Architecture sind keine unmittelbaren Skizzen vor Ort, sondern hochreflektierte und die Aktualität des Falls vermittelnde wie vermittelte Analysen, die installativ im Ausstellungsraum angeordnet oder im Architekturmodell animiert werden können. Meist werden mittels Investigativer Ästhetik, der breitgefächerte Wissenspraktiken zugrunde

---

437 »Was die epistemische Dimension der Relation von Sichtbarkeit und Unsichtbarkeit betrifft, steht die Puppe in der Puppe bei [Bruno, LS] Latour für die Seite der Sichtbarkeit und des Zooms. Anders als in der kybernetischen Tradition, in der die russische Puppe gemäß der Logik der Kapselung als Bild für Unsichtbarkeit, also die Opazität der Blackbox steht, betont Latour an dieser Figuration gerade das Umgekehrte: Was für ihn im Vordergrund steht, ist die hierarchische Logik der Kapselung selbst und die in ihr prinzipiell angelegte Möglichkeit der Auffaltung [...].« (Schabacher 2015: 89)

438 Das Verhältnis von *deep maps* zur Welt sei weniger ein spiegelndes als ein »konversationelles«, wobei der Fokus auf der Performativität liege (vgl. Warf 2015: 141): »Neogeographic deep mapping is an ontological counterpoint for poststructuralist epistemology of representation in that it allows multiple voices to be heard, leading to a cacophony of representations in which places are depicted and viewed through multiple lenses.« (Ebd.: 139)

439 Im Kolonialismus – eine frühe Form der Globalisierung (vgl. Bhabha 2002: 410) – wurde Kartografie für imperiale Zwecke benutzt. Tupaias Karte (1769 auf James Cooks Reise auf der *Endeavor* eingesetzt) stehe exemplarisch für eine andere Wissensordnung vor Einführung der Längen- und Breitengrade (vgl. Eckstein/Schwarz 2015).

liegen, reale Räume in ihrer materiell-medialen[440] Aufbereitung und Agentialität untersucht. Kartografierungen verdateter Spuren, als Zeugnisse eines erweiterten Architekturbegriffs[441] von Forensic Architecture, eliminieren nicht die ausgeprägte instrumentelle und soziale Funktion der Architektur.

Gemäß relationaler Bildbegriffe sind – statt Einzelobjekten – Medienarchitekturen als Handlungsgefüge und Netze der Übertragung zu betrachten; Medienarchitektur kann auch zu neuen Vorstellungen von Gemeinschaft beitragen. Keller Easterling prägt mit dem Begriff des »infrastrukturellen Raums«[442] ein Verständnis von Architektur, die »als Information« »wiedergeboren« werde (vgl. Easterling 2015: 70).[443] Materie, Baumaterial, Kommunikationsabläufe und Ereignisse werden allesamt zu Information. Für medienforensische Ansätze ist Information in bildgebenden Verfahren, ob grafisch, fotografisch, elektronisch oder digital, wesentlich. In *After Art* (2013) betrachtet David Joselit Information als primäres Gut: »Indeed, like Conceptual Art, the most widespread ›international style‹ to emerge since the mid-1960s, the contemporary ethics of cultural property hinges on *information*.« (Joselit 2013: 7, H.i.O.) Um trotz aller Widersprüchlichkeit und Lückenhaftigkeit zu einer Darstellung und einer Beweisführung zu gelangen, kann Information von Forensic Architecture etwa in folgenden Formen erlangt oder analysiert werden: (i) *als* Bild oder *verwandelt in* ein Bild, (ii) in Form von Metadaten, (iii) bildinhärent das Motiv, die Bewegungen, Zeitlichkeit und Räumlichkeit betreffend, sowie (iv) aus aufschlussreichen Leerstellen und Spuren.

Im Aufsatz *Dataland (and its Ghosts)* (2012) skizziert Felicity D. Scott Konfliktzonen, die für die Rezeption der Investigationen von Forensic Architecture relevant sind. Zunächst ist es das Verhältnis erwünschter faktualer Wahrhaftigkeit neuer Medienarchitekturtechnologien zu der seit der Moderne in der Kunst hochgehaltenen Ambivalenz. Sie analysiert dies anhand der *Aspen Movie Map*

---

440 Materialität und Medialität der Architektur sind voneinander zu unterscheiden. Schabacher (vgl. 2015: 82–83) führt vier medienwissenschaftliche Aspekte der Architektur an: ihre Materialität, ihre Räumlichkeit, ihre Netzhaftigkeit sowie ihre Repräsentierbarkeit (Letztere betreffe die »ästhetische Dimension der Erfahrbarkeit sowie [...] symbolisch-semantische Aspekte«).
441 »Architektur hat oftmals genau dann eine Neubestimmung erfahren, wenn sie sich mit neuen Techniken verbunden hat.« (Kamleithner et al. 2015: 12)
442 »Infrastruktureller Raum ist [...] eine Plattform, die sich aktualisiert und in der Zeit entfaltet, um mit neuen Gegebenheiten umzugehen, die Beziehungen zwischen Gebäuden zu kodifizieren und logistische Abläufe zu diktieren.« (Easterling 2015: 70)
443 Weiterführend siehe Keller Easterling *Extrastatecraft: The Power of Infrastructure Space* (2014).

(1978/1979),[444] eine »hypercinematic technology« (Scott 2012: 159), die von der an das Massachusetts Institute of Technology (MIT) angebundenen *Architecture Machine Group* entwickelt wurde:

> [T]he Movie Map was a computer-controlled optical (analog) videodisc-based system that simulated movement through a virtual environment or so-called ›data space‹ by drawing upon a multimedia database. [...] While traveling they [the users, mainly soldiers, LS] could access other data sources, from ›micro-documentaries,‹ historical photographs and interior shots [...]. (Scott 2012: 159; Zitat im Zitat: Naimark 2006: 331)

Um diese Bilder zu produzieren, filmte die Architecture Machine Group vor Ort in Aspen (im US-amerikanischen Bundesstaat Colorado, in dem die bereits erwähnte *International Design Conference* abgehalten wurde) auf 16mm im 360 Grad Winkel. In der *Movie Map* wurde Found-Footage etwa von historischen Architekturaufnahmen in die neuen Aufnahmen eingeflochten; so funktionierte sie zugleich als Film wie Navigationstool.[445] Ihr System war angelegt, um raumzeitliche Unterscheidungen wie die zwischen »real« und »virtuell«, welche der vorelektronischen Ära anzugehören schienen, außer Kraft zu setzen (vgl. ebd.: 161). Aufgrund der interdisziplinären Matrix der Gruppe »symptomatically, architecture was articulated not only with graphic design but also with experimental film, the behavioral social sciences, and management, as well as large-scale corporate sponsorship and government funding« (vgl. ebd.: 160). Nicht allein wegen der innovativ verschränkten medientechnologischen Sphären (des Kinematografischen, der virtuellen Simulation, des Datenraums, der historischen Fotografie) ist die *Movie Map* interessant, sondern aufgrund politischer Fragen institutioneller Dienstbarkeit, die sich rund vierzig Jahre später auch bei Forensic Architecture stellen. Während die *Movie Map* vom US-amerikanischen Verteidigungsministerium finanziell unterstützt wurde, wendet sich die Medienpraxis von Forensic Architecture gegen militärische Zwecke. Ziel ist, die Leistungsfähigkeit des Modells zu entfalten, Monument (wird es nicht über seine Finalität definiert) kollektiver Aufzeichnung zu sein. In dem Sinne, dass Staat und Privatwirt-

---

444 Scott (vgl. 2012: 169) beschreibt die Crux folgendermaßen: Im Unterschied zu »aesthetic practices in the arts whose critical aim was often precisely to raise doubt regarding the construction of a particular reality or to render an image ambiguous or strange in order to provoke a subject to think« sei die *Movie Map* »the somewhat obsessive pursuit of seamless information transmission: the attempted substitution of one reality for another«.

445 Buchmann (2012: 52), deren Aufsatz ebenso Teil des Katalogs *The Aspen Complex* ist, schreibt über die *Movie Map*: »The form of hypermedia ›cognitive mapping‹ it developed — paving the way for interactive touchscreen and satellite navigation systems and Google Maps and Google Street View — is reflected here in the constantly changing camera angles.«

schaft gesichertes und systematisiertes sowie beiläufiges und informelles Wissen vereinen (vgl. Vismann 2012: 184), sind Medienarchitekturen infiltrierbar, ihre Protokolle können umgeschrieben werden und datenförmige Fragmente *leaken*, um die Basis alternativer Informationsarchitekturen zu bilden.

Ich möchte nun wie folgt argumentieren: Der »Kino-Gerichtssaal«[446] (Vismann 2011: 252), in dem das Filmmaterial auf der Leinwand dem Ding auf dem Tisch entspricht, wird von Forensic Architecture weiterentwickelt: Hier ist es das virtuelle *deep-mapped* simulierte und simulierende Architekturmodell, dem wesentliche jurisdiktionelle Aspekte zuteilwerden – der Simulationsbegriff[447] ist in diesem Fall technisch zu begreifen. Der »architektonische Bildkomplex« soll eine ortsspezifische mediale Argumentation, Verarbeitung und Distribution bieten. Er ist eine räumliche Perspektive auf den zu ermittelnden Sachverhalt sowie ein Medium der Speicherung, Übertragung und Präsentation. Darin kreuzen sich die verschiedenen medialen Sphären (Video, Kino, Film, Theater, Web) und räumlichen Dispositive (agonal, theatral, kinematografisch).[448] Die Praxis der Investigation ist somit eine der kartografischen Übersetzung, metafilmisch vermittelt, und sie ereignet sich zwischen der zeitlich offenen und installativen Struktur des Tribunals und der geschlossenen des »Gerichtstheaters«. Zudem kommt dem »architektonischen Bildkomplex« die Rolle einer Verfahrens- und Entscheidungsarchitektur zu: In ihm finden das kartografische Kreuzverhör – »Macht wird in erster Linie ausgeübt, indem sie Fragen stellt« (Foucault 2003: 69) –, das Erproben der Wahrheit sowie die Konstruktion einer Narration statt. Über den erläuterten architektonischen Unterschied von Tribunal und Gericht hinausge-

---

[446] Mehr dazu im Kapitel II.1.
[447] »Simulieren« wird hier nicht synonym für ›täuschen‹ verwendet, sondern seiner bildungssprachlichen Verwendung entsprechend: »Sachverhalte, Vorgänge [mit technischen, naturwissenschaftlichen Mitteln] modellhaft zu Übungs-, Erkenntniszwecken nachbilden, wirklichkeitsgetreu nachahmen« (Duden.de, Anm.i.O., *Simulation*). Diese differenten Ansätze sondiert Hinterwaldner (2010: 38–39, H.i.O.; Zitat im Zitat: Wahrig, Brockhaus, S. 772), wenn sie schreibt: »Wohl aufgrund einer simplifizierten Wiedergabe oder einer lexikalen Kürze und Pointiertheit vermeint man sich bei der Lektüre oft zweier recht verschiedener Definitionen von Simulation gegenüber: Die eine weist eine gewisse Nähe zur medizinischen Psychologie und zum Strafrecht auf und entspricht derjenigen, die [Jean, LS] Baudrillard in seinem Buch *Agonie des Realen* [dt. 1978, LS] voranstellt: Simulation als Vorspiegelung, Verstellung, Täuschung [...]. Die andere, technische Definition versteht unter Simulation eine Sammelbezeichnung für die ›Darstellung oder modellhafte Nachbildung physikalischer, technischer, biologischer, psychischer, sozialer, politischer, ökonomischer, militärischer Prozesse oder Systeme, die eine wirklichkeitsnahe, jedoch einfachere Untersuchung als das Original erlaubt‹.«
[448] Zur Unterscheidung dieser jurisdiktionellen Dispositive siehe Vismann 2011.

hend wird Architektur selbst zum Medium, deren physische und virtuelle Anteile in einem Informationskontinuum bearbeitet werden. Das wiederum spiegelt die auf Zeug:innen und Zeugnisse gerichtete »*cross-examination*, in der das investigative Element der *enquête* mit dem agonalen der *épreuve* verschmolzen ist« (Suntrup 2018: 407, H.i.O.).

Welche Funktionen das Architekturmodell, das mitunter ganze Stadtteile abdeckt, in unterschiedlichen Phasen erfüllen kann, soll nun präzisiert werden:

(i) Topologischer Ordnungsprozess und Übersetzungstechnik: Das Architekturmodell fokussiert auf wesentliche Informationen mithilfe von Softwareprogrammen (via Kodierung und *cross-mapping*) und kann so zur Software-Architektur werden. Anfänglich ist es Contentmanager und offenes geografisches Informationsarchiv, das *sachverständigend* die *Sache* vermittelt und die Bestandteile in einer *assembly of things and data* ordnet (es entspricht dabei keiner *amphi*-Räumlichkeit[449]). Juristisch betrachtet handelt es sich bei diesem Zur-Sache-Reden um eine Übersetzungstechnik und Versprachlichung (vgl. Vismann 2011: 199). Bei einem Zur-Sache-Zeigen handelt es sich um eine Veranschaulichung, gekoppelt an das Credo *Enthüllung durch Reduktion*.

(ii) Ereignis- und Tatortsimulation: Verschiedene mögliche – bei Forensic Architecture primär vergangene – Szenarien und Tathergänge können im Modell in Versuchsanordnungen getestet werden. Diese Probe dient der Vergewisserung und Wissensgenerierung. Indem Daten miteinander in Bezug gesetzt werden, bietet das simulierte Architekturmodell eine scheinbar zwingende Logik der Multiperspektivität. Anders als die Kriminalpolizei, die zuerst physisch begangene und anschließend virtuell rekonstruierte *crime scenes* mittels Virtual-Reality-Technologien beliebig oft erkunden kann, sind simulierte Tatorte im Bereich der Open-Source-Investigation (mehr dazu in Folge) oft einzig virtuell zugänglich: Quellenanalyse versammelt sich virtuell um den Tatort.

(iii) Entscheidungsarchitektur: Das prozessuale Architekturmodell ist ein neues (Entscheidungs-)Dispositiv der Rechtsprechung. Es ist geprägt durch seine multifunktionale Einsatzmöglichkeit in unterschiedlichen Prozessphasen sowie seine strukturelle Offenheit, sodass Information im Modell ergänzt und dieses theoretisch bei einem Wiederaufnahmeverfahren erneut begutachtet werden kann. Changierend zwischen Agon und gerichtlichem Verhandlungstisch liegt es

---

449 »Die Aufklärung«, schreibt Vismann (vgl. 2006: 93–94), machte »für die Entwürfe der Parlamente Anleihen beim Amphitheater«, in dem »die Sitzplätze […] so angeordnet sind, dass sie von allen Orten aus unterschiedslos, ohne privilegierte Plätze und ohne Sichtbehinderungen den Blick auf das zu beurteilende Geschehen ringsherum (=amphi) freigeben«; das Amphitheater wurde daher »zum Urmodell demokratischer Entscheidung«.

zwischen Ermittlungsverfahren und mündlicher Hauptverhandlung im Strafprozess.[450]

(iv) Herbeirufung (*advocacy*) und Verteidigung sozialer Gerechtigkeit: Das Modell soll rechtlich fürsprechen[451] und bewegt sich dabei zwischen »proxy [›*Vertretung*‹] and portrait [›*Darstellung*‹]«[452] (Spivak 1990: 108, Anm.i.O.), beziehungsweise, wie Hinterwaldner (2013: 60) in Bezug auf Modelle sagt, »im Spannungsfeld zwischen Repräsentativität (etwas abbildend) und Produktivität (etwas ermöglichend)«.[453] Cornelia Vismann schreibt über den historischen Wandel der Stimme vor Gericht: Während im antiken Recht nicht sprechende Angeklagte »aus justitieller Sicht Toten und Abwesenden gleichgestellt« waren (vgl. Vismann 2012: 262), wurden »Mündlichkeit«, »Unmittelbarkeit« und »Öffentlichkeit« die »Aufklärungsideale« der Justiz (vgl. Vismann 2011: 113). Die von da an heraufbeschworene »fürsprecherlose Stimme« führte dazu, dass aus »Fürsprechern« »Verteidiger« wurden (vgl. Vismann 2012: 263). 150 Jahre nach dem Wirken des Rechtsgelehrten Paul Johann Anselm Ritter von Feuerbach erklärte das deutsche Bundesverfassungsgericht die Schrift der Stimme hinsichtlich des rechtlichen Gehörs als gleichberechtigt – dies entspreche einem funktionalen Medienver-

---

450 Ja nach Rechtslage fällt der Strafprozess unterschiedlich aus. Im deutschen Strafprozess besteht das Erkenntnisverfahren, das nach ausreichendem Tatverdacht eingeleitet wird, aus dem Vorverfahren (hierin erfolgt die Ermittlung durch eine Strafverfolgungsbehörde), dem Zwischen- und dem Hauptverfahren. Die Hauptverhandlung unterliegt dem Öffentlichkeitsgrundsatz und besteht aus Verlesung/Aufruf der Sache, Klärung der Generalien zur angeklagten Person, Vortragen der Anklageschrift durch die Strafverfolgungsbehörde, Verteidigungsvortrag, Vernehmung der angeklagten Person, Beweisverfahren, Schlussplädoyer der Verteidigung, Schlusswort der angeklagten Person, Beratung des Gerichts, Urteilsverkündigung und Rechtsmittelbelehrung. Im Falle eines Strafurteils im Rahmen des Hauptverfahrens folgt das Vollstreckungsverfahren.
451 Debatten im Kontext der »advocatory ethics« reflektieren das gewaltvolle Sprechen-für-den-Fall-Anderer (vgl. Ronell 2018: 74).
452 Mit dieser Unterscheidung bezeichnet Spivak zweierlei Aspekte von Repräsentation.
453 »Bilder und Modelle haben einiges gemeinsam. Beide werden auf ihren Repräsentationscharakter, ihre Überzeugungskraft sowie auf ihre Rolle im Prozess des Erkenntnisgewinns hin geprüft. Beide stehen hinsichtlich ihrer konkreten Bedeutungen und Funktionen im Spannungsfeld zwischen Repräsentativität (etwas abbildend) und Produktivität (etwas ermöglichend).« (Hinterwaldner 2013: 60)

ständnis: »Medien sind Mittel« (vgl. Vismann 2011: 115).[454] Vergleichbar mit der schmucklosen Rede der Augenzeug:innen versus der Redekunst des »Fürsprecher-Advokat[s]« (ebd.: 120) changiert die jurisdiktionelle Rezeption des Visuellen heute zwischen einem Authentizitätsglauben an die verwackelte Einzelaufnahme und das mittels Mobiltelefonkamera aufgezeichnete »poor image« auf der einen Seite und dem Status der komplex modellierten und simulierten *deep map* auf der anderen. Audiovisuell-kartografische Beweiscollagen, basierend auf Video-Reenactments, Computeranimation und räumlich-narrativen Environments, werden als eigenständige bezeugende Erzählungen im Prozess aktiviert. Sie sind damit performativ im wörtlichen Sinne der ›Jurisdiktion‹. Denn die historische Praxis, das Visuelle zugunsten der mündlichen Rede (oder der singenden Anrufung) vor Gericht auszuschließen, ist auf mehreren Ebenen im Wandel.[455] Auf völkerrechtlicher Ebene wird vermehrt mit *deep mapping* als Beweisführung gearbeitet. Bellingcat (vgl. 2017) berichtet im Eintrag *How a Werfalli Execution Site Was Geolocated*, dass im August 2017 der *ICC* erstmals einen Haftbefehl erteilte, dessen Beweisgrundlage aus Social-Media-Footage bestand. Das Strafgericht etabliert damit die Praxis der Open-Source-Investigation, die sich in den vergangenen Jahren vor allem im Bereich von NGOs und zivilgesellschaftlichen Initiativen entwickelt hat. Ein damit verwandtes Phänomen ist das Vorlegen einer bildförmigen Geschichte vor Gericht, sodass ein:e Richter:in nicht mehr auf Basis reiner Anhörung zu imaginieren hat: Das Anwaltsbüro *Doug Passon Law* beispielsweise produziert »Sentencing Mitigation Videos« in Rechtsangelegenheiten, in denen anstelle des letzten Wortes auf die Affizierung der gerichtlichen Entscheidungs-

---

454 Vismann (vgl. 2011: 126) kritisiert die simplifizierte dichotome Rechtsgeschichte, welche das 19. Jahrhundert als Zäsur zwischen Schrift und Stimme handhabe, »ungeachtet der prozessualen Mischformen und Medien«: »Formelle Mündlichkeit, so heißt es, setzt sich im 19. Jahrhundert über pragmatische Schriftlichkeit hinweg. Und das wiederum heißt: Es können noch so viele Akten im Realen vorkommen. [...] Im Symbolischen haben sie keinen Platz. Was zählt ist die Stimme.« (Ebd.) Aus jener Zeit komme die Zweiteilung in schriftzentriertes Ermittlungsverfahren im Vorfeld der stimmzentrierten Hauptverhandlung (vgl. ebd.: 127–128). Carl Joseph Anton Mittermaier nahm eine Gegenposition zu Feuerbach ein, indem er das verhörte Subjekt mit einem Generalverdacht gegenüber der Rhetorik (als Lügen fordernd) verknüpfte; doch anstatt sich von der Idee einer authentischen Stimme abzuwenden, wird sie für ihn Quelle eines sich verratenden rechtlichen Subjekts (vgl. ebd.: 117). Von nun an erfolgt die Beurteilung forensischer Aussagen nicht mehr allein anhand von Gesten und anderen visuellen Erscheinungen, sondern es werden auditive Artikulationen und weitere Sinneswahrnehmungen in die Beweiskonstruktion miteinbezogen (vgl. ebd.: 118). Es geht somit um eine synästhetische Rezeption der Verhörten.
455 Diese These ergänzt Müller (2015: 273), indem er bezüglich Bild und Evidenz schreibt: »›Selbst sehen‹ ist [in der Frühen Neuzeit, LS] die Basis von Empirie.« Gemeint ist das Selbstsehen einer Sache im Sinne einer Augenzeug:innenschaft ersten Grades.

träger:innen gesetzt wird, um deren Urteil zu mildern.[456] Hier verdeutlicht die Montage, welche die Mündlichkeit partiell ersetzt, dass das mündlich Vorgetragene ebenso erprobt ist: Vismann (vgl. 2012: 267–270) schreibt über das »Schlusswort vor Gericht«, dass es immer anderswo bereits gesprochen wurde; es sei eine der schwierigsten Aufgaben, Authentizität zu performen. Videos zur Strafmilderung sind von Beginn an Zeugnis ihrer konstruierten Authentizität; zudem bietet das Format schauspielerisch wenig versierten Angeklagten die Chance, sich anderweitig zu präsentieren.

(v) Videoexport: Die Schließung des Modells gegenüber neuen medialen Fragmenten wird zeitlich festgelegt, obwohl es als nichtlineares Konstrukt für hinzuzufügende Empirie technisch offen bleibt.[457] Das Modell kann ebenso versendet werden – vor wenigen Jahren noch meist in filmischer Form, sodass die Ermittlung in eine lineare rückgeführt wird –, unterbrochen durch Montagestrategien wie etwa Rückblenden oder *split screens*. Sollten weitere relevante Ausschnitte auftauchen, erfolgt das Einpflegen unter der Regie von Forensic Architecture. Produktion ist hier Postproduktion. Die Beweisführung in Form eines Videos, welches das Modell abfährt, hat dokumentarischen Gehalt; als gerendertes und exportiertes Produkt ist es eine lineare Montage und verliert als solche seine integrative Struktur, in der neue Daten das virtuelle Archiv potentiell modifizieren. Die Bestandteile, aus denen die Investigationen entstehen, sind allerdings nur teilweise als Filme angelegt. Zum Großteil kommen sie aus zeitgenössischen »Videosphären«[458] der Überwachung (Sensor/Maschine/Mensch); staatlich oder privatwirtschaftlich generierte Überwachungsbilder gelangen (etwa als Leak) zu unabhängigen Forschungsagenturen, werden dort prozessiert (ihre Verwendung ist über eine *Fair use policy* geregelt) und häufig wiederum staatlichen Einrichtungen konfrontativ vorgehalten. In ihren fall- und ortsspezifischen Eigenschaften sind die Investigationen von Forensic Architecture metafilmisch angelegt, was bedeutet, dass der Prozess des Filmisch-Werdens erst mit Übersetzung ins

---

456 Dieses Video-Service wird auf der Website des Anwaltsbüros folgendermaßen beschrieben: »Passon helps lawyers win in *and* out of court with high-quality, compelling and ethically and legally unimpeachable litigation videos. Criminal Sentencings. Death Penalty. Plea negotiations. Damages. Clemency. Parole. This is cutting-edge content creation from experienced legal professionals.« (Doug Passon Law, H.i.O.)
457 Ein vergleichbares zweiteiliges Verfahren gilt auch für Akten: »Nach dem Vorgefecht um das, was zu den Akten genommen [wird, LS] und damit als Tatsachen in die Welt kommt, werden die Akten geschlossen. Geschlossene Akten sind versendbare Akten.« (Vismann 2011: 104)
458 Siehe diesbezüglich gleichnamiges Kapitel von Vismann (2011: 317–332).

Lineare passiert; ihm kommt zum einen die Aufgabe der Narrativierung, zum anderen die der Dokumentation der forensischen Analyse zu.[459]

(vi) Erinnerungskulturelle Überlieferung (*testimonies*): Die Investigationen wollen mnemotechnische Environments sein und teilen als solche Eigenschaften mit Gedenkstätten. Diese seien sowohl »Tatorte als auch Ausstellungs-, Forschungs- und Vermittlungsräume« sowie »Orte konkreter Geschichtsarbeit« und »widersprüchlicher Erinnerung(en)« (vgl. Sternfeld 2018: 127–130). Sofern Beweise räumlich situierte Erinnerungsbelege sind, entsteht ein beweglicher/prozessualer/programmierter Beweisraum der Medienarchäologie beziehungsweise Erinnerungskultur der Gegenwart, welcher über die Simulation die Aufmerksamkeit lenkt. Diesem Verständnis nach schafft die Forschungseinrichtung Monumente demokratisierter Erinnerung in verschiedenen Temporalitäten: »politisches Präsens« und »historisches Präsens« (zu dieser Unterscheidung siehe Campe 2015: 110). Daraus ergibt sich eine kompensatorische wie auch produktive Funktion solcher Monumente insbesondere dort, wo Tatorte zerstört oder nicht zugänglich sind.

Architektur spielte als Erinnerungsbehelf in Form eines reliefartigen Modells bereits während des Eichmann-Prozesses eine Rolle, wie der aus dokumentarischem Material des Prozesses zusammengestellte Film *Un spécialiste, portrait d'un criminel moderne* (1999, Regie: Eyal Sivan) zeigt: Vor Gericht erinnerte der Angeklagte basierend auf einem Modell des Konzentrations- und Vernichtungslagers Auschwitz in bürokratischer Genauigkeit die dort vollzogenen Taten.

In der Fallstudie *The Architecture of Memory* beziehungsweise *Drone Strike in Mir Ali*[460] (2013) von Forensic Architecture wird Architektur ebenso zu Erinnerungszwecken eingesetzt, jedoch nicht vor Gericht, sondern im Studio (Abb. 18). Die Investigation besteht aus einem räumlichen Nachvollzug eines US-Drohnenangriffs auf ein in Mir Ali gelegenes Haus von Zivilist:innen. In der Stadt der pakistanischen Region Waziristan ist Berichterstattung weitgehend untersagt. In

---

459 Siehe Kapitel II.1.
460 Video + Report, *Case Study No. 2: Mir Ali, North Waziristan, October 4, 2010* der Serie *Drone Strikes*, (in Zusammenarbeit mit SITU Research): »On October 4, 2010, a US drone struck a home in the town of Mir Ali, North Waziristan, in Pakistan, killing five people. One of the surviving witnesses to this attack is a German woman, who lived in the house at the time with her two-year-old boy and her husband. Together with Forensic Architecture, this witness built a digital model of her home, which no longer exists. During a day-long process of computer modeling, the witness slowly reconstructed every architectural element of her house. Placed virtually within the space and time of the attack, the witness was able to recollect and recount the events around the strike.« (Forensic Architecture, *Drone strikes*)

einer »Untersuchung geheimer Operationen mittels räumlicher Medien«[461] wurde in einer Dreierkonstellation aus Zeugin, Anwalt und Architekt ein Architekturmodell zeitgleich zur Zeuginnenerzählung erstellt. Die Datenvisualisierung im Modell funktionierte als Erinnerungsarbeit, um raumzeitliche Abläufe forensisch zu rekonstruieren.

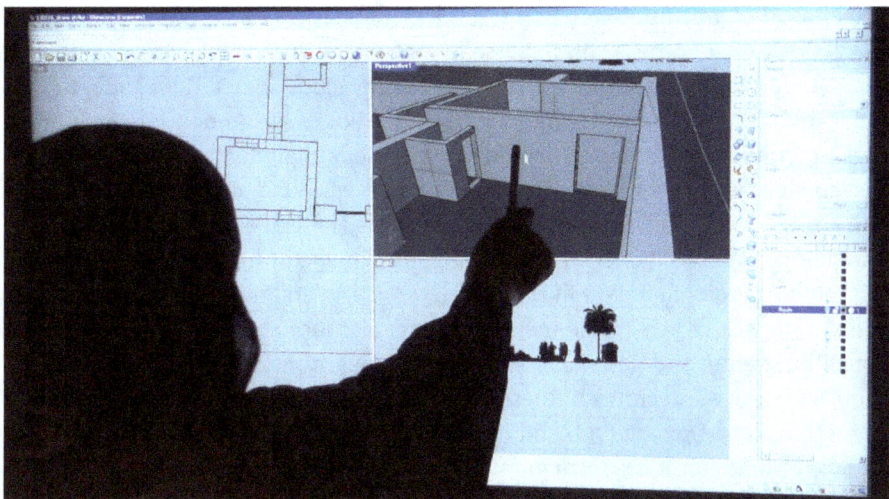

Abb. 18: *The Architecture of Memory* (2013), Forensic Architecture

Diese Investigation unterscheide sich von solchen Fällen, in denen entweder der vom Angriff/Konflikt betroffene Ort aufgesucht oder die Architektur digital in ihrer veränderten oder zerstörten Form konsultiert werden könne oder aber mediale Artefakte vom Ort des Geschehens verfügbar seien. Im Fall *The Architecture of Memory* war keine dieser Optionen möglich gewesen, wodurch es einer besonderen Form der investigativen Rekonstruktion bedurfte. Die virtuelle Simulation der Architektur, mitsamt Möblierung und urbaner Umgebung aus der Erinnerung der Zeugin, erschien als neue Vermittlungsmöglichkeit, in welcher Architektur und Erinnerung sich gegenseitig konstituieren. (Vgl. Weizman 2017: 44–47)

Erinnerung und Materie (*memory and matter*) stehen sich nicht mehr diametral gegenüber, wenn das Architekturmodell zum Medium und zur Methode

---

[461] So heißt es in der Ausstellungsankündigung zu *Social Glitch* (2015), *Kunstraum Niederoesterreich*, Wien, in der Forensic Architecture mit der Investigation *The Architecture of Memory* vertreten war.

des Erinnerns wird und so die antike Mnemotechnik (zurückgehend auf den griechischen Dichter Simonides von Keos) mit dem »situated testimony«[462] (Forensic Architecture) ins Virtuelle überträgt. Eingesetzt im Kontext von Traumata kommt es zu einer Verschränkung von Erinnerung, Zeug:innenschaft und Forensik. Unter »material witness« fasst Susan Schuppli, Vorsitzende des *Advisory Board* von Forensic Architecture, »an entity (object or unit) whose physical properties or technical organization not only records evidence of passing events to which it can actively bear witness [...], but also the means by which the event of evidence is itself made manifest« (Schuppli 2014: 289). Nachdem erst Täter:innen, dann Opfer und Zeug:innen und schließlich Tote im Fokus gestanden haben, sind es jetzt Materialien; die Brüchigkeit und Unentschiedenheit der Erinnerung ist nicht ausgebügelt, wenn diese Materialien »enter into various public forums as agents of dispute« (ebd.). Die Investigation bildet, was Heller/Pezzani (vgl. 2014: 673), ermittelnde Fellows der Agentur, als »an assemblage of human and nonhuman testimony« bezeichnen. War in Derridas (2000: 30) Verständnis *testimony* gebunden »to the secret and to the instant«, findet sich bei Forensic Architecture die Vorstellung einer im Material gespeicherten Zeug:innenschaft; weil sie gespeichert ist, kann sie technisch übertragen und stellvertretend eingesetzt werden. Diese Option ist Derrida (vgl. ebd.: 42–44) jedoch nicht entgangen, wenn er auf die Wiederholbarkeit des *testimony* zu sprechen kommt und diese an *technē* und Übersetzbarkeit und somit an die *Möglichkeit* von Fiktion und Autobiografie (Erzählung in der Ich-Person) bindet; als solche kann sich *testimony* als Kunst geben, als »fiction of a fiction«.

Während eine ›neutrale‹ Sprecherinnenstimme den Fall und die investigative Vorgehensweise von *The Architecture of Memory* formal einleitet, beginnt bei Minute 6:07 ein durchgängiger Ereignisbericht in Form eines Voiceovers der Zeugin. Diese erzählt szenisch – im Gegensatz zur vorherigen summarisch-formal-faktualen Erzählung – simultan zur Animation des zuvor basierend auf ihrer

---

[462] Erst mit dem Release der neuen Website werden unter dieser Vorgehensweise (Menüpunkt *Methodology*) Fallstudien angeführt. In einem Popup-Fenster erscheint die Erläuterung: »Situated testimony is a technique of interviewing developed by Forensic Architecture over the course of half a dozen projects, throughout our history. Situated testimony uses 3D models of the scenes and environments in which traumatic events occurred, to aid in the process of interviewing and gathering testimony from witnesses to those events. Memories of traumatic or violent episodes can often be elusive, or distorted, but we have found that the use of digital architectural models has a productive effect on a witness's recollection. Together with an architectural researcher, a witness reconstructs the scene of an event, exploring and accessing their memories of the episode in a controlled and secure manner.« (Forensic Architecture, Website) Die Methodenbezeichnung *Architecture of Memory* ist auf der Website (Stand: Juli 2019) durch *Situated Testimony* ersetzt worden und die hier behandelte Fallstudie nun unter *Drone Strike in Mir Ali* angeführt.

Erinnerung und Satellitenbildern erstellten dreidimensionalen Modells, das in eine Videoanalyse überführt wurde. Die Beschreibung des Angriffsverlaufs mischt sich mit der des Verhaltens anwesender Personen und mit sensorischen Eindrücken. Anstelle der für die Detektiverzählung typischen auflösenden Analepse[463] ist das Video nach dem Prinzip der Wahrheitssuche strukturiert und so montiert, um wieder zur kollaborativen Arbeit von Modellbauer, Zeugin und Anwalt zurückzukehren. Oszillierend zwischen Konstruktionsakt und nachstellender Animation entsteht eine mehrfache Erkenntnis darüber, dass: (i) in der architektonischen Erinnerungspsychologie Erzählung und Bildkomplex medienökologisch fusionieren können, (ii) es sich um »errungene Erinnerungen« (Sternfeld 2018: 43) handelt, die als konfliktreiche repolitisiert wurden (vgl. ebd.), (iii) in der gedanklichen wie modellierenden Wiederherstellung urbane Strukturen gleichbedeutend der Innenraummöblierung sind und (iv) im narrativen Modus faktual und fiktional nahtlos ineinander übergehen. Das einleitende Voiceover beschreibt den Untersuchungsakt und wird zur »extradiegetischen Erzählung« (dies ist die Rahmenerzählung, eine »Erzählung erster Stufe«), sobald die »intradiegetische Erzählung« (zu dieser Unterscheidung siehe Martínez/Scheffel 2016: 217) mit dem Voiceover der Zeugin einsetzt, die über das zu rekonstruierende Geschehen berichtet. Im Gegensatz zu den auf der Website von Forensic Architecture zum Download bereitgestellten linear funktionierenden Reporten/Protokollen, führen die Videokartografien die Investigation vor und machen die kartografischen Schritte im Sinne einer Investigative Ästhetik dramaturgisch nachvollziehbar. Wie bereits dargelegt, erhält auch in dieser Beweisführung die investigative Erzählung dokumentarischen Status. Einen maßgeblichen Aspekt der »zweifache[n] Ordnung der Bilder«[464] (Didi-Huberman 2007: 124) finden wir in *The Architecture of Memory* bei der Zeugin, die erinnernd zur Modellbildung beiträgt – ihr Plot ist der Stoff des Prozesses: »zwischen einer *gesicherten* Kenntnis dessen, was dargestellt ist und einem *unsicheren* Wiedererkennen dessen, was man sieht; zwischen der Ungewißheit, *gesehen zu haben*, und der Gewißheit des *Erlebens*.« (Ebd.: 129, H.i.O.)

---

[463] Eine auflösende Analepse finde sich üblicherweise am Ende einer Detektivgeschichte oder eines Kriminalromans: Ein bis dahin fragmentarisch erzähltes Geschehen werde mit aufdeckendem Duktus als lückenloses Ereignis dargestellt und so die Zusammenhänge offenbart (vgl. Martínez/Scheffel 2016: 38–39).
[464] Diese bestehe laut Didi-Huberman (2007: 124, H.i.O.) aus Folgendem: »Sobald die *Verkennung*, die sie bewirken, durch eine plötzliche *Erkenntnis* erschüttert wird, stellen sie die *Wahrheit* auf die *Probe* und lassen uns an diesem ebenso schwierigen wie produktiven Vorgang teilhaben.«

Im Unterschied zum gouvernementalen Einsatz von Medientechnologien zur umfassenden präventiven Überwachung schöpft Forensic Architecture das prognostische Potential des Simulierens derzeit nicht aus – auch, weil die Agentur mit der Aufklärung bereits vergangener oder gegenwärtig anhaltender Verstöße beauftragt wird. Siegel (2014: 25) fragt in Bezug auf die empirische Forensik: »[H]ow is it haunted by [...] the conjectural arts of foreseeing, foreknowing, forecasting, foretelling?« Die Sehnsucht, Zufälligkeit einzuschränken, bleibt aufgrund des aporetischen Wahrheitsbegriffs Ausdruck einer klassischen philosophischen Frage. Vorausdeutung (*predictive futures*) ist nicht der Medizin, der Kriminalistik oder Wetterdiensten vorbehalten, auch privatwirtschaftliche Firmen und Staaten haben ihre Technologien und Kulturtechniken der Zukunftsdeutung. Insofern sie Tendenzen, Ereignisse und Entwicklungen vorhersehen, beeinflussen und wenden wollen, funktionieren sie wie Geheimdienste – *in trial runs of what might have happened (reenactment) and of what might happen (enactment)*. Forensic Architecture führt den Lexikoneintrag *Forensic futures*[465] und wirbt mit einem selbst geschriebenen Analyseprogramm zur Mustererkennung, PATTRN. Dies lässt erneut fragen, ob Zukunft mittels mathematischer Methoden berechnet werden kann.[466] Wenn, wie Derrida (vgl. 1991: 57) behauptet, »Gerechtigkeit [...] der Zukunft geweiht« sei und es Erstere nur gebe, »wenn sich etwas ereignen kann, was als Ereignis die Berechnungen, die Regeln, die Programme, die Vorwegnahmen usw. übersteigt«, ist dann eine algorithmisch basierte Vorausdeutung hinsichtlich eines Gerechtigkeitsstrebens ein aussichtsloses Bestreben? Oder ist etwa die Verhinderung eines weiteren Verstoßes bloß Symptom-Unterbindung, nicht aber gerecht im Sinne der Unentscheidbarkeit

---

465 »While archives and their associated documentary practices are traditionally oriented towards the past and engage with systems of collecting, classifying, and retrieving historical documents and recordings, forensic futures is an attempt to produce future-oriented archives capable of anticipating incoming events. [...]« (Forensic Architecture 2014b: 746) Während es Forensic Architecture um zukünftige forensische Untersuchungsbedingungen geht, setzt Braidotti (vgl. 2011: 325–355) auf einer anderen Ebene von *Forensic Futures* an: Sie möchte ein technologisch-ökosophisches Kontinuum von Leben (*biopolitics*) und Tod (*necropolitics*) konzeptuell in Richtung eines kritischen und nachhaltigen Postanthropozentrismus denken.

466 Es ist kategorisch nicht auszuschließen, Dinge vorherzusagen zu können, sofern angenommen wird, dass sich aktuell wahrnehmbare Muster künftig fortsetzen werden. Vismann/Weitin (vgl. 2006: 13–14) schreiben über juristische Versuche im »Dispositiv der Kybernetik ([...] Glauben an die Steuerbarkeit von allem und allen)« maschinelle Entscheidungen errechnen zu lassen und kommen zum Schluss, dass die richterliche Entscheidung sich nicht ersetzen lasse, wenn sie nicht auf einem Zufallsgenerator basieren solle. Während das systemtheoretische Denken der Kybernetik anfangs eher als emanzipatives *tool* galt, wird es heute tendenziell eher mit Kontrolltechnologien assoziiert.

einer Entscheidung?[467] Ist eine für das Unentscheidbare eintretende These vergleichbar mit einer der Undarstellbarkeit? Lässt sich eine berechenbare und darstellbare – im Gegensatz zu einer »jeder Berechnung, jedem Kalkül gänzlich fremde[n]« (ebd.) – Gerechtigkeit denken? Im Aufsatz *Computing the Law: Searching for Justice* (2017) schreibt Susan Schuppli: »A certain algorithmicity lies at the heart of law [...].« (Schuppli 2017: 535) Sofern das Gesetz mehr oder minder einen algorithmischen Apparat darstellt, ist die Programmierung entscheidend; Wissen über Filterungsprozesse und -normen (lernender) künstlicher Intelligenzen entzieht sich jedoch mitunter in einem Blackbox-Effekt[468] – eine mittlerweile ubiquitäre Metapher. Juristische Entscheidungsfindung ist von Algorithmen ausgenommen, wird davon ausgegangen, dass über Letztere »keine Kontingenzen und Streitstände kultiviert werden können« (vgl. Möllers 2018: 471); zugleich können alternative Entscheidungsverfahren auf anderen Prinzipien und Verfahren beruhen.

Die forensische Vorhersage funktioniert nach dem Prinzip der Wahrscheinlichkeitsberechnung. Zukunftsszenarien können jedoch ebenso über Wirklichkeitssimulationen ermittelt oder zumindest erprobt werden. »Eine Computersimulation ist eine rechenbasierte Methode«, die »insbesondere auch dann eingesetzt« werde, »wenn analytische Zugänge fehlen« (vgl. Hinterwaldner 2010: 46). Aufbauend auf diesem Verständnis geht es auch in den Simulationen von Forensic Architecture nicht einzig um optische Phänomene, sondern um »Wirkungs- bzw. Funktionszusammenhänge« (ebd.: 47). In der Simulationsarchitektur vollzieht sich – wie im ›Simulationsbild‹ über das Hinterwaldner (vgl. ebd.: 17–18) spricht – eine »Versinnlichung der Berechnungsdaten«, eine Bezeichnung, die ›Visualisierung‹, ›Ikonisierung‹ oder ›Verbildlichung‹ ersetze. Eine stets aktuelle Simulationsarchitektur, mit der in rechtliche Wirklichkeiten eingegriffen wird,

---

467 »Jeder Entscheidung [...] wohnt das Unentscheidbare wie ein Gespenst inne [...]. Sein Gespensterhaftes dekonstruiert im Inneren jede Gegenwartsversicherung, jede Gewißheit, jede vermeintliche Kriteriologie, welche die Gerechtigkeit einer Entscheidung (eines Entscheidungs-Ereignisses) selbst sicherstellt.« (Derrida 1991: 50–51)

468 Der Begriff der Blackbox kommt nicht erst aus der Kinotechnologie, sondern war ursprünglich eine militärische Bezeichnung für Fremdgut, das Sprengstoff enthalten konnte und daher nicht geöffnet werden durfte. Zudem war »[d]ie politische Epistemologie des Kalten Krieges [...] strukturiert vom Modell der *Black Box*: eine Struktur, die ganz oder teilweise unbekannt ist« (Horn 2007: 322, H.i.O.).

besteht nicht in Abgrenzung zu Repräsentation – diese wäre weder etymologisch[469] noch mit kulturwissenschaftlichen[470] Perspektiven vereinbar.

> Ein häufiger Bestandteil von Diskussionen über Simulationen ist die Rhetorik des Paradigmenwechsels [...]. Dies bringt starke Abgrenzungstendenzen mit sich. Als prominente Instanz eignet sich hierfür die Repräsentation, die man infolgedessen in Krise wähnt. (Hinterwaldner 2010: 30)

Die Institutionskritik ist, kulturpessimistisch gedeutet, eine Kritik, die nach der Logik eines Systemfehlers funktioniert. Dafür exemplarisch stehen die *Red Cells* (gegründet 1984 in den USA), die eingesetzt werden, um US-amerikanische Sicherheitsagenturen durch Proben wie Hacking und Terror überraschend anzugreifen und so die Resilienz der Systeme zu testen. Jene Form der Systemkritik wird im Anschluss in das System inkorporiert, um es zu optimieren – somit gibt es kein Außen zum System. Nach den Anschlägen von 9/11 beispielsweise wurde der Kriminalautor Brad Meltzer eingesetzt, um im Rahmen einer *Red Cell* mögliche Szenarien zu erdenken (vgl. Wikipedia: *Red Cell*) – im Sinne von ›science as fiction‹ (Klein 2004: 12). Eine Simulation kann zukunftsrelevant sein, weil visuelle oder datenförmige Mustererkennung bereits als Spuren in den Fragmenten enthalten ist, womit sowohl die Verbindung zu den getätigten[471] Überlegungen zu ›Substituten‹ sowie die Überleitung zur ›Evidenz‹ hergestellt ist.

---

469 Die »Opposition zur Repräsentation« sei nicht aufrechtzuerhalten; auch etymologisch stehen Repräsentation und Simulation nicht im Widerspruch, da beide auf Ähnlichkeit von »Vorbild/Nachbild« beruhen, ohne dadurch zu Synonymen zu werden – es gelte die spezifische Art der Repräsentation durch Simulation zu bestimmen, so Hinterwaldner (vgl. 2010: 40–41).

470 »[I]n kulturwissenschaftlichen Ansätzen [werde, LS] ›Simulation häufig als *Verhältnis der Darstellung* verstanden, das ›Simulakrum‹ dagegen eher als ein gegenständliches Objekt. Tendenziell umgekehrt verhält es sich in den technischen und naturwissenschaftlichen Bereichen. Während das Wort ›Simulation‹ dort für einen computerbasierten Versuch unhinterfragt gebräuchlich ist, findet man den Terminus ›Simulakrum‹ selten. In diesen raren Fällen animiert der exotische Begriff aus den Kulturwissenschaften zur Reflexion über den Status der Referenz.« (Hinterwaldner 2010: 34, H.i.O.)

471 Siehe Kapitel I.2.

II.4 Zwischenfazit: Investigative Ästhetik als Evidenzverfahren

Diesem Kapitel geht folgende Frage voraus: Wie wirken die Investigationen von Forensic Architecture (Rezeptionsästhetik) und wie verfahren sie methodisch (Produktionsästhetik)? Wie ist, daran anschließend, die Rolle des Publikums in jurisdiktionellen und kunstbezogenen Foren zu bestimmen? Trägt es, entlang eines agonalen Dispositivs der Rechtsprechung, die Entscheidung? Oder ist es bloß dazu da, Öffentlichkeit zu repräsentieren, sodass Museumsbesucher:innen nur ›Schaulustige‹ sind?

Sich auch aus dem investigativen Journalismus[472] entwickelnd, ist die edukative Rolle der »Forensis«, die Museum und Agentur wechselweise verstärken und im Prozess des Kuratierens aufeinander projizieren, historisch auf die Presse – als vierte Gewalt der Demokratie geltend – zurückzuführen. Deren Aufgabe war es, »eine mittelbare Öffentlichkeit« und »eine Art professionalisierten Zuschauer« herzustellen (vgl. Vismann 2011: 142).[473] Zuschauer:innen können zwar nicht urteilen im Sinne einer Entscheidung, aber kritisch den Zugriff des bildlich-rhetorischen Arguments auf das Reale bestimmen. Wo die Avantgarden danach strebten, ihr Publikum zu erweitern und Kunst zu entprivilegieren (vgl. Rebentisch 2003: 273), scheint anstelle dieser Sammelbezeichnung für Interessierte oder gar vieler Publika ein anderer, Rezeptions- und Produktionsästhetik stärker aneinanderkoppelnder Begriff herangezogen werden zu müssen. Denn Rezipient:innen können sowohl Betroffene (Opfer, Kläger:innen, Beklagte), Adressierte oder Beauftragende sein. Inwiefern das Ideal einer erweiterten gelebten Öffentlichkeit erfüllt wird, ist fraglich und anderswo weiter auszuführen, denn die *operative art* von Forensic Architecture zielt zwar ebenso wie die *engaged art* auf Wirksamkeit und bedarf der Involvierung der Kunstinstitution in soziale Faktoren, jedoch passiert die Beteiligung unter neuen Vorzeichen.[474]

---

472 Ein hinterfragender, nachbohrender und medienreflexiver investigativer Journalismus steht im Kontrast zum ›embedded journalism‹, den Butler (2009: 53) in Bezug auf die US-amerikanische Kriegsberichterstattung des Irak-Kriegs folgendermaßen beschreibt: »[Dieser] [...] implizierte überdies, dass die angeordnete Perspektive selbst nicht von den Journalisten thematisiert werden konnte. Denn der Zugang zum Kriegsgeschehen wurde ihnen ja nur unter der Voraussetzung gewährt, dass sie ihren Blick durch die vorgegebenen Parameter einschränken ließen.«
473 Allerdings sei zu bedenken: »Der Presse bleibt daher allein ein nachträgliches vernünftiges Sprechen in Form von Prozessberichten.« (Vismann 2011: 140) Analog zur Medienökologie und -demokratie bildet die Presse quasi die vierte Gewalt (äußere Freiheit bei inneren wirtschaftlichen Zwängen) demokratischer Gewaltenteilung.
474 Mehr dazu im Kapitel III.2.

Der Einsatz von Medienreflexivität verlangt, nach den Tests zu fragen, die Evidenzverfahren[475] zu bestehen haben. Sind diese empirischer[476] oder hermeneutischer Art? An dieser Stelle erscheint es hilfreich, eine Begriffsschärfung mit Rückgriff auf eine Reihe von Autor:innen vorzunehmen – die Kulturwissenschaftlerin Inge Baxmann, den Literaturwissenschaftler Rüdiger Campe, die Philosophin Barbara Cassin, den Philologen Ludwig Jäger, den Germanisten Jan-Dirk Müller und den Philosophen Daniel Tyradellis.

Evidenz tritt nicht unvermittelt vor Augen, wenngleich sie, aus dem Lateinischen kommend, etymologisch eine Verbindung zum Sehen und Erkennen unterhält: »evident« heißt »offenkundig, u. klar ersichtlich; offen zutage liegend; überzeugend, offenbar.« (Dudenredaktion 2015: 325, evident) Der englische Begriff evidence hingegen meint Beweisführung und hat zugleich eine größere Nähe zum Objekt des Beweises[477] (sprachlicher, bildlicher, materieller oder datenförmiger Art). Campe (vgl. 2015: 109) leitet ›Evidenz‹ aus der Rhetorik her, für ein mögliches Verständnis des »Vor-Augen-Stellen[s]« als »Sichtbarkeit erzeugende Figur«. Diese »Aktualitätsfiguren« lassen sich in »politisches Präsens (für die Figur der Absicht) und historisches Präsens (für das Präteritum des Faktums)« einteilen; beide Figurationen »deuten auf das Verfahren des Wirklichen – d. h. des Verwirklichens (technisch) und des Wirklichwerdens (epiphan)« und markieren den »Doppelaspekt des Vor-Augen-Stellens«, worunter Campe (vgl. ebd.: 110, H.i.O.) »Bild-Gebung« versteht. Für Müller (2015: 267, H.i.O.) hingegen handelt es sich bei diesen Aktualitätsfiguren bloß um Effekte: »*Evidentia* ist eine Fiktion, die Präsenzeffekte auslösen soll.« Wo Evidenz bei Campe (vgl. 2015: 127) »affektlos und nur in belehrender oder dokumentierender Absicht« vor Augen tritt, während der

---

[475] Dieser Begriff ist angelehnt an Jäger (2015: 52, H.i.O.): »Insofern könnte man die beiden Evidenztypen [epistemische und diskursive, LS] auch als ›Evidenz *durch* Verfahren‹ (der Sinnprozessierung) und ›Evidenz *als* Verfahren‹ (der Inszenierung von Sinn) unterscheiden.«

[476] Also erfahrungsbasierter Art durch Erforschung/Beobachtung/Datengewinnung im Feld oder durch Laborexperiment. »Das Laboratorium – ob für Testung, Forschung oder Lehre – ist der materielle Nexus der wissenschaftlichen Praxis, eine Manifestation all dessen, was Wissenschaft glaubwürdig und verdächtig macht [...].« (Jackson 2017: 253) Vor 1800 galten Labor und Experiment nicht als intrinsisch miteinander verknüpft wie danach im Laborexperiment als Kontrollmechanismus über die Natur; zudem finden in einem »modernen Labor viele nicht-experimentelle Prozesse« statt, wie »Unterrichten, Testen, Prüfen, Analysieren« (vgl. ebd.: 246).

[477] Sowohl der Wille zu überzeugen als auch ein didaktischer Gestus liegen in der Rhetorik des Beweisens: »Die Sprache des Beweises ist die Sprache desjenigen, der Forschungsmaterial einer unaufhörlichen Prüfung unterzieht: ›provando e riprovando‹, wie das berühmte Motto der *Accademia del Cimento* lautet. Die entsprechende Formulierung im modernen Englisch – *trial and error* – evoziert im Wort *trial* die Überprüfung (*test*) und den Versuch (*attempt*), das Tribunal und die Münze.« (Ginzburg 2001: 9, H.i.O.)

II.4 Zwischenfazit: Investigative Ästhetik als Evidenzverfahren — 209

Hypotypose eine Pathos-Funktion zukomme, sind es bei Forensic Architecture im Gegensatz dazu dokumentarische und dokumentierende Verfahren, welche die forensische Rekonstruktion im »historische[n] Präsens« (ebd.: 110) visuell erzählen.[478] Wenn »Evidenz geborgt ist von einer autoritativen Zustimmung« (Tyradellis 2006: 147), hängen die Komponenten Wissen, Wahrnehmung und Wirkung – »*Evidentia* hat eine epistemische und eine wahrnehmungs- bzw. wirkungsästhetische Komponente« (Müller 2015: 266, H.i.O.) – von institutionellen und infrastrukturellen (im vorherigen Teil I analysierten) Assoziierungen sowie medientechnologischen Verfahren ab. Inge Baxmann beschreibt die historische – und für Forensic Architecture relevante – Verschränkung von Evidenz und neuen Medientechnologien folgendermaßen:

> Seit dem späten 19. Jahrhundert wird Evidenz als das, was klar vor Augen steht und unmittelbar einsichtlich ist, auf spezifische Weise mit den neuen Medientechnologien wie Fotografie und Film und daher mit Visualität verknüpft. Denn seither erlaubten Röntgen- und Mikrofotografie ebenso wie Slow Motion, Beschleunigung und Momentfotografie im Film, das mit den Wahrnehmungsmöglichkeiten des bloßen Auges nicht Erkennbare sichtbar zu machen. [...] Die moderne Sehnsucht nach Evidenz, nach Unverfügbarkeit motivierte im späten 19. und frühen 20. Jahrhundert eine beispiellose Neuaufmischung der Wissenskulturen. Technik und Naturwissenschaften, Künste und Esoterik experimentierten mit den Bilddokumenten, die die neuen Medientechnologien produzierten [...]. (Baxmann 2016: 73)

Die Technologien entwickeln sich fort, aber das Prinzip, etwas sichtbar und dadurch denkbar und diskursivierbar zu machen, ist geblieben. Die Schwellen der Aufdeckung transformieren und verschieben sich: von der Geisterfotografie und dem latenten Bild zur Auflösung des Pixels et cetera.[479] Sehen ist bekanntlich an Wissensdynamiken und -systeme geknüpft, jedoch ist das Visuelle per se kein Garant, um jene »Sehnsucht nach Evidenz« zu befriedigen; es bedarf der Überprüfung auf Basis aktualisierter Evidenzverfahren. Mit Rückgriff auf Heidegger kritisiert Tyradellis (vgl. 2006: 144) ihre begriffliche »Verkürzung auf den Akt des Sehens«, wo »im Griechischen das Leuchten und Scheinen der Wahrheit selbst gemeint« sei. Er macht darauf aufmerksam, dass mit der Entstehung der Fotografie beinahe »zeitgleich [...] die Frage nach ihrer Fälschbarkeit entstand« (vgl. ebd.: 149). In diesem Kontext zu berücksichtigen ist zudem, dass die rasche mediale Ausdifferenzierung bewirkt, dass eine für eine Investigation geltende

---

478 Zur Fokusverschiebung vom Dokumentarischen zum Forensischen siehe Kapitel II.1.
479 Unter der Überschrift »BEFORE AND AFTER« nimmt Weizman (2017: 101) Bezug auf die Flüchtigkeit des Bildes, das sich der Speicherung entzieht: »The exposure of early nineteenth-century photographs was often too long to record moving figures and abrupt events, capturing only static elements.«

technische Innovation wenig später bereits überholt sein mag. Gemein ist den Verfahren jedoch, sich ästhetisch an ›Wissenschaftlichkeit‹ zu orientieren. Ungebrochene Aktualität hat die Notwendigkeit des transdisziplinären Vorgehens, das Baxmann als eine »Neuaufmischung der Wissenskulturen« bezeichnet.

Spannungsverhältnisse der Evidenz zwischen Wissenschaft und Rhetorik aufgreifend, kommentiert Barbara Cassin im Aufsatz *Managing Evidence* (2005) Aristoteles' *Rhetorik*: Es sei eine Entscheidungssache, ob bei Rhetorik und Wissenschaft deren Gemeinsamkeit oder Verschiedenheit betont werde, denn der griechische Begriff der »*apodeixis*, proof-demonstration«, sei auf beide Bereiche zutreffend (vgl. Cassin 2005: 860, H.i.O.). Während in der Rhetorik etwas wahr *erscheinen* und einen verlässlichen Eindruck hinterlassen solle, müsse etwas in der Wissenschaft logisch und wahr *sein* – obwohl auch Letztere von Überzeugungskraft profitiere (vgl. ebd.: 861). Ist die Investigative Ästhetik also ein wissenschaftliches oder rhetorisches Evidenzverfahren? Dazu später.

Es erscheint naheliegend, dass die Investigative Ästhetik eine Reaktion auf die in Krise geratene Glaubhaftigkeit der Oberfläche darstellt: »›Persuasive‹ implies a radical shift in the attitude towards appearance.« (Ebd.) Jäger (vgl. 2015: 42–43) stellt fest, dass Medien und Zeichen erst im Moment einer Störung, wenn sie nicht mehr konsensuell eingesetzt werden, ihre Ästhetik offenbaren und nicht mehr über sich hinausweisen. Demnach ist die Investigative Ästhetik nicht nur ein Verfahren, sondern auch eine Äußerung sich offenbarender und verratender Zeichen, deren Netzwerkstruktur in Erscheinung tritt. Eine bereits dagewesene Fragilität wird offenkundig, die forensische Rekonstruktion drängt sich selbst in die öffentliche Wahrnehmung und Dissonanzen der jeweiligen Methode treten zutage. Nachdem die Rezeption[480] zunächst in der medienforensischen- und archäologischen Appropriation des Materials von Seiten der Agentur Forensic Architecture stattgefunden hat, sehen Rezipierende der Investigation die Wahrheitssuche scheinbar *in statu nascendi*. Genauer gesagt geschieht dies in der »diskursive[n] Evidenz« (anschließend an den Wahrheitsdiskurs des irdischen

---

[480] »[...] Rezeption [könne, LS] unter dem Aspekt der Aneignung (wie im Video-Essay) produktiv werden, und Produktion kann (wie in Found Footage Filmen) eine Form der Rezeption sein – beide kommen im Begriff der Postproduktion zusammen.« (Elsaesser 2014: 2)

Gerichts), zeitweise changierend mit der »epistemischen Evidenz« (bezüglich dieser Unterscheidung siehe Jäger 2015: 50–51).[481]

Somit ist die Investigative Ästhetik als Evidenzverfahren zu begreifen: Sie lässt Betrachtende die Evidenzproduktion auf Basis visuell-kartografischer Hypothesenbildung[482] unter Rückgriff auf die computerbasierte Simulationsarchitektur bezeugen. Verfahren treten vor Augen und Ohren, stellen den Prozess des Evident- und Wirklich-Werdens aus und beabsichtigen zugleich, den Sachverhalt überzeugend zu erörtern und logisch aufzuklären, um nicht via Täuschung Zuspruch zu gewinnen. Bei Forensic Architecture findet sich diese (Gegen-)Strategie, sodass sich Verfahren nicht verstecken müssen, sondern als Methode selbst in den Vordergrund treten.[483] Dies wird durch das Angebot von Workshops, in denen die Verfahren der Evidenzerzeugung vermittelt und so zu erlernbaren und anwendbaren Strategien werden, zusätzlich untermauert. Die ästhetische Wirkung der Investigativen Ästhetik, an der eine Unmittelbarkeit suggerierende Medienforensik beteiligt ist, liegt dann in eben jenem (rhetorisch gestützten) Vorführeffekt von *evidence*. Bilder bezeugen nicht aus sich heraus (sind also nicht selbstevident[484] – ohne ihnen eine Eigenwirklichkeit absprechen zu wollen, die seit dem *iconic turn* vermehrt verhandelt wird), sondern bezeugen erst im datenförmigen Mapping, der filmischen Montage oder der Betrachtung der medienökologischen Einbettung. Wie bereits mit Simondons Konzepten gezeigt, kommt der Kunst dabei die ›transduktive‹ Kraft zu, nicht nur Foren räumlich, sondern auch unterschiedliche Typen von Evidenzverfahren zu verknüpfen. Handelt es sich dabei um dekonstru-

---

481 Im Gegensatz zur »epistemischen Evidenz«, die sich aufgrund »*semiologischer* Verfahren der Sinnprozessierung einstellt«, zeichne sich die »diskursive Evidenz« durch folgende Merkmale aus: (i) sie entstehe rhetorisch aufgrund einer »pragmatischen Inszenierung kultureller Semantik«, (ii) sie trete da auf, »wo Argumentation aus Mangel epistemischer Evidenz« notwendig sei, (iii) sie basiere auf Verfahren diskursiver »Evidenzgewinnung« (»in prozeduralen Grammatiken organisierter Mittel wie Beweis, Argumentation und Erklärung« wobei sich Erkenntnis und Urteil keiner »subjektiven Überzeugungserlebnisse« bedienen müssen) und (iv) sie bedürfe der Schlüssigkeit, da sie sich im öffentlichen Bereich bewege (vgl. Jäger 2015: 50–51, H.i.O.).
482 Zu einem ähnlichen Schluss kommt Ludger Schwarte: »Der Akt des Ausstellens eröffnet [...] einen ästhetisch-reflexiven wie einen epistemisch-abduktiven *(hypothesenbildenden) Urteilsprozess.*« (Schwarte 2019: 83, H. LS)
483 Folgendes wird somit ungültig: »Nicht nur um der ästhetischen Wirkung willen, sondern auch zur Stütze der Wahrheitssuggestion muss evidentia den Eindruck des ›Gemachtseins‹, den Eindruck, bloß Produkt von erlernbaren Verfahren zu sein, verwischen und die Spuren der Vermittlung tilgen.« (Müller 2015: 273)
484 »Auch wenn [Max, LS] Imdahls [Ikonische, LS] ›Selbstevidenz‹ es zweifellos auf eine methodische Öffnung abgesehen hat, eine Emanzipation des Bildes aus seinem Status als Surrogat der Sprache, gerät sie am Ende zu einer Figur der Schließung.« (Geimer 2015: 191)

ierende oder konstruierende Verfahren? Wenn ein Blick in die Funktionalität von Computerprogrammen und die darin erfolgte Montage oder Simulation gewährt wird, vermittelt dies eine Idee davon, wie Evidenz und schließlich ein Beweis entsteht. Gleichwohl entspricht dieses rhetorische Vorgehen eher einem anleitenden Tutorial, denn simultane Konstruktion und Dekonstruktion von Evidenz schließen einander aus, nicht jedoch die Konstruktion und ihre Offenlegung.[485]

Sofern Evidenzverfahren zwischen Rhetorik und Wissenschaftlichkeit changieren, ist ihnen womöglich mit dem unterschiedlichen Rechtsdenken des *common law* und *civil law* analytisch zu begegnen.

Die gemeinhin schematische Unterscheidung besagt, angloamerikanisches *common law* basiere auf Fallrecht und Richterrecht; es funktioniert kasuistisch mit Präjudizien, nicht mit Gesetzesrecht. Entstandene Gesetzeslücken werden folglich durch allgemeine Gesetzesklauseln überbrückt. Präzedenzfälle stellen auf induktive Weise Vergleichbarkeit her – entlang einer vertikalen Hierarchie zwischen Gerichten sowie einer horizontalen innerhalb eines Gerichts/Hauses nach dem *stare decisis* Prinzip –, daher ist es detailgenauer und gegen Normativismus gerichtet. Zudem arbeitet es sowohl empirisch und subsumierend als auch rhetorisch über Analogien. Kontinuitäten werden über das Zitieren von Präjudizien hergestellt, von denen über ein *distinguishing* oder *overruling* abgewichen werden kann.

Im kontinentaleuropäischen *civil law* des römisch-germanischen Rechtskreises hingegen ist Richterrecht keine Rechtsquelle; es gilt also die normative Unverbindlichkeit von Rechtsentscheidungen. Faktische Geltung haben höchstrichterliche Entscheidungen, an denen sich Untergerichte orientieren. Das kodifizierte Gesetz ist bekannt dafür, nach abstrakten Prinzipien zu funktionieren, und seine Auslegung ist stärker wissenschaftlich. Aber, so schreibt der Rechtswissenschaftler Reinhold Zippelius: »Auch dann, wenn die Rechtsprechung kodifiziertes Recht anwendet, spielt der typisierende Fallvergleich eine Rolle: Hier dient das vergleichende Denken schon zur Aufdeckung von Gesetzeslücken […].« (Zippelius 2011: 221)

Angemerkt sei, dass diese zwei großen westlichen Rechtskreise, die im Zuge der Kolonialisierung vielfach exportiert wurden, in der Praxis näher beieinander-

---

485 Diese Gleichzeitigkeit nimmt ihren Anfang bereits mit der Einführung der Akten, »dafür gepriesen, dass sie quasi mündlich agieren, dass sie aufzeichnen, indem sie *mit*schreiben, dass sie eine Entwicklung und nicht nur das Resultat festhalten, mehr noch, dass sie ihre Entstehungsbedingungen, dass sie schließlich sich selbst als Entwicklung enthalten« (Vismann 2000: 24, H.i.O.). Erst im 20. Jahrhundert bekommen die Akten als Medientechnik von »technischen *recording-machines*« Konkurrenz (vgl. ebd.: 26, H.i.O).

liegen, als die Gegenüberstellung suggeriert. Sie wird hier dennoch angeführt, weil sie behilflich sein kann, die zwischen Kompilation und Kodifizierung angelegte Investigative Ästhetik genauer zu erfassen. Um dies anhand eines weiteren Aspekts des Öffentlichwerdens zu demonstrieren, ein erneuter Blick auf die Ordnungsprinzipien der Website von Forensic Architecture: Hier können Untersuchungen anwendungsfreundlich gefiltert werden – entlang von Kategorie, Methodologie, Ort oder Karte. Dieses System folgt einer Logik der Verschlagwortung, die historisch betrachtet aus den *casebooks* des *common law* kommt, im Gegensatz zur Kapitelstruktur der systematischen *treaties* im *civil law* (vgl. Röhl 1995: 582). Der Ausstellungsraum wiederum eignet sich, die Kasuistik der Fälle unter Überschriften zu bringen, um dabei die strukturellen Logiken von *treaties* mit *casebooks* zu verbinden. Wo und wie kommen Aspekte der Kodifizierung hinein? In der forensischen Kreuzkartografierung mittels Verfahren zur synchronisierenden Verdichtung, Querverweissetzung und Reduktion. So lässt sich behaupten, dass in der Kasuistik kodierend mit Daten vorgegangen wird und so Fakten als Artefakte produziert werden; auf der Ebene der Evidenz bleiben die Investigationen also kasuistische Erkenntnis. Diese Erkenntnisse erhalten keine moralischen Generalien/Allgemeinplätze, wie sie üblicherweise im gerichtlichen Schlusswort einer Anklage als ›Moral der Geschichte‹ vorgetragen werden – also weg von Einzelfall hin zum auf eine Metaebene erhobenen Verbrechen allgemein, sodass Anschlussfähigkeit gegeben sei (vgl. Goyet 2014: 155).

Allerdings ist einzuwenden, dass eine geheime Investigation, in der die Agentur sieht, ohne gesehen zu werden, mit einer ›Lehre‹ der Evidenzproduktion schwer vereinbar ist. Es verlangt nach einer strengen Organisationslogik: Transparenz ist auf der Ebene der vorgeführten Rekonstruktion des Evidenzverfahrens anzutreffen. Zugleich ist die Logik der Geheimhaltung und der Vertraulichkeit prägend. Wenn auch subtil, wird (metaphorisch gesprochen) Tinte ausgestrahlt, um die Verfahren in ihrer Komplexität niemals gänzlich oder aber zeitverzögert preiszugeben. Es wechseln detektivisch-spionierender Modus (Erarbeitung) und edukativ-verhandelnder Modus (Präsentation, Rechtsprechung).[486] Insofern teilt Forensic Architecture doch mehr mit dem gerichtlichen Rechtsprechungsformat als anfangs erwartet: Die Entscheidungsfindung erfolgt zurückgezogen und die Investigative Ästhetik ist der Sache dienlich; sie übersetzt einen Sachverhalt in einen Tatbestand, eine Tatbestandsverkettung oder einen Tatbestandsachverhaltskomplex. Erwähnt sei sowohl die Bedeutung verdeckter Ermittlungen als auch das Beratungsgeheimnis im Strafprozess, wo die richterliche Beratung in

---

[486] Zur spionierenden Sicht siehe Kapitel III.2.

einem Kollegialgericht zwischen Hauptverhandlung und Verlesen der Urteilsformel räumlich separiert zum Verhandlungssaal stattfindet.[487]

Auf vorhergehende Fragen und zu verdichtende Argumentationen werde ich nun mit Ansätzen, Begriffen und Konzepten dreier Autoren eingehen – des Philosophen und Kunsthistorikers George Didi-Huberman, des Kulturwissenschaftlers und Historikers Carlo Ginzburg sowie des Politik- und Kunstphilosophen Jacques Rancière.

Für die Betrachtung der Investigationen von Forensic Architecture hat sich neben dem Evidenzbegriff der Montagebegriff im Verhältnis zur Lücke wie zur (Bild-)Spur von Georges Didi-Huberman als produktiv erwiesen. Er entwickelte diesen in *Bilder trotz allem* (2007) in Bezug auf vier widerständige Fotografien, um die damals eine Kontroverse entbrannt war. Sie waren durch Inhaftierte des Sonderkommandos 1944 im Vernichtungslager Auschwitz aufgenommen und aus dem Lager geschmuggelt worden. Die Aufnahmen zeigen das Krematorium V. Didi-Huberman (2007: 15) schreibt: »Um zu wissen, muß man sich ein Bild machen.« Und: »Um sich zu erinnern, muß man sich ein Bild machen.« (Ebd.: 53) Dabei gelte es, »die *unvermeidliche Lückenhaftigkeit* des Bildes« zu begreifen (vgl. ebd.: 73, H.i.O.): »Das *lückenhafte Bild* ist eine *Bild-Spur* [...] und zugleich ein *Bild im Verschwinden* [...].« (Ebd.: 234, H.i.O.) Das Zurückbleibende »bezeugt ein Verschwinden, dem es sich zugleich aber auch widersetzt« (vgl. ebd.: 235). Es brauche Montage, weil ein »Erkenntniswert [...] nicht aus einem einzelnen Bild hervorgehen« könne (vgl. ebd.: 173). Zerstörung dürfe nicht »in den Bereich des Undenkbaren verbannt« (ebd.: 45) werden. So ist ein Verbrechen vorstellbar, weil es Ruinen als Spuren gibt. Diese können beiläufig oder mit Absicht entstehen – dem Hochladen von Bildern, die ein Verbrechen bezeugen, kann somit Widerständigkeit beigemessen werden. Werde das ›Unvorstellbare‹ als Erfahrung sowohl von Zeug:innen sowie jenen begriffen, die diese zu verstehen versuchen, folge der Wunsch, sich trotz allem ein Bild zu machen (vgl. ebd.: 96–98).[488]

Ohne in die einst polemische Debatte um *Bilder trotz allem*, die teils auch um ein bildimmanentes Problem zum Verhältnis von Zeichenhaftigkeit und

---

[487] Alternativ zur Abhaltung der Beratung und der Abstimmung im Beratungszimmer ist es möglich, sie flüsternd im Sitzungssaal selbst durchzuführen (vgl. Kühne 2010: 595–596).

[488] Didi-Huberman widerlegt die Behauptung, es gebe keine Bilder der Shoah. Denn was diese These impliziere, sei jene der »historischen Faktizität des Undarstellbaren«. Dem entgegenzuhalten seien jedoch die vier widerständigen Fotografien des Sonderkommandos sowie Maßnahmen der Nazis selbst, dieses Verbot unter anderem durch zwei in Auschwitz ansässige Fotolabore zu umgehen. (Vgl. Didi-Huberman 2007: 89–91)

dessen Entzug kreiste, einzusteigen, sei ein Brückenschlag gewagt:[489] Jene vier Bilder und das Videomaterial, mit dem Forensic Architecture beispielsweise in ihrer Serie zu Drohnenangriffen (von der die bereits thematisierte Untersuchung *The Architecture of Memory*[490] Teil ist) operiert, verbindet eine vergleichbare politische Problematik und medienrezeptionsästhetische Herausforderung. Die Forschungsagentur agiert oftmals mit medialen Erzeugnissen, die unter gefährlichen Bedingungen entstehen: mit solchen, die nicht nach außen dringen dürfen und die gemacht werden, um Gräueltaten zu bezeugen. Oder Material existiert im Verborgenen, etwa zur archivierenden Überwachung.

Der US-amerikanische Sender *National Broadcasting Company* (*NBC*) strahlte 43 Sekunden eines stark verwackelten Handkameravideos eines Drohnenangriffs auf Miranshah in Waziristan im Jahr 2012 aus. Unter großer Anstrengung war das Video unbekannter Autor:innenschaft aus der Region geschmuggelt worden. Es handelte sich um zwei Sequenzen, deren erste aus einer Außenaufnahme und deren zweite aus einer Innenaufnahme eines zerstörten Hauses bestand. Anhand der zweiten Sequenz rekonstruierte Forensic Architecture den Einfallswinkel der Drohne, die Ausbreitung der verursachten Zerstörung über die Spuren im Gebäude sowie die wahrscheinliche Position der anwesenden Personen anhand der leer gebliebenen Wandstellen, an denen die Splitter in menschliche Körper gedrungen waren. (Vgl. Weizman 2017: 36–43)

---

489 Auch an der Konzeption der ›Spur‹ ließe sich dieser Streit festmachen. Es sei fraglich, »ob die Spur als ein Index, mithin als eine Form von Zeichen aufzufassen sei oder ob die Spur sich einer Indexikalisierung und damit Semiotisierung gerade entzieht« (vgl. Krämer 2007: 166).
490 Siehe Kapitel II.3.

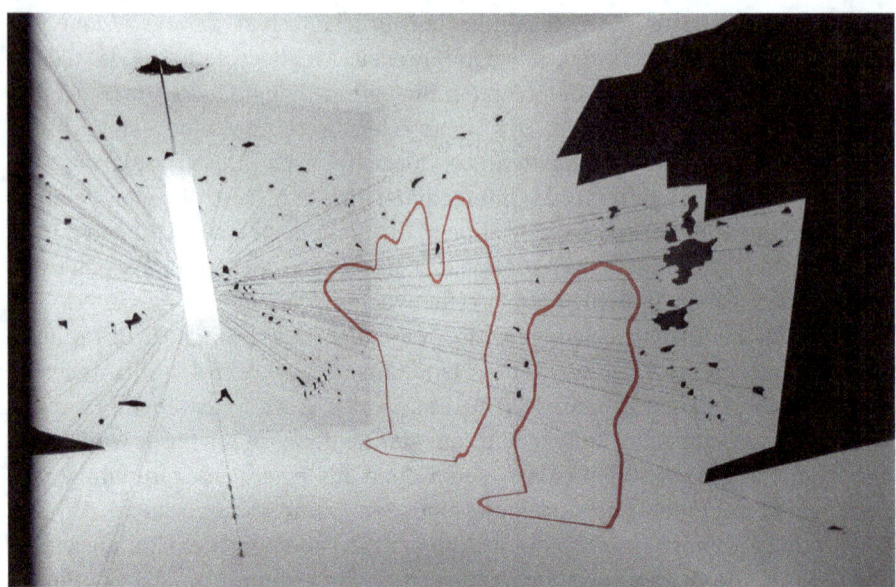

Abb. 19: *Forensic Architecture: Towards an Investigative Aesthetics* (2017), Museu d'Art Contemporani de Barcelona (Sektion *INVESTIGATIONS*, Raummodel zur Investigation *Drone Strike in Miranshah*)

Vermieden werden sollte, ein Bild zur Ikone (Opfernarrativ[491]) zu erklären oder ein Dokument exemplarisch für eine Gewalttat einzusetzen. Forensic Architecture legt nicht zufällig so großen Wert auf die Rekonstruktion und »Markierung des Blickfelds« (Didi-Huberman 2007: 62) der »poor images« – Kontext und Adresse der Spur müssen miterzählt werden; Bildpolitik und ideologisch-institutioneller Kontext sind in »Bild-Spuren« oder außerhalb des Bildes zu suchen. Dieses Vorgehen findet sich in der Videoframe-Montage des erwähnten Drohnenangriffs und der maßstabsgetreuen investigativen Rauminstallation zur Untersuchung *Drone Strike in Miranshah* (2014), die (neben anderen Ausstellungskontexten) in der Ausstellung *Forensic Architecture: Towards an Investigative Aesthetics* (2017) zu sehen war (Abb. 19).

Bezüglich der in Auschwitz entstandenen Fotografien kritisiert Didi-Huberman (vgl. ebd.: 61), dass durch nachträgliches Hineinzoomen auf die »›eigentliche Handlung‹ des Bildes« – im Weglassen des schwarzen Randes der Türöffnung – die Fotografien (vermeintlich) informativer gestaltet wurden. Dieser

---

[491] Mehr dazu in Kapitel II.1.

Rand, Indiz des Aufnahmewinkels des Fotografen, ist für ihn wesentliche Information, die er mit der Redeweise einer Zeug:innenaussage vergleicht: mit dem »Zögern« und der »Schwerfälligkeit des Tonfalls« (vgl. ebd.: 62).[492] Die Aufgabe der montierenden Rekonstruktion bestehe insofern darin, »die Zeit, die *zwischen* den [...] Bildern vergangen ist [,] [...] zu rekonstruieren« (vgl. ebd.: 149, H.i.O.). Das sogenannte »cross-referencing« (Weizman 2017: 58) von Forensic Architecture geht methodisch über eine solche Montage hinaus: Es bezieht sich auf das juristische Kreuzverhör[493] und meint das Ordnen, Verhören, Verbinden und Zusammenführen von Bildern, Daten (etwa aus Screening-Technologien) und Aussagen in einer befragenden/verhörenden/konfrontierenden Montage oder Simulation.[494] Für Aussagen hat das zur Folge, dass sie nicht in direkter Rede wiedergegeben werden. Auch nicht das Einzelbild, dessen Manipulierbarkeit alltäglich geworden ist, steht im Fokus, sondern die Bildforensik seiner Bezogenheit und Einbettung. Ist die Investigative Ästhetik von Forensic Architecture folglich ein induktives, deduktives oder transduktives Verfahren?[495] Das »cross-referencing« kann als induktives Verfahren verstanden werden, sofern es »*indexierte*[ ] Relationen« (Hui 2013: 105, H.i.O.) zwischen »digitalen Objekten« (ebd.) und Datenspuren

---

[492] Nach Giorgio Agamben, wie dieser in *Remnants of Auschwitz: The Witness and the Archive* (engl. 1999, ital. Orig. 1998) hingegen unter Bezug auf Primo Levis *Die Untergegangenen und die Geretteten* (dt. 1990, ital. Orig. 1986) schreibt, sind die eigentlichen Zeug:innen des Holocausts in den Gaskammern vernichtet worden, sodass alle anderen bloß Teil- oder Stellvertretungszeug:innen sind: »The witness usually testifies in the name of justice and truth [...]. Yet here the value of testimony lies essentially in what it lacks; at its center it contains something that cannot be borne witness to and that discharges the survivors of authority.« (Agamben 1999: 34) In ihrer Rezeption von Agambens Schriften warnt Vismann (vgl. 2012: 86–87) »remnants« fälschlicherweise mit materiellen/physischen Resten zu verwechseln; denn mit dem Begriff »remnants« erfolge die gleiche »re-allocation« wie mit dem »Archiv« in Foucaults Lesart: weg von der Positivität gespeicherter Information hin zu den gesamten diskursiven Bedingungen.
[493] Das Kreuzverhör bildet im inquisitorischen Strafprozess die Ausnahme, im angloamerikanischen und -sächsischen Strafprozess jedoch ist die *cross-examination* in Ergänzung zum Hauptverhör (*examination in chief*) aufgrund des Konfrontationsrechts wesentlicher Bestandteil. Es handelt sich um eine »Form der Vernehmung [...], bei der Zeuge oder Sachverständiger allein durch den Staatsanwalt und den Verteidiger und nicht durch den Richter verhört werden« (Duden.de, *Kreuzverhör*).
[494] Mehr zur Simulation im Kapitel II.3.
[495] Simondons Transduktivität sei als »transzendentale[r] Empirismus« eine Synthese von empirischer Induktion und transzendentaler Deduktion digitaler Objekte. »David Humes Empirismus (Induktion) und Kants Transzendentalismus (Deduktion)« seien »der menschlichen Erfahrung analog«, wohingegen »Transduktion [...] eher eine Wirkungs- und eine Entstehungsweise als eine Methode« sei. (Vgl. Hui 2013: 105)

herstellt. Dies inkludiert Synchronisationsprozesse und halbautomatisierte[496] Referenzierung digitaler Medienfragmente. Daraus resultiert, dass die kartografische Kreuzvernehmung im »image complex« nicht nur Datenvisualisierung ermöglicht, sondern auch eine neue legale Authentifizierungstechnik der einzelnen Bestandteile darstellt, in denen weitgehend Maschinen die Kodierung und Dekodierung übernehmen.

In Anlehnung an Carlo Ginzburgs *Spurensicherung: Die Wissenschaft auf der Suche nach sich selbst* (2002) lässt sich folgendes Zwischenfazit ziehen: Zum einen ist die Investigative Ästhetik eine »Methode der Indizienforschung« (Ginzburg 2002: 10) auf Basis von »Oberflächensymptomen« (ebd.: 17), wobei die Ästhetik in diesem Prozess instrumentalisiert und auf das informierende Oberflächensymptom reduziert wird. Zum anderen ist die Investigative Ästhetik Resultat wissenschaftlicher Versinnlichung, wie gegenwärtig etwa durch Mikrofotografie, Röntgentechnologien, Wärmebilder, Statistiken, Oszillo- und Diagramme, DNA-Sequenzierungen, Spektralanalysen und weitere Technologien.[497] So nutzen und offenbaren Investigationen die Gebrauchsästhetik der jeweiligen Medienapparate, -ökologien, -ökonomien und -architekturen, die wiederum gewisse Gestaltungsspielräume bieten. Neu dabei ist nicht, dass empirische Wissenschaften, auch historisch betrachtet, von Illustrierung abhängig sind, sondern dass diese ihre digitalen Forschungen immer bereits aufzeichnen, ja dass Gebrauchsästhetik jene Überlappung von Vorgehen und Dokumentation meint. Gebrauchsästhetik aber lässt ästhetische Fragen nicht gänzlich im Gebrauch aufgehen, sodass diese letztlich obsolet würden. Im Gegenteil: So sei auch die »Rechtsordnung auf ein Nebeneinander von Aufführung und autorisierter Aufführungsdokumentation angewiesen«; die Dokumentation werde dabei »als eigentliches Produkt der Anwendung behandelt« (an deren Ende eine Entscheidung steht), was zur Folge habe, dass

---

496 »Dies ist die Besonderheit digitaler Objekte, was Daten und Informationsverarbeitung betrifft: sie erlauben es den intelligenten ›Agenten‹, Beziehungen für uns automatisch zu analysieren und herzustellen.« (Hui 2013: 104) Im Zusammenhang mit Datenvisualisierung spricht Hui (vgl. ebd.: 106) von einer ›relationalen Ästhetik‹, die sich aus »der Ermittlung solcher Beziehungen« ergebe, bei der »die interessantesten visuellen Effekte« entstehen können. Induktive Verfahren dieser Art basieren vordergründig auf »Wiederholung und Ähnlichkeit« (vgl. ebd.).
497 Inge Hinterwaldner schreibt im Aufsatz *Zur Operativität eLABORierter Wissenschaftsbilder* (2013): »Die Ausdrücke ›Datenverarbeitung‹ und ›Bildgebung‹ verschleiern nicht, dass Visualisierungen hochgradig konstruiert sind. In sie schreiben sich Standards ein, etwa kulturelle und historisch variable Darstellungskonventionen, Softwareeinstellungen oder Datenlimitierungen. Dass sich ›Sehen‹ und ›Wissen‹ seit jeher nicht sauber trennen lassen und der Anteil des Betrachters bzw. des Produzenten an den Darstellungen erheblich ist, formulierte der Kunsthistoriker Ernst Gombrich deutlich.« (Hinterwaldner 2013: 53)

»sich viele Darstellungsschwierigkeiten normativer Ordnungen als genuin ästhetische Probleme verstehen« lassen (vgl. Möllers 2018: 252).

Wie beziehungsweise bis zu welchem Grad schafft es Forensic Architecture, der Zensur zu entgehen? Die Wahrscheinlichkeit einer solchen kann beispielsweise über rechtliche Absicherung durch Verträge, kritische Aktionen von relativ geschützten (institutionalisierten) Standpunkten aus, disziplinäre Migrationsbewegungen oder Anonymität verringert werden; im Falle Letzterer kann das Agieren deterritorial und zerstreut organisiert sein. Diese Strategien können jedoch in bestimmten Situationen ihre Wirkung einbüßen: Als Eyal Weizman im Februar 2020 im Kontext der Ausstellungseröffnung *Forensic Architecture: True to Scale* am Miami's Museum of Art and Design überraschend die Einreise in die USA durch das *Department of Homeland Security* verwehrt blieb, erfolgte dies aufgrund eines quasi ›zensurierenden‹ Sicherheitsalgorithmus. Dieser stufte den Direktor aufgrund spezieller Kontakte als nationale Gefahr ein (vgl. Bishara 2020).[498]

Steht der NSU synonym für eine *Leerstelle* in der Rechtsstaatlichkeit, sodass das *Tribunal* aktivistisch in diese Aufklärungs*lücke* mithilfe von Künsten und angewandter Forschung stößt, um eine Art parallele, kommentierende und kompensierende Autorität zur staatlichen auszuüben? Da Forensic Architecture nicht von Amts wegen ermittelnd handelt (Amtsermittlungsgrundsatz[499]), sondern selektiv Anträge und Fälle annimmt, kann ihre Tätigkeit per definitionem als kompensatorisch und lückenfüllend verstanden werden. Außerdem ist die Idee eines lückenlosen Rechtssystems selbst – das im Rechtspositivismus die logisch »zwingende ›Anwendung‹ eines lückenlos vorauszusetzenden Regelbestands« (Vesting 2015: 80) meinte – im Sinne der dynamisch operierenden Systemtheorie obsolet.[500] Gewisse bildpolitische Apparate, die auch von Exekutive und Judi-

---

498 Das *Hyperallergic* Magazin berichtet über den *artist*: »Weizman was asked to provide the embassy with additional information, including 15 years of travel history, with emphasis on who funded his trips. The artist adds that he was cajoled to disclose contacts that ›might have triggered the algorithm‹ to Homeland Security investigators. Weizman declined to provide this information to the authorities.« (Bishara 2020)
499 Im kontinentaleuropäischen Strafprozessrecht, wo der Amtsermittlungsgrundsatz, auch Inquisitionsmaxime genannt, gilt, muss die Strafverfolgungsbehörde einen Sachverhalt ›von Amts wegen‹ (*ex officio*) ermitteln und das Gericht bestimmt das Ausmaß der Beweisaufnahme.
500 »Das netzwerkförmige Rechtssystem Luhmanns« löse den »hierarchisch angelegten Systemkonstruktivismus des 19. Jahrhunderts« ab. Diese »horizontale Reformulierung von Ordnungsbildung« finde sich auch in der *Grammatologie* Jacques Derridas und den darin erarbeiteten Konzepten der ›différance‹ und der ›itérabilité‹, sodass sich »jede Wiederholung mit Andersheit« verbinde. (Vgl. Vesting 2015: 80–81)

kative eingesetzt werden, stehen theoretisch allen zur Verfügung und erlauben ein Einschreiben in Bildpolitiken. Weil die Judikative Staatsmonopol[501] ist, darf Forensic Architecture nicht behaupten zu urteilen. Diesem Problem entgeht die Agentur, indem sie bloß zuliefernd arbeitet und sich auf die Beweisforschung beschränkt, die jedoch *transitional justice*-Prozesse einleiten oder diesen entgegenkommen kann. Ansätze des Neuen Materialismus herbeirufend gelingt es mitunter, über einen Beweis quasi ein einzig wahres, gutes und richtiges Urteil vorwegzunehmen oder auf dieses zu pochen – womit wir wieder bei der im Werk fabrizierten Erkenntnis wären und beim »mit der Evidenz fast gleichzeitige[n] Zustimmungszwang« (Tyradellis 2006: 144). (Die Erkenntnis steht selbstredend im Widerspruch zu einem offenen Erfahrungsbegriff, der noch nicht kanonisiertes Wissen voraussetzt.) Anstatt beispielsweise mittels Rechtsbehelfen gegen eine Entscheidung Einspruch zu erheben, wird Evidenz mit Evidenz widerlegt: Staaten, Firmen und Geheimdienste auf der einen Seite, NGOs, Initiativen und soziale Bewegungen (mit denen Forensic Architecture zuweilen Allianzen eingeht) auf der anderen Seite. Im Gegensatz zur Kunst als Fiktion, die um ein Anderssprechen bemüht ist, geht es jener Kunst des Realen um die Anerkennung anderer Sprechorgane oder womöglich sogar Spruchkörper.

Mit der Kunsttheorie Jacques Rancières soll abschließend ergründet werden, ob die Investigative Ästhetik einem der drei von ihm definierten Bereiche zuzurechnen ist – dem ethischen, repräsentativen oder ästhetischen Regime (siehe *Die Aufteilung des Sinnlichen* [2006]). Letztgenanntes Regime setze Ende des 18. Jahrhunderts an:

> Es handelt sich um ein bestimmtes Regime der Freiheit und der Gleichheit von Kunstwerken, in dem diese nicht mehr aufgrund der Herstellungsregeln oder der Hierarchie ihrer Bestimmung als Kunstwerke gelten. Vielmehr sind sie zu gleichberechtigten Bewohnern eines neuartigen gemeinsamen *Sensoriums* geworden […]. (Rancière 2006: 78, H.i.O.)

---

[501] Das war nicht immer so: »Im Hochmittelalter gab es keine judikative Gewalt.« (Foucault 2003: 64) Diese entwickelte sich durch die Monopolisierung von Reichtum in der entstehenden mittelalterlichen Monarchie im 12. Jahrhundert mit dem »*procureur du roi*, die Vorform des Staatsanwalts«, der von nun an in Streitigkeiten zwischen Individuen einbezogen wurde (vgl. ebd.: 64–65, H.i.O.): »Der *procureur* präsentiert sich als Vertreter des in seinem Recht verletzten Herrschers.« (Ebd.: 65, H.i.O.) In der Herrschaftssoziologie von Max Weber wurde das staatliche Gewaltmonopol schließlich »die zentrale Voraussetzung dafür, dass das Recht nicht nur […] in Gesetzesbüchern geschrieben stand, sondern im Konfliktfall auch wirksam […] durchgesetzt werden konnte« (vgl. Vesting 2015: 95).

Politisch ist das »ästhetische Regime« geprägt durch die demokratische Versammlung, die schriftlichen Gesetze und das institutionalisierte Theater (vgl. ebd.: 27). Rancière denkt den Modus der (demokratischen) Moderne, in dem das Modell der Postmoderne bedeutungslos ist, in einem Kontinuum zur Gegenwart. Dieses Regime wandte sich gegen das »repräsentative Regime«, das bestimmt war durch Kunstgattungen, die Definition des Darstellbaren und die Ordnung von »Sehweisen, Tätigkeits- und Urteilsformen« (vgl. ebd.: 29–38). Mit diesem Bruch vollzog sich eine Ablösung von der Hofkunst und ihrer mimetischen Repräsentation der Natur wie des Gegebenen. Sind künstlerische Stile, Disziplinen und Gattungen (»repräsentatives Regime«), was Normen im Recht sind? Wie kommt es zur Einteilung dieser Ordnungen in verschiedene Regime und was können Rechtsnormen über einen mit der Moderne einsetzenden entgrenzten Kunstkanon verraten? Letzteres Regime wiederum befreite sich seinerseits vom »ethischen Regime«, in dem Bilder auf ihren »Wahrheitsgehalt«, ihren »Gebrauch« und ihre »Wirkung« hin bestimmt worden waren (vgl. ebd.: 36–37).

Wird anerkannt, dass auch Materialitäten, Technologien und speziell die Natur sensorisch sind und somit als Bezeugende in Betracht gezogen werden können, verschieben sich sinnliche Ordnungen. Der Fokus der Investigativen Ästhetik von Forensic Architecture bleibt jedoch auf der Wahrnehmbarkeit (*detectability*) und ist damit enger geschnürt als Rancières Politik der Ästhetik, die das Denkbare einschließt. Diese sei je nach Epoche und Kontext unterschiedlich aufgeteilt und definiere dementsprechend, was Wahrnehmung und Denken ein- und ausschließen – wobei die Kunst in diese Aufteilung idealerweise subversiv interveniere (vgl. ebd.: 25–33). Eine Intervention ist jedoch bloß partiell wirksam, worauf auch Sonderegger (2010: 9, H.i.O.) hinweist, wenn sie schreibt, dass das ›ästhetische Regime‹ »die grundsätzliche Verände*bar*keit aller Aufteilungen zum Ausdruck bringe, ohne sich um die (effektiven) Umsetzungen von Veränderungen zu kümmern«. Der Investigativen Ästhetik hingegen sind die effektiven »Umsetzungen von Veränderungen« zentrales Anliegen. Sie verfolgt dies nicht ohne spektakulären Einsatz von Wahrheitsinstanzen und Evidenzen – ›spektakulär‹ deutet auf eine Öffentlichkeitswirkung von Verfahren, die jedoch nicht auf *show trials* zu reduzieren sind, sondern pädagogisch motivierte Konflikttransformation durch Praktiken von *restorative justice*[502] mit einschließen. Affekt verschiebt sich vom Artefakt auf die Institution. Kriminalistisch überprüft werden auffälligerweise die bereits erwähnten Qualitäten »Wahrheitsgehalt«, »Gebrauch« und »Wirkung« des »ethischen Regimes«.

Daraus wiederum ergibt sich folgende Diagnose: Forensic Architecture und die einladenden Kunstinstitutionen holen Kriminalfälle in die Künste, um andere Aufteilungen des Sensorischen thesenhaft vorzuschlagen (*propositions*), was in einer Kunstinstitution stellenweise höhere Resonanz bewirken kann, als ausschließlich über politische Foren auf den Rechtsbereich einzuwirken. Nicht nur das Museum mit seinem Fluss von Fördergeldern, Besucher:innen und Information, sondern auch die Kunst- und Kulturkritik und -theorie werden als Refugien benutzt. Jedoch leisten diese mehr, als lediglich infrastrukturelles und kognitiv-diskursives Ausweichquartier zu sein.

Wenn, wie Kathrin Busch argumentiert, das moderne »ästhetische Regime« (Rancière) gegenwärtig von einem »epistemischen Regime« ersetzt werde, was bedeuten die von ihr zwischen Kunst und Philosophie ausgemachten »Migrations- und Transformationsbewegungen« (vgl. Busch 2016: 13) dann für die Investigative Ästhetik? Es ließe sich argumentieren, dass das ästhetische Register (in und von den Künsten) frei geworden sei. Wie jedoch gezeigt wurde, verschränkt Forensic Architecture das epistemische mit dem ästhetischen Regime, indem eine kriminalistisch motivierte Ästhetik zur Wissensgenerierung eingesetzt wird: Als Evidenzverfahren auf Basis der kasuistischen Erkenntnis hat sich die *Aisthesis* mit epistemischen Registern verkuppelt. Künste und Rechtsprechung operieren auf unterschiedlichen Ebenen, verhalten sich hier jedoch zueinander dialektisch (weder identisch, noch trennbar). Insofern lässt sich festhalten: Die ›in Krise geratenen‹ Dinge ›Kunst‹ und ›Rechtsprechung‹ sind in ihrer übergeordneten Ebene kritischer Verknüpfung selbst zur *Sache* geworden.

Der Analyse dieses Verhältnisses widme ich mich in dieser Arbeit und entwickle im anschließenden Teil III Figuren und Figurationen, eine vertiefende Problematisierung und Konzeptualisierung erlauben. Davor jedoch erscheint es

---

[502] *Restorative justice* kann innerhalb des staatlichen Justizsystems oder außerhalb desselben, beispielsweise durch Initiativen eingeleitet, zum Zwecke der Wiedergutmachung und des Konfliktmanagements erfolgen. *Restorative justice* gilt als Alternative zu den drei Typen von Strafverfahren: (i) inquisitorischer Strafverfahrenstyp: Unterlagen und Informationen werden von staatlichen Organen ermittelt/zusammengetragen, zusätzlich werden unter Umständen Zwangsmittel eingesetzt; (ii) kontradiktorischer Strafverfahrenstyp: Parteien tragen Unterlagen und Informationen zusammen, Richter:in oder Jury entscheidet; (iii) konsensualer Strafverfahrenstyp: Deal wird zwischen Staat und Angeklagten verhandelt.

mir wesentlich, in Überleitung zum nächsten Teil eine Ausstellungsanalyse einzuschieben.

Im Vergleich zur Ausstellung *Towards an Investigative Aesthetics* (2017) am MACBA war *Investigative Commons* (2021) im Foyer des HKW (Abb. 20) weniger historisch angelegt. Um Ermittlungsvideos gruppierte Materialien aus zwölf Investigationen befanden sich zwischen zwölf Betonsäulen arrangiert, lose abgetrennt durch von der Decke hängende Trennwände. Jene Raumteiler trugen knappe Erläuterungen zu Themen der Ausstellung.[503] Aus dem gleichen Material, Multiplex-Sperrholzplatten, waren ebenso die Sitzbänke, Tische und weiteren Displayelemente gefertigt, was scheinbar den Eindruck einer provisorischen Versammlung rund um umstrittene Dinge jenseits des *white cube* erwecken sollte.

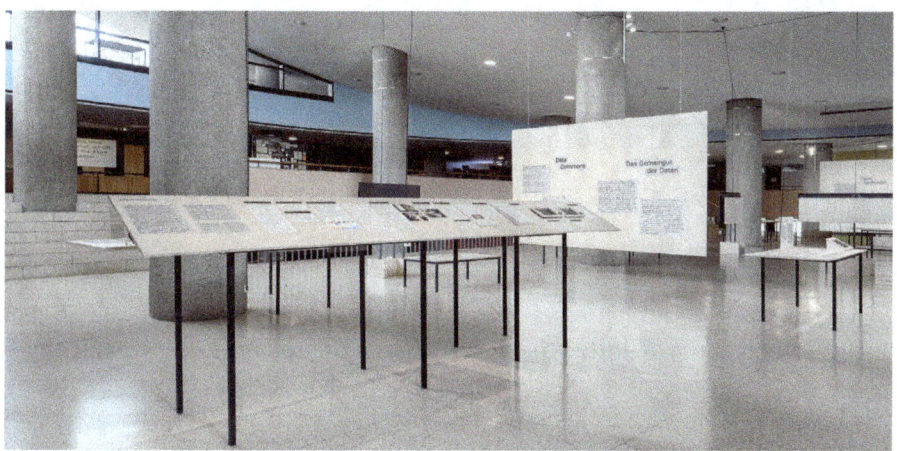

Abb. 20: *Investigative Commons* (2021), Haus der Kulturen der Welt

Wie bereits in der Ausstellung *Towards an Investigative Aesthetics* fanden sich auch in *Investigative Commons* anschauliche Lehrexponate, wie zum Beispiel das 3D-Modell zur Investigation *The Ali Enterprises Factory Fire*, die Brand- und Arbeitsschutzmängel architektonisch rekonstruiert (Abb. 21).

---

503 Die deutschen Übersetzungen der englischen Überschriften lauteten *Investigative Commons, Forensis, Das Gemeingut der Daten, Sensorische Umweltforschung, Introspektion, Investigative Ästhetik, Offene Verifizierung, Anti-Epistemologie* und *Paradoxien des Rechts*. Darunter fanden sich Textfragmente im Stil ausgeschnittener Zeitungspassagen. Die grafische Ausstellungsgestaltung erfolgte durch das in Berlin und Köln angesiedelte Studio *operative.space*.

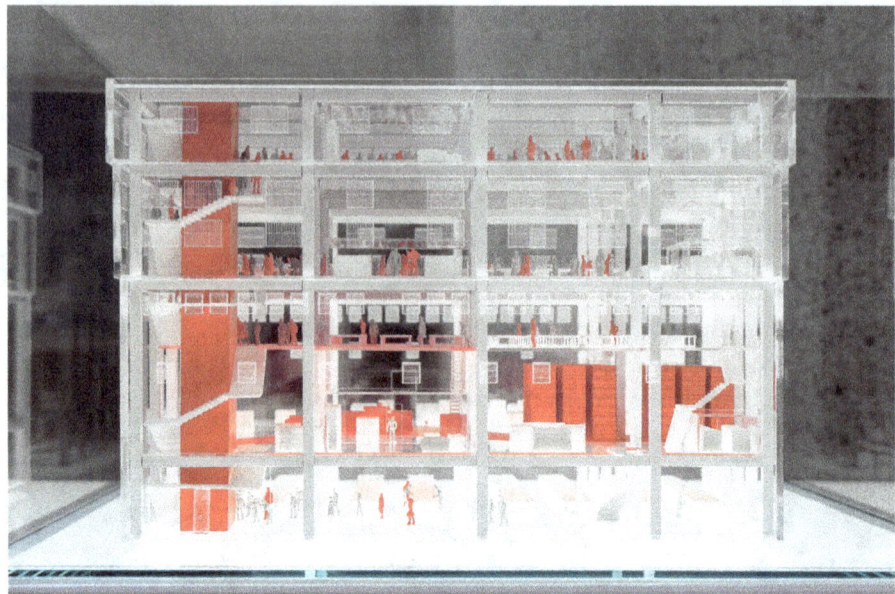

Abb. 21: *Investigative Commons* (2021), Haus der Kulturen der Welt (3D-Modell zur Investigation *The Ali Enterprises Factory Fire*)

In der musealen Tradition eines Dioramas erinnerte das Modell an die ab den 1940er Jahren durchgeführten *Nutshell Studies of Unexplained Death* von Frances Glessner Lee, Pionierin der Gerichtsmedizin an der Harvard University. Glessner Lees von forensischen Reporten begleitete Miniatur-Tatortrekonstruktionen im Stil von Puppenhäusern dienen im Studium von Tatort-Ermittler:innen noch heute als Lehrmodelle.[504] Im Ausstellungskontext von Forensic Architecture haben vergleichbare Lehrexponate demonstrativen Charakter, keinen partizipativen. So ist es bezeichnend, dass – anders als beispielsweise die Ausstellung *Open Codes: Die Welt als Datenfeld* (2017–2019) am Zentrum für Kunst und Medien (ZKM) Karlsruhe – die Ausstellung am HKW das Edukative nicht als interaktives Environment verwirklichte, sondern als Präsentation gegenwärtiger Manifestation des *Gemeinguts der Daten*, sinnfällig geknüpft an einen indirekten Aufruf zur

---

[504] Neunzehn der Modelle waren in der Ausstellung *Murder Is Her Hobby: Frances Glessner Lee and The Nutshell Studies of Unexplained Death* (2017/2018) in der Renwick Gallery, Washington, D.C., zu sehen. Das Augenmerk lag auf der Verknüpfung von Handwerk und Forensik, wobei die Kuratorin Nora Atkinson die Modelle als Zeugnisse materieller Kultur begreift, die heute auch als Kunstwerke interessant seien (vgl. Smithsonian American Art Museum 2017).

investigativen Partizipation an einem *Gemeingut der Ästhetik*. Schließlich bezieht sich das Investigative auf einen extra-musealen Raum; das macht die ausgewählten Fallstudien zu singulären »matters of concern« (Latour 2004), ihre Methodiken jedoch sollen von Besucher:innen, Adressat:innen und Passant:innen in einer Architektur des Empfangs, die das Foyer darstellt und das von einem Forum zu unterscheiden ist, als exemplarische verstanden werden.

In der Betrachtung der kuratorischen Dramaturgie von *Investigative Commons* ließ sich eine rhetorische Wendung in der Ausstellungspraxis von Forensic Architecture diagnostizieren. Neben einem beinahe symbolhaften Einsatz von Akten auf Tischen (genealogisch sowohl aus dem gerichtlichen Dispositiv sowie dem Informationsdisplay herleitbar) stach eine bestimmte Sorte stiller und bewegter Bilder hervor: Sie waren aktivistischer Natur – Aufnahmen von Demonstrationsmärschen, Kundgebungen, Parolen, Slogans und versammelten Körpern im sogenannten öffentlichen (Straßen-)Raum. Somit war die Ausstellung eine Erfüllung dessen, was ich das ›aktivistische Regime‹ der dem »agonalen Dispositiv« nahestehenden Gegenwartskünste nennen möchte; dieses Regime ist eine Amalgamierung des »ästhetischen Regimes« (Rancière 2006) und des »epistemischen Regimes« (Busch 2016) und findet eine Verwirklichung im »epistemic activism« (Hamraie 2017: 131). Einher ging diese Wendung zum ›aktivistischen Regime‹ mit dreierlei Aspekten: (i) Geschichtlichkeit, wie sie noch die Ausstellung *Towards an Investigative Aesthetics* geprägt hatte, wurde sekundär; (ii) es kam zu einem Reimport des menschlichen Antlitzes; (iii) anstelle von Dokumentwerdung trat Kollektivwerdung. Daran möchte ich nun folgende kritische Analyse anschließen: Offensichtlich sollten die aktivistischen Dokumente verdeutlichen, *in wessen* gemeinschaftlichem oder öffentlichem *Interesse* die Investigationen entstanden, und zugleich versinnbildlichen, im Kontext welcher Allianzen die engagierte Fürsprache über Architekturen (als *patient patients*[505]) geschieht. Indes wurden die methodischen *Wie*-Fragen der Beweisproduktion im inzwischen etablierten forensischen Stil bearbeitet. Oder anders auf den Punkt gebracht: Die politische Metaphorik aufbegehrender Widerständigkeit einer *community without unity*, die nun vielfach ein Gesicht[506] erhielt, schien die Ermittlungspraxis durch ein präsentisches Moment komplementieren zu wollen, reduzierte dabei jedoch

---

505 Siehe Kapitel III.4.

506 Das galt beispielsweise für die Installationen zu den Investigationen *Police Brutality at the Black Lives Matter Protests*, *The Ali Enterprises Factory Fire*, *Herbicidal Warfare in Gaza*, *The Murder of Halit Yozgat* sowie *The Murder of Pavlos Fyssas*. Ausführungen zur Repräsentation des menschlichen Gesichts und seinem Ausschluss erfolgen in Kapitel III.4.

Komplexität auf einen *common sense*,[507] in dem die aktivistischen Darstellungen klischeehaft wirkten. Eine an ein Lai:innenurteil gebundene temporäre Kollektivität der Menschenmenge wurde so ausgerechnet im Jahr 2021 – von dem durchaus als einem Jahr der Krise der Versammlung gesprochen werden kann – heraufbeschworen. Je mehr solcherlei Bilder gezeigt werden, desto mehr scheint ihr dialektisches Gegenstück betont zu werden: Aktivist:innen radikaldemokratisch und unbürokratisch (eben agonal) auf der Straße versus forensische Expertise, Spion:innen und Sachbearbeiter:innen im Großraumbüro, die Daten kartografieren. Open-Source-Intelligence, so meine These, stellt dabei einen Platzhalter für minoritäre Bezugnahmen auf Spionage dar.

---

507 Der dritte Teil des Buchs *Investigative Aesthetics* widmet sich *Propositions*, zu denen auch *Investigative Commons* gehören: »In the *field* of investigation, the notion of the commons is established through the assembly of modes of sensing that can be referred to [...] as a ›common sense‹. [...] In the *lab* and the *studio* the commons emerge as sites of the diffuse and collective labour of enquiry forged through composition and invention. In the *forum* the commons emerges by socialising the presentation of evidence, and finding new locations and platforms where the articulations of political claims can be seen and heard.« (Fuller/Weizman 2021: 195–196, H.i.O.) Der Gemeinsinn wird hier zwar auf nicht-menschliche Akteur:innen übertragen, seine Genealogie aus adversarischen Rechtsordnungen sei aber dennoch erwähnt: »Die[ ] Skepsis gegenüber öffentlichen Autoritäten geht im angelsächsischen Fall (heute vor allem noch in den USA) mit einem Lob des *common sense* in Form der Laienjustiz einher.« (Suntrup 2018: 386, H.i.O.)

III An_Klage
[Figuren & Figurationen]

III.1 Vom »Artist as Ethnographer« zum Artist as Detective

Im quasi-institutionellen Status und dessen Konsequenzen für die Zivilgesellschaft kombiniert die Forschungseinrichtung Forensic Architecture Aspekte auf dialektische Weise von Videoaktivismus, der bürokratischen Produktion polizeilicher Beweise sowie solche eines Start-ups, einer Lobby (Interessenvertretung), einer demokratischen Institution, einer politischen Partei, einer neuen sozialen Bewegung und von *WikiLeaks*.

Während einige der beruflichen Zuschreibungen bereits gefallen sind – wie Sachverständige:r, Gutacher:in, Expert:in, Richter:in, Fürsprecher:in, Verteidiger:in –, nimmt sich dieses Kapitel zum Ziel, den:die Detektiv:in näher zu betrachten. Mit Sternfelds (vgl. 2018: 153, Fn. 208) Plädoyer für eine Aufwertung der Vermittlung in Form einer »Repolitisierung der Pädagogik«[508] ließe sich Weizmans (vgl. 2017: 51) Identifikation der Agentur mit der Figurengruppe der Bausachverständigen als eine Bedeutungsaufwertung der Vermittlung verstehen. Obwohl dem etwas abzugewinnen ist, ist meines Erachtens die Figur der ›Detektiv:innenagentur‹ zentral: Die damit assoziierten rechtlichen Handlungen liegen zwischen Spurensicherung, Kreuzverhör, Wahrheitsermittlung und politisch motivierter Rechtsauslegung. Somit kommt insbesondere der ›teleologischen‹ Auslegung eine zentrale Rolle zu. Definiert durch den Rechtsgelehrten Friedrich Carl von Savigny Anfang des 19. Jahrhunderts, unterscheidet die historische Rechtsschule in grammatische, logische, historische und systematische beziehungsweise teleologische

---

[508] Dies ist Sternfelds (vgl. 2018: 153, Fn. 208) Entgegnung auf die »Pädagogisierung der Politik«, die sich ihrerseits wiederum auf die Benjamin'sche »Ästhetisierung der Politik« beziehe.

Exegese.[509] Die Besonderheit des teleologischen Ansatzes sei, einen ausgeprägten »Wirklichkeitszugriff« zu erlauben, indem »dem Gesetz rechtspolitische, ökonomische oder sonstige Zwecke argumentativ« unterlegt werden, »die nicht in der Rechtsordnung selbst, sondern in den Strukturen des jeweiligen Praxisfelds oder Sachbereichs liegen« (vgl. Vesting 2015: 121). Die Investigative Ästhetik, die Recht und Kunst nicht zuletzt auf politischer Ebene koppelt, müsste dem teleologisch ausgerichteten Untersuchungsmodus des juristischen Methodenkanons (Teil eines »Handlungssystems« [vgl. ebd.: 123]) zugerechnet werden. Im Aufdecken von »Inkonsistenzen bei der Rechts- und Gesetzesinterpretation« stehen heute Gerichte im Zentrum der Aufmerksamkeit, da sie »öffentlich zugängliches Fallmaterial – Gerichtsentscheidungen – produzieren« (vgl. ebd.: 116).

Forensic Architecture gehorcht bestimmten Prinzipien der klassischen angelsächsischen literarischen Detektivfigur. Diese entstand mit der Disziplin der Kriminalistik[510] und ist charakterisiert durch die überraschende Entdeckung von Verbindungen, womit sie üblicherweise im Kontrast zur Kriminalforschung der Polizei steht.[511] Im Aufsatz *Philokriminologische Überlegungen zum Detektiv-*

---

509 Savigny begründete die historische Rechtsschule in Abgrenzung zum Naturrecht/Vernunftrecht (welches das 17./18. Jahrhundert geprägt hatte) mit der Romantik. Die vier Auslegungsweisen (*canones*) des Rechts, die von ihm in der Publikation *System des heutigen römischen Rechts* (1840) definiert wurden, bestimmen die juristische Methode/Argumentation: die grammatische Auslegung (nach dem Wortlaut), die logische Auslegung (Verhältnis der Elemente zum Ganzen), die historische Auslegung (berücksichtigt Entstehung) und die systematische Auslegung (berücksichtigt Kontext des Gesetzes) (vgl. Savigny 1840: 213–214). Die systematische Auslegung ist durch die teleologische, welche den Zweck einer Gesetzesbestimmung beurteilt, aktualisiert worden. Savignys vier *canones* wurden inzwischen durch neue Auslegungsweisen ergänzt (vgl. Vesting 2015: 119).
510 »Nineteenth-century modernity not only spawned a new scientifico-legal discipline (criminalistics) in reciprocal association with a new literary fictional genre and protagonist (the detective story, the detective hero), it also sowed the seeds of the cognate discipline that would, in the twentieth century, come to be called ›forensic engineering.‹« (Siegel 2014: 18–19)
511 »Bei der klassischen Detektivgeschichte kommt es [...] stets zu einer *skripturalen Konkurrenz*, die das Gegensatzpaar von genialem Detektiv und braver Polizei mitkonstruiert [...].« (Just 2018: 145, H.i.O.) Dieser geniale Detektiv arbeite mittels »De-Konstruktion der Tatsachen, als kritische Be-Richtigung«; Wahrheitsfindung sei somit »Korrektur einer vorgegebenen Geschichte« und Wahrheit folglich »nicht nur im philosophischen, sondern auch im detektivischen Sinn immer eine Übersetzungsarbeit, eine transzendierende Um-Schrift« (vgl. ebd.: 145).

roman[512] (2018) bezeichnet Rainer Just den Mitte des 19. Jahrhunderts entstehenden Detektivroman[513] als »Säkularisierungssymptom«; Edgar Allan Poe habe als einer der ersten Autor:innen deutlich gemacht, dass eine Wahrheitssuche im »Spielraum der Vernunft« kreativer Prozesse bedarf, um durch den »Abgrund potentieller Verbindungen« zu navigieren (vgl. Just 2018: 144–145). Ein Hinweis zu einem historischen Vorläufer von Forensic Architecture: Die erste detektivische Agentur, *Bureau des renseignements universels dans l'intérêt du commerce*, wurde 1833 vom ehemaligen Verbrecher Eugène François Vidocq in Paris gegründet; sie verband detektivische Tätigkeiten mit Auskunftsdiensten.

Wie weit reicht die durch Forensic Architecture unternommene Aktualisierung der Detektiv:innen des 19. Jahrhunderts? Siegfried Kracauer, Filmwissenschaftler und Vertreter der Kritischen Theorie, schreibt in seinem philosophischen Traktat *Der Detektiv-Roman* (erstmals veröffentlicht 1935[514]), dass Detektiv:innen sich nicht *auf* die Ratio richten, sondern ihre »Personifikation« seien (vgl. Kracauer 1979: 51). Analog dazu beansprucht die Agentur, in ihrem Namen verkörpert, die Disziplin *Forensic Architecture* zu sein: Gegenstand, Autor:innenschaft und Disziplin werden auf performative Weise deckungsgleich gemacht. Als Detektiv:innenagentur definiert diese nicht nur die Disziplin, sondern ist auch die verkörperte Institution – eigens gegründet, um Folgendes zu vermeiden: »Erklärte er [der Detektiv, LS] sich mit der Institution identisch, er verlöre die Autonomie; er muß sich darum mit der gegebenen verbünden, wenn seine Ziele und die gesellschaftlichen zur Deckung gelangen.« (Ebd.: 66)

---

[512] Just unterzieht den Detektiv als Figur und das Detektivische als Vorgehensweise genealogisch einer Revision. Am Beginn seiner Überlegungen steht Georg Wilhelm Friedrich Hegels Einwand gegen »Tatsachen, welche sich raumzeitlich korrekt vermessen lassen«, denn erst »Reflexion, die über das Vorhandene hinausführt« und sich dem Unbedingten und Tieferen in der Wahrheitssuche verschreibe, sei der »Mehrdimensionalität des Menschen« angemessen (vgl. Just 2018: 141). Tatsachenberichte geraten in Hegels Polemik gegen das »Säkularisierungssymptom« Journalismus – mit seiner »Redseligkeit«, seinem »Zeitgeist«, seinem »Wirklichkeitssinn« sowie seiner »undialektischen Borniertheit« – unter Generalverdacht (ebd.: 142–143). Auch Friedrich Nietzsche habe einen ähnlichen Standpunkt vertreten und kritisiert, dass der Journalismus vorgebe, für Demokratie und Aufklärung einzutreten, obwohl er Wahrheit verdränge (vgl. ebd.: 143).
[513] Die Blütezeit des Detektivromans liege in der Moderne, in welcher der Detektiv »eine typische Kältefigur der Neuen Sachlichkeit« darstelle; aber seine »literarische[n] Wurzeln [...] [liegen, LS] in der Romantik« (vgl. Thums 2010: 393). Ginzburg (vgl. 2002: 37) schließt sich dieser These insofern an, als dass er als Wegbereiter des Detektivromans das persische Märchen mit dem deutschen Titel *Die Pilgerfahrt der drei jungen Söhne des Königs von Serendippo* und die darin enthaltene Idee des Jägers als Spurenleser anführt; das Märchen wurde im 16. Jahrhundert ins Italienische übersetzt und »im Zuge der orientalischen Mode« im 18. Jahrhundert in weitere europäische Sprachen.
[514] Geschrieben wurde der Traktat 1922–1925.

In *Rätsel und Komplotte: Kriminalliteratur, Paranoia, moderne Gesellschaft* (dt. 2015, franz. Orig. 2012) verfolgt der Soziologe Luc Boltanski die These, dass die »Untersuchung [...] den Kern des Kriminalromans bildet« und die Form »des Komplotts [...] das Hauptthema von Spionageromanen ist«; somit wurden die »Figuren des Rätsels und die Figur des Komplotts an der Wende vom 19. zum 20. Jahrhundert zu Tropen«, die das Verhältnis von Realität und (National-)Staat betreffen (vgl. Boltanski 2015: 13–15). Er schreibt, dass die Vorstellung einer »›objektive[n]‹ Beschreibung« an der Wende vom 18. zum 19. Jahrhundert mit »der Statistik, der politischen Ökonomie und dann, kurz vor dem Aufkommen des Kriminalromans, der Soziologie« entstanden sei (vgl. ebd.: 39). Boltanskis Genealogie ist für meine Ausführungen zentral. Individuelle auktoriale Signatur wird in den Investigationen von Forensic Architecture dementsprechend durch institutionelle Stile des Objektiven überschrieben. Hierbei wird das Detektivische nicht mehr über ein Nikotin konsumierendes Genie-Individuum optimiert (es ist an den zum Prototyp gewordenen forensischen Experten Sherlock Holmes zu denken, der 1886 von Arthur Conan Doyle geschaffene fiktionale Protagonist),[515] sondern über die Verteilung von Kompetenzbereichen auf Expert:innen. Anstatt nach kausalen Beweisketten zu suchen, werden Daten und andere Fragmente und Spuren gesammelt und in Relation zueinander gesetzt. Zudem gilt es nicht mehr »Langweile, die Grundkrankheit der bürgerlichen Gesellschaft« (Just 2018: 149), detektivisch zu bekämpfen, sondern für jene, die sozusagen ihre Rechte (*subjects subjected to and protected by the law*) gewissenhaft tragen, für Faktizität einzutreten. Wahrheit wird detektivisch-deduktiv abgeleitet, während Disziplinen ästhetisch-transduktiv überschritten und Foren pragmatisch errichtet werden, und zwar wo dies notwendig ist und wo medial Aufmerksamkeit gebündelt werden kann.

Trotz dieser Veränderungen bleibt das »Indizienparadigma« gültig. In diesem ist die »Rekonstruktion [...], die spezifisch bleibt, die den ›individuellen Fall‹ aufklärt«, gegenüber der »Abstraktion« auf »ein allgemeines Gesetz« vorrangig (vgl. Grube 2007: 149). Im Spurenlesen wird Wissen traditionell kasuistisch sowohl von Lai:innen als auch von Spezialist:innen erschlossen (vgl. Krämer 2007: 169). Basierend auf der Macht über (performative) Sprach- und Interpretationsakte,[516]

---

515 So heißt es bei Just (2018: 153): »Holmes, die nikotingetriebene Denk- und Dechiffriermaschine«.
516 Über den Detektiven schreibt Just (2018: 148, H.i.O.): »Sein kriminologisches Spiel – das doppelte Duell zwischen Detektiv und Verbrecher, zwischen Detektiv und Polizei – ist immer ein Spiel mit der Sprache, ein Signifikantenspiel, in dem es darum geht, die Interpretationshoheit, die *Macht über die Sprache*, zu erlangen.«

angeeignete Produktionsmittel sowie die »materialistischen Liminal-Lektüren« (Just 2018: 152) können sich »*Tatsachen*« (ebd.: 149, H.i.O.) als »*Schreib*sachen« (ebd., H.i.O.) entpuppen, sodass Wahrheit korrigiert und Fragmente zurechtgerückt gehören, um eine anders verknüpfte Geschichte zu erzählen und diese zur (An-)Klage zu erheben. Auf der Suche nach Kohärenz in Indizien, Leerstellen und Störungen, die re-konstelliert werden müssen, schleicht sich gegebenenfalls Verzögerung ein – diese fällt dennoch geringer aus als jene der Polizei. Zumindest im Detektivroman gehe diese bürokratisch standardisiert vor, anstatt situativ einen eigenen Lösungsweg zu entwickeln, wie Kracauer (vgl. 1979: 72) bezugnehmend auf die literarische Figur Dupin beschreibt. Ein rechtshistorischer Anhaltspunkt: Bevor das Recht im 19. Jahrhundert kodifiziert[517] wurde, funktionierte es ad hoc und war eher lokal/situativ (vgl. Vesting 2015: 47) als allgemeingültig in Rechtssätzen/Rechtsnormen verschriftlicht (vgl. ebd.: 20).[518] An eben jene Differenz knüpft die Frage an, ob Einzelfälle erzählt oder systematisch Strukturen aufgedeckt werden – und wovon sich die Agentur in beiden Fällen jeweils abgrenzen möchte. Ein Blick auf Kracauers (1979: 76) negative Beschreibung der Polizei: »Das von ihr vertretene Legale ist die entleerte und zur Eindeutigkeit herabgesetzte Formalisierung der positiven Bestimmungen [...].« Die polizeiliche Exekutive wird von ihm als rein positivistisch dargestellt: Sie bewege sich eben nicht jurisprudent und intelligent durch Gesetzeslücken. Diese Kontroverse rund um die Detektivfigur ist meines Erachtens zentral, um die Arbeit sowie den Habitus von Forensic Architecture kritisch zu rezipieren und lokale Ausprägungen zu berücksichtigen. So arbeitet Boltanski (vgl. 2015: 27) bezogen auf die Gattung des Kriminalromans,

---

517 »Das juristische Systemdenken lässt sich am besten über den Kodifikationsgedanken [...] des 19. Jahrhunderts erschließen. Das Kodifikationsrecht [...] strebte – vor dem Hintergrund der sich auf dem europäischen Kontinent bildenden Nationalstaaten – eine umfassende Neuordnung des ›gesamten Rechts‹ an. Dieser Prozess hatte in den modernen Verfassungsurkunden im Amerika und Frankreich des späten 18. Jahrhunderts einen ersten Vorläufer [...].« (Vesting 2015: 41)
518 »[S]owohl im antiken griechischen wie im antiken römischen Recht [...] werden Rechtsregeln und Gesetze eher lokal und situationsabhängig gedacht, nicht aber, wie in den Rechtssystemen des 19. Jahrhunderts, als allgemeine Normenbestände, die in die Zukunft wirken und eine unbestimmte Zahl künftiger Anwendungen vorwegnehmen.« (Vesting 2015: 47)

der »Rätsel und ihre Auflösung« inszeniere, historische Unterschiede zwischen der englischen Detektivfigur und der französischen Kommissarsfigur heraus.[519]

Im Aufsatz *Kracauer und die Detektive: Denk-Räume einer ›Theologie im Profanen‹* (2010) bewertet Barbara Thums das philosophische Traktat Kracauers, das der »systematische[n] Aufwertung banaler Details« (Thums 2010: 391) verpflichtet sei, neu. Stellt die Empirie eine »horizontale Oberfläche des Profanen« dar, in die der »spannungsreich und paradox strukturierte, vertikale Denk-Raum des Theologischen kippt«, sodass die Oberfläche als »entparadoxierte«[520] in Erscheinung tritt (vgl. ebd.: 396)? Thums (vgl. ebd.) schließt sich Kracauers Argument, demzufolge anstelle des Ethischen eine »›moralische Indifferenz‹ [...] des unterschiedslosen ›Zwischen‹[521]« rücke, nicht an. Sie plädiert vielmehr für eine Rezeptionsverschiebung und »Umbesetzung« (ebd.: 400) der »ethischen Interessenlosigkeit des Detektivs« (ebd.), der sie das ihm eingeschriebene Utopische[522] entgegenhält. Sofern das Utopische das Ende demokratischer Repräsentation und damit das Ende von Prozess, Streit und Zeitlichkeit (sowohl von einem verlorenen, in der Vergangenheit liegenden Paradies als auch einem in die Zukunft projizierten Ideal) bedeutet, unterliegt Thums einem Kurzschluss, wenn sie der Interesselosigkeit das Utopische entgegenhält – es gäbe nichts mehr zu korrigieren und detektivisch aufzudecken.[523]

Bezüglich Forensic Architecture zutreffender erscheint die Multidimensionalität der Detektivfigur in ihren »Sphären« (Kracauer), die auch in folgender Unterscheidung aufgerufen wird: Just (vgl. 2018: 142, H.i.O.) stellt eine »*epistemo-*

---

[519] Zwei literarische Werke und ihre paradigmatischen Charaktere dienen Boltanski (vgl. 2015: 64) hierfür als Grundlage: »die von Arthur Canon Doyle zwischen 1891 und 1927 geschriebenen Sherlock-Holmes-Geschichten und die von Georges Simenon zwischen 1930 und 1960 geschriebenen Abenteuer des Kommissar Maigret«. Erstere seien gekennzeichnet durch den liberalen, kapitalistisch-aristokratischen und postviktorianischen englischen Rechtsstaat, in dem klassenspezifische Milieus wie naturgegeben dargestellt werden (vgl. ebd.: 211–212) und der Privatdetektiv die Probleme der Oberschicht löst (vgl. ebd.: 128). Zweitere zeigen den Staat »nur als Verwaltungswesen, niemals als abstraktes Souveränitätsprinzip« (vgl. ebd.: 172); der Polizeibeamte sei dabei bekannt nicht für seine exzentrische Genialität, sondern seine Menschlichkeit und Kenntnis benachteiligter sozialer Milieus (vgl. ebd.: 181, 187).
[520] Im Recht gelte, dass es durch seine Anwendung entparadoxiert werde (vgl. Ladeur 2016a: 22).
[521] Damit ist der Ort zwischen oberer Sphäre des Theologischen und unterer der Ratio gemeint, in der sich der Mensch befinde, wie Kracauer im ersten Kapitel *Sphären* darlegt.
[522] Der »Enthüllungstechnik des Detektivs [sei, LS] eine utopische Dimension eingetragen« (vgl. Thums 2010: 405).
[523] Weiterführend siehe *Utopien der Gegenwartskunst: Geschichte und Kritik des utopischen Denkens in der Kunst nach 1989* (2020) von Sebastian Mühl.

logische Differenz« fest – »zwischen dem empirisch-positivistischen[524] Streben nach einer perfekten *Adaequatio intellectus ad rem*,[525] welche die Dinge für sich stehen lässt, um sie angemessen zu vermessen, und einem emphatisch-spekulativen Wahrheitsbegriff, der die Dinge mit dem Unbedingten ihrer Ideen konfrontiert, um sie in ihrer Verwickeltheit über sich hinauszutreiben«. Erfährt folglich das philosophische Denken und damit der ›emphatisch-spekulative Wahrheitsbegriff‹ durch die posthumanistische Horizontalisierung eine Unterordnung unter den empirischen Wahrheitsbegriff der Naturwissenschaften und angewandten Kulturwissenschaften? Ein zögerliches Ja, sofern gravierende Veränderungen festzustellen sind. Während, wie Eyal Weizman im Aufsatz *The art of war: Deleuze, Guattari, Debord and the Israeli Defence Force* (2006) feststellt, linke (Raum-)Theorien vom Militär als buchstäbliche Strategien verwendet werden (vgl. Weizman 2006), greifen einige linke Unternehmungen wiederum auf kriminalistisch-empirische Ansätze zurück, um sie mit neuen Gestaltungsstrategien zu kombinieren. Detektiv:innen befinden sich in der privilegierten Position, die Montage, mit Derrida und Vismann gesprochen, *bestreiken* zu können, *to re-edit the story*. Der Umstand, dass Initiativen wie die von Forensic Architecture auch mit positivistischen Setzungen arbeiten, ist somit im Kontext von Verschiebungen, Diversifizierungen und Ausdifferenzierungen im politischen Spektrum von rechts und links zu lesen – ein Dilemma, das sich auch in rhetorischen Verfahren spiegelt, in denen Ambivalenz, Multiplizität und Nichtlinearität keine Garantie linker Opposition mehr sind. Diese wurden seit Mitte des 20. Jahrhunderts mit bestimmten künstlerischen Methoden und Stilen assoziiert: etwa mit konzeptuell-performativen, essayistischen und bedeutungsoffenen Versuchsanordnungen. Im Gegenzug setzen nach Gerechtigkeit strebende Erzählungen, wie die von Forensic Architecture, verstärkt – wie schon besprochen – Objektivität generierende institutionelle Rahmungen und mediale Verfahren ein. Üblicherweise verbergen diese Verfahren ihre eigene Präsenz stilistisch, hier jedoch offenbaren sie

---

524 Neopositivismus, auch Logischer Positivismus genannt, ist der *logical empiricism* in der englischen Übersetzung – daher das Bindestrich-Adjektiv »empirisch-positivistisch« zur Beschreibung des Detektivischen.
525 Bezüglich des Begriffs *truth* in europäischen Sprachen heißt es im *Dictionary of Untranslatables*: »These different languages have all incorporated a similar development of the notion of truth, first by freeing it from its initial poetic, religious, and juridical context, then by constituting it as a concept of philosophy, and subsequently by carrying it over to the field of science. After several centuries of this shared history, a generally agreed-upon definition has emerged: of truth as a ›correspondence‹ between a thing and the mind, or *adaequatio rei et intellectus*.« (Brague et al. 2014: 1159, H.i.O.)

sich im Sinne einer inszenierten Transparenz auf der einen und Gebrauchsästhetik auf der anderen Seite (siehe Evidenz-Debatte[526]).

Die Rolle und Position von Detektiv:innen variiert je nach Polizeisystem. In Deutschland beispielsweise gehören sie zum Ermittlergewerbe; häufig sind sie selbstständig oder in einer Rechtsanwaltskanzlei angestellt und haben keine Sonderrechte. Privatpersonen können sie im Bereich zivilrechtlicher Anliegen einsetzen, aber auch Unternehmen heuern Detektiv:innen in gewerberechtlichen Fragen an, beispielsweise bei Verdacht auf Wirtschaftsspionage. Sie schulden keinen Erfolg, da die Beauftragung als Dienstleistung, nicht auf Basis eines Werkvertrags erfolgt; ihre Tätigkeit ist von der beauftragenden Partei erwünscht. Wird ein Versprechen, »eine Figur des Trugs« (Hamacher 1988: 20), nicht an ein utopisches Denk- und Zeitmodell geknüpft, sondern an einen Fall, ist die Erfolgsaussicht wahrscheinlicher – also das Eintreten eines auf die Zukunft verweisenden, jedoch »als gegenwärtig konstatiert[en]« (ebd.), Versprechens nach Aufklärung.

Auf der anderen Seite können Detektiv-Plots Trends vorwegnehmen, indem sie Szenarien entwerfen, welche die Polizei in ihr Ermittlungsrepertoire aufnimmt, sobald die erdachten Kontroll- und Wissenstechnologien tatsächlich existieren, wie Ronald R. Thomas in *Detective Fiction and the Rise of Forensic Science* (1999) feststellt (vgl. Thomas 1999: 4). Umgekehrt mag die Selbstbeschreibung des US-amerikanischen *Federal Bureau of Investigation* (*FBI*) Schnittstellen zu der von Forensic Architecture selbsternannten Tätigkeit aufweisen: Als *law enforcement agency* (die nordamerikanische Bezeichnung für eine staatliche Agentur, die außerhalb Nordamerikas meist Polizei genannt wird) ist das *FBI* nicht weisungsgebunden. In ihrem Einsatz für *public truth* ist die Agentur Forensic Architecture zwar keine Polizei, ihre aufdeckerische Forschungspraxis erstrebt jedoch in vielen Fällen ein *law enforcement*, gekoppelt an Jurisprudenz.[527] Bezogen auf den ursprünglichen Kriminalroman schreibt Boltanski (2015: 112): »Das Handeln des Detektivs liegt sowohl diesseits der Legalität – er handelt häufig, bevor der Polizist als Vertreter der Rechtsordnung überhaupt dazu in der Lage ist – [...]: Sein Handeln beruht auf einer moralischen Grundlage, die der rechtlichen Grundlage überlegen zu sein, ja sie sogar zu transzendieren scheint.« Mitunter richtet eine Krise erst den Fokus auf die Gesetzgebung und ihre Einhaltung. Derrida (vgl. 1991: 11, H.i.O.) erkennt in »*enforceability* of the law or contract« den sprachlichen

---

526 Zur Investigativen Ästhetik als Evidenzverfahren siehe Kapitel II.4.
527 Das hat folgenden Grund: »Rights in no sense guarantee that life will be protected; they are part and parcel with other axioms of liberal capitalism, and, as such, some rights (property, for example) may be upheld against other rights (life, for example).« (Lefebvre 2005: 111)

Bezug des Gesetzes auf Gewalt.[528] Daher ist das *enforcement* gezwungenermaßen immer ein Drängen auf positiviertes Recht, verknüpft mit einer Revision, in der »das Recht als ein dynamisches System« (Buckel et al. 2006: XII) begriffen wird, »das nicht einfach in einer hierarchischen Normstruktur schon vorgegeben ist, sondern hergestellt wird.« (Ebd.)

Aus kunsttheoretischer Perspektive führt die Praxis der (geheimen) Investigation zu einer Revision und Transformation des künstlerischen Habitus. In Folge der vorausgegangenen Ausführungen kann nun der »artist as ethnographer«[529] (Foster 1995) betrachtet werden: Die Figur basiert auf der Idee der ›Evidenz des Selbstgesehenen oder -erlebten‹. In fünf Gründen für das »Prestige der Anthropologie in der zeitgenössischen Kunst« beschwört der Kunsthistoriker Hal Foster unverkennbar die Institutionskritik und ihre investigativen Installationen der 1990er Jahre: (i) Anthropologie studiere ›Alterität‹ (ii) mit ›Kultur‹ als ihrem Objekt (iii) und vermittle das ›Interdisziplinäre‹; außerdem werde (iv) Ethnografie[530] als ›kontextuell‹ betrachtet und (v) als ›selbstkritisch‹ markiert (vgl. Foster 1995: 305, H.i.O., übersetzt d. LS).

Diese Figur hat viele Gemeinsamkeiten mit dem hier zu entwerfenden *artist as detective*, wenn es darum geht, neue investigative Aspekte in die Künste zu importieren. Wie auch der »artist as ethnographer« bekämpft der *artist as detective* »the bourgeois institution of autonomous art« (ebd.: 302) mittels genauer Beobachtung und Bearbeitung einer Sachlage, jedoch hat sich das »subject of association« (ebd.) ein weiteres Mal verändert:[531] Es ist nicht mehr »the cultural and/or ethnic other in whose name the artist [...] struggles« (ebd.). Während also dem »artist as ethnographer« nach wie vor eine bedeutsame Rolle zukommt, spricht der *artist as detective* sowohl für als auch in Komplexität und (partiell physischer) Kopräsenz[532] mit der Zivilgesellschaft und Ökologie in mittlerer/medialer Stimme.

---

528 Es handle sich um »eine gutgeheißene, gerechtfertigte Gewalt, [...] selbst wenn diese Rechtfertigung ihrerseits ungerecht ist.« Diese Gewalt könne physisch oder symbolisch, äußerlich oder innerlich, zwingend oder regulativ, brutal oder subtil subversiv sein. (Vgl. Derrida 1991: 12)
529 Die Schreibweise bei Foster ist »Artist as Ethnographer« bzw. »artist as ethnographer«. Foster spricht von Paradigma; die vorliegende Analyse konzentriert sich auf den jenem Paradigma folgenden Habitus.
530 Foster verwendet Ethnologie synonym zu Anthropologie.
531 Ein weiteres Mal, da Foster bereits von Walter Benjamins *The Author as Producer* (1934) ausgegangen war.
532 Hier im Sinne Braidottis (2011: 210) Begriff der »copresence«, wie er sich in ihrer affirmativen Umdeutung von Differenz findet.

Künstler:innen und Detektiv:innen können als kulturelle Übersetzer:innen auf Seiten einer trans- oder postnational[533] gelebten Zivilgesellschaft gedacht werden: Sie vermitteln demnach zwischen der Konformität des Kunstmarktes und der Nonkonformität kritischer Produktion, oder zwischen Staat, Konzern, Polizei und Zivilgesellschaft. Diese Unterscheidungen verschwimmen jedoch rasch und sind nicht aufrechtzuerhalten, wenn Institutionskritik, zum Genre geworden, einen eigenen Kanon etabliert.[534] Noch komplizierter verhält es sich, wenn, wie Foster (vgl. ebd.: 303) beschreibt, Künstler:innen gesponsert werden, um sich sozial oder wirtschaftlich mit einer Gemeinschaft zu beschäftigen. (Nicht zutreffend wäre die Aussage, dass Forensic Architecture, wie bestimmte Firmen zu Werbezwecken ihrer ethischen Verantwortung, selbst Sponsor sozialen Wandels sei.) Diese Ambivalenz prägt die Tätigkeit von Forensic Architecture – mit einer signifikanten Inversion: Detektivische Untersuchungen, so dienstbar wie ungehorsam, können bei der Agentur beauftragt werden. Wie ersichtlich geworden, gibt es im Kunstkontext die Tradition einer als Service, »as a trope and economic figure« (Stakemeier 2014: 17) gelieferten Kritik:[535] Ortsspezifische Fallstudien, durch eine Kunstinstitution in Auftrag gegeben oder unterstützt – »the institution *imports* critique« (Foster 1995: 306, H.i.O.) –, sind von Prekarisierung und Kommodifizierung bedroht. In seiner quasi-anthropologischen Figur problematisiert Foster (vgl. ebd.: 303–304) die Struktur des politischen Anderen, der in ein unspezifisches Außen gestellt werde, und schlägt vor, Widerstand als immanente anstatt transzendente Relation zu denken. In dieser Hinsicht ist das Dissidente als Überwachung von unten (*sou-veillance*[536]) aus denselben medialen Fragmenten aktivierbar, die der Überwachung beispielsweise migrierender Personen dienen können; dieses Phänomen etabliert sich symptomatisch in London, einer der am dichtesten mit *Closed Circuit Television* (*CCTV*) überwachten Städte welt-

---

533 ›Postnational‹ stehe ein »gegen die ethnisierten Nationalismen« (Baer 2011: 71).
534 »Taking into account that the art historical canonization of institutional critique contradicts its initial intentions, recent approaches try to actualize institutional critique as an analytical tool, as a method of self-reflection and as instituting practice that aims at social change.« (Sternfeld/Ziaja 2012: 23)
535 So schreibt auch Sternfeld (2018: 17) über Museen im 21. Jahrhundert: »Angetrieben wurden die strukturellen Veränderungen von einer Art Allianz zwischen kritischen Diskursen und ökonomischen Erwägungen.« Weiterführend siehe den Aufsatz *Art as Capital – Art as Service – Art as Industry: Timing Art in Capitalism* (2014) von Kerstin Stakemeier, in dem diese aus marxistisch-feministischer Perspektive dem Teilhaben und -werden der Kunstproduktion an der »capitalization of service« insbesondere seit den 1960er Jahren nachgeht – verhandelt unter den Stichworten »A Service Industry«, »Service as Program« und »Service in Reproduction« (vgl. Stakemeier 2014).
536 Von franz. *sous* = unter, *veiller* = wachen.

weit. Jedoch ist Fosters Kritik bezüglich Forensic Architecture nicht mehr ausreichend – weniger die Struktur zwischen Institution und Künstler:in hat sich verändert als die Bewertung dieser; die neu gelagerte Win-win-Situation zwischen Forensic Architecture und dem Kunstbetrieb verhält sich heute folgendermaßen:

A.) Forensic Architecture exportiert Kritik (als Produkt wie als Service) in die Kunstinstitution, weil sie unter anderem (i) Investigationen beauftragt, (ii) manchen Investigationen als Publikationsmedium dient, (iii) als Plattform eines rationalen wie antagonistischen öffentlichen Diskurses genutzt wird, (iv) als Forum herhält, wenn formale Gerichte die Investigationen von Forensic Architecture zurückweisen, (v) Medienaufmerksamkeit sichert und (vi) die Kunstkritik mit der Frage, inwiefern die Investigationen Kunst seien, beschäftigt hält.

B.) Die Kunstinstitution importiert die von der Agentur Forensic Architecture fabrizierte Kritik (als investigative Installation und kriminalistischen Diskurs), welche nur partiell *für* die Künste erstellt wurde, weil (i) die Besucher:innen über Beweisproduktion lernen können, (ii) die Kunstinstitution mit Forensic Architecture in Dialog über ästhetische Strategien im Kontext der Rechtsprechung treten kann, (iii) der zeitweise positivistische Ansatz der Agentur poststrukturalistische Paradigmen der Ambivalenz herausfordert, (iv) die medienreflexiven Strategien der Agentur mit politischer Relevanz ausgestattet sind und (v) Reflexion zwar ein Aspekt, das transformative und fallspezifische Eingreifen hingegen die Hauptintention darstellt.

Diese Beziehung basiert auf wechselseitiger Abhängigkeit; zugleich porträtiert das skizzierte Austauschverhältnis die Kunstinstitution als idealistische und sozial engagierte Akteurin. Wie jede andere Institution ist das Museum beispielsweise von ideologischen und ökonomischen Zwängen sowie Repräsentationspolitiken bestimmt, die nicht nur *commissions* und Archivierungspraxen beeinflussen, sondern die Institutionsdefinition selbst. Hierin wird deutlich, dass im ersten Moment Sternfelds radikaler Museumsbegriff, der bereits mehrmals herangezogen wurde, auf Forensic Architecture zutreffend erscheint, dieser jedoch auch idealtypisch ist; in seinen schablonenhaften ›radikalen‹ Strategien kann der Begriff dennoch produktive Denkanstöße geben. Die Investigationen tragen den Vorsatz *counter-* und sind innerhalb der Gegenwartskünste doch weniger Gegenreaktionen auf die Anforderungen des Politischen als diesen entsprechend. Paradigmatisch für ein politisiertes wie politisierendes Kunstsystem erscheint Sternfelds Museumstheorie: Die argumentative Horizontalisierung zwischen Kurator:in, Künstler:in und Vermittler:in fungiert als kritischer Kitt, grenzt dabei jedoch auf problematische Weise subtile Artikulationen aus dem politischen Kunstverständnis aus. Während Kitt für oberflächlichen Zusammenhalt steht, sind die Kontaktzonen zwischen der Rechtspflege und einem kompensatorisch-sozialpsychologisch eingesetzten Kunstsystem auch dahingehend zu verstehen, Gerechtigkeit wiederherzustellen und *councils* einzuberufen. Aber auch grundlegende Aspekte von *transitional justice* überschneiden sich mit Idealen einer *engaged art* – beispielsweise, wenn es um Verantwortung, Partizipation betroffener Parteien oder Mediation geht. Üblicherweise gehört die auf eine *Krise der Demokratie*[537] zurückzuführende *Sorge* um sie zu den Aufgaben staatlicher Behörden, also zur Rechts*pflege*. Jedoch: »Im Kriminalroman ist der Staat als für die Realität verantwortliche Instanz [...] so etwas wie einer *Prüfung* oder Bewährungsprobe unterworfen [...].« (Boltanski 2015: 52, H.i.O.) Über solche Bewährungsproben hinausgehend beabsichtigen Konzepte nomadischer Subjektivität (siehe Braidotti 2011), neue Formen der Sorgearbeit denkbar zu machen.[538]

Versprechen der Institutionskritik, gekoppelt an neue Formen zivilen Ungehorsams und verschaltet mit Gegeninformation, bleiben hochaktuell. Das Motto lautet: *Gaining agency* durch Aufdeckung, Korrektur und Re-Repräsentation von Information sowie Erstellen von Gegeninformation. Siegels (2014: 29) Begriff des »forensic enlightenment« ist auf diese Kulturen des Reparierens und Erkennens anwendbar. Denn der Erfolg der Agentur ist auch auf den gezielten Einsatz solcher medienkulturellen Kodierungen und Aufklärungsnarrative zurückzuführen, welche selbst komplexe Investigationen einfach dechiffrierbar machen. Mit dem Mittel der Rhetorik ließe sich dies als notwendiger Einsatz von »brevity« erklären, wie Cassin (vgl. 2005: 861) anführt. In der Rhetorik, die *proof* über *commonplace* generiert: »You can't go against *doxa*; ›paradox,‹ opinion going against shared opinion, is not allowed.« (Ebd., H.i.O.) Daher muss beachtet werden, wessen allgemeine Meinung vertreten wird und welchem – womöglich in Krise geratenem – Allgemeinplatz (etwa des Staates) rhetorisch über Evidenzverfahren entgegnet wird.

Ersichtlich wurde, dass das Detektivische nicht einzig auf der narrativen, sondern maßgeblich ebenso auf der strukturellen Ebene zu findet ist: Forensic Architecture macht bewusst von den genannten institutionellen Mechanismen Gebrauch. Zudem suchen die als Plattformen genutzten Institutionen wie das HKW in Berlin und das MACBA in Barcelona stets die Überschreitung herkömm-

---

[537] »Es genügt nicht, die Krise der Demokratie an ihren unerfüllten Idealen zu ermessen [...]. Das ›Zurückbleiben‹ hinter dem Ideal erscheint oft als strategische ›Notwendigkeit‹ in einer Argumentation eines demokratischen Diskurses, der Fehlschläge als einen Bestandteil seiner evolutionären, utopischen Erzählung begreift.« (Bhabha 2002: 401) Überlegungen zur Kunst/ Demokratie finden sich im Unterkapitel I.1.1.
[538] Passend zu einer solchen Argumentationsrichtung schreibt Butler (2009: 32): »Der Schritt, Abhängigkeit und Verpflichtung außerhalb des Nationalstaats zu affirmieren, muss mithin strikt von Formen des Imperialismus unterschieden werden, die Souveränitätsansprüche außerhalb der Grenzen des eigenen Nationalstaats geltend machen.«

licher Kunstbegriffe. Zugleich können unter den Vorzeichen einer edukativ angelegten ›politischen Kunst‹ solche Institutionen zu sinnstiftenden Maschinen des Kulturmanagements werden.

Aktuell ist das Detektivische auch relevant, da es sich vor dem Background medienpolitisch-ideologischer Postfaktizität ereignet. Postfaktische Politik impliziert einen Vorwurf an das kulturelle ›Etablissement‹ und an normativ verfahrende Instanzen der Medienlandschaft.[539] Sind Postfaktizität und affektive Politik eine Kränkung poststrukturalistisch verfahrender Kritik? Forensic Architecture operiert symptomatisch in einer verworrenen und widerspruchsvollen Situation: Während die Künste zuweilen mit einer Fiktionskrise (bereits vor der Dekonstruktion der Wahrheitsästhetik) konfrontiert sind und daher faktische Kartografien willkommen heißen, stößt die vierte demokratische Gewalt (Presse) auf eine Wahrheitskrise. Die Hinwendung zu Bereichen des Rechts erscheint als Rettungsanker: Entscheidungszwang nimmt der Kritik im Urteil (oder dem verdrängten Urteil der Kritik) das ›nur‹ der Kritik. Dabei wird verstärkt deutlich, dass poststrukturalistische Ansätze des Faktisch-Fiktiven normative Kategorien keineswegs für nichtig erklären dürfen, sie aber dennoch herausfordern müssen. Eine verglichen mit »normativistische[n]« Ansätzen dynamischere Auffassung lasse sich als »pragmatisches Regelverständnis« bezeichnen; dieses bilde, auf den Erkenntnissen des praxeologischen *linguistic turn* basierend, in der heutigen Rechtstheorie nach wie vor ein Desiderat (vgl. Vesting 2015: 37–40, 115).

Post-truth und *public truth* sind als dialektische Entwicklungen zu verstehen. Das Wort ›postfaktisch‹ sei irreführend, denn es handle sich vielmehr um eine »trust crisis«:[540] Auf mangelndem Vertrauen in (soziale) Institutionen, die bis dato als Stellvertreter rationaler Faktenbildung galten, basiere laut David Rothen-

---

[539] ›Postfaktisch‹ wurde von der *Gesellschaft für deutsche Sprache* als Wort des Jahres 2016 gewählt.
[540] »It is not the salience and veracity of facts that has disappeared. Rather, we are witnessing profound challenges to truth within conditions of radical uncertainty. We are experiencing a trust crisis.« (Rothenberg 2017: 21)

berg das sogenannte »weaponized narrative« (vgl. Rothenberg 2017: 21–22).[541] Als eine Konsequenz der Tendenz neoliberaler Staaten und staatlicher Agenturen, Fake News zu fabrizieren oder Desinformation zu verbreiten – wie bislang mit totalitären Regimen assoziiert –, kann Postfaktizität auch dahingehend interpretiert werden, dass Faktizität herzustellen nicht mehr allein von (staatlichen) Institutionen beansprucht wird: Quasi-institutionelle Player verschieben Rezeptionsgewohnheiten und Habitusformen zu vertrauensbildenden Zwecken. Ebenso rückt die Arbeit an der Wahrheit ans Licht – so lautet Weizmans (2017: 64) Credo »to take over the means of evidence production« –, schließlich liegt in diesen Produktionsmitteln (Netzwerke, Programme, Infrastrukturen etc. umfassend) die Möglichkeit, die Macht des Augenscheinlichen anzurufen. Das impliziert für Forensic Architecture zum einen den Versuch, transparent zu machen, auf welche Weise Beweise kreiert werden (wie bereits im Zwischenfazit zu Evidenzverfahren ausgeführt), indem die Agentur mit neuen Formen von Medienreflexivität ins Gericht Eingang sucht – auch über das medienbefürwortende Tribunal – und so Vertrauen wiederherzustellen anstrebt. Zum anderen impliziert das genannte Credo die Aneignung der Werkzeuge, »um das Haus des Unterdrückers während seiner Besetzung umzubauen« (Sternfeld 2018: 171). Mit dieser Perspektive bietet Sternfeld (vgl. ebd.: 171–173) eine bejahende Lesart des Textes *The Master's Tools Will Never Dismantle the Master's House* (1984) von Audre Lorde, sofern die Werkzeuge durch andere (außerinstitutionelle) ergänzt werden; zudem seien die Werkzeuge des Meisters gouvernemental teils bereits verinnerlicht (vgl. ebd.: 174). Lordes Text kann aber auch dahingehend interpretiert werden, ja legt folgende Auslegung sogar nahe: *The Master's Tools Will Only Remove the Symp-*

---

[541] An dieser Stelle ein Verweis auf eine Denkfigur, die Bedenken gegenüber Postfaktizität aus US-amerikanischer Perspektive zum Ausdruck bringt: »Weaponized narrative« ist eine Initiative des überparteilichen *Center on the Future of War*, das sich kritisch mit einer Form der Propaganda auseinandersetzt, die als *weaponized narrative* verstanden wird. Bei der Initiative handelt es sich um eine Zusammenarbeit zwischen der Arizona State University und dem Think Tank *New America*. Die Gründer, Brad Allenby und Joel Garreau, definieren *weaponized narrative* folgendermaßen: »Weaponized narrative seeks to undermine an opponent's civilization, identity, and will by generating complexity, confusion, and political and social schisms.« (Allenby/Garreau 2017: 5) *Weaponized narratives* tragen durch Hackangriffe, die Verbreitung von Fake News und Verwirrung zur postfaktischen Politik und Bedrohung demokratischer Systeme bei: »[A] ›post-factual‹ political and cultural environment [...] is vulnerable to weaponized narrative« (ebd.: 6). Diese Art des Narrativs sei bewaffnet, ohne notwendigerweise militärische Mittel anzuwenden, und finde Einsatz durch Staaten, Unternehmen, religiöse oder kulturelle Gemeinschaften; daher müssen sich Institutionen wandeln und an diese neuen Umstände anpassen, um der Funktionsweise des Narrativs entgegenzuwirken (vgl. ebd.: 8–9).

toms.⁵⁴² Es müsste dann im Kontext des Forensischen von Symptomlinderung⁵⁴³ gesprochen werden – anstelle einer psychoanalytischen Auflösung, die häufig darin besteht, das Symptom anzuerkennen und die Vergangenheit umschreibend zu erfinden. Das Forensische verhält sich zur Lücke wiederum poetisch (Überlegungen zur Poeto-Forensik⁵⁴⁴ folgen): »Und gehört das Haus des Meisters eigentlich dem Meister? Oder haben wir es in seinen Zwischenräumen nicht auch schon längst besetzt?« (Ebd.: 177)

Der:die *artist as detective* kann sich als Advokat:in hervorbringen oder dafür entscheiden, in erster Linie als Offenbarer:in zu fungieren, um jenen, die ermächtigt sind zu exekutieren und zu urteilen, Beweise vorzulegen. Er:sie teilt Medienreflexivität mit der bereits aufgegriffenen Figur »artist-as-analyst«, in der Carson (vgl. 2007: 112) die Psychoanalyse strukturell an künstlerische Bewegtbildstrategien knüpft. Ein zentraler Unterschied liegt jedoch darin, die Investigative Ästhetik selbst zum Evidenzverfahren zu küren. Durch sie wird bereits hergestellte Evidenz mittels erneuter Verfahren widerlegt, mit dem Zusatz, dass jeder Schritt reflexiv in die sich sonst entziehende mediale Oberfläche eingeschrieben wird.⁵⁴⁵ Wird das künstlerische Subjekt – hier im Format und Habitus der Agentur – als Spezialistin des ästhetischen Urteils begriffen, verbürgt es sich für etwas, das in einem anderen Kontext (der journalistischen Reportage beispielsweise) nicht gezeigt werden kann: nämlich, dass Information hergestellt wird und somit wie Evidenz entsteht. Die Künste befinden sich dabei in einer ihr geläufigen Rolle zwischen Erfindung und Analyse – beziehungsweise inmitten einer »Hermeneutik des Verdachts« (Thums 2010: 401, Konzept geht auf Paul Ricœur zurück).⁵⁴⁶

Führt das Postulat einer Investigativen Ästhetik, handlungsorientiert und prozessual in der Erforschung des Gegenstands, zu einem offenen Werkbegriff operativer (unmittelbar wirksamer) Bewegtbilder und Architekturen? In der Beto-

---

542 Schließlich schreibt Lorde (1984: 112, H.i.O.): »*For the master's tools will never dismantle the master's house. They may allow us temporarily to beat him at his own game, but they will never enable us to bring about genuine change.*«
543 Eine Debatte zur Symptomlinderung durch Forensic Architecture findet sich im Kapitel III.4.
544 Siehe Kapitel III.3.
545 So schreibt auch Thums (vgl. 2010: 391) anschließend an Kracauer: Der »detektivischen Spurensuche« gehe es um die Enthüllung von »Oberflächenäußerungen«, nicht um »Urteile der Epoche«.
546 »Aus dem Detektiven wird dann der mit den detektivischen Mitteln einer *Hermeneutik des Verdachts* operierende Kulturwissenschaftler, dessen kulturwissenschaftliche Methode im Sinne einer Aufklärung mit ihren eigenen Mitteln die Oberfläche einer sinnlich wahrnehmbaren Dingwelt zum Gegenstand hat und die einen konstruktiven Wirklichkeitsbegriff mit dem phänomenologischen Blick auf kleine, unscheinbare Details kombiniert.« (Thums 2010: 401, H. LS)

nung der prozessualen Erforschung implizieren »artist as ethnographer« und »artist-as-analyst« eine Werkkritik als transformierte Werkdefinition. Bei genauerem Hinsehen stellt sich jedoch die Frage: Re-etabliert der *artist as detective* den Werkbegriff über die Verträge zwischen der Agentur und den Auftraggebenden? Wie die klassischen Detektiv:innen schuldet auch Forensic Architecture keinen Erfolg, sofern eine Investigation als Dienst definiert ist.

Eine klare Unterscheidung in Werk- und Dienstvertrag ist bezogen auf die Arbeit der Agentur kaum haltbar. Werk- und Dienstvertrag werden auffälligerweise konträr übersetzt: Ein *service contract* ist ein Werkvertrag (im Deutschen wird Service mit Dienst assoziiert), ein Dienstvertrag hingegen ein *labor contract*. Zwischen den beiden Parteien – Forensic Architecture und beispielsweise der beauftragenden NGO – wird ein Vertrag aufgesetzt. Sowohl die Agentur[547] als auch die Kollaborateure behalten in diesem kontraktuellen Wissens- und Datenaustausch die Urheber:innenrechte an den jeweils eigens produzierten Materialien; sie geben sich jedoch gegenseitig zeitlich uneingeschränkte Nutzungsrechte. Neben den Verträgen mit institutionellen *commissioners* oder *collaborators* gibt es auch solche, die Leihgaben (etwa im Kontext von Ausstellungsbeteiligungen), und solche, die Archiv- und Sammlungserwerbe regeln – in beiden Fällen gilt nicht-exklusives Nutzungsrecht. Die Situation mit Sammlungen ist eine komplizierte, nicht bloß, weil eine Installation eines entgrenzten Werkbegriffs bedarf, sondern auch, weil hier eher die Berechtigung einer Nennung erworben wird: Die Partei, die eine Investigation nicht bloß temporär für eine Ausstellung leiht, sondern erwirbt, kann nach ›Ankauf‹ behaupten, Forensic Architecture in ihrer Sammlung zu haben oder, genauer gesagt, die Agentur zu vertreten. Sammlungen haben mittlerweile teils avancierte Strategien, Prozesse und Performances zu archivieren. Obwohl ein Werk produziert wird, wenn ein Beweisstück als solches definiert ist, wird es für den institutionellen Erwerb nicht als solches verfügbar gemacht: Es kann keine abgeschlossene Investigation erworben werden. Forensic Architecture behält sich das Recht vor – vertraglich unter dem Stichwort

---

547 In den Verträgen wird die Agentur ausgewiesen als untergebracht in und rechtlich vertreten von der Körperschaft des Goldsmiths College.

›Update⁵⁴⁸‹ geregelt –, stets eine aktuelle Version einer Investigation zu zeigen; zudem kann diese nicht ohne Rücksprache erfolgen.[549]

Entspricht dies der Trendwende vom Eigentum zur Miete kultureller Produktion und ihrer Mittel (Streamingdienste, Programm-Abonnements etc.)? Oder handelt es sich mehr um ein avanciertes Spendenmodell, in dem Institutionen sich mit kultureller Relevanz und Verantwortung schmücken?[550] Beides ist zutreffend und steht darüber hinaus im Kontext der »Computerkultur«, in der es bloß zur »vorübergehenden Verknüpfung von Wissenssegmenten« komme, womit auch die Formate Buch, Bibliothek und Sammlung im Rechtssystem und außerhalb dessen dynamischer werden (vgl. Vesting 2015: 84). Dennoch ist zu bedenken, dass »›Normenpyramide‹ und ›Stufenbau‹ der Rechtsordnung« bis heute Gültigkeit haben, wenn auch durch den »historischen Wandel der medialen und epistemologischen Bedingungen« aufgeweicht und teils zunehmend heterarchisch angelegt (vgl. ebd.: 86).

Aus kunstsystemischer Perspektive ist der Beweis das künstlerische Produkt und das Evident-Werden desselben zugleich diskursiver Prozess. Wenn das Bezugssystem jedoch kein künstlerisches, sondern ein rechtliches ist und die Betrachtung des Beweises als Werk einer kunstinstitutionellen Vereinnahmung entspricht, kommt die Frage in den Sinn: Welche Motivation hat Juliane Rebentisch, an ästhetischer Autonomie festzuhalten? Oder anders ausgedrückt: Wer würde dem Werkbegriff hinterhertrauern? Die entscheidende Frage ist, was gewonnen wird, wenn das ›Werk‹ durch den neuen Parameter der ›Wirksamkeit‹ ersetzt wird. Damit hängt auch die Frage nach Aneignung, (Gewalten-)Teilung und Produktionsmitteln zusammen. Intendiert Rebentisch, eine kunstphiloso-

---

548 Die Praxis des ›Updates‹ ist im Kontext heutiger Computernetzwerke zu lesen, die nach »Rechtsformen, die stärker auf Veränderung und weniger auf Erhaltung angelegt sind« verlangen, was sich etwa in offenen und auf Wandel reagierende Vertragsbeziehungen niederschlage (vgl. Ladeur 2016a: 306).

549 Einblick in die Vertragsabwicklung bei Forensic Architecture erhielt ich in einem Interview mit Sarah Nankivell. David Kuper, ein an der Goldsmiths University tätiger Jurist mit Schwerpunkt auf Vertragsrecht, steht der Agentur beratend zur Seite und ist Teil des *Advisory Board*. (Kunst-)Institutionen, die aktuell (Stand: November 2021) Arbeiten von Forensic Architecture in ihre Sammlungen aufgenommen haben, sind das MUAC in Mexiko-Stadt (Investigation *Ayotzinapa*), das V&A in London (Investigationen *Bomb Cloud Atlas*, *The Grenfell Tower Fire*), das Fotomuseum Winterthur (Investigation *Bomb Cloud Atlas*) und das MMK in Frankfurt am Main (Investigation *The Murder of Halit Yozgat*).

550 Beziehungsweise ging es nicht auch in der Kunst der Renaissance bereits mehr um den Namen als um das Werk selbst? Guattari (2013: 20) schreibt: »Wie […] sich vorstellen, dass ein Renaissancefürst nicht Kunstwerke kaufte, sondern Meister an seine Person band, deren Berühmtheit auf sein Prestige zurückfiel«?

phische Ästhetik von der auf Effekte/Wirkung abzielenden Sophistik abzugrenzen, um Ästhetik vor Dienstbarkeit zu bewahren? Grenzt sich umgekehrt Forensic Architecture auf sophistische[551] Weise von Kunst und Philosophie ab, die Kritik ohne Effekte/Wirkung üben?

Die Detektiv:innenagentur wird angeheuert, da sie sich bereits einen Namen gemacht hat. Sie ist somit Unternehmen wie Unternehmung. In ihrer investigativen Bestimmung und dem ihnen zugeschriebenen widerständigen Blick teilen *ethnographer*, *analyst* und *detective* professionelle Bezeichnungen mit einer Agenda zu sein. Detektiv:innen sind weniger Gegenbild zu Künstler:innen als in ihrer Arbeitsform mancherorts deckungsgleich. Schließlich wird in Folge der institutionskritischen Kunst seit den 1990er Jahren Forschung in Form transdisziplinärer Arbeit betrieben und Wissen unter postfordistischen Arrangements produziert. Neu ist das gesteigerte Zusammenwirken von Dienstleistung mit zielgerichteter Nachforschung. Nachdem das performative Postulat der *agency* (ohne sich mit der Doppelbedeutung als ›Fähigkeit‹ und ›Büro‹ zu begnügen) als solches erfolgreich anerkannt und öffentlich angenommen wurde, kann die Handlungsmacht des Büros, *the agency of the agency*, als Service gebucht werden. Gemeinschaften, NGOs oder auch Kunst- und Forschungsinstitutionen beauftragen eine investigative Studie oder gehen eine Kollaboration mit Forensic Architecture ein. *Kritik ist zum Service geworden* liest sich als klassisch gewordene Rezeption der Institutionskritik der zweiten Generation: Was jedoch spricht dagegen, dass Hegemoniekritik zur Dienstleistung wird, wenn dies ermöglicht, sich von sozioökonomischer Prekarität loszusagen; und was hat sich seit den 1990er Jahren verändert? Lange schon ist der Ruf nach einer Entkoppelung von kritischer Produktion und schlecht bis nicht bezahlter kultureller Arbeit vernehmbar; Architekturbüros und Museen beispielsweise funktionieren schließlich (neben ehrenamtlichen Initiativen) häufig nicht ohne die Ressource ›Praktikant:innen‹. Obwohl die Agentur Praktika ausschreibt, ist die Bildproduktion wesentlich auch von aktivistischen Kontexten in semi-öffentlichen Räumen getragen. Zunächst unabhängig von den jeweiligen inhaltlichen Komponenten und Bezügen erlauben die Figuren der Detektiv:innenagentur und der Spion:innen, Arbeitsmodelle neu in den Blick zu nehmen – der Fortsetzung dieser Perspektive widmet sich das folgende Kapitel.

---

551 Dies entspräche einem bereits in der Antike geführten Streit: »Philosophy never relinquishes its claim to unmasking sophistics by banking on the concept of intention; sophistics never ceases to distinguish itself from philosophy by emphasizing the accounting of effects.« (Cassin 2000: 114)

Bei der Institutionskritik der dritten Generation, für die Forensic Architecture exemplarisch (nicht nur partikular) steht, ist eine Verschiebung von der Selbst- und Institutionsreflexivität zur Wirksamkeit festzustellen – mit neuen Formen institutioneller Autonomie basierend auf dem Agenturmodell. Wenn moderne Künste nicht mehr in den Diensten der Kirche oder des Staates und Gegenwartskünste nicht mehr (wie postmoderne Künste) in den unausgesprochenen Diensten der Kritik stehen, sondern sich der Kriminalistik verpflichten, ist ihr Dienst als kostspielige Dienstleistung zu haben.

III. 2 Öffentlichkeiten im Entzug: Spion:innen und Geheimintelligenz

»Who [...] would be the Dupin of the digital?« (Vismann 2008: 2) Während der Detektiv Auguste Dupin in Edgar Allan Poes erster Detektivgeschichte aus dem Jahr 1841 den Tathergang aus Zeitungsausschnitten sowie dem Besuch des Tatorts rekonstruiere, falle dieser Blick auf den Ort des Geschehens in Poes ein Jahr darauf erscheinenden Detektivgeschichte weg (vgl. Just 2018: 146).[552] Was hat sich zwischen 1841 und 1842 geändert und wie haben sich Beweistechniken in der Zwischenzeit weiterentwickelt? Die in den 1980er Jahren entwickelte biologische Kriminalanalytik der DNA-Profilierung ist aufgrund methodischer Ambivalenzen seit jeher umstritten.[553] Mit der digitalen Forensik veränderte sich die Kriminalforschung: An die Stelle physischer Präsenz sind andere Formen der Zeug:innenschaft getreten. Poes Kurs folgend fokussiert Forensic Architecture weder auf die ethnografische Logik (Erkenntnisgewinnung durch Feldforschung oder Aufsuchen des Tatorts), wonach Bilder authentisch und (juristisch) bezeugend seien, weil an Ort und Stelle aufgenommen. Noch handeln Forschende als »*Ereignispartizipanten, die Anwesenheitszeugen*« (Jäger 2015: 61, H.i.O.). Stattdessen konzentriert sich die Agentur »tele-detektivisch[ ]« (Just 2018: 146) auf bereits medial Übersetztes und Übertragenes durch *remote sensing, remote judging*[554] und die

---

552 »Der Detektiv begnügt sich hier zur Gänze mit dem Studium der Zeitungsartikel, wobei diese tele-detektivische Leistung nun auf einem realen Geschehen basiert: Poe nimmt einen tatsächlichen Fall aus New York her, eine *True Crime Story*, und verlegt sie nach Paris, wobei er auch die Namen der Zeitungen transatlantisch übersetzt.« (Just 2018: 146, H.i.O.)
553 Ein Verweis auf das *Innocence Project*: »The Innocence Project, founded in 1992 by Peter Neufeld and Barry Scheck at Cardozo School of Law, exonerates the wrongly convicted through DNA testing and reforms the criminal justice system to prevent future injustice.« (Innocence Project)
554 Vismann (vgl. 2011: 333–375) widmet diesem ein eigenes Kapitel.

Relationierung von *spying eyes* und *eavesdropping ears* in Architekturen, denen der Status transformativer Medienarchitekturen zuteilwird (entgegen der Trennung in aktiv Ermittelnde und passiv Untersuchtes). Anstelle der Zeitungsartikel treten in den Fernerkundungen von Forensic Architecture andere Referenzen, Allianzen und Subjektverteilungen.

Welches Verhältnis besteht bei der Agentur zwischen Öffentlichkeit, Partizipation und Entscheidung bei halbverschlossenem oder opakem Vorhang, wenn wir an den Streit von Zeuxis und Parrhasios zurückdenken? Bezugnehmend auf Thesen von »Max Weber, de[m] deutsche[n] Bürokratie-Experte[n] des 19. Jahrhunderts«, verweist Vismann (vgl. 2012: 161) auf wahrlich heikles Wissen, das Verwaltungsarchiven entzogen bleibe:

> Seine Definition der bürokratischen Verwaltung gibt einen Einblick in die fatale Dialektik zwischen Aktenmäßigkeit und Datenausschluss: ›Bürokratische Verwaltung ist ihrer Tendenz nach stets Verwaltung mit Ausschluss der Öffentlichkeit. Die Bürokratie verbirgt ihr Wissen vor der Kritik soweit sie irgend kann.[‹, LS] Und das beste Versteck, so könnte man hinzufügen, besteht darin, dieses Wissen gar nicht erst aufzuzeichnen. (Vismann 2012: 164–165; Zitat im Zitat: Weber 1980: 572)

So viel zur staatlichen Bürokratie – wie sieht es auf der Seite demokratischer Versammlung aus? In klassischen Ansätzen der Urban Studies geschehe, so Barnett (vgl. 2018: 18), ein »over-emphasizing of co-presence of exemplary urban locations of protest«. Schließlich ist das Format der physischen Versammlung nicht in jedem Falle optimal und ebenso wenig jeder Person, Gemeinschaft oder Bewegung zugänglich. Indessen wird die symbolische Bildwirkung simultaner Präsenz im urbanen Raum in manchen der Investigationen nahezu ikonisch eingesetzt. Im von Forensic Architecture bereitgestellten Einführungsvideo zur *Ayotzinapa*-Plattform beispielsweise sind es dokumentarische Videosequenzen von Straßenprotesten und Trauerzügen, die ein einfach verständliches Zeichen gegen das Verschwinden der Studierenden setzen; zudem dient der Einbezug solcher Aufnahmen der solidarischen Positionierung und affirmativen geschichtlichen Bezugnahme.

Aufrufe und anklagende Slogans wie »WE INDICT« sind in den Artikulationen des *Tribunals NSU-Komplex auflösen* anzutreffen, mit dem sich Forensic Architecture solidarisch-kooperierend zeigt. Das Tribunal sucht institutionelle

Anbindung zu postfordistisch organisierten Kreativindustrien,[555] um diese als aktivistische *people's tribunals* zu appropriieren.[556] Zum Vorschein kommt die radikaldemokratische Wendung repräsentativer Demokratie in ihr typischen Protestformen. Sie sind überwiegend John Rawls Lesart zivilen Ungehorsams verpflichtet, der diesen säkularisierte[557] und mit der öffentlichen Adressierung im Forum assoziierte (vgl. Milligan 2013: 18). Ist dieser zivile Ungehorsam kraftvoll, aber gewaltlos?[558]

Oder, um uns anders an die Frage anzunähern: Die dreifache Zeitlichkeit der Forensik eröffnet die Möglichkeit, Zukunft zu bearbeiten. Eine Ermittlung steht, so wie die gerichtliche Entscheidung, stets unter Zeitdruck; die Untersuchung durch Forensic Architecture soll zuerst ein Ergebnis publik machen, ob im kriminalistischen oder forschungsbezogenen (kurz: investigativen) Publikationskontext. Dadurch allein erklärt sich jedoch nicht die Geheimhaltung des Untersuchungsprozesses.

Ein für die investigative Praxis von Forensic Architecture wichtiges Ereignis ist die Gründung der radikalen Transparenzplattform *WikiLeaks*[559] im Jahr 2006; Kritik versteht sich als Radikalisierung. Das (hier ausschnittsweise wiedergegebene)

---

555 Theater, Ausstellungshäuser und Stiftungen bilden den Großteil der Kooperationspartner des *Tribunals NSU-Komplex auflösen*; darüber hinaus gibt es Förderer, Medienpartner und weitere Unterstützende. Ein offener Kunstbegriff ist diesem pragmatischen Agieren vorausgesetzt. So auch Rebentischs (2003: 288, H.i.O.) Darlegung: »Der Anspruch installativer Kunst *auf* Öffentlichkeit ist zugleich ein Anspruch *an* eine demokratische Öffentlichkeit [...].«
556 Tribunale dieser Art und den ästhetischen Einsatz von Forensic Architecture verhandelt Lütticken (vgl. 2020) als exemplarische Manifestationen eines gegenwärtigen »paralegal activism«: Dieser Aktivismus umfasse »a set of ›illegitimate‹ interventions that seek to use the forms and protocols of the legal system against its more monstrous manifestations« (ebd.: 132). Lüttickens Lesart stimme ich bezüglich des *Tribunals NSU-Komplex auflösen* zu, weniger jedoch bezüglich der rechtlichen Handlungsweise von Forensic Architecture – eine Analyse dieser findet ihre Pointierung im Fazit IV.2.
557 In *A Theory of Justice* (1971) brach John Rawls mit dem religiösen Aspekt zivilen Ungehorsams, wie er sich bei Henry Thoreau, Leo Tolstoy, Mahatma Gandhi und Martin Luther King finde (vgl. Milligan 2013: 17–18). Rawls und ihm Gleichgesinnte haben zivilen Ungehorsam als illegal betrachtet, jedoch mit einem bedingten legalen Standing (vgl. ebd.: 21).
558 Derrida (vgl. 1991: 13) verweist auf die Doppeldeutigkeit des deutschen Wortes ›Gewalt‹, das sowohl »Gewalt(tätigkeit/samkeit)« als auch die legitimierende Gewalt einer autorisierten Macht meinen könne.
559 Intention der Plattform sei nicht nur die Veröffentlichung von *geleak*ten Dokumenten, die häufig Staatsgeheimnisse preisgeben, sondern ebenso die Bereitstellung von Information darüber, wie Einzelpersonen ihre Privatsphäre mittels Verschlüsselung schützen und so Anonymität gewährleisten können (vgl. Lagasnerie 2017: 11–14).

Statement from Forensic Architecture on the arrest of Julian Assange vom April 2019 macht klar, dass die Publikationspraxis von *WikiLeaks* von der Agentur als relevantes ›Opfer‹[560] empfunden wird:

> Forensic Architecture's work, and the work of journalists, activists, and investigative agencies around the world, is done in the shadow of the tremendous sacrifices made by Julian and others in the pursuit of radical transparency. [...] Wikileaks is a publisher, and we defend unequivocally their right to publish true and newsworthy information. Publishing such information is never a crime, and any attempts to extradite or prosecute individuals or organisations on such a basis, [...] constitutes an attack on the fundamental right of any society to a free press. (Forensic Architecture 2019)

Zwei Phrasen möchte ich hervorheben.

Die erste lautet »we defend unequivocally the right to publish«: Für eine Rezeption der Investigationen von Forensic Architecture relevante Blick- und Bildbegriffe sowie Medienfigurationen basieren auf der Relationalität nicht nur von »networked image[s]« (Rubinstein/Sluis 2008), sondern ebenso von prekären Bildern. Hito Steyerl entwickelte die Bezeichnung »poor images«[561] für ein teils bereits historisches Phänomen, um auf File-Sharing Plattformen zirkulierende Bilder zu bezeichnen: Diese sind, als geisterhafte Vorschauen, von niedriger Auflösung und werden kostenlos distribuiert, kopiert, verwandelt, hochgeladen, heruntergeladen und geteilt (vgl. Steyerl 2009a: 1). Bei Forensic Architecture können »poor images« Rohmaterial eines virtuellen Raummodells sein, durch das Schärfe (wieder-)gewonnen wird, was wiederum ermöglicht, auf eine Rechtsverletzung oder auf Gewalt, völkerrechtlicher Beachtung würdig, zu fokussieren. Im Unterschied zu Bildern der künstlerischen Avantgarden oder des künstlerisch-philosophischen Essayfilms, die Steyerl (vgl. 2009a: 4) zufolge im kommerziellen Sektor wenig Überlebenschance haben, aber dennoch als »poor images« bestehen, sind die Bilder, mit denen Forensic Architecture operiert, politisch umkämpft: Je nach Akteur:in und Distributionsmilieu sollen sie unter Umständen nicht gesehen oder geteilt werden. Die in Steyerls Aufsatztitel angekündigte ›Verteidigung‹ (*defense*) hat ungebrochene politische Implikation: Aspekte der Co-Produktion und Expert:innen-Werdung scheint die »Forensis« von den »poor

---

560 Dieses Opfer will auch Lagasnerie (vgl. 2017: 4–5) mit einer »Hommage« würdigen: Die Stigmatisierung von Snowden, Assange und Manning als Staatsfeinde – Snowden etwa wurde der Spionage wegen angeklagt – bezeuge, dass ihre Tätigkeit das politisch-legale Regime des Staates erschüttere.

561 In *Defense of the Poor Image* (2009) schreibt Steyerl (vgl. 2009a: 1): »They testify to the violent dislocation, transferrals, and displacement of images – their acceleration and circulations within the vicious cycles of audiovisual capitalism.«

images« zu übernehmen – nicht ohne Fragen untoter Autor:innenschaft[562] weiter zu verkomplizieren.

Die zweite signifikante Phrase des Statements ist die der »radical transparency«, verbunden mit einer »free press«: Hier belegt die (bereits) das 20. Jahrhundert prägende »Leitdifferenz von Öffentlichkeit und Geheimnis« die Gleichsetzung von Demokratie mit »Verwaltungstransparenz« (vgl. Vismann 2000: 28). Dabei habe in Wahrheit die Unübersichtlichkeit im Recht Methode (vgl. ebd.: 35). Ist das Leak nur ein Sprachbild oder kann es in Form einer Denkfiguration als Analyseinstrument dienen? Das englische Wort meint nicht autorisiert veröffentlichtes Material. Ob die Veröffentlichung geahndet wird, hängt von verschiedenen Faktoren ab: davon, ob eine Anzeige vorliegt und ermittelt wird, sowie davon, wie die Dokumente klassifiziert sind und ob somit ein Geheimnisverrat vorliegt. Leaks, Abzüge relevanter und umkämpfter Informationen, die aus verschlossenen Quellen sickern (im Gegensatz zu sogenannten offenen Quellen), bewegen sich ästhetisch und rechtlich in Grauzonen des Wissens. Sie stehen dialektisch zur Verschlusssache, der Vertraulichkeit und der schutzbedürftigen Information (Geheimhaltungsgrade). Ein weiterer Aspekt der im Unterkapitel KUNST/ URTEIL thematisierten Funktionsübernahmen findet sich in Angelas Richters Reflexion des von ihr als Theaterregisseurin initiierten Projekts *Supernerds* (2015) am Schauspiel Köln, das interaktiv digitale Überwachung behandelte. Die von ihr interviewten Whistleblower:innen haben für sie die gesellschaftliche Rolle der künstlerischen Avantgarden eingenommen (vgl. Richter 2016: 31). Wird hier die Bezeichnung der ›Avantgarde‹ übernommen, ist diese adäquaterweise noch nicht kanonisiert, sondern oszilliert zwischen Idealisierung und Ächtung ihres Tabubruchs (des Gesetzesverstoßes, dem sie sich nicht stellen). Eine der heutigen großen rechtlichen Herausforderungen sei, so Lagasnerie (vgl. 2017: 64–65), virtuelle Interventionen wie etwa »›denial-of-service‹ attacks« auf Websites als Teil einer neuen Kultur technologisch gestützter Rebellion zu entkriminalisieren und dem im physischen Raum geltenden Streikrecht gleichzustellen. Leaks sind ein politisches *Versprechen*. Sie sind aus porösen Netzwerken gesickerte Fragmente, analog zu einem herausrutschenden *Versprecher*; erst wenn in Investigation und Kartografien verankert, ist die Gefahr ihres erneuten Versickerns in den Untiefen des Webs gebannt. Leaks sind eine mediale Vermittlungsfigur, die erstmal nichts über die Natur der Bilder, der »Bild-Spuren«, der Dokumente oder Daten sagt, sondern nur über deren Übermittlung und Veröffentlichung. Insofern muss berücksichtigt werden, durch welche Übertragungstechnik etwas sickert. Leaks

---

562 »Users become the editors, critics, translators, and (co-)authors of poor images.« (Steyerl 2009a: 6) Zur Autor:innenschaft siehe auch Kapitel I.2.

enden, wo üblicherweise investigativer Journalismus erst beginnt; ein bekanntes historisches Ereignis ist die Aufarbeitung des *Watergate scandal* (1972–1974) durch *The Washington Post*, eine der einflussreichsten US-amerikanischen Tageszeitungen. Während die Aufdeckung dieser Affäre vordergründig auf anonymen Quellen basierte, arbeitet investigativer Journalismus meist nicht mit geheimen Unterlagen, sondern beispielsweise mit aus Sitzungen und Ausschüssen ›herausgeblasenen‹ Informationen durch Politiker:innen oder via Akteneinsicht durch Prozessbeteiligte. Leaks können als Variable gedacht werden, in der künstlerische und rechtliche Praktiken und Dispositive ineinander *sickern*.

Gerichte weisen unterschiedliche architektonische Grundrisse und Saalgestaltungen auf. In einem US-amerikanischen Gericht befindet sich der Zeug:innenstand in der Nähe der Richterin oder des Richters und wird technisch verstärkt; Teil des Ablegens eines Zeugnisses ist das Ritual zu schwören, die Wahrheit zu sagen.[563] Wenn das, was auf Grundlage von »poor images« modelliert, simuliert und kartiert wurde, die Zeug:innen-Position im vorgesehenen Stand einnimmt, stellen wir uns diese Bilder als visuelle Agent:innen vor. Mehr noch, wenn sie als *leaked* oder *migrant* markiert sind.

Die Agentur hat ihren Sitz anderswo: Wenn überhaupt, nimmt sie – zumindest imaginär – den Sitz der Anwaltschaft ein, die auch als Verteidigung bezeichnet wird. Deshalb finden wir *defense* auf der Ebene der Produktion, der Präsentation wie der Verhandlung. Sich als schnell (*wiki*) und ungefiltert ausgebende Publikation von Information impliziert eine Verschiebung:[564] Im Spionagejargon ist im Kontext verdeckter Operationen von Maulwurf, Doppelagent:in oder aktivierbaren Schläfer:innen die Rede. An die Stelle solcher undichten personalen Stellen (*moles*) treten Leaks auch aufgrund von Programmierungsdurchlässigkeit (*hacking*) und Verschlüsselung (*proxy*).

Insofern schimmert eine weitere bedeutsame Figur durch, die in Betracht gezogen werden muss, um den Habitus von Forensic Architecture zu bestimmen: Ein:e Spion:in beobachtet durch verschiedene Medien und Überwachungstechnolo-

---

563 Beim juristischen, aus dem Lateinischen kommenden Wahrheitsbegriff ist festzuhalten: »[V]eritas first refers to the qualities of witnesses, which is not simply an issue of their sincerity but of their capacity to speak the truth [...]. [...] Veritas is performative: it does not designate a relation of adequacy between the utterance and reality but enacts the authority of judgment, the wellfounded juridical utterance.« (Brague et al. 2014: 1165, H.i.O.)

564 Eine andere Bedeutung erfährt ›radikal‹ in der »radikaldemokratischen Demokratie« (Mouffe, Marchart) und dem von Sternfeld im Anschluss daran konzeptuell entwickelten »radikaldemokratischem Museum« – siehe Unterkapitel I.1.1.

gien. Unter Spion wird üblicherweise ein architektonischer Mechanismus (klassische Beispiele sind ein Guckloch in einer Türe oder das Foucault'sche Panoptikum[565]) verstanden. Darüber hinaus wird ein:e Spion:in unter dem Synonym ›Agent:in‹ in Angelegenheiten der Staatssicherheit eingesetzt, während ›Spitzel‹ oder ›Informant:in‹ negativ als Kleinkriminelle konnotiert sind.[566]

Im dritten Kapitel seines detektivischen Traktates entwickelt Siegfried Kracauer die Metapher der ›Hotelhalle‹[567] als transitorische und sinnentleerte Szenerie geheimer Verbrechen. Im Gegensatz zu Kracauers interesselosen Lobby agiert die Agentur Forensic Architecture als Interessenvertretung und Advokatin sozialer Gerechtigkeit: Anstelle einer »fürsprecherlose[n] Stimme« (Vismann 2012: 263) tritt eine mitsprechende Lobby. Im Sinne des »inkognito Gastgeber[s]« (Kracauer 1979: 38) und inkognito Gastes erkennt Forensic Architecture die Vorteile des Unpersönlichen sowie der Unauffälligkeit (Kracauer [ebd.: 53] bezog diese noch auf »Benehmen und Kleidung«), die als Reservoir oppositioneller Widerständigkeit im Spionieren aktiviert werden können. Dies äußert sich bei Forensic Architecture im Einsatz jeweils aktueller Visualisierungs*moden* und *-modi* objektivitätsstiftender Medien. Auch diese Strategie ist zu finden: »Damit seine [die des Detektivs, LS] Wesenslosigkeit sich hervorkehre, läßt man ihn Mimikry treiben […].« (Ebd.) Der spezifische Mediengebrauch der Gegen-Forensik vermengt sich mit dem institutionellen Habitus, der Kollektivkörper wie Staaten, Firmen oder juristische Personen als wesenlose Instanzen nachahmt.

So argumentiere ich dafür, die Agentur Forensic Architecture nicht nur als detektivische, sondern auch als geheimdienstliche zu analysieren – mit einer selbstredend spiegelverkehrten Satzung. Ihre quasi- und transinstitutionelle

---

565 Mit dem Panoptikum analysiert Foucault (siehe u. a. 1976) das Verhältnis von Architektur, Macht und Rechtsordnung. Der »Panoptismus« markiert für ihn eine Wendung weg von der Untersuchung hin zur Prüfung (vgl. Foucault 2003: 86).
566 Eine Aktualisierung erfährt der ›Spitzbube‹ (Ganove/Kleinkrimineller/Diener) im ›Spitzel‹ (sprachlich abgeleitet von der wachsamen Hunderasse ›Spitz‹, eine gebräuchliche Bezeichnung für Aushörer in Wien zu Beginn des 19. Jahrhunderts) dann wiederum im ›Spion‹ und schließlich im ›Hacker‹ (tele-interventionistisch), von dem sich *Script Kid* und *Cracker* unterscheiden.
567 In der unpersönlichen Hotelhalle, Gegenstück zum »Gotteshaus«, sei man:frau »zu *Gaste*« bei einem inkognito Gastgeber, so Kracauer (vgl. 1979: 38, H.i.O.). Thums (vgl. 2010: 402) deutet die Hotelhalle als Denkraum »des Neuen und Unbestimmten« um.

Konfiguration weist Ähnlichkeiten mit der Genealogie[568] von Geheimdiensten in der Nachkriegszeit auf – somit steht die Agentur als eigenständige Einrichtung an der Goldsmiths University weniger in der Tradition eines Künstler:innenkollektivs oder des filmischen Studiosystems. Kunstinstitutionen, aber auch Nichtregierungsorganisationen oder Gemeinschaften können zu Mitauftraggebern der von der Forschungsagentur produzierten Informationen werden, die als »diskursive Evidenz[en]« (Jäger 2015) auftreten. Das Buch *Der geheime Krieg: Verrat, Spionage und moderne Fiktion* (2007) der Literatur- und Kulturwissenschaftlerin Eva Horn enthält ein beispielhaftes Foto vom »Büro der *Soviet Analysis Section* der CIA« aus den 1970er Jahren, »mit Akten und kleinen Waffenmodellen zugemüllt« (vgl. Horn 2007: 314–315, H.i.O.). In der heutigen Ermittlungspraxis von Forensic Architecture ist Textverarbeitung – die damals noch vornehmlich die Geheimdienstarbeit prägte (vgl. ebd.: 318) – weitgehend durch Datenmanagement und -analyse ersetzt worden, entsprechend einer Verschiebung vom Paradigma der literarisch-rechtlichen Textualität zu jenem der Messbarkeit und Evidenz. In politischer Metaphorik agiert die Agentur als *Secret Counter-Intelligence Agency* – in begrifflicher Nähe zu den Geheimdiensten *CIA* und *SIS*.[569]

---

568 Horn (vgl. 2007: 315) spricht von der Bedeutung der Thesen von Sherman Kent, die dieser in der Publikation *Strategic Intelligence for American World Policy* (1949) niederschrieb. Seither werde *intelligence* als eine spezifische Art von Wissen betrachtet: Kent »entwirft Intelligence nicht mehr vornehmlich als Staatsgeheimnis oder Kriegslist, sondern als eine Ware, die in Auftrag gegeben, hergestellt und abgenommen wird und so die Basis politischer und militärischer Entscheidungsfindung bildet«; diese »wissenstheoretische Selbstreflexion von Intelligence [...] führt nicht nur zu einem quasi-akademischen Selbstverständnis der Dienste, sondern wird auch institutionell umgesetzt«, indem diese zu »finanziell und technisch wohlausgestatteten eigenständigen Administrationen« werden (vgl. ebd.: 315–316). Das habe auch einen Wandel im Habitus mit sich gebracht: »[E]s sind nicht mehr die Spione ›im Feld‹, die listigen, gewalttätigen oder subtilen Agenten, die das Bild des Geheimdienstes prägen, sondern die Sachbearbeiter im Innendienst: Analysten und Aktenverwalter, Spezialisten für Konfliktmodellierung oder Luftaufklärung.« (Ebd.: 316)
569 Die Abkürzungen stehen für *Central Intelligence Agency* (US-amerikanischer Auslandsgeheimdienst) und *Secret Intelligence Service* (britischer Auslandsgeheimdienst).

Anzuführen ist auch der Begriff der Open-Source-Intelligence (OSINT[570]): Vernetzte Intelligenzen arbeiten mit öffentlich verfügbaren Materialien. Dabei sind die Akteur:innen (die Teammitglieder der Agentur) zwar bekannt, ihre Operationen jedoch finden teils im Verborgenen statt, sodass Spuren der Spionage getilgt oder entzogen werden. Wem nutzt diese Geheimhaltung, wen schützt sie? Sie dient, ohne dass die Agentur einem Geheimbund ähnelte, dem Schutz der Klientel, die investigative Offenbarungen beauftragt, oder derer, die für die Aufnahme des Footage in (un-)vollständigen Demokratien, Hybridregimen oder autoritären Regimen verantwortlich sind. Der Proxyserver,[571] ein dienender Stellvertreter, kann als Figuration für einen weiteren technologischen Aspekt des detektivischen Spionagehabitus herangezogen werden: *Clients*, im juristischen wie kommunikativen Sinne, beauftragen den Proxyserver Forensic Architecture. Als Vermittlerin greift die Agentur auf undichte Stellen des Webs (Leaks) zu, um die *clients* zu repräsentieren (anstatt zu porträtieren). Idealiter legt Forensic Architecture quasi als politisierter *proxy* offen, dass Information immer schon prozessiert und durch Denk- und Verfahrensstile vorbestimmt und -selektiert ist, bevor sie sichtbar wird. Insofern die Agentur in ihrer Rolle als Mittlerin Daten durchsieht und quasi einem Kreuzverhör unterzieht, handelt sie als *dedicated proxy*: gesellschaftlich gesehen zwischen Institutionen und sozialen Kämpfen sowie zwischen rechtlich hoheitlichen Bereichen und Wissen der »Undercommons« (Harney/Moten 2013).

Notabene: In einer minoritären Perspektive auf Spionage verfügt Forensic Architecture eigens über Spion:innen. So ist den Wechselverhältnissen von *Artists & Agents*[572] eine Dimension hinzuzufügen, für die weiterhin gilt: »Subversion gehört niemandem. Sie kann von Künstler:innen ausgehen, die den Staat überlisten,

---

570 Heute stammen rund neunzig Prozent der Informationen, die von Geheimdiensten erworben werden, aus öffentlichen Quellen (vgl. Hassan/Hijazi 2018: xiii) – obwohl fortgeschrittene Suchkenntnisse erforderlich sind, hat OSINT den Vorteil, dass Datensammeln weniger kostspielig und riskant als herkömmliche Spionageaktivität ist (vgl. ebd.: 3). In Handbüchern wird geraten, Sammlungen von OSINT »across hostile environments« heimlich durchzuführen, um die Identität der Suchenden nicht preiszugeben (vgl. ebd.: xiii). Dass Informationsquellen offen sind, sagt noch nichts über ihre Rezeption aus. Zudem ist ›offen‹ selbstredend relativ, da *digital divides* geografischer, ökonomischer oder sozialer Art Wissenshierarchien erzeugen und beispielsweise bestimmen, wer Datenabfall in Information zu wandeln oder Quellen aus der Ferne ausfindig zu machen vermag.
571 Ein Proxyserver dient für gewöhnlich als Verbindungsglied zwischen mehreren Rechnern nicht-kompatibler Adressen oder aber der simplen Geheimhaltung der Adressen. Der *client* wendet sich an den *proxy*, sodass mögliche Angriffe den *proxy* und nicht den *client* treffen.
572 Siehe die gleichnamige Publikation *Artists & Agents: Performancekunst und Geheimdienste* (2019), hg. von Kata Krasznahorkai und Sylvia Sasse.

oder von Geheimdiensten, die mit staatlichem Auftrag die Kunstszene unterwandern.« (Krasznahorkai/Sasse 2019: 9) Im urbanen Raum als Zeug:innen ersten Grades präsent, liefern Spion:innen in wechselnder Formation datenförmiges wie dokumentarisches Rohmaterial. Foto- oder Videomaterial eines Ereignisses wird in manchen Fällen in einem *call for footage* der Agentur auf einer dafür eingerichteten Plattform gesammelt. So beispielsweise im Kontext der Untersuchung *The Grenfell Tower Fire* (2018): Auf der Website »Grenfell Media Archive« konnten Aufnahmen des am 16. Juni 2017 in Brand stehenden Londoner Gebäudes hochgeladen werden. Investigationen zeichnen sich folglich durch geteilte und zeitweise ungeklärte Autor:innenschaft aus; urheberrechtliche Zuordnungen können in der Datenübermittlung verloren gehen oder bewusst geheim gehalten werden. Am gefundenen Datenkonvolut sind folglich häufig mehrere Akteur:innen im Sinne eines »Akteur-Netzwerks« beteiligt. Dazu gehören neben den Expert:innen der detektivischen Agentur und den Produzent:innen des bezeugenden Footage auch solche Daten, die automatisch durch Sensoren und Radare (zur Dokumentation, Überwachung, Kontrolle oder Sicherheit) generiert und einzig für die menschliche Wahrnehmung in Bilder konvertiert werden. Üblicherweise eingesetzt wo Diplomatie[573] versagt, beobachten Spion:innen unbemerkt oder in verdeckter Operation durch verschiedene mediale Interfaces, architektonische Mechanismen und Überwachungstechnologien. Insofern wird Gebrauch gemacht von der Zugänglichkeit technischer und elektronischer Speichergeräte sowie architektonischer und natürlicher Sensoren, um Kontrolle umzukehren. Nutzer:innen von Aufzeichnungsapparaten tragen so als Co-Produzent:innen zu den Ermittlungen bei.[574] Datendiebstahl,[575] als verborgen gehaltenes Verbrechen sozialer Medien, findet eine bedingte demokratische Wendung. Am anderen Ende der Leitung sitzt die detektivische (*intelligence*) Agentur Forensic Architecture. Ihre Tätigkeit besteht darin, aus jenem Footage Information als Beweisgrundlage auszulesen und zu verdichten. Spion:innen als unsichtbare Co-Produzent:innen dokumentieren aktivistisch oder beiläufig, während Forensic Architecture das Material

---

[573] Diplomatie unter dem Deckmantel von ›international relations‹ bestehe, laut Lagasnerie (vgl. 2017: 19), insbesondere aus »hidden negotiations, competition for influence, rumor-mongering, strategic lies, information concealed even from allies«.
[574] Wer oder was kann noch sehen, ohne gesehen zu werden? Die Sonne scheint so hell, dass sie nicht betrachtet werden kann, aber selbst alles überblickt. Stilisiert sich ein:e Souverän:in als Sonnenkönig:in, fühlt sich *everybody* und jedes Subjekt panoptisch gesehen – danke an Thomas Macho für den Austausch dazu.
[575] »[E]ine der Kernfragen von Medienästhetik« sei die »nach der ästhetischen Wertproduktion in sozialen Medien und Netzwerken«, die häufig insbesondere ein »Wert für die großen Datenindustrien« sei (vgl. Hansen/Hörl 2013: 14).

forensisch prozessiert und bearbeitet. Insofern funktioniert ihr Versprechen nach Aufdeckung über das Zusammenwirken von Straßenpräsenz (geknüpft an einen dokumentarischen Mediengebrauch, bei dem Bilder entstehen) und Geheimaktion (gekoppelt an einen forensischen Mediengebrauch, bei dem Modelle, Animationen, Kartografien und Plattformen entstehen). Welche neuen Ambivalenzen tun sich auf? Während bestimmte Bildtechnologien einfach verfügbar geworden sind, ist die Produktion computergenerierter Bilder nach wie vor an die Handhabung komplexer, auch selbst verfasster oder zweckentfremdeter, Programme geknüpft.[576] Für die Agentur ist die Abwendung von dokumentarischer Ethnografie nur möglich, weil sich diese in die ›Feldarbeit‹ in Krisen(-gebieten) durch Betroffene und Bezeugende verlagert hat. (Es bleibt zu evaluieren, ob ›Feld‹ ein angemessener Ausdruck ist.) In den wenigsten Fällen sind Forschende der Agentur physisch vor Ort anwesend, um zu recherchieren. Praktische Gründe dafür können die bereits erwähnte Sicherheit, die politische Unzugänglichkeit von Gebieten oder die Tatsache sein, dass bestimmte Spurensuchen keines Kontaktes bedürfen. Feldarbeit, ließe sich dann behaupten, wird indirekt outgesourct zu jenen, deren Agieren durch Spionage und nicht durch Versammlung im öffentlichen Raum geprägt ist. Nicht widerständige Parole also, chorische Proteste, die Unmittelbarkeit revoltierender Slogans oder stille Märsche speisen die Untersuchungsprozesse. So koexistieren *non-accessibility* und Open-Source-Storytelling. Damit evozierte Formen von Nähe (*proximity*) und Distanz (*remoteness*) können raumzeitlicher, identifikatorischer, affektiver oder symbolischer Art sein, sind aber auch Sache des wissenstheoretischen und -praktischen Verhältnisses von

---

[576] Ein Beispiel einer solchen Entfremdung findet sich im Einsatz von Parametrismus (ein postmodernes Verfahren des Architekturentwurfs) durch Forensic Architecture: »They borrow from the speculative end of the architectural profession, with surprisingly useful results. An example is parametricism, a fad that swept through architecture schools in the first decade of this millennium, which tried to design buildings by feeding data into sophisticated software that then generated exotic but intractable forms. ›As a design strategy,‹ says Weizman, ›parametricism is futile and decorative.‹ Forensic Architecure [sic!] instead applied its techniques to analysing the clouds caused by the bombing of Rafah.« (Moore 2018)

Labor,[577] Feld,[578] Büro und Krisengebiet, die als Orte der Wissensproduktion in den Blick zu nehmen sind: Was macht im Büro betriebene Fern-Feldforschung (*remote investigation*) mit dem komplementären Paar aus vermittelter wissenschaftlicher Laborforschung und ursprünglich beobachtender Feldforschung? »[M]etatheoretische Arbeiten«, wie die Bruno Latours, haben deutlich gemacht, »wie sehr das Freiland bereits ein ›Protolaboratorium‹ ist und durch Parzellierung, Kartierung, Protokollierung, Normierung und Markierung die ›natürliche‹ Situation überformt« (vgl. Köchy 2017: 255–256). Die Bezeichnung als Feld entpuppt sich als irreführend, sofern Feldforschung oder -aktion nur eine mögliche Ausprägung von Investigation und Revolte in einem Krisengebiet ist, das zu einer konkreten Forschungsumwelt erkoren wurde – beiläufige Dokumentation oder Zeug:innenschaft wären von dieser Definition ausgeschlossen. Daraus folgt: Hegemoniekritische Aktion funktioniert hier nicht unbedingt über Präsenz, Demonstration und Verhandlung, sondern über geheime Internetnachforschungen – was die als spionagehaft und als detektivisch bezeichneten Modi verbindet.

Kehren wir zurück zu der von der Agentur Forensic Architecture getätigten Aussage über *WikiLeaks*: »the tremendous sacrifices made by Julian«. Ist diese Ausdrucksweise auf die im angloamerikanischen Raum durchaus übliche Praxis zurückzuführen, jemanden beim Vornamen zu nennen? Oder verdient *Julian* keinen Nachnamen? *Eyal* selbst muss dieses Statement verfasst haben; kein Mitglied der Agentur hätte eine Person des öffentlichen Lebens bei seinem oder ihrem Vornamen adressiert. Was die Stelle ebenso nahelegt oder gar verrät, ist eine mit der institutionellen Benennung von Forensic Architecture im Widerspruch stehende kollegiale Loyalität gegenüber dem verhafteten Julian. Indem Weizman Assange – nicht ohne zu vernachlässigen, seine Praxis als umstritten zu bezeichnen – bei dessen Vornamen nennt, stellt er eine Identifikation zwischen zwei Akteur:innen her, beide Teil eines Spitzelnetzwerks oder, neutraler ausgedrückt, einer Informationsökonomie. Die Agentur Forensic Architecture ist

---

577 »Am Ende des 17. Jahrhunderts waren aus einigen Laboren [...] Orte einer neuen Form der experimentellen Wissenschaft geworden [...]. [...] Im Laufe des 18. Jahrhunderts fanden sich Laboratorien in den verschiedenen akademischen und industriellen Zusammenhängen immer häufiger und wurden zum unentbehrlichen Bestandteil vieler neuer staatlicher Einrichtungen [...].« (Jackson 2017: 245) »Das Labor, wie wir es heute kennen, ist ein Produkt der Moderne, insbesondere des späten 19. und frühen 20. Jahrhunderts, als sich die Wissenschaft zu einer professionellen und im höchsten Maße institutionalisierten Betätigung entwickelte.« (Ebd.: 244)
578 Bezugnehmend auf die Dialektik von Feld- und Laborforschung schreibt Köchy (2017: 256): »Anthropologisch und methodologisch relevant ist, dass sowohl für das Feld als auch für das Labor die leibliche Präsenz und Praxis der Forscher wissenschaftskonstituierend ist.«

III. 2 Öffentlichkeiten im Entzug: Spion:innen und Geheimintelligenz —— 257

jedoch selbst keine Whistleblowerin, vielmehr schützt sie sich intern vor solchen (im Sinne der Spionageabwehr?). Lagasnerie (vgl. 2017: 3) sieht in der Bezeichnung Whistleblower:in mehr enthalten – es handle sich um einen Aktivismus, der insofern neue politische Subjektivitäten entstehen lasse, als er gängige Repertoires von Protest und Widerstand nicht bediene. Trifft im Zuge dessen das Gleiche auf die (Investigative) Ästhetik zu, die vom Aktivismus nicht mehr als Ästhetisierung abgelehnt wird?

Ungleich dem Vorgehen oder der Vorstellung von *WikiLeaks* ist Auslegung/ Exegese bereits Interpretation: Im Falle von Forensic Architecture werden Funde nicht einfach veröffentlicht, sondern in einen Erkenntnis- und Erklärungszusammenhang gebracht; es ließe sich hier von »dichte[r] Beschreibung«[579] sprechen. Konsequenterweise erlaubt die Agentur kein Über-die-Schulter-Schauen[580] in der Beweisermittlung und der Fallauswahl. Es bleibt jedoch problematischerweise verschleiert, dass die Aktivitäten der Agentur nicht auf einer integrativen Struktur der *engaged art* stattfinden. Detektivisch im Interesse einer Gemeinschaft zu handeln, äußert sich nicht in einer partizipativen und basisdemokratischen Kollektivstruktur, welche ein ›Publikum‹ am Prozess teilhaben ließe. Es bleibt deswegen zu spekulieren, ob jene Fälle der Agentur am relevantesten erscheinen, die zu einem bestimmten Moment Medienwirksamkeit garantieren: beispielsweise während der die Tagespolitik prägenden Migrationsdebatten Transite über das europäische Mittelmeer oder während des sogenannten NSU-Prozesses der Fall Temme.

Wie bereits dargelegt, operiert Forensic Architecture unter Ausschluss der Öffentlichkeit, bis Resultate eine präsentierbare Form erlangt haben. Die öffentliche Wahrheit wird sozusagen hinter verschlossenen Bürotüren im Sinne des Beratungsgeheimnisses erstellt, bis eine mehr oder weniger fertige Inszenierung beispielsweise in einer Ausstellung co-publiziert wird – wenn auch der Vorschlag

---

[579] Den Begriff prägte der interpretative Ethnologe Clifford Geertz in *Dichte Beschreibung: Beiträge zum Verstehen kultureller Systeme* (dt. 2003, engl. Orig. 1973).
[580] In einem Skype-Interview mit der Mitarbeiterinnen Sarah Nankivell und Christina Varvia von Forensic Architecture, in dem ich eine Forschungsanfrage an die Agentur richte, erfahre ich, dass eine ›teilnehmende‹ Beobachtung nicht erwünscht sei und die einzig denkbare Vor-Ort-Forschung in einer Projektmitarbeit bestehe.

von *Investigative Commons* anderes vorsieht.[581] Insofern geht die Ausstellung nicht gänzlich im Format des Tribunals auf. Museums- oder Gerichtspublika werden nicht adressiert mit *Whodunit? Lasst uns brainstormen!*, denn spätestens heute ist das klassische Kriminalgenre des *Whodunit*-Puzzles in Wirklichkeitskrisen – und so auch in verworrene (Un-)Rechtslagen – verstrickt. Zudem sind Fälle teilweise bereits publiziert und die versammelten Besucher:innen können, anders als bei einer Rechtsprechung im »agonalen Dispositiv« (Vismann 2011), nicht mitentscheiden. Das Studio, von künstlerischen Post-Studio-Praktiken weitgehend verlassen, kehrt mit dem Büro als Postproduktionsstätte des Beweises und des Urteils zurück.[582] Welche Terminologien, Sphären und Wissensformen ausgeschlossen werden, soll hier nur in Kürze, später jedoch ausführlich diskutiert werden.[583] Richter:innen entscheiden hinter verschlossenen Türen und verkünden das Backstage gefällte Urteil vor den Betroffenen und Anwesenden. Von den im Rückzugsraum getätigten Überlegungen gibt es keine Aufzeichnungen oder Übertragungen – die räumliche Trennung produziert eine »Dialektik der Schließung« (Vismann 2011: 151). Im Unterschied dazu fällt dieses *behind-the-scenes* im Tribunal weg, sodass jede Überlegung zur Diskussion steht. Forensic Architecture liegt dazwischen: Ihre Urteils- und Entscheidungsfindung, vorfabriziert im Büro, vollzieht sich in der Investigativen Ästhetik erneut vor Augen und Ohren: »*Epideixis*[584] is the art of ›showing‹ (*deiknumi*) ›in front‹ (*epi*), in the presence of a public, to make a show.« (Cassin 2005: 862, H.i.O.) Daraus zu folgern, dass jede Investigation vollkommen transparent und unmittelbar sei, wäre ein Kurzschluss. Genau genommen muss die Transparenz der Investigationen erst erzeugt werden und ist somit mehr eine vorgeschobene. Die Untersuchung zeigt,

---

581 Die ambivalente Konfiguration des Geheimen in der investigativen Praxis von Forensic Architecture belegt auch ein dem *Secret* gewidmetes Kapitel des Buchs *Investigative Aesthetics*: Es wird erläutert, dass *close secrets* und *open secrets* (zu denen etwa auch Rassismus gehöre), militärische Geheimnisse, Geheimhaltungen als modularisierte Informationsfilterung, Verträge zwischen Staaten, Dienstleistungsunternehmen und dem Militär oder Kollisionen zwischen kriminellen Vereinigungen und Staaten verschiedener Enthüllungsstrategien und -techniken bedürfen, wobei Datenspuren eines Einsatzes öffentlicher Infrastrukturen für geheime Operationen Aufdeckung ermöglichen können (vgl. Fuller/Weizman 2021: 113–119).
582 Dies tritt dem Trend der *post-studio practice* entgegen, obwohl es beim *artist as producer* (eine Weiterentwicklung des durch Walter Benjamin geprägten The Author as Producer [1934]) bleibt. Weiterführend siehe u. a. *The Artist as Producer: Russian Constructivism in Revolution* (2005) von Maria Gough.
583 Siehe Kapitel III.5.
584 »It has to be understood by its difference with *apodeixis*, the art of showing ›from‹ (*apo*) that which is shown. *Epideixis*: you speak *to*, audience-oriented; *apodeixis*: you speak *of*, object-oriented.« (Cassin 2005: 862, H.i.O.)

wie Wahrheit montiert wird, und macht sich zugleich diesem Prozess dienlich. Demzufolge wird der sowohl das Gericht als auch die Klinik kennzeichnende Wissensüberschuss auch hier anteilig beibehalten.

Kann nach dem bisher Gesagten die Spionagefigur als eine subversive und dissidente gedacht werden, lässt sie sich in ein »creative counterimage[]« (Braidotti 2011: 216) wenden? Entsprechend der entworfenen Aufteilung von dokumentierenden Spion:innen und forensischer Detektiv:innenagentur sind Öffentlichkeit und Privatheit dialektisch als sich entziehende Öffentlichkeiten konstituiert. Der größere Kontext ist nicht aus den Augen zu verlieren: Auf staatlicher Ebene werden mitunter Informationen über kriminelle Aktionen als Staatsgeheimnisse der Öffentlichkeit vorenthalten, sodass eine »non democratic, nonpublic, and neither supervised nor supervisable« Sphäre entstehe (vgl. Lagasnerie 2017: 15–16). Einher geht dies mit einer Dynamik aus De-Institutionalisierung – Institutionalisierung – Re-Institutionalisierung: Etablierte Institutionen werden heute durch neue Arenen, in denen Beweise sichtbar werden, provoziert und nehmen unter Umständen deren Techniken und Verfahren in ihr Repertoire auf (siehe auch die bereits aufgegriffene These von Thomas in *Detective Fiction*[585]). Waren Spion:innen in bisherigen institutionellen Kontexten anders gerahmt und eingebunden, kristallisiert sich jetzt *the spy as social-political figure* heraus.

Um ein Resümee zwischenzuschalten: Der *artist as detective* kombiniert scheinbar kontradiktorische Züge, denn er ist rational und situativ[586] (geopolitisch und kontextbezogen) sowie affirmativ/positivistisch gegenüber normativen Kategorien und jurisprudent zugleich. Dies liegt auch an den Figurationen, welche seine »conceptual personae« (Deleuze/Guattari 1994) konstituieren: Detektiv:in, Spion:in und Justitia,[587] auf die ich noch zu sprechen kommen werde. Der *artist as detective* ist eine Aktualisierung des die 1990er Jahre prägenden »artist as ethnographer« mit einem starken Rückbezug auf das Indizienparadigma des 19. Jahrhunderts; die Überwindung des Dokumentarischen offenbart sich somit als Rückkehr zum forensischen Dispositiv.

Dienstbarkeit jener, die aus freien Stücken tätig sind oder beauftragt werden, stellt nach wie vor Widerständigkeit in Aussicht. Der *proxy artist ›as‹ detective* kann zurückgelassen werden, um zu behaupten, Forensic Architecture sei eine

---

585 Siehe Kapitel III.1.
586 Hier gibt es Parallelen zur nomadischen Theorie (Braidotti 2011) als situativer Epistemologie.
587 Bezüglich Justitia siehe Kapitel III.4.

detective agency. Wenn es hingegen zum *artist* kommt, muss der Bindestrich-Habitus erweitert werden: Wir haben es im räumlich-diskursiven Kontext von zeitgenössischen Künsten und *transitional justice* mit einer *artists-as-detective-agency-as-spy-as-proxy-server* zu tun – mit einem Geheimdienst für die Zivilgesellschaft, wo Kritik in Form einer zu buchenden Dienstleistung paradox ist. Folgenreiche Handlungsfähigkeit – trotz diagnostizierter Komplexität der Welt nach Wirklichkeitskrisen und der Paradoxie der Kritik – steht bei Forensic Architecture an oberster Stelle. Die Agentur macht dabei vom »Recht als Transformation« (Kirste 2008) Gebrauch: »Gesellschaftliche Kräfte und Interessen werden in den Prozeduren des Rechts quasi gelähmt und gewinnen als rechtlicher Wille und rechtlich geschützte Interessen eine neuartige Wirksamkeit.« (Ebd.: 155) *Artist as detective* und Tribunalsmuseum sind Stellvertretungsangebote, die auf methodischer und terminologischer Entlehnung verschiedener künstlerischer wie juristischer Praktiken beruhen.

Zum Einstieg in Constanze Ruhms jüngste Filme eine genderanalytische Erwägung: Obschon sich Schriftstellerinnen wie Ngaio Marsh, Agatha Christie und Dorothy L. Sayers erfolgreich des detektivischen Genres annahmen, blieb der Detektiv weitgehend ein männliches Phänomen. Versinnbildlicht durch Lupe und Zoom absolviert er seinen Auftrag im Geheimen, nicht aber anonym. In mancher Hinsicht ergibt sich diese Gender-Konstellation aus dem Umstand, dass Frauen, je nach Klasse und Milieu, im 19. Jahrhundert nur zu bestimmten Branchen der Lohnarbeit zugelassen waren. Innerhalb des Gerechtigkeitsstrebens (*pursuit of justice*) lässt sich eine Konträr- wie Komplementärfigur zum rationalen Detektiv im gespenstischen *haunted* oder auch *haunting girl*, das hier mit Johanna Brauns (2017) *Terror-/Horror-Girl*[588] gefasst wird, ausmachen: (i) Der Detektiv arbeitet induktiv oder deduktiv, das Gespenst transduktiv; (ii) der Detektiv macht sich dienlich, das Gespenst »undienlich«; (iii) der Detektiv korrigiert, das Gespenst rächt sich, warnt, spukt; (iv) der Detektiv ist mit dem legalen Status ›Mensch‹, ›Bürger‹ oder ›Rechtssubjekt‹ ausgestattet, das Gespenst ist medial und *non-being*. Beide, Detektiv und Gespenst, können als ermittelnder *glitch* (Störung) auftreten und Spion:innen darüber hinaus als *queer* gegenüber dem maskulini-

---

588 »Braun spaltet ihr *All-American-Gothic Girl* um es gleich wieder zu synchronisieren. Sie positioniert das ermittelnde *Terror Girl* genealogisch und zeitlich vor dem gesuchten *Horror Girl*, meist Mutter oder geschiedene Frau (vgl. Braun 2017: 39); rachsüchtig und medienbewusst hat das *Horror Girl* in vielen Erzählungen einen Migrationshintergrund (vgl. ebd.: 121). Während das *Horror Girl* anklagt und Beweise gegen den *Gothic Villain* findet, sorgt das *Terror Girl* auf Basis dieser Beweise für Recht und Ordnung im *Haunted House* (vgl. ebd.: 40).« (Stuckey 2018: 60, H.i.O.)

sierten Detektiv[589] und dem feminisierten Gespenst.[590] Dies erscheint mir wesentlich, um die in Ruhms Filmen wiederkehrende Figuration des »Ghost Casting« zu beleuchten.

PANORAMIS PARAMOUNT PARANORMAL: Three times a film (2014/2015, Regie: Constanze Ruhm, in Zusammenarbeit mit Kameramann und Cutter Emilien Awada) kann retrospektiv in thematischer wie visueller Hinsicht als Übergang von früheren Werkserien zu neuen filmischen Auseinandersetzungen mit feministischen Historiografien über Bildforensik, Archiv-Archäologie und poetisches Schreiben gesehen werden. Der Film referiert auf den historischen Moment des *multi language version film*, ein Phänomen zwischen der Einführung des Tonfilms um 1930 und der Entstehung des regulären Dubbing (Synchronisation): Ein und dasselbe Studio produzierte Filme mit verschiedensprachigen Hauptcharakteren und häufig unter derselben Regie. Im Zentrum von Ruhms Film stehen die französischen Filmstudios von Saint-Maurice, die 1913 gegründet wurden und 1971 abgebrannt sind.

Der forensische Filmessay, zwei einander entgegengesetzte Montageweisen vereinend, beginnt mit einer totalen Stadtansicht (Archivfotos), Schwarz-Weiß-Fotografien der Gebäude und Kartenmaterial (Abb. 22), während ein Voiceover die Vorgeschichte erzählt. Im Hauptteil werden auf Basis von Bildern des damals in den Studios gedrehten Referenzfilms *Juliette ou la clé des songes* (1951/1952) von Marcel Carné Castingszenen erneut im Format der Probe rekonstruiert:

> In PANORAMIS PARAMOUNT PARANORMAL steht das Thema des Castings einerseits metonymisch für Formen und Bedingungen zeitgenössischer Arbeit, bezieht sich andererseits aber auch auf historisches Filmmaterial aus den Archiven der Cinématheque [sic!] von Bois d'Arcy [...]: Eine auf 35mm gedrehte Szene zeigt, wie der französische Regisseur Marcel Carné im Jahr 1951 [...] SchauspielerInnen für den Film *Juliette ou la clé des songes* castet, der im darauffolgenden Jahr in den Studios von St. Maurice gedreht wird. In der in PANORAMIS PARAMOUNT PARANORMAL re-inszenierten Castingszene sprechen für den fiktiven Film-im-Film, der den Titel *The Ghost Casting* trägt, DarstellerInnen für die Rolle eines Gespensts vor – und unter Bezugnahme auf Derridas Publikation *Marx' Gespenster* wird danach gefragt, welche Art von Arbeit es eigentlich ist, die von den (Derrida'schen) Gespenstern verrichtet wird. (Ruhm 2014/2015, H.i.O.)

---

[589] An dieser Stelle muss eingeworfen werden, dass Kracauer (vgl. 1979: 59) mit der »Sachlichkeit des Intellekts« den Detektiven mit einer asketischen »Sächlichkeit« versieht, dem grammatikalischen Geschlecht des »Neutrum[s]«: »sowenig erotisch [...] wie unerotisch«. Ob es sich bei dieser Einschätzung jedoch nicht eher um eine unsichtbar gemachte männliche Subjektposition handelt?

[590] Um nur eine Spionin zu nennen, die für ihren Widerstand gegen das Nazi-Regime bekannt geworden ist: Noor Inayat Khan (siehe Noor Inayat Khan Memorial Trust).

Welchen Wirklichkeitsbezug hat das Studio und gelingt es durch das Studiosystem, mit dem Geniekult des Autor:innenkinos zu brechen? Das ›X‹, bereits bekannt aus Ruhms Serie *X CHARACTERS*, stellt die unbekannte Variable dar, der es nachzuspüren gilt und die in ihrer Ambiguität zu erkennen ist. Hier sind es die Filme, die mit dem Studio von St. Maurice abbrannten, die mit jeder Wiederholung und jedem erneuten Nachstellen und Nacherzählen eine variierende Leerstelle bilden. Dadurch ist auch in *PANORAMIS PARAMOUNT PARANORMAL* die forensische Zeitlichkeit eröffnet.

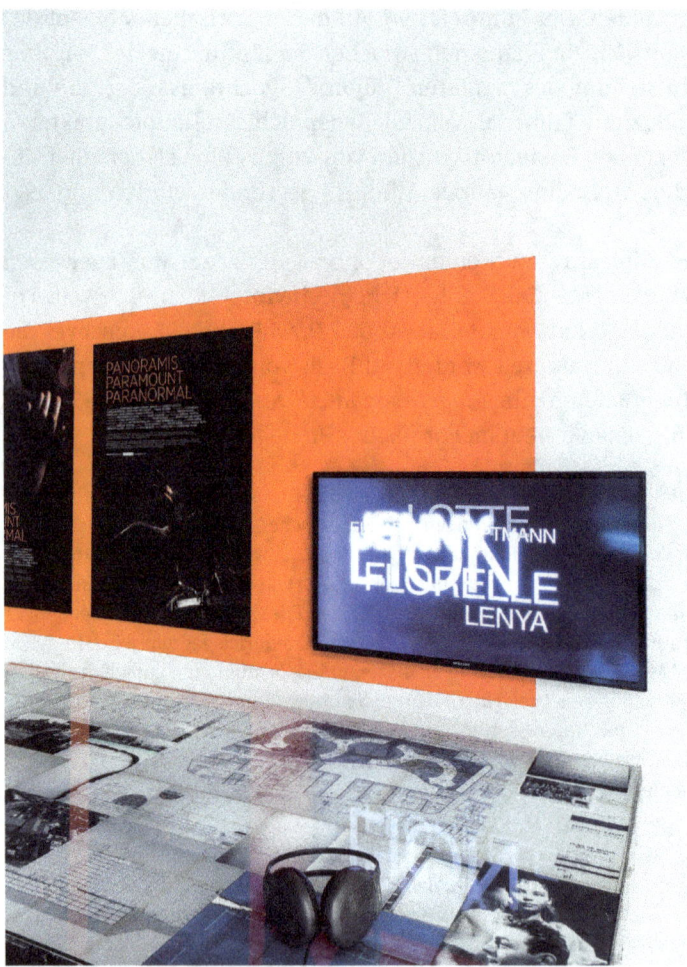

Abb. 22: *Constanze Ruhm. Re: Rehearsals (No Such Thing as Repetition)* (2015/2016), Zeit Kunst Niederösterreich (Exponate zum Film *PANORAMIS PARAMOUNT PARANORMAL*)

Die Überreste des abgebrannten Filmstudios machen dieses zu einer *crime scene* und forensischen Stätte. Primäre Dinge des Lebens wie die Liebe und der Tod (vgl. Diederichsen 2012: 9), die beim Überspielen entstandenen Bildstörungen, die Blickregime zwischen den am Film beteiligen Akteur:innen, der Brand eines Filmarchivs, fehlende filmische Dokumente – Unfälle im weitesten Sinne, aber auch zu korrigierende Sachverhalte – werden zum Anlass und Objekt einer forensischen Rekonstruktion. Nicht nur, um aufgedeckt, sondern auch, um umgeschrieben zu werden. Hierin liegt ein wesentlicher Unterschied in der Intentionalität und dem, was der Evidenzproduktion folgt: Es ist eine andere Art anzuklagen und Kritik zu üben, zu dekodieren und zu rekodieren. Ausführlicher eingehen werde ich nun auf die Filmproduktion, die auf *PANORAMIS PARAMOUNT PARANORMAL* folgte.

GLI APPUNTI DI ANNA AZZORI: Uno specchio che viaggia nel tempo (2019, Regie: Constanze Ruhm) beschäftigt sich mit dem Dokumentarfilm *Anna* (1972–1975, Regie: Alberto Grifi und Massimo Sarchielli). *Anna*, eine Ikone des italienischen Undergroundkinos, nutzt Aspekte des *Cinéma vérité*, hat aber auch fiktionale Elemente (wie etwa Reinszenierungen). Der Film changiert zwischen Voyeurismus und Intimität: Anna Azzori, eine 16-jährige schwangere und Drogen konsumierende Jugendliche, die von zuhause weggelaufen ist, kommt für einige Wochen bei Grifi und Sarchielli, die sie auf der Piazza Navona in Rom antreffen, unter. Sozusagen als Gegenleistung gestattet sie ihnen, ihren Alltag zu dokumentieren.

Anna befindet sich derzeit im Archiv des *Arsenals – Institut für Film und Videokunst* in Berlin. Im Rahmen des dort stattfindenden Projekts *Living Archive: Archivarbeit als künstlerische und kuratorische Praxis der Gegenwart* stellte Ruhm ihre Recherchearbeit zu *GLI APPUNTI DI ANNA AZZORI* in Form einer Installation mit dem Titel *REPLAY/REPLY: ANNA* (2013) aus.[591] Diese, bestehend aus historischen und aktuellen Fotografien und Informationen sowie einem Lesetisch, bezeichnet Schulte Strathaus (vgl. 2015: 68) als »Veräußerung des Kinos«.

Ruhm näherte sich dem Fall *Anna*, indem sie zunächst den damaligen Drehort aufsuchte. Den historischen Rahmen ihrer Arbeit bildet die römische Piazza Navona zwischen 1968 und 1974 als Arena damaliger Politik und Subkultur – bis heute ein wichtiger öffentlicher Platz. Ebenso ist die Piazza vielfach Motiv in Literatur und Malerei sowie eine Bühne für Festivitäten und Filmsets. In den Recherche-Aufnahmen nimmt die Kamera die Perspektive der Hauptper-

---

591 Das *Living Archive* Projekt startete 2010 mit der Digitalisierung des Archivbestands und endete 2013 mit vielfältigen Formaten, in denen Forschende ihre Auseinandersetzung mit dem Archiv präsentierten.

son Anna ein. Nicht zuletzt wegen der Abwesenheit der Protagonistin verschiebt Ruhm den Fokus auf die urbane Umgebung, die technische Repräsentation und mediale Vermittlung Annas als exemplarische filmische Studie der 68er-Bewegung. Um Veränderungen des Orts in Bezug auf seine filmische Darstellung wie auch architektonisch, sozialpolitisch und kulturell zu erforschen, konsultierte die Filmemacherin zudem die folgenden Archive in Rom: das *Archivio Audiovisivo del Movimento Operaio e Democratico*, das *Archivio Storico Istituto Luce*, die *Casa Internazionale Delle Donne* sowie die *Cineteca Nazionale*. Ausschnitte des dort vorgefundenen Materials, zum Großteil am Frauentag, dem 8. März, verschiedener Jahre aufgenommen, finden sich in GLI APPUNTI DI ANNA AZZORI wieder. Unerzählte Geschichten von Revolten und emanzipatorischen Bewegungen werden filmisch in Beziehung zu medientechnischen Entwicklungen an Übergängen von analogen zu digitalen Technologien gesetzt. *Anna* war der erste Film, der auf Videomagnetband gedreht und im Nachhinein auf 16mm Film transferiert wurde, da die Kinoprojektoren noch nicht auf die neue Technologie ausgelegt waren. Ruhm interessiert sich für die digitalen Spuren des Videobands, die sich beim Überspielen in die Materialität des Filmstreifens eingeschrieben haben.

Mögliche Synergien zu im Kontext von Forensic Architecture besprochenen Themen sollen nun entlang von TATORT PIAZZA, VERWANDELTER ABFALL, ARBEITSMODI, SPUREN DER ÜBERSETZUNG und HOMMAGE AN FEMINISTISCHE GEGENKULTUR ausgelotet werden, um die Rezeption beider Positionen herauszufordern.

TATORT PIAZZA: Als Filmset ist die römische Piazza in *Anna* Tatort erster Ordnung. Der Berliner Fundort *Living Archive* wird für Ruhm zum Tatort zweiter Ordnung. Zwischen erstem und zweitem pendelnd, finden diese in GLI APPUNTI DI ANNA AZZORI neuartig zusammen. Insofern Ruhm eine Zuneigung zum Kritisierten zeigt – der Film sei »seiner Heldin gewidmet« (TC 00:01:13) –, kommt es zu keiner Anzeige, sondern zu einer umschreibenden Übersetzung der Akteur:innen-Position, sodass aus der Umkehrung subversiv Wissen entstehen kann. Der Film setzt sich mit dem Platz als Tatort auseinander, der jedoch mit dem Moment zum Forum wird, als eine demonstrierende Menschenmenge bis in die anliegenden Gassen quillt (wie auf dem eingesetzten historischen Filmmaterial ersichtlich). Der Ort fungiert hier nicht (wie bei Forensic Architecture) als materielles Sensorium, sondern als Versammlungsort und optische Bühne für Blickkollisionen – ein durchweg filmisch-psychoanalytischer Zugang. Ruhms ›feministische‹ Haltung soll die (Blick-)Architektur als Machtgebilde erkennen lassen und zugunsten eines alternativen Verlaufs oder Gefüges ›korrigieren‹. Dies entspricht der Wiedergutmachungsidee, »aus der sich naturrechtliche Gerechtigkeitsregeln, soziale Normen, das zivile Schadensrecht und das Strafrecht entwickelt haben« (vgl. Möllers 2018: 241). So spricht auch GLI APPUNTI DI ANNA AZZORI vermittelt über Gerechtigkeit. In Wahrheit könne, so Derrida (vgl. 1991: 21), ein solches Sprechen nie direkt sein, da sich das Recht verraten würde; daher sei es immer vermittelt (*oblique*). Ruhms Interesse richtet sich auf eine historisch situierte feministische Kritik und die psychoanalytische Analyse politischer Veränderungen der späten 1960er und frühen 1970er Jahre. Äquivalent zur Suche nach der Wahrheit versucht sie, die Psyche des Filmemachens atmosphärisch einzufangen und vom Skript des Ausgangsfilms an entscheidenden Passagen abzuweichen.

Kalte Probe (2013), Titel eines gleichnamigen Films von Constanze Ruhm (in Zusammenarbeit mit Christine Lang), bedeute laut derselben, »dass eine Schauspielerin die Position rein technisch durchstellt und den Text aufsagt, ohne ihn darstellerisch weiter auszuarbeiten« (Buchmann/Ruhm 2012: 164).[592] Eine entsprechende Operation findet sich ebenso in den Recherchen zu GLI APPUNTI DI ANNA AZZORI im technischen Einnehmen der Sichtachsen Annas, ohne ihre Befindlichkeit empathisch nachzustellen. Historizität und Historiografie werden über multiple Konstruktionen von Blickachsen der in *Anna* beteiligten Personen sichtbar gemacht: zwischen Regisseuren, Protagonistin, Techniker, Freund, Kameramann und Nebenfiguren. Ruhm (vgl. ebd.: 161) schreibt über die Probe, die »strukturelle und narrative Funktionen« aufweise: »Im Rückgriff auf das Prinzip der Probe aktualisiert sich die Frage instabiler Identität.« (Ebd.: 164) Die Kartografierungen von Forensic Architecture erscheinen ebenso als kalte Proben, in denen Tote scheinbar schmucklos adressiert werden. In *77sqm_9:26min* beispielsweise steht nicht das körperliche Erleben und Erfahren im Vordergrund, sondern der kalte Test von Szenarien durch als ›Zeug:innen des Sensorischen‹ angeheuerte Personen am rekonstruierten Tatort. In der Endversion von GLI APPUNTI DI ANNA AZZORI ist das affektlose Nachstellen der Blickachsen weitgehend durch andere Probeverfahren ersetzt.

VERWANDELTER ABFALL: »Eine Interferenz, ein Phantombild« (TC 00:03:52) ertönt die Stimme der Regisseurin im einleitenden Voiceover, in dem diese über Metamorphosen nachdenkt. Footage von *Anna*, das im Schnitt ausgeschlossen wurde, taucht als malerisches Footage in GLI APPUNTI DI ANNA AZZORI wieder auf – nicht als Informationsmuster, obwohl der bildliche Informationsgehalt im Duktus der essayistischen Annäherung angedeutet wird. Jene Bildstörungen (zwischen TC 00:01:29– 00:04:13), ursprünglich Aufnahmespuren und Überspiel-

---

[592] Eine gewisse Parallele zum Genre des ›Lehrstücks‹, wie es Bertolt Brecht entwickelte, ist unübersehbar: Anstelle von Einfühlung soll ein Text wie ein Zitat gesprochen werden.

vorgängen geschuldet, sind unterbrochen durch verwackelte und flüchtige Aufnahmen des Archivmaterials, das bereits die Geschichte andeutet. Sie werden »in eine Nicht-Störung verwandelt« (Schröter 2013: 93), um auf ihre »Medienästhetik« (ebd.: 94) zu verweisen: »[...] Mit der Ausbreitung der ›Neuen Medien‹ in den 1990er Jahren [als Ruhm begann, mit Computersimulation zu arbeiten, LS] rückt die Ästhetik der analogen Medien neu in den Blick, eben als Medien-Ästhetik.« (Ebd.: 97)

Stichwortgebend für einen bildlichen Wechsel vom schwarz-weißen 4:3 ins farbige 16:9 Format und damit auch in die Jetztzeit ist das halb inszenierte, halb authentische Casting. Mit diesem schreibt Ruhm die Geschichte Annas fort als die Geschichte Daphnes, einer Nymphe der griechischen Mythologie (siehe *Metamorphosen* von Ovid). Aussagen der interviewten Teenagerinnen, bei denen nicht der Versuch einer Ähnlichkeit mit Anna im Vordergrund steht, sind als Voiceover zu vernehmen, jedoch zeitlich versetzt, sodass Bild und Aussage desynchronisiert sind.[593] Der Filmtitel erscheint und es endet das *Prélude*-Voiceover, durch die Filmemacherin in dritter Person gesprochen. Erneut auditiv zu vernehmen sind die assoziativ-narrativen Gedanken der Regisseurin etwa in der Mitte und gegen Ende des Films, jeweils über Schwarz-Weiß-Sequenzen *Annas* gelegt, in denen sich die Protagonistin dem Kamerablick entzieht oder sich von ihm abwendet (Abb. 23, 24).[594]

Im Anschluss setzt die Erzählung von Anna/Daphne in Ich-Rede fort – dem Abspann ist der Name der Sprecherin und Darstellerin zu entnehmen. Zwölf weitere Flussnymphen werden namentlich angeführt, sodass aus der einen Anna viele Annas werden. Das Voiceover der stellvertretenden Anna hat den Anschein von Memoiren oder eben – wie der Titel andeutet – von Notizen (*appunti*), eine Zeitspanne von 2000 Jahren umfassend. Anna/Daphne ist sich metareferenziell darüber bewusst, narrativer Bestandteil zu sein und dass man nach ihr sucht (vgl. TC 00:05:14). So spürt der Film die Vermisste in den Leerstellen des Filmmaterials auf, im vermeintlichen medienökologischen Abfall, um nachträglich die Geschichte zu beenden: »*Um die Geschichte oder die Adresse, in der man sich geirrt hat, verlassen zu können, muss man durch den Dreck und den Müll regelrecht waten – durch das, was nicht berichtet wurde und deswegen nun aus den Ritzen*

---

[593] Bloß ein einziges Mal sei die Aussage einer der jungen Frauen auch über deren Videoaufnahme zu hören – diese Information entnehme ich einem Gespräch mit Constanze Ruhm.
[594] Diese Archivsequenzen, dem elfstündigen Material zu *Anna* entnommen, die es nicht in die offizielle dreistündige Fassung geschafft haben, seien von Ruhm eigens editiert worden, wie ich von dieser erfahre.

der Pflastersteine hervordringt. Man muss durch das, was nicht verschwinden will. Denn die Geschichte ist beharrlich, weil sie nicht vollständig ist.«[595] (TC 00:47:26)

Es findet eine Inversion des Verhältnisses von Kunst und Leben statt: Nicht der ›realen‹ Anna wird nachgeforscht, sondern ihrer sich in Krise befindenden Fiktion sowie ihrem Bild, das in Metamorphosen begriffen durch die Medien migriert: durch die Zeichnung einer Straßenzeichnerin, durch dokumentarisches Archivmaterial verschiedener Herkunft und Qualität, durch die Schnittversionen von *Anna*, durch ein Computerspiel, durch animierte Bilder und durch eigens gefilmte Aufnahmen an verschiedenen Orten Roms, in einem Autokino in Groß-Enzersdorf nahe des Wiener Stadtrands und in einem Wald. Auf der Tonebene ist es der dem Film von Grifi/Sarchielli entnommene Telefonanruf, in dem Anna fragt: »*Can you tell me if the number... 45 49 21... if it's free?*« (TC 00:18:18), der in der Soundgestaltung[596] zu GLI APPUNTI DI ANNA AZZORI verzerrt wiederkehrt. Erzählt wird die Gender-Kodierung der Mediengeschichte, indem die ›wahre‹ Anna in ihrer gesellschaftlich verletzlichen Position nostalgisch-verstörend in Form von Bildirritationen auftaucht, in deren medialer Ästhetik sich der jeweilige technologische Zeithorizont zeigt.

---

595 Kursiviert sind die Transkriptionen des im Film gesprochenen Texts.
596 Für die künstlerische Soundgestaltung ist Gaël Segalen verantwortlich.

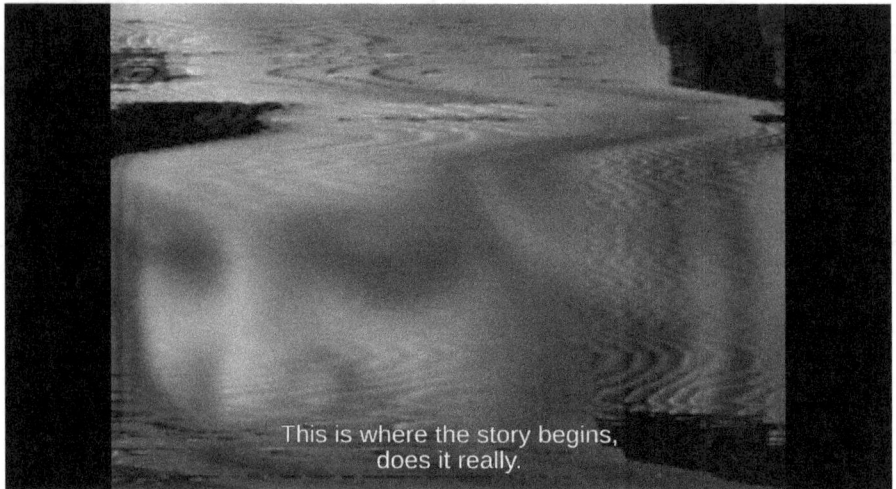

Abb. 23: *GLI APPUNTI DI ANNA AZZORI: Uno specchio che viaggia nel tempo* (2019), Constanze Ruhm

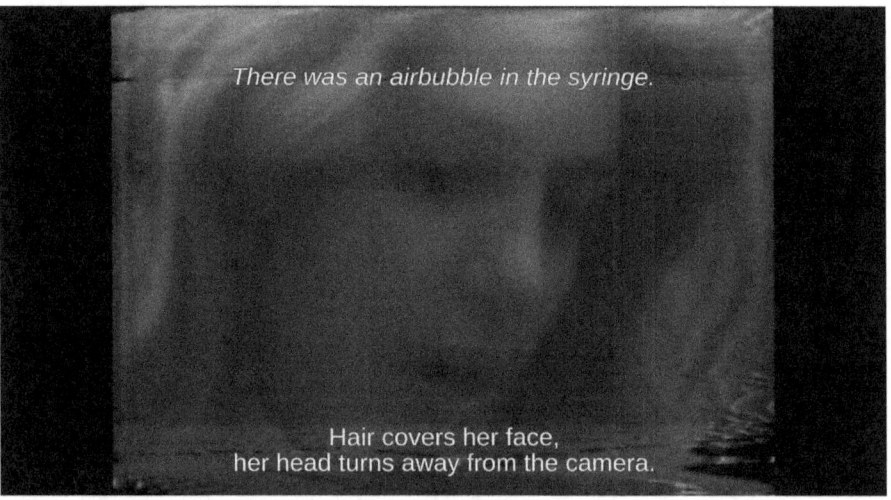

Abb. 24: *GLI APPUNTI DI ANNA AZZORI: Uno specchio che viaggia nel tempo* (2019), Constanze Ruhm

Es fallen Aussagesätze wie: »*Einige [Verwandlungen, LS] ähneln einem Schicksal, einem Urteil.*« (TC 00:20:52) Ist das Schicksal ein mythologisches Urteil? »*Manche Verwandlung ist eine Tarnung, eine List, die ein bestimmtes Ziel erreichen will. Andere sind so etwas wie ein Job, eine Zuständigkeit.«* (TC 00:21:08) Poetisch beschworen wird ein Naturbezug; nachdem es anfangs geheißen hatte »*Ihre Füße sind Wurzeln gewesen, ihre Wurzeln sind Füße gewesen.*« (TC 00:03:55), heißt es jetzt in der Ich-Rede Annas/Daphnes: »*Meine Hände sind Blätter gewesen, meine Füße sind Wurzeln gewesen.*« Versetzt, wie aus einer anderen Frequenz, blitzen in hauntologischem Stil mit Tonknistern und Bildrauschen Aufnahmen der Marmorgruppe *Apollo und Daphne* (Bildhauer: Gian Lorenzo Bernini) auf. Wenn es heißt, die Nymphe habe sich in einen Baum verwandelt, befinden sich filmisch und organisch transformierte Materialität in einem Kontinuum aus Leben und Tod im Weiterleben der medialen Figur (Resultat einer ›unexperienced experience‹ [Derrida 2000: 47] des Todes). Synonym eingesetzte Vermittlungsfiguren sind die der metaphorischen Naturverwandlung und die des buchstäblich technischen Frequenzwechsels (vgl. TC 00:06:44), womit nicht nur die Frage nach Mädchen und Rolle oder Person und *personae*, sondern auch die nach dem Empfang- und Wahrnehmbaren gestellt ist. Ruhm denkt den Tod als Spezialeffekt: Der italienische Zwischentitel lautet »Vita e morte delle finzioni. La morte è un effetto speciale.« (TC 00:49:05) Ist es ein theatraler auf der Bühne oder ein filmischer, in der Postproduktion vollzogener Spezialeffekt? Das wird in Ruhms Analogie offengelassen. Nicht jedenfalls als Überrest, sondern als programmierte Figur scheint die durch einen Olivenhain und einen Palmenwald streifende Akteurin (Abb. 25) über das Screening (als Filmvorstellung und Durchleuchtung) animiert/auferstanden: »*Sie mag Filme, in denen Spione vorkommen und in denen Rätsel gelöst werden müssen. Vor allem interessiert sie sich für Spezialeffekte – besonders dann, wenn die irgendetwas mit Feuer zu tun haben. Es gefällt ihr auch, wenn bereits Totgeglaubte, erledigte Filmfiguren, wieder auferstehen.*« (TC 00:13:16) Im metamorphischen Kontext ist ›Feuer‹ Inbegriff nicht nur der Stoffumwandlung, sondern auch des Gestaltwandels, denn: »*Vielleicht nimmt die Geschichte den Anfang erst mit dem Verschwinden einer Figur aus dem Skript – eine geisterhafte Erscheinung in andauernder Verwandlung, die den Ausschnitt verlässt oder hinter der Störung einfach verschwindet.*« (TC 00:49:26)

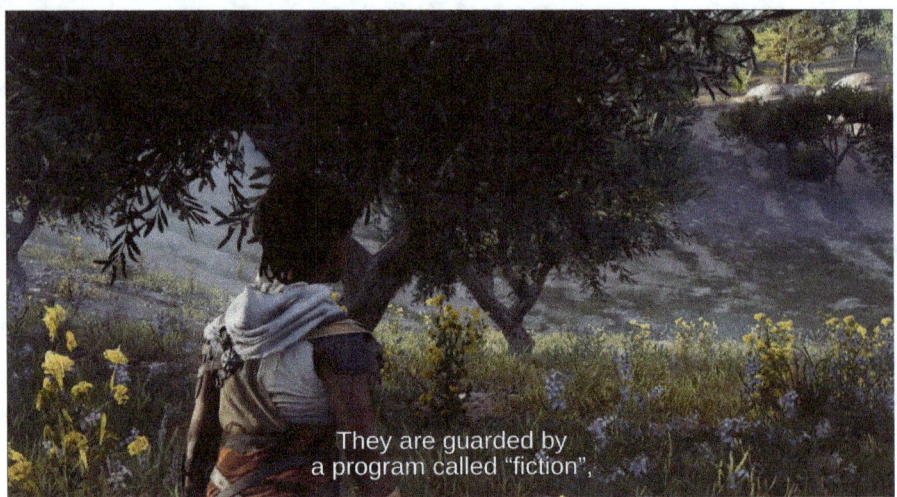

Abb. 25: *GLI APPUNTI DI ANNA AZZORI: Uno specchio che viaggia nel tempo* (2019), Constanze Ruhm

Es braucht hier nicht die Einheitsgröße ›Daten‹, in welche die verschiedenen medialen, zeitlichen und narrativen Ebenen zueinander übersetzt würden oder in die jede Verwandlung möglich wäre. Poetische Übergänge lassen folgende Frage in einer Horizontalisierung zwischen Mythos, Technik und Medien anschließen: »*Können Fiktionen ihren eigenen Tod überleben?*« (TC 00:51:39) Neben dem Spannungsverhältnis der Utopie, gefangen an einem fiktiven Nichtort, zugleich aber unsterblich zu sein, ist dieses Überleben zudem eine nicht unwesentliche Vorstellung, ist der Frauenmord doch besonders in forensisch angelegten Narrativen ein gängiges Spielfilmmotiv.

ARBEITSMODI: Neben den (inszenierten) Making-of-Sequenzen an den Drehorten Studio, Wald und Autokino wird auch die Aufnahmesituation auf der Piazza in Hinblick auf Gender und unsichtbare Produktionsteilung (derjenigen, die direkt am Set sowie unabhängig davon vor Ort tätig sind) untersucht. »*Dort haben sie sich versammelt, arbeitslose Gespenster, die einen Job suchen.*« (TC 00:01:56) Arbeiter renovieren in der Dämmerung eine Häuserfassade der Piazza; es folgt eine Parallelisierung: »*Die Arbeiter sind mit der Fassade beschäftigt und wir mit dem Film. So arbeiten wir an diesem Morgen alle an der Geschichte.*« (TC 00:42:28) Jens Kastner schreibt in *Der Streit um den ästhetischen Blick* (2012) bezogen auf Bourdieu, dass es aus emanzipatorischer Perspektive stets notwendig sei, die »Produktionsbedingungen der ProduzentInnen zu hinterfragen« (vgl. Kastner

2012: 113). Aus diesem Blickwinkel ist die Koppelung an die Figurengruppe der Dieb:innen interessant, wenn es heißt: »*Man solle sie und ihre Arbeit nicht sehen.*« (TC 00:45:59) Während diese Unauffälligkeit strategisch sein kann, erweckt sie auch eine schwache kulturelle Erinnerung an unfreiwillige gesellschaftliche Unsichtbarkeit: Schauspieler:innen im antiken Rom genossen bloß partiell römische Bürger:innenrechte; häufig waren sie Sklav:innen oder unehrenhaft Entlassene, sodass sich zwischen dargestellter Rolle und tatsächlicher Lebenssituation eine deutliche Differenz ergab.

Als Arbeitsmodi sind das Detektivische wie das Spionagehafte auch in *GLI APPUNTI DI ANNA AZZORI* innerdiegetisch sowie in Bezug auf das Verfassen des Skripts relevant; zugleich ist auch die Filmanalyse eine detektivische. Bei Ruhm dient der zu untersuchende Fall/Film der Verhandlung einer übergeordneten Ebene, was nicht bedeutet, dass der konkrete Fall die primären Dinge und die übergeordnete Ebene die sekundären umfasse.[597] Vielmehr geht es auf der übergeordneten Ebene um ein Theorie-Praxis-Verhältnis und ein Umschreiben zugunsten eines feministischen Blicks; Fall und Metaebene sind nicht hierarchisch gelagert. Wie in der Computersimulation, die Rechendaten ausführt, führt Ruhms Arbeit postdramatisch Theorien aus. Die filmische Bezugnahme auf beispielsweise Godard oder Grifi/Sarchielli ist zeitweise eine dogmatische: eine behutsame Aufdeckung zur transformierenden Korrektur des Ausgangsfilms. Ruhms Arbeit bleibt im subjektiv eingegrenzten Bereich der filmisch-feministischen Figur, ist im Vergleich mit Fallstudien von Forensic Architecture jedoch wegen ihrer psychoanalytisch-forensischen Medienverfahren, der Verschränkung von Gerichtlichem und Theatralem sowie dem Aufbrechen von deren Raum- und Zeitstrukturen interessant.

SPUREN DER ÜBERSETZUNG: Die Vorsilbe *Re* hat, wie bereits erläutert,[598] einen hohen Stellenwert in Ruhms Werk. Auch hier kommt sie prominent vor: »REPÉRAGE« (TC 00:43:10) (französisch für ›Markierung‹), »REPETITION« (TC 00:43:25) (englisch für ›Wiederholung‹) und »REPARATUR« (TC 00:43:44) erscheinen nacheinander in Großbuchstaben. Diese Variation suggeriert einen Übersetzungsfehler sprachlicher Art, der sogleich bestätigt wird: Er ziehe sich durch alle Filmversionen in den Untertiteln zu *Anna*, in denen anstelle von »penna« (Italienisch für ›[Vogel-]Feder‹) von »pen« (Englisch für ›Stift‹) die Rede ist: »*die Beharrlichkeit dieses Irrtums, die Beharrlichkeit der Geschichte*« (TC 00:44:43).

---

597 Zur Unterscheidung von primären und sekundären Dingen in Ruhms Arbeiten siehe Diederichsen 2012.
598 Siehe Kapitel I.2.

Beharrlich sind auch die filmischen Überbleibsel, mittels welcher die Geschichte repariert wird. Quasi stellvertretend schreibt Ruhm die nicht notierten Notizen Annas auf, der, so ist es dem Voiceover zu entnehmen, die *penna* verwehrt geblieben war. Anna erhält noch eine weitere Stimme, indem ihre Gesprächsfetzen in einer zweiten Untertitelspur vom Italienischen ins Englische übersetzt werden.

Spuren anderer Werkserien und Filme von Ruhm – insbesondere *Crash Site / My_Never_Ending_Burial_Plot* (2010), *Kalte Probe* (2013) und *PANORAMIS PARAMOUNT PARANORMAL* (2014/2015) – finden sich auf viererlei Ebenen: (i) der textlich-sprachlichen, wenn es etwa heißt »*Arbeitslose Gespenster, die einen Job suchen, eine Rolle oder wenigstens ein bisschen Geld*« (TC 00:01:59); (ii) der dinglichen: Campingmöbel, Schaufel, Strick und Platte mit dem ›X‹ sind wiederkehrende Requisiten; (iii) der Drehorte: dies umfasst das im Studio abgehaltene Casting (bereits Element früherer Arbeiten), den Wald, das Autokino und die Kinoprojektionsfläche (Abb. 26); sowie (iv) der Handlungsmotive: hier beispielsweise die im Bildhintergrund ein Loch grabende Frau. Der Film *Crash Site / My_Never_Ending_Burial_Plot* ist gleich mehrmals Referenz, ist er doch zum einen aufgrund seiner konsequenten Anwendung des Loops auf inhaltlicher wie formaler Ebene interessant,[599] zum anderen als Bildgeber einer forensischen Ein- und Ausgrabung. Die gegrabenen Löcher und die ›X‹-Variablen sind Platzhalter in einer rechtlichen Wenn–Dann-Subsumption. Außerdem sind sie die undichten Stellen der Geschichte, die Leaks, die eine Einschreibung sowohl durch eine andere Autorin als auch das Fortschreiben des eigenen Werkkomplexes durch die Autorin ermöglichen. Dies führt uns zurück zum Vorlass/Nachlass.[600]

---

[599] Siehe diesbezüglich insbesondere den Aufsatz *Über Realismus, Realität und das Reale: Crash Site / My_Never_Ending_Burial_Plot* (2012) von Juli Carson im Katalog *Constanze Ruhm: Coming Attractions*.
[600] Siehe Kapitel I.2.

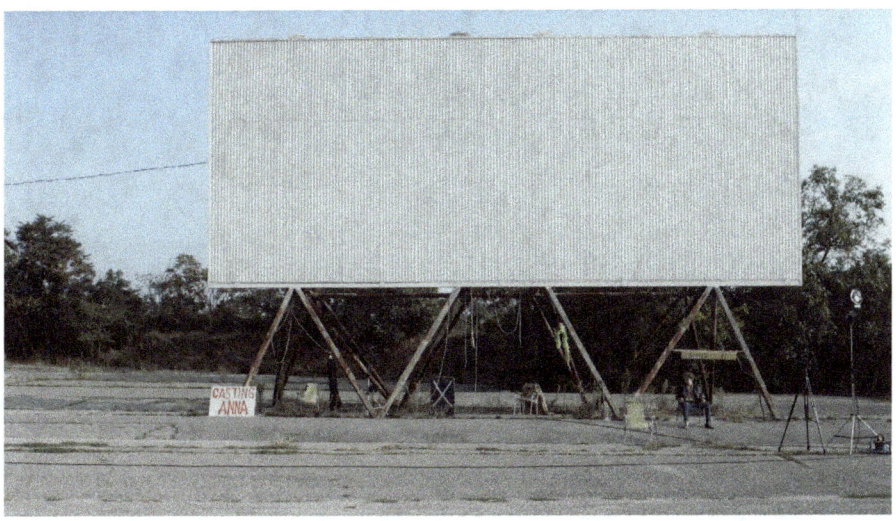

Abb. 26: *GLI APPUNTI DI ANNA AZZORI: Uno specchio che viaggia nel tempo* (2019), Constanze Ruhm

HOMMAGE AN FEMINISTISCHE GEGENKULTUR: »Siamo noi le protagoniste della nostra storia.« (TC 00:52:40) lautet einer der letzten Zwischentitel, der den Film zu einem feministischen Manifest kürt. Während die Recherchearbeiten korrektiv-forensisch angelegt waren, ist die Rhetorik nun eine affirmative. Archivaufnahmen von Häuserbesetzungen und Straßendemonstrationen mit Transparenten, durch Megafone verstärkte Parolen und Gruppentänze auf der Piazza Navona sind zu sehen und hören. Als Voiceover (TC 00:56:12–01:01:28) sind ebenso auf Italienisch verlesene Texte der Autor:innen Nanni Balestrini und Paola Stelliferi vernehmbar,[601] die auf die ereignisreichen Kämpfe für Frauenrechte Bezug nehmen und hier quasi Anna Azzori zugeschriebene Notizen darstellen.

---

601 Konkret kommt von TC 00:56:12–00:57:54 *Die Große Revolte* von Nanni Balestrini und von TC 00:58:18–01:01:28 *Il femminismo a Roma negli anni Settanta: Percorsi, esperienze e memoria dei collettivi di quartiere* von Paola Stelliferi (mit Ausnahme der Namensaufzählung) zum Einsatz – danke an Constanze Ruhm für diese Information.

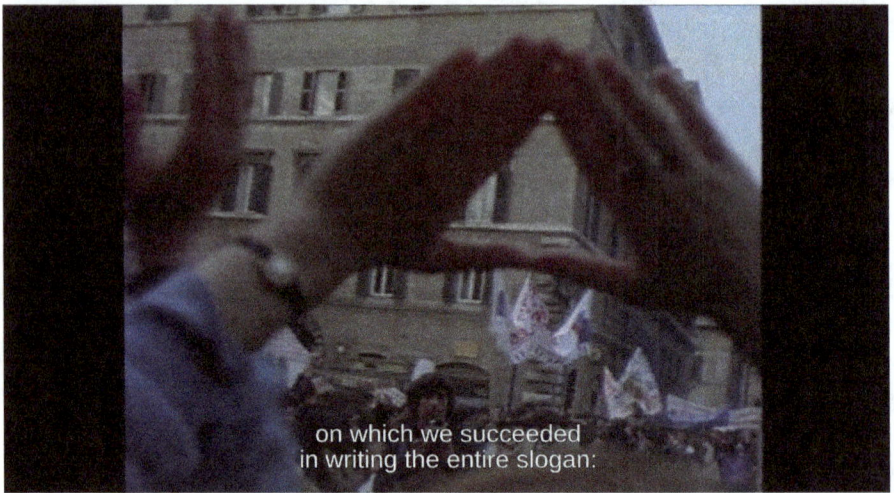

Abb. 27: *GLI APPUNTI DI ANNA AZZORI: Uno specchio che viaggia nel tempo* (2019), Constanze Ruhm

Es folgen geflüsterte Fragmente eines italienischen Protestlieds und die daraus isolierte mehrfache Beteuerung, keine Angst zu haben – »*Non abbiamo paura*« (TC 01:02:04). Verbindendes Element zwischen den Bildsequenzen sind Bildstörungen von Anschlussbildern – Aufnahmen, die es in keine der *Anna*-Versionen geschafft haben. Der Status dieser Bild-Ton-Montage ist weniger historisch belegend als vielmehr der einer solidarischen Bezugnahme. Obgleich der Film im Duktus einer Wahrheitsannäherung geschrieben/montiert/erzählt ist, um nicht mit einem Essentialismusverdacht konfrontiert zu werden, artikuliert er eine Gegenwahrheit als Hommage an feministische Gegenkulturen. Im Nachdenken über Bildproduktion spricht Ruhm als Feministin und praktiziert feministische Identitätskonstruktion. Die Parole markiert die Aufstände der 1970er Jahre: Gemeinsam sprechende/singende Körper (eine andere Taktik ist jene der sich gewählt ausdrückenden Expert:innen), die in den gezeigten Archivaufnahmen mit den Händen ein Dreieck formen (Abb. 27) – als Protestsymbol gegen das Patriarchat. Es scheint darin die klassische Vorstellung von zivilem Ungehorsam zu wirken:

> By setting up an opposition between the pacifism of the protesters and the state's repressive violence, this mise-en-scène seeks to appeal to public opinion and raise awareness of the authorities' injustice so that further mobilization will occur in order to change the law. (Lagasnerie 2017: 48)

Dadurch, dass Ruhm dem Filmmaterial der Proteste Sicht- und Hörbarkeit verleiht und die hervorgebrachten Stimmen verstärkt, unterstreicht sie die identitätspolitische Intention der Demonstrierenden, öffentlich Ungerechtigkeit anzuprangern – anstatt etwa zu den Mitteln politischer »anonymity and nonappearance« (ebd.: 50) zu greifen. Denn was in den Straßen Roms passiert, ereignet sich »under observation; it occurs in the context not only of addressing others, but also of *awaiting* others' *reactions* to what one says and does« (ebd.: 60, H.i.O.).

Mit der meines Erachtens gelingenden Absicht, eine multiplizierte »conceptual personae« zu entwerfen und das Reenactment zur Vergegenwärtigung einzusetzen, erscheint die an das Archivmaterial angelehnte Handgeste des Dreiecks nun nahezu mimetisch durch die Mädchen/Nymphen nachgestellt (Abb. 28). In die Kamera blickend sind diese im Wald wie für ein Mode-Shooting arrangiert. Die Figur ist jetzt herausgelöst aus ihrer Umgebung, die zum dekorativen Hintergrund geworden ist: eine formalästhetische Verunsicherung.

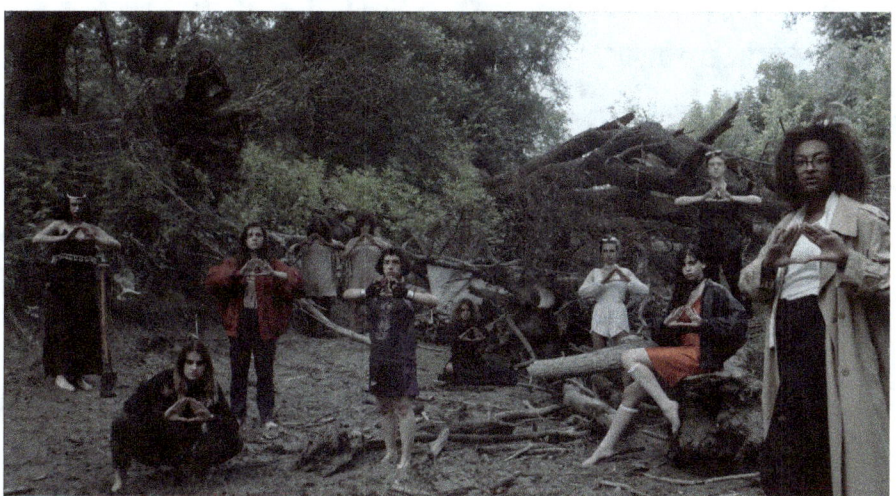

Abb. 28: *GLI APPUNTI DI ANNA AZZORI: Uno specchio che viaggia nel tempo* (2019), Constanze Ruhm

III.3 Poeto-Forensik: Ozeanografie linguistischer und verdateter Spuren

In diesem Kapitel beleuchte ich anhand der Fallstudien *Liquid Traces – Left-to-Die Boat* (Regie: Charles Heller und Lorenzo Pezzani, Research Fellows bei Forensic Architecture, 2014) und *Zong!* (M. NourbeSe Philip, 2008) ästhetische Strategien in Bezug auf den Ozean als heimsuchenden Ort wie als Topos. Meine Absicht besteht darin, die Figuration des ›Poeto-Forensischen‹ zu entwickeln und als eine den Fällen zugrundeliegende Methode freizulegen. Relevante Bezugspunkte sind insbesondere Erwägungen zur Zeug:innenschaft von Giorgio Agamben, Ausführungen zur mittleren/medialen Stimme von Maria Boletsi, Analysen zu Trauer und Verletzlichkeit von Judith Butler, die im Gedichtband *Zong!* enthaltenen Reflexionen von M. NourbeSe Philip, Begriffsdifferenzierungen zur (An-)Klage von Avital Ronell, Überlegungen zum Archiv und dem Nachwirken der Sklaverei von Christina Sharpe sowie historische Betrachtungen der Menschenrechte von Cornelia Vismann.

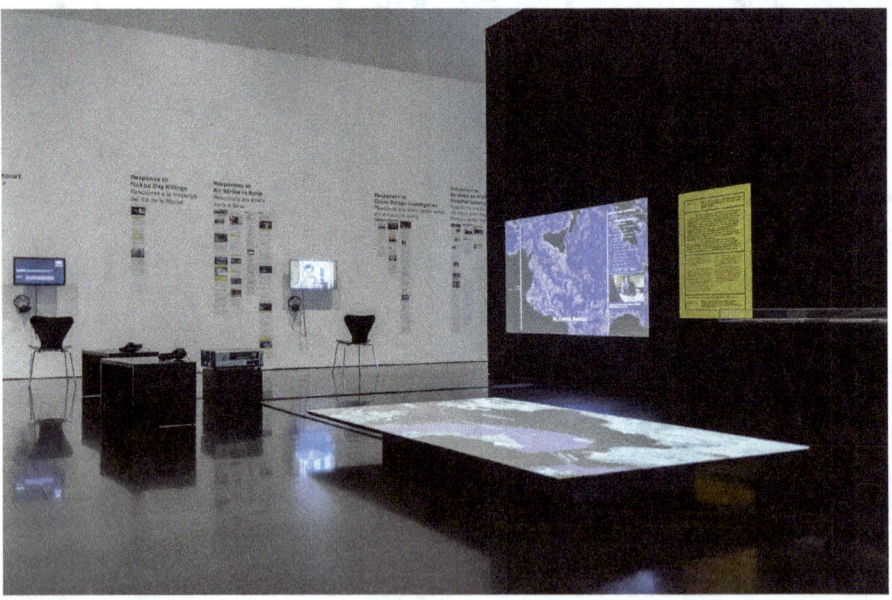

Abb. 29: *Forensic Architecture: Towards an Investigative Aesthetics* (2017), Museu d'Art Contemporani de Barcelona (Sektion *INVESTIGATIONS*, Investigation *Left-to-Die Boat*)

M. NourbeSe Philip verarbeitete nach langjähriger Recherche[602] in ihrem 2008 herausgegebenen Buch *Zong!* das Massaker auf dem britischen Sklavenschiff Zong.[603] Im Jahr 1781 wurden auf dem Weg vom heutigen Ghana nach Jamaika rund 150 Sklav:innen aus ökonomischen Interessen über Bord geworfen. Auf Basis des erhaltenen Dokuments des Rechtsstreits zwischen Schiffsinhaber (William Gregson) und Versicherungsagenten (Thomas Gilbert) verfasste Philip ihren Gedichtband.[604] Der Text entzieht sich der verständlichen Sprache des Gerichtreports, reißt diese auseinander, erzählt und ›erzählt‹ Geschichte ›um‹. Die Ästhetik von *Zong!* ergibt sich durch eine ausschließlich aus Kleinbuchstaben bestehende Typografie: Serifenschrift mischt sich mit handschriftlich anmutender lateinischer Schrift, mit Kursivierungen, Überschreibungen, springenden Zeilen, Aufzählungen, wellenartigen Anordnungen und Verblassungen. *Zong!* bebildert nicht den Rechtsstreit, noch bezeugt das Buch mit Bildern – wenn auch die Schriftgestaltung (Buchstaben, Worte und Sätze) bildlich angeordnet ist, orientiert an Formationen von Wasser.

---

[602] »During the 7-year process of composing the work MNP [M. NourbeSe Philip, die hier in dritter Person über sich spricht, LS] sought permission of the Ancestors by visiting Ghana, departure point of the slave ship Zong, and speaking with traditional elders and spiritual leaders. She also visited Liverpool, where the Ancestors of the crew would have come from, to pay respect to those people.« (Philip 2018)
[603] Der Schiffsname Zong entstand aus einem Fehler beim Übermalen des Namens nach Kauf des niederländischen Schiffs durch Sklav:innenhändler:innen aus Liverpool; ursprünglich hieß es *Zorgue* = Sorge, in der Doppelbedeutung von *care* und *worry* bzw. *grieve*, so Sharpe (vgl. 2016: 45).
[604] »*Zong!* relies entirely on a two-page court report, *Gregson vs. Gilbert*, which grants a new trial to the ship's owners, the Gregsons.« (Philip 2018, H.i.O.) Dieser Gerichtsreport, auf den letzten zwei Seiten (210–211) von *Zong!* abgedruckt, dokumentiere Klage und Berufung (vgl. ebd.).

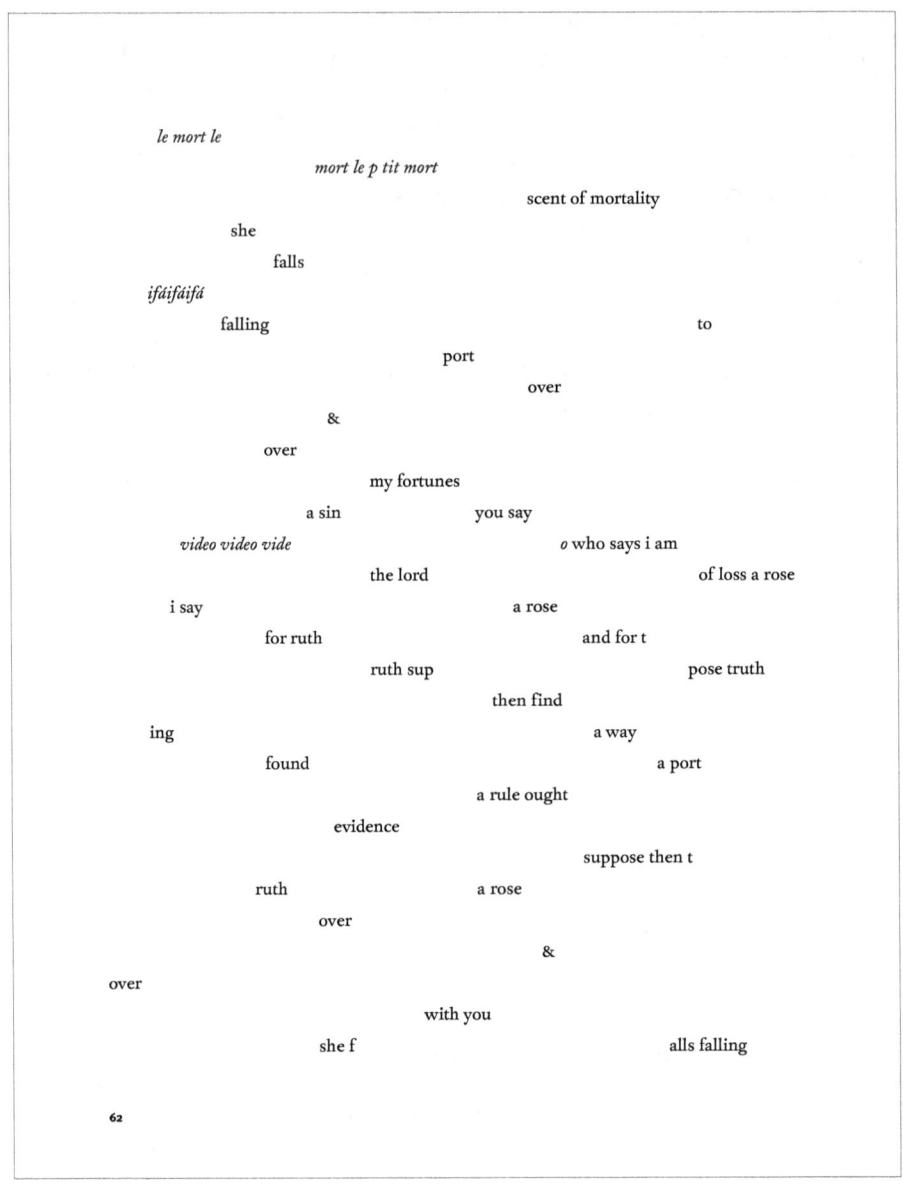

Abb. 30: *Zong!* (2008), M. NourbeSe Philip (Seite 62, Gedichtsektion *Sal*)

III.3 Poeto-Forensik: Ozeanografie linguistischer und verdateter Spuren — 279

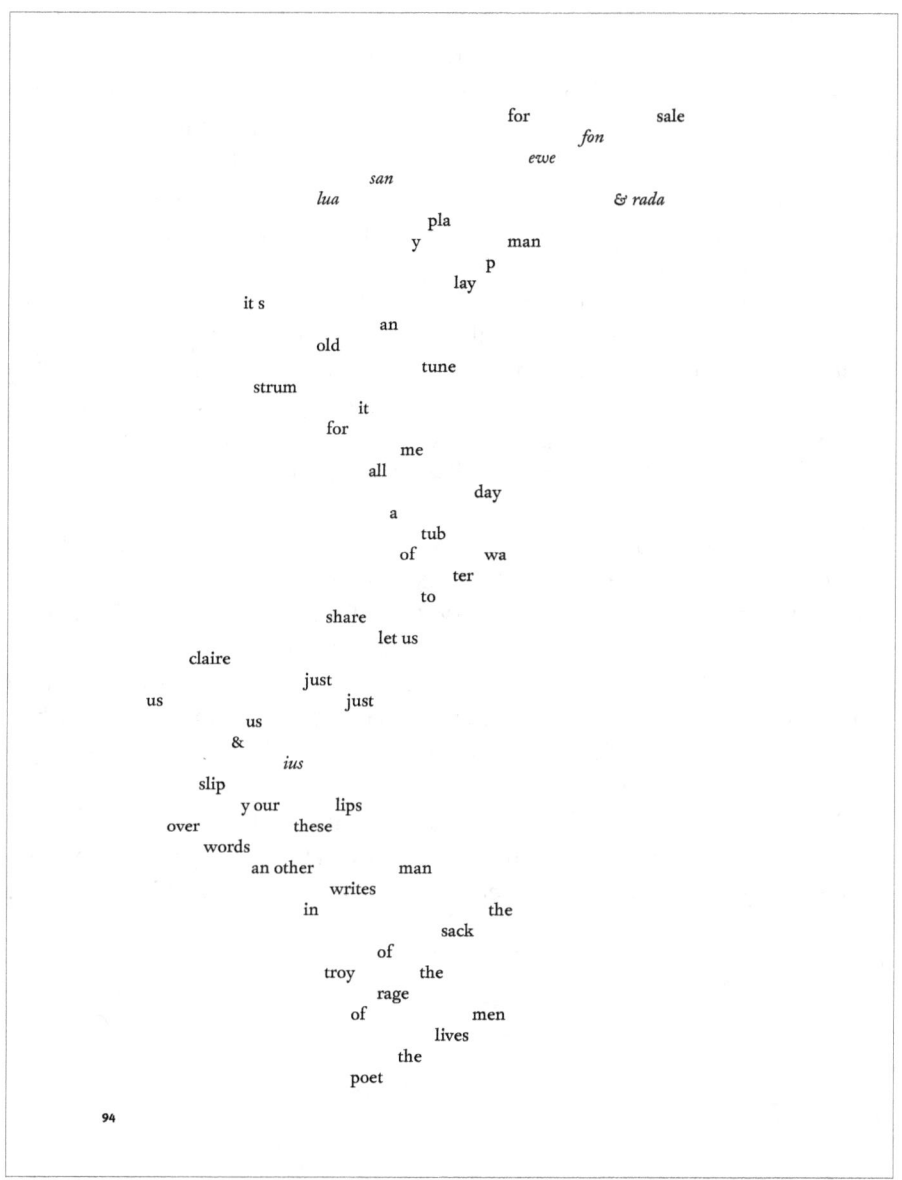

Abb. 31: *Zong!* (2008), M. NourbeSe Philip (Seite 94, Gedichtsektion *Ventus*)

In der Investigation *Liquid Traces – Left-to-Die Boat* (2014, Teil des Projekts *Forensic Oceanography*[605]) kartografierte Forensic Architecture mittels ihrer Praxis der »Forensis« das Verunglücken von 63 Passagier:innen eines Boots mit Migrierenden, das 2011 die libysche Küste Richtung Lampedusa verlassen hatte (Abb. 29). Nachdem der Treibstoff ausgegangen war, sendeten die Passagier:innen Notsignale via Satellitentelefon, die im hoch überwachten Mittelmeerraum von mehreren Parteien wahrgenommen wurden. Maritime Grenzen verschieben sich international jedoch je nach politischem Interesse. Im Falle des *Left-to-Die Boat* wurden sie entsprechend als liquide behandelt, was dazu führte, dass das Gefährt für vierzehn Tage über das Mittelmeer driftete, da die Zuständigkeit für die Rettung von niemandem als dringlich wahrgenommen wurde. Mittels online vorgefundener Daten- und Bildmaterialien sowie ergänzenden Zeug:innenaussagen von Überlebenden rekonstruierte das Forschungsteam die Route, um die Investigation NGOs in Verfahren gegen die NATO zur Verfügung zu stellen.

Der Ozean fungiert in der Investigation *Left-to-Die Boat* wie auch in *Zong!* als liquide Gedächtnisarchitektur, die Geschichten der Gewalt und des Widerstandes in sich trägt. Ähnliche Ereignisse – vom 18. bis ins 21. Jahrhundert – zeigen die Aktualität der Arbeiten, die auf einer Auseinandersetzung mit gesetzlichen Dokumenten und (in-)offiziellen Fundstücken beruhen, die umgewertet und in andere mediale Milieus überführt werden. Was unterscheidet die poetologischen Kartografien Philips vom faktisch argumentierenden Mapping durch Forensic Architecture? Kann eine der Trauerarbeit vorausgehende oder ihr folgende Empathie Beweggrund sein, internationale Organisationen wider das Vergessen zur Rechenschaft zu ziehen, und kann Trauerarbeit überhaupt von der datenförmigen mnemotechnischen Spur von *Left-to-Die Boat* oder der textuellen von *Zong!*

---

605 Der Fall *Liquid Traces – Left-to-Die Boat* (2014, Video + Report, »The deadly drift of a migrants' boat in the Central Mediterranean«), durchgeführt von Charles Heller und Lorenzo Pezzani, Research Fellows bei Forensic Architecture, in Kollaboration mit SITU Research, führte 2011 zur Gründung des *Forensic Oceanography* Projekts (siehe Forensic Architecture, *Left-to-Die Boat*). Weitere Projekte von *Forensic Oceanography* umfassen *Death by Rescue* (2016), *La Iuventa* (2018) und *Mare Clausum* (2018).

geleistet werden?⁶⁰⁶ Welcher (formal-)ästhetischer Strategien und daran anknüpfender forensischer Methoden bedienen sich beide Positionen?

Die Forschungsagentur Forensic Architecture proklamiert eine historische Zäsur: Ihrem Verständnis der »Forensis« nach spricht das Meer und erinnert quasi aus sich heraus. Knochen können aus juristischer Perspektive nicht aus dem »liquid grave« (Philip 2008: 201) ausgegraben werden, dennoch ist ökologisch betrachtet das Verbleiben der Körper im Ozean in Form von Partikeln nachweisbar. Scheinbar entsubjektiviert verfährt die Agentur über mediale und architektonische Beweisstücke, in denen Zeug:innenaussagen eine Verwandlung durchlaufen, um Teil eines Architektur-Medien-Kontinuums zu werden. Philip hingegen,

---

606 Dies ist auch eine Frage der Konzeption der digitalen Spur. Gernot Grube schreibt: »An der Schwelle, an der Ereignisse von der wirklichen in die virtuelle, digitale Welt überwechseln, werden sämtliche Spuren ausgelöscht. [...] Und tatsächlich ist es ja im buchstäblichen Sinne die Umwandlung der Ereignisse in Zeichen (digitale Daten), durch die alle Spuren verloren gehen. [...] Denn in den Übertragungsvorgang können sich Fehler einschleichen.« (Grube 2007: 238)

Phänomenologisch lassen sich, so Krämer, eine »Reihe binärer Konfigurationen« der Spur ausmachen, sodass diese nicht nach einem ›Entweder-oder‹, sondern nach einem ›Sowohl-als-Auch‹-Schema funktioniere – zwischen den Polen von: (i) »*Objekt und Tätigkeit*«: Spuren gehören zu »Dingen, die [...] erst aus der Domäne des Unmerklichen heraus- und als Spur hervortreten, wenn sie [...] gedeutet werden und [...] wenn sich ein Handeln an ihnen orientiert«; (ii) »*Präsenz und Absenz, Gegenwärtigem und Vergangenem, Sichtbarkeit und Unsichtbarkeit*«: »Präsenz vergegenwärtigt [...] nicht das Abwesende selbst, [sondern, LS] vielmehr dessen Abwesenheit [erinnert sei hier an »negative evidence«, LS]«; (iii) »*Kausalität und Interpretation, Auffinden und Erzeugen*«: »Obwohl Spuren sich dem ›blinden Zwang‹ aufeinander einwirkender Körper verdanken, werden sie nicht einfach vorgefunden, sondern durch Interpretation hervorgebracht. [...] Es gibt immer eine Vielzahl möglicher Interpretationen.«; (iv) »*Störung und Ordnung*«: »Spuren können erst auftreten, wenn eine Ordnung gestört ist [...]. Doch wenn wir die Spur lesen, so heißt das zugleich, dass die gestörte Ordnung in eine neue Ordnung zu überführen und zu reintegrieren ist. Diese Integration geschieht, indem das spurbildende Geschehen als eine *Erzählung* rekonstruiert wird. Die Logik der Narration, in der die Spur ihren ›erzählten Ort‹ [– ihre Adresse –, LS] bekommt, ist die neue Ordnung, in deren Horizont sich die ›Semantik der Spur‹ entfaltet.«; (v) »*Widerfahrnis und Ermittlung*«: »Inszenierte Spuren sind keine Spur [...]. [...] Die Hinterlassenschaft einer Spur enthüllt sich erst im Zuge komplexer, absichtsvoller Ermittlungen.« Die Spur müsse dabei einen »›natürlichen Platz in einer plausiblen Geschichte des Tatgeschehens finden«; (vi) »*Natürlichkeit und Sozialität*«: Spuren seien »›Materialitäten‹, denen eine Bedeutsamkeit gerade dadurch zuwächst, dass das Spurenverfolgen eine soziale Praktik ist, in deren Vollzug materiale Markierungen nicht einfach Spuren *sind*, sondern als Spuren *gelten* [so arbeiten Ermittler:innen wie die von Forensic Architecture mitunter daran, das Geltende auszuweiten, LS]. [...] Wenn also Interpretation und Anerkennung erst die Transformation einer physischen Markierung in eine Spur bewirken, können wir dann in Analogie zur Performativität symbolischer Handlungen sagen: Die Spur verdankt sich der Performanz des Spurenlesens und der Performativität des Spurenfolgens [...]«. (Vgl. Krämer 2007: 158–162, H.i.O.)

ließe sich abgrenzend sagen, betreibt »wake work«, die aus unmittelbarer Betroffenheit eines *being Black* geschieht. Christina Sharpe prägt in *In the Wake: On Blackness and Being* (2016) eine kritische Figuration für das Bewusstsein, mit den Nachwirkungen der Sklaverei zu leben. Mit »wake work« bezeichnet sie einen Modus oftmals kollektiver Geschichtsarbeit poetischer, kulturwissenschaftlicher oder aktivistischer Art – wie von *Forensic Oceanography* betrieben; häufig sei sie ein Hybrid aus Praktiken, in denen Historiografie zugunsten einer öffentlichen Wahrheit korrigiert oder dekonstruiert werden müsse.[607] The Wake ist keine Vergegenwärtigung des Sklavenhandels (der – nicht nur seitens der *Black Studies* – niemals als Geschichte objektiviert werden kann), sondern eine heimsuchende Gegenwärtigkeit, die kein direktes Zeigen ermöglicht (ohne hier für eine Theorie des Undarstellbaren zu argumentieren), sondern die verhandelt werden muss. »Wake work« begründe sich in der Notwendigkeit von »new ways of entering and leaving the archives of slavery« (vgl. Sharpe 2016: 13). Das bedeutet auch, die sprachliche Ordnung des Gesetzes, seine epistemisch gewaltvolle Grammatik neu zu stimmen. Philip spricht von *sounding* (das englische *sound* ist ›Geräusch‹ und ›Meerenge‹), Sharpe (ebd.: 19) von »sound this language anew, sound a new language«. Weniger metaphorisch, mehr technisch klingt der von Forensic Architecture (2014b: 751) geführte Lexikoneintrag zu *Sounding*: »The depth of ocean floor is now measured through echo sounding — the transmission of sound pulses in the water.«[608]

In beiden Fällen beziehungsweise Fallstudien trifft Trauer nicht unvermittelt auf ihren Gegenstand. Vielmehr sind es ästhetische und poetische Verfahrensweisen, die neue Formen von Trauerarbeit aber auch von Empathie ermöglichen. Die Investigationen von Forensic Architecture kennzeichnet eine posthumanistische Empathie mit (je nach *agency*-Zuschreibung) empfindender/wahrnehmender/

---

607 Auch Sharpe (vgl. 2016: 59) zieht eine Verbindung von Philips *Zong!* zum *Forensic Oceanography* Projekt und erkennt in Letzterem einen produktiven Akt des »counter forgetting«.
608 Der Eintrag setzt mit einer historischen Erläuterung fort: »However, in the mid-nineteenth century the term ›sounding,‹ though prescient, was a misnomer, as it did not involve sound. Sounding was the name of the technique employed by research ships such as the HMS *Challenger* to measure the depth of the ocean floor by dropping a weighted line to the sea bottom. The line used to measure the distance from the ship to the ocean floor was made of rope, while piano wire was used when pulling up samples from the ocean floor, thus the association with acoustic phenomena.« (Forensic Architecture 2014b: 751, H.i.O.)

registrierender Materie. Auf dem elektromagnetischen[609] Feld des Ozeans wird das *Left-to-Die Boat* zu einem driftenden Akteur medialen Untodes.

Sind *Zong!* und *Left-to-Die Boat* Mahnmale für die Entrechteten, Vernichteten, Vermissten? In letztgenannter Investigation findet sich ein substanziell erweiterter Architekturbegriff: Die Interpretation der datenförmigen Spur – die aus Ruinen oder Gewässern abgelesen wird – geht mit Narrativierung und detektivischer Assoziation einher. Signifikant (Spur) und Signifikat (Ozean) rekonfigurieren einander gegenseitig. Von ›Spur‹ könne gesprochen werden, wenn die Bedingungen ›Zeitenbruch‹ und ›Unmotiviertheit‹ gegeben seien (vgl. Krämer 2007: 164).[610] Der Ozean wird zum »Ort des politischen Beweises« (Bharucha 2002: 425) und Ökologie tritt unter den Vorzeichen der Zeug:innenschaft auf. Der daraus resultierende (bereits erwähnte) mediale Untod unterscheidet sich vom ›Nachleben‹ der Bilder bei Didi-Huberman (vgl. 2007: 74), welches dieser vom ›Überleben‹ abgrenzt. Er warnt vor »einer einseitigen Gleichsetzung von Zeuge und Überlebendem« (vgl. ebd.: 157). Dennoch bedürfen diese Bilder einer »*archäologischen* Arbeit«, um, wie Didi-Huberman (vgl. ebd.: 76, H.i.O.) es in Bezug auf die diskutierten Fotografien von Auschwitz formuliert, »ihre äußerst fragile zeitliche Struktur zum Vorschein zu bringen«.

Die Poeto-Forensik wird nun vertiefend unter vier Gesichtspunkten betrachtet, die den weiteren Kapitelverlauf strukturieren: *Forensische Linguistik, Gesang in medialer Stimme, Trauerarbeit* sowie *Aufkündigung des Dienstes und des Verständlichkeitsdiktats.*

---

609 Über das *Left-to-Die Boat* schreiben Charles Heller und Lorenzo Pezzani: »The contemporary ocean is in fact not only traversed by the energy that forms its waves and currents, but by the different electromagnetic waves sent and received by multiple sensing devices that create a new sea altogether. Buoys measuring currents, optical and radar satellite imagery, transponders emitting signals used for vessel tracking and migrants' mobile phones are among the many devices that record and read the sea's depth and surface as well as the organisms that navigate it. By repurposing this technological apparatus of sensing, we have tried to bring the sea to bear witness to how it has been made to kill.« (Heller/Pezzani 2014: 658)

610 Der ›Zeitenbruch‹ bestehe darin, dass es eine Differenz gebe zwischen dem vergangenen »Spurenhinterlassen« und dem gegenwärtigen »Spurenentziffern« (vgl. Krämer 2007: 164). ›Unmotiviertheit‹ wiederum bedeute, dass Spuren unbeabsichtigt hinterlassene Anzeichen seien – im Gegensatz zu künstlich erstellten »Indices«, die auf eine raumzeitliche Simultaneität von Objekten oder Ereignissen verweisen (vgl. ebd.).

III.3.1 Forensische Linguistik

> The poet is the detective and the detective a poet. (Thomas More 2000, zit. n. Philip 2008: 78, 196)

Unabhängig von den formalen Unterschieden greifen *Zong!* und *Left-to-Die Boat* transformativ auf juristische Verfahrensweisen und Formate zu. Wo das faktische Mapping der Ozeanarchitektur von Forensic Architecture als narrativer (Re-)Konstruktionsakt auftritt, wird Poesie in *Zong!* anti-narrativ eingesetzt. Philip (2008: 191) beschreibt ein von Poesie und Recht (Lateinisch: *ius*) beziehungsweise Gesetz (Lateinisch: *lex*) – der englische Begriff *law*[611] umfasst beide Worte – geteiltes und unerbittliches Anliegen mit Sprache: »Law and poetry both share an inexorable concern with language [...].«

Der Gedichtband *Zong!* ist in sechs Sektionen unterteilt: *Os* (Abb. 33), *Sal* (Abb. 30), *Ventus* (Abb. 31), *Ratio*, *Ferrum* (Abb. 35), *Ebora* (Abb. 34).[612] Auf diese folgt eine Form des Appendix als Paratext, Metaebene und Reflexion – betitelt mit *Glossary* (Abb. 32), *Manifest*, *Notanda* – sowie das rechtliche Dokument des Streits *Gregson v. Gilbert*.

---

[611] Wie die Übersetzungsschwierigkeiten und das differierende Verständnis von Recht und Gesetz, von *right and law*, mit den jeweiligen kontinentalen und angloamerikanischen Rechtsentwicklungen zusammenhängen, sondiert Philippe Raynaud (siehe 2014: 550–558) im Eintrag *LAW* des *Dictionary of Untranslatables*.

[612] Es handelt sich um lateinische Begriffe, die folgendermaßen übersetzt werden können: *Os* = Knochen, *Sal* = Salz, *Ventus* = Wind, *Ratio* = Erklärung/Methode/Vernunft, *Ferrum* = Eisen, *Ebora*cum = York.

Glossary

WORDS AND PHRASES OVERHEARD ON BOARD THE ZONG

Arabic
rotl: unit of weight or measurement

Dutch
bel: bell
bens: thing
geld is op: money is spent
hand: hand
ik houd van u: I love you
op en neer: up and down
tak: arm
tong: tongue

Fon
Age: water god
Da: snake god that coils around the universe and supports the earth
Lisa: female deity connected with the moon
Mawu: male deity connected with the sun

French
aide moi: help me
aile: wing
âme: soul
ange: angel
coeur: heart
eau: water
il est mort: he is dead
j'ai faim: I'm hungry
j'ai soif: I'm thirsty
je: I
laver: to wash
main: hand
mer: sea
mort: death
mot juste: the just word
père: father
pied: foot
pour moi: for me
rêve: dream
rêver: to dream
sang: blood
santé: health
tais toi: be quiet

Greek
beta: second letter of Greek alphabet

Hebrew
aleph: first letter of alphabet

Italian
il doge: the duke

Latin
afer: African (male)
afra: African (female)
audi: hear or listen
ave: hello, good-bye
culpa: fault
cum grano salis: with a grain of salt
deo: god
deus: god
dicta: a saying; in law, comments that are pertinent to a case but do not have direct bearing on the outcome.
ego: I
esse: to be
ferrum: iron
inter pares: among equals
lares and penates: household gods
mea: my
niger: black (male)
nigra: black (female)
os: bone
pater: father
ratio: reason; in law, the short for *ratio decidendi*, the central reason for a legal decision
sal: salt
salve: hello, good-bye
sin: without
sum: I am
te deum: early Christian hymn of praise
ventus: wind
video: I see

Portuguese
belo: beautiful
coisa: thing
lindo: beautiful
perna: a leg

Spanish
ayudame: help me
cosa: thing
mano: hand
para mi: for me
pie: foot
que es esto: what is this
son: the song
yo: I

183

Abb. 32: *Zong!* (2008), M. NourbeSe Philip (Seite 183, *Glossary*)

Der erste Teil der Sektion *Os* trägt die fortlaufende Nummerierung *Zong! #1* bis *Zong! #26*. An den unteren Seitenrändern befindet sich eine an Fußnoten erinnernde horizontale Linie, unter der Namen angeführt werden.[613]

---

613 »›*Zong!* #15‹ begins with the statement/imperative/injunction to ›defend the dead.‹ [...] Philip provides names.« (Sharpe 2016: 38, H.i.O.) Dieser Imperativ wirkt reparativ gegenüber dem verfehlten Gebot *Du sollst nicht töten*.

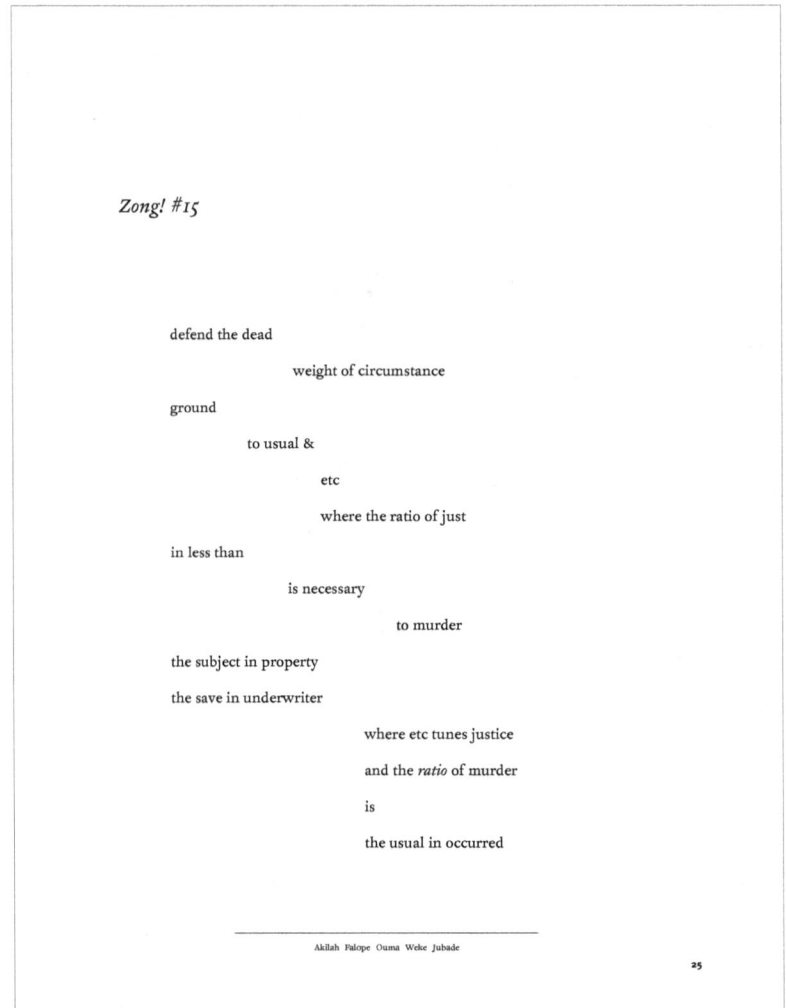

Abb. 33: *Zong!* (2008), M. NourbeSe Philip (Seite 25, Gedichtsektion *Os*)

Neben seiner Nummerierungsfunktion ist das im Gedichtband eingesetzte Rautezeichen Überbleibsel einer alten Kulturtechnik. Vismann (vgl. 2012: 166–167, H.i.O.) schreibt über die Zeit der mittelalterlichen Aktenverwaltung, als die Kanzleien mit dem Durchstreichen (dem »Kanzellieren«), das als entwertende Spur in den Schriftentwürfen sichtbar sein sollte, eine »Dekonstruktion *avant la lettre*« betrieben haben:

> Heute erinnert nur noch ein ganz unspektakuläres Zeichen ohne jede operative Funktion an die Technik des kreuzweisen Durchstreichens: das Rautenzeichen [#], das für ›Ziffer‹ verwendet wird. (Ebd.: 167, Anm.i.O.)

»DICTA«, eine Zwischenüberschrift, bringt eine Unterbrechung: Alle darauffolgenden Teile sind ohne Nummerierung, im Sinne eines Index ohne Verweis (*Zong!* #); von den Fußnoten bleiben nur die trennenden horizontalen Linien übrig, die zeigen, dass etwas fehlt. Durch die Leerstellen dieser poetischen Kartografie kann in produktivem Unverständnis navigiert werden: lesend wie zuhörend, die fragmentierten Sätze betrachtend oder das Konzept reflektierend. Der Gedichtband scheint nicht überzeugen, sondern die aktivierten Leerstellen eine andere Geschichte erzählen lassen zu wollen. Detektivisch-poetisch untersucht der Band die Tatsächlichkeit der Geschichte sowie die Potentialität der (Rechts-) Geschichtsschreibung.

Die in *Zong!* zu findende Methode der forensischen Linguistik[614] macht die Arbeit zu einem Unterfangen poeto-forensischer Ozeanografie. Auffällig dabei ist die Entkopplung von Poetik und Hermeneutik in Philips doppelt produktivem Prozess des *underwriting*: als transformatives Umschreiben sowie im rechtlichen Kontext des ›Zeichnens‹, ›Garantierens‹ und ›Versicherns‹ zu verstehen. Diese Methode referiert auf das Versicherungs*recht*, auf dem der als Wettstreit zwischen zwei Parteien angelegte Versicherungs*streit* und die resultierende Entscheidung aus 1783, *Gregson* versus *Gilbert*, basieren. Philip bedient sich eben nicht des Verfahrens einer hermeneutischen Textinterpretation, sondern erarbeitet ein Um-Schreiben der Geschichte von Zong, wie sie zum einen im Rechtsstreit dokumentiert ist, zum anderen der Autorin von Setaey Adamu Boateng, einer afrikanischen Gottheit, erzählt wurde, wie es auf dem Buchcover heißt.

Europäisch-angloamerikanische und afrikanische sowie kolonial wie vorkolonial geprägte Wissenskulturen verschränken sich und damit die Arbeit mit textlichen Materialien und mündlicher Überlieferung. Letztere unterhält eine Nähe zum Kennen vom Hörensagen. Das kulturell übermittelte und zu bewältigende Trauma ist jedoch nicht gleichzusetzen mit Gerücht. Juristisch betrachtet definiert sich (beispielsweise Augen- und Ohren-)Zeug:innenschaft über einen direkten sensorischen Kontakt mit einem Geschehen. Ein indirekter, nur durch Hörensagen vermittelter entspräche einer Zeug:innenschaft zweiten Grades (vgl.

---

614 Forensische Linguistik beschäftigt sich mit der Sprache des geschriebenen Gesetzes, dem Spracheinsatz in juristischen Foren sowie der forensischen Analyse sprachlicher Beweise. Lawrence Abu Hamdan etwa hat sich in seinen Arbeiten mit dem forensischen Einsatz von Stimmaufzeichnungen in Asylverfahren in Großbritannien auseinandergesetzt (vgl. Stickler 2016).

Vismann 2011: 69). Das Hörensagen, in ein Gerücht verwandelt, wirkt, ohne bindend oder notwendigerweise stimmig zu sein – es ist nach der Eigenlogik der Allegorie *Fama* strukturiert. Ist eine Spur lesbar/entzifferbar – sei sie nun linguistischer oder verdateter Natur –, braucht es jedoch keine Zeug:innenschaft ersten oder zweiten Grades, um ein Ereignis zu rekonstruieren. Kredibilität und Anerkennung generiert so auch *Zong!* unter anderem aus der Kreuzvernehmung als wirkmächtige materielle Verschränkung dieser unterschiedlichen Quellen. Die Passagen, die der Autorin besonders nahegehen, seien die, welche sich der Verständlichkeit entziehen[615] (vgl. Philip 2008: 192), beziehungsweise der Sichtbarkeit: In der letzten Gedichtsektion, *Ebora* (Abb. 34), steigert sich die Überlagerung der nun verblassten hellgrauen Buchstaben und Wortfragmente bis zur Unleserlichkeit.

---

[615] »*The ones I like best are those where the poem escapes the net of complete understanding — where the poem is shot through with glimmers of meaning.*« (Philip 2008: 192, H.i.O.)

III.3 Poeto-Forensik: Ozeanografie linguistischer und verdateter Spuren — 289

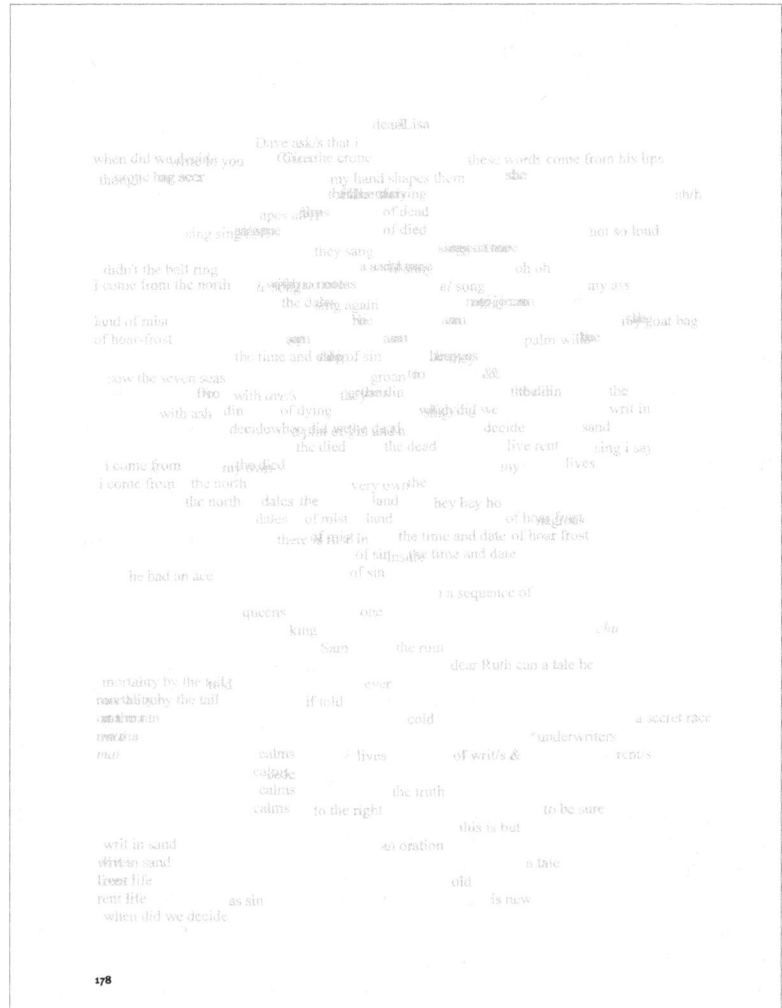

Abb. 34: *Zong!* (2008), M. NourbeSe Philip (Seite 178, Gedichtsektion *Ebora*)

Philip beschreibt diese Prozesse wie folgt: »I white out and black out words (is there a difference?).« (Ebd.: 193) In anderen Abschnitten spricht der rechtliche Report wie ein Grabstein forensisch und zeigt sich in all seiner Posthermeneutik:[616] »*[T]he legal report is the tomb stone which speaks*« (ebd.: 192, H.i.O.) – allerdings auf spektrale Weise.[617] Ist *Zong!* also ein Wiedergänger? Sicher sagen lässt sich, dass die Arbeit nicht als Reenactment aufgezogen ist, denn ein »lebendiger Nachvollzug« (Rebentisch 2013: 200) ist nicht von Interesse. Vielmehr ist es eine Arbeit einer »destruction of the archive« (Sharpe 2016: 19) oder eine *am* Archiv (statt mit ihm), die medienreflexiv den sozialhistorischen Kontext des Rechtsstreits und der Konzeption ›Mensch‹ reflektiert.[618]

Aspekte des In-Zweifel-Ziehens, charakteristisch für Bertolt Brechts Einschätzung des Kriminalromans, lassen in spätkapitalistischer Manier auf den Detektiven als »innerfiktionalen Repräsentanten der Ratio« verzichten und an seine Stelle kritische Rezipient:innen treten (vgl. Just 2018: 157–159). – Auch in *Zong!* und bei seinen Leser:innen wie Performer:innen, ganz im Sinne eines Todes des Autors (mehr dazu in Kürze).[619] Was Krämer (vgl. 2007: 172) in Bezug auf Ginzburgs »mikro-historische[] Untersuchungen« zur neuzeitlichen Verdrängung bäuerlichen Sprechens schreibt, lässt sich ohne Schwierigkeiten auf Philips sub-

---

616 Dieter Mersch beschreibt diese Dynamik in *Posthermeneutik* (2010) »als Chiasmus zwischen *Zeigen und Sichzeigen*, als Chiasmus zwischen *Signifikation und Materialität* oder als Chiasmus zwischen *Medium und ›Ex-sistenz‹*« (Mersch 2010: 27, H.i.O.). »Posthermeneutik impliziert darum zugleich die Rehabilitierung der *Aisthesis*. Indem dieser sich eine Alterität zeigt, schließt sie gleichzeitig Ethik und Ästhetik zusammen. Posthermeneutisches Denken ist weniger dem Wissen und der *theoria* als ›höchstem Glück‹ im Sinne des Aristoteles verpflichtet als diesem Primat einer Einheit des Ethischen mit dem Ästhetischen.« (Ebd., H.i.O.)
617 »*Zong!* is hauntological« (Philip 2008: 201, H.i.O.).
618 *Zong!* stehe für drei verschiedene Aspekte des Archivs: »the legal archive of *Gregson vs. Gilbert*, [...]; the liquid and sound archive of the Atlantic ocean and, most importantly, the genealogical and spiritual archive of the Ancestors« (vgl. Philip 2018, H.i.O.).
619 »[D]er Detektiv – verschrobener Exzentriker, etablierter Outsider, werklose Junggesellenmaschine – steht weniger zum Verbrecher als zur Polizei in Widerspruch. Am Ende, egal wie antibürgerlich er sich gebärdet, hilft der Detektiv aber trotzdem mit, die bürgerliche Ordnung wiederherzustellen. Darin liegt das *Beruhigende* der klassischen Detektivgeschichte, ihr behaglicher Märchenglanz. [...] Die klassische Detektivgeschichte, die Poe und Doyle entwickelten, erfährt deshalb im 20. Jahrhundert ihre avantgardistische Dekonstruktion, indem sie die beruhigende Instanz des Detektivs kurzerhand durchstreicht. In [Franz, LS] Kafkas *Prozess* fehlt der Detektiv zur Gänze; was übrigbleibt, ist eine paranoisch-terroristische Allgegenwärtigkeit des Gesetzes, in dessen Netz sich der Verdächtige [...] immer hoffnungsloser verstrickt. Diesen meta-kriminalistischen Roman, der die Opferperspektive totalisiert und keine aufklärende Instanz der Ratio mehr kennt, führte schließlich [Bertolt, LS] Brecht mit seinem *Dreigroschenroman* an sein ›revolutionäres‹, nämlich soziologisches Ende. Die Dekonstruktion des Detektivromans wird zum Politikum, zum literarischen Super-Symptom jener verbrecherischen Gesellschaftsordnung, die Brecht die ›Große Unordnung‹ zu nennen pflegte.« (Just 2018: 155–156, H.i.O.)

textuelle Rehabilitierung des Gesangs aus den Protokollen des Versicherungsstreits übertragen:

> Wie kann eine nicht mehr vernehmbare orale Kultur aus der Schriftspur der Archive heraus zum Sprechen gebracht werden? Für Ginzburg ist die Antwort klar: Wir müssen in der autoritativen Schrift der Macht die subversive Spur des bäuerlichen Sprechens aufdecken. Und dies gelingt nirgends besser als in den detaillierten Protokollen der Inquisition. (Krämer 2007: 172)

Dies ist nicht zuletzt deswegen relevant, weil eines der dominanten rechtsgeschichtlichen Narrative zunehmende Verrechtlichung in zunehmender Verschriftlichung – und umgekehrt – verankere und damit seit jeher einen abgrenzenden Medienvergleich zu mündlichen[620] Rechtskulturen schaffe (vgl. Vismann 2000: 17–18).

Das Bild des Rational-Detektivischen ist in England entstanden. Aufgrund ihres unsicheren legalen Status waren für assimilierte Gruppen häufig nur Kanäle des Gespenstischen – des »non/being in the world« (Sharpe 2016: 5) – aktivierbar, und sie sind es beispielsweise in Kontexten von Migration und systematischem Rassismus nach wie vor. Daher greift Philip zur detektivischen Methode der Heimsuchung. Der Unterschied zwischen den Habitusformen »artist-as-analyst« und *artist as detective* liegt dann weniger in der angewendeten (forensisch-psychoanalytischen) Methode als im Anwendungsbereich. Detektiv:innen sind Medienforensiker:innen sowie »positivistische Poeten« (Just 2018: 154) und Poetinnen – laut Just unter dem »Diktat der Vernunft« (ebd.). Jedoch ist die detektivische Remontage von *Zong!* nicht positivistisch-poetisch, sondern eine Freilegung des Rechtsstreits *Gregson v. Gilbert* als Inbegriff einer einst rechtsstaatlich legalisierten, jedoch rational-ideologisch im Gesetz verdrängten Gewalt. Indem Philip das Protokoll entfremdet/entstellt, kehrt sie seine Ge-Setztheit gesetzeskritisch hervor.

In seiner indirekten Verteidigung des uneinigen Dissenses illustriert das Buch nicht eine Theorie des Gespenstischen, um zu zeigen, wie *haunting* funktioniere. Vielmehr bewirkt der Band eine produktive Transformation, die auf das Theorieverständnis inspirierend wirkt: als eine Form des trauernden, heulenden, seufzenden, schreienden Gesangs mit Ausrufezeichen: *Zong!* oder *song!*[621]

---

[620] Mit mündlicher Rechtskultur sind hier nicht die das Strafrecht prägenden formalen Prozessmaximen der Mündlichkeit und Öffentlichkeit gemeint, die ja Teil eines administrativen Rechtssystems der Aufzeichnung sind.
[621] Eine nicht zu erzählende Geschichte hat das Register gewechselt, um erzählt werden zu können. Philip (2008: 207, H.i.O.) schließt ihre Reflexionen folgendermaßen: »*Zong!* is Song! And Song is what has kept the soul of the African intact [...].«

III.3.2 Gesang in medialer Stimme

> Die ballistische Sicht (das Aktiv, der Speer), ist eine juristische [...]. Die mediale Sicht (das Medium, das Wasser) passt zur Erforschung von Kulturtechniken.[622] (Vismann 2012: 448)

Zong! greift auch in ein anderes Medium als das der Schrift aus, nämlich in das des Gesangs oder der gesungenen Lesung, um die Buchstaben der gemeinsamen Interpretation zu übergeben. Das »collective reading« finde seit 2008 als jährliches Gedenken statt (vgl. Philip 2018). Kurator:innen, Leser:innen oder Performer:innen der *mourning sessions* interpretieren den musikalischen Anti-Text von *Zong!* als lückenhaft-überlagerte Noten. In der Konzeption der Schrift ist bereits die Intonation angelegt, sodass die Setzung des Geschriebenen erheblichen Einfluss auf die mündliche Performanz nimmt. Während Einzelauftritte der Autorin meditativ anmuten, bilden die »collective readings« eine ›antinarrative Fuge‹.[623] Folglich variiert jede Aufführung und verlangt, mit Sprach- und Lautsplittern teils nicht-linear zu verfahren. In einem Interview sagt Philip (vgl. Watkins 2014), in der Beschäftigung mit *Zong!* auf Improvisation angewiesen zu sein; die herausforderndste Sektion sei *Ferrum* (Abb. 35), da sie mit sprachlicher Degeneration konfrontiere und das Lesen zu einer offenen Frage im Umgang mit Fragmenten und Leerstellen mache.

---

[622] »Die ballistische Sicht (das Aktiv, der Speer), ist eine juristische, die stets Mittel und Zwecke in Relation zueinander bringt. Sie fügt sich überdies in die im Recht wirksame Fiktion, wonach eine Handlung einem Handelnden als Ursache einer Streit- oder Rechtssache zugerechnet wird. Die mediale Sicht (das Medium, das Wasser) passt zur Erforschung von Kulturtechniken. Anstelle von Ursachenforschung, die einen personalen Verursacher in der Sache sucht, wird hier ein Täter aus dem Tatwerkzeug ermittelt, der Handelnde aus dem Medium.« (Vismann 2012: 448)
[623] »In the musical sense of the word, *Zong!* is a counterpointed, fugal antinarrative« (Philip 2008: 204, H.i.O.). Die Vorsilbe anti- verweist auf Philips Verweigerung einer verständlichen Narration: »*being dissatisfied when the poem becomes too comprehensible*« (ebd.: 192, H.i.O.).

III.3 Poeto-Forensik: Ozeanografie linguistischer und verdateter Spuren — 293

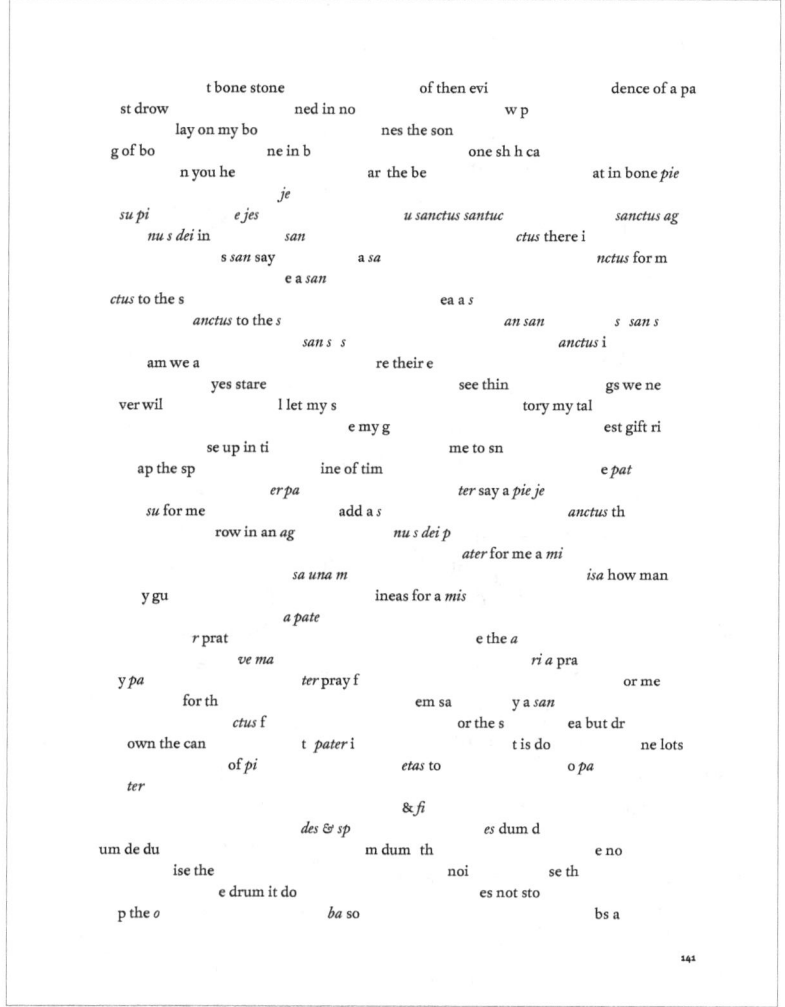

Abb. 35: *Zong!* (2008), M. NourbeSe Philip (Seite 141, Gedichtsektion *Ferrum*)

Diese Art zu lesen gestaltet sich als eine Form der Trauerarbeit. Sich um die Buchstabenfragmente schlängelnde Stille ist zugleich artikuliert und präzise, wie der Willkür des Tötens entsprechend zufällig arrangiert. Philip plädiert: »[H]onour that larger Silence, that the noise of knowledge attempts to drown out.« (Ebd.) *Zong!* fordert auf, unterschiedliche Stillen zu hören: verschweigende, auslassende, trauernde – anerkennend, dass die ganze Geschichte nicht erzählt werden kann.[624] Fred Moten, Anglist/Amerikanist sowie Poet, äußert sich im Aufsatz *Blackness and Poetry* (2015) über das heikle Verhältnis von *story* und *history* folgendermaßen:

> Philip's irruptive interruption of the long, unnatural history that envelops and exceeds that event takes up the unseemly phonic proximity of song and *Zong!* Philip's heroism, which emerges as a radical disavowal of the heroic, consists in a deep and fatal sounding. [...] Philip realizes this inescapable and overwhelming truth: that insofar as the story of the Zong cannot be told, or sung, alone it isn't a story, it isn't anybody's story, at all. *Zong!* is the story of no-body and it cannot be sung alone. (Moten 2015, H.i.O.)

Performative Kunst, die sich aus dem Ritual entwickelt hat oder sich auf dieses beruft, ist interessiert an transformativen Zuständen, Übergangsritualen und Ekstasen (eine schwache kulturelle Erinnerung an die von Platon abgewertete Dichtung [vgl. Schlaffer 2005: 29]). Der *performative turn* brachte aber eben auch die Performativität von (Sprach-)Handlungen in den Sinn. Wenn mittels poetischer Verfahren Verbrechen untersucht werden, sind es nicht nur göttliche, sondern durch Menschen getätigte Setzungen, auch in Form von Gesetzen. *Zong!* verbindet gesetzliche Nachforschung mit göttlicher Überlieferung. Heidegger gehe es, so Vismann (vgl. 2012: 191), »um die von Rom und Recht verdrängten Sprach- und Denkschichten«. Sind damit Poetisches und Gesungenes angesprochen? Das mnemonische Mittel Gesang steht im westlichen Denken häufig im Konflikt mit geschriebener Sprache. Rituelles Singen vor Gericht (meist als Aufforderung an die Anwesenden, sich zu Prozessbeginn zu erheben) kehrt sich in *Zong!* um, indem das besungene Gesetz zum Gesang wird, der das Gesetz anklagt. Auf dem Klappentext als »anti-narrative lament« ausgewiesen, ist Trauer in *Zong!* mit Agency ausgestattet, die in einer Verschränkung von Leidensform (passiv) und Tätigkeitsform des Sprechens/Singens/Lamentierens (aktiv) besteht.

Im Reader zur *documenta 14* (2017) erschien der Aufsatz *From the Subject of the Crisis to the Subject in Crisis: Middle Voice on Greek Walls* von Maria Boletsi. Ausgehend von Rhetoriken der Krise in Griechenland seit 2009 analysiert sie das auf den Wänden auftauchende Wort *vasanizomai*, das sich nicht einfach ins Englische übersetzen lasse – »I suffer« oder eher »I am in torment« (vgl. Boletsi 2017: 434). Im Altgriechischen gebe es die Unterscheidung in aktive, passive und mediale (wörtlich: mittlere) Stimme (vgl. ebd.: 447). Die Schwierigkeit in der Übersetzung beruht auf dem dritten Modus, der im Englischen nicht existiert

---

624 »[T]he complete story does not exist. It never did. All that remains are the legal texts and documents of those who were themselves intimately connected to, and involved in, a system that permitted the murder of the Africans on board the *Zong*.« (Philip 2008: 196, H.i.O.)

und den Boletsi auf die Subjektivierung umlegt: »The subject of *vasanizomai* is not a disempowered victim: her agency emerges from the (literal) inscription of her vulnerability as it erupts in public space.« (Ebd.: 452) Hervorbrechende Verletzlichkeit bilde ein Gegengewicht zur hegemonialen Wahrheit (vgl. ebd.). Eine »precarious truth« (ebd.) ist auch in *Zong!* wie *Left-to-Die Boat* enthalten, obwohl sie in der »Forensis« möglichst zu reduzieren ist. Die animierte virtuelle Kartografie von *Left-to-Die Boat* kontrastiert ein Statement eines Marinekommandanten (offizielles NATO-Video) mit dem eines Überlebenden, blendet Proteste während des ›Arabischen Frühlings‹ ein und überlagert die Animation des Ozeans mit diagrammatisch aus sensorischen Daten aufbereiteter Information mitsamt Legende. Wo verbirgt sich darin *vasanizomai*? Die »Forensis«, die nicht einfach poststrukturalistische Kritik (als Urteilssuche ohne Urteil) mit ihrem Hochhalten von Ambiguität und Ambivalenz ablöst, zeitigt womöglich neue Formen von *vasanizomai*. Leerstellen in der Konstruktion einer zusammenhängenden Historie durch Investigative Ästhetik werden möglichst klein gehalten. Denn um ihre Kredibilität im politisch-wissenschaftlichen Feld zu wahren, muss die Agentur zwar die Schwachstellen des forensischen Ansatzes offenlegen, zugleich aber Distanz zu künstlerischer Ambivalenz halten – verpflichtet, wahrhaftig zu sein, anstatt zwischen Authentizität und Erfindung zu oszillieren. Philip dagegen spricht mit der radikalen Stimme der Unentscheidbarkeit: »The middle voice would thus be the ›in-between‹ voice of undecidability and the unavailability or radical ambivalence of clear-cut opposition.« (LaCapra 2001: 20) Sofern die *middle voice* durch eine unklare Agency definiert ist (vgl. Boletsi 2017: 449), funktioniert sie nach dem Prinzip der Fuge. Diese basiert auf dem Kompositionsprinzip der Polyphonie mit versetzter Wiederholung und Imitation. Das Gespenstische[625] kann dabei als wesentlicher Aspekt von Medialität beziehungsweise der *middle voice* betrachtet werden: In der zeitlichen Verzögerung realisieren sich mediale Fundstücke konstant wieder, rekonstruieren und transformieren sich auf phantomhafte Weise.

Wird danach gefragt, ob die verdatete Spur leisten kann, was *Zong!* leistet, lässt sich diese Frage auch entsprechend Ronells Aufteilung modifizieren: Sofern *complaint* gegen den mangelhaften Ist-Zustand der Welt artikuliert wird

---

625 Das Gespenstische, als wesentlicher Aspekt von Medialität, findet sich prominent in Jacques Derridas kritischer Figuration der *hauntology* (zwischen *haunting* und *ontology*) – siehe *Specters of Marx: The State of the Debt, the Work of Mourning, and the New International* (1994) sowie *Archive Fever: A Freudian Impression* (1996). Für Blanco/Peeren (vgl. 2013: 7) erschüttert das Gespenst als »non-present(ational) figure« das dichotome Denken.

(vgl. Ronell 2018: 52),[626] ist *lament* dann ein besser geeignetes Register, um ihren War-Zustand zu beklagen oder zu kritisieren? Hierin liegt die nächste Schwierigkeit, nämlich der Vergleich von Kritik und Klage (vgl. ebd.: 53), der an dieser Stelle offenbleiben muss.

Zudem unterhält die *middle voice* eine (begriffliche) Nähe zur *middle passage* – dem migrantischen Transit als Interimszeit und -raum. *Vasanizomai* vereint in dessen Kielwasser so Widerständigkeit und Verletzlichkeit. Wut und Trauer bilden ein »*Ach!*« (Ronell 2018, H.i.O.), strukturiert als ein »I can't complain, I must complain« (ebd.: 11).

Schließt sich *Zong!* der Butler'schen Denkbewegung an, ein post-souveränes[627] Subjekt mitzuentwerfen? Die Rechtswissenschaftlerin Susanne Baer unterzieht das »post-souveräne Subjekt« Judith Butlers (1997) einer symptomatischen Diagnose: Sie kritisiert, dass jene den Rechtsdiskurs mystifiziere, ihn einzig als staatliches Instrument denke und ihm Revision, Interpretation und Uneindeutigkeit abspreche (vgl. Baer 1998). Wie dies umgekehrt in Verbindung steht zu einem Staat, der »affirms its sovereignty by declaring its right not to obey the law« (Lagasnerie 2017: 26), wurde bereits im vorherigen Kapitel aufgegriffen. Über den Hinweis hinausreichend, Recht müsse ebenso Uneindeutigkeiten konfrontieren – mit denen in der Exegese gezwungenermaßen umzugehen ist –, kann die poeto-forensische Ozeanografie in ihrer ästhetischen Auseinandersetzung mit rechtlich-rhetorischen Verfahren in diesem Sinne auch als Rechtskritik in der *middle voice* verstanden werden.

III.3.3 Trauerarbeit

> Man kann keine Rede über die ›Trauerarbeit‹ halten, ohne an ihr teilzuhaben, ohne am Tod Anteil zu haben, und zwar zunächst am eignen Tod. Innerhalb dieser Anteilnahme an seinem eigenen Tod [...] sollte man sagen können, wie ich es neulich gewagt habe, daß jede Arbeit auch eine Trauerarbeit ist. Jede Arbeit im allgemeineren arbeitet an der Trauer. (Derrida 1994a: 13)

---

[626] »The complaint [...] *sidesteps any ritual assertion of mourning*. Unable to let go, the complaint may well indicate a symptomatic snag and refusal, a mourning disorder. [...] The complaint, running on empty or *advocating world-historical change, puts up a fight against the ›what-is‹ of life*.« (Ronell 2018: 52, H. LS)

[627] Vismann (vgl. 2012: 447) bezeichnet den ›Souverän‹ bzw. die Souveränin als rechtliches »Grundparadox«, da er:sie eine »Position zugleich über- und unterhalb der Gesetze hat«.

III.3 Poeto-Forensik: Ozeanografie linguistischer und verdateter Spuren —— 297

Speziell im Kontext von *transitional justice* wird das Recht auf Trauer angerufen. Das »Recht auf angemessene Trauer und auf das kulturelle Erbe« sei Teil des Rechts auf Wahrheit (vgl. Guembe 2002: 267). Zum einen aber gibt es in *the wake of slavery* kein Recht, nur das nachträgliche Einklagen von Sichtbarkeit und Repräsentation von Gewalt. Zum anderen ist Trauer hier nicht ›angemessen‹, sondern inkommensurabel. Butler (2009: 18) macht darauf aufmerksam: »›Unbetrauerbar‹ [...] sind Leben, die nicht betrauert werden, weil ihnen zuvor bereits ihre Existenz abgesprochen worden ist, weil sie nie als Leben zählten.« Folglich grenzt Sharpe (vgl. 2016: 19) »wake work« von Trauer- und Melancholiearbeit ab. Meines Erachtens ist die Rede von Trauerarbeit dennoch zutreffend, wenn sie im Sinne Butlers verstanden wird:

> To grieve, and to make grief itself into a resource for politics, is not to be resigned to a simple passivity or powerlessness. It is, rather, to allow oneself to extrapolate from this experience of vulnerability to the vulnerability that others suffer through military incursions, occupations, suddenly declared wars, and police brutality. That our very survival can be determined by those we do not know and over whom there is no final control means that *life is precarious*, and that politics must consider *what forms of social and political organization seek best to sustain precarious lives* across the globe. (Butler 2004: 23, H. LS)

Gibt es einen Zusammenhang zwischen prekären Bildern und den von Butler beschriebenen prekären Lebenssituationen? Der Diskurs um die Unmöglichkeit zu erzählen oder darzustellen wird häufig mit der Dokumentarfilmkontroverse um Claude Lanzmann in Zusammenhang gebracht, an die auch Didi-Huberman anknüpft. Agamben argumentiert vergleichbar, mit einer merklichen Variation:

> The ›true‹ witnesses, the ›complete witnesses,‹ are those who did not bear witness and could not bear witness. [...] The survivors speak in their stead, by proxy, as pseudo-witnesses; they bear witness to a missing testimony. And yet to speak here of a proxy makes no sense; *the drowned have nothing to say, nor do they have instructions or memories to be transmitted*. [...] Whoever assumes the charge of bearing witness in their name knows that he or she must bear witness in the name of the impossibility of bearing witness. (Agamben 1999: 34, H. LS)

Wenn Philip davon spricht, dass das Verbrechen unmöglich sei (im Sinne einer »impossibility of bearing witness«), aber dennoch dargestellt werden müsse, begibt sie sich damit in eine suspendierte Redeposition, in der sie als Stellvertreterin (*proxy*) spricht? Oder wechselt sie das Register in das kulturelle Gedächtnis von Gesang und Poesie, in dem »the drowned have [...] memories to be transmitted«?

Während in einer gesetzespositivistischen Perspektive das Gesetz »für sich selbst« spreche (vgl. Forgó/Somek 2006: 270), verneint *Zong!* nicht mehr geltende Rechtsnormen und deren dennoch anhaltende Folgen. Obwohl Philip auf der materiellen Ebene mit den Buchstaben des Rechtstextes arbeitet, kommt Transformation nicht aus einer alternativen dogmatischen Auslegung; von Beginn an ist klar, dass nachträglich keine bessere Rechtsanwendung[628] erlangt werden kann. Worte, die im Gegensatz zu Sätzen nicht mehr juristisch ausgelegt werden können (vgl. Vismann 2012: 264), bestimmen die Gedichtsektion *Notanda*. Ruinenhafte Rechtsarchitekturen bieten schließlich nichts mehr, was auszulegen wäre. Philip setzt das Umschreiben gewaltvoller Geschichte als poetologische Methode des Reflektierens ein, bestimmt durch die Fragilität der Geschichtsschreibung und Zweifel an ihrer Darstellbarkeit. Resultat ist eine dekonstruktivistisch-sprachforensische Textkritik, welche heimsuchende Geschichte aufarbeitet.

Wie kann die »non-language« gefunden werden, von der Agamben (1999: 39) spricht?

> This means that testimony is the disjunction between two impossibilities of bearing witness; it means that language, in order to bear witness, must give way to a non-language in order to show the impossibility of bearing witness. The language of testimony is a language that no longer signifies [...].

III.3.4 Aufkündigung des Dienstes und des Verständlichkeitsdiktats

> [...] I reset the plaintive cry, the *Klage*, and sharpen the accusatory stance, the *Anklage* [...]. (Ronell 2018: 102, H.i.O.)

Sharpe (2016: 35) fragt nach den Möglichkeiten einer rückwirkenden Anklage und Deklaration kolonialer Gewalt als Mord: »How can the legally dead be declared murdered?«[629] Eine erwägenswerte Antwort: *By putting law (itself) on trial.*

Alain Gresh erläutert, dass das Jahrhundert der Aufklärung auch jenes der maximalen Ausweitung des Sklavenhandels gewesen sei, der erst 1848 in Frankreich abgeschafft wurde. Während der Französischen Revolution habe

---

[628] »Rechtsanwendung handelt stets von der Frage, welche Rechtsnormen auf einen Sachverhalt anwendbar sind. Im Vordergrund steht die Subsumtion. Sie ist eine Form der Deduktion. Obersatz ist der Rechtssatz, Untersatz die Feststellung, ob der Sachverhalt dem Tatbestand entspricht. Aus Ober- und Untersatz folgt eine Aussage über die (unmittelbare) Anwendbarkeit der Rechtsnorm. Die Deduktion ist ein analytischer Schluss.« (Luther 2013: 494)

[629] »They recognized that insurance monies would not be paid if those enslaved people died ›a natural death.‹ (A natural death. [...] How could their deaths *be* natural? How can the legally dead be declared murdered?)« (Sharpe 2016: 35, H.i.O.)

es kaum Kritik an der Sklaverei gegeben, insbesondere im Unterschied zu den abolitionistischen Petitionen in Großbritannien 1788. Der Abolitionismus in Frankreich sei von einer kleinen Elite mit humanistischem Glauben durchgeführt worden, während er in Großbritannien eine Volksbewegung gewesen sei. (Vgl. Gresh 2016: 89)

Vergleichbar mit einem Aspekt des antiken Rechts, das die nicht sprechenden Angeklagten den Toten gleichsetzte,[630] ist das Sprechen der legal Toten auf der Zong systematisch nicht zu hören. Die Vorsilbe *An-* verschränkt die *Anklage* in juristischen Verfahren mit einer betrauernden und zergliedernden *Klage*, die auch als Anklage zu lesen ist: »In the German language, one form of complaint or lament, the *Klage*, flips easily into *Anklage*, accusation.« (Ronell 2018: 5, H.i.O.) Insofern eine Anklage jenen mit legalem Status vorbehalten ist, ist *Zong!* die Abhandlung einer Klage (*lament*), wo keine Anklage (*complaint*) möglich ist. Das Oszillieren zwischen *lament* und *legal complaint* ist für die hier diskutierte Frage aufgrund des poetischen Registers essentiell: »The lament [...] rises above itself to address an often inaccessible alterity. It carries a strong musical and poetic history.« (Ebd.: 51)

Braucht es Menschenrechte, um das Vorgehen/*Vergehen* auf dem Schiff Zong als mörderisches Verbrechen anzuprangern – sofern zuerst die vermeintliche ›Fracht‹ zu ›Menschen‹ erklärt wurde? Oder prangert bereits die Bearbeitung der Formulierungen des Versicherungsstreits an? Sobald die Fracht als Mensch deklariert ist, erscheint das Unrecht[631] evident. Der Status Mensch kann angeeignet werden, denn sofern die Menschenrechte »kein Gesetz« (Vismann 2012: 230) seien, bilde »[d]er Mensch [...] die Lücke im Gesetz« (vgl. ebd.: 238), eine »fiktive Größe« (ebd.: 233). Jenes Sprechen über den Menschen als Lücke komme, so Vismann (vgl. ebd.: 230–231), historisch gesehen von der Umformung einer Menschenrechtsdeklaration in eine (die französische) Verfassung. In Folge werde die Deklaration »in den Verfassungstext versenkt«, wobei zugleich die Menschenrechte als »über- oder vorgesetzlicher Text« in den Staatsbürger:innenrechten enthalten bleiben (vgl. ebd.: 231).

Das Wort *ditto* markiert in *Zong!* das Wissen einer neutralisierten Leerstelle der Namenlosen, deren Namen weitgehend unbekannt bleiben werden. Es ist Philip (vgl. 2008: 200) ein Anliegen, den toten Namenlosen Würde zu erweisen; daher versucht die Autorin sie zu nennen: Wie geisterhafte Fußnoten schweben sie (in

---

630 Siehe Absatz zur Stimme im Kapitel II.3.
631 »[...] Unrecht stellt defizitäres Recht dar und setzt somit den Rechtsbegriff voraus.« (Kirste 2008: 138)

der Sektion *Os*, auf jeder Seite sind es drei bis sechs) – *versenkt* – im Unterwasser.[632] Diese Namenlosigkeit erstreckt sich nicht nur auf die Sklav:innen, sondern ebenso auf eine Praxis des Referierens und Zitierens, die nach Parametern ›guter wissenschaftlicher Praxis‹ getätigt wird: So kann teils nur auf die Abwesenheit der Namen hingewiesen oder eingestanden werden, Quellen nicht oder nicht aus erster Hand zu kennen – als Teil der *hauntology*. Nicht enzyklopädische Allwissenheit, sondern eine lückenhafte An_Klage des im Versicherungsstreit verdrängten Tötungsdelikts bestimmt den Text von *Zong!*. Aus heutiger rechtlicher Perspektive handelte es sich um einen vorsätzlichen Mord (nicht um Totschlag) – damals jedoch war die Handlung gesetzeskonform. Das Abarbeiten am (universellen oder partikularen) Status Mensch ist eine Arbeit an der Lücke, die Arbeit an der Lücke eine poetische, die Rekonstruktion des in die Fußnoten versenkten Nichtwissens eine forensische.

Sind demnach die Leerstellen zwischen den Buchstaben, Silben, Wörtern und Phrasen äquivalent zu den Verzerrungen und Auslassungen einer Zeug:innenaussage, welche nach Derrida die Möglichkeit der Fiktion beinhaltet? Von der Glaubhaftigkeit der Zeug:innenaussage auszugehen, gleiche Forensic Architecture zufolge einer Fiktionalisierung. Im Lexikoneintrag *Testimony* (Forensic Architecture 2014b: 751–752) führt die Agentur folgendes Zitat Derridas ohne genauere Quellenangabe an:

> [T]here is no testimony that does not at least structurally imply in itself the possibility of fiction, simulacra, dissimulation, lie, and perjury – that is to say, the possibility of literature. [...] If this possibility› that it seems to prohibit were effectively excluded, if testimony thereby became proof, information, certainty, or archive, it would lose its function as testimony. (Derrida 2000: 29–30)

Derrida schreibt dies im Aufsatz *DEMEURE: Fiction and Testimony* (2000), an dessen Beginn er über die Fehlübersetzung des Begriffs ›Dichtung‹ als *fiction*

---

[632] Laurie R. Lambert behandelt die Frage nach den Namen, die schließlich nicht dem Report entnommen sind, im Aufsatz *Poetics of Reparation in M. NourbeSe Philip's* Zong! (2016). In Philips Erfindung der Namen sieht sie eine reparative Geste der Anerkennung und zugleich eine typografische Übertragung des untersten Decks des Schiffes an den unteren Rand der Buchseite (vgl. Lambert 2016: 113): »She draws on names from a variety of African ethnicities to recognize the different regions of Africa from which the enslaved were stolen or sold. In providing names for the black lives drowned in the ocean Philip addresses the overwhelming anonymity that shrouds most of the Middle Passage's victims.« (Ebd.)

oder *poetry* nachdenkt.⁶³³ Würde der Text *Dichtung und Zeug:innenschaft* heißen, verwiese die auf eine (bereits erwähnte) prekäre Wahrheit, welche der Untersuchung bedürfte. Auch Derrida (vgl. ebd.: 27) kommt auf die *middle voice* zu sprechen und verbindet damit, ähnlich wie Boletsi, engagierte *Leiden*schaft: »A passion always testifies«; diese grammatikalische Form allein entspreche der ›différance‹. Das Paradox in der Haltung von Forensic Architecture zur Dekonstruktion lässt sich im Konflikt um Neutralität und Objektivität veranschaulichen, sofern eine grammatikalisch gesehen neutrale Erzählung (in mittlerer Stimme) sich von einer objektiven unterscheidet. Bei der Agentur muss, entsprechend »our European juridical tradition, [in which, LS] testimony should remain unrelated to literature« (ebd.: 29), das Ich der Erzählung abstrahiert werden und ›différance‹, mit Verzerrung gleichgesetzt, gerichtlichen Aktiv-Passiv-Ordnungen weichen. Für die Kontrastierung der beiden hier besprochenen Fallstudien ist der Fortgang des Zitats, der im Lexikon von Forensic Architecture nicht wiedergegeben wird, entscheidend:

> In order to remain testimony, it must therefore allow itself to be haunted. It must allow itself to be parasitized by precisely what it excludes from its inner depths, the *possibility*, at least, of literature. (Ebd.: 30, H.i.O.)

Im Kontext der investigativen Praxis von Forensic Architecture entstanden forensische Methoden komplementär zur Bezeugung durch Subjekte, nicht dem Zeugnis (*testimony*) entgegengesetzt. »Testimonial memory is the ghost that haunts the interstices of historical discourse.«⁶³⁴ (Fisher 2007: 17) Erinnerung aus mündlicher Zeug:innenschaft gilt Forensic Architecture jedoch aufgrund der Nähe des Traumas zum Vergessen, zu Irritationen, Widersprüchlichkeiten und Leerstellen als ambivalent. Hatten es postkoloniale Kritik und Wissensproduktion mit der Unsicherheit abwesender kolonialer Archive zu tun (vgl. Mercer 2007: 46), so findet Forensic Architecture veränderte Produktionsbedingungen in Bezug auf Wahrheitsfindung und kartografische Erinnerungsarbeit der Gegenwart vor: Ihr Rekonstruktionsakt basiert nicht auf einem Spuken mündlicher Überlieferung, sondern auf Methoden des »cross-referencing« zugunsten der Relationen von Ereignissen, medialen Fundstücken und fragmentierten Daten. Der »crisis of unknowing« (ebd.: 53) der traumatischen Moderne des 20. Jahrhunderts steht die »Forensis« als *crisis of knowing* gegenüber. Nicht verwaiste Archivbilder, sondern Erzeugnisse mit raumzeitlich eingeschriebenen Metadaten können collagiert

---

633 Derrida bezieht sich dabei auf Johann Wolfgang von Goethes Autobiografie *Aus meinem Leben: Dichtung und Wahrheit*.
634 Dies schreibt Fisher in Bezug auf das *Black Audio Film Collective*.

und zueinander übersetzt zu einer Simulation führen. Wortspielerisch ließe sich sagen: anstelle der *crosswords* tritt die *crossdatacartography, not allowing itself to be haunted.*

Zong! lindert nicht nur die Symptome konfligierender normativer Ordnungen, sondern erhebt Klage gegen eine einst geltende und nachwirkende normative Ordnung (die der Sklaverei) außerhalb dieser normativen Ordnung – mittels der *performative poetry* im Medium der Buchpublikation. Aus dem Blick der künstlerischen Forschung ist *Zong!* nicht ergebnisorientiert, sondern entfaltet seine emanzipatorische Epistemologie im Entzug der Dienlichkeit sowie im affektiv-körperlichen Erfahren als therapeutisches Stadium in den musikalischen Sessions. Kritik und Trauer dem Diktat der Verständlichkeit zu entziehen wird zu einer Übersetzung des nicht Mittelbaren. Dennoch verwehrt sich *Zong!* dagegen, einfach Therapie – »*talking cure* des Rechts« (Vismann 2012: 236, H.i.O.) oder heilsames Reenactment – zu sein, indem die Verletzung ausgesprochen und damit hinter sich gebracht würde. Philips Detektivismus macht unlesbar in einem normativen Sinne. Im Gegensatz dazu geht es bei Forensic Architecture um etwas anderes. Es geht darum, die »Logik der Unlesbarkeit« entsprechend der detektivischen Tradition Dupins (des Protagonisten bei Poe) zu durchschauen (vgl. ebd.: 328). Insofern ist *Zong!* kein trauernder Übergangsritus, denn es bestünde darin die Gefahr, dass er folgenlos bliebe, ohne in eine Urteilsvollstreckung oder ins Klagerecht zu münden.

Das »Undienlich-Machen«[635] (Därmann 2020) des rechtlichen Entscheidungsprotokolls verwehrt die Verfügung über die Versklavten. Mit anderen Worten: Im Sinne der Derrida'schen »Aufkündigung« oder »Unterbrechung« der Rechts- und Leseordnung (vgl. Vismann 2012: 337) kündigt *Zong!* das Dienstverhältnis (das nach damaligem Recht in Wahrheit ein Besitzverhältnis war) und mildert so die »›Ursprungsgewalt‹ des Rechts« (ebd.), die es als illegitim dekonstruiert. (Im Wort ›Service‹ steckt sowohl die Ehrerbietung als auch der Dienst, die Dienstleistung, der Sklavendienst; Sklav:innen galten nicht als Rechtssubjekte, sondern als *cargo*.)

Form und Inhalt sind aufs Engste verknüpft: Wort und Anordnung verweisen aufeinander, erst die Dekonstruktion findet Worte *für* die Gewalt zwischen den Worten *der* Gewalt. Eine kritische Wortgewalt, eine Kraft geht von ihnen aus, eine *force*, die in Differenz zur *violence* von *Gregson v. Gilbert* steht. Denn, so Vismann

---

[635] Vielen Dank an Jan Mollenhauer, der mich im Rahmen meines Vortrags zur *Poeto-forensischen Ozeanografie* während der IFK-Akademie 2017 auf diese Praxis hinwies. Siehe dazu die Schriften zur »Undienlichkeit« der Philosophin und Kulturwissenschaftlerin Iris Därmann – insbesondere *Undienlichkeit: Gewaltgeschichte und politische Philosophie* (2020), worin sie die »Aktivität des sich Undienlich-Machens« von der »Passivität des Undienlich-Werdens« unterscheidet (vgl. Därmann 2020: 155).

(ebd.: 336): »Dekonstruktion arbeitet die Gewalt, die noch zwischen Recht und Ungerechtigkeit steht, klein, um sie zu schwächen.« Folglich ist *Zong!* eine dekonstruktivistische Interpretation und ein *enactment* sowie zugleich eine Verschlüsselung, ein Akt der »nonperformance[636]« (Moten 2015). Sharpe (vgl. 2016: 75–76) findet dafür die Figuration »anagrammatical blackness« als »index of violability and also potentiality«. Die Analogisierung von Grammatik und Dogma erneut aufgreifend, ist die *anagrammaticality* nicht das vom Gesetz als illegal Gesetzte, sondern das Nichtwissen. Wo das gerichtliche Sprechen Bilder einer Grammatik unterzieht, um sie lesbar zu machen, ist es ein spekulativer Akt, den Getöteten Namen zu geben (Gedichtsektion *Os*): So könnten sie geheißen haben. Das Kielwasser (*wake*) entspricht dabei dem Futur Zwei – es wird eine Spur gewesen sein.

In eine Lichtinstallation übersetzt war *Zong!* Teil der von Andrea Popelka und mir kuratierten Ausstellung *Posthuman Complicities* (2017) im Ausstellungsraum xhibit der Akademie der bildenden Künste Wien (Abb. 36, 37).

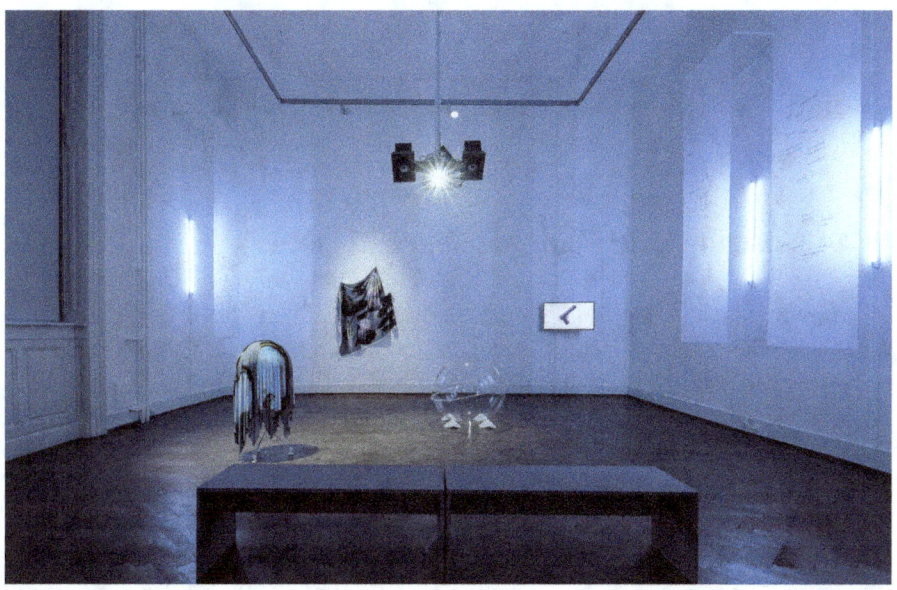

Abb. 36: *Posthuman Complicities* (2017), xhibit, Ausstellungsraum der Akademie der bildenden Künste Wien

---

[636] Diesen Begriff verwendet Moten (2015) im Zusammenhang mit *Zong!*: »first published in 2008 but in progress insofar as it continues to deepen and unfold in rich irruptions of aniterations and nonperformance«.

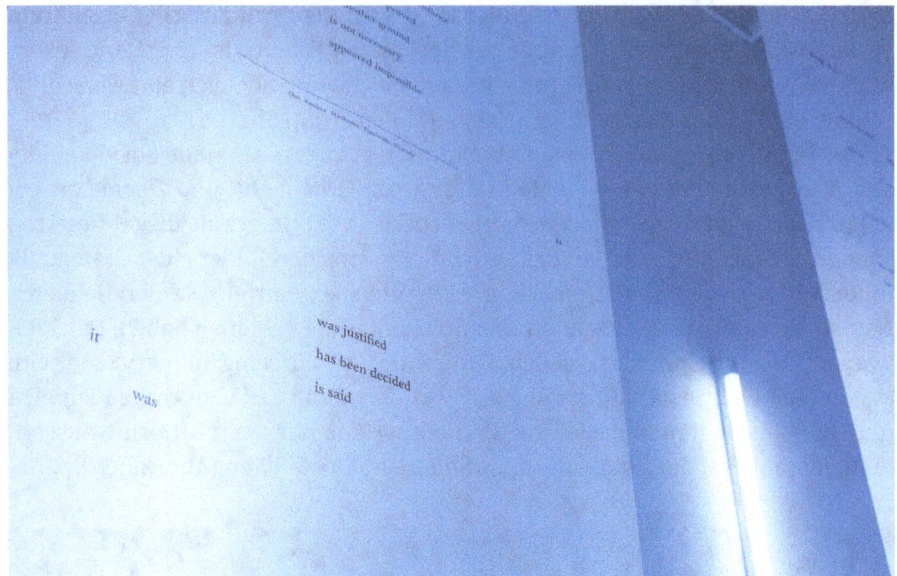

Abb. 37: *Posthuman Complicities* (2017), xhibit, Ausstellungsraum der Akademie der bildenden Künste Wien (Lichtinstallation zu *Zong!*)

III.4 Zwischenfazit: Marginalisierte Register

In kriminalistischer Manier beginnen die Investigationen von Forensic Architecture in medias res: ohne einleitendes Philosophieren über Darstellbarkeit und ohne vorangestellte Trauerbekundung oder artikulierte Ehrfurcht. Ebenso wenig wird nach dem Ursprung des Rechts gefragt. Stattdessen finden sich Rationalisierung und Vermessung, gerichtet auf legale Klage – »a disruption of inane consensus« (Ronell 2018: 61) – und kompensatorische Aufklärung. Die Untersuchungen legen nahe, Spannungen und Paradoxien für einen Moment aufzulösen: Unbeantwortete (An-)Rufe poststrukturalistischer Kritik werden aufgenommen; »under the pressure of ›accepting a call‹« (Ronell 1989: 13) *akzeptiert* die Agentur – »the complaint behaves as a call« (Ronell 2018: 49) – *and seizes the leak*.⁶³⁷ Noch unbekannt dabei sind der Gesprächsverlauf und das darin Stummgeschaltete. Welche Register werden in den Investigationen und ihren medialen Inszenierungen, Formatierungen und Konfigurationen marginalisiert?

In einem Zwischenfazit versuche ich auszuarbeiten, inwiefern Forensic Architecture darauf abzielt, von der gerichtlichen Instanz akzeptiert zu werden, und sich in diesem Unterfangen zum einen deren Verfahrens- und Artikulationsweisen aneignet, zum anderen Anteil daran hat, unerwartete Handlungsmöglichkeiten entstehen zu lassen. Hergeleitet aus Justitias Bilderverbot betrifft die zentrale Hypothese den Bruch mit Darstellungskonventionen, der eine Affektübertragung auf die Architektur als Medium der Fürsorge und Fürsprache bewirkt.⁶³⁸

III.4.1 Affektentzug und -übertragung

Detektiv:innen sind üblicherweise parteiisch, der *artist as detective* jedoch wird von Ungerechtigkeit heimgesucht und beschwört Justitia. Hier nochmals Didi-Hubermans (2007: 15) emphatischer Satz: »Um zu wissen, muß man sich ein Bild machen.« Welche Strategien aber ermöglichen es, sich in Prozessen der Rechtsprechung ein Bild zu machen – zunächst von einem verbrecherischen Geschehen und darüber hinaus von Recht und Gerechtigkeit? Da die detektivische Agentur den Einsatz für *social justice* professionalisiert, erscheint es sinn-

---

637 Dazu ein Zitat Rebentischs (2012: 54), in dem diese ebenso auf die Notwendigkeit einer Entscheidung abzielt: »Blieben wir ewig in der Position des wie auch immer kritischen Beobachters unserer selbst und unserer Möglichkeiten, verharrten wir immer nur bei der ›Wahrheitsfrage‹, ohne je eine Antwort zu wagen, so verblieben wir, ähnlich dem unkritischen Opportunisten, ebenfalls in einer Sphäre jenseits von Freiheit.«
638 In diesem Zusammenhang anzuführen ist die Publikation *Critical Care: Architecture and Urbanism for a Broken Planet* (2019), hg. von Angelika Fitz, Elke Krasny und dem Architekturzentrum Wien. Von ökologischen und planetarischen Krisen ausgehend, wird Architektur als Medium der Sorge in *Critical Care* sowohl aus Ansätzen zum Urbanismus als auch feministischen Theorien zur Sorgearbeit hergeleitet und dabei über Reparatur und alternative Ökonomien gedacht, während sie im hier vorliegenden Kapitel über rechtliche Fürsprache und Fürsorge konzipiert wird.

voll, die allegorische Figur der Justitia[639] zu betrachten. Seit der Neuzeit symbolisiert die römische Göttin das Ideal strafender Gerechtigkeit. Sie ist ein Prinzip, versinnbildlicht durch die Waage, das Schwert und die Augenbinde. Letztere kann in bestimmten Kontexten Inbegriff eines gewaltvollen Blind-Gemacht-/Entmündigt-Werdens sein. Bei Justitia jedoch fungiert die Augenbinde als Emblem einer liberalen Idee: Parteilosigkeit und ein Beurteilen einer Tat unabhängig vom visuellen Erscheinungsbild der Angeklagten beziehungsweise der im Gerichtsprozess beteiligten Akteur:innen. Insofern hat die dominante Fixierung auf Visuelles, wie sie sich in der internationalen Rechtsprechung seit den Nürnberger Prozessen findet, eine vergleichsweise junge Geschichte – Medienbrüche kommen im Gericht stets verspätet an. So fordert Richard K. Sherwin in *Visualizing Law in the Age of the Digital Baroque* (2011) eine neue »visual literacy« in Rechtsprechung und -wissenschaft (vgl. Sherwin 2011: 3). Auch Cornelia Vismann behandelt im Aufsatz *Image and Law – a Troubled Relationship* (2008) eine implizite Bildkritik des Rechts, die sich in Form von »iconoscepticism« (Vismann 2008: 1) gegenüber dem Bild äußere; diesem werde eine intrinsische Verknüpfung mit Affekt und Ambiguität attribuiert. Das Gericht beargwöhne (visuelle) Prozess-Dokumentation ebenso wie Metaphern als Sprachbilder aufgrund ihrer Mehrdeutigkeit: »[W]ords too are polysemic. And this is precisely why the law also regards metaphors with great scepticism.« (Ebd.: 4) Ist das Gericht metaphernfeindlich, ist es übersetzungsfeindlich notwendigerweise auch gegen die Investigative Ästhetik, wenn diese als Übersetzung gedacht wird. Allerdings intendieren die Untersuchungen von Forensic Architecture frei von Metaphern zu sein, um dem Recht des 19. Jahrhunderts entsprechend die Differenz zwischen dem intermedial Übersetzten möglichst unbedeutend und unauffällig zu halten. Auf der anderen Seite ist die Investigative Ästhetik eine spezielle, auf Rechtskulturen zugeschnittene Übersetzungsmethode mit eigener politischer Metaphorik.

---

639 Während Justitia im römischen Altertum mit einem Diadem am Haupt dargestellt wird, ist sie ab der Neuzeit häufig blind oder einäugig; ab dem 16. Jahrhundert bildet die Augenbinde ein wichtiges Attribut. Bestrafung und Gnade: Auf die Ikone Justitia kann die eigene Vorstellung von Gerechtigkeit projiziert werden; sie stellt ein Versprechen dar. Zudem sei die Augenbinde ein Zeichen für Justitias Zögern, das wiederum charakteristisch für die rechtliche Urteilsfindung sei: »*For her to speak justly, she must have hesitated.*« (Latour 2010: 152, H.i.O.) Um möglichst zu einem unparteilichen Urteil zu gelangen, sei, so Arendts (vgl. 1985: 92) Kant-Lektüre, die »Operation der Einbildung« von »Gegenstände[n], die nicht länger gegenwärtig, sondern aus der unmittelbaren Sinneswahrnehmung entfernt sind«, notwendig, um zur »Operation der Reflexion« als der »eigentliche[n] Tätigkeit des Etwas-Beurteilens« zu gelangen. »Das geschieht durch Reflexion nicht über einen Gegenstand, sondern über seine Repräsentation.« (Ebd.: 87)

Trotz anhaltender Skepsis findet das Visuelle heute Eingang ins Gericht. Dabei werden in verschiedenen medienästhetischen Verfahren durchaus unterschiedliche Verhältnisse von operativen Bildern zu Polysemie und Affektgehalt aktualisiert. Die bereits erwähnten durch *Doug Passon Law* angebotenen Videos zur Strafmilderung beispielsweise ergänzen die reine Anhörung durch bildförmige Geschichten als Dokufiktionen, die Richter:innen gezeigt werden und gezielt auf deren visuelle Affizierung setzen. In Abgrenzung zu solchen gegenwärtigen Phänomenen kann in den visuellen Strategien von Forensic Architecture ein Affektentzug beobachtet werden. So gehen den *deep maps* und simulierten Architekturmodellen der narrativen Environments, welche die Agentur als Beweismaterialien vorlegt, zwar ebenso ästhetische Gestaltungsentscheidungen voraus, jedoch sprechen sie nicht auf die beschriebene Weise emotive Register an. Nachdem in den Investigationen von Forensic Architecture anthropologisch ausgerichtete Affekte zugunsten eines systematischen Informationsabzugs getilgt wurden, muss folglich das Bild nicht mehr verboten werden: »It is [...] the ban, the law's most immediate form of articulation, which links law to the realm of images [...].« (Ebd.: 1) Zähmt die Kunstinstitution noch die Kritik und das Gericht das Visuelle (»one needs to raise the fundamental question whether the law indeed still represents the power to tame images – and moreover, whether it actually ever held this power.« [Ebd.: 2])? Mit Maayan Amirs »extraterritorial images«, die außer-territorial im geografischen, legalen, politischen und visuellen Sinne seien (vgl. Amir 2014: 721), ließe sich antworten, dass selbst Gerichte heute vielfach nicht mehr über Bilder verfügen: »ensure that all such evidence would remain ›extraterritorial‹ — that is, kept outside of the public domain and beyond the reach of international legal proceedings. The evidence exists yet remains inaccessible to investigation by international bodies« (ebd.: 728).

Bezugnehmend auf die Feststellung des psychoanalytischen Rechtshistorikers Pierre Legendre in *The Dogmatic Value of Aesthetics*[640] (2008), dass »the relation to images is intrinsically normative« (Legendre 2008: 12–13), schreibt Vismann (2008: 4–5):

> One sees nothing without the framing or instruction of what one is supposed to be seeing. Even if one were to refuse to see the prescribed and to emphasize the polyvalence of an

---

[640] Dort schreibt Legendre (2008: 10): »In its strictest etymological sense, ›aesthetics‹ is a term that refers to: the sensory apprehension of thought. The field of pure abstraction is left behind. In similar terms, ›dogmatic‹ applies to a truth that is sanctioned by its staging: the mirror's truth or the emblem's, the legal truth, honoured as such, the exact opposite of a scientific demonstration.«

image, one would not leave the normative sphere of seeing. Such disobedience with regard to the image contents is even welcome.

Was hätte es mit einem ungehorsamen Sehen auf sich, das nicht über Polyvalenz, sondern über Subversion konstituiert ist?[641] Wie bereits in den Überlegungen zur Spionage[642] ersichtlich geworden, ist die Bezeichnung ›von unten‹ auf eine institutionelle Position wie die von Forensic Architecture nicht vollends zutreffend. Vielmehr als eine Norm zu reproduzieren, pflegt die Agentur einen neuen normativen Umgang mit Artefakten. Was wird dadurch gewonnen, was verloren?

Denken wir erneut an Rancières Aufteilung: Mit Verfahren der Datengewinnung durch elektronische Aufzeichnungsapparate vollzieht sich eine Verschiebung vom Sinnlichen zum Sensorischen. Verletzlichkeit wird so in das Referenzmedium der Daten überführt. Medienarchitektur (als Vorstellung wie Übersetzungspraxis) subsumiert Rechtsarchitektur und alle an ihr beteiligten Akteur:innen in ein Informationskontinuum, sodass in der Betonung des Materiell-Sensorischen und der »technischen Zeugen« (Vismann 2011: 193) begrifflich wenig Raum für das (menschliche) Empfinden zu bleiben scheint. Ist dies Resultat einer konsequent posthumanistischen Praxis? In *the matter of facts* – Fakten als Materialitäten – werden psychische Register negativ besetzt und gleichzeitig marginalisiert. So scheint das Psychische abwesend zu sein. Wie kam es zu dieser dramaturgischen Entscheidung, welche medienhistorischen Entwicklungen bedingten sie?[643]

Im Rahmen dokumentarischer Menschenrechtsinitiativen und kritischer Holocaust-Rezeption während des 20. Jahrhunderts wurden häufig Gesichter der ›Opfer‹ oder ihre körperlichen Überreste gezeigt und aufmerksamkeitsökonomisch ausgebeutet. Die Gegen-Forensik grenzt sich von diesen Praktiken ab: Auf Schock- und Opferbilder, die etwa Blut und Kriegsverletzungen zeigen, wird weitgehend verzichtet. Ist jedoch aufgrund ihrer Abwesenheit eine Investigation automatisch weniger pathosanfällig oder pathosfähig? Wenn ein Antlitz nicht erneut ausgestellt wird, wenn nicht aus ihm abgelesen und nicht auf es projiziert werden soll und es folglich in den meisten Fällen nicht als foto- oder videografi-

---

641 Forensic Architecture erprobt einen ungehorsamen Blick – die Handlungsanweisung lautet: »Exercise a ›disobedient gaze‹« (Heller/Pezzani 2014: 674).
642 Siehe Kapitel III.2.
643 Dieses Vorgehen entspricht der Empirie, die sich von der Innerlichkeit des Bildungsbürgertums des 19. Jahrhunderts unterscheidet: »Diese Spaltung von empirischem Subjekt und Bildungsbürger [...] führt auch dazu, dass die Sprachen der Bildung und die Sprache der ›world of facts‹, insbesondere die der Technik, unterschiedlichen Rationalitäten folgen [...].« (Ladeur 2016a: 161–162) Der Kriminal- bzw. Detektivroman – einst am Rande der Literatur angesiedelt – kann als Vermittler zwischen empirischer und transzendentaler Subjektivität angesehen werden.

sche Oberfläche einer betroffenen/affizierten Person funktionialisiert wird, was tritt dann an seine Stelle?

Affektentzug vollzieht sich im Mediengebrauch von Forensic Architecture in einem ersten Schritt durch den weitgehenden Verzicht auf das Genre der *silent heads*. Die klassische Kriminalfotografie war darin stets um einen neutralen und affektlosen Gesichtsausdruck von Täter:innen und Verdächtigen bemüht. Mit Butler (vgl. 2009: 57) sei daran erinnert, dass das (fotografische) Bild aktiv interpretiert, sodass der gewonnene Eindruck sich direkt im Urteil der Betrachtenden niederschlägt. Sie rezipiert Susan Sontags[644] »Idee einer Spaltung zwischen Affizierbarkeit einerseits und Denkfähigkeit anderseits« (ebd.: 60) und erinnert damit implizit an die juridische Bildskepsis, die von verkörpertem Wissen nichts zu wissen scheint. Ein Anschluss an das ausgesparte Register *lament* (siehe vorheriges Kapitel) ist ohne weiteres möglich. *Talking heads* wiederum sind eine klassische filmische Reportagestrategie mit dem Ziel, Objektivität und Information zu vermitteln – Repräsentation bleibt dabei unreflektiert. Neue Darstellungskonventionen prägen die Investigationen von Forensic Architecture: Kommentierte Aufklärung eines Sachverhalts löst sowohl *talking heads* als auch *silent heads* weitgehend ab – Körper und Stimme sind in der Mischung aus Found-Footage-Montage, Simulation und Voiceover desynchronisiert. Naheliegend erscheint der Vorwurf, Personen zu versachlichen. Zugleich werden rechtlich gesehen neue Relationalitäten unterschiedlicher Akteur:innen vorstellbar. Die verwendeten Computerprogramme erlauben den Einsatz stilisierter und abstrahierter Figuren,[645] sodass adressierte Personen nur partiell als ein von einer optischen Linse erfasstes Bild vorkommen. Wirkt hier Justitias Bilderverbot[646] nach?

Im beschriebenen Vorgehen denkt Forensic Architecture die Spur über zurückgelegte Wege, apparative Erzeugnisse und ästhetisch-materiell-datenför-

---

[644] Das Ästhetisierungsargument findet sich auch in Susan Sontags Buch *Regarding the Pain of Others* (2003), auf das sich Butler hier bezieht: »Transforming is what art does, but photography that bears witness to the calamitous and the reprehensible is much criticized if it seems ›aesthetic‹; that is, too much like art. The dual powers of photography — to generate documents and to create works of visual art — have produced some remarkable exaggerations about what photographers ought or ought not to do.« (Sontag 2003: 68)

[645] Das trifft auf eine Reihe von Investigationen von Forensic Architecture zu, etwa auf *Torture in Saydnaya Prison* (2016), *The Enforced Disappearance of the Ayotzinapa Students* (2017), *The Ali Enterprises Factory Fire* (2018) oder *The Killing of Rouzan al-Najjar* (2019).

[646] Das auf ein alttestamentliches Gebot zurückführende Bilderverbot fiel jedoch etwa im 5. Jahrhundert, als sich das »Christentum inzwischen als Staatsreligion so gefestigt hatte, dass die Notwendigkeit zur Abgrenzung gegenüber anderen Religionen und Kulten entfiel« (vgl. Damler 2016: 100–101). Dabei sei das Argument gewesen: »[...] Weil Christus als Mensch geboren wurde, dürfen, ja müssen die Menschen ihn auch als ihresgleichen abbilden.« (Ebd.: 100)

mige Einprägung von Figur und Umgebung. Diese Repräsentationsverschiebung findet vor einem spezifischen Diskurshorizont statt. Denn die Idee der sich um die »Forensis« gruppierenden Verfahren besteht in mehrfachen Abgrenzungen. Weder sollen bestimmte Opfer oder bedrohte politische Subjekte stellvertretend Leid inszenieren, noch wird davon ausgegangen, dass diese unmittelbar (auch im Sinne einer *talking cure*) für sich sprechen können. Demgemäß sollen Investigationen stellvertretend, mit professionalisierter Parteilichkeit und semi-öffentlicher Fürsorge, in unterschiedlichen Foren Interessen vertreten. Idealerweise existiert dabei eine Kooperation: Betroffene Akteur:innen inklusive der an der medialen Spurenaufzeichnung Beteiligten sollen – quasi als Spion:innen – zur (Open-Source-)Investigation beisteuern oder sogar selbst zu Ermittler:innen werden. Diesem Ideal nach sind sowohl Betroffenheit als auch Sorgearbeit nicht auf das subjektive Erleben beschränkt, sondern im Sinne erweiterter und systemisch wie infrastrukturell vermittelter Subjektivierung zu verstehen. Folglich ist das Engagement der professionell Ermittelnden Teil der (vermehrt im juristischen Kontext anzutreffenden) Verlagerung vom Opfer-, Täter:innen- oder Zeug:innen-*testimony* zu jenem von Expert:innen, was die Einbindung der forensisch-architektonischen Expertise in die Ermittlung nach sich zieht. Agambens Begriffsauffassung von *witness* entspricht dieser Aufteilung, wenn er schreibt:

> In Latin there are two words for ›witness.‹ The first word, *testis*, from which our word ›testimony‹ derives, etymologically signifies the person who, in a trial or lawsuit between two rival parties, is in the position of a third party (**terstis*). The second word, *superstes*, designates a person who has lived through something, who has experienced an event from beginning to end and can therefore bear witness to it. (Agamben 1999: 17, H.i.O.)

Information erneut in den Fokus zu stellen, erscheint rückwärtsgewandt, war es doch ebendiese, die mit der Beachtung des Affekts überwunden werden sollte. Laut Bachmann (vgl. 2016: 220) habe die Historikerin Annette Wieviorka in *The Era of the Witness* den »Funktionswandel der Zeugenschaft ›nach Auschwitz‹« beschrieben: »von einem im engeren Sinn juristischen Zeugnis, das primär ›informieren‹ soll, zu einem Zeugnis, bei dem die affektive Übertragung von Erfahrung im Vordergrund steht«.

Forensic Architecture gestaltet den institutionellen Rahmen, der Wut, Kränkung und Rache weitgehend aus den Ermittlungen ausblendet – mit unterschiedlichen Resultaten. Manche Rezipierende mögen vor den Kopf gestoßen sein, anderen mag die nüchterne Sachlichkeit entgegenkommen oder den Investigationen überhaupt erst Eintritt in bestimmte (etwa gerichtliche anstelle tribunaler) Verhandlungszusammenhänge gewähren. Der in der forensischen Analyse stattfindende Affektentzug operiert über eine Ersetzung des Individuums durch

Institution, Instanz, Agentur und Architektur. An die Stelle öffentlich zur Schau gestellter Empörung oder des Einfühlens in ein Individuum tritt nicht Mitgefühl mit der ›Natur‹ oder einer anderen betroffenen Partei, sondern eine kreuzverhörende Kartografie, die methodisch die teilnehmende Beobachtung ersetzt. So soll zugleich objektivierend Ungerechtigkeit aufgezeigt und nachträglich Gerechtigkeit offeriert werden.[647] Zeug:innenschaft wird demgemäß nicht über Empathie verlangenden Verlust angerufen, sondern über die materielle Spur. Verletzung oder andere Formen der Betroffenheit werden dabei großteils über die Architektur kommuniziert. Insofern findet ein Affektentzug statt, wenn dieser anthropologisch, nicht aber wenn er medial gedacht wird und festzuhalten ist: »Affekte *als* Medien, Boten, Akteure« (Voss 2015: 88, H.i.O.). Das Geständnis, in Form einer Zeug:innen- oder Opferaussage, bildet in der forensischen Analyse ein Objekt unter anderen. Anstelle der Position eines angeklagten rassifizierten/vergeschlechtlichten/klassifizierten Anderen tritt ein Staat, eine Firma oder die Polizei als neues ›Anderes‹ der upgedateten Aufdeckungsarbeit.

Die Ökologie ist darin datenförmige Materie, entspiritualisiert und gottlos. Spiritualität markiert ein ausgespartes Register. Ästhetik wiederum scheint auf seltsame Weise zur ›Technik‹ geworden, ist zugleich aber das, was (ganz im Sinne Simondons) Figur und Grund verbinden soll. Fokussiert ein empirischer Zugang auf *Sinnliches* und vernachlässigt dabei *Übersinnliches* und Kosmologisches? Wird Forensic Architecture einem ökosophischen Ansatz tatsächlich gerecht? Guattari spricht in *Das neue ästhetische Paradigma* von Registern und Sphären (nicht Disziplinen oder Bereichen). Synästhesie berücksichtigt Forensic Architecture auf der technischen Ebene – überbetont die Agentur hier das Wahrnehmbare (dazugehörend: Schwellen des Aufspürbaren) und vernachlässigt Mentales/Imaginäres sowie das Befinden? Bleibt also, trotz Ausweitung der Wahrnehmung (*sensorial matter*) und des Gedächtnisses (*architecture of memory*) auf die Architektur, die philosophische Trennung in Wahrnehmung und Empfindung erhalten?

Naheliegend scheint, dass die Untersuchungen auf faktische, nicht emotionale Wirkung aus sind. Wird Empathie/Einfühlung/Tuchfühlung also erneut von faktischer Vernunft getrennt? Oder machen Formen struktureller Subtraktion – vergleichbar mit normativen Rechtsinstanzen im Versuch, zur Sache zu sprechen – eine (bereits angesprochene) affektive Aufladung wieder möglich, insbesondere wenn das Datenförmige animiert wird? Einfühlung ist auch eine

---

[647] Der Unterschied zwischen Empörung und Aufdeckung spiegelt sich in den emotional bewegten *Madres de Plaza de Mayo* und den forensisch Ausgrabenden – beides ungehorsame Akteur:innen in Reaktion auf die *Desaparecidos* im argentinischen Militärregime der 1970er/1980er Jahren. Affektive Reaktionen auf Gewalt seien häufig der Zensur von Machtregimen unterworfen, so Butler (vgl. 2009: 20).

Frage des kulturellen Vorwissens und der Denkstile. So lässt sich der Verzicht auf bestimmte Formen von Empathie bei einer Wendung zur objektiven Nachvollziehbarkeit beziehungsweise Nachprüfbarkeit als ›politisch korrekter‹ Stil verstehen.

Resultierend aus *missachteter* Verletzlichkeit wird Verletzung in Investigationen von Forensic Architecture über die Architektur kommuniziert und als diskriminierende soziale Ordnung oder Gesetzes- und Rechtsverletzung rationalisiert. Die Idee der Rechtsverletzung, welche die *Missachtung* von Rechtsnormen meint, entstand mit dem Gerichtswesen nach Einführung einer Vorform der Staatsanwaltschaft: über die Einschaltung eines Dritten oder einer Dritten, den:die vermittelnde:n Richter:in. Von da an wird nicht nur eine betroffene Person, sondern auch das abstrakte Rechtsprinzip, verkörpert im Staat, verletzt.

In *Krieg und Affekt* (2009) spricht Judith Butler über die Schutzbedürftigkeit prekären Lebens und erwähnt die Notwendigkeit »bilaterale[r] Abkommen, die auf der Anerkennung jener fundamentalen Verletzbarkeit basieren« (vgl. Butler 2009: 25). Der von der Wissenschaftshistorikerin Donna Haraway in *When Species Meet* (2008) geprägte (bereits erwähnte) Begriff der »response-ability« (Haraway 2008: 88) ließe sich mit Butler (vgl. 2009: 13) als Zusammenwirken von »Ansprechbarkeit« und »Verantwortung« beschreiben. Ob Verantwortung und Schuld moralische, ethische oder legale Fragen tangieren, behandelt Agamben (1999: 24), wenn er schreibt: »To assume guilt and responsibility [...] is to leave the territory of ethics and enter that of law.« Darauf aufbauend lässt sich feststellen, dass eine radikaldemokratische Aktualisierung der Institutionskritik sich in der Ausweitung von Kritik auf Produktions- und Lebensbedingungen äußert. Weil »affektive[] Reaktionen stets vermittelt sind« (Butler 2009: 13), wird mit der rechtspolitischen Etho-Ästhetik nicht ein bekannter »Interpretationsrahmen aufgerufen« (ebd.), sondern ein neuer geschaffen, um indifferente Haltung gegenüber einem Gewaltakt zu durchstoßen – denn die Menschheit sei »aufgeteilt [...] in einerseits diejenigen, für die wir spontan und unbegründet Sorge empfinden, und anderseits diejenigen, deren Leben und Sterben uns schlichtweg nicht berührt oder gar nicht erst als solches in den Blick kommt« (ebd.: 35). Daher müsse die »Kritik der Gewalt« bei »der Frage nach der Repräsentierbarkeit des Lebens selbst« einsetzen, wobei die medialen Deutungsmuster zentral seien, so Butler (vgl. ebd.: 36–37). Dieser Aspekt erscheint wesentlich, um nachzuvollziehen, weshalb bestimmte Register in der Gegen-Forensik ausgespart werden, denn die Art und Weise, auf die Forensic Architecture durch Investigationen Sachverhalte kommuniziert, entspricht der Aufforderung nach normativem gerichtlichem Affektentzug.[648] Erinnert sei hier an das historisch verankerte Ausschlussverhältnis von zu Spruchkörpern[649] abstrahierten Gerichten und Affekt: »Eine Logik der Institution sollte das praktische Wissen und die Koordinationsmuster der urbanen Ordnung von der ›Wut‹ der Kränkung und der Rache unabhängig machen.« (Ladeur 2016a: 133) Dies bedeutet nicht, dass Affekte in den Ermittlungen der Agentur abwesend wären, sondern dass sie entsprechend des Genres der Investigation reguliert und konfiguriert werden.[650] Es ist nicht mehr die Sprache, die Bilder in Worte übersetzt, sondern investigative Medientechnik, die einen gerichtlichen Blick auf grammatikalisch oder geografisch strukturierte Bilder wirft, um ihre etwaige Vieldeutigkeit momentan auszublenden, ihr Oszillieren einzufrieren und so Bildkomplexe, Informationstafeln und metafilmische Simulationen hervorzubringen. Gleichzeitig ist jedoch zu fragen, wie Imaginationsfähigkeit mit der Animation von Fakten und Versinnlichung datenförmiger Spuren zusammenhängt, wenn versinnlichende Deutung Sorge empfinden lässt und die Investigative Ästhetik neues Denken anregt.

III.4.2 Architekturen als Patient Patients

Social justice bedarf der Sorge/Pflege/Kuration. Auf welchen therapeutischen[651] und diagnostischen Enthüllungsversprechen beruhen die widerständigen Arbei-

---

648 »For legal professionals in particular do not want to face the affects provoked by images and their ambiguities unarmed. [...] The law [...] wants neither to be seduced or persuaded – be it by verbal or pictorial images. Hence, to safeguard its operationality it relies on communication conventions, hermeneutic procedures, juridical methods of interpretation and legal commentaries establishing a canon of interpretation.« (Vismann 2008: 3)
649 Die abstrahierte (juristische) Körperlichkeit der Kirche und schließlich des Staates stehen in historischer Abfolge: »Im Übrigen ist zu berücksichtigen, dass eine der zentralen Errungenschaften des kanonischen Rechts die Herausbildung der Rechtspersönlichkeit der *Kirche* war, zu deren ›Organ‹ der Papst wurde. Daran konnte auch die Konstruktion der juristischen Persönlichkeit des Staates anknüpfen.« (Ladeur 2016a: 143, H.i.O.) Zum historischen Wandel des Körperdiskurses in der natürlichen wie der juristischen Person siehe weiterführend insbesondere den Abschnitt *Der Mensch: Fleischwerdung und Beseelung des Kapitals* in Daniel Damlers *Rechtsästhetik*.
650 So schreibt Voss (vgl. 2015: 93) mit Rückbezug auf Aristoteles' *Poetik*, dass »genrespezifische Affekte innerhalb eines ästhetischen Handlungs- und Aufführungsrahmens konfiguriert« werden.
651 Wenn von ›therapeutisch‹ die Rede ist, so auch von der Herrschaftsform der ›Disziplinargesellschaft‹ (Foucault): »[A]us dem strafenden Recht wird ein therapeutisches, ein behandelndes Recht, aus der Strafe die Disziplinierung.« (Baer 2011: 155)

ten von Forensic Architecture, auf welchen medialen, künstlerischen und rechtlichen Konventionen sowie Konzepten der Transformation?

Nicht Trauma, Riss und Fragmentierung sind den Investigationen von Forensic Architecture vorangestellt, noch wird Krise als unaussprechliche Katastrophe wahrgenommen. Und dies obgleich die urteilsempfehlende Tätigkeit der Agentur vom wirklichkeitsgenerierenden Effekt des Krisenpostulats legitimiert wird, denn in der Rhetorik der Krise urgiert die Intervention. Fokussiert überwiegend auf die politische Relevanz der Wahrheitskrise nutzt die Agentur medienreflexive Verfahren, um öffentliche Narrative zu dekonstruieren – und kann dabei, wie bereits erwähnt, nur so weit reflexiv sein, wie es möglich ist, ein Urteil abzugeben.

Wer maßgeblich zum Affektentzug beiträgt, sind geduldige Patientinnen, *patient patients* (lat.: *pati* = erdulden, erleiden), in Form von Architekturen, die zugleich für ästhetische Affektübertragungen verantwortlich gemacht werden. Ihre Pathologiegeschichte wird diagnostiziert, indem Gewalt, Zerstörung und sonstige Transformationen ästhetisch-forensisch ausgelesen werden. Sie warten sozusagen *patiently* auf Diagnose und Behandlung. Ohne Illusion einfacher Auflösung, aber mit dem Impetus der Aufklärung stehen statt einzelnen Psychen und Subjekten medienökologisch vermittelte Gewaltverknotungen im Fokus. Referenzsysteme sind aus Techniken abgeleitet: der Ballistik (Einfall des geworfenen Körpers), dem Filmriss, der Spaltung oder der (optischen) Unschärfe beispielsweise. Forensische Architekt:innen, in der Position der Spurendekodierenden, versuchen die architektonischen Medialitäten und Infrastrukturen im Kontext von Krise und Krieg als Kollektivkörper zu verstehen. Obwohl die Investigationen konstant mit angeschossenen, getöteten, entführten, verletzten oder vermissten Körpern sowie abwesenden und zerstörten Beweismaterialien zu tun haben, löst das Sprechen über Räumlichkeiten eines über Körperlichkeiten ab. Hier ist nicht von *bodily experience* die Rede, vielmehr findet eine (bereits mehrfach angedeutete) Dezentrierung des Erfahrungsbegriffs statt. Wie es dazu kam, ist in einem größeren Zusammenhang zu betrachten. Vismann (vgl. 2011: 252–253) beschreibt, dass während der Filmvorführung von *Nazi Concentration Camps* bei den Nürnberger Prozessen eine ästhetische Verschiebung erfolgte: Rezeptionsästhetisch wurde die filmische Wirkung in den Gesichtern der Angeklagten abgelesen, die anstelle der Opfer im Aufmerksamkeitszentrum standen. Bei Forensic Architecture tritt an die Stelle jener *Erfahrung* die sensorische Untersuchung des dem Material *Widerfahrenen*. Die Konzentration auf Architektur, welche die Natur-Kultur-Trennung aufhebt, mag zuerst kontraintuitiv, ja als Umkehrschluss erscheinen. Es wirkt, als klammere die Agentur die klassische Opferperspektive der Figur (im Gegensatz zum Grund) aus: Architekturen, als Spuren- und Symptomträgerinnen, werden mitsamt ihren baulichen, geologischen und sozialen Strukturen zu empfindsamen Zeuginnen und intelligenten Patientinnen nobilitiert.[652] So wird mit der forensischen Ästhetik eine architektonische Sensibilität theoretisch aktiviert. Wo bisher galt, dass »die Anprangerung, die Denunziation, höhere Beweiskraft [besitze, LS], wenn sie nicht vom Opfer selbst, sondern von einem Aktanten (dem ›Denunzianten‹ oder Ankläger) vorgebracht wird, der nicht persönlich unter den inkriminierten bösen Taten zu leiden hatte« (Boltanski 2015: 387), soll nun die Architektur in ihrem erfahrenen Leid für sich sprechen und damit zugleich *für* die Figur *fürsprechen* und *fürsorgen*. Wie äußert sich das wiederum in der Gestaltung und Aufbereitung der Investigationen auf der Website und im Ausstellungsraum? Wenn Besucher:innen der Ausstellungen *Counter Investigations* (2018) am Londoner Institute of Contemporary Arts (ICA) oder *Investigative Commons* (2021) am HKW (Abb. 12) eine Position am Grundriss des Internetcafés im Rahmen der investigativen Installation *The Murder of Halit Yozgat* einnehmen konnten, ging es zwar um einen logischen und auch körperlichen Nachvollzug der Situation, nicht aber um eine bedeutungsoffene ästhetische Erfahrung. Die Installation bot hier den Rahmen, in dem etwas auf pädagogische Weise begreifbar wurde.

Mit dem impliziten Konjunkturwechsel von der *psychoanalytischen* zur *forensischen* Detektivfigur setzt Forensic Architecture eine starke These in den Raum und untermauert sie mit einem Verweis auf die Unterhaltungsindustrie, in der TV-Serien wie *CSI* die Popularität des Forensischen veranschaulichen:

> If popular entertainment is any indicator of the cultural shift towards forensic fetishism then it is significant that — from *CSI* to the novels of Patricia Cornwell and the former forensics expert Kathy Reichs — the scientist-detective has gradually taken the place of the psy-

---

[652] Ähnliche Schlüsse zieht Lorenz Engell im Aufsatz *Forensische Serialität* (2017): »Das Material ist in diesem Sinne der Patient, es erduldet, was mit ihm geschieht (Gere 2007, S. 130–132). Der Handlung hingegen, meist die Gewalttat, deren Spur das Material trägt, wird Aktivität beigemessen und zugeschrieben, ihr Träger als Agent oder gar Akteur aufgefasst (Gell 1998, S. 21–23; Engell 2013b; Engell et al. 2014, Englert und Reichertz 2016a, S. 6–8). Bei dieser Zuschreibung des Aktiven und des Passiven, des Materials und des Akteurs, kommt nun der Evidenz, der ›Vor-Augen-Führung‹, und damit der Visualität eine entscheidende Bedeutung zu (Wollmann 2014). Schon das lateinische Wort ›evidentia‹ enthält das Moment des Blicks und meint das Offensichtliche, das, was keiner weiteren Begründung mehr bedarf (Mittelstraß 1980). Gerade diese nicht weitergehende Begründungsbedürftigkeit des Offensichtlichen macht die Visualisierung für die Forensik zu einem zentralen Verfahren (Hollendonner 2009a, S. 28). Das Indexikalische, also aus der Kausalrelation Hervorgehende, Verursachte einerseits und das Visuelle, Offensichtlichkeit schaffende andererseits bilden daher in ihrer Verschränkung den Kern des Forensischen. Sie fallen nun nicht zufälligerweise in den bildgebenden Verfahren der verschiedenen photographischen Medien zusammen, wie in der Photographie im engeren Sinne, aber auch in der Heliographie, der Röntgenaufnahme, der Spektrographie und anderen.« (Engell 2017: 302–303)

chologist/psychoanalyst-detective popular in TV drama throughout the 1980s and 1990s. (Weizman 2014: 31, Fn. 7, H.i.O.)

Bezogen auf transformierte Konstellationen von Affekt, Medien und Sorge wäre eine mögliche Reaktion auf Weizmans Aussage, die etablierte Opposition zwischen Psychoanalyse und Forensik zu hinterfragen und psychoanalytische und medienforensische Strategien, mit dem Nicht-Sichtbaren oder -Sagbaren zurechtzukommen, zu vergleichen. Dem angeführten Trend entgegenwirkend fragt die *Zeitschrift für Medienwissenschaft* zum Schwerpunkt *Psychische Apparate* (2017) etwa nach dem Vergessen der Psychoanalyse innerhalb der Medienwissenschaften; nicht eine Ablösung des Psychoanalytischen durch die Empirie wird behauptet, sondern die Transformation ihrer Begrifflichkeiten und Konzeptualisierungen: »[O]hne die Psychoanalyse lässt sich eine Genealogie der Medienwissenschaft kaum denken.« (Peters/Trinkaus 2017: 10)

Die Antipsychiatrie-Bewegung im Rahmen postkolonialer und -strukturalistischer Normativitätsdebatten wandte sich gegen die als Normen/Gesetze existierenden Instanzen des Über-Ichs:

> Once the superego takes the reins, we are in legal territory. Witnesses take the stand, judgments are passed, verdicts announced. In sum, an ethics demand a hearing. (Ronell 1989: 105)

Vor dem Hintergrund der aus der Rezeption dieser Normativitätsdebatte ausgeklammerten Wahrheitsfrage, die sich in den Dichotomien der Normen bewegt, ist die Verschiebung hin zur Gegen-Forensik zu verstehen. Diese präsentiert sich als Ablösung des auf Gespräch basierenden therapeutischen Narrativs (*talking cure*); sie bietet partielle Abhilfe von einer »Krise des Selbstbezugs« (Rebentisch 2012: 64) über das Motiv der materialbasierten Aufdeckung und die fürsorgende (An-)Klage. Somit ist die detektivische Agentur nicht utopisch an einem besseren Gesellschaftsentwurf beteiligt, sondern arbeitet sich prospektiv oder reparativ-partikular am Symptom ab. Wie die forensische Arbeit kann auch die psychoanalytische eine an der vom Verbrechen verschuldeten Lücke sein; Antworten fallen jedoch gänzlich anders aus, wenn es um das »Trotz Allem« (angelehnt an Didi-Huberman) einer Artikulation oder Versinnlichung geht. Forensische und spionagehafte Verbrechensaufklärung in Form analoger Ausgrabung oder digitaler Archäologie arbeitet mit Daten- oder Erinnerungsspuren. Welcher Duktus jedoch, welche Haltung wird vorausgesetzt, und wie mündet dies in einen wiedererkennbaren Stil?

Die fünf »Grundfragen der Forensik« bestehen aus (i) »Visualität und Evidenz«, (ii) »Serialität«, (iii) »Wissen und Handeln«, (iv) »Aktivität und Passivität« und (v) »Öffentlichkeit«, so Engell (vgl. 2017: 301–304). Eine Schwäche des forensischen Ansatzes liegt darin, nicht über das (medial-)materielle Symptom hinauszugehen und das apriorische *Motiv* zu vernachlässigen. Insofern kommt es nicht zur Analyse der *Motivation* einer kriminellen Handlung, wie von der Psychoanalyse beansprucht; nicht zu psychologisieren präsentiert die Gegen-Forensik als Errungenschaft. Stattdessen trifft symptomlindernde Sorgearbeit auf eine kriminalistisch rekonstruierende Investigation, wie es häufig in Wahrheitskommissionen passiert; dieses Format pocht auf die Möglichkeit, den ›zerbrochenen Krug‹ wieder zu kitten. Allerdings ist ein gelingender *Beweis des Gegenteils*[653] noch keine Erklärung. Zudem kann stets ›nur‹ eine fallspezifische Antwort und Enthüllung geliefert werden. Während ein psychoanalytischer Diskurs nahelegen mag, ein Symptom solle gedeutet, transformiert oder gar gebildet werden, ist in der Forensik von *patient patients* hingegen festzustellen: Einer verursachenden Symptomproduktion (kennzeichnend für den Poststrukturalismus) steht nun eine gegenforensische Symptomlinderung gegenüber. Zwischen Engells und den hier getätigten Überlegungen zum Status des Materials in der forensischen Analyse gibt es multiple Überschneidungen:

> Auch das Material ist in diesem Sinne ein Opfer, und ein doppeltes, des Verbrechens und der Ermittlung, wobei die Ermittlung dazu führt, das Material zu aktivieren und zum Sprechen, zur Mitwirkung an der Aufklärung zu bringen. Auch hier also geht ein spezieller Effekt von der Überführung des Passiven ins Aktive aus. (Ebd.: 304)

Dieses Zitat verdeutlicht das Spannungsfeld der Architektur als Studienobjekt der ermittelnden Neugierde sowie als Medium der ›Sorge‹: zwischen *care* (u. a. Pflege, Sorgfalt), *welfare* (öffentliche Fürsorge, Gemeinwohl) und *worry/concern* (Besorgnis). Da die Aufgabe des *welfare*-Staates,[654] Verbrechen aufzuklären, im Einzelfall durch Forensic Architecture kompensatorisch übernommen wird, bedarf es neuer Deutungsmuster, die in der Architektur als Medium der Fürsprache sowie (Für-)Sorge vorgefunden werden.

Medizinisch betrachtet *hat* man:frau eine Beschwerde – so schreibt Ronell (2018: 76): »[T]he medical complaint calls for a concise treatment of body, institution, and language.« Juristisch hingegen wird eine Beschwerde mit der Autorität der forensischen Medizin *artikuliert*, die sich auch innerhalb der *popular legal*

---

653 In der (deutschen) Zivilprozessordnung wird zwischen *Gegenbeweis*, der einen von der beweisbelasteten Partei zu erbringenden Hauptbeweis erschüttert, und *Beweis des Gegenteils* unterschieden.
654 Im Wohlfahrtsstaat gipfle die »utopische Synthese von Staat und Nation«, was »aus dem Staat den Hauptverantwortlichen und Garanten sowohl für die gelebte als auch für die instituierte Realität« mache (vgl. Boltanski 2015: 49).

culture abzeichnet: »So, lässt sich auch vertreten, wird ein ungeheures Vertrauen in die Institution der Rechtsmedizin und damit in die (angewandte) Wissenschaft und Erkenntnistechnologie aufgebaut (Engell at al. 2016).« (Engell 2017: 312) Vergleichbar zur virtuellen Autopsie der forensischen Rechtsmedizin sind auch in der Simulation des Tathergangs im Architekturmodell affektentziehende und archivierende Übersetzungsprozesse aktiv. Im Falle einer Autopsie wird mittels verschiedener bildgebender Verfahren »ein dreidimensionales digitales Körpermodell« (Oeschger 2013: 134) einer Leiche erstellt. Im Architekturmodell vollzieht sich ein vergleichbarer Vorgang mit kinematografisch-simulativen Mitteln: Ob im Körper- oder Architekturmodell, stets »kann ein Forensiker von den Verletzungsspuren auf die Tatwaffe schließen« (ebd.: 136). In beiden Fällen kommen filmische Animationsverfahren zur Anwendung, die dazu führen, dass sich der sensorisch-taktile Kontakt der Untersuchenden zu ihrem Untersuchungsobjekt auf das Computerinterface verlagert.[655]

III.4.3 Krise des Modus ›Anzeige gegen Unbekannt‹

Radikale Interventionen in *Aufteilungen des Sinnlich-Sensorischen* via der Investigativen Ästhetik machen lange noch nicht jeden Konflikt vor- und darstellbar. »[E]s ist der Glaube und Wunsch daran, alltäglicher Dissens ließe sich mit formalen Mitteln detektivisch auflösen: ein Ideal juristischer Evidenz.« (Tyradellis 2006: 151) Dies zu implizieren wäre eine Umkehrung sowohl des Opfernarrativs als auch des Narrativs auswegloser Kritik in der Postmoderne, sofern diese »zu einem großen Trauergesang über das Undarstellbare / das Nicht-Behandelbare / das Nie-wieder-Gutzumachende geworden« (Rancière 2006: 48) ist.

Der Modus einer ›Anzeige gegen Unbekannt‹[656] – »calling out with no assured address« (Ronell 2018: 5) – entsteht aus einer antiessentialistischen Haltung. Ein Denken außerhalb der Kategorien soll nicht anklagen (›Anklage‹ ist eine mögliche Übersetzung des griechischen Begriffs *kategoria*). Im Poststrukturalismus sind Subjekte folglich nicht wirklich handlungsfähig, wenn sie in *highly-self-conscious* Modi und ihre Aussagen in Beliebigkeit verfallen.

---

655 Den Affektentzug während einer virtuellen Autopsie beschreibt Christoph Oeschger folgendermaßen: Das Verfahren sei hygienisch, »da auf das Öffnen der Leichen verzichtet werden kann«; weil Fühlen, Riechen und Berühren wegfallen, entstehe »eine Distanz zum Toten« – mit dem positiven Nebeneffekt, »die psychische Belastung« der Mitarbeiter:innen zu reduzieren (vgl. Oeschger 2013: 134–136).
656 Jede:r kann eine solche Strafanzeige erstatten; für die Strafverfolgungsbehörde gilt dann das Legalitätsprinzip.

III.4 Zwischenfazit: Marginalisierte Register — **319**

Wie unterscheidet sich Heilung von Sorgearbeit und inwiefern ist die üblicherweise als kontinuierlich vorgestellte Sorge strukturell mit einer Fall-zu-Fall-Untersuchung zusammenzudenken? Wann kommt es zu einer Anklage, oder genauer: Wer kann klagen, Verbrechen anklagen und Rechte einklagen? Was passiert nach der Anklage, wenn es zu dieser gekommen ist? Und weiter: Welche Form von Gerechtigkeitsarbeit finden wir bei Forensic Architecture? Ist es eine sorgende Wohltätigkeit mithilfe der (Nach-)Forschung als Konfliktdesignforschung? Ist es also eine *research charity*, die über einen *counter*-Mediengebrauch konstituiert ist und situiert, projektbasiert und vertraglich begrenzt Fürsprache übernimmt? Ist dieses partikulare Eingreifen beispielgebend für eine Praxis, die über eine ›Anzeige gegen Unbekannt‹ hinausgeht?

Weizman gibt bloß sporadische Hinweise auf gescheiterte Versuche, Beweismittel einem Gericht vorzulegen. Mit Ruth Sondereggers Kritik an Rancières »ästhetischem Regime« (vgl. Sonderegger 2010: 9) könnte insofern auch Forensic Architecture eine Überschätzung ihres subversiven Leistungsvermögens vorgeworfen werden. Anzumerken wäre allerdings, dass zu dieser nicht nur die Agentur, sondern auch die einladenden und beauftragenden Parteien sowie die künstlerische und journalistische Rezeption durch das Schüren von Erfolgserwartungen beitragen.[657]

Neu in der Kunst ist dann nicht das Reale,[658] sondern die *Anklage* oder *Anzeige gegen Bekannt*. Im Fokus der Klage stehen weniger die Einzelpersonen als die Instanzen – auch die des Rechts selbst. Auffälligerweise wird den von Forensic Architecture eingesetzten Wahrheitssystemen eine Hoffnung entgegengebracht, wie oftmals Akteur:innen in Übergangsjustizen. Transformative Kräfte bezieht die *artist-as-detective-agency* auch aus ihrer Rekontextualisierung der Deutungsmuster einer Justiz im Übergang: Dabei wird »das Recht zum Modellfall

---

657 Sonderegger (2010: 9) formuliert ihre Kritik an Rancières Regimen folgendermaßen: »Gegen (post-)strukturalistische und soziologische Theorien, die den Akzent auf die Schwierigkeiten oder gar Unmöglichkeit des Eingriffs in die Herrschaft kollektiver ›Aufteilungen des Sinnlichen‹ legen, kehrt Rancière in seinen Überlegungen zu Kunst und Politik geradezu penetrant Ereignisse des Gelingens von Neuaufteilungen des Sinnlichen hervor. Das mag eine polemische Pointe gegen Opferdiskurse haben, die insbesondere den sog. Unterdrückten jede Handlungsfähigkeit absprechen. Als Theorie des prinzipiell immer und überall möglichen individuellen wie kollektiven Überschreitens der ›ursprünglichen Ästhetik‹ sind Rancières Überlegungen aber nicht weniger problematisch als die grundsätzliche Leugnung von Handlungsfähigkeit.«
658 Zur Realismusdebatte siehe u. a. *Realismus in den Künsten der Gegenwart* (2010), hg. von Dirck Linck, Michael Lüthy, Brigitte Obermayer und Martin Vöhler. Die Arbeit von Forensic Architecture rezipiert etwa Karen van den Berg im Aufsatz *Die Kunst realistisch zu sein: Von Jan van Eyck bis Forensic Architecture* (2018) als Anliegen, »das Konzept der Realität als solches wahren zu wollen« (Van den Berg 2018: 69).

für Wissenssysteme und -theorien erhoben« (Vismann/Weitin 2006: 7), um »mit den Schwierigkeiten beim Entscheiden« (ebd.: 8) umzugehen. Jurisdiktionelles, aber auch ästhetisches Wissen einsetzend, wird im interimistischen Kontext ebenso die Kunstinstitution zu Hilfe gerufen, um raumzeitliche Matrizen neu zu kodieren.

IV Fazit

Die Untersuchung (*enquête*) ist längst zu einem Verfahren geworden, das viele gesellschaftliche (Wissens-)Bereiche durchzieht.[659] Mit Fokus auf Rechtsprechung und Gegenwartskünste habe ich in der vorliegenden Studie die *Untersuchung der Untersuchung* beleuchtet. Zu Tage befördert wurde ein Spannungsverhältnis, das sich zwischen ›Investigativer Ästhetik‹ und ›Investigativer Poetik‹ ausmachen lässt.

Um die Anwendbarkeit der Investigativen Ästhetik zu überprüfen, wurden Verfahrensweisen von Forensic Architecture mit solchen von Constanze Ruhm und M. NourbeSe Philip in vergleichenden Werk- und Diskursanalysen kontrastiert. Während sich anfangs vermutete Schnittmengen bestätigten, erwiesen sich Strategien von Ruhm und Philip in einigen Aspekten als Negativfolien zu solchen von Forensic Architecture. Kleinster gemeinsamer Nenner der drei Positionen ist das Investigative. Wird ein Werk als Investigation gefasst, die durch eine bestimmte Medienökologie navigiert, geschieht dies unter neuen Vorzeichen – jenseits der gängigen Begriffsapparatur von Untersuchenden und Untersuchtem: Den Rahmen eines Falls bildet bei Forensic Architecture ein Krisenereignis, bei Ruhm ein Film der Kinomoderne, bei Philip ein Gerichtsprotokoll. Festzustellen ist eine Verschiebung vom Werk zum Fall sowie vom Werk zur Dienstleistung. Untersucht wird entlang davor festgelegter Parameter und Handlungsanweisungen (*scores*) sowie situativ entwickelter Verfahrensweisen. So führt Forensic Architecture die eine Investigation rahmende Auseinandersetzung in Paratexten und auf Plattformen.

Die verschränkende Analyse der drei Positionen (Forensic Architecture, Ruhm und Philip) profitierte von der radikalen Erweiterung des Architekturbegriffs – hin zur Rechts-, Medien- und Informationsarchitektur. Wo sich historisch gesehen ein Denken über Medienökologien (ausgehend von Neil Postman) und eines über Kontrolltechnologien (ausgehend von Michel Foucault) seit den 1960er Jahren kreuzen, setzt die von Forensic Architecture mitgetragene angewandte Diskursproduktion zur Medienarchitektur[660] (als Ordnungsinstanz des elektronischen und sozialen Raums und seiner Infrastruktur) an. Architekturdesign, -modellierung und -simulation fungieren als Kulturtechniken der Re-Relati-

---

659 So schreibt Foucault (2003: 13): »[D]ie sogenannte Untersuchung [...] – wie sie die Philosophen des 15. bis 18. Jahrhunderts durchführten, aber auch Wissenschaftler wie Geographen, Botaniker, Zoologen und Ökonomen – ist eine für unsere Gesellschaft recht typische Form von Wahrheit.«
660 Siehe weiterführend unter anderem die *Zeitschrift für Medienwissenschaft* zum Schwerpunkt *Medien/Architekturen* (2015).

onierung von Ereignissen und Akteur:innen. Dafür werden diese in das Medium der Daten transferiert, um wiederum in andere mediale und räumliche Formate übersetzt werden zu können. Bezogen auf Tatorte bedeutet das, dass Architektur selbst zum Forschungs- und Denkmodell wird und als ein Langzeitgedächtnis adressiert werden kann. Alle drei Positionen arbeiten mit Zeugnissen, ohne selbst zu Zeug:innen zu werden.[661] Ihre Investigationen setzen sich teilweise als implizite ästhetisch-juristische Urteile in Szene.

Im Zuge der von mir gestellten Fragen behandelte ich Fallstudien exemplarisch: *77sqm_9:26min* wurde aufgrund der direkten Zusammenarbeit der Agentur mit einem Tribunal und der gerichtlichen Kommunikation ausgewählt. Verglichen habe ich die Investigation mit *Apartment* von Constanze Ruhm, da Fragen bezüglich der nachgestellten Perspektive und der animierten Computersimulation daran festzumachen sind. *The Architecture of Memory* stand wegen des upgedateten Einsatzes der antiken Mnemotechnik zur Analyse. *Ayotzinapa* habe ich wegen der spezifischen Spuren der interaktiven Plattform beleuchtet. *Left-to-Die Boat* wurde *Zong!* von M. NourbeSe Philip gegenübergestellt, um das Verhältnis von Recht zu Unrecht sowie Klage zu Trauer zu diskutieren. Die Ausstellungen *Forensic Architecture: Towards an Investigative Aesthetics* und *Constanze Ruhm. Re: Rehearsals (No Such Thing as Repetition)* wurden in Hinblick auf ins Display eingeflochtene Reflexionsstrategien betrachtet, da diese Probleme der Konzeption von Autor:innenschaft und ihrer Geschichtlichkeit verdeutlichen.

Darüber hinaus habe ich, entsprechend der Institutions- und Werkkritik, den Blick weg vom konkreten Fall und Werk an sich gewendet, um ihn auf die umgebenden Strukturen sowie Theoriedebatten zu richten. Diskursstränge wurden gebündelt betrachtet, um zu sehen, wo sich diese kreuzen oder spalten. Der Begriffsarbeit kam dabei ein wesentlicher Stellenwert zu. So habe ich untersucht, welche Begriffe sich im Forschungsmaterial finden, welche impliziert oder ausgespart werden und welche von der vorliegenden Arbeit verwendet, rehabilitiert oder erst entwickelt werden müssen, um die investigativ-künstlerischen Praktiken zu fassen.

Im Teil I, Tat_Orte, sondierte ich disziplinäre Refugien sowie Erosions- und Fluchtbewegungen in Hinblick auf Institutionen und Infrastrukturen.

---

661 Entgegen der Feststellung von Krämer/Schmidt (vgl. 2016: 10), dass Künstler:innen »Zeugenschaft in vielfältigen Formen dargestellt und kommentiert – und sich zuweilen selbst als Zeugen bedeutender Ereignisse verstanden und in Szene gesetzt« haben.

Im Teil II, Zur Sache!, zog ich unter der Bezeichnung *Investigative Ästhetik als Evidenzverfahren* ein Zwischenfazit über Mediengebrauch und (mediale) Verfahren und diagnostizierte ein aktivistisches Regime der Künste.

Im Teil III, An_Klage, lag der Schwerpunkt auf der Entwicklung eines eigenen Begriffsinstrumentariums, wobei folgende Figuren und Figurationen hervorzuheben sind: (i) *artist as detective*, (ii) Kritik als Dienstleistung, (iii) Poeto-Forensik sowie (iv) minoritäre Perspektiven auf Spionage zugunsten des *spy as socio-political figure*.

Zusammengefasst und zugespitzt werden soll in den folgenden zwei Kapiteln mein theoretisch-methodischer Vorschlag. Dieser besteht zum einen aus den Kategorien *Investigative Ästhetik – Investigative Poetik* sowie zum anderen in der Figuration *Law on Trial: Satirische Mimikry*.

IV.1 Negativfolien: Investigative Ästhetik – Investigative Poetik

Mit kritischer Distanz und in diskurstheoretischen Analysen wurde ausgearbeitet, ob der Begriff der Investigativen Ästhetik geeignet ist, Verschränkungen von zeitgenössischen Künsten und Rechtsprechung zu fassen. Als »Test Drive« angekündigt, wurde er in den drei erwähnten Schwerpunktperspektiven untersucht – betreffend Institutionen und Infrastrukturen, Medien und Verfahren sowie Figuren und Figurationen. Es stellte sich heraus, dass die Investigative Ästhetik *zwischen* Künsten und Rechtsprechung zum einen von der Aktualität der Kriminalistik, eingeleitet durch die Omnipräsenz von Krisenpostulaten und die Kreation neuer Öffentlichkeiten in den Künsten (Stichworte sind hier u. a. *arenas, assemblies, tribunals*), zum anderen durch die wissenschaftlich orientierte Etablierung künstlerischer Forschung in Form angewandter Kulturwissenschaften begünstigt wird. Letztere stehen symptomatisch für Diskursverschränkungen seit den 1980er Jahren und der zweiten Generation der Institutionskritik.

Produktionsästhetisch gedacht lässt sich die Investigative Ästhetik als Oberbegriff ermittlerischer Vorgehensweisen fassen, die jedoch, um als kriminalistische rezipiert zu werden, auf entsprechende Weise institutionalisiert sein oder aber sich instituieren müssen: Eine Untersuchung kann einen innovativen Beweis bereitstellen, solange dieser in die normative Ordnung passt, in der er als solcher berücksichtigt werden soll; insofern ist die Untersuchung nicht erfahrungsbezogen offen, wenn sie auch offen für Empirie bleibt.

Zur Diskussion stand, wie die Transferleistung der Investigativen Ästhetik einzustufen ist. Übersetzung zwischen Künsten und Jurisdiktion kann gedacht werden als: (i) horizontales Zusammenwirken verschiedener Aktant:innen beider Bereiche – im Sinne von Latours Theorie des »Akteur-Netzwerks«; (ii) als Wechsel des Referenzbereichs und daraus folgenden räumlichen Funktionsübernahmen und personalen Stellvertretungsangeboten; (iii) als Inspiration, bei der die Trennung der Bereiche verhandelt, aber spannungsvoll aufrechterhalten bleibt – beispielhaft dafür sind Rebentischs Ansätze; (iv) als Verwandlung der Ausgangsbereiche – verdeutlicht etwa in Simondons »Transduktivität«; (v) als Übergangsritual; (vi) als Agieren und kritisches Verknüpfen im Schwellenmoment; (vii) als Vorbildwirkung – aufschlussreich diesbezüglich der Ansatz von Vismann/Weitin (vgl. 2006: 7), in dem das Recht als »Modellfall für Wissenssysteme und -theorien« gilt, wenn es um »Entscheidungsprozeduren« geht; (viii) als Überlappung und Vernetzung mit der Folge neuer Interdependenzen: Methoden der Investigativen Ästhetik sind tatsächlich quer durch die Disziplinen und Professionen zu finden – hierzu wurde unter anderem auf Ginzburgs »Indizienparadigma« und die Simulationskontroverse verwiesen.

In Bezug auf Forensic Architecture stellte sich heraus, dass mit der Investigativen Ästhetik sowohl die Verengungen der *aísthēsis* auf die Kunst, die der Evidenz auf das Sichtbare sowie die der Forensik auf die Kriminalistik zurückgenommen werden, um zur »Forensis« als Forum, zur *aísthēsis* als Lehre der Wahrnehmung und ihrer Präsentation und zur Evidenz als Aufscheinen der Wahrheit zurückzukehren. Die Ästhetik selbst hat also unterschiedliche »Valorisierungssphären« (Guattari 2013: 23), verantwortlich für »einen automatisierten transzendenten Referenzpol« (ebd.: 22): etwa einen an das Beweismittel ›Augenschein‹ gebundenen der Wahrnehmungslehre, einen an die Ethik gekoppelten oder einen vom Kunstsystem abhängigen (mit epochal wechselnden Parametern). Deutlich wurde, dass die Investigative Ästhetik der Agentur zugleich auch eine Verengung der Ästhetik auf Präsentation, Überzeugung und Wahrnehmung sowie eine Reduktion auf eine Untersuchungstechnik unter anderen Verifizierungs- und Rekonstruktionsverfahren darstellt.

Mit dem Ziel einer Reformulierung von Ästhetik und Poetik als Untersuchungsmodi zum Zwecke der Ermittlung, der Rekonstruktion eines Gerechtigkeitszustands sowie der kriminalistischen Aufdeckung galt es herauszufinden, ob in den Investigationen eher ästhetische oder poetische Dimensionen bestehen. Sind es Darstellungsrepertoires oder Erkenntnisformen? Das sind theoretische Probleme, die diese Arbeit aufgeworfen hat. Worin sich die ›Investigative Ästhetik‹ von der ›Investigativen Poetik‹ unterscheidet und wie beide als Bewertungs- und Verortungskategorien des Künstlerischen herangezogen werden können, soll nun beleuchtet werden. Zur Diskussion steht, ob 1. Medienspezifität, 2. Wahrheitstechnik, 3. Dienstbarkeit oder 4. Stil entscheidend sind.

Selbst wenn (ad 1.) Medienspezifität – entsprechend einer »Poetologie des Wissens«, die nicht in Dinge und Worte et cetera unterscheidet – nicht bestimmend sein mag, lassen sich am Materialkorpus dennoch medienspezifische Tendenzen feststellen: Die künstlerisch-investigativen Verfahren oszillieren zwischen einer materialbasiert-sensorischen Ästhetik auf der einen und einer stärker kognitiv-sprachlichen Ausrichtung der Poetik auf der anderen Seite.

Der (widerlegte) ephemere Status des Poetischen begünstigt seine Vereinnahmung als hegemoniekritisch und folgt einer Werkkritik. Dass Sprache eine eigene Materialität hat, wurde anhand des Sophismus, der Konzeptkunst[662] oder der Dekonstruktion, aber auch anhand der rechtsphilosophischen Betrachtungen von Cornelia Vismann (siehe 2000) gezeigt (von analogen Aktenbergen zu digitalen Datenmengen bürokratischer Verwaltungen). Auch der Dadaismus[663] entwickelte Verfahren, in denen nicht der narrative Inhalt, sondern Collage und Montage im Vordergrund standen. Die Investigative Poetik vermag den an eine Sprache gebundenen Macht-Wissen-Komplex zu durchleuchten.

In die Analyse einbezogene Nachforschungen beschränken sich nicht auf Kriegsverbrechen oder Verbrechen gegen die Menschlichkeit, sondern zielen ebenso auf Fiktionen und die Narrativierung von Fakten und Wirklichkeitskrisen, die ästheto- oder poeto-forensisch untersucht werden. Aufbauend auf Schriften wie denen von Rancière, der in Regimen denkt, sei festgestellt, dass die Investigative Ästhetik und die Investigative Poetik andere ästhetische Sphären und poetische Register[664] ansprechen und beanspruchen. Während die Investigative Ästhetik mit Übertragungen auf die sensorische Architektur sowie Registrierung von kaum Wahrnehmbaren arbeitet, bleibt zu fragen, was sich den Radaren der Ästhetik ihrerseits entzieht: Welcher »accent, tone, inflection« (Ronell 2018: 97) »lies beneath philosophical [and juridical, LS] radars« (ebd.)?[665] Anders als die empirisch oder via Evidenz verfahrende Investigative Ästhetik impliziert die Poetik zum einen (sprachbasierte) Regelwerke – auch im juristischen Diskurs

---

662 Relevant ist hier der Band *Conceptualism and Materiality: Matters of Art and Politics* (2019), hg. von Christian Berger.
663 Bei der Dada-Bewegung zerfallen die Bedeutung und der kommunikative Gehalt der Sprache in ihre Materialität. Eine Reaktion auch auf »das Aufkommen der politischen Propaganda von Wissenschaftlern und Philosophen während des Ersten Weltkriegs«, so Ladeur (vgl. 2016a: 177).
664 Register wäre ein von Guattari verwendeter Begriff.
665 Dem hinzuzufügen ist ein Satzfragment Ronells (2018: 111), in dem ebenso die kritische Dimension der *poetry* als Negativfolie zum philosophischen *Master's House* angerufen wird: »poetry and other minorities allowed to squat in the house of philosophy«.

bestimmend –, zum anderen erlaubt sie »poetic modes of disarticulation«[666] (ebd.: 96). Insofern ist die Investigative Poetik mit Differenz verbunden, die Lücken bezeugt.

Wenn Investigative Ästhetik und Investigative Poetik nicht abschließend aufzuschlüsseln sind in Arbeit an und mit Materialitäten auf der einen und an und mit Sprache auf der anderen Seite, wo verlaufen dann die Trennungslinien oder Grauzonen des Übergangs? Angenommen, es geht in der diskurstheoretischen Unterscheidung der beiden (künstlerischen) Investigationstypen um ein Verhältnis zur (ad 2.) Wahrheitstechnik, so lässt sich festhalten, dass die Ästhetik nicht nur das Wahre und Gute rehabilitiert, sondern auch das (tabuisierte) Schöne: zum einen durch eine an den moralischen Gemeinsinn gekoppelte Urteilskraft, zum anderen durch eine kallistische[667] Konfliktdesignforschung mit gestalterischen Mitteln. So soll einer verfehlten Untersuchung eine bessere und visuell ansprechende Aufklärung entgegengehalten werden. Die Ästhetik verpflichtet sich also (nach wie vor oder wieder) idealistischen Werten, die als staatstragende angesehen werden können und somit staatstragenden Instanzen (wie ordentlichen Gerichten, die positivistisch verfahren) zugehörig sind. Ist die Forensik gouvernementale Technik, ist die Investigative Poetik (die selbstredend eine eigene Ästhetik hat) (Geheim-)Dienst an der Lücke. Ästhetik, wie sie Forensic Architecture rezipiert, entspricht der kausalen juristischen Perspektive, das Poetische hingegen der medialen Perspektive. An den Schnittstellen der Regime/Register/Sphären der Investigativen Ästhetik und der Investigativen Poetik sind Spur und Zeug:innenschaft auszumachen (verhandelt u. a. über die in *DEMEURE* durch Derrida aufgeworfene Frage nach *testimony* und Fiktion).

Anstatt das Poetische – im Gegensatz zum Ästhetischen – mit Unwahrem zu verbinden, war es meine Absicht, seinen sich der Dienstbarkeit verwehrenden Aspekt zu evaluieren. Es hat sich erwiesen, dass die Demarkationslinie von Investigativer Ästhetik und Investigativer Poetik insofern *nicht* im Wahrheitsgehalt zu verorten ist, sondern im Ausgangspunkt und in der Zielsetzung der Wahrheitsermittlung.

---

666 Dies schreibt Ronell bezüglich Derrida'scher Denkweisen.
667 In den *Vorlesungen über die Ästhetik* (1835 posthum publiziert) schreibt Georg Wilhelm Friedrich Hegel über den Begriff der ›Kallistik‹, die sich vom griechischen *kallos* als ›Schönheit‹ herleitet: »Um des Unpassenden oder eigentlicher um des Oberflächlichen dieses Namens [der Ästhetik, LS] willen hat man denn auch andere, z. B. den Namen Kallistik, zu bilden versucht. Doch auch dieser zeigt sich als ungenügend, denn die Wissenschaft, die gemeint ist, betrachtet nicht das Schöne überhaupt, sondern rein das Schöne der Kunst.« (Hegel 1835: 3)

Mit der Etablierung der Judikative wurde die Probe als Entscheidungsverfahren Ende des Mittelalters durch die Wahrheitstechnik der Untersuchung abgelöst, weil Erstere als unzuverlässig galt (vgl. Foucault 2003: 67). Wo die Probe also im Recht historisch betrachtet an Bedeutung verliert, findet sie in den postmodernen Künsten über das Theater hinausgehend durch die gesellschaftlichen Bereiche eine Reaktivierung (siehe dazu Buchmann et al. 2016). Nicht mehr als Zweikampf – bei dem »es sich nicht um Wahrheitssuche, sondern um ein Spiel mit binärer Struktur« handelte (vgl. Foucault 2003: 60) – angelegt, wird sie zu einem Topos, der die Ambivalenzen von Verhandlungssituationen weniger löst als erproben und testen lässt. Konkurrenz bekommt die Probe in vernetzten Foren von Entscheidungsdispositiven, die aus anderen Bereichen importiert werden. Ob die Künste hier mit einer Nachträglichkeit Denksysteme und Modelle (konkret: die Probe) appropriieren, sobald sie anderswo (hier in bestimmten Rechtskulturen) an Gültigkeit verloren haben?

Würden sich Investigative Ästhetik und Investigative Poetik in (ad 3.) Dienst- und Undienstbarkeit aufteilen, wäre die Untersuchung (als Regierungstechnik) erster, die Probe hingegen zweiter zuzuordnen. Tatsächlich werden aber beide zu Untersuchungszwecken eingesetzt und in den Dienst genommen – oder sie stellen sich eigens in diesen. Dennoch entkommt das Poetische, als »Entsetzung des Rechts« (Benjamin 1965: 64), eher der Verwertbarkeit als das Ästhetische und wäre somit klassischerweise den freien Künsten zuzurechnen, im Gegensatz zu den angewandten, zu denen auch Design zählt. Dies ist jedoch eine durchwachsene Unterscheidung. Überlegungen dieser Art sind vor dem Hintergrund einer Kritik an der Dienst- und Verwertbarkeit relevant; daher habe ich betrachtet, worin diese konkret besteht, etwa ob im Anklagen eines Gesetzesverstoßes oder in einer Gesetzes- und Machtkritik. Während die Aufteilung in Zweck (Investigative Ästhetik) und Zweckfreiheit (Investigative Poetik) Gefahr läuft, eine neue Hierarchie der Künste einzuführen, erscheint sie als Diagnose dessen, was Forensic Architecture vornimmt, sehr wohl zutreffend. Wenn auch die Frage danach, ob Kunst auch politisch wirksam sein kann, meist eine ist, die auf Aktivismus und somit Zweckhaftigkeit abzielt und dabei die Poetik tendenziell marginalisiert, darf nicht vergessen werden, dass Letztere etwa in der *Black expressive culture* wesentlich zur (aktivistischen) Artikulation politischer Anliegen beigetragen hat (neben der ausführlichen Diskussion von Philips Arbeit fiel das Beispiel Audre Lorde) und beiträgt. Diese künstlerischen Kategorien werden zeitweise bewusst gewählt, abhängig davon, was inhaltlich zur Anklage oder zur Untersuchung steht und aus welcher Position gesprochen oder mobilisiert wird. Hierarchien sind historisch gewachsen und wirken in den beiden künstlerischen Untersuchungsformen nach: So hat die Poetik geschichtlich betrachtet Marginalisierungen erlebt, etwa mittels der durch Historiker:innen zugeschriebenen Vorsilbe »*pseudos*«[668] (Cassin 2000: 112–113, H.i.O.) oder im Zuge der Etablierung der Literatur – dazu in Kürze.

Erscheinungsformen der Investigativen Ästhetik vermitteln Brisanz und Gegenwärtigkeit. Das die Investigationen prägende fallspezifisch-raumzeitliche Vermessen und seine versinnlichende Gestaltung können rasch ›schal‹ wirken: Aktualität altert oder wird als Zeitindex und -kolorit auratisch. Die permanente Weiterentwicklung des technologischen Mediengebrauchs hat ebenso Konsequenzen für die Analyse der investigativen Medienverfahren, die sich bloß als Momentaufnahme verstehen darf. Dies evoziert die – von mir behandelte – Frage nach der Forschungsmethode, nach ihrer Systematik und Rahmung, also auch die nach (ad 4.) Stil und Methode, stilistischer Methode, methodischem Stil. Zusammen hängt dies wiederum mit der Form, sofern diese »historiografisch aussagekräftig ist, sich als Spur einer Zeit, einer Epoche, einer Kultur, also als ›Stil‹ lesen lässt« (Kernbauer 2015: 23). Welchen Gestus, welchen Stil und welchen Charakter hat die Investigative Ästhetik, welche Rhetorik nutzt sie? Ist sie politische Stilkritik, Satire oder Mimikry? Ist sie also idealistisch, reparativ, satirisch oder nachahmend? Ist sie ein eklektischer Kritikmix, gar Stilversagen? Oder handelt es sich um einen »transversalen Austausch[ ] von Kritikformen« (Raunig 2006)?[669] Obgleich forensische Architekturanalyse, Reportage, Essay, Dokumentarismus, Detektivismus und Dekonstruktion mit bestimmten methodischen Stilen assoziiert werden mögen, handelt es sich streng genommen weder um Methoden noch um Stile. Dennoch fällt auf, dass bestimmte Stile an jene Verfahren gekoppelt sind: So ist beispielsweise Forensic Architecture im Rahmen ihrer Gegenerzählungen und -darstellungen, die vermittelnd Partei ergreifen, um Objektivität bemüht – darauf werde ich nochmals zurückkommen.

Bezüglich der Frage nach dem Stil muss weiter ausgeholt und gefragt werden, in welchem Verhältnis die Investigative Poetik zur Geschichte der Dichtung als Poesie, der Poetik als Disziplin und der Poetologie steht. In den folgenden Überlegungen stütze ich mich insbesondere auf *Poesie und Wissen: Die Entstehung des ästhetischen Bewußtseins und der philosophischen Erkenntnis* (2005) von Heinz Schlaffer. Wird das Poetische als flüchtig angesehen, ist darauf zu verweisen,

---

668 Cassin (vgl. 2000: 112–113) nennt in dem Zusammenhang den Autor Lukian von Samosata, der ca. von 120 bis 190 n. Chr. lebte.
669 Bei Raunig (2006) heißt es: »Vor dem Hintergrund eines solchen transversalen Austausches von Kritikformen, aber auch jenseits der Imagination von herrschafts- und institutionsfreien Räumen wäre Institutionskritik zugleich als kritische Haltung und als instituierende Praxis zu reformulieren.«

dass die archaische, mündlich überlieferte Poesie in Form von Gesang einst noch nicht als Literatur fixiert war (vgl. zu dieser Entwicklung Schlaffer 2005: 52). Das Rufzeichen bei *song!* zeugt von einem Ausnahmezustand, aber auch von direkter mündlicher Adressierung.

> Hätte die Poesie für alle Zeiten als der von Göttern inspirierte Gesang gegolten, als der sie ursprünglich galt, so könnte es nicht Poetik und Philologie als Wissenschaft geben. [...] Erst mußten die heiligen Gesänge profaniert und ihr Wahrheitsanspruch fragwürdig geworden sein, damit ein Wissen von Fiktionen und schließlich eine Wissenschaft von der Poesie entstehen konnte. [...] Keine andere Kultur als die griechische hat eine solche rationale Kritik, Analyse und Rechtfertigung der Poesie hervorgebracht. Was hier zwischen dem 6. und 3. Jahrhundert v. Chr. an Erkenntnissen über den besonderen Status von Dichtung gewonnen wird, begründet die heutige Existenz von Ästhetik, Kunst- und Literaturwissenschaft. (Schlaffer 2005: 45)

Deutlich grenzt sich die Investigative Poetik in ihrem lückenhaften, forensischen und reflektierten Charakter vom Mythos, von einer medienstilistischen Abhängigkeit der gebundenen Sprache der Verse sowie auch von der um die Zeit Platons und Sokrates' unternommenen Trennung der Wissensschichten ab.[670] Denn mit Platon (ausgearbeitet in der *Politeia*) werde die Differenz zwischen Kunstproduzierenden (von enthusiastischer, involvierter und mimetischer Poesie) und Kunsthistorisierenden (als Inbegriff einer nicht betroffenen, erkennenden und kognitiv distanzierten Philosophie) eingeführt (vgl. ebd.: 14–22).[671] Dies habe dramatische Folgen: nämlich den »Ausschluß der Dichter und ihrer Darsteller aus dem wohlgeordneten Staat« (ebd.: 14). Erst Aristoteles, Platons Schüler, entwickle in der *Poetik* eine »rationale Analyse von Poesie zu einer eigenen Wissenschaft« (vgl. ebd.). Mit Simondons »Transduktivität«, ließe sich sagen, vollzieht sich eine Berichtigung auch dieser Trennung, ohne dass dadurch zur Magie zurückgekehrt

---

[670] Diese Trennung hatte es in einer »homerische[n] Situation« noch nicht gegeben, »in der enthusiasmos, poietike, episteme und techne noch ungeschiedene Fähigkeiten des Dichters gewesen waren« (vgl. Schlaffer 2005: 17). »An einem markanten Punkt der europäischen Zivilisation differenziert sich das archaische Wissen in den modernen Antagonismus von Wissenschaft und Poesie.« (Ebd.: 7) Seit der Entstehung der Philosophie wurde Poesie als Wissensform (ca. 400 v. Chr.) fragwürdig (vgl. ebd.: 13): »Platon unterscheidet also das poetische Scheinwissen von der praktischen Wissenschaft mit genau derselben Begründung, wie sie noch für die Prinzipien der modernen Naturwissenschaften gilt.« (Ebd.: 13)
[671] »›Das Ganze‹ der Dichtkunst könnte also nur erhellen, wer selbst *nicht* Dichter ist.« (Schlaffer 2005: 14, H.i.O.) Arendt (vgl. 1985: 75–76), die Kant liest, verweist darauf, dass Handelnde von *doxa* (Meinung und Ruhm) abhängig seien, im Gegensatz zur zusehenden Person, die sich als ›bios theōrētikos‹ in einer richtenden Position befinde – schließlich sei die »Kantische Philosophie [...] mit Metaphern aus der Rechtssprache durchschossen«.

würde. Die Magie bildet dabei die Negativfolie zur Ratio – Kracauer (1979: 33, H. LS) schreibt: »Die *negative Ontologie* des Detektiv-Romans beweist nur, daß seine Akteure *formelhafte Gebilde* sind, zu denen die ratio einen Schlüssel hat.«

Bereits an diesen Disputen der Antike wird deutlich, dass jede Disziplin aus einer anderen hervorgeht, sich von bestimmten Genealogien abgrenzt und rückblickend Neubewertungen und Verneinungen vornimmt.[672] Die Verneinung des Poetischen ist auch in der Investigativen Ästhetik zu finden, wenn die im Werk kreierte Erkenntnis[673] als evidentes Erscheinen der menschlichen Zeug:innenschaft entgegengehalten wird. Was bei Derrida affirmativ formuliert wurde, lässt bei Forensic Architecture die antike philosophische Kritik an der Poesie wieder aufflammen – mit »Lüge, Irrtum, Täuschung, Erfindung, Schein« (Schlaffer 2005: 57) assoziiert, um die eigene Methode im Gegensatz dazu als verlässlich zu stilisieren. Ideale wie Verhandlung und Deliberation sollen mittels forensischer Medien jetzt das Kampffeld der Wahrheit bestreiten.

Konkurrieren die Investigative Ästhetik und die Investigative Poetik also um über Kunst generiertes Wissen? Ist das Poetische demnach eine andere Form der Wissensgenerierung, dort, wo Objektivität nicht möglich ist? Erlebt das Poetische eine Wiederentdeckung, sobald bewusst wird, dass Wahrheit bloß scheinen kann? Wenn die künstlerische Forschung in einem ersten Schritt für sich reklamiert, *anderes Wissen*[674] zu produzieren, nur um dieses Attribut später fallenzulassen, sodass das produzierte als gleichwertiges Wissen gelten kann, ließe sich von einer historischen Kränkung der Poesie sprechen.[675] Denn mit dem »philosophischen[n] Begriff der episteme« wurde »dem Dichter die Zuständigkeit für das Gebiet des Wissens« entzogen (vgl. ebd.: 18).

---

[672] In der Geschichte Griechenlands entsteht die Ästhetik aus der Dichtung. »In der [...] Begrenzung des enthusiastischen Zustands bereitet sich der Sonderstatus des Ästhetischen vor: Ihm wird eine Ausnahmestellung innerhalb der sonst geltenden Gesetze der Welt zugebilligt, die von ihm zeitweise überschritten, aber nicht dauerhaft aufgehoben werden können.« (Schlaffer 2005: 41)

[673] »Ähnlich wie in der Antike entstehen durch die epistemologische Differenzierung zwischen Erkenntnis und Dichtung zwischen dem 16. und 18. Jahrhundert Ästhetik und Philologie aufs neue. Sie übernehmen die Aufgabe, die Sonderstellung der von den Wissenschaften unterschiedenen Künste und der Poesie zu begreifen.« (Schlaffer 2005: 19)

[674] Siehe *Anderes Wissen: Kunstformen der Theorie* (2016), hg. von Kathrin Busch.

[675] Schlaffer (vgl. 2005: 53) beschreibt, wie in Griechenland mit der Einführung der Schrift die Poesie zu einem wissenschaftlichen Objekt zuerst der Poetik und dann der Philologie wurde, sobald die Poesie ihren Wissensstatus verlor: »In der Konkurrenz mit den prosaischen Wissenschaften wird dem poetischen Wissen allmählich der Titel des Wissens abgesprochen.« (Ebd.) Das bedeutet, dass es keine Korrelation mehr gibt zwischen Form (Prosa) und Inhalt (Poesie).

Diese verknappt über ausgewählte Eckpunkte nachgezeichnete geschichtliche Entwicklung führt Forensic Architecture mit der Investigativen Ästhetik auf nicht unproblematische Weise fort – mehr dazu im folgenden Kapitel. In der vorliegenden Studie hingegen betone ich die Gleichwertigkeit der ästhetischen und poetischen Kategorien des Künstlerisch-Investigativen. In diesem Zusammenhang wurde herausgestellt, dass das, was bei Forensic Architecture wie eine Kritik an der Psychoanalyse oder an der Dekonstruktion erscheint, im Wesentlichen eine am Poetischen ist. Obwohl die der »Forensis« eingeschriebene Abgrenzung also keine vom ödipalen psychoanalytischen Dreieck darstellt,[676] richtet sie sich dennoch gegen die mit dem Gespräch und der Aussage assoziierte Unzuverlässigkeit poetischen Wissens. Es braucht auch zur gerichtlichen Überführung (von Verbrecher:innen und Verbrechen) nun kein Geständnis mehr. Dies bringt eine Neuauflage des Konfliktes um Wissensformen: Gibt es Evidenz in der Investigativen Poetik?

Die Popularität der Ästhetik oder der Poetik ist vom Wandel des Zeitgeists abhängig. So verhielt sich sprachbasiert-investigative Konzeptkunst insbesondere der 1960er und 1970er Jahre beispielsweise kritisch gegenüber der Aisthetik:[677] An die Stelle des inspirierten Künstler:innensubjekts (analog zum frühen Verständnis vom Dichter) rückte *erneut*[678] ein anderer Typus von Arbeit an der Sprache. Dieser war kognitiv-materialistisch und sich seiner selbst bewusst; es brauchte also keine ästhetische Erfahrung, die erst entstehe, sobald »Ergriffenheit [sich, LS] über ihren enthusiastischen Ursprung im Unklaren bleibt« (ebd.: 40). Dies

---

676 Eine Kritik, die Deleuze und Guattari im Kapitel II von *Anti-Ödipus* vornehmen, um das Unbewusste vom Familiären abzulösen.
677 Art & Language-Mitglied Charles Harrison schreibt in den *Essays on Art & Language* (1991/2001) über die Konzeptkunst und die Ende der 1960er Jahre in Großbritannien gegründete Gruppe/Bewegung: »The idea of ideas as discursive items, *as art* [H.i.O.], was a far harder one to sustain in some practical and social space. It required that the hypothesized object be seen not as ›the art‹, but as the object of an inquiry for which the status of art was more-or-less strategically claimed. The conviction which characterized Art & Language was that it was *the inquiry which had to be the work* [H. LS] and which therefore had to become ›the work‹.« (Harrison 2001: 49) Wenn die künstlerische Arbeit in der zugrundeliegenden Erkundung/Recherche (*inquiry*) bestand, war damit im Speziellen die kognitive Untersuchungstätigkeit im Rahmen der Kunstproduktion gemeint, die sich gegen eine modernistische Objektästhetik wandte. »Any products which might be identified were materials which happened to have been generated in these processes – as contingent consequences or as remainders.« (Ebd.: 52)
678 ›Erneut‹, weil: »Sobald Literatur – d. h. Schreibtisch, Buch und Bibliothek – die intellektuellen Verkehrsformen bestimmt, rückt Inspiration in die historisch-poetische Ferne schwer überprüfbarer Urereignisse.« (Schlaffer 2005: 38)

führte dazu, dass die kunsthistorische Tätigkeit teils in die Kunstproduktion einverleibt wurde.

Das Poetische muss verteidigt und reklamiert werden: Um Revision, Reversibilität oder sogar Korrektur bemüht, trägt die Poeto-Forensik zur Reintegration des aus dem theoretischen Wissen ausgesparten praktischen Wissens bei. Der von ihr geleistete Entzug der Verständlichkeit funktioniert auch über Eingriffe in die Textsetzung, etwa mittels Schwärzungen und Überlagerungen, die neben dem »Kanzellieren« auch das Mündliche in die Schrift bringen: »Ein großer Teil des Zaubers von Poesie liegt in dem, was man nicht versteht – spricht sie doch eine andere, ›göttliche‹ Sprache [...].« (Schlaffer 2005: 52–53)

Eine Reihe relevanter dialektisch-komplementärer Gegensatzpaare belegt, dass sich das Spannungsverhältnis zwischen Investigativer Ästhetik und Investigativer Poetik nur über Umwege denken lässt. Aufgezeigt wurde dies am Gegensatz von Untersuchung versus Probe; ebenso zeigen lässt es sich an Philosophie versus Sophismus (mehr zur Notwendigkeit, »die Philosophie zu ›rhetorisieren‹« [Foucault 2003: 138], in Folge) oder an *rumor* versus *gossip*. Ästhetik steht als Philosophie der Kunst dem Sophismus als *gossip* und *Street Talk*[679] gegenüber: »Dass Klatsch als Alternativmedium und Mittel zur Gegenmacht derer gilt, denen der Zugang zu den offiziellen Machtinstanzen verwehrt bleibt, hat auch in der Klatschforschung Tradition.« (Weingart 2006: 59)

Die investigativen Kategorien differieren auch in den Regimen der Zeitlichkeit: Während mit der Investigativen Ästhetik zeitnahe *hot cases* behandelt werden, die ihre Wichtigkeit aus den jüngsten Geschehnissen beziehen, sind es in der Investigativen Poetik *cold cases*, deren unaufgeklärtes Fortwirken die Gegenwart heimsucht.[680] Die Poeto-Forensik ermöglicht einen Nachruf auf Begebenheiten, die mitunter keine unmittelbare tagespolitische Aktualität besitzen oder die einen rückwirkenden *appeal to the court* nicht (mehr) zulassen. Nicht nur Forensic Architecture, auch Ruhm und Philip arbeiten mit Affektentzug erster Ordnung:

---

679 Siehe den gleichnamigen Aufsatz *Street Talk* (1986) von Avital Ronell.
680 Geschichte wirkt als *wake* nach, deren Schreibung es mitunter quasi aktivistisch zu verunsichern gilt: »Künstlerische Verfahren [...] des Rückblickens drücken nicht notwendigerweise konservative [...] oder tradierende [...] Haltungen aus. Sie können dem Wunsch nach Veränderung und Aktualisierung der Geschichte geschuldet sein, dem Blick auf die Interdependenzen von Vergangenheit und Gegenwart, die nicht als feststehende Kategorien verankert, sondern ins Schwanken gebracht werden.« (Kernbauer 2015: 11) Nicht nur »kunst- und kulturhistoriografische Entwürfe« (ebd.: 14), auch investigativ-forensische Vorgehensweisen präsentieren sich »nicht nur als kulturelle ›Symptome‹, sondern als *Instrumente* neuer Formen von Geschichtsschreibung« (ebd., H.i.O.).

Bei Ruhm wird das beispielsweise über Mehrfachbesetzung einer Stellvertreter:innen-Rolle, über *cold rehearsals* und *rehearsals* von *cold cases* (ungelöste oder als solche inszenierte – *un*-re-*solved* – Fälle) erreicht. Dem Poetischen haftet womöglich an, anachronistisch zu sein. Ziehen wir Rancières Ausführungen in *Der Begriff des Anachronismus und die Wahrheit des Historikers* (2015) heran, wird deutlich, dass damit nicht gemeint sein darf, etwas sei nicht aktuell und daher irrelevant – vielmehr handelt es sich bei der Anachronie um eine »Sequenz, die ›ihre‹ Zeit verlassen« (Rancière 2015: 50) hat.[681] Denn auch die Poeto-Forensik rekonstruiert eine Adresse und arbeitet am Archiv; sie vergegenwärtigt, was nicht unmittelbar gegenwärtig erscheint. Zugleich ist die Arbeit der Investigativen Ästhetik anwendbarer, weil historischer im Sinne von Chronologie und Information (im Kontrast zur Poesie bei Aristoteles, siehe Rancière 2015: 36), was ihr wiederum den Ruf einbringt, bloßer Effekt zu sein, dem ein poetisches Moment fehle. Die Einschätzung, das Poetische wirke, wo zeitliche Distanz besteht, entspricht folgender Regel:

> Aus den lebhaften Debatten im 16. Jahrhundert über die Rechte der Poeten ging eine wesentliche Regel hervor: Die Rechte der Fiktion sind umgekehrt proportional zur Nähe der Zeit. Je mehr man sich der Gegenwart nähert, umso weniger kann man erfinden, umso mehr nähert sich die fiktionale Erfindung einer Grenze, die die überprüfbare Lüge ist. (Ebd.: 35)

Zong! leistet eine radikalere Verneinung. In einer Lesart der dienstbaren Wirksamkeit bliebe das Werk eine Stimme der ›Anderen‹. Philip schlägt in die Kerbe des dominanten theoretischen Dispositivs der 1970er bis 1990er Jahre: Fragen betreffend Dekonstruktion haben sich für dieses Forschungsprojekt als relevanter erwiesen als anfangs erwartet. Dabei ist eine Tendenz deutlich geworden: Ronell rezipiert dekonstruktivistisch, was bei Derrida zwischen den Zeilen steht, während Vismann sich diskursanalytisch auf die Zeilen selbst konzentriert. So heißt es bei Ronell (2018: 117): »[T]he constant negotiation with institutional codes is part of an attempt to answer the calls of deconstruction in the outfield of thinking.« Bei Philip ist Übersetzung im Derrida'schen Sinne gleich Dekonstruk-

---

[681] Rancière (2015: 50) kommt zu folgendem Schluss: »Es gibt keinen Anachronismus. Aber es gibt Verbindungsarten, die wir positiv als Anachronien bezeichnen können: Ereignisse, Begriffe, Bedeutungen, die die Zeit gegen den Strich bürsten, die den Sinn in einer Weise zirkulieren lassen, die jeder Zeitgenossenschaft, jeder Identität der Zeit mit ›sich selbst‹ entgeht. Eine Anachronie, das ist ein Wort, ein Ereignis, eine signifikante Sequenz, die ›ihre‹ Zeit verlassen haben, zugleich ausgestattet mit dem Vermögen, noch nie da gewesene zeitliche Weichenstellungen zu definieren und den Sprung oder die Verbindung von einer Linie der Zeitlichkeit zu einer anderen zu gewährleisten«.

tion, bei Ruhm im Butler'schen Sinne gleich Performanz und kritische Korrektur (die sie selbst als Verfahren der Probe versteht) und bei Forensic Architecture ein Simultandolmetschen von Kunst und Recht. Dies äußerst sich nicht als Transfer der Ästhetik von den zeitgenössischen Künsten ins Feld der Ermittlung (= Ermittlungsästhetik), selbst wenn sie zum detektivischen ›Mittel‹ der Spurensicherung erklärt wird. An die Stelle der Verschiebung und Verzögerung zwischen Hören und Sagen im Simultandolmetschen[682] tritt eine neue rhetorische Dimension, auf die ich im Anschluss eingehe.

Ruhm und Philip erfüllen Kriterien einer postmodernen Kunst (Ambivalenzen, Vieldeutigkeiten und -stimmigkeiten, Paradoxien, Faktisch-Fiktives). Dass es bei Wahrheitskritik und Bedeutungsoffenheit zu Durchkreuzungen und partiellen Revisionen der genannten Kriterien kommt, hängt mit der ihrer Arbeit inhärenten forensischen Dimension zusammen: Anliegen der Nachforschung und Korrektur sind bestimmend, obwohl es nicht Evidenz (der Ästhetik zuzurechnen) ist, die erzeugt werden soll. Investigative Ästhetik und Investigative Poetik stellen ihre Forensik beide in den Dienst, sie *sind*, sprechen also nicht bloß distanziert *über* etwas. Das heißt, dass Ruhm und Philip nicht nur Negativfolien zu Forensic Architecture bilden, da sie methodisch eine forensische Dimension in ihre Ästhetik und Poetik der Aufdeckung eingeschrieben haben.

Gibt es einen Zusammenhang zwischen einer (an mehreren Stellen angesprochenen) forensischen *Korrektur* und politischer *Korrektheit*? Ist die durch Forensic Architecture, Ruhm und Philip praktizierte Hegemoniekritik stets politische Korrektur? Wird Kritik mit einer suspendierten Handlungs- oder Subjektposition assoziiert, im Gegensatz zu einer gesetzeskonkretisierenden (beziehungsweise rechtsetzenden – siehe Benjamin[683]) Geltung, die in die aktuelle Realität einer Wirklichkeit (gewaltvoll) eingreift? Im Gegensatz zur Annahme, dass Untersuchungen per se hegemoniale Instrumente seien,[684] habe ich in dieser Studie die

---

682 Forensic Architecture ist weniger ein Dolmetscher auf der Bühne oder in der Zelle als eine Spionageagentur anderer Art – siehe Kapitel III.2.
683 Bei Benjamin (1965: 45) heißt es: »Alle Gewalt ist als Mittel entweder rechtsetzend oder rechtserhaltend. Wenn sie auf keines dieser beiden Prädikate Anspruch erhebt, so verzichtet sie damit selbst auf jede Geltung.«
684 Das Format der Untersuchung leite sich, so die These Foucaults (vgl. 2003: 70–72), im Mittelalter zum einen aus der Verwaltung, zum andern aus der Kirche ab und diene im Wesentlichen als Regierungsinstrument: »Um das 12. Jahrhundert kommt es also zu einer merkwürdigen Verbindung zwischen Gesetzesverstoß und religiöser Verfehlung. Das Unrecht, das man dem Souverän antat, und die Sünde, die man beging, waren zwei Dinge, die sich zu verbinden begannen.« (Ebd.: 73)

IV.1 Negativfolien: Investigative Ästhetik – Investigative Poetik

Register/Sphären von Untersuchungen erarbeitet – Aufschluss geben die Vorsilben:

Anti- sind mittels Investigativer Poetik geführte Untersuchungen, die eine aufgekündigte, entbundene oder frei gewordene Position einnehmen, also subversiv angelegt sind. Selbstverständlich können sich diese etablieren, ja werden im Bereich der Gegenwartskünste regelrecht in das Establishment geschwemmt, wenn sie ökonomisch und symbolisch erfolgreich sind. Paradebeispiele dafür sind die Institutionskritik oder die als Anti-Ästhetik angelegte Konzeptkunst (gegen die idealistische Kunsttheorie). Oder Umstürze können herbeigeführt und Etablierung erzielt werden. Rechtskulturen halten Wissen um Normativität und seine Ausdifferenzierung bereit. Die Reflexion normativer Ordnungen hingegen wird oftmalig den Künsten anvertraut, die sich um Neoavantgarden, Antipsychiatrie und Dekonstruktion als Wissenschaftskritiken gruppieren. Diese Aufteilung gilt es herauszufordern – mehr dazu in Folge.

Counter- hingegen sind in der Investigativen Ästhetik durchgeführte Untersuchungen: In ihrer »proof-strategy [...] an opponent is required, [...] who is refuted« (Cassin 2000: 111). Sie nehmen eine Opposition ein, die auf die Regierungsbank möchte, also hegemoniale Wissenspraxis zu werden anstrebt. Dass dies das Wesen ihrer Praxis maßgeblich ändern würde, ist anzunehmen. Widerlegt werden kann in diesem Modus auch eine Entscheidung oder ein Urteil selbst.

Da forensische Nachstellungen vielfach Thema waren, ließe sich das Schema *anti-* versus *counter-* gedanklich weiterspinnen und mit der von Maria Muhle entwickelten Reenactment-Theorie querlesen. Sie nimmt die Prämisse von »künstlerischen Formen der Nachstellung, die *qua Distanz oder Verfremdung* einen kritischen Standpunkt ermöglichen«, auf der einen und die Prämisse einer »hyper-mimetischen, quasi-automatischen Nachstellung« in popkulturellen Kontexten auf der anderen Seite zum Anlass, um entgegen dieser schablonenhaften Differenzierung die Figur des *Reenactment als mindere Mimesis* (2016) – so auch der Titel ihres Aufsatzes – zu entwerfen (vgl. Muhle 2016: 122, H.i.O.). Ob eine um exakte Wiederholung bemühte ›mindere‹ Mimesis nicht sogar eher als eine distanziert-kritische Nachstellung fähig sei, hegemoniale Geschichtsschreibung zu unterlaufen, stellt sie zur Diskussion (vgl. ebd.). Muhle (ebd.: 130, H.i.O.) kommt zu folgendem Schluss: »Vielmehr produziert die mindere mimetische Nachstellung Ereignisse im Sinne von unvorhergesehenen Unterbrechungen und Verschiebungen, die sich *in* (und nicht *vor*) der literalistischen Nachstellung [...] ereignen.« In diesem Verfahren gibt es also kein vorangestelltes *anti-*, vielmehr kann aus der *Mimesis* oder der *Mimikry* ein geschichtskritisches *counter-* entstehen.

IV.2 Law on Trial: Satirische Mimikry

In diesem Kapitel erlaube ich mir – gemäß der Textsorte ›Fazit‹ – in einem ersten Schritt, die Praxis von Forensic Architecture zu bewerten. Basierend auf dieser Konklusion wird die konzeptuelle Figuration *Law on Trial: Satirische Mimikry* vorgeschlagen.

Im Wechselverhältnis mit einer allgemeinen Adressierung von zeitgenössischen Künsten und Rechtsprechung widmete ich mich in dieser Arbeit einer differenzierten Detailanalyse der Agentur Forensic Architecture im Kontext der Gegenwartskünste. Damit leistet diese Studie einen Beitrag zur kritischen Theoretisierung sich transformierender Manifestationen des Künstlerischen in Bezug auf Produktion, Habitus, Äußerung und institutionelle Einbettung.

Während hier Ästhetik und Poetik als künstlerisch begriffen werden, ist für Forensic Architecture die Ästhetik der Kunst übergeordnet, wenn die Agentur jene nicht sogar von dieser abgelöst positioniert. Die hier verfolgten Argumentationslinien überschneiden sich insofern partiell mit denen, mittels derer sich Forensic Architecture selbst setzt; in den grundlegenden Genealogien sind sie jedoch verschieden. (Die Selbstbegründung der Agentur kommt insbesondere aus Eyal Weizmans Theoretisierung der Besatzungsarchitektur und der veränderten Zeug:innenschaft.) Die eingangs erwähnten Verschiebungen nach dem Schema *von–zu* sind auch Resultat einer Disziplinen- und Institutionsgründung, die geltende Diskurse (Dokumentarfilm, Psychoanalyse, Dekonstruktion etc.) herbeizitiert, um sich von ihnen abzugrenzen – nicht ohne Pathos einer *innovativen Korrektur*. Tatsächlich *sind* die Investigationen innovativ und wirken vorhergehenden Wahrheitsfindungsmethoden gegenüber erhaben, werden aber, wie alle anderen jurisdiktionellen Medien und Methoden zuvor,[685] vom *Fakt* zum *Fake* mutieren. Die Geschichte der forensischen Techniken ist schließlich auch eine von Justizirrtümern. Zugleich sind Wahrheitsfindungsmethoden wie die des simulierten Modells heute problemlos kompatibel mit anderen westlichen und internationalen Rechtsprechungsverfahren, im Gegensatz beispielsweise zu mündlich-gesanglichen testimonialen (Rechts-)Kulturen. Untersuchungen von Forensic Architecture spiegeln und sind forensische Archivpraxis gegenwärtiger visueller Kulturen, in denen aktuelle Medien der Rechtsprechung verschränkt eingesetzt werden. Eine Leistung der Agentur wird sein, den Zeitgeist der ›Urteils-

---

[685] Diese sind entsprechend Vismanns (vgl. 2011) Mediengeschichte des Rechts: Akten, Stimme, Öffentlichkeit, Fotografie, Kino, Fernsehen und Fern-Justiz.

gesellschaft‹[686] anhand von Bild- und Wahrnehmungspolitiken diagnostiziert und beeinflusst zu haben. Unabhängig von den Wirkungen, welche die Investigationen im rechtlich bindenden Sinne erzielen mögen, agiert die Agentur, speziell in Kunstkontexten, als souveräne Gestalterin von Bildpolitiken. Ihre diskursiv gesetzten Zäsuren (wie die Ablösung von Dokument und Archiv oder die Überwindung textbasierter Kritik durch die »Forensis«), die stark über Medienbrüche erzählt werden, sind hingegen teilweise zu kurz gegriffen.

Die in der »Forensis« praktizierte forensische Medienproduktion und -rezeption ist voller Implikationen, wobei sie meiner Einschätzung nach im Wesentlichen darin besteht, sich über die sprachbasierte Arbeit an der Vergangenheit hinwegsetzen zu wollen. In diesem Zuge grenzt sie sich auch von dokumentarischen Medienpraktiken, von einer psychoanalytisch informierten Arbeit sowie vom Essay und den damit verknüpften kognitiv, theoretisch und linguistisch angelegten Denkmodi ab. Sie tut dies zugunsten eines handlungsorientierten Modelldenkens: Simulation ist quasi das darin stattfindende Denken. Dies erscheint als Resultat des Bemühens, postmoderne Kritik auf die Ebene der Anwendung zu überführen, wofür die Agentur eine theoriegestützte praxisbasierte Revision spezifischer Auslegungen poststrukturalistischer Kritik verfolgt: des Faktisch-Fiktiven, der kritischen Debatte ohne Entscheidung et cetera.

Aus jenen Zäsurpostulaten lassen sich relevante Diagnosen extrahieren. So wurde deutlich, dass viel kritische Attitüde im Sinne eines *self-promotional* Turbokapitalismus im Spiel ist. In Hinblick auf visuelle Evidenzverfahren muss die transformierte Identitätspolitik von Forensic Architecture als solche *identifiziert* werden: Denn an ihre Stelle tritt kuratierte *corporate identity*. Üblicherweise beruhen Firmen aber auch Architekturbüros auf einer durch Grafikdesign gestützten unternehmerischen Identität. In Folge finden visuelle Codes, Techniken und rhetorische Verfahren Einsatz, die als objektive gelesen und die, historisch variierend, mit Beweis, Erläuterung und Aufdeckung in Verbindung gebracht werden. Wenn die Agentur in der Investigativen Ästhetik mit Datenobjekten operiert, orientiert sie sich an »Pläne[n], Diagramme[n], Programme[n], Studien, Forschungen« (Guattari 2016: 42), die im rechtlichen Bereich der Evidenz dienen. Das heißt, die Investigationen folgen bestimmten (Medien-)Ästhetiken, detektivischen Narrativen sowie Rhetoriken und Stilen des Objektiven. Die gestalterische Dimension ist für die »Instituierung« wesentlich. Stil ist zitierbar, aber häufig auch erst rückblickend als solcher erkennbar, indem die Rezeption ästhetisiert. Während Stil, als ästhetische Vereinheitlichung einer Methodik, Ontologie sugge-

---

686 Dieser Terminus ist angelehnt an *Gesellschaft als Urteil: Klassen, Identitäten, Wege* (2017) von Didier Eribon.

rieren kann, wird Stilisierung beispielsweise in der Adressierung von *Truth and Fact in Documentary Cinema* (Herzog 1999) als wesentlich empfunden:

> There are deeper strata of truth in cinema, and there is such a thing as poetic, ecstatic truth. It is mysterious and elusive, and can be reached only through fabrication and imagination and stylization. (Ebd.)

So lautet das fünfte Prinzip der berüchtigten *Minnesota Declaration* (1999) des Filmemachers Werner Herzog.[687] An die *stylization* anknüpfend: Auf welchen Darstellungsmitteln basiert die »Instituierung«? Da die Professionalität und somit auch der professionelle *Auftritt* der Agentur zu einem Großteil aus gestalterischen Verfahren gespeist wird, ist ersichtlich, dass Forensic Architecture sich zur Marke einer *cutting-edge* technologischen Konfliktforschung entwickelt hat. Der professionelle Webauftritt trägt zur Institutionalisierung[688] bei und führt zu einer publizistischen Angleichung von Institutionen, Kollektiven und Initiativen, die allesamt dem Zwang der Vermarktung unterliegen. Solche Gründungsakte machen aus der Selbstreflexion einen sich selbst historisierenden Modus ewiger Gegenwärtigkeit (dies wurde insbesondere im Zwischenfazit zum Nachlass diskutiert).

Mit dem Vertrag als Begründungsmetapher realisiert sich das Künstlerisch-Investigative unter relativ abgesicherten Bedingungen: durch appropriierte institutionell-firmliche Strukturen (universitäre Verwaltung, Personal, Branding), Publikationslisten, Fußnoten, Datenbanken et cetera. Unter Einbezug von Kritik abwehrenden Expert:innen produziert die »Forensis« eine Form der wasserdichten Argumentation vor dem Recht und der Kritik. So beweist eine Investigation nicht nur einen Sachverhalt, sondern auch ihre eigene Relevanz. Etabliert wird nicht einzig eine Skepsis gegenüber einem sprachbasierten Kritik- und selbstreflexiven Werkbegriff, sondern ebenso eine gegenüber dem nicht unmittelbar Wirksamen der künstlerischen Produktion und der gesellschaftlichen Einmischung. Am Verbrechen mit kriminalistischen Analysen anzusetzen entpuppt sich als Kritikstrategie, die nicht Selbstoptimierung an Kreativität koppelt (so die Kritik an der *counterculture* der 68er-Bewegungen): Kritik wird nicht erst retrospektiv zur *commodity*, sondern ist über den Vertrag von Anfang an ein Werk oder Service. Das unternehmerische Künstler:innenkollektiv – hier als detektivische Forschungsagentur – proklamiert und programmiert Korrektur, nicht alternative Ideologie oder Utopie.

---

[687] Dieses Prinzip verkündete Herzog an das Publikum seiner Einzelschau im Walker Art Center.
[688] Siehe diesbezüglich Unterkapitel I.1.3.

Auf welchem Geschichtsbegriff basiert das diagnostische Krisendenken, auf welchen fußen die Krisendiagnosen? Zuvorderst ist eine Krise staatlicher Repräsentation anzuführen. Es ist nicht primär die Gründung von Para-Museen[689] oder Para-Gerichten, sondern die Herstellung von *missing links* zwischen Instanzen, welche die Agentur vorzunehmen intendiert.[690] Dies wird in ihrem Falle über institutionelle und quasi-institutionelle Kooperationen mit zivilgesellschaftlichen Initiativen, nicht-staatlichen und überstaatlichen Instanzen erreicht, stets im Spannungsfeld zum Staat als zu untersuchendem Gebilde und Verkörperung der Idee von Rechtsstaatlichkeit. So werden Recht und Gesetz auf die Probe gestellt; zugleich entspricht ein Handeln ›im Namen des Gesetzes‹ einer ausgleichenden wie korrigierenden Tätigkeit. Vorzugeben, die Beweisproduktion besser zu beherrschen (auch kompensatorisch zur gerichtlichen Ermittlungsarbeit und journalistischen Recherche) als die dafür vorgesehenen Akteur:innen, entspricht einer Steigerung, um dem potentiellen Vorwurf einer ›Pseudowissenschaft‹ im Vorfeld den Wind aus den Segeln zu nehmen. Ebenso geschieht dies über die Entwicklung eines innovativen designbasierten Instrumentariums, untermauert durch Begriffsbildung. Die Agentur suggeriert (anders als Ruhm und Philip), ein Happyend sei möglich – entsprechend des detektivischen Narrativs: »Das Ende des Detektiv-Romans ist der unbestrittene Sieg der ratio – ein Ende ohne Tragik, aber verquickt mit jener Sentimentalität, die ein ästhetisches Konstituens des Kitsches ist.« (Kracauer 1979: 131)

Können Kitsch und Stile des Objektiven einander überschneiden? Wichtig erscheint in diesem Zusammenhang die Frage nach der Rhetorik, mithilfe derer die Proklamation einer Trendwende womöglich einen Allgemeinplatz bedient. Cassin (2005: 861–862) schreibt: »A commonplace is not a cliché, it is a bank, a stock, a tank of available arguments and a place in which to seek, find and invent arguments [...].« Dies fordert zur (hier nicht unternommenen) Nachforschung auf, ob *popular entertainment* realen Tendenzen folgt oder ob umgekehrt Forensic Architecture den *commonplace* (beziehungsweise Topos) *forensic fetishism* heranzieht, um ihr Argument aus diesem heraus zu (er-)finden. Diese Frage legt folgenden Vergleich nahe: Während in der Fernsehserie *CSI* der »Forensiker«, »Spurensicherer« oder »Laboranalytiker« die Erzählung bestimme (vgl. Engell

---

689 »Das Para-Museum ist [...] kein Antimuseum. Es ist vielmehr die unheimliche Praxis, die die Geister der sedimentierten Konflikte und Gewaltgeschichten zum Leben erwecken will.« (Sternfeld 2018: 92)

690 Heute lasse sich der »Wandel gegenüber dem Recht des 19. Jahrhunderts [...] daran [...] erkennen, dass die Rolle der Selbstorganisation auch sichtbarer dadurch wird, dass sich an Stelle der staatlichen Gerichte immer mehr reflexiv selbstorganisierte Institutionen der Mediation entwickeln« (vgl. Ladeur 2016a: 307).

2017: 301), sind solche Figuren in den Fällen von Forensic Architecture außerfilmisch und -fiktional verortbar – als die physische Präsenz des Direktors oder der Forschenden in Prozessen, Diskussionen und Interviews. Innerdiegetisch (innerinvestigativ) gibt es nicht nur keine Detektivfigur, sondern ebenso wenig ein Publikum. Die Körperlichkeit der Forensic Architecture-Detektiv:innen bleibt den Investigationen entzogen (die Stimmen des Voiceovers beispielsweise entstammen keiner Ich-Rede, das Wir ist abstrahierte ›Agentur‹) – dem Affektentzug wurde ein Zwischenfazit gewidmet.[691]

Die Rede der Agentur unterscheidet sich von der nicht-rhetorischen *Parrhesia*[692] (die selbst eine rhetorische Figur ist). Somit waren die Investigationen in ihrer Rhetorizität zu analysieren. Denn die Verteidiger:innen, dazu da, Richter:innen zu überzeugen, gelten als Rhetoriker:innen eines Gerichtsprozesses. Nicht selten arbeiten sie mit Vergleichen, die auch in der Gestaltung der vorliegenden Studie bedeutsam sind. Nach einer ähnlichen Rhetorik funktionieren die Investigationen: Setzungen in faktualer Rede/Montage, deklarative Aussagen (Deklaration: rechtliche Veröffentlichung), Sprechen im eigentlichen/wörtlichen (nicht metaphorischen) Sinne, aber auch mitteilendes persuasives Zeigen und Ausstellen in der Agora.[693]

Es ist jedoch eine weitere rhetorische Dimension feststellbar: Die an *rumor* (der als »unbestätigte Information« [Weingart 2006: 57] im »allgemeinen Interesse« [Bergmann 1987: 96, zit. n. ebd.] steht) und *gossip* geknüpfte Rede stützt auf Umwegen als Akt des Politisch-Machens das Gerichtliche. Veröffentlichungen mit *publicity* umwerbend ist *rumor/gossip* geprägt von sprachlicher Ungenauigkeit. Es wurde herausgestellt, dass die Künste im Allgemeinen nicht nur Wissensorte bieten und das Kunstsystem im Speziellen nicht nur Distributionsfeld ist, sondern dass es sich für (Selbst-)Inszenierung anbietet und als Vermittler von (sophistischem) *fame* eignet. Die Investigationen bedürfen der Kunstinstitution insofern nicht nur, um möglichst nachhaltig verbreitet zu werden, sondern auch, um die Bekanntheit als Hebel zur partikularen Veränderung und darüber hinaus

---

691 Entgegen der Feststellung Siegels (vgl. 2014: 41–42), dass es die Detektivfigur brauche, um Technologien der Aufdeckung zu verkörpern, durch welche ein Körper zum Sprechen gebracht werde.
692 Die Vorlesungen aus 1983–1984, in denen sich Michel Foucault mit der *Parrhesia* beschäftigte, sind in *Das Wahrsprechen des Anderen* (1988) publiziert.
693 »[T]hanks to the sophists [...] we reach the dimension of the political as *agora* for an *agôn*: the city as the continuous creation of language. [...] He [the Sophist, LS] knows and teaches how to move, not according to the bivalency of the principle of non-contradiction, from error to truth or from ignorance to wisdom, but according to the inherent plurality of comparison, from a lesser state to a better state.« (Cassin 2000: 108, H.i.O.)

einzusetzen.⁶⁹⁴ Nur mit *fame* wird mitunter transformative Intervention wahr- und angenommen. Arbeiten wie die vorliegende tragen zur Bekanntheit der Agentur bei, heute gekoppelt an Relevanz und gesellschaftspolitische Intervention, und profitieren zugleich selbst von dieser Relevanzzuschreibung. *Gossip* wurde laut Isabelle Graw, der Co-Herausgeberin von *Texte zur Kunst*, in der »Kunstwelt« besonders auf Messen salonfähig, obwohl der »Einfluss auf Urteils- und Interessensbildung [...] zumeist uneingestanden« bleibe (vgl. Graw 2006: 43). Aber auch die künstlerische Forschung, ließe sich argumentieren, begünstigt diese Kommunikationsform. Die in normative Debatten und Fragen um materielles Erbe hineinreichende Forensik lenkt jedoch erfolgreich vom *gossip* ab. Als Ort der Wissensproduktion wird das Großraumbüro beispielsweise zu einer Quelle von Anekdoten der Kollaboration und nimmt so die Position des »abwesend-anwesenden Dritte[n] [als Dispositiv und Topos, LS], über den gesprochen wird« (so Weingart 2006: 55 über »Klatsch«), ein. In der Diskurskunst als »Gossipkunst« (Graw 2006: 49) fallen Produktion und Verhandlung bei den gleichen Akteur:innen zusammen.⁶⁹⁵ Der von Forensic Architecture geführte sophistische Diskurs über das eigene Werk funktioniert auch als mitlaufender Kommentar oder teilweise unabhängige Untertitelung; diese mündliche Dimension gewährleistet stets transformativ und rascher als textliche Publikationsmedien hinzufließen, wo Probleme sind und sich aktuelle Diskurse formieren. Generell werden in Kommentarform filmische oder literarische Werke vergegenwärtigt/erklärt/ergänzt. Das mündliche Wort kann nicht so einfach festgeschrieben werden, da es der Konvention unterliegt, im wissenschaftlichen Kontext nicht zitiert werden zu sollen (ungleich in der sophistischen Rhetorik). Bei aller öffentlichen Präsenz vollzieht die Agentur mit der Investigativen Ästhetik eine teilweise Rücknahme einer sich mit dem Mündlichkeits- und Öffentlichkeitsgrundsatz vollzogenen Wendung, die in Folgendem bestand:

> Erfolgt die Beweiswürdigung nicht mehr formal und aus der Distanz [wie während der schriftlich-geheim funktionierenden Inquisitionsprozesse, LS], sondern in unmittelbarer Anschauung [...], lässt die damit verbundene Umstellung von Text- auf Interaktionsherme-

---

694 Ob es das in den Investigationen bewahrte Wissen, die Zahlen, die Methode, ihre Archivierung oder ein anderer Aspekt sein wird, der für die ›Nachwelt‹ von Interesse ist, wird sich herausstellen.
695 Sowohl die Kulturproduzent:innen als auch deren Erzeugnisse weisen diese Tendenz auf. Graw (2006: 48) geht so weit, von einer Umkehrung zwischen Künstler:innen-Subjekt und Kunstobjekt zu sprechen: »Künstlerischen Arbeiten werden [...] häufig erkenntnistheoretische Operationen wie ›reflektieren‹, ›untersuchen‹ oder ›analysieren‹ zugeschrieben, was ihnen den Status von Subjekten verleiht.«

neutik, von formeller auf informelle Rationalität die Bedeutung ästhetischer Momente in der Beurteilung der je konkreten Situation immens steigen. (Weitin 2005: 159)

Während in diesem Zitat ›ästhetisch‹ synonym für interaktionsbasiert und informell angeführt wird, unternimmt Forensic Architecture, wie gezeigt wurde, eine Verschiebung von der Performanz der mündlichen Verhandlung auf die geheime, im Büro erstellte Untersuchung. Da die Forschungsagentur nicht mit der Beweiswürdigung (das ist die Aufgabe der Gerichte), sondern mit der Beweiserstellung beauftragt wird, funktioniert die Wendung nach einem vertrauten Muster: Materielle Fragmente werden als mögliche Zeuginnen behandelt, die sich natürlich verhalten – und das, obwohl sie Inbegriff von (Umwelt-)Beeinflussung sind. Da rechtlich relevantes Wissen und Information nun nicht mehr als in Gesetzbüchern und -texten, sondern als in Architekturen gespeichert oder auf sie übertragen gedacht wird, ist – mit dem neuen Aspekt der Versinnlichung – eine Verschiebung von der Auslegung (Dogmatik) zur Gestaltung zu verzeichnen: Architekturdesign und -simulation werden zum Untersuchungs- und Erprobungsverfahren. Die *hardware* Beweis (mit *software* erstellt) wird umschmückt und *promoted* von *rhetorischer software – gossip*.[696]

Für Kunst- und Rechtstheorie gleichermaßen relevante Problematiken sind heute die Regelhaftigkeit des Kanons und seine Erosion, (Rechts-)Pluralismen, Reflexions- bei gleichzeitigen Wirkungsansprüchen et cetera. Wird eine systemtheoretische mit einer transformationstheoretischen Perspektive verknüpft, kann festgestellt werden, dass sich Kunst- und Rechtssystem – aufgrund geteilter Anliegen, medialer Ausdifferenzierung[697] und Verschränkung der Sphären – aneinander ausrichten und jeweils Elemente integrieren oder abgrenzen (Abgrenzung beispielsweise in Form der thematisierten Ästhetisierungskritik). Diese Studie reflektiert eine intrinsische Verschränkung von Institutionskritik mit service-, aufklärungs- und anwendungsorientierten Ansätzen, welche die Künste jenseits einer bloßen Entgrenzung in Inter- oder Transdisziplinarität denken lassen; dies bewirkt, wie ich zu zeigen versucht habe, nicht per se eine Auslöschung disziplinärer Grenzen, vielmehr lassen sich disziplinäre Migrationsbewegungen ausmachen, die auch institutioneller Art sind. So wird es möglich, im Museum – eher als

---

696 Vismann (vgl. 1999a: 284) nennt verwaltungstechnische Übertragungen (vom Realen zum Symbolischen) *hardware* (versus der rhetorischen *software*).
697 So schreibt Vesting (vgl. 2015: 169) beispielsweise: »Eine enge Verbindung von Rechtsevolution und Medienevolution« lasse sich sowohl in der »Verfeinerung der juristischen Argumentation« mit der schriftlichen Urteilsbegründung in den europäischen Gerichten ab dem 18./19. Jahrhundert als auch den »meisten Typen juristischer Expertise« aufzeigen.

in einem gerichtlichen Umfeld – staatskritisch oder -satirisch anzuklagen. Satire ist auch eine strategische Antwort auf methodische Umkehrungen in rechts- und linksorientierten politischen Kulturen.

Schlussendlich soll doch noch eine antiessentialistische Kunstdefinition vorgeschlagen werden: Wenn Kunst dorthin fließt, wo Probleme liegen, lassen sich neue Genealogien der Gegenwartskünste denken: entlang von Krisen und Warnungen, wie sie etwa der *Club of Rome* zukunftsweisend formulierte und dabei die Unangemessenheit der Politik, der Gesetze und ihrer Umsetzung feststellte. Es ist wiederum auch typisch für die Künste, das in anderen Bereichen Randständige und Lückenhafte einzubeziehen und sich selbst an Randgebieten anzusiedeln. Der Kunsttheorie kommt dabei – diese Arbeit demonstriert es – die besondere Erlaubnis zu, benachbarte Theoreme einzuschließen. Absicht dieser Studie war, jene Benachbarung der Gegenwartskünste zu Dispositiven der Rechtsprechung aufzuzeigen. Denker:innen wie Guattari und Simondon entwerfen die Ästhetik als Synchronisationsmoment. Mit Simondon lässt sich die Kunst als Verfahren denken, das nicht nur reparativ, sondern auch reaktiv dort hinfließt, wo Konflikte sind. Derzeit sind es Problemlagen des symbolischen Systems ›Staat‹ (mit Simondon gesprochen als Teil von Religion und Technik oder mit Foucault [vgl. 2003: 70–72] von Kirche und Verwaltung[698]). Die Kunst ist dabei der fließende Signifikant, die Leerstelle, die nach dem Schema *art as* oder *artist as* in Dienst genommen wird.

Relative Autonomie als Autonomie zweiter Ordnung gibt es aktuell, als Gegenwartsdiagnose, nur bezogen auf sich instituierende Institutionen und die Produktion, nicht auf definitorischer Ebene. Die Künste haben somit keine Eigengesetzlichkeit,[699] sondern bewegen sich dorthin, wo Konflikte anderer Bereiche liegen. Sind sie somit immer voraus, oder aber ein Ausweichquartier, ein *soft-battleground*?

Mithilfe der Phrase *law on trial* lassen sich nahezu idealtypisch die in dieser Arbeit behandelten Verfahren problematisieren: Sie untersuchen *law* und stellen zugleich die eigenen Bedingungen *on trial* – und auch ich stelle in dieser Arbeit

---

[698] »[...] Die Kirche war die Institution, die mit ihrer territorialen Organisationsstruktur das kanonische Recht zu einer der Grundlagen des späteren staatlichen Verwaltungsrechts gemacht hat.« (Ladeur 2016a: 143)
[699] Im Gegensatz zum Plädoyer Rebentischs (2013: 44, H. LS): »Statt die Kunst weiterhin zum Spiegel der Philosophie machen zu wollen, sollte man sie endlich in ihren genuinen Qualitäten, ihrer *Eigengesetzlichkeit*, also als autonome, in den Blick treten lassen.«

Recht auf die Probe. Wenn sie das nicht tun, arbeiten sie womöglich mit satirischer Verschleierung der eigenen Konstruiertheit.

Historisch kontextualisierend und zugleich abgrenzend erwähnt sei an dieser Stelle der sogenannte Juristenprozess (1947): Während der Nürnberger Militärtribunale (NMT) saßen ehemalige Angehörige der NS-Justiz als Exempel im Sinne eines Schauprozesses selbst auf der Anklagebank:

Im Aufsatz *Fall 3: Juristen vor Gericht, Recht auf dem Prüfstand und das Erbe der »Zivilisation«* untersucht Christiane Wilke die widersprüchlichen Rechtsbegriffe, mit denen der Fall operierte: Während die Verteidigung darauf beharrte, die Angeklagten hätten konform nach damals geltendem nationalem Recht gehandelt, argumentierte die Anklage, dass Deutschland als prinzipiell zivilisiertes Land eine barbarische Zeit durchlaufen habe, das Völkerstrafrecht aber nicht aufgehört habe zu gelten, nach dem nun Kriegsverbrechen und Verbrechen gegen die Menschlichkeit gestraft werden könnten. Der Zivilisationsbegriff, auf den Bezug genommen wurde, war jedoch einerseits ein koloniales Erbe, der die Welt hierarchisch strukturierte, anderseits erlaubte er dem (nicht als rechtmäßig akzeptierten) richterlichen Urteil dem »Prinzip, dass jede Tat nur nach jenem Recht beurteilt werden kann, das am Tatort zur Tatzeit galt«, zu widersprechen. Das Erbe der NMT für die Menschenrechte sei somit ein ambivalentes, denn Recht mag auf dem Prüfstand gewesen sein, was jedoch nicht dessen Selbstreflexion gedient habe, da Recht »kategorisch als zivilisierende Größe« behandelt worden sei. (Vgl. Wilke 2013: 288–319)

Im Unterschied dazu ist die Figuration *law on trial* explizit reflexiv zu begreifen. Befindet sich *law on trial*, können im engeren Sinne Gesetze, Rechtsdogmatik, -normen und -institutionen gemeint sein oder im weiteren Sinne Gesetzmäßigkeit, Rechtsgewalt, -system und -wandel sowie die in »Interlegalität« (Santos 1987: 298, zit. n. Seinecke 2017: 223) erodierende Dichotomie von Recht und Unrecht. Rechtsordnungen selbst stehen also zur Verhandlung. *Law on trial* ist insofern nicht nur und nicht primär als Prozess mit resultierender Verurteilung zu verstehen, sondern im rechtspluralistischen Sinne als »alternative Imagination[ ] des Rechts« (Seinecke 2017: 223), um »andere Quellengattungen in die historische Rechtsforschung« (ebd.) einzubeziehen. Auch Wissensquellen sind angesprochen, wenn die Agentur für rechtliche Forderungen pragmatisches Reflexionswissen aus den Künsten bezieht. Zum anderen überschneiden sich, wie erwähnt, die Anliegen, wenn es beispielsweise darum geht, über die Etablierung als Stil oder als Gesetz nachzudenken, sie herauszufordern oder ihr zu opponieren.

Es kommt zu einer horizontalen und hybriden Verknüpfung von Wissensbeständen: »Das Recht thront nicht über anderen Normativitäten.« (Ebd.: 222) So unterstützt der methodische, institutionelle und diskursive Einbezug des Künstlerischen, durch Wahrheits- und Normativitätskritik sowie fiktionsgenerierende Eingriffe im weitesten Sinne poststrukturalistisch geprägt, Recht als etwas zu verstehen, das nicht nur in Verhandlung und Urteil umzusetzender Rechtszwang ist. Ziel dabei ist, transformatives Recht iterativ in die Lebenswelt zu integrieren.[700] *Law on trial* zu setzen, und zwar als Teil einer künstlerischen Forschung, die künstlerisch Rechtskulturen reflektiert und mithilfe künstlerischer Strategien Recht praktiziert, entspricht dem Unterfangen Cassins (2000: 107): »showing how sophistical doctrine obliges philosophy to reflect on itself, and reflect itself«. Sie legt die Argumentationsstruktur des dialogförmigen Werks *Sophist* frei, in dem Platon intendiert habe, »to construct the sophist as the negative *alter ego* of the philosopher« (vgl. ebd.: 105, H.i.O.). Debatten um Transdisziplinarität und speziell um Kunst in der Forschung erinnern an Debatten um Sophismus in der Philosophie. Weniger die Rehabilitierung der Kunst oder des Sophismus stehen mit dem *linguistic* und *performative turn* an, sondern das Erkennen der Dialektik beider Paare, um eine kritische Revision von philosophischem und wissenschaftlichem Selbstverständnis vorzunehmen. Sophismus tritt bei epistemologischen Auseinandersetzungen um künstlerische Forschung auf, weil es um das (vermeintlich) Andere der Disziplinen, um Überzeugungstechniken, ungesichertes Wissen, Wissensvermittlung und -verbreitung geht.

Das leitet über zur satirischen Mimikry, das heißt zur gesteigerten Form der Imitation, wenn es um staatliche Aufdeckungsverfahren geht. Die Investigation sucht via Evidenz ungesichertes Wissen zu versichern. Kollektiv übernehmen die Expert:innen das Risiko, verbürgen sich kasuistisch für die Konzipierung enthüllender Strategien, um Gerechtigkeit auszubauen. Die radikale und satirische Mimikry ist ein Verfahren, in dem Recht mit Recht konfrontiert, Evidenz mit Evidenz widerlegt, postrepräsentationskritisch repräsentiert und geheim gegen Staatsgeheimnisse und Intransparenzen vorgegangen wird – Gleiches mit Gleichem vergeltend, bloß auf klügere Art. Schließlich wählt die forensische Argumentation die »Verteidigungsstrategie der Wiedererkennung« (Vismann 2001: 50). Der Evidenzbegriff löst den der Erfahrung ab und erlaubt zugleich Anschluss an den in den Künsten hochgehaltenen Begriff der Reflexivität. Evidenz nimmt hier jedoch die Gestalt einer im Werk generierten Reflexivität an: Hier kommt der Erkenntnisbegriff hinein, dem nach dem strukturellen Prinzip von Forschungsfrage–Hypothese–These begegnet wird. Darin steckt die Möglichkeit sowohl der

---

[700] Denn, so Seinecke (2017: 224): »Wenn Recht sich primär in Gericht, Verfahren und Urteil erschöpft, dann hat es außerhalb dieser Topoi keinen Ort. Das Recht ist nicht in die Lebenswelt integriert.«

Kommerzialisierung als auch der Professionalisierung der künstlerischen Forschung, die mit Antragsrhetoriken arbeitet und daher immer schon im Vorfeld ihre eigene Relevanz behaupten muss. Die Praktiken der Evidenzproduktion und die Verschränkung kriminalistischer Ansätze mit Systemästhetik und Medienreflexivität sowie die Verschränkung von Archivarbeit, Fiktionalisierungen und Dokumentarismen fordern heraus, was seit der Postmoderne gemeinhin als zeitgenössische Kunst verstanden wird.

Satirische Mimikry ist durch das Stilmittel versinnlichter Objektivität eine satirische Objektivität. Als methodischer Stil bleibt Satire verborgen – doch gerade die rhetorische Imitation und Steigerung der Objektivität (auch im Sinne der vor Augen geführten Evidenz) ist satirisch schlechthin. Der staatlichen Wahrheit wird mit effektbasierter Ästhetik – als technologisch gesteigertes Empfindungsvermögen neuer Akteur:innen (Architektur und die Erde als Tatort) – entgegnet. In der satirischen Kritik wird mangelhafte Wirklichkeit idealer Untersuchung (sowie unter Umständen auch bezogen auf Beweismaterial, Gesetzesinterpretation und Urteil) gegenübergestellt. Recht wird in die Künste gerufen, auch, um Kunstkonventionen selbst zu verhandeln. Die Satire der Agentur ist von Werten der einstigen überpositiven Metaebene der Menschenrechte bestimmt: Korrektiv-satirisch liegt sie über dem Gesetzten. Nicht Charaktere (wie Staatsvertreter:innen) werden persifliert, sondern die Verfahren der Judikatur in Form einer Mimikry. Wird hier geklagt oder bloß gemahnt? Es handelt sich nicht um einen Versuch (*essay*) über das Recht, sondern um ein *trial* des Rechts. Wenn auch nicht unbedingt buchstäblich und ordentlich, beschert Forensic Architecture einer staatlichen Instanz zumindest einen symbolischen Autoritätsverlust: Weil seiner Untersuchung widersprochen oder eine ausstehende Untersuchung durchgeführt wird, steht der keine Konsequenzen ziehende Staat in Schuld und untergräbt seine Legitimität. Teilweise und angedeutet lässt sich sogar eine Bloßstellung beziehungsweise ein Spott gegenüber staatlichen Instanzen verzeichnen. Und zwar geschieht dies in Form einer Ermahnung, das Recht zu wahren und das Gesetz an Gerechtigkeit zu koppeln – im Wissen, dass Gesetze als *lawfare* eingesetzt werden können. Institutionelle Strukturen erlauben es der Agentur, über Verträge und rechtliche universitäre Repräsentation relativ abgesichert und subtil zu spotten. Sie entgeht weitgehend der Zensur. Rechtsinstanzen rechtlich zu untersuchen *is to put law on trial*.

IV.3 Ausblick

Im angelegten Analysekosmos einer (medien-)kulturwissenschaftlich orientierten Geschichte der Gegenwartskünste, die Erkenntnisse generiert, indem sie rechtstheoretische wie -philosophische Ansätze einflechtet, würden sich Perspektiven vertiefen lassen, wo Diskursstränge lose Fäden hinterlassen haben, die in Zitaten, Paraphrasen, Sekundär- und Tertiärliteratur weiter zirkulieren und widerlegt werden.

Herausgegriffen sei einer von vielen möglichen Anknüpfungspunkten: Aktuell erscheint mir eine *kuratorische Perspektive auf juridische Handlungsarchitekturen in multidirektionalen Konfliktkonstellationen* ein Desiderat zu sein. Ansätze einer kulturtechnisch orientierten Rechtsforschung (wie sie beispielsweise Jan Christoph Suntrup praktiziert) und eine Ausweitung des Kuratorischen jenseits des Künstlerischen und der Ausstellung (wofür etwa Beatrice von Bismarck Terminologien bereitstellt) zusammenzuführen und weiterzuentwickeln, könnte erlauben, Relationsdynamiken menschlicher und nichtmenschlicher Akteur:innen (etwa Exponate, Evidenzverfahren und [medien-]architektonische Prozessordnungen in *transitional justice* Situationen) zu studieren. Mitunter führt ein Wechsel von einer ästhetischen Betrachtung von Werken zu einer sowohl von Einzelfällen als auch episodischen Prozessen indirekt zurück zur Kunstförmigkeit von Verfahren an der Schwelle zur Gerichtsbarkeit. Dazu gehören minoritäre Figurationen wie die ›Nebenklage‹ und damit affekttheoretische wie infrastrukturelle Betrachtungen ihrer (De-)Manifestation, aber auch die noch grundlegendere Frage: *How to make a case?*

Ein solches Vorgehen impliziert eine Fokusverschiebung von der Idee der *Forschungslücke* zu der einer individuellen *Forschungskonstellation* – wiewohl eingebettet in »Denkkollektive« (Fleck 1935) – sowie ein Denken entlang von Modellen.[701] Die Lücke bleibt insbesondere dort bedeutsam, wo im Sinne des Exemplarischen zukünftige Wissenschaftsperspektiven auch in Materialfunden an archivarischen Rändern und Leerstellen liegen: mit dem Versprechen auf methodenreflexive, ökosophische und machtsensible Auseinandersetzungen mit »inexorable concern[s]« (Philip 2008: 191) – unerbittlichen Anliegen/Sorgen/Bedenken.

---

701 In seiner »Denkkollektivtheorie« (Fleck 1935: 45) schreibt der Wissenschaftshistoriker Ludwik Fleck über die Durchlässigkeit der »Denkstile«, da ein Individuum mehreren »Denkkollektiven« gleichzeitig angehöre (vgl. ebd.: 51): »Obwohl das Denkkollektiv aus Individuen besteht, ist es nicht deren einfache Summe.« (Ebd.: 48)

Danksagung

Unablässig, treu und auch widerspenstig begleitete mich dieses Forschungsprojekt beinahe überall hin: Zum Notizzettel werden konnte die Kaffehaus-Serviette, das Kinoprogramm, die telefonische Notiz-App oder das dafür vorgesehene Schreibbuch.

Zwei Professorinnen haben mein Doktoratsstudium, in dem die hier in Überarbeitung vorliegende Studie entstand, besonders nachhaltig geprägt – ihnen gilt mein großer Dank: Sabeth Buchmann, die meine Dissertation äußerst umsichtig betreute, danke ich für ihre fachliche Expertise und die detailgenaue Lektüre; ihre kritischen kunstwissenschaftlichen Schriften, gesellschaftspolitische Haltung und wertschätzende Weise akademische Verbindungen zu ziehen sowie die Präzision ihres topologischen Denkens waren mir stets Vorbild. Elisabeth von Samsonow, die mich über meine Diplomarbeit hinaus begleitete, ist aus meiner wissenschaftlichen Entwicklung nicht wegzudenken; die Grundzüge zu dieser Forschung entstanden in Gesprächen mit ihr – etwa über die Erde als Tatort, Spion:innen oder die Satire –, die in wertschätzender Erinnerung bleiben.

Zudem geht ein herzlicher Dank an Beatrice von Bismarck, die als Zweitgutachterin meiner Dissertation agierte und deren Schriften zum Kuratorischen mich sehr inspiriert haben. Ebenso bedanke ich mich bei Elke Krasny, die den Prüfungsvorsitz bei der Defensio innehatte und mit der ich bereits seit vielen Jahren im Austausch stehe. Gemeinsam mit Sabeth Buchmann und den Zuhörenden machten sie meine hybrid abgehaltene Verteidigung zu einem für mich unvergesslichen intellektuellen Ereignis.

Ein herzlicher Dank gilt zudem: Thomas Macho, dafür, dass er mein Projekt mit kulturwissenschaftlichen Denkweisen bereicherte und mich auf die Schriften Cornelia Vismanns aufmerksam machte; Julia Boog-Kaminski für ihre klugen Kommentare zu meinen Texten; Ulrike Matzer für ein erstes und Moritz Bensch für ein umfassendes abschließendes Lektorat. Ich danke Forensic Architecture, M. NourbeSe Philip und Constanze Ruhm für die Vorlage investigativer Arbeiten, die mein Denken herausgefordert haben, und speziell letzterer für das Vertrauen, Teile ihres Werkkomplexes zu untersuchen. Für Austausch verbunden bin ich auch Beate Absalon, Mirela Baciak, Thomas Ballhausen, Hannah Bruckmüller, Marc Caplan, Christoph Chwatal, Fiona Faßler, Sophia Gräfe, Johanna Jaspersen, Eva Kernbauer, Sebastian Köthe, Andrea Kretschmann, Christine Lang, Jasmin Mersmann, Jan Mollenhauer, Sebastian Mühl, Karina Nimmerfall, Moritz Pisk, Andrea Popelka, Katharina Steidl, Nathan Stobaugh, Katharina Sykora, Thomas Weber, Christina Wessely und anderen Wegbegleiter:innen. Dazu gehören indirekt auch die anonymen Gutachter:innen sowie die Autor:innen jener Studien, auf die meine Analysen aufbauen konnten.

Karin Feller und Barbara Feller bin ich für ihre Unterstützung und ihren Rat in vielerlei Anliegen dankbar. Manuel Carreón López danke ich für seine fotografischen Ausstellungsdokumentationen in Barcelona, Berlin und Wien, unsere geistreichen Reflexionsgespräche bezüglich meines Projekts sowie seine partnerschaftliche Unterstützung, wenn durch Forschungsaufenthalte bedingt auch über Landesgrenzen hinweg.

Ich danke den Einrichtungen, die das Projekt während der letzten zwei Jahre meines Doktoratsstudiums gefördert und mir somit ein zügiges Vorankommen ermöglicht haben: dem Internationalen Forschungszentrum Kulturwissenschaften, der Literar Mechana und der Akademie der bildenden Künste Wien. Darüber hinaus bin ich der Akademie, an der ich rund zehn Jahre studiert habe, für das kritische Diskursumfeld und die dort eröffneten Möglichkeiten sehr verbunden. Ein großer Dank geht zudem an die Österreichische Akademie der Wissenschaften, die mir im Rahmen des Post-DocTrack-Programms die Finalisierung der vorliegenden Monografie ermöglicht hat, sowie an den Wissenschaftsfonds FWF, ohne dessen großzügige Förderung die Drucklegung und Open-Access Version der Publikation nicht möglich gewesen wäre.

Danke an Anja Michalski und Stella Diedrich vom Verlag De Gruyter für die engagierte Betreuung meiner Publikation. Dass die Schrift in die *Undisziplinierten Bücher* aufgenommen wurde, ist eine besondere Freude; ich danke den Reihenherausgeber:innen Iris Därmann, Andreas Gehrlach und Thomas Macho für die Konzeption dieses Orts für kulturwissenschaftliche Fragen in »unmarkierten Feldern«, wo die Aktualität konstellativen Denkens im Vordergrund steht.

Wien, im November 2021

Abkürzungsverzeichnis

Abb.	Abbildung
Anm.i.O.	Anmerkung im Original
Ca.	Circa
D.	Durch
Dass.	Dasselbe
Ders.	Derselbe
Dies.	Dieselbe:n
Dt.	Deutsch
Ebd.	Ebenda
En.	Englisch
Et al.	Et alii / und andere
Etc.	Et cetera
Fn.	Fußnote
Franz.	Französisch
Griech.	Griechisch
Hg.	Herausgeber:in/Herausgeber:innen/herausgegeben
H.i.O.	Hervorhebung im Original
H. LS	Hervorhebung durch Lisa Stuckey
Ital.	Italienisch
Lat.	Latein
LS	Lisa Stuckey
Min.	Minuten
N. Chr.	Nach Christus
No.	Number/Nummer
Orig.	Original
S.	Seite
Sic	So (lautet die Quelle)
S/w	Schwarz-weiß
TC	Time Code (hh:mm:ss)
U.	Und
U. a.	Unter anderem
Usw.	Und so weiter
V.	Von
V. Chr.	Vor Christus
V. a.	Vor allem
Vgl.	Vergleiche
Vol.	Volume/Jahrgang
Zit. n.	Zitiert nach

Open Access. © 2022 Lisa Stuckey, publiziert von De Gruyter. Dieses Werk ist lizenziert unter einer Creative Commons Namensnennung 4.0 International Lizenz.
https://doi.org/10.1515/9783110732887-007

Quellenverzeichnis

Bibliografie

Achour, Yadh Ben: *Ordnung der Wahrheit, Ordnung der Gesellschaft* (übersetzt aus dem Französischen v. Reinhard Tiffert), in: Okwui Enwezor, Carols Basualdo, Ute Meta Bauer, Susanne Ghez, Sarat Maharaj, Mark Nash, Octavio Zaya [Hg.]: *Experimente mit der Wahrheit: Rechtssysteme im Wandel und die Prozesse der Wahrheitsfindung und Versöhnung. Documenta11_Plattform2*, 2002: Hatje Cantz, S. 137–149.
Adorno, Theodor W.: *Der Essay als Form*, in: Rolf Tiedemann [Hg.]: *Gesammelte Schriften 11. Noten zur Literatur*, 1974: Suhrkamp, S. 9–33.
Adorno, Theodor W.; Ralf Dahrendorf, Harald Pilot, Hans Albert, Jürgen Habermas, Karl R. Popper: *Der Positivismusstreit in der deutschen Soziologie*, 1969: Luchterhand.
Agamben, Giorgio: *Remnants of Auschwitz: The Witness and the Archive* (übersetzt aus dem Italienischen v. Daniel Heller-Roazen, Orig.1998), 1999: Zone Books.
——: *State of Exception* (übersetzt aus dem Italienischen v. Kevin Attell, Orig. 2003), 2005: University of Chicago Press.
Ahmed, Sara: *Living a Feminist Life*, 2017: Duke University Press.
Allenby, Brad; Joel Garreau: *Weaponized Narrative Is the New Battlespace: And the U.S. is in the unaccustomed position of being seriously behind its adversaries*, in: dies. [Hg.]: *Weaponized Narrative: The New Battlespace*, 21.3.2017, Weaponized Narrative Initiative; https://weaponizednarrative.asu.edu/file/272/download?token=kV886rEe [Zugriff: 9.5.2017], S. 5–9.
Alexy, Robert: *Die Natur der Rechtsphilosophie*, in: Winfried Brugger, Ulfrid Neumann, Stephan Kirste [Hg.]: *Rechtsphilosophie im 21. Jahrhundert*, 2008: Suhrkamp, S. 11–25.
Althusser, Louis: *Einführung: Vom ›Kapital‹ zur Philosophie von Marx*, in: Louis Althusser, Étienne Balibar: *Das Kapital lesen I* (übersetzt aus dem Französischen v. Klaus-Dieter Thieme, Orig. 1965), 1972: Rowohlt, S. 11–93.
Amir, Maayan: *Extraterritorial Images: The Media Battle of the Mavi Marmara*, in: Forensic Architecture [Hg.]: *Forensis: The Architecture of Public Truth*, 2014: Sternberg Press, S. 720–740.
Andina, Tiziana; Gianmaria Ajani, Werner Gephart [Hg.]: *Art and Law*, 2017–2020: Brill.
Arendt, Hannah: *DAS URTEILEN: Texte zu Kants Politischer Philosophie* (hg. u. mit einem Essay v. Ronald Beiner, übersetzt aus dem Amerikanischen v. Ursula Ludz, Orig. 1982), 1985: Piper.
Armaly, Fareed: *The (re)Orient. Exhibition Guide* (Orig. 1989), 2021: Museum für moderne Kunst Stiftung Ludwig Wien.
Arns, Inke; Igor Chubarov, Sylvia Sasse [Hg.]: *Nikolaj Evreinov: »Sturm auf den Winterpalast«*, 2017: Diaphanes.
Austin, John L.: *How to do things with Words. The William James Lectures delivered at Harvard University in 1955* (hg. v. J. O. Urmson), 1962: Clarendon Press.

Bachmann, Michael: *Spiele mit Zeugen: Zur Gerichtsbarkeit der Bühne im Gegenwartstheater*, in: Sybille Krämer, Sibylle Schmidt [Hg.]: *Zeugen in der Kunst*, 2016: Wilhelm Fink, S. 211–225.

Baer, Susanne: *Inexcitable Speech: Zum Rechtsverständnis postmoderner feministischer Positionen in Judith Butlers »Excitable Speech«*, in: Antje Hornscheidt, Gabriele Jähnert, Annette Schlichter [Hg.]: *Kritische Differenzen – Geteilte Perspektiven*, 1998: Westdeutscher Verlag, S. 229–252.

—: *Rechtssoziologie: Eine Einführung in die interdisziplinäre Rechtsforschung*, 2011: Nomos.

Balibar, Étienne, Barbara Cassin, Sandra Laugier: *PRAXIS*, in: Barbara Cassin [Hg.]: *Dictionary of Untranslatables: A Philosophical Lexicon* (übersetzt aus dem Französischem v. Steven Rendall, Christian Hubert, Jeffrey Mehlman, Nathanael Stein, Michael Syrotinski; Übersetzungen editiert v. Emily Apter, Jacques Lezra, Michael Wood; Orig. 2004), 2014: Princeton University Press, S. 820–832.

Ballhausen, Thomas: *Gespenstersprache: Notizen zur Geschichtsphilosophie*, 2016: Der Konterfei.

Balsom, Erika: *After Uniqueness: A History of Film and Video Art in Circulation*, 2017: Columbia University Press.

Balsom, Erika; Hila Peleg [Hg.]: *Documentary Across Disciplines*, 2016: Haus der Kulturen der Welt / MIT Press.

Barnett, Clive: *What Do Cities Have to Do with Democracy?* in: engagée: Radical Cities, No. 6, Vol. 7, 2018, S. 11–21.

Bateson, Gergory: *Steps to an Ecology of Mind*, 1972: Chandler Publishing.

Bauer, Ute Meta: *Hausmitteilung*, in: dies. [Hg.]: *META 2 – A NEW SPIRIT IN CURATING?* (Deutsch/Englisch), 1992: Künstlerhaus Stuttgart, S. 4.

—— [Hg.]: *META 2 – A NEW SPIRIT IN CURATING?* (Deutsch/Englisch), 1992: Künstlerhaus Stuttgart.

Baumgarten, Alexander Gottlieb: *Ästhetik. Teil 1*, §§ 1–613 (hg. u. übersetzt v. Dagmar Mirbach), 2007: Felix Meiner.

Baxmann, Inge: *Evidenz des Unsichtbaren: Der Traum von der Aufdeckung der verborgenen Lebensordnung*, in: Daniela Hahn [Hg.]: *Beyond Evidence: Das Dokument in den Künsten*, 2016: Wilhelm Fink, S. 73–83.

Bellingcat: *About*; https://www.bellingcat.com/about/ [Zugriff: 29.1.2019].

—: *How a Werfalli Execution Site Was Geolocated*, 3.10.2017; https://www.bellingcat.com/news/mena/2017/10/03/how-an-execution-site-was-geolocated/ [Zugriff: 20.12.2018].

Benjamin, Walter: *The Author as Producer* (verfasst 1934, übersetzt aus dem Deutschen v. Edmund Jephcott), in: Michael W. Jennings, Howard Eiland, Gary Smith [Hg.]: *Walter Benjamin. Selected Writings, Volume 2, Part 2, 1931–1934*, 1999: Harvard University Press, S. 768–782.

—: *Das Kunstwerk im Zeitalter seiner technischen Reproduzierbarkeit* (verfasst 1935, Orig. bei Suhrkamp: 1955), in: ders.: *Das Kunstwerk im Zeitalter seiner technischen Reproduzierbarkeit: Drei Studien zur Kunstsoziologie*, 1963: Suhrkamp, S. 7–63.

—: *Zur Kritik der Gewalt*, in: ders.: *Zur Kritik der Gewalt und andere Aufsätze*, 1965: Suhrkamp, S. 29–65.

Berger, Christian [Hg.]: *Conceptualism and Materiality: Matters of Art and Politics*, 2019: Brill.

Bertram, Georg W.: *Kunst: Eine philosophische Einführung*, 2005: Reclam.

Bhabha, Homi K.: *Democracy De-realized* (übersetzt aus dem Amerikanischen v. Christoph Hollender), in: Okwui Enwezor, Carols Basualdo, Ute Meta Bauer, Susanne Ghez, Sarat Maharaj, Mark Nash, Octavio Zaya [Hg.]: *Demokratie als unvollendeter Prozess. Documenta11_Plattform1*, 2002: Hatje Cantz, S. 399–419.

—: *The Location of Culture*, 1994: Routledge.

Bharucha, Rustom: *Zwischen Wahrheit und Versöhnung: Experimente im Theater und in der öffentlichen Kultur* (übersetzt aus dem Englischen v. Klaus Fritz), in: Okwui Enwezor, Carols Basualdo, Ute Meta Bauer, Susanne Ghez, Sarat Maharaj, Mark Nash, Octavio Zaya [Hg.]: *Experimente mit der Wahrheit: Rechtssysteme im Wandel und die Prozesse der Wahrheitsfindung und Versöhnung. Documenta11_Plattform2*, 2002: Hatje Cantz, S. 407–438.

Binotto, Johannes: *There are no subbasements: Zur Oberflächlichkeit von Film, Erinnerung und Unbewusstem*, in: Ute Holl, Matthias Wittmann [Hg.]: *Memoryscapes: Filmformen der Erinnerung*, 2014: Diaphanes, S. 181–198.

Bishara, Hakim: *Homeland Security Banned Forensic Architecture's Director From Entry to US*, in: Hyperallergic, 19.2.2020; https://hyperallergic.com/543006/eyal-weizman-visa-revoked/ [Zugriff: 12.3.2020].

Bismarck, Beatrice von: *Das Kuratorische*, 2021: Spector Books.

——: *Evidenz auf Probe*, in: Klaus Krüger, Elke A. Werner, Andreas Schalhorn [Hg.]: *Evidenzen des Expositorischen: Wie in Ausstellungen Wissen, Erkenntnis und ästhetische Bedeutung erzeugt wird*, 2019: transcript, S. 63–79.

Bismarck, Beatrice von; Rike Frank, Benjamin Meyer-Krahmer, Jörn Schafaff, Thomas Weski: *Introduction*, in: dies. [Hg.]: *Timing: On the Temporal Dimension of Exhibiting*, 2014: Sternberg Press. S. 7–10.

—— [Hg.]: *Timing: On the Temporal Dimension of Exhibiting*, 2014: Sternberg Press.

Blanco, María del Pilar; Esther Peeren: *Introduction: Conceptualizing Spectralities*, in: María del Pilar Blanco, Esther Peeren [Hg.]: *The Spectralities Reader: Ghosts and Haunting in Contemporary Cultural Theory*, 2013: Bloomsbury Publishing, S. 1–28.

—— [Hg.]: *The Spectralities Reader: Ghosts and Haunting in Contemporary Cultural Theory*, 2013: Bloomsbury Publishing.

Blümlinger, Christa: *Das Trauma feststellen*, in: Camera Austria, No. 66, 1999; zit. n. http://www.constanzeruhm.net/portfolio/apartment_de.phtml [Zugriff: 15.7.2017].

——: *Kino aus zweiter Hand: Zur Ästhetik materieller Aneignung im Film und in der Medienkunst*, 2009: Vorwerk 8.

——: *Zeitgenössische Archivkunst: postkonzeptuell, postfeministisch und postmedial*, in: Alexandra Schantl [Hg.]: *Constanze Ruhm. Re: Rehearsals (No Such Thing as Repetition)*, 2015: Kerber, S. 41–61.

Bodenhamer, David J.; John Corrigan, Trevor M. Harris: *INTRODUCTION: Deep Maps and the Spatial Humanities*, in: dies. [Hg.]: *Deep Maps and Spatial Narratives*, 2015: Indiana University Press, S. 1–6.

Bodenhamer, David J.: *Narrating Space and Place*, in: David J. Bodenhamer, John Corrigan, Trevor M. Harris [Hg.]: *Deep Maps and Spatial Narratives*, 2015: Indiana University Press, S. 7–27.

Boletsi, Maria: *From the Subject of the Crisis to the Subject in Crisis: Middle Voice on Greek Walls*, in: documenta and Museum Fridericianum Kassel [Hg.]: *The documenta 14 Reader*, 2017: Prestel, S. 432–468.

Boltanski, Luc: *Rätsel und Komplotte: Kriminalliteratur, Paranoia, moderne Gesellschaft* (übersetzt aus dem Französischen v. Christine Pries, Orig. 2012), 2015: Suhrkamp.

Bolter, Jay David; Richard Grusin: *Remediation: Understanding New Media*, 1999: MIT Press

Boulanger, Christian; Julika Rosenstock, Tobias Singelnstein [Hg.]: *Interdisziplinäre Rechtsforschung: Eine Einführung in die geistes- und sozialwissenschaftliche Befassung mit dem Recht und seiner Praxis*, 2019: Springer VS.

Bourdieu, Pierre: *Die feinen Unterschiede: Kritik der gesellschaftlichen Urteilskraft* (übersetzt aus dem Französischen v. Bernd Schwibs, Achim Russer; Orig. 1979), 1982: Suhrkamp.
——: *Entwurf einer Theorie der Praxis. Auf der ethnologischen Grundlage der kabylischen Gesellschaft* (übersetzt aus dem Französischen v. Cordula Pialoux, Bernd Schwibs; Orig. 1972), 1976: Suhrkamp.
Brague, Rémi; Barbara Cassin, Sandra Laugier, Alain de Libera, Irène Rosier-Catach, Michèle Sinapi: *TRUTH*, in: Barbara Cassin [Hg.]: *Dictionary of Untranslatables: A Philosophical Lexicon* (übersetzt aus dem Französischem v. Steven Rendall, Christian Hubert, Jeffrey Mehlman, Nathanael Stein, Michael Syrotinski; Übersetzungen editiert v. Emily Apter, Jacques Lezra, Michael Wood; Orig. 2004), 2014: Princeton University Press, S. 1159–1178.
Braidotti, Rosi: *Nomadic Theory: The portable Rosi Braidotti*, 2011: Columbia University Press.
——: *Posthumanismus: Leben jenseits des Menschen* (übersetzt aus dem Englischen v. Thomas Laugstien, Orig. 2013), 2014: Campus.
Brandstetter, Thomas; Claus Pias, Sebastian Vehlken [Hg.]: *Think Tanks: Die Beratung der Gesellschaft*, 2010: Diaphanes.
Brandt, Christina: *Kulturwissenschaften und Wissenschaftsgeschichte*, in: Marianne Sommer, Staffan Müller-Wille, Carsten Reinhardt [Hg.]: *Handbuch Wissenschaftsgeschichte*, 2017: J.B. Metzler, S. 92–106.
Braun, Johanna: *All-American-Gothic Girl*, 2017: Passagen.
Brennan Center for Justice: *Declared National Emergencies Under the National Emergencies Act*, 17.5.2019, updated: 28.10.21; https://www.brennancenter.org/our-work/research-reports/declared-national-emergencies-under-national-emergencies-act [Zugriff: 4.11.2021].
Brombach, Ilka; Dirk Setton, Cornelia Temesvári: *Einleitung*, in: ders. [Hg.]: *»Ästhetisierung«: Der Streit um das Ästhetische in Politik, Religion und Erkenntnis*, 2010: Diaphanes, S. 7–14.
Bruckmüller, Hannah M.: *Press and Release: Im Journal mit Marcel Broodthaers*, in: Günther Friesinger, Thomas Ballhausen, Judith Schoßböck [Hg.]: *ID/ENTITY: Entwürfe – Erzählungen – Perspektiven*, 2017: monochrom, S. 75–89.
Buckel, Sonja; Ralph Christensen, Andreas Fischer-Lescano: *Einleitung*, in: dies. [Hg.]: *Neue Theorien des Rechts*, 2006: Lucius & Lucius, S. VII–XVII.
—— [Hg.]: *Neue Theorien des Rechts*, 2006: Lucius & Lucius.
Buchmann, Sabeth: *Art after Wittgenstein: Über den Topos des ›Unsagbaren‹ in der zeitgenössischen Kunst*, in: Violetta L. Waibel, Konrad Paul Liessmann [Hg.]: *Es gibt Kunstwerke – Wie sind sie möglich?* 2014: Wilhelm Fink, S. 275–290.
——: *Between Structure and Praxis: The Heteronomy of ›Panel 2‹*, in: Martin Beck [Hg.]: *The Aspen Complex*, 2012: Sternberg Press, S. 30–57.
Buchmann, Sabeth; Ilse Lafer, Constanze Ruhm: *Putting Rehearsals to the Test: Introduction*, in: dies. [Hg.]: *Putting Rehearsals to the Test: Practices of Rehearsal in Fine Arts, Film, Theater, Theory, and Politics*, 2016: Sternberg Press, S. 10–20.
—— [Hg.]: *Putting Rehearsals to the Test: Practices of Rehearsal in Fine Arts, Film, Theater, Theory, and Politics*, 2016: Sternberg Press.
Buchmann, Sabeth; Constanze Ruhm: *Über Proben: Ein Gespräch in drei Akten*, in: Rilke Frank [Hg.]: *Constanze Ruhm: Coming Attractions*, 2012: Schlebrügge.Editor, S. 159–174.
Bundesweites Aktionsbündnis »NSU-Komplex auflösen«: *Tribunale: »NSU-Komplex auflösen«*, 2021: Assoziation A.
Burghardt, Boris: *Informalisierung des Rechts*, in: Christian Boulanger, Julika Rosenstock, Tobias Singelnstein [Hg.]: *Interdisziplinäre Rechtsforschung: Eine Einführung in die*

geistes- und sozialwissenschaftliche Befassung mit dem Recht und seiner Praxis, 2019: Springer VS, S. 259–273.
Busch, Kathrin [Hg.]: *Anderes Wissen: Kunstformen der Theorie*, 2016: Wilhelm Fink.
——: *Wissen anders denken*, in: dies. [Hg.]: *Anderes Wissen: Kunstformen der Theorie*, 2016: Wilhelm Fink, S. 10–32.
Butler, Judith: *Krieg und Affekt* (hg. u. übersetzt v. Judith Mohrmann, Juliane Rebentisch, Eva von Redecker), 2009: Diaphanes.
——: *Undoing Gender*, 2004: Routledge.

Campe, Rüdiger: *Vor Augen Stellen: Über den Rahmen rhetorischer Bildgebung*, in: Helmut Lethen, Ludwig Jäger, Albrecht Koschorke [Hg.]: *Auf die Wirklichkeit zeigen: Zum Problem der Evidenz in den Kulturwissenschaften. Ein Reader*, 2015: Campus, S. 106–136.
Carson, Juli: *Exile of the Imaginary: Politics/Aesthetics/Love*, in: dies. [Hg.]: *Exile of the Imaginary: Politics/Aesthetics/Love*, 2007: Verlag der Buchhandlung Walther König, S. 105–121.
——: *Über Realismus, Realität und das Reale: Crash Site / My_Never_Ending_Burial_Plot*, in: Rilke Frank [Hg.]: *Constanze Ruhm: Coming Attractions*, 2012: Schlebrügge.Editor, S. 129–141.
Cassin, Barbara [Hg.]: *Dictionary of Untranslatables: A Philosophical Lexicon* (übersetzt aus dem Französischen v. Steven Rendall, Christian Hubert, Jeffrey Mehlman, Nathanael Stein, Michael Syrotinski; Übersetzungen editiert v. Emily Apter, Jacques Lezra, Michael Wood; Orig. 2004), 2014: Princeton University Press.
——: *Managing Evidence*, in: Bruno Latour, Peter Weibel [Hg.]: *Making Things Public: Atmospheres of Democracy*, 2005: MIT Press, S. 858–864.
——: *Who's Afraid of the Sophists? Against Ethical Correctness* (übersetzt aus dem Französischen v. Charles T. Wolfe), in: Hypatia: *Contemporary French Women Philosophers*, Vol. 15, No. 4, 2000, S. 102–120; https://www.jstor.org/stable/3810678 [Zugriff: 11.3.2019].
Courtine, Jean-François: REALITY, in: Barbara Cassin [Hg.]: *Dictionary of Untranslatables: A Philosophical Lexicon* (übersetzt aus dem Französischem v. Steven Rendall, Christian Hubert, Jeffrey Mehlman, Nathanael Stein, Michael Syrotinski; Übersetzungen editiert v. Emily Apter, Jacques Lezra, Michael Wood; Orig. 2004), 2014: Princeton University Press, S. 879–887.
Crouch, Colin: *Post-Democracy*, 2004: Polty Press.
Cubitt, Sean: *Eco Media*, 2005: Rodopi.

Damler, Daniel: *Rechtsästhetik: Sinnliche Analogien im juristischen Denken*, 2016: Duncker & Humblot.
Därmann, Iris: *Undienlichkeit: Gewaltgeschichte und politische Philosophie*, 2020: Matthes & Seitz.
Deleuze, Gilles: *Die Falte: Leibniz und der Barock* (übersetzt aus dem Französischen v. Ulrich Johannes Schneider, Orig. 1988), 1995: Suhrkamp.
Deleuze, Gilles; Félix Guattari: *Anti-Ödipus: Kapitalismus und Schizophrenie I* (übersetzt aus dem Französischen v. Bernd Schwibs, Orig. 1972), 1974: Suhrkamp.
——: *Tausend Plateaus: Kapitalismus und Schizophrenie* (übersetzt aus dem Französischen v. Gabriele Ricke, Ronald Voullié; Orig. 1980), 1992: Merve.
——: *What Is Philosophy?* (übersetzt aus dem Französischen v. Hugh Tomlinson, Graham Burchell; Orig. 1991), 1994: Columbia University Press.

Demos, T. J.: *Art After Nature: The Post-Natural Condition*, in: Artforum, Vol. 50, No. 8, 2012; https://www.artforum.com/print/201204/art-after-nature-the-post-natural-condition-30577 [Zugriff: 25.4.2017].
——: *Decolonizing Nature: Contemporary Art and the Politics of Ecology*, 2016: Sternberg Press.
Derrida, Jacques: *Archive Fever: A Freudian Impression* (übersetzt aus dem Französischen v. Eric Prenowitz, Orig. 1995), 1996: University of Chicago Press.
——: *DEMEURE: Fiction and Testimony* (übersetzt aus dem Französischen v. Elizabeth Rottenberg, Orig. 1998), in: Maurice Blanchot: *The instant of my death* (übersetzt aus dem Französischen v. Elizabeth Rottenberg, Orig. 1994), 2000: Stanford University Press, S. 13–103.
——: *Grammatologie* (übersetzt aus dem Französischen v. Hans-Jörg Rheinberger, Hanns Zischler; Orig. 1967), 1983: Suhrkamp.
——: *Gesetzeskraft: Der »mystische Grund der Autorität«* (übersetzt aus dem Französischen v. Alexander García Düttmann), 1991: Suhrkamp.
——: *Kraft der Trauer: Die Macht des Bildes bei Louis Marin* (übersetzt aus dem Französischen v. Michael Wetzel), in: Michael Wetzel, Herta Wolf [Hg.]: *Der Entzug der Bilder: Visuelle Realitäten*, 1994a: Wilhelm Fink.
——: *Specters of Marx: The State of the Debt, the Work of Mourning, and the New International* (übersetzt aus dem Französischen v. Peggy Kamuf, Orig. 1993), 1994b: Routledge.
Derrida, Jacques; Hans-Georg Gadamer: *Der ununterbrochene Dialog* (hg. v. Martin Gessmann), 2004: Suhrkamp.
Didi-Huberman, Georges: *Bilder trotz allem* (übersetzt aus dem Französischen v. Peter Geimer, Orig. 2003), 2007: Wilhelm Fink.
Diederichsen, Diedrich: *Constanze und die Variable*, in: Rike Frank [Hg.]: *Constanze Ruhm: Coming Attractions*, 2012: Schlebrügge.Editor, S. 8–11.
——: *Realitätsbezüge in der Bildenden Kunst: Subjektkritik, Repräsentationskritik und Statistenkunst*, in: Dirck Linch [Hg.]: *Realismus in den Künsten der Gegenwart*, 2010: Diaphanes, S. 13–28.
Doßmann, Axel: *Ordnung der Akten*, in: Axel Doßmann, Susanne Regener: *Fabrikationen eines Verbrechers: Der Kriminalfall Bruno Lüdke als Mediengeschichte*, 2018: Spector Books, S. 43–44.
Doug Passon Law: *Services*; https://www.dougpassonlaw.com/services/ [Zugriff: 26.3.2020].
Dovey, Jon: *Documentary Ecosystems: Collaboration and Exploitation*, in: Kate Nash, Craig Hight, Catherine Summerhayes [Hg.]: *New Documentary Ecologies: Emerging Platforms, Practices and Discourses*, 2014: Palgrave Macmillan, S. 11–32.
Duden.de: *Agentur*; https://www.duden.de/rechtschreibung/Agentur [Zugriff: 25.12.2019].
——: *Kreuzverhör*; https://www.duden.de/rechtschreibung/Kreuzverhoer [Zugriff: 21.2.2018].
——: *Simulation*; https://www.duden.de/rechtschreibung/simulieren [Zugriff: 22.3.2018].
Dudenredaktion [Hg.]: *Duden: Das Fremdwörterbuch*, 2015 (11. Auflage): Dudenverlag.
Dussel, Enrique: *Demokratie im »Zentrum« und globale demokratische Kritik* (übersetzt aus dem Spanischen v. Stefan Barmann), in: Okwui Enwezor, Carols Basualdo, Ute Meta Bauer, Susanne Ghez, Sarat Maharaj, Mark Nash, Octavio Zaya [Hg.]: *Demokratie als unvollendeter Prozess. Documenta11_Plattform1*, 2002: Hatje Cantz, S. 307–327.
Dutch Art Institute: *Roaming Assembly #11: The Strange Case of the Case*, 30.1.17; https://dutchartinstitute.eu/page/9516/sunday-february-12-roaming-assembly-11-the-strange-case-of-the-case-curate [Zugriff: 5.12.2018].

Dziuban, Zuzanna; Kirsten Mahlke, Gudrun Rath: *Forensik: Wem gehören die Toten?* in: dies. [Hg.]: Zeitschrift für Kulturwissenschaften: *Forensik*, No. 1, 2019: transcript, S. 9–13.
—— [Hg.]: Zeitschrift für Kulturwissenschaften: *Forensik*, No. 1, 2019: transcript.

Easterling, Keller: *Die infrastrukturelle Matrix*, in: Zeitschrift für Medienwissenschaft: *Medien/ Architekturen*, Vol. 7, No. 12, 2015: transcript, S. 68–78.
——: *Extrastatecraft: The Power of Infrastructure Space*, 2014: Verso.
Ebbrecht-Hartmann, Tobias: *Rekonstruktion, oder: Dokument-Werden: Metafilmische Praktiken der (Wieder-)Aufführung und Transformation historischer Filmmaterialien*, in: Daniela Hahn [Hg.]: *Beyond Evidence: Das Dokument in den Künsten*, 2016: Wilhelm Fink, S. 243–257.
Ebeling, Knut; Stephan Günzel: *Einleitung*, in: dies. [Hg.]: *Archivologie: Theorien des Archivs in Philosophie, Medien und Künsten*, 2009: Kulturverlag Kadmos, S. 7–26.
Eckstein, Lars; Anja Schwarz: *Tupaias Karte: Die polynesische Kunst der Navigation*, in: LE MONDE diplomatique, 10.9.2015; https://monde-diplomatique.de/artikel/!5227784 [Zugriff: 27.2.2019].
El-Mecky, Nausikaä: *A Very Nuanced Scandal: Gustav Klimt and the Mythologisation of the University Paintings Controversy*, in: all-over, No. 14, 2018, S. 5–16; http://allover-magazin.com/?p=3153 [Zugriff: 17.9.2018].
Elsaesser, Thomas: *Die Ethik der Aneignung: Found Footage zwischen Archiv und Internet* (übersetzt aus dem Englischen v. Claudia Kotte), Eröffnungsvortrag, Fachtagung *Recycled Cinema*, DOKU.ARTS, 2014; http://2014.doku-arts.de/content/sidebar_fachtagung/Ethics-of-Appropriation.pdf [Zugriff: 9.8.2017].
——: *Die Geschichte, das Obsolete und der found-footage-Film*, in: Eva Hohenberger, Katrin Mundt [Hg.]: *Ortsbestimmungen: Das Dokumentarische zwischen Kunst und Kino*, 2016: Vorwerk 8, S. 135–155.
Engell, Lorenz: *Forensische Serialität*, in: Timo Storck, Svenja Taubner [Hg.]: *Von Game of Thrones bis The Walking Dead: Interpretationen von Kultur in Serie*, 2017: Springer, S. 299–315.
Enwezor, Okwui; Carols Basualdo, Ute Meta Bauer, Susanne Ghez, Sarat Maharaj, Mark Nash, Octavio Zaya [Hg.]: *Demokratie als unvollendeter Prozess: Documenta11_Plattform1*, 2002: Hatje Cantz.
—— [Hg.]: *Experimente mit der Wahrheit: Rechtssysteme im Wandel und die Prozesse der Wahrheitsfindung und Versöhnung. Documenta11_Plattform2*, 2002: Hatje Cantz.
——: *Einleitung*, in: dies. [Hg.]: *Experimente mit der Wahrheit: Rechtssysteme im Wandel und die Prozesse der Wahrheitsfindung und Versöhnung. Documenta11_Plattform2*, 2002: Hatje Cantz, S. 13–18.
Eribon, Didier: *Gesellschaft als Urteil: Klassen, Identitäten, Wege* (übersetzt aus dem Französischen v. Tobias Haberkorn, Orig. 2013), 2017: Suhrkamp.
——: *Grundlagen eines kritischen Denkens* (übersetzt aus dem Französischen v. Oliver Precht, Orig. 2016), 2018: Turia + Kant.
European Commission: *Combating Environmental Crime*; http://ec.europa.eu/environment/legal/crime/index.htm [Zugriff: 22.5.2019].
European Research Council: *ERC in a nutshell*; https://erc.europa.eu/sites/default/files/content/pages/pdf/ERC:in_a_nutshell_2016.pdf [Zugriff: 12.10.2021].

Felman, Shoshana: *The Juridical Unconscious: Trials and Traumas in the Twentieth Century*, 2002: Harvard University Press.
Felsch, Philipp: *Der lange Sommer der Theorie: Geschichte einer Revolte 1960 bis 1990*, 2015: S. Fischer.
Fisher, Jean: *In Living Memory... Archive and Testimony in the Films of the Black Audio Film Collective*, in: Kodwo Eshun, Sagar Anjalika [Hg.]: *The Ghosts of Songs: The Film Art of the Black Audio Film Collective*, 2007: Liverpool University Press, S. 16–30.
Fitz, Angelika; Elke Krasny, Architekturzentrum Wien [Hg.]: *Critical Care: Architecture and Urbanism for a Broken Planet*, 2019: MIT Press.
Fleck, Ludwik: *Entstehung und Entwicklung einer wissenschaftlichen Tatsache: Einführung in die Lehre vom Denkstil und Denkkollektiv*, 1935: Benno Schabe & Co.
Forensic Architecture: *77sqm_9:26min: Counter investigating the testimony of Andres Temme in relation to the murder of Halit Yozgat in Kassel, 6 April 2006*, report, 18.7.2017a; https://content.forensic-architecture.org/wp-content/uploads/2018/09/77sqm_9.26min_Report_2017.07.18.pdf [Zugriff: 8.9.2019].
——: *Case Ayotzinapa*, 2017b; https://www.forensic-architecture.org/case/ayotzinapa/ [Zugriff: 19.2.2019].
——: *Drone strikes*; http://www.forensic-architecture.org/case/drone-strikes/#toggle-id-5 [Zugriff: 17.8.2016].
—— [Hg.]: *Forensis: The Architecture of Public Truth*, 2014a: Sternberg Press.
——: *Grenfell Media Archive*, http://www.grenfellmediaarchive.org/ [Zugriff: 3.12.2018].
——: *Left-to-Die Boat*; http://www.forensic-architecture.org/case/left-die-boat/ [Zugriff: 9.1.2017].
——: *Lexicon*; https://www.forensic-architecture.org/lexicon [Zugriff: 16.2.2019].
——: *Lexicon*, in: Forensic Architecture [Hg.]: *Forensis: The Architecture of Public Truth*, 2014b: Sternberg Press, S. 743–752.
——: *Plataforma Ayotzinapa*, 2017c; http://www.plataforma-ayotzinapa.org [Zugriff: 19.2.2019].
——: *Response to the report presented by the CDU parliamentary group in Hessen on 25 August 2017*, 19.9.2017d; http://www.forensic-architecture.org/wp-content/uploads/2017/09/Response-to-CDU_2017.09.19.pdf [Zugriff: 17.3.2018].
——: *Situated Testimony*; https://forensic-architecture.org/methodology/situated-testimony [Zugriff: 28.7.2019].
——: *Statement from Forensic Architecture on the arrest of Julian Assange*, 11.4.2019; https://www.forensic-architecture.org/statement-from-forensic-architecture-on-the-arrest-of-julian-assange/ [Zugriff 13.4.2019].
——: *Turner Prize 2018*; https://www.forensic-architecture.org/events/turner-prize-2018/ [Zugriff: 1.3.2019].
——: *Website*; https://www.forensic-architecture.org [Zugriff: 12.10.2021].
Forgó, Nikolaus; Alexander Somek: *Nachpositivistisches Rechtsdenken*, in: Sonja Buckel, Ralph Christensen, Andreas Fischer-Lescano [Hg.]: *Neue Theorien des Rechts*, 2006: Lucius & Lucius, S. 263–289.
Foster, Hal: *An Archival Impulse*, in: October, Vol. 110, 2004: MIT Press, S. 3–22; http://www.jstor.org/stable/3397555 [Zugriff: 8.1.2017].
——: *The Artist as Ethnographer?* in: George E. Marcus, Fred R. Myers [Hg.]: *The Traffic in Culture: Refiguring Art and Anthropology*, 1995: University of California Press, S. 302–309.
——: *The Return of the Real: The Avant-Garde at the End of the Century*, 1996: MIT Press.

Foucault, Michel: *Das Wahrsprechen des Anderen. Zwei Vorlesungen von 1983/84* (hg. v. Ulrike Reuter, Lothar Wolfstetter, Hermann Kocyba, Bernd Heiter; übersetzt v. Ulrike Reuter, Lothar Wolfstetter), 1988: Materialis.
——: *Die Wahrheit und die juristischen Formen* (übersetzt aus dem Französischen v. Michael Bischoff, Orig. 1994), 2003: Suhrkamp.
——: *Überwachen und Strafen: Die Geburt des Gefängnisses* (übersetzt aus dem Französischen v. Walter Seitter, Orig. 1975), 1976: Suhrkamp.
Frank, Rike [Hg.]: *Constanze Ruhm: Coming Attractions*, 2012: Schlebrügge.Editor.
Franke, Anselm: *The Forensic Scenography: Planet Earth as Forensic Object*, in: Forensic Architecture [Hg.]: *Forensis: The Architecture of Public Truth*, 2014: Sternberg Press, S. 483–494.
Frankenberg, Günter: *Critical Legal Studies etc.*, in: Sonja Buckel, Ralph Christensen, Andreas Fischer-Lescano [Hg.]: *Neue Theorien des Rechts*, 2006: Lucius & Lucius, S. 97–116.
Franzoni, Mariella: *Towards an Ecological Hermeneutics of the Exhibition Space: The Case of Alberto Carneiro's Envolvimentos and Ecological Art in the 1960s and 1970s*, in: Anna Maria Guasch Ferrer, Nasheli Jiménez del Val [Hg.]: *Critical Cartography of Art and Visuality in the Global Age*, 2014: Cambridge Scholars Publishing, S. 283–295.
Frimmel, Sandra; Mara Traumane [Hg.]: *Kunst vor Gericht: Ästhetische Debatten im Gerichtssaal*, 2018: Matthes & Seitz.
Fromm, Erich: *Haben oder Sein: Die seelischen Grundlagen einer neuen Gesellschaft* (übersetzt aus dem Englischen v. Brigitte Stein, Orig. 1976), 1976: DVA.
Fuchs, Rainer: *Apartment, 1998*, in: Alexandra Schantl [Hg.]: *Constanze Ruhm. Re: Rehearsals (No Such Thing as Repetition)*, 2015: Kerber, S. 161–167.
Fuller, Matthew; Eyal Weizman: *Investigative Aesthetics: Conflicts and Commons in the Politics of Truth*, 2021: Verso.

Gabriel, Markus: *Wissen und Erkenntnis*; in: Bundeszentrale für politische Bildung [Hg.]: Aus Politik und Zeitgeschichte: *Wissen*, Vol. 63, No. 18–20, 2013, S. 1901–1924; http://www.bpb.de/shop/zeitschriften/apuz/177399/apuz-jahresband-2013 [Zugriff: 14.7.2019].
Gadamer, Hans-Georg: *Wahrheit und Methode: Grundzüge einer philosophischen Hermeneutik*, 1960: J. C. B. Mohr (Paul Siebeck).
Ganguin, Sonja: *Medienökologie*, in: Klaus-Peter Horn, Heidemarie Kemnitz, Winfried Marotzki, Uwe Sandfuchs [Hg.]: *Klinkhardt Lexikon Erziehungswissenschaft*, 2011: Julius Klinkhardt, S. 362.
Geertz, Clifford: *Dichte Beschreibung: Beiträge zum Verstehen kultureller Systeme*, 2003: Suhrkamp.
Geimer, Peter: *Vom Schein, der übrig bleibt: Bild-Evidenz und ihre Kritik*, in: Helmut Lethen, Ludwig Jäger, Albrecht Koschorke [Hg.]: *Auf die Wirklichkeit zeigen: Zum Problem der Evidenz in den Kulturwissenschaften. Ein Reader*, 2015: Campus, S. 181–218.
Gesellschaft für deutsche Sprache: *GfdS wählt »postfaktisch« zum Wort des Jahres 2016*, Pressemitteilung, 9.12.2016; https://gfds.de/wort-des-jahres-2016/ [Zugriff: 10.1.2017].
Ginzburg, Carlo: *Die Wahrheit der Geschichte: Rhetorik und Beweis* (übersetzt aus dem Italienischen v. Wolfgang Kaiser), 2001: Klaus Wagenbach.
——: *Spurensicherung: Die Wissenschaft auf der Suche nach sich selbst* (übersetzt aus dem Italienischen v. Gisela Bonz, Karl F. Hauber), 2002 (1983 erschienen unter dem Titel *Spurensicherungen: Über verborgene Geschichte, Kunst und soziales Gedächtnis*): Klaus Wagenbach.

―――: *Morelli, Freud and Sherlock Holmes: Clues and Scientific Method* (übersetzt aus dem Italienischen v. Anna Davin), in: History Workshop, No. 9, 1980: Oxford University Press, S. 5–36; http://www.jstor.org/stable/4288283 [Zugriff: 21.12.2018].

Goldsmiths, University of London: *Charter of Goldsmiths College*; https://www.gold.ac.uk/governance/charter/ [Zugriff: 25.12.2019].

Gómez, Liliana: *Beyond the Courtroom: On Dust, Haunting, and the Archive*, in: dies. [Hg.]: *Performing Human Rights: Contested Amnesia and Aesthetic Practices in the Global South*, 2021: Diaphanes, S. 101–137.

―――[Hg.]: *Performing Human Rights: Contested Amnesia and Aesthetic Practices in the Global South*, 2021: Diaphanes.

Gordon, Avery: *Ghostly Matters: Haunting and the Sociological Imagination*, 1997: University of Minnesota Press.

Gough, Maria: *The Artist as Producer: Russian Constructivism in Revolution*, 2005: University of California Press.

Goyet, Francis: *COMMONPLACE*, in: Barbara Cassin [Hg.]: *Dictionary of Untranslatables: A Philosophical Lexicon* (übersetzt aus dem Französischem v. Steven Rendall, Christian Hubert, Jeffrey Mehlman, Nathanael Stein, Michael Syrotinski; Übersetzungen editiert v. Emily Apter, Jacques Lezra, Michael Wood; Orig. 2004), 2014: Princeton University Press, S. 154–159.

Gramsci, Antonio: *Gefängnishefte. Kritische Gesamtausgabe* (hg. v. Klaus Bochmann, Wolfgang Fritz Haug), 1992: Argument.

Graw, Isabelle: *SCHON GEHÖRT? SCHON GESEHEN? Überlegungen zu Gossip, Kunst und Celebrity Culture*, in: Texte zur Kunst: *Gossip*, Vol. 16, No. 61, 2006: Texte zur Kunst Verlag, S. 41–53.

Gresh, Alain: *Aufklärer und Barbaren: Lektüren zur Geschichte der Sklaverei* (übersetzt aus dem Französischen v. Uta Rüenauver), in: Barbara Bauer, Dorothee D'Aprile, Niels Kadritzke [Hg.]: EDITION LE MONDE diplomatique: *Auf den Ruinen der Imperien: Geschichte und Gegenwart des Kolonialismus*, No.18, 2016, S. 88–91.

Grube, Gernot: *›abfärten‹ – ›abarbeiten‹: Investigative Erkenntnistheorie*, in: Sybille Krämer, Werner Koffe, Gernot Grube [Hg.]: *Spur: Spurenlesen als Orientierungstechnik und Wissenskunst*, 2007: Suhrkamp, S. 222–253.

Guasch Ferrer, Anna Maria: *Deconstruction, Relational Aesthetics and Techno-Cultural Networks: 1990–2010*, in: Anna Maria Guasch Ferrer, Nasheli Jiménez del Val [Hg.]: *Critical Cartography of Art and Visuality in the Global Age*, 2014: Cambridge Scholars Publishing, S. 3–18.

Guattari, Félix: *Das neue ästhetische Paradigma* (übersetzt aus dem Französischen v. Thomas Wäckerle, Orig. 1992, Kapitel v. *Chaosmose*), in: Zeitschrift für Medienwissenschaft: *Medienästhetik*, Vol. 5, No. 8, 2013: transcript, S. 19–34.

―――: *Die drei Ökologien* (hg. v. Peter Engelmann, übersetzt aus dem Französischen v. Alec A Schaerer, Orig. 1989), 2016 (1994): Passagen.

Guembe, María José: *Die Suche nach der Wahrheit vor den Gerichten* (übersetzt aus dem Englischen v. Karin Schuler), in: Okwui Enwezor, Carols Basualdo, Ute Meta Bauer, Susanne Ghez, Sarat Maharaj, Mark Nash, Octavio Zaya [Hg.]: *Experimente mit der Wahrheit: Rechtssysteme im Wandel und die Prozesse der Wahrheitsfindung und Versöhnung. Documenta11_Plattform2*, 2002: Hatje Cantz, S. 261–272.

Hall, Stuart: *Demokratie, Globalisierung und Differenz* (übersetzt aus dem Englischen v. Oliver Marchart), in: Okwui Enwezor, Carols Basualdo, Ute Meta Bauer, Susanne Ghez, Sarat Maharaj, Mark Nash, Octavio Zaya [Hg.]: *Demokratie als unvollendeter Prozess. Documenta11_Plattform1*, 2002: Hatje Cantz, S. 21–39.

Hamacher, Werner: *Unlesbarkeit*, in: Paul de Man: *Allegorien des Lesens* (übersetzt aus dem Amerikanischen v. Werner Hamacher, Peter Krumme; Orig. 1979), 1988: Suhrkamp, S. 7–26.

Hamraie, Aimi: *Building Access: Universal Design and the Politics of Disability*, 2017: University of Minnesota Press.

Han, Byung-Chul: *Psychopolitik: Neoliberalismus und die neuen Machttechniken*, 2014: S. Fischer.

Hansen, Mark B. N.; Erich Hörl: *Medienästhetik: Einführung in den Schwerpunkt*, in: Zeitschrift für Medienwissenschaft: *Medienästhetik*, Vol. 5, No. 8, 2013: transcript, S. 10–17.

Haraway, Donna: *Situated Knowledges: The Science Question in Feminism and the Privilege of Partial Perspective*, in: Feminist Studies, Vol. 14, No. 3, 1988, S. 575–599.

——: *When Species Meet*, 2008: University of Minnesota Press.

Harney, Stefano; Fred Moten: *The Undercommons: Fugitive Planning & Black Study*, 2013: Minor Compositions.

Harrison, Charles: *Essays on Art & Language*, 2001 (1991: Blackwell): MIT Press.

Hartog, François; Michael Werner: *HISTORY/STORY*, in: Barbara Cassin [Hg.]: *Dictionary of Untranslatables: A Philosophical Lexicon* (übersetzt aus dem Französischem v. Steven Rendall, Christian Hubert, Jeffrey Mehlman, Nathanael Stein, Michael Syrotinski; Übersetzungen editiert v. Emily Apter, Jacques Lezra, Michael Wood; Orig. 2004), 2014: Princeton University Press, S. 439–450.

Hassan, Nihad A; Rami Hijazi: *Open Source Intelligence Methods and Tools: A Practical Guide to Online Intelligence*, 2018: Apress.

Haus Bartleby: *Das Kapitalismustribunal: Eine faire Abrechnung*; http://www.hausbartleby.org/tribunal/ [Zugriff: 28.11.2019].

Haussite: *haus.0 in Künstlerhaus Stuttgart 1999–2002*, Rainer Kirberg präsentiert: ein Prozess – die Strafsache gegen Herrn Noethen; http://www.haussite.net/site.html [Zugriff: 5.12.2018].

Hegel, Georg Wilhelm Friedrich: *Vorlesungen über die Ästhetik. Erster Band* (hg. v. Heinrich Gustav Hotho), 1835: Verlag von Duncker und Humblot.

Heinze, Carsten; Thomas Weber [Hg.]: *Medienkulturen des Dokumentarischen*, 2017: Springer VS.

Heller, Charles; Lorenzo Pezzani: *Liquid Traces: Investigation the Deaths of Migrants at the EU's Maritime Frontier*, in: Forensic Architecture [Hg.]: *Forensis: The Architecture of Public Truth*, 2014: Sternberg Press, S. 657–684.

Herzog, Werner: *Minnesota Declaration / Lessons of Darkness*, Walker Art Center, Minnesota, 30.4.1999, in: The Walker Art Center: *Werner Herzog Reads His Minnesota Declaration: Truth and Fact in Documentary Cinema*; https://walkerart.org/magazine/minnesota-declaration-truth-documentary-cinema [Zugriff: 13.7.2019].

Hinterwaldner, Inge: *Das systemische Bild: Ikonizität im Rahmen computerbasierter Echtzeitsimulationen*, 2010: Wilhelm Fink.

——: *Zur Operativität eLABORierter Wissenschaftsbilder*, in: Felix Mittelberger, Sebastian Pelz, Margit Rosen, Anselm Franke [Hg.]: *MASCHINENSEHEN: Feldforschung in den Räumen bildgebender Technologien*, 2013: Spector Books, S. 51–61.

Hirsch, Nikolaus: *Plans Are Nothing – Planning is Everything: Productive Misunderstandings of Time*, in: Beatrice von Bismarck, Rike Frank, Benjamin Meyer-Krahmer, Jörn Schafaff, Thomas Weski [Hg.]: *Timing: On the Temporal Dimension of Exhibiting*, 2014: Sternberg Press. S. 65–80.
Höflich, Joachim R.: *Der Mensch und seine Medien: Mediatisierte interpersonale Kommunikation. Eine Einführung*, 2016: Springer VS.
Hohenberger, Eva; Katrin Mundt [Hg.]: *Ortsbestimmungen: Das Dokumentarische zwischen Kunst und Kino*, 2016: Vorwerk 8.
Holert, Tom: *Knowledge Beside Itself: Contemporary Art's Epistemic Politics*, 2020: Sternberg Press.
——: *Wie begründet muß ein Urteil sein? Kunstjurys und die Ideologie der Gerechtigkeit in Frankreich um 1800*, in: Joseph Vogl [Hg.]: *Poetologien des Wissens um 1800*, 1999: Wilhelm Fink, S. 185–205.
Hörl, Erich: *Die Ökologisierung des Denkens*, in: Zeitschrift für Medienwissenschaft: *Medienökologien*, Vol. 8, No. 14, 2016: transcript, S. 33–45.
——: *Tausend Ökologien: Der Prozess der Kybernetisierung und die Allgemeine Ökologie*, in: Diedrich Diederichsen, Anselm Franke [Hg.]: *The Whole Earth: Kalifornien und das Verschwinden des Außen*, 2013: Sternberg Press, S. 121–130.
Horn, Eva: *Der geheime Krieg: Verrat, Spionage und moderne Fiktion*, 2007: S. Fischer
Hui, Yuk: *Deduktion, Induktion und Tranduktion: Über Medienästhetik und digitale Objekte* (übersetzt aus dem Englischen v. Clemens Krümmel), in: Zeitschrift für Medienwissenschaft: *Medienästhetik*, Vol. 5, No. 8, 2013: transcript, S. 101–115.

Innocence Project: *About*; https://www.innocenceproject.org/about/ [Zugriff: 12.1.2019].
Institut für Gerichtliche Medizin, Medizinische Universität Innsbruck: *43 Mexican students missing – one victim identified*; https://gerichtsmedizin.at/20141207_press_release_mexican_students_missing.html [Zugriff: 30.3.2019].
——: *Successful DNA analyses on missing Mexican remains*; https://gerichtsmedizin.at/successful-dna-analyses-mexican-remains.html [Zugriff: 30.3.2019].
International Center for Transitional Justice: *What is Transitional Justice?*; https://www.ictj.org/about/transitional-justice [Zugriff: 7.9.2021].
Ismaiel-Wendt, Johannes Salim: *RICHT-MIKROFONE: Gutachten zu Fragen möglicher »sonischer Segregation« im sogenannten NSU-Prozess*, in: Zeitschrift für Medienwissenschaft: *Medienökonomien*, Vol. 10, No. 18, 2018: transcript, S. 169–183.

Jackson, Cathrine M.: *Laboratorium* (übersetzt aus dem Englischen v. Inga Nevermann-Ballandis), in: Marianne Sommer, Staffan Müller-Wille, Carsten Reinhardt [Hg.]: *Handbuch Wissenschaftsgeschichte*, 2017: J.B. Metzler, S. 244–255.
Jäger, Ludwig: *Semantische Evidenz: Evidenzverfahren in der kulturellen Semantik*, in: Helmut Lethen, Ludwig Jäger, Albrecht Koschorke [Hg.]: *Auf die Wirklichkeit zeigen: Zum Problem der Evidenz in den Kulturwissenschaften. Ein Reader*, 2015: Campus, S. 39–62.
Jaeggi, Rahel; Tilo Wesche [Hg.]: *Was ist Kritik?* 2009: Suhrkamp.
Jimenez, Marc: *AESTHETICS*, in: Barbara Cassin [Hg.]: *Dictionary of Untranslatables: A Philosophical Lexicon* (übersetzt aus dem Französischem v. Steven Rendall, Christian Hubert, Jeffrey Mehlman, Nathanael Stein, Michael Syrotinski; Übersetzungen editiert v. Emily Apter, Jacques Lezra, Michael Wood; Orig. 2004), 2014: Princeton University Press, S. 14–17.

Joselit, David: *After Art*, 2013: Princeton University Press.
Judet de la Combe, Pierre; Barbara Cassin: *THEMIS [θέμις] / DIKÊ [δίκη] / NOMOS [νόμος]*, in: Barbara Cassin [Hg.]: *Dictionary of Untranslatables: A Philosophical Lexicon* (übersetzt aus dem Französischem v. Steven Rendall, Christian Hubert, Jeffrey Mehlman, Nathanael Stein, Michael Syrotinski; Übersetzungen editiert v. Emily Apter, Jacques Lezra, Michael Wood; Orig. 2004), 2014: Princeton University Press, S. 1124–1129.
Just, Rainer: *Sein und Zeitung: Philokriminologische Überlegungen zum Detektivroman*, in: Thomas Ballhausen, Robert Huez [Hg.]: *Der Zeitungsausschnitt. Begleitbuch zur Ringvorlesung*, 2018: danzig & unfried, S. 141–169.

Kamleithner, Christa; Roland Meyer, Julia Weber: *Medien/Architekturen. Einleitung in den Schwerpunkt*, in: Zeitschrift für Medienwissenschaft: *Medien/Architekturen*, Vol. 7, No. 12, 2015: transcript, S. 10–18.
Kant, Immanuel: *Kritik der Urteilskraft* (hg. v. Heiner F. Klemme, Orig. 1790), 2009: Meiner.
Kastner, Jens: *Anarchismus ohne Adjektive*, in: graswurzelrevolution, No. 363, 1.11.2011; https://www.graswurzel.net/gwr/2011/11/anarchismus-ohne-adjektive-2/ [Zugriff: 22.8.2018].
——: *Der Streit um den ästhetischen Blick: Kunst und Politik zwischen Pierre Bourdieu und Jacques Rancière*, 2012: Turia + Kant.
——: *Postmodernism*, in: Zbynek Baladrán, Vit Havránek [Hg.]: *Atlas of Transformation*, tranzit, Teil des Projekts *The Monument to Transformation*, 2010: jrp|ringier, S. 473–475.
——: *Postdemokratische Räume*, in: UmBau, No. 27, 2014, Sonderausgabe Biennale Venedig, 2014: Birkhäuser, S. 90–99.
Keenan, Thomas; Eyal Weizman: *Mengele's Skull: The Advent of a Forensic Aesthetics*, 2012: Sternberg Press.
Keenan, Thomas: *Getting the dead to tell me what happened: Justice, prosopopoeia, and forensic afterlives*, in: Forensic Architecture [Hg.]: *Forensis: The Architecture of Public Truth*, 2014: Sternberg Press, S. 35–55.
Kernbauer, Eva: *Kunst, Geschichtlichkeit. Zur Einleitung*, in dies. [Hg.]: *Kunstgeschichtlichkeit: Historizität und Anachronie in der Gegenwartskunst*, 2015: Wilhelm Fink, S. 9–31.
Kirste, Stephan: *Recht als Transformation*, in: Winfried Brugger, Ulfrid Neumann, Stephan Kirste [Hg.]: *Rechtsphilosophie im 21. Jahrhundert*, 2008: Suhrkamp, S. 134–156.
Klein, Norman M.: *The Vatican to Vegas: A History of Special Effects*, 2004: New Press.
Klotz, Volker: *Geschlossene und offene Form im Drama*, 1960: Carl Hanser.
Kluge, Friedrich: *Etymologisches Wörterbuch der deutschen Sprache*, 1989 (22. Auflage, neu bearbeitet v. Elmar Seebold, Orig. 1883): De Gruyter.
Köchy, Kristian: *Feld*, in: Marianne Sommer, Staffan Müller-Wille, Carsten Reinhardt [Hg.]: *Handbuch Wissenschaftsgeschichte*, 2017: J.B. Metzler, S. 255–265.
Kosuth, Joseph: *Art After Philosophy* (Orig. 1969), in: ders.: *Art after Philosophy and After. Collected Writings, 1966–1990* (hg. v. Gabriele Guercio), 1993: MIT Press, S. 13–33.
Kracauer, Siegfried: *Der Detektiv-Roman: Ein philosophischer Traktat*, 1979 (1971): Suhrkamp.
Krämer, Sybille: *Immanenz und Transzendenz der Spur: Über das epistemologische Doppelleben der Spur*, in: Sybille Krämer, Werner Koffe, Gernot Grube [Hg.]: *Spur: Spurenlesen als Orientierungstechnik und Wissenskunst*, 2007: Suhrkamp, S. 155–181.
Krämer, Sybille; Sibylle Schmidt [Hg.]: *Zeugen in der Kunst*, 2016: Wilhelm Fink.
——: *Zeugen in der Kunst. Einleitung*, in: dies.: *Zeugen in der Kunst*, 2016: Wilhelm Fink, S. 7–17.

Krasznahorkai, Kata; Sylvia Sasse [Hg.]: *Artists & Agents: Performancekunst und Geheimdienste*, 2019: Spector Books.

——: *Überwachen und »Zersetzen«*, in: dies. [Hg.]: *Artists & Agents: Performancekunst und Geheimdienste*, 2019: Spector Books, S. 9–19

Kuhlen, Rainer: *Wissensökologie: Wissen und Information als Commons (Gemeingüter)*, in: Rainer Kuhlen, Wolfgang Semar, Dietmar Strauch [Hg.]: *Grundlagen der praktischen Information und Dokumentation*, 2013 (6. Auflage): De Gruyter, S. 68–85.

Kühne, Hans-Heiner: *Strafprozessrecht: Eine systematische Darstellung des deutschen und europäischen Strafverfahrensrecht*, 2010 (8. Auflage): C.F. Müller.

Lacan, Jacques: *Die vier Grundbegriffe der Psychoanalyse. Das Seminar Buch XI* (übersetzt aus dem Französischen v. Norbert Haas, Orig. 1973), 1987: Quadriga.

LaCapra, Dominick: *Writing History, Writing Trauma*, 2001: John Hopkins University Press.

Ladeur, Karl-Heinz: *Die Textualität des Rechts: Zur poststrukturalistischen Kritik des Rechts*, 2016a: Velbrück Wissenschaft.

——: *Recht – Wissen – Kultur: Die fragmentierte Ordnung*, 2016b: Duncker & Humblot.

Lagasnerie, Geoffroy de: *The Art of Revolt: Snowden, Assange, Manning* (übersetzt aus dem Französischen v. Board of Trustees of the Leland Stanford Junior University, Orig. 2015), 2017: Standford University Press.

Lambert, Laurie R.: *Poetics of Reparation in M. NourbeSe Philip's Zong!*, in: The Global South, Vol. 10, No. 1, 2016: Indiana University Press, S. 107–129; https://doi.org/10.2979/globalsouth.10.1.06 [Zugriff 11.4.2020].

Laplanche, Jean; Jean-Bertrand Pontalis: *The Language of Psycho-Analysis* (übersetzt aus dem Französischen v. Donald Nicholson-Smith, Orig. 1967), 1973: The Hogarth Press.

Latour, Bruno: *From Realpolitik to Dingpolitik or How to Make Things Public*, in: Bruno Latour, Peter Weibel [Hg.]: *Making Things Public: Atmospheres of Democracy*, 2005: MIT Press, S. 14–41.

——: *Science in Action: How to Follow Scientists and Engineers Through Society*, 1987: Open University Press.

——: *The Making of Law: An Ethnography of the Conseil d'État* (übersetzt aus dem Französischen v. Marina Brilman, Alain Pottage; Orig. 2002), 2010: Polty Press.

——: *Why Has Critique Run out of Steam? From Matters of Fact to Matters of Concern*, in: Critical Inquiry, Vol. 30, No. 2, 2004: University of Chicago Press, S. 225–248.

Lázár, Eszter: *Discursivity*, in: Eszter Szakács [Hg.]: *Curatorial Dictionary*, 2012; http://tranzit.org/curatorialdictionary/index.php/dictionary/discursivity/#_ftn1 [Zugriff: 20.2.2019].

Leeder, Murray: *Introduction*, in: ders. [Hg.]: *Cinematic Ghosts: Haunting and Spectrality from Silent Cinema to the Digital Era*, 2015: Bloomsbury Publishing, S. 1–14.

Lefebvre, Alexandre: *A New Image of Law: Deleuze and Jurisprudence*, in: TELOS, No. 130, 2005: Telos Press, S. 103–126.

Legendre, Pierre: *The Dogmatic Value of Aesthetics*, in: Parallax: law and visual culture, Vol. 14, No. 4, 2008: Routledge, S. 10–17; https://doi.org/10.1080/13534640802416900 [Zugriff: 17.4.2019].

Lenz, Anselm; Alix Fassmann, Hendrik Sodenkamp, Haus Bartleby: *Das Kapitalismustribunal: Prozessordnung*, in: dies. [Hg.]: *Das Kapitalismustribunal: Zur Revolution der ökonomischen Rechte (Das rote Buch)* (mit Übersetzungen aus dem Französischen v.

Corina Popp, aus dem Englischen v. Anselm Lenz, Viktor Kucharski), 2016a: Passagen, S. 137–148.
—— [Hg.]: *Das Kapitalismustribunal: Zur Revolution der ökonomischen Rechte (Das rote Buch)* (mit Übersetzungen aus dem Französischen v. Corina Popp, aus dem Englischen v. Anselm Lenz, Viktor Kucharski), 2016: Passagen.
——: *Revolutionsgerichtshöfe*, in: dies. [Hg.]: *Das Kapitalismustribunal: Zur Revolution der ökonomischen Rechte (Das rote Buch)* (mit Übersetzungen aus dem Französischen v. Corina Popp, aus dem Englischen v. Anselm Lenz, Viktor Kucharski), 2016b: Passagen, S. 43–44.
——: *Vorwort der Herausgeber*, in: dies. [Hg.]: *Das Kapitalismustribunal: Zur Revolution der ökonomischen Rechte (Das rote Buch)* (mit Übersetzungen aus dem Französischen v. Corina Popp, aus dem Englischen v. Anselm Lenz, Viktor Kucharski), 2016c: Passagen, S. 13–16.
Lévi-Strauss, Claude: *Introduction à l'oeuvre de Marcel Mauss*, in: Marcel Mauss: *Sociologie et anthropologie*, 1950: Presses Universitaires de France, S. IX–LII.
Lie, Sulgi: *Die widerständige Fiktion. Nachwort von Sulgi Lie*, in: Jacques Rancière: *Und das Kino geht weiter: Schriften zum Film* (übersetzt aus dem Französischen v. Julian Radlmaier), 2012: Augustverlag, S. 199–215.
Linck, Dirck; Michael Lüthy, Brigitte Obermayer, Martin Vöhler [Hg.]: *Realismus in den Künsten der Gegenwart*, 2010: Diaphanes.
Löffler, Petra; Florian Sprenger: *Medienökologien. Einleitung in den Schwerpunkt*, in: Zeitschrift für Medienwissenschaft: *Medienökologien*, Vol. 8, No. 14, 2016: transcript, S. 10–18.
Lorde, Audre: *The Master's Tools Will Never Dismantle the Master's House*, in: dies.: *Sister Outsider. Essays and Speeches*, 1984: Crossing Press, S. 110–113.
Lovelock, James Ephraim: *Gaia as Seen Through the Atmosphere*, in: Atmospheric Environment, Vol. 6, No. 8, 1972: Elsevier, S. 579–580.
Lovelock, James Ephraim; Lynn Margulis: *Atmospheric homeostasis by and for the biosphere: the gaia hypothesis*, in: Tellus, Vol. 26, No. 1–2, 1974, S. 2–10; https://doi.org/10.3402/tellusa.v26i1-2.9731 [Zugriff: 26.3.2017].
Luhmann, Niklas: *Die Paradoxie des Entscheidens* (Orig. 1994), in: Friedrich Balke, Gregor Schwering, Urs Stäheli [Hg.]: *Paradoxien der Entscheidung: Wahl/Selektion in Kunst, Literatur und Medien*, 2004: transcript, S. 17–55.
Lund, Cornelia: *Die Elastizität des Dokumentarischen: Der Dokumentarfilm zwischen Kino- und Kunstkontext*, in: Carsten Heinze, Thomas Weber [Hg.]: *Medienkulturen des Dokumentarischen*, 2017: Springer VS, S. 253–267.
Luther, Christoph: *Die juristische Analogie*, in: JURA – Juristische Ausbildung, Vol. 35, No. 5, 2013: De Gruyter, S. 449–453; https://doi.org/10.1515/jura-2013-0060 [Zugriff: 22.7.2019].
Lütticken, Sven: *To Live Inside the Law: Aesthetic Practice as Paralegal Activism*, in: Birgit Eusterschulte, Christian Krüger, Judith Siegmund [Hg.]: *Transformatorische Potentiale künstlerischer Praktiken*, 2020: J.B. Metzler, S. 131–146.

Marchart, Oliver: *Äquivalenz und Autonomie: Vorbemerkungen zu Chantal Mouffes Demokratietheorie*, in: Chantal Mouffe: *Das demokratische Paradox* (eingeleitet u. übersetzt aus dem Englischen v. Oliver Marchart, Orig. 2000), 2008: Turia + Kant, S. 7–14.
——: *Demonstrationen des Unvollendbaren: Politische Theorie und radikaldemokratischer Aktivismus*, in: Okwui Enwezor, Carols Basualdo, Ute Meta Bauer, Susanne Ghez,

Sarat Maharaj, Mark Nash, Octavio Zaya [Hg.]: *Demokratie als unvollendeter Prozess: Documenta11_Plattform1*, 2002: Hatje Cantz, S. 291–306.
Marcus, Daniel; Selmin Kara: *Introduction. Situating Contemporary Documentary*, in dies. [Hg.]: *Contemporary Documentary*, 2015: Routledge, S. 1–6.
Martínez, Matías; Michael Scheffel: *Einführung in die Erzähltheorie*, 2016 (1999): C. H. Beck.
Maxim-Gorki-Theater: *Haus*; https://gorki.de/de/haus [Zugriff: 10.2.2019].
Maxwell, Richard; Jon Raundalen, Nina Lager Vestberg: *Introduction. Media Ecology Recycled*, in: dies. [Hg.]: *Media and the Ecological Crisis*, 2015: Routledge, S. xi–xxi.
—— [Hg.]: *Media and the Ecological Crisis*, 2015: Routledge.
McLagan, Meg; Yates McKee: *Sensible Politics: The Visual Culture of Nongovernmental Politics*, 2012: Zone Books.
Meadows, Donella H.; Dennis L. Meadows, Jørgen Randers, William W. Behrens III: *The Limits to Growth: A Report for THE CLUB OF ROME'S Project on the Predicament of Mankind*, 1972: Universe Books.
Menke, Christoph: *»Ästhetisierung«. Zur Einleitung*, in: Ilka Brombach, Dirk Setton, Cornelia Temesvári [Hg.]: *»Ästhetisierung«: Der Streit um das Ästhetische in Politik, Religion und Erkenntnis*, 2010: Diaphanes, S. 17–22.
Mercer, Kobena: *Post-Colonial Trauerspiel*, in: Kodwo Eshun, Sagar Anjalika [Hg.]: *The Ghosts of Songs: The Film Art of the Black Audio Film Collective*, 2007: Liverpool University Press, S. 43–59.
Mersch, Dieter: *Posthermeneutik*, 2010: Akademie Verlag.
Mignolo, Walter D.: *Epistemischer Ungehorsam: Rhetorik der Moderne, Logik der Kolonialität und Grammatik der Dekolonialität* (eingeleitet u. übersetzt aus dem Spanischen v. Jens Kastner, Tom Waibel; Orig. 2006), 2012: Turia + Kant.
Milligan, Tony: *Civil Disobedience: Protest, Justification and the Law*, 2013: Bloomsbury.
Möllers, Christoph: *Die Möglichkeit der Normen: Über eine Praxis jenseits von Moralität und Kausalität. Mit einem neuen Nachwort*, 2018 (2015): Suhrkamp.
Moore, Rowan: *Forensic Architecture: detail behind the devilry*, in: The Guardian, 25.2.2018; https://www.theguardian.com/artanddesign/2018/feb/25/forensic-architects-eyal-weizman [Zugriff: 28.3.2018].
Morton, Timothy: *Ecology Without Nature: Rethinking Environmental Aesthetics*, 2007: Harvard University Press.
——: *Hyperobjects: Philosophy and Ecology after the End of the World*, 2013: University of Minnesota Press.
——: *The Ecological Thought*, 2010: Harvard University Press.
Moten, Fred: *Blackness and Nothingness (Mysticism in the Flesh)*, in: South Atlantic Quarterly, Vol. 112, No. 4, 2013, S. 737–780; https://doi.org/10.1215/00382876-2345261 [Zugriff: 17.4.2018].
——: *Blackness and Poetry*, in: Evening Will Come, No. 55, 1.7.2015; https://arcade.stanford.edu/content/blackness-and-poetry-0 [Zugriff: 17.4.2018].
Mouffe, Chantal: *Agonistik: Die Welt politische denken* (übersetzt aus dem Englischen v. Richard Barth, Orig.: 2013), 2014: Suhrkamp.
——: *Das demokratische Paradox* (eingeleitet u. übersetzt aus dem Englischen v. Oliver Marchart, Orig. 2000), 2008: Turia + Kant.
——: *Für eine agonistische Öffentlichkeit* (übersetzt aus dem Englischen v. Oliver Marchart), in: Okwui Enwezor, Carols Basualdo, Ute Meta Bauer, Susanne Ghez, Sarat Maharaj, Mark

Nash, Octavio Zaya [Hg.]: *Demokratie als unvollendeter Prozess. Documenta11_Plattform1*, 2002: Hatje Cantz, S.101–112.
———: *Über das Politische: Wider die kosmopolitische Illusion* (übersetzt aus dem Englischen v. Niels Neumeier, Orig. 2005), 2007: Suhrkamp.
Mühl, Sebastian: *Utopien der Gegenwartskunst: Geschichte und Kritik des utopischen Denkens in der Kunst nach 1989*, 2020: transcript.
Muhle, Maria: *Reenactment als mindere Mimesis*, in: Eva Hohenberger, Katrin Mundt [Hg.]: *Ortsbestimmungen: Das Dokumentarische zwischen Kunst und Kino*, 2016: Vorwerk 8, S. 120–134.
Müller, Jan-Dirk: *Evidencia und Medialität: Zur Ausdifferenzierung von Evidenz in der Frühen Neuzeit*, in: Helmut Lethen, Ludwig Jäger, Albrecht Koschorke [Hg.]: *Auf die Wirklichkeit zeigen: Zum Problem der Evidenz in den Kulturwissenschaften. Ein Reader*, 2015: Campus, S. 261–289.
Mullis, Daniel: *Vom Recht auf Stadt zur radikalen Demokratie*, in: engagée: *Radical Cities*, No. 6, Vol. 7, 2018, S. 23–27.

Nash, Kate; Craig Hight, Catherine Summerhayes [Hg.]: *New Documentary Ecologies: Emerging Platforms, Practices and Discourses*, 2014: Palgrave Macmillan.
Nauta, Lolle: *Über die Demokratisierung der Erinnerung*, in: Okwui Enwezor, Carols Basualdo, Ute Meta Bauer, Susanne Ghez, Sarat Maharaj, Mark Nash, Octavio Zaya [Hg.]: *Experimente mit der Wahrheit: Rechtssysteme im Wandel und die Prozesse der Wahrheitsfindung und Versöhnung. Documenta11_Plattform2*, 2002: Hatje Cantz, S. 377–386.
Neskovic, Wolfgang: *Wir benötigen die passenden Verfassungsentwürfe*, in: Anselm Lenz, Alix Fassmann, Hendrik Sodenkamp, Haus Bartleby [Hg.]: *Das Kapitalismustribunal: Zur Revolution der ökonomischen Rechte (Das rote Buch)* (mit Übersetzungen aus dem Französischen v. Corina Popp, aus dem Englischen v. Anselm Lenz, Viktor Kucharski), 2016: Passagen, S. 19–24.
Noor Inayat Khan Memorial Trust; http://www.noormemorial.org/index.php [Zugriff: 20.12.2018].

Occupy Museums: *About*; http://www.occupymuseums.org/index.php/about [Zugriff: 12.2.2019].
Oeschger, Christoph: *Virtopsy*, in: Felix Mittelberger, Sebastian Pelz, Margit Rosen, Anselm Franke [Hg.]: *Maschinensehen: Feldforschung in den Räumen bildgebender Technologien*, 2013: Spector Books, S. 128–139.
Ortland, Eberhard: *Ästhetik als Lehre von der Wahrnehmung: Drei Optionen für eine philosophische Ästhetik nach der Postmoderne*, in: Alice Bolterauer, Elfriede Wiltschnigg [Hg.]: *Kunstgrenzen: Funktionsräume der Ästhetik in Moderne und Postmoderne*, 2001: Passagen, S. 23–37.
Ovid (Publius Ovidus Naso): *Metamorphosen* (hg. u. übersetzt aus dem Lateinischen v. Gerhard Fink), 2004: Artemis & Winkler.

Paoli, Guillaume: *Verteidigung ist die beste Anklage*, in: Anselm Lenz, Alix Fassmann, Hendrik Sodenkamp, Haus Bartleby [Hg.]: *Das Kapitalismustribunal: Zur Revolution der ökonomischen Rechte (Das rote Buch)* (mit Übersetzungen aus dem Französischen v. Corina Popp, aus dem Englischen v. Anselm Lenz, Viktor Kucharski), 2016: Passagen, S. 49–53.

Peters, Kathrin; Stephan Trinkaus: *Psychische Apparate. Einleitung in den Schwerpunkt*, in: Zeitschrift für Medienwissenschaft: *Psychische Apparate*, Vol. 9, No. 17, 2017: transcript, S. 10–15.

Philip, M. NourbeSe: *Backstory*, in: dies.: *Set Speaks*, 2018; http://www.setspeaks.com [Zugriff: 10.3.2019].

——: *Zong!* (contributer: Setaey Adamu Boateng), 2008: Wesleyan University Press.

Pichler, Wolfram: *Topologische Konfigurationen des Denkens und der Kunst*, in: Wolfram Pichler, Ralph Ubl [Hg.]: *Topologie: Falten, Knoten, Netze, Stülpungen in Kunst und Theorie*, 2009: Turia + Kant, S. 13–66.

Pichler, Wolfram; Ralph Ubl: *Bildtheorie zur Einführung*, 2014: Junius.

—— [Hg.]: *Topologie: Falten, Knoten, Netze, Stülpungen in Kunst und Theorie*, 2009: Turia + Kant.

Plinius Secundus, Cajus: *Naturkunde / Naturalis historia. Libri/Buch XXXV: Farben. Malerei. Plastik*, 2007: De Gruyter; https://doi.org/10.1524/9783050062082 [Zugriff: 22.12.2019].

Pradelle, Dominique: *Sachverhalt*, in: Barbara Cassin [Hg.]: *Dictionary of Untranslatables: A Philosophical Lexicon* (übersetzt aus dem Französischem v. Steven Rendall, Christian Hubert, Jeffrey Mehlman, Nathanael Stein, Michael Syrotinski; Übersetzungen editiert v. Emily Apter, Jacques Lezra, Michael Wood; Orig. 2004), 2014: Princeton University Press, S. 921–925.

Priemel, Kim Christian; Alexa Stiller [Hg.]: *NMT: Die Nürnberger Militärtribunale zwischen Geschichte, Gerechtigkeit und Rechtschöpfung*, 2013: Hamburger Edition.

——: *Wo »Nürnberg« liegt: Zur historischen Verortung der Nürnberger Militärtribunale*, in: dies. [Hg.]: *NMT: Die Nürnberger Militärtribunale zwischen Geschichte, Gerechtigkeit und Rechtschöpfung*, 2013: Hamburger Edition, S. 9–63.

Rancière, Jacques: *Die Aufteilung des Sinnlichen: Die Politik der Kunst und ihre Paradoxien* (hg. v. Maria Muhle, übersetzt aus dem Französischen v. Maria Muhle, Susanne Leeb, Jürgen Link; Orig. 2000), 2006: b_books.

——: *Der Begriff des Anachronismus und die Wahrheit des Historikers* (übersetzt aus dem Französischen v. Ronald Voullié), in: Eva Kernbauer [Hg.]: *Kunstgeschichtlichkeit: Historizität und Anachronie in der Gegenwartskunst*, 2015: Wilhelm Fink, S. 33–50.

——: *Und das Kino geht weiter: Schriften zum Film* (übersetzt aus dem Französischen v. Julian Radlmaier), 2012: Augustverlag.

Raunig, Gerald: *Instituierende Praxen: Fliehen, Instituieren, Transformieren*, in: European Institute for Progressive Cultural Policies [Hg.]: transversal: *do you remember institutional critique?* No. 1, 2006; http://eipcp.net/transversal/0106/raunig/de [Zugriff: 22.5.2019].

——: *Instituierende Praxen, No.2: Institutionskritik, konstituierende Macht und der lange Atem der Instituierung*, in: European Institute for Progressive Cultural Policies [Hg.]: transversal: *extradisciplinaire*, No. 1, 2007; https://transversal.at/transversal/0507/raunig/de#_ftn4 [Zugriff: 22.5.2019].

Raynaud, Philippe: *LAW* (übersetzt aus dem Französischen von Michael Syrotinski), in: Barbara Cassin [Hg.]: *Dictionary of Untranslatables: A Philosophical Lexicon* (übersetzt v. Steven Rendall, Christian Hubert, Jeffrey Mehlman, Nathanael Stein, Michael Syrotinski; Übersetzungen editiert v. Emily Apter, Jacques Lezra, Michael Wood; Orig. 2004), 2014: Princeton University Press, S. 550–558.

Rebentisch, Juliane: *Ästhetik der Installation*, 2003: Suhrkamp.

——: *Die Kunst der Freiheit: Zur Dialektik demokratischer Existenz*, 2012: Suhrkamp.

———: *The Contemporaneity of Contemporary Art*, in: New German Critique 124, Vol. 42, No. 1, 2015, S. 223–237; https://doi.org/10.1215/0094033X-2753672 [Zugriff: 21.9.2019].
———: *Theorien der Gegenwartskunst zur Einführung*, 2013: Junius.
Richter, Angela: *»Was die Künstler nicht mehr machen können, das machen wir jetzt«*, in: Anselm Lenz, Alix Fassmann, Hendrik Sodenkamp, Haus Bartleby [Hg.]: *Das Kapitalismustribunal: Zur Revolution der ökonomischen Rechte (Das rote Buch)* (mit Übersetzungen aus dem Französischen v. Corina Popp, aus dem Englischen v. Anselm Lenz, Viktor Kucharski), 2016: Passagen, S. 29–33.
Rogoff, Irit: *Turning*, in: Paul O'Neill, Mich Wilson [Hg.]: *Curating and the Educational Turn*, 2010: Open Edition / de Apple, S. 32–46.
Röhl, Klaus F.: *Allgemeine Rechtslehre. Ein Lehrbuch*, 1995: Heymann.
Ronell, Avital: *Complaint: Grievance among Friends*, 2018: University of Illinois Press.
———: *Street Talk*, in: Studies in 20th Century Literature, Vol. 11, No. 1, 1986, S. 105–131; https://doi.org/10.4148/2334-4415.1192 [Zugriff: 6.8.2019].
———: *The Telephone Book: Technology, Schizophrenia, Electric Speech*, 1989: University of Nebraska Press.
———: *The Test Drive*, 2007: University of Illinois Press.
Rosenstock, Julika; Tobias Singelnstein, Christian Boulanger: *Versuch über das Sein und Sollen der Rechtsforschung: Bestandsaufnahme eines interdisziplinären Forschungsfeldes*, in: dies. [Hg.]: *Interdisziplinäre Rechtsforschung: Eine Einführung in die geistes- und sozialwissenschaftliche Befassung mit dem Recht und seiner Praxis*, 2019: Springer VS, S. 3–29.
Roth, Lorna: *Looking at Shirley, the Ultimate Norm: Colour Balance, Image Technologies, and Cognitive Equity*, in: Canadian Journal of Communication, Vol. 34, 2009, S. 111–136; https://www.cjc-online.ca/index.php/journal/article/view/2196/3069 [Zugriff: 9.1.2018].
Rothenberg, David: *The Trust Crisis: Whose »Facts«?* in: Brad Allenby, Joel Garreau [Hg.]: *Weaponized Narrative: The New Battlespace*, 21.3.2017, Weaponized Narrative Initiative, S. 20–23; https://weaponizednarrative.asu.edu/file/272/download?token=kV886rEe [Zugriff 9.5.2017].
Rothöhler, Simon: *Medien der Forensik*, 2021: transcript.
Rubinstein, Daniel; Katrina Sluis: *A LIFE MORE PHOTOGRAPHIC: Mapping The Networked Image*, in: Photographies, Vol. 1, No. 1, 2008: Routledge, S. 9–28; http://dx.doi.org/10.1080/17540760701785842 [Zugriff: 2.7.2019].
Ruhm, Constanze: *Apartment*, in: Website Constanze Ruhm; http://www.constanzeruhm.net/portfolio/apartment_de.phtml [Zugriff: 20.6.2017].
———: *Coming Attraction / X Characters (In Search of an Author)*, in: Alexandra Schantl [Hg.]: *Constanze Ruhm. Re: Rehearsals (No Such Thing as Repetition)*, 2015: Kerber, S. 113–142.
———: *GLI APPUNTI DI ANNA AZZORI: Uno specchio che viaggia nel tempo*, 2020, in: Website Constanze Ruhm; http://www.constanzeruhm.net/portfolio/gli-appunti-di-anna-azzori.phtml [Zugriff: 11.4.2020].
———: *PANORAMIS PARAMOUNT PARANORMAL*, 2014/2015, in: Website Constanze Ruhm; http://www.constanzeruhm.net/portfolio/panoramis_paramount_paranormal_2.phtml [Zugriff: 28.7.2019].

Saar, Martin: *Gegen-Politik: Zur Negativität der Demokratie*, in: Thomas Khurana, Dirk Quadflieg, Francesca Raimondi, Juliane Rebentisch, Dirk Setton [Hg.]: *Negativität: Kunst – Recht – Politik*, 2018: Suhrkamp.

Saïd, Edward: *Orientalismus* (übersetzt aus dem Englischen v. Liliane Weissberg, Orig. 1978), 1981: Ullstein.

Sauvagnargues, Anne: *ARTMACHINES: Deleuze, Guattari, Simondon* (übersetzt aus dem Französischen v. Suzanne Verderber mit Eugene W. Holland), 2016: Edinburgh University Press.

Savigny, Friedrich Karl von: *System des heutigen römischen Rechts. Band 1*, 1840: Veit & Comp.

Schabacher, Gabriele: *Unsichtbare Stadt: Zur Medialität urbaner Architekturen*, in: Zeitschrift für Medienwissenschaft: *Medien/Architekturen*, Vol. 7, No. 12, 2015: transcript, S. 79–90.

Schantl, Alexandra [Hg.]: *Constanze Ruhm. Re: Rehearsals (No Such Thing as Repetition)*, 2015: Kerber.

Schiesser, Giaco: *Autorschaft nach dem Tod des Autors: Barthes und Foucault revisited*, in: Corina Caduff, Tan Wälchli [Hg.]: *Autorschaft in den Künsten: Konzept – Praktiken – Medien*, 2008: Züricher Hochschule der Künste, S. 20–33.

Schlaffer, Heinz: *Poesie und Wissen: Die Entstehung des ästhetischen Bewußtseins und der philosophischen Erkenntnis*, 2005: Suhrkamp.

Schröter, Jens: *Medienästhetik, Simulation und ›Neue Medien‹*, in: Zeitschrift für Medienwissenschaft: *Medienästhetik*, Vol. 5, No. 8, 2013: transcript, S. 88–100.

Schulte Strathaus, Stefanie: *Lebendige Archive, Entgrenzungen des Kinos und andere Wahlverwandtschaften*, in: Alexandra Schantl [Hg.]: *Constanze Ruhm. Re: Rehearsals (No Such Thing as Repetition)*, 2015: Kerber, S. 63–79.

Schuppli, Susan: *Computing the Law: Searching for Justice*, in: Maria Hlavajova, Simon Sheikh [Hg.]: *Former West: Art and the Contemporary after 1989*, 2017: MIT Press, S. 535–554.

——: *Entering Evidence: Cross-Examining the Court Records of the ICTY*, in: Forensic Architecture [Hg.]: *Forensis: The Architecture of Public Truth*, 2014: Sternberg Press, S. 279–316.

——: *MATERIAL WITNESS: Media, Forensics, Evidence*, 2020: MIT Press.

Schwarte, Ludger: *Zur Geltung bringen: Über expositorische Evidenz und die Normativität des Faktischen*, in: Klaus Krüger, Elke A. Werner, Andreas Schalhorn [Hg.]: *Evidenzen des Expositorischen: Wie in Ausstellungen Wissen, Erkenntnis und ästhetische Bedeutung erzeugt wird*, 2019: transcript, S. 81–97.

Scott, Felicity D.: *Dataland (and its Ghosts): Aspen proving Grounds*, in: Martin Beck [Hg.]: *The Aspen Complex*, 2012: Sternberg Press, S. 158–184.

Seinecke, Ralf: *Rechtspluralismus in der Rechtsgeschichte*, in: Max-Planck-Institut für europäische Rechtsgeschichte [Hg.]: Rechtsgeschichte – Legal History, Vol. 25, 2017, S. 215–228; http://dx.doi.org/10.12946/rg25/215-228 [Zugriff 12.4.2019].

Sharpe, Christina: *In the Wake: On Blackness and Being*, 2016: Duke University Press.

Sherwin, Richard K.: *Visualizing Law in the Age of the Digital Baroque: Arabesques and Entanglements*, 2011: Routledge.

Siegel, Greg: *Forensic Media: Reconstructing Accidents in Accelerated Modernity*, 2014: Duke University Press.

Siegert, Bernhard: *Kulturtechnik*, in: Harun Maye, Leander Scholz [Hg.]: *Einführung in die Kulturwissenschaft*, 2011: Wilhelm Fink, S. 95–118.

Siegmund, Judith: *Zweck und Zweckfreiheit: Zum Funktionswandel der Künste im 21. Jahrhundert*, 2019: J.B. Metzler.

Simondon, Gilbert: *Die Existenzweise technischer Objekte* (übersetzt aus dem Französischen v. Michael Cuntz, Orig. 1958), 2012: Diaphanes.

SITU Research: *About*; https://situ.nyc/research/profile [Zugriff: 29.1.2019].

Smithsonian American Art Museum: *Murder Is Her Hobby: Frances Glessner Lee and The Nutshell Studies of Unexplained Death*, 2017; https://americanart.si.edu/exhibitions/nutshells [Zugriff: 5.9.2021].
Snow, Charles Percy: *The Two Cultures*, 1998: Cambridge University Press.
Sonderegger, Ruth: *Ästhetische Regime*, in: IG Bildende Kunst [Hg.]: Bildpunkt: *Regimestörungen*, 2010, S. 8–9.
Sontag, Susan: *Regarding the Pain of Others*, 2003: Penguin Books.
Spivak, Gayatri Chakravorty: *Can the Subaltern Speak?* in: Cary Nelson, Lawrence Grossberg [Hg.]: *Marxism and the Interpretation of Culture*, 1988: University of Illinois Press, S. 66–111.
——: *In Other Worlds: Essays in Cultural Politics*, 1987: Routledge.
——: *The Post-Colonial Critic: Interviews, Strategies, Dialogues* (hg. v. Sarah Harasym), 1990: Routledge.
Sprenger, Florian: *Zwischen* Umwelt *und* milieu*: Zur Begriffsgeschichte von* environment *in der Evolutionstheorie*, in: Ernst Müller, Zentrum für Literatur- und Kulturforschung Berlin [Hg.]: Forum Interdisziplinäre Begriffsgeschichte, Vol. 3, No. 2, 2014: Zentrum für Literatur- und Kulturforschung Berlin, S. 7–18; https://www.zfl-berlin.org/tl_files/zfl/downloads/publikationen/forum_begriffsgeschichte/ZfL_FIB_3_2014_2_Sprenger.pdf [Zugriff: 13.11.2016].
Stakemeier, Kerstin: *Art as Capital – Art as Service – Art as Industry: Timing Art in Capitalism*, in: Beatrice von Bismarck, Rike Frank, Benjamin Meyer-Krahmer, Jörn Schafaff, Thomas Weski [Hg.]: *Timing: On the Temporal Dimension of Exhibiting*, 2014: Sternberg Press. S. 14–38.
Sternfeld, Nora: *Das radikaldemokratische Museum*, 2018: De Gruyter.
Sternfeld, Nora; Luisa Ziaja: *What comes after the show? On postrepresentational curating*, in: Saša Nabergoj, Dorothee Richter [Hg.]: On-Curating.org: *From the World of Art Archive*, No. 14, 2012, S. 21–24.
Steyerl, Hito: *In Defense of the Poor Image*, in: e-flux Journal, No. 10, 2009a; http://www.e-flux.com/journal/10/61362/in-defense-of-the-poor-image/ [Zugriff: 17.5.2017].
——: *Kunst oder Leben? Dokumentarische Jargons der Eigentlichkeit*, in: Sabeth Buchmann, Helmut Draxler, Stephan Geene [Hg.]: *Film, Avantgarde, Biopolitik*, 2009b: Schlebrügge. Editor, S. 120–129.
Stickler, Markus: *The Inflicted Voice: The Relationship between Sound and Power in Lawrence Abu Hamdan's* The Freedom Of Speech Itself, in: all-over, No. 10, 2016, S. 16–21; http://allover-magazin.com/?p=2336 [Zugriff: 12.1.2017].
Stuckey, Lisa: *Diagnostische Unterbrechungen: Rezension zu Johanna Braun,* All-American-Gothic Girl, in: all-over, No. 14, 2018, S. 58–61; http://allover-magazin.com/?p=3165 [Zugriff: 6.1.2019].
Suntrup, Jan Christoph: *Umkämpftes Recht: Zur mehrdimensionalen Analyse rechtskultureller Konflikte durch die politische Kulturforschung*, 2018: Vittorio Klostermann.

Tate: *Socially engaged practice*; http://www.tate.org.uk/art/art-terms/s/socially-engaged-practice [Zugriff: 3.5.2018].
Te Heesen, Anke: *Als das »Gesetz der Serie« entstand*, in: science ORF.at, 23.1.2006; https://sciencev1.orf.at/news/143136.html [Zugriff: 14.4.2019].
Teitel, Ruti: *Der Wandel des Rechtssystems als liberale Erzählung* (übersetzt aus dem Amerikanischen v. Klaus Fritz), in: Okwui Enwezor, Carols Basualdo, Ute Meta Bauer, Susanne

Ghez, Sarat Maharaj, Mark Nash, Octavio Zaya [Hg.]: *Experimente mit der Wahrheit: Rechtssysteme im Wandel und die Prozesse der Wahrheitsfindung und Versöhnung. Documenta11_Plattform2*, 2002: Hatje Cantz, S. 273–293.

Thacker, Eugene: *Im Staub dieses Planeten (Horror der Philosophie, Band 1)* (übersetzt aus dem Englischen v. Frank Born, Orig. 2011), 2020: Matthes & Seitz.

The Economist: *Democracy Index*; http://www.eiu.com/topic/democracy-index [Zugriff: 8.4.2018].

Thomas, Ronald R.: *Detective Fiction and the Rise of Forensic Science*, 1999: Cambridge University Press.

Thums, Barbara: *Kracauer und die Detektive: Denk-Räume einer ›Theologie im Profanen‹*, in: Deutsche Vierteljahrsschrift für Literaturwissenschaft und Geistesgeschichte, Vol. 84, No. 3, 2010: J.B. Metzler, S. 390–406; https://doi.org/10.1007/BF03375810 [Zugriff: 2.11.2018].

Tohidipur, Timo: *Deliberative Rechtstheorie*, in: Sonja Buckel, Ralph Christensen, Andreas Fischer-Lescano [Hg.]: *Neue Theorien des Rechts*, 2006: Lucius & Lucius, S. 393–412.

Traumane, Mara: *Wie Kunst vor Gericht zur Kunst wird: Die Avantgarden der Nachkriegszeit zwischen Kritik der Kunst und Kritik des Rechts* (übersetzt aus dem Englischen v. Karl Hoffmann), in: Sandra Frimmel, Mara Traumane [Hg.]: *Kunst vor Gericht: Ästhetische Debatten im Gerichtssaal*, 2018: Matthes & Seitz, S. 195–217.

Tribunal NSU-Komplex auflösen: *WIR*; https://www.nsu-tribunal.de/wir/ [Zugriff: 18.10.2021].

Turner, Fred: *From Counterculture to Cyberculture: Stewart Brand, the Whole Earth Network, and the Rise of Digital Utopianism*, 2006: University of Chicago Press.

Tyradellis, Daniel: *Leuchtet ein: Medien als Orte der Entscheidung*, in: Cornelia Vismann, Thomas Weitin [Hg.]: *Urteilen/Entscheiden*, 2006: Wilhelm Fink, S.143–153.

Van den Berg, Karen: *Die Kunst realistisch zu sein: Von Jan van Eyck bis Forensic Architecture*, in: Karen Van den Berg, Jan Söffner [Hg.]: Berliner Debatte Initial: *Krisen der Realität*, Vol. 29, No. 4, 2018: WeltTrends, S. 57–70.

Van den Berg, Karen; Jan Söffner: *Krisen der Realität. Zur Einleitung*, in: dies. [Hg.]: Berliner Debatte Initial: *Krisen der Realität*, Vol. 29, No. 4, 2018: WeltTrends, S. 3–5.

Vesting, Thomas: *Rechtstheorie. Ein Studienbuch*, 2015 (2007): C. H. Beck.

Vidler, Anthony: *The Architectural Uncanny: Essays in the Modern Unhomely*, 1992: MIT Press.

Vishmidt, Marina: *Between Not Everything and Not Nothing: Cuts Toward Infrastructural Critique*, in: Maria Hlavajova, Simon Sheikh [Hg.]: *Former West: Art and the Contemporary After 1989*, 2016: MIT Press, S. 265–269.

Vismann, Cornelia: *Akten: Medientechnik und Recht*, 2000: S. Fischer.

——: *Das Drama des Entscheidens*, in: Cornelia Vismann, Thomas Weitin [Hg.]: *Urteilen/Entscheiden*, 2006: Wilhelm Fink, S. 91–100.

——: *Das Recht und seine Mittel* (hg. v. Markus Krajewski, Fabian Steinhauer), 2012: S. Fischer.

——: *Derrida, Philosopher of Law*, in: Florian Hoffmann, Cornelia Vismann [Hg.]: German Law Journal, Vol. 6, No. 1, 2005, S. 5–13; https://doi.org/10.1017/S2071832200013407 [Zugriff: 3.4.2019].

——: *Image and Law – a Troubled Relationship*, in: Parallax: *law and visual culture*, Vol. 14, No. 4, 2008: Routledge, S. 1–9; https://doi.org/10.1080/13534640802447152 [Zugriff: 17.4.2019].

——: *Jurisprudence: A Transfer Science*, in: Law and Critique, No. 10, 1999a: Kluwer Academic Publishers, S. 279–286; https://doi.org/10.1023/A:1008931211440 [Zugriff: 27.11.2018].

——: *Medien der Rechtsprechung* (hg. v. Alexandra Kemmerer, Markus Krajewski), 2011: S. Fischer.
——: »*Rejouer les crimes*«—*Theater vs. Video*, in: Cardozo Studies in Law and Literature, Vol. 11, No. 2, 1999b: Taylor & Francis, S. 161–177; https://www.jstor.org/stable/743442 [Zugriff: 19.4.2019].
——: *Vor ihren Richtern nackt*, in: Friedrich Kittler, Cornelia Vismann: *Vom Griechenland*, 2001: Merve, S. 39–65.
Vismann, Cornelia; Thomas Weitin: *Einleitung*, in: dies. [Hg.]: *Urteilen/Entscheiden*, 2006: Wilhelm Fink, S. 7–16.
—— [Hg.]: *Urteilen/Entscheiden*, 2006: Wilhelm Fink.
Vogl, Joseph: *Einleitung*, in ders. [Hg.]: *Poetologien des Wissens um 1800*, 1999: Wilhelm Fink, S. 7–16.
——: *Poetologie des Wissens*, in: Harun Maye, Leander Scholz [Hg.]: *Einführung in die Kulturwissenschaft*, 2011: Wilhelm Fink, S. 49–71.
Voss, Christiane: *Affekt: Affektverkehr des Filmischen aus medienphilosophischer Sicht*, in: Lorenz Engell, Oliver Fahle, Vinzenz Hediger, Christiane Voss: *Essays zur Film-Philosophie*, 2015: Wilhelm Fink, S. 63–116.

Wagner, Birgit: *Kulturelle Übersetzung: Erkundung über ein wanderndes Konzept*, in: Kakanien revisited, 23.7.2009, S. 1–8; http://www.kakanien-revisited.at/beitr/postcol/BWagner2.pdf [Zugriff: 3.10.2018].
Waibl, Elmar: *Ästhetik und Kunst von Pythagoras bis Freud*, 2009: Facultas.
Warf, Barney: *Deep Mapping and Neogeography*, in: David J. Bodenhamer, John Corrigan, Trevor M. Harris [Hg.]: *Deep Maps and Spatial Narratives*, 2015: Indiana University Press, S. 134–149.
Watkins, Paul: *We can never tell the entire story of slavery: In conversation with M. NourbeSe Philip*, in: The Toronto Review of Books, 30.4.2014; http://www.torontoreviewofbooks.com/2014/04/in-conversation-with-m-nourbese-philip/ [Zugriff: 25.5.2017].
Weber, Thomas: *Der dokumentarische Film und seine medialen Milieus*, in: Carsten Heinze, Thomas Weber [Hg.]: *Medienkulturen des Dokumentarischen*, 2017: Springer VS, S. 3–26.
——: *Import Export (2007): Kinoerfahrung zwischen Aisthesis und Neuer Soziologie*, in: Heinz-Peter Preußer [Hg.]: *Sinnlichkeit und Sinn im Kino: Zur Interdependenz von Körperlichkeit und Textualität in der Filmrezeption*, 2015: Schüren, S. 216–237.
Weibel, Peter [Hg.]: *Kontext Kunst: Kunst der 90er Jahre*, 1995: DuMont.
Weingart, Brigitte: »*Wilde*« *Übertragung: Fragmente einer Klatsch-Analyse*, in: Texte zur Kunst: Gossip, Vol. 16, No. 61, 2006: Texte zur Kunst Verlag, S. 55–67.
Weitin, Thomas: *Der Geschmack des Gerichts: Zur Urteilsproblematik in Heinrich von Kleists Der zerbrochene Krug*, in: Cornelia Vismann, Thomas Weitin [Hg.]: *Urteilen/Entscheiden*, 2006: Wilhelm Fink, S. 217–235.
——: *Dichter und Richter: Probleme des Urteilens im 18. Jahrhundert*, in: Max-Planck-Institut für europäische Rechtsgeschichte [Hg.]: Rechtsgeschichte – Legal History, Vol. 6, 2005, S. 143–160; http://dx.doi.org/10.12946/rg06/143-160 [Zugriff 5.8.2019].
Weizman, Eyal: *Forensic Architecture: Violence at the Threshold of Detectability*, 2017: Zone Books.
——: *Hollow Land: Israel's Architecture of Occupation*, 2007: Verso.
——: *Introduction: Forensis*, in: Forensic Architecture [Hg.]: *Forensis: The Architecture of Public Truth*, 2014: Sternberg Press, S. 9–32.

——: *The art of war: Deleuze, Guattari, Debord and the Israeli Defence Force*, in: Mute, 3.8.2006; http://www.metamute.org/editorial/articles/art-war-deleuze-guattari-debord-and-israeli-defence-force# [Zugriff: 6.11.2017].
Welsch, Wolfgang: *Ästhetisches Denken*, 2017 (1990): Reclam.
Wieviorka, Annette: *The Era of the Witness* (übersetzt aus dem Französischen v. Jared Stark, Orig. 1998), 2006: Cornell University Press.
Wikipedia: *Red Cell*; https://en.wikipedia.org/wiki/Red_Cell [Zugriff: 18.6.2018].
Wilke, Christiane: *Fall 3: Juristen vor Gericht, Recht auf dem Prüfstand und das Erbe der »Zivilisation«*, in: Kim Christian Priemel, Alexa Stiller [Hg.]: *NMT: Die Nürnberger Militärtribunale zwischen Geschichte, Gerechtigkeit und Rechtschöpfung*, 2013: Hamburger Edition, S. 288–319.
Williams, Ron G.; James W. Boyd: *Aesthetics*, in: Jens Kreinath, Jan Snoeck, Michael Stausberg [Hg.]: *Theorizing Rituals: Issues, Topics, Approaches, Concepts*, 2008: Brill, S. 285–305.
Wolf, Werner [Hg.]: *Metareference across Media: Theory and Case Studies*, 2009: Rodopi.
—— [Hg.]: *The Metareferential Turn in Contemporary Arts and Media: Forms, Functions, Attempts at Explanation*, 2011: Rodopi.

Yuan, May; Grant DeLozier, John McIntosh: *GIS as a Narrative Generation Platform*, in: David J. Bodenhamer, John Corrigan, Trevor M. Harris [Hg.]: *Deep Maps and Spatial Narratives*, 2015: Indiana University Press, S. 179–202.

ZEIT: *Serie Verbrechen*; https://www.zeit.de/serie/verbrechen [Zugriff: 20.2.2019].
Zeitschrift für Medienwissenschaft: *Medien/Architekturen*, Vol. 7, No. 12, 2015: transcript.
—— : *Psychische Apparate*, Vol. 9, No. 17, 2017: transcript.
Zentrum für Kunst und Medien: *Raindance: Research and Development in Video Art and Media Ecology*; https://zkm.de/de/veranstaltung/2017/07/raindance-research-and-development-in-video-art-and-media-ecology [Zugriff: 16.2.2019].
Zippelius, Reinhold: *Rechtsphilosophie. Ein Studienbuch*, 2011 (1982): C. H. Beck.

Zeitbasierte Medien

77sqm_9:26min, Ermittlungsvideo zur Investigation *The Murder of Halit Yozgat*, 2017, 28:55 min., Farbe, Ton; Regie: Forensic Architecture.
Anna, Dokumentarfilm, 1972–1975, 210 min., s/w, Ton; Regie: Alberto Grifi, Massimo Sarchielli.
Apartment, Animation, 1999, 18 min., s/w, ohne Ton; Regie: Constanze Ruhm.
Auge/Maschine 1–3, Videoinstallationen, 2000–2003, 15–25 min., Farbe, Ton; Regie: Harun Farocki.
Bande à part, Spielfilm, 1964, 97 min, s/w, Ton; Regie: Jean-Luc Godard.
Crash Site / My_Never_Ending_Burial_Plot, Spielfilm, 2010, 69 min., Farbe, Ton; Regie: Constanze Ruhm.
GLI APPUNTI DI ANNA AZZORI: Uno specchio che viaggia nel tempo, Essayfilm, 2019, 73 min., Farbe, Ton; Regie: Constanze Ruhm.
Kalte Probe, Spielfilm, 2013, 90 min., Farbe, Ton; Regie: Constanze Ruhm, Christine Lang.
Le Mépris, Spielfilm, 1963, 102 min., Farbe, Ton; Regie: Jean-Luc Godard.
Liquid Traces – Left-to-Die Boat, Animation/Ermittlungsvideo, 2014, 17:59 min., Farbe, Ton; Regie: Charles Heller, Lorenzo Pezzani.

Nazi Concentration Camps, Dokumentarfilm, 1945, 59 min., s/w, Ton; Regie: E. R. Kellogg.
PANORAMIS PARAMOUNT PARANORMAL: Three times a film, Essayfilm, 2014/2015, 54 min., Farbe, Ton; Regie: Constanze Ruhm, Emilien Awada.
The Architecture of Memory, Ermittlungsvideo zur Investigation *Drone Strike in Mir Ali*, 2013, 9:36 min., Farbe, Ton; Regie: Forensic Architecture.
The Law on Trial, Episode der TV-Serie *In the Heat of the Night*, 1992, 48 min, Farbe, Ton; Regie: Russ Mayberry.
The Nazi Plan, Dokumentarfilm, 1945, 127 min., s/w, Ton; Regie: George Stevens.
Un spécialiste: Portrait d'un criminel moderne, Dokumentarfilm, 1999, 128 min., s/w, Ton; Regie: Eyal Sivan.
Videogramme einer Revolution, Dokumentarfilm, 1989, 106 min., Farbe, Ton; Regie: Harun Farocki

Interviewnachweise

Franke, Anselm: Juli 2019, Haus der Kulturen der Welt, Berlin.
Nankivell, Sarah: November 2019, Forensic Architecture, Goldsmiths, University of London.
Nankivell, Sarah; Christina Varvia: September 2017, Forensic Architecture, über Skype.
Ruhm, Constanze: November 2017, August 2019, Akademie der bildenden Künste Wien.

Abbildungsnachweise

Abb. 1, 2, 3, 4, 19, 29: *Forensic Architecture: Towards an Investigative Aesthetics*, Museu d'Art Contemporani de Barcelona, 28. April bis 5. Oktober 2017, kuratiert von Rosario Guiraldes; Ausstellungsansichten © kunst-dokumentation.com / Manuel Carreón López; Creative Commons Lizenz: Namensnennung – Nicht kommerziell – Keine Bearbeitungen 4.0 International (CC BY-NC-ND 4.0); https://creativecommons.org/licenses/by-nc-nd/4.0/deed.de.
Abb. 5, 6, 7, 8, 22: Constanze Ruhm. *Re: Rehearsals (No Such Thing as Repetition)*, Zeit Kunst Niederösterreich, St. Pölten, 26. September 2015 bis 24. Januar 2016, kuratiert von Alexandra Schantl; Ausstellungsansichten © Christoph Fuchs.
Abb. 9: *International Military Tribunal*, Verhandlungssaal, Justizpalast, Nürnberg, 30.9.1946; Foto © United States Army Signal Corps, Commons Wikimedia; https://commons.wikimedia.org/wiki/File:Bundesarchiv_Bild_183-H27798,_N%C3%BCrnberger_Prozess,_Verhandlungssaal.jpg [Zugriff: 16.3.2019]; Creative Commons Lizenz: Namensnennung – Weitergabe unter gleichen Bedingungen 3.0 Deutschland (CC BY-SA 3.0 DE); https://creativecommons.org/licenses/by-sa/3.0/de/deed.de.
Abb. 10, 11: *77sqm_9:26min*, Ermittlungsvideo zur Investigation *The Murder of Halit Yozgat*, 2017, 28:55 min., Farbe, Ton; Regie: Forensic Architecture; Stills © Forensic Architecture; Creative Commons Lizenz: Namensnennung – Nicht kommerziell – Keine Bearbeitungen 4.0 International (CC BY-NC-ND 4.0); https://creativecommons.org/licenses/by-nc-nd/4.0/deed.de.
Abb. 12, 13, 20, 21: *Investigative Commons*, Haus der Kulturen der Welt, Berlin, 9. Juni bis 8. August 2021; kuratiert von Christina Varvia, Dimitra Andritsou und Eyal Weizman von

Forensic Architecture / FORENSIS, Bernd Scherer, Anselm Franke, Elisabeth Krämer und Paz Guevara vom HKW sowie Wolfgang Kaleck und Anne Schroeter vom European Center for Constitutional and Human Rights; Ausstellungsansichten © kunst-dokumentation.com / Manuel Carreón López; Creative Commons Lizenz: Namensnennung – Nicht kommerziell – Keine Bearbeitungen 4.0 International (CC BY-NC-ND 4.0); https://creativecommons.org/licenses/by-nc-nd/4.0/deed.de.

Abb. 14: *Apartment*, Animation, 1999, 18 min., s/w, ohne Ton; Regie: Constanze Ruhm; Still © Constanze Ruhm.

Abb. 15, 16, 17: *Ayotzinapa*, Interaktive kartografische Plattform mit Ermittlungsvideo und Wandbild, 2017, Forensic Architecture in Kollaboration mit Centro Prodh, Equipo Argentino de Antropología Forense und Museo Universitario Arte Contemporáneo; Bilder © Forensic Architecture; Creative Commons Lizenz: Namensnennung – Nicht kommerziell – Keine Bearbeitungen 4.0 International (CC BY-NC-ND 4.0); https://creativecommons.org/licenses/by-nc-nd/4.0/deed.de.

Abb. 18: *The Architecture of Memory*, Ermittlungsvideo zur Investigation *Drone Strike in Mir Ali*, 2013, 9:36 min., Farbe, Ton; Regie: Forensic Architecture; Still © Forensic Architecture; Creative Commons Lizenz: Namensnennung – Nicht kommerziell – Keine Bearbeitungen 4.0 International (CC BY-NC-ND 4.0); https://creativecommons.org/licenses/by-nc-nd/4.0/deed.de.

Abb. 23, 24, 25, 26, 27, 28: *GLI APPUNTI DI ANNA AZZORI: Uno specchio che viaggia nel tempo*, Essayfilm, 2019, 73 min., Farbe, Ton; Regie: Constanze Ruhm; Stills © Constanze Ruhm.

Abb. 30, 31, 32, 33, 34, 35: *Zong!*, Gedichtband, 2008; Seiten 25, 62, 94, 141, 178, 183; Autorin: M. NourbeSe Philip; Buchseiten © M. NourbeSe Philip / Wesleyan University Press; Creative Commons Lizenz: Namensnennung – Nicht kommerziell – Keine Bearbeitungen 4.0 International (CC BY-NC-ND 4.0); https://creativecommons.org/licenses/by-nc-nd/4.0/deed.de.

Abb. 36, 37: *Posthuman Complicities*, xhibit, Ausstellungsraum der Akademie der bildenden Künste Wien, 10. März 2017 bis 14. Mai 2017, kuratiert von Lisa Stuckey und Andrea Popelka; M. NourbeSe Philip: *Zong!*, 2008, Exzerpte der Seiten 96, 157, 21–22, 25–26, 27–28; Konzept Lichtinstallation: Lisa Stuckey und Manuel Carreón López; Ausstellungsansichten © kunst-dokumentation.com / Manuel Carreón López; Creative Commons Lizenz: Namensnennung – Nicht kommerziell – Keine Bearbeitungen 4.0 International (CC BY-NC-ND 4.0); https://creativecommons.org/licenses/by-nc-nd/4.0/deed.de.

Textnachweise

Ausschnitte des Kapitels II.1. MEDIENFORENSIK DES FILMS erschienen erstmals unter dem Titel *Uncanny Fragment / Spectral Evidence: In Investigationen von Constanze Ruhm und Forensic Architecture* in: Thomas Ballhausen, Robert Huez [Hg.]: *Der Zeitungsausschnitt. Begleitbuch zur Ringvorlesung*, 2018: danzig & unfried, S. 123–140.

Eine englische Kurzfassung mit Vorüberlegungen zum Kapitel III.1. VOM »ARTIST AS ETHNOGRAPHER« ZUM ARTIST AS DETECTIVE erschien unter dem Titel *From the »Artist as Ethnographer« to the Artist-as-Detective* am 8.1.2019 als Gastbeitrag auf dem Blog des IFK Internationales Forschungszentrum Kulturwissenschaften; https://www.ifk.ac.at/

blog-detail/gastbeitrag-von-lisa-stuckey-from-the-artist-as-ethnographer-to-the-artist-as-detective.html.

Teile des Kapitels III.3. POETO-FORENSIK: OZEANOGRAFIE LINGUISTISCHER UND VERDATETER SPUREN erschienen als Peer-Review Aufsatz mit dem Titel *Poeto-forensische Ozeanographie: Ästhetik der Trauer in* Left-to-Die Boat *(Forensic Architecture) und* Zong! *(NourbeSe Philip)* in: all-over, No. 13, 2017, S. 29–37; http://allover-magazin.com/?p=3013.

Teile insbesondere des Kapitels III.4. ZWISCHENFAZIT: MARGINALISIERTE REGISTER erschienen als Peer-Review Aufsatz mit dem Titel *PATIENT PATIENTS: Architektur als Medium der Fürsorge und Fürsprache in Investigationen von Forensic Architecture* in: Zeitschrift für Medienwissenschaft: *Medien der Sorge*, Vol. 13, No. 24, 2021: transcript, S. 38–46.

Vortragsnachweise

5.5.2017: *Das Meer spricht: Forensische Foren und die Ökologie im Kunstbetrieb* (Gastvortrag, Institut für Kunst- und Kulturwissenschaften der Akademie der bildenden Künste Wien, eingeladen von Elisabeth von Samsonow zur Vorlesung »Magie Technik Kunst«).

17.8.2017: *Poeto-forensische Ozeanografie* (Präsentation, IFK_Akademie 2017, »Rückkehr der Gefühle?«, Sektion: Neue Gestalten der Trauer und der Empathie, geleitet von Katharina Sykora).

6.12.2017: *Uncanny Fragment / Spectral Evidence: In Investigationen von Constanze Ruhm und Forensic Architecture* (Ringvorlesungsbeitrag »Der Zeitungsausschnitt«, Kooperationen zwischen Abteilung für Vergleichende Literaturwissenschaft der Universität Wien und Literaturhaus Wien).

3./17.5.2018: *Forensic Architecture: Metafilmische Übersetzungen zwischen Kunst und Gericht* (Gastvorträge, Institut für Kunst- und Kulturwissenschaften der Akademie der bildenden Künste Wien, eingeladen von Sabeth Buchmann zur Vorlesung »Von investigativer Kunstpraxis zu Forensic Architecture«).

11.1.2019: *Artist-as-Detective* (Tagungsbeitrag, 12. Jahrestagung des Fachverbands Kulturmanagement: »Arts & Citizenship — Towards Diversity of Cultural Expressions«, Institut für Kulturmanagement und Gender Studies der Universität für Musik und darstellende Kunst Wien).

8.4.2019: *Zur Sache! Evidenzverfahren zwischen Kunst und Rechtsprechung bei Forensic Architecture* (Abendvortrag, IFK Internationales Forschungszentrum Kulturwissenschaften).

13.5.2019: *Investigative Ästhetik: Rechts- und kunstkritische Annäherungen* (Konferenzbeitrag, Graduiertenkonferenz, Institut für Kunst- und Kulturwissenschaften der Akademie der bildenden Künste Wien).

28.6.2019: *With(-Drawing) Publicity: Leaked Images at the Witness Stand* (Präsentation, »Third International Workshop on Visual Research: Images as Agents in Digital Public Spheres«, Institut für Kulturanalyse der Alpen-Adria-Universität Klagenfurt in Kooperation mit International Sociological Association's Visual Sociology Research).

26.2.2020: *Rumor and Justice: A Troubled Relationship* (Gastvortrag, Estonian Academy of Arts, Tallinn, eingeladen von Margit Säde zu den »Art Talks«).

15.7.2021: *Evidenzen kasuistischer Erkenntnis* (Vortrag am Panel »Bringt zusammen, wo es entzweit: Ästhetisch-epistemische Potenziale der Gegenwartskünste zwischen Evidenzgewinnung, Propaganda und Versammlung« von Christoph Chwatal, Sebastian Mühl und Lisa Stuckey, XI Kongress der Deutschen Gesellschaft für Ästhetik, »Ästhetik und Erkenntnis«, Züricher Hochschule der Künste).

23.9.2021: *Politische Metaphorik der Open-Source Intelligence: Die Ermittlungsvideos von Forensic Architecture* (Vortrag am Panel »Zur Forensik geheimdienstlicher Medien und ihrer Archive« von Sophia Gräfe, Sylvia Sasse und Lisa Stuckey, konzipiert von Lisa Stuckey, Tagung der Gesellschaft für Medienwissenschaft 2021, »Wissensökologie«, Institut für Medien, Gesellschaft und Kommunikation der Leopold-Franzens-Universität Innsbruck).

1.12.2021: *Kompensatorische Infrastrukturen: Agenturen und Thinktanks als Orte der Erkenntnisproduktion und Urteilsempfehlung* (Beitrag zur Veranstaltungsreihe »Räume der Produktion von Wissen«, Studio Art and Research am Institut für Kunst & Kunsttheorie der Universität zu Köln, mit einem künstlerischen Beitrag von Karina Nimmerfall).

16.12.2021: *Making-of-the-Evidence: Medienästhetische und strafprozessrechtliche Wahrheitskonzeptionen bei Forensic Architecture* (Gastvortrag im Rahmen des Seminars »Fake Truths«, Abteilung Kunstgeschichte und Kunsttheorie der Universität für künstlerische und industrielle Gestaltung Linz, eingeladen von Jasmin Mersmann).

Namensregister

Abu Hamdan, Lawrence 287
Achour, Yadh Ben 64, 79, 92
Adorno, Theodor W. 117, 140, 164, 165
Agamben, Giorgio 6, 14, 32, 89, 93, 108, 109, 217, 276, 297, 298, 310, 312
Ahmed, Sara 149
Albert, Hans 117
Alexy, Robert 14
Allenby, Brad 240
Althusser, Louis 5, 75
Amir, Maayan 307
Amnesty International 10
Architecture Machine Group 31, 194
Architekturzentrum Wien 305
Arendt, Hannah 74, 75, 87, 133, 139, 306, 329
Aristoteles 19, 75, 84, 104, 210, 290, 313, 329, 333
Armaly, Fareed 29, 30, 38, 100, 141, 142
Arns, Inke 143
Assange, Julian 62, 63, 248, 256
Atkinson, Nora 224
Austin, John L. 99, 101, 118

Bachmann, Michael 111, 112, 114, 310
Baer, Susanne 29, 53, 55, 66, 79, 101, 108, 131, 236, 296, 313
Balibar, Étienne 66, 75
Ballhausen, Thomas 157
Balsom, Erika 152, 158, 163
Bardot, Brigitte 180, 181, 184
Barnett, Clive 69, 246
Basualdo, Carlos 92
Bateson, Gregory 146, 147, 152
Bauer, Ute Meta 92, 158
Baumgarten, Alexander Gottlieb 14, 15, 19
Baxmann, Inge 16, 208–210
Behrens III, William W. 147
Bellingcat 10, 198
Benjamin, Walter 13, 19, 50, 67, 70, 95, 99, 109, 227, 235, 258, 327, 334
Berger, Christian 325
Bertram, Georg W. 39, 40, 74, 173

Bhabha, Homi K. 12, 13, 22, 62–64, 133, 185, 186, 192, 238
Bharucha, Rustom 64, 188, 283
Binotto, Johannes 30, 156
Bishara, Hakim 219
Bismarck, Beatrice von 9, 47, 119, 121, 143, 347
Blanco, María del Pilar 295
Blümlinger, Christa 22–24, 31, 171, 172, 180–183
Bodenhamer, David J. 7, 191, 192
Boletsi, Maria 32, 276, 294, 295, 301
Boltanski, Luc 32, 230–232, 234, 238, 315, 317
Bolter, Jay David 65
Boulanger, Christian 104
Bourdieu, Pierre 17, 40, 71, 270
Boyd, James W. 20
Brague, Rémi 50, 169, 233, 250
Braidotti, Rosi 6, 22, 26, 27, 56, 57, 76, 153, 169, 204, 235, 238, 259
Brandstetter, Thomas 89
Brandt, Christina 17
Braun, Johanna 260
Brecht, Bertolt 71, 265, 290
Brennan Center for Justice 93
Brombach, Ilka 70, 143
Bruckmüller, Hannah M. 51
Buchmann, Sabeth 22, 30, 91, 131, 132, 182, 184, 265, 327
Buckel, Sonja 14, 235
Bundesweites Aktionsbündnis »NSU-Komplex auflösen« 115
Burghardt, Boris 105
Busch, Kathrin 16, 24, 222, 225, 330
Butler, Judith 32, 33, 133, 207, 238, 276, 296, 297, 309, 311, 312, 334

Camnitzer, Luis 38
Campe, Rüdiger 7, 192, 200, 208
Carson, Juli 139, 182, 241, 272
Cassin, Barbara 2, 21, 68, 185, 208, 210, 238, 244, 258, 328, 335, 339, 340, 345

Open Access. © 2022 Lisa Stuckey, publiziert von De Gruyter. Dieses Werk ist lizenziert unter einer Creative Commons Namensnennung 4.0 International Lizenz.
https://doi.org/10.1515/9783110732887-009

Christensen, Ralph 14
Chubarov, Igor 143
Club of Rome 85, 115, 147, 343
Courtine, Jean-François 142
Crouch, Colin 28, 54, 58–60
Cubitt, Jean 146

Dahrendorf, Ralf 117
Damler, Daniel 101, 144, 309, 313
Därmann, Iris 32, 302
Debord, Guy 70
Deleuze, Gilles 13, 24, 27, 37, 56, 57, 59, 76, 133, 150, 153, 182, 259, 331
Demos, T. J. 22, 63, 145–147, 149, 151
Derrida, Jacques 3, 14, 22, 24, 25, 29, 32, 55, 60, 83, 94–96, 98, 99, 101, 103, 107–110, 133, 138, 140, 150, 162, 183, 202, 204, 205, 219, 233–235, 261, 265, 269, 295–297, 300–302, 326, 330, 333
Didi-Huberman, Georges 22, 24, 31, 167, 171, 172, 203, 214, 216, 283, 297, 305, 316
Diederichsen, Diedrich 17, 38, 137, 263, 271
Doßmann, Axel 160
Doug Passon Law 198, 199, 307
Dovey, Jon 146, 159, 171
Doyle, Arthur Conan 230, 232, 290
Dupin, Auguste 231, 245, 302
Dussel, Enrique 61, 63
Dutch Art Institute 102
Dziuban, Zuzanna 8, 9

Easterling, Keller 193
Ebbrecht-Hartmann, Tobias 177, 178
Ebeling, Knut 160
Eckstein, Lars 192
Eco, Umberto 90, 130
Ehrlich, Eugen 53
El-Mecky, Nausikaä 39
Elsaesser, Thomas 22, 30, 157, 210
Engell, Lorenz 22, 127, 152, 315, 316, 317, 318, 339
Enwezor, Okwui 92, 158, 167
Equipo Argentino de Antropología Forense 8, 189
Eribon, Didier 150, 337
European Commission 148

European Research Council 10, 72, 111, 121, 124
Evreinov, Nikolaj 143

Farocki, Harun 158, 159, 170
Fassmann, Alix 115
Felman, Shoshana 170, 176
Felsch, Philipp 17
Fischer-Lescano, Andreas 14
Fisher, Jean 301
Fitz, Angelika 305
Fleck, Ludwik 347
Forensic Oceaonography 156
Forgó, Nikolaus 97, 297
Foster, Hal 1, 17, 32, 159, 182, 235–237
Foucault, Michel 14, 22, 57, 66, 91, 92, 107, 109, 133, 138, 144, 150, 163, 195, 217, 220, 251, 313, 321, 327, 332, 334, 340, 343
Franke, Anselm 6, 119, 121, 124, 147, 148, 187
Frankenberg, Günter 100, 108
Frank, Rike 23, 143
Franzoni, Mariella 147, 152, 153
Fraser, Andrea 38
Freud, Sigmund 14, 27, 83, 137, 150, 160–162, 183
Frimmel, Sandra 3
Fromm, Erich 137
Fuchs, Rainer 180
Fuller, Matthew 5, 23, 120, 170, 226, 258

Gabriel, Markus 80, 123
Gadamer, Hans-Georg 22, 29, 86, 87, 98
Ganguin, Sonja 146
Garreau, Joel 240
Geertz, Clifford 257
Geimer, Peter 211
Gesellschaft für deutsche Sprache 239
Ghez, Susanne 92
Ginzburg, Carlo 6, 16, 22, 30, 95, 133, 159, 161, 162, 208, 214, 218, 229, 290, 291, 324
Glessner Lee, Frances 224
Godard, Jean-Luc 141, 142, 171, 180, 181, 271
Gómez, Liliana 4

Gordon, Avery 145, 157
Gough, Maria 258
Goyet, Francis 213
Gramsci, Antonio 66, 75
Graw, Isabelle 341
Green, Renée 38
Gresh, Alain 298, 299
Grifi, Alberto 263, 267, 271
Grube, Gernot 51, 230, 281
Grusin, Richard 65
Guasch Ferrer, Anna Maria 30, 159
Guattari, Félix 1, 6, 22, 27, 30, 56, 57, 133, 139, 146, 150, 153–156, 182, 185, 243, 259, 324, 325, 331, 337, 343
Guembe, María José 188, 297
Guiraldes, Rosario 3
Günzel, Stephan 160

Haacke, Hans 38
Habermas, Jürgen 55, 75, 117
Hall, Stuart 52, 54, 60, 133
Hamacher, Werner 234
Hamraie, Aimi 225
Han, Byung-Chul 155
Hansen, Mark B. N. 120, 145, 153, 254
Haraway, Donna 1, 78, 133, 312
Harney, Stefano 253
Harrison, Charles 132, 331
Hartog, François 91
Hassan, Nihad A. 253
Haus Bartleby 115
Haussite 100
Hegel, Georg Wilhelm Friedrich 19, 229, 326
Heidegger, Martin 24, 83, 138, 149, 162, 209, 294
Heinze, Carsten 158
Heller, Charles 202, 276, 280, 283, 308
Herzog, Werner 338
Hight, Craig 158
Hijazi, Rami 253
Hinterwaldner, Inge 31, 131, 164, 190, 195, 197, 205, 206, 218
Hirsch, Nikolaus 140
Höflich, Joachim R. 147
Hohenberger, Eva 158
Holert, Tom 15, 82
Holmes, Sherlock 160, 161, 230, 232

Hörl, Erich 30, 145, 146, 153, 182, 254
Horn, Eva 174, 205, 252
Hui, Yuk 217, 218

Innocence Project 245
Institut für Gerichtliche Medizin 189
International Center for Transitional Justice 16
Ismaiel-Wendt, Johannes Salim 175

Jackson, Cathrine M. 208, 256
Jaeggi, Rahel 23
Jäger, Ludwig 208, 210, 211, 245, 252
Jimenez, Marc 2, 14, 15
Joselit, David 193
Judet de la Combe, Pierre 185
Just, Rainer 160, 162, 228–232, 245, 290, 291

Kamleithner, Christa 193
Kant, Immanuel 19, 22, 29, 74, 75, 80, 86, 87, 95, 139, 217, 306, 329
Kara, Selim 172
Kastner, Jens 22, 28, 52, 54, 59, 132, 133, 270
Keenan, Thomas 4, 8, 23, 44–46, 166
Kernbauer, Eva 21, 30, 43, 132, 328, 332
Kirberg, Rainer 29, 100
Kirste, Stephan 29, 53, 103, 260, 299
Klein, Norman M. 206
Kleist, Heinrich von 145
Klotz, Volker 90
Kluge, Friedrich 80
Köchy, Kristian 256
Kosuth, Joseph 131
Kracauer, Siegfried 32, 75, 172, 229, 231, 232, 241, 251, 261, 330, 339
Krämer, Sybille 3, 103, 114, 149, 162, 169, 215, 230, 281, 283, 290, 291, 322
Krasny, Elke 305
Krasznahorkai, Kata 253, 254
Kuhlen, Rainer 106, 147
Kühne, Hans-Heiner 112, 177, 214

Lacan, Jacques 14, 27, 156
LaCapra, Dominik 295

Ladeur, Karl-Heinz 14, 22, 41, 45, 55, 58, 89, 95–98, 101, 105, 108–111, 113, 143, 232, 243, 308, 313, 325, 339, 343
Lafer, Ilse 91
Lagasnerie, Geoffroy de 22, 28, 54, 62, 93, 135, 136, 247, 248, 249, 254, 257, 259, 274, 296
Lambert, Laurie R. 23, 300
Lang, Christine 265
Laplanche, Jean 152
Latour, Bruno 46, 147, 162, 163, 192, 225, 256, 306, 324
Lázár, Eszter 81
Lazzarato, Maurizio 139
Leeder, Murray 157, 158
Lefebvre, Alexandre 160, 234
Lefebvre, Henri 61
Legendre, Pierre 14, 88, 89, 134, 307
Lenz, Anselm 68, 115, 116
Lévi-Strauss, Claude 159
Lie, Sulgi 183
Linck, Dirck 319
Löffler, Petra 146
Lorde, Audre 240, 241, 327
Lovelock, James Ephraim 185
Luhmann, Niklas 14, 21, 99, 102, 106, 138, 219
Lund, Cornelia 30, 158, 159
Luther, Christoph 298
Lüthy, Michael 319
Lütticken, Sven 102, 247

Magulis, Lynn 185
Maharaj, Sarat 92
Marchart, Oliver 28, 45, 54–56, 60, 61, 250
Marcus, Daniel 172
Martínez, Matías 183, 186, 187, 203
Marx, Karl 66, 75, 137
Maxim-Gorki-Theater 169
Maxwell, Richard 147, 182
McKee, Yates 151
McLagan, Meg 151
McLuhan, Marshall 146, 147, 150
Meadows, Dennis L. 147
Meadows, Donella H. 147
Melitopoulos, Angela 139

Mengele, Josef 8, 119
Menke, Christoph 14, 70, 79, 108
Mercer, Kobena 301
Mersch, Dieter 290
Meyer-Krahmer, Benjamin 143
Michalka, Matthias 141
Mignolo, Walter D. 15, 16
Milligan, Tony 149, 247
Möllers, Christoph 22, 61, 68, 69, 86, 205, 219, 265
Moore, Rowan 255
Morelli, Giovanni 161, 162
Morton, Timothy 147, 148, 185
Moten, Fred 22, 23, 56, 92, 253, 294, 303
Mouffe, Chantal 45, 55, 61, 88, 250
Muhle, Maria 335
Mühl, Sebastian 232
Müller, Jan-Dirk 198, 208, 209, 211
Mullis, Daniel 61
Mundt, Katrin 158

Nankivell, Sarah 243, 257
Nash, Kate 158
Nash, Mark 92
Nauta, Lolle 188
Neskovic, Wolfgang 35, 68
Noor Inayat Khan Memorial Trust 261

Obermayer, Brigitte 319
Occupy Museums 40
Oeschger, Christoph 318
Ortland, Eberhard 20
Other Means 122
Ovid 266

Paoli, Guillaume 112, 115, 116
Peeren, Esther 295
Peleg, Hila 158, 163
Peters, Kathrin 316
Pezzani, Lorenzo 202, 276, 280, 283, 308
Philip, M. NourbeSe 22–26, 32, 35, 36, 80, 94, 130, 276, 277, 280–282, 284, 285, 287–295, 297–300, 302, 321, 322, 327, 332–334, 339
Pias, Claus 89
Piccoli, Michel 180, 181
Pichler, Wolfram 27, 37, 59, 152

Pilot, Harald 117
Platon 19, 70, 71, 73, 84, 114, 165, 294, 329, 345
Plinius Secundus, Cajus 85
Poe, Edgar Allan 229, 245, 290, 302
Pontalis, Jean-Bertrand 152
Popper, Karl R. 117
Postman, Neil 146, 147, 321
Pradelle, Dominique 18
Priemel, Kim Christian 1, 167

Raindance Corporation 152
Rakatansky, Mark 183
Rancière, Jacques 6, 21, 22, 31, 54, 148, 165, 183, 214, 220–222, 225, 308, 318, 319, 325, 333
Randers, Jørgen 147
Rau, Milo 113
Raundalen, Jon 147
Raunig, Gerald 19, 29, 112, 117, 328
Rawls, John 247
Raynaud, Philippe 284
Rebentisch, Juliane 12, 13, 21, 22, 26–29, 37–40, 42, 45, 49, 54, 56, 58, 60, 62, 67, 69–74, 77, 90, 129, 130, 136, 146, 169, 171, 207, 243, 247, 290, 305, 316, 324, 343
Richter, Angela 249
Rogoff, Irit 48
Röhl, Klaus F. 213
Ronell, Avital 22, 23, 32, 43, 51, 96, 134, 138, 197, 276, 295, 296, 298, 299, 304, 316–318, 325, 326, 332, 333
Rosenstock, Julika 41, 104
Rothenberg, David 239, 240
Roth, Lorna 36
Rothöhler, Simon 12
Rubinstein, Daniel 248
Ruhm, Constanze 23–26, 30–32, 35, 80, 91, 94, 100, 119, 125, 127, 129–134, 136, 139, 140, 142, 144, 157, 171, 172, 180–185, 260, 261, 263–266, 269, 271, 272, 274, 275, 321, 322, 332–334, 339
Russell, Bertrand 111

Saar, Martin 56, 58, 61
Saïd, Edward 78, 133, 141

Sarchielli, Massimo 263, 267, 271
Sartre, Jean-Paul 75, 111, 114
Sasse, Sylvia 143, 253, 254
Sauvagnargues, Anne 155
Savigny, Friedrich Karl von 227, 228
Schabacher, Gabriele 192, 193
Schafaff, Jörn 143
Schantl, Alexandra 23, 125
Scheffel, Michael 183, 186, 187, 203
Schiesser, Giaco 137
Schiller, Friedrich 19
Schlaffer, Heinz 15, 22, 294, 328, 329, 330, 331, 332
Schmidt, Sibylle 3, 103, 114, 169, 322
Schröter, Jens 18, 50, 120, 266
Schulte Strathaus, Stephanie 172, 182, 183, 263
Schuppli, Susan 10, 168, 177, 188, 202, 205
Schwarte, Ludger 72, 211
Schwarz, Anja 192
Scott, Felicity D. 31, 193, 194
Seinecke, Ralf 92, 344, 345
Sekula, Allan 8, 78
Setton, Dirk 70
Sharpe, Christina 6, 22, 23, 25, 32, 276, 277, 282, 285, 290, 291, 297, 298, 303
Sherwin, Richard K. 306
Siegel, Greg 7, 30, 163, 177, 204, 228, 238, 340
Siegert, Bernhard 17
Siegmund, Judith 136
Simondon, Gilbert 22, 26–28, 37, 49, 72, 73, 75–79, 98, 151, 154, 155, 166, 185, 211, 217, 311, 324, 329, 343
Simonides von Keos 202
Singelnstein, Tobias 104
SITU Research 10, 200, 280
Sivan, Eyal 170, 200
Sluis, Katrina 248
Smithsonian American Art Museum 224
Snow, Charles Percy 150
Sodenkamp, Hendrik 115
Söffner, Jan 2
Somek, Alexander 97, 297
Sonderegger, Ruth 221, 319
Sontag, Susan 309
Spivak, Gayatri Chakravorty 57, 66, 133, 197

Sprenger, Florian 146, 148
Stakemeier, Kerstin 236
Sternfeld, Nora 15, 19, 22, 28, 39, 43, 47, 53, 54, 55, 62, 69, 94, 135, 139, 160, 200, 203, 227, 236, 237, 240, 250, 339
Steyerl, Hito 119, 166, 248, 249
Stickler, Markus 287
Stiller, Alexa 1, 167
Stuckey, Lisa 260
Summerhayes, Catherine 158
Suntrup, Jan Christoph 5, 22, 48, 68, 91, 107, 186, 187, 196, 226, 347

Tate 41, 74
Te Heesen, Anke 127
Teitel, Ruti 168, 189
Temesvári, Cornelia 70
Temme, Andreas 173, 174, 176–178, 257
Thacker, Eugene 75
The Economist 58
Thomas, Ronald R. 234
Thums, Barbara 229, 232, 241, 251
Tohidipur, Timo 68
Traumane, Mara 3, 42
Trinkaus, Stephan 316
Turner, Fred 150, 151
Tyradellis, Daniel 82, 208, 209, 220, 318

Ubl, Ralph 27, 152

Van den Berg, Karen 2, 319
Vehlken, Sebastian 89
Vestberg, Nina Lager 147
Vesting, Thomas 22, 49, 50, 51, 78, 80, 85, 98–100, 106, 113, 144, 148, 149, 219, 220, 228, 231, 239, 243, 342
Vidler, Anthony 157
Vidocq, Eugène François 229
Vishmidt, Marina 113
Vismann, Cornelia 8, 9, 14–16, 22, 28–30, 33, 36, 44, 46, 54, 57, 58, 61, 69, 78, 83, 85–91, 93–96, 99–104, 106–108, 112, 114, 118, 121, 133, 134, 137, 145, 161, 162, 165, 167, 169, 170, 184, 186, 187, 195–199, 204, 207, 212, 217, 233, 245, 246, 249, 251, 258, 276, 286, 288, 291–294, 298, 299, 302, 306–308, 313, 314, 320, 324, 325, 333, 336, 345
Vogl, Joseph 73, 84, 138
Vöhler, Martin 319
Voss, Christiane 311, 313

Wagner, Birgit 13, 151
Waibl, Elmar 120
Warf, Barney 53, 192
Watkins, Paul 292
Weber, Thomas 158, 165, 166
Weibel, Peter 38
Weingart, Brigitte 332, 340, 341
Weitin, Thomas 15, 71, 86, 87, 104, 107, 136, 145, 186, 187, 204, 320, 324, 342
Weizman, Eyal 4–8, 23, 28, 41, 44–46, 50, 54, 64–66, 120, 121, 137–139, 152, 169, 170, 176, 184, 186–188, 201, 209, 215, 217, 219, 226, 227, 233, 240, 255, 256, 258, 316, 319, 336, 341
Welsch, Wolfgang 15
Werner, Michael 91
Wesche, Tilo 23
Weski, Thomas 143
Wieviorka, Annette 169, 310
WikiLeaks 50, 227, 247, 248, 256, 257
Wilke, Christiane 344
Williams, Ron G. 20
Wolf, Werner 46

Yozgat, Halit 173, 178, 225, 315
Yuan, May 187

Zaatari, Akram 141
Zaya, Octavio 92
Zentrum für Kunst u. Medien 152, 224
Ziaja, Luisa 39, 236
Zippelius, Reinhold 212

Sachregister

77sqm_9:26min (Forensic Architecture) 30, 41, 65, 96, 172, 173, 174, 176, 177, 178, 186, 265, 322

Affekt 33, 155, 222, 306, 307, 310, 311, 313, 316
– entzug 307, 309–311, 313, 314, 318, 332, 340
– übertragung 170, 305, 314
Agon/agonal 45, 87, 88, 91, 169, 184, 195, 196, 207, 225, 226, 258
– istisch 45, 88
Aktivismus/Activism 54, 61, 155, 257, 327
– Paralegal (Lütticken) 247
– Radikaldemokratischer (Marchart) 28, 61
Anachronie 333
Anachronismus 333
Analepse 187, 203
Anonymität 63, 135, 136, 219, 247
Antiessentialismus/antiessentialistisch 40, 96, 117, 318, 343
Antipsychiatrie 150, 154, 316, 335
Anzeige gegen Unbekannt 318, 319
Apartment (Ruhm) 30, 172, 180–184, 322
Archiv/Archive 25, 35, 55, 83, 104, 121, 133–135, 157, 159–161, 165, 182, 199, 204, 217, 242, 261, 263, 264, 276, 282, 290, 291, 300, 301, 333, 337
– Film- 157, 160, 263
– Gegen- 114
– Lebendiges/Living 48, 160, 263, 264
Artefakt 121, 134, 143, 186, 189, 201, 213, 222, 308
Artist as
– Analyst (Carson) 139, 182, 241, 242, 291
– Curator 46
– Detective 1, 32, 235, 241, 242, 259, 260, 291, 305
– Ethnographer (Foster) 1, 32, 235, 242, 259
Ästhetik 2, 5, 6, 13, 14, 20
– Aisthêta u. noêta 14, 15
– Anti- 335
– Gebrauchs- 16, 218, 234

– Investigative 1, 3, 5, 11, 13, 14, 17–19, 20, 21, 23, 24, 28, 31, 39, 46, 49, 65, 78, 86, 108, 117, 134, 145, 155, 165, 167, 170, 172, 192, 203, 210, 211, 213, 217, 218, 220–223, 228, 241, 258, 295, 306, 313, 318, 321, 323–328, 330–335, 337, 341
– Rechts- 115, 313
– System- 131, 346
Ästhetische Intention (Simondon) 28, 72, 73, 75, 76, 79, 166, 185
Ästhetisierung 20, 28, 69–71, 79, 103, 114, 143, 144, 155, 227, 257
– skritik 37, 70, 71, 143, 342
Ausnahmezustand 93, 109, 110, 329
Autonomie 19, 95, 102, 229
– Ästhetische 40, 54, 77, 129, 243
– d. Kunst 40, 42, 129
– Institutionelle 110, 245
– Nationale 52
– Rechtliche 63, 102
– Zweiter Ordnung 110, 343
Autor:innenschaft 24, 29, 30, 119, 134, 135, 137, 139, 215, 229, 249, 254, 322
Ayotzinapa (Forensic Architecture) 31, 189, 190, 191, 246, 322

Beweis 5, 18, 19, 51, 54, 57, 67, 74, 103, 104, 113, 115, 118, 130, 134, 135, 157, 161, 167, 190, 200, 208, 211, 212, 220, 227, 241, 243, 258–260, 283, 287, 323, 337, 342
– d. Gegenteils 317
– erstellung 342
– Experimental- 177
– führung 8, 11, 16, 44, 123, 161, 173, 193, 198, 199, 203, 208
– kette 230
– mittel 5, 35, 91, 324
– produktion 40, 53, 123, 138, 225, 237, 339
– würdigung 71, 134, 341, 342
Bild
– erverbot 305, 309
– forensik 142, 217, 261
– politik 28, 65, 151, 216, 220

Sachregister

Case 38, 102, 177, 185
- book 131, 213
- Cold 332, 333
- Hot 332
Chiasmus 13
Chor 31, 184, 185
Civil law 98, 101, 131, 212, 213
Common
- Law 97, 101, 131, 212, 213
- place 238, 339
- s 106, 226
- Sense 226
Community without unity 225
Complaint 32, 43, 51, 295, 296, 299, 304, 317

Deep maps/mapping 7, 31, 191, 192, 198, 307
Dekonstruktion (Derrida) 11, 29, 94, 95, 96, 97, 99, 103, 107, 110, 117, 150, 212, 286, 301–303, 325, 328, 331, 333, 335, 336
Deliberation/deliberativ 63, 68, 330
Deliktstadium 36
Detektiv
- figur 12, 75, 228, 231, 232, 315, 340
- :innenagentur 67, 227, 229, 244, 259
- ische 229, 230, 233, 238, 239, 271, 291
Dichtung 294, 300, 301, 328–330
Dienlichkeit 302
- Un- (Därmann) 302
Dienstbarkeit 65, 194, 244, 324, 326, 327
Diorama 224
Display 18, 19, 48, 121, 125, 129, 131, 322
Dogma 74, 99, 103, 150, 303
- tik 29, 41, 97, 98, 99, 102–104, 108, 159, 342
Dokumentwerdung 142, 225
Drone Strike in Miranshah (Forensic Architecture) 216

Ekphrasis 145
Empathie 169, 280, 282, 311, 312
Entscheidung
- sarchitektur 195, 196
- sfindung 68, 205, 213, 252, 258
- sparadox/sparadoxie (Luhmann) 21, 71, 99, 107

- sverfahren 205, 327
Erfahrung 30, 33, 36, 38, 49, 69, 70, 77, 110, 129, 214, 217, 310, 314, 345
- Ästhetische 20, 24, 39, 52, 74, 129, 130, 131, 315, 331
- sbegriff 129, 171, 220, 314
Erkenntnis 14, 18, 28, 41, 49, 50, 74, 79, 80, 83, 84, 97, 98, 123, 164, 186, 203, 211, 213, 220, 222, 257, 330
- begriff 80, 345
- theorie 50, 80
Ermittlung
- spflicht 57
- sprozess 18, 51, 117, 149
- sverfahren 66, 197, 198
- svideo 7, 31, 122, 166, 186, 188, 223
Erzählung 31, 71, 83, 161, 180, 186, 188, 191, 202, 203, 233, 238, 281, 301, 339
- Analytische 187
- Rahmen- 166, 203
Essay 140, 164, 165, 210, 328, 337
- film 39, 248
Evidenz
- begriff 31, 167, 214, 345
- methode 5, 41
- produktion 144, 165, 211, 213, 263, 346
- verfahren 51, 167, 208–211, 213, 222, 238, 241, 337

Fair use policy 199
Forensische Linguistik 287
Found-Footage 24, 30, 127, 156, 157, 170, 171, 194, 309
Fürsprache 90, 225, 305, 317, 319

Gegenwartsdiagnose 1, 343
Geheim
- dienst 204, 220, 252–254, 260
- haltung 90, 136, 213, 247, 253, 258
- nis 75, 162, 249, 258
- Beratungs- 213, 257
- nisverrat 249
Gender 169, 260, 267, 270
Gerechtigkeit 14, 64, 94, 95, 107, 109, 148, 150, 188, 204, 205, 238, 265, 305, 306, 311, 345, 346
- Ohne Recht (Derrida) 107

– sbestrebung 89
– skrise 35
– sorgan 28, 67
– Soziale 1, 35, 110, 197, 251
– Strafende 306
– Un- 98, 275, 303, 305, 311
Gericht 9, 16, 29, 37, 42, 44, 62, 66, 71, 74, 85, 87, 88, 90, 91, 93, 112
– halten 62, 87, 88, 113
– Meta- 102
– sbarkeit 6, 42, 64, 87, 88, 106, 347
– sprozess 99, 100, 134, 136, 145, 175, 176, 306, 340
– ssaal 3, 46
– stheater (Legendre) 88–90, 113, 114, 169, 195
Gesang 291, 292, 294, 297, 329
Geschichtlichkeit 29, 73, 99, 119, 144, 225, 322
– Kunst- (Kernbauer) 132
Gesetz
– eskonkretisierung 98
– eskraft 95, 96, 99, 101
– estext 29, 93, 99
Gesicht 136, 225, 308
Gli Appunti di Anna Azzori (Ruhm) 32, 263, 264, 265, 267, 271
Gossip 73, 332, 340, 341, 342
Großraumbüro 137, 226, 341
Grundsatz/Maxime
– Amtsermittlungs- 219
– d. freien richterlichen Beweiswürdigung 5
– d. normativen Unverbindlichkeit 212
– Öffentlichkeits- 46, 116, 197, 341
– Offizial- 176
– Prozess- 116, 291

Happyend 339
Haunt
– ed/ing 26, 94, 157, 204, 260, 291, 295, 301, 302
– ology/ological (Derrida) 26, 157, 290, 295, 300
Hegemonie
– begriff 66
– kritik 18, 19, 334
Hermeneutik 98, 241, 287

– d. Verdachts (Ricœur) 241
– Post- (Mersch) 289, 290

Iconoscepticism (Vismann) 306
Image
– Complex (McLagan/McKee) 151, 218
– Networked (Rubinstein/Sluis) 248
– Poor (Steyerl) 198, 216, 248, 249, 250
Indizienparadigma (Ginzburg) 16, 30, 161, 162, 230, 259, 324
Informalisierung 105
Information
– sarchitektur 195, 321
– sästhetik 50, 121
– sdesign 16
– sökonomie 256
Infrastructural critique (Vishmidt) 113
Inquiry 91, 331
Installation 37, 49, 90, 129
– Kinematographische (Rebentisch) 129, 130, 172
– sbegriff 29, 129
Instituierung 29, 112, 337, 338
Institution
– alisierung 39, 40, 68, 114, 158, 259, 338
– alisierungstendenz 111, 136
– sbildung/sgründung 112, 117, 138
– Selbst- (Marchart) 60
– sgründung 138, 336
– skritik 1, 11, 18, 28, 38, 39, 43, 44, 52, 54, 68, 69, 79, 92, 105, 106, 108, 113, 117, 140, 158, 163, 192, 206, 235, 236, 238, 244, 312, 323, 328, 335, 342
– d. dritten Generation 245

Juridismus 86
– Anti- 107
Jurisdiktion 13, 185, 198
Jurisprudenz/jurisprudent 13, 49, 89, 91, 98, 110, 120, 231, 234
Justitia 33, 259, 305, 306, 309

Kanon 20, 43, 45, 78, 80, 236, 342
– bruch 43
Kasuistik/kasuistisch 3, 17, 29, 72, 83, 98, 174, 188, 212, 213, 222, 230, 345

Kino
- Gerichtssaal (Vismann) 168, 195
- Meta- 157, 183
- moderne 25, 129, 321
Klage 11, 32, 51, 277, 296, 298, 299, 302, 304, 319, 322
- Neben- 176, 347
Kodifizierung 97, 113, 133, 213
Kollektiv
- Denk- (Fleck) 347
- körper 251, 314
- tivität der Menschenmenge 226
Kompensatorische Infrastruktur 57
Kompilation 4, 97, 213
Komplott 230
Konfliktdesignforschung 10, 319, 326
Körper
- lichkeit 313, 314, 340
- Spruch- 36, 92, 220, 313
Korrektur 60, 160, 181, 189, 228, 238, 271, 332, 334, 336, 338
Kreuzverhör/Kreuzvernehmung 84, 195, 217, 218, 227, 253, 288
Kriminalistik/kriminalistisch 7, 12, 16, 30, 31, 38, 41, 49, 71, 140, 166, 172, 204, 222, 228, 233, 237, 245, 247, 304, 317, 323, 324, 338, 346
Kunst
- Archiv- 24, 159
- definition 343
- Diskurs- 81, 132, 341
- Gossip- (Graw) 341
- Installations- 74, 129, 158
- Konzept- 38, 131, 164, 192, 325, 331, 335
- Performance- 44, 100
Künstlerische Forschung 28, 46, 72, 77, 79, 81, 82, 83, 84, 132, 164, 182, 302, 323, 330, 341, 345, 346
Kuratorische/kuratorisch 5, 9, 10, 18, 29, 30, 46, 47, 72, 81, 121, 131, 139, 142, 225
Kybernetik 30, 92, 131, 143, 204

Lament 294, 296, 299, 309
Law on trial 1, 323, 336, 343–346
Leak 32, 174, 184, 199, 249, 250, 253, 272, 305

Left-to-Die Boat (Forensic Architecture) 32, 276, 280, 283, 284, 295, 322
Lehrexponat 122, 223, 224
Letztes Wort 134, 198

Magie 75, 150, 155, 329, 330
Making-of 166, 178, 270
- The-evidence 166
Mediale Sicht 142, 292
Medien
- architektur 101, 193, 195, 246, 308, 321
- ästhetik 18, 48, 120, 145, 254, 266
- bruch 306, 337
- forensik 31, 142, 170, 171, 174, 211
- geschichte des Rechts 336
- ökologie 30, 65, 145, 146, 147, 151, 152, 160, 164, 171, 207, 321
- reflexivität 54, 106, 129, 140, 208, 240, 241, 346
- spezifität 324, 325
Menschenrecht 8, 60, 61, 68, 69, 78, 116, 167, 276, 299, 344, 346
- sdeklaration 299
- sdiskurs 4, 28, 60
- sinitiative 169, 308
- skonvention 60
- splattform 6
- stribunal 64
- sverletzung 64, 114
Middle passage 296, 300
Migrationsbewegung, disziplinäre 219, 342
Mimikry 18, 97, 251, 328, 335, 346
- Satirische 323, 336, 345, 346
Mindere Mimesis (Muhle) 335
Mise en scène 142, 181, 274
Mnemotechnik 202, 322
Modelldenken 164, 337
Mündlichkeit 102, 197–199, 291
Museum
- Para- (Sternfeld) 339
- Radikaldemokratisches (Sternfeld) 28, 55

Nachlass 30, 125, 133, 135, 143, 272
Narrativ
- es Environment 7, 307
- Gegen- 187
- Therapeutisches 153, 316

Negative
– Evidence (Forensic Architecture) 184, 281
– Ontologie (Kracauer) 330
Norm 52, 53, 61, 69, 71, 86, 97, 102, 103, 106, 156, 221, 265, 308, 316
– ativität 68, 69, 70, 335, 344
– ativitätsdebatte 316
– ativitätskritik 345

Objektivität 16, 65, 90, 116, 233, 301, 309, 328, 330, 346
Occupy 39, 40, 47
Öffentlichkeit
– sdogma 16, 85, 87
Ökosophie (Guattari) 146, 153, 154, 155
Open-Source
– Intelligence 226, 253
– Investigation 196, 198, 310
– Storytelling 255

PANORAMIS PARAMOUNT PARANORMAL (Ruhm) 125, 261, 262, 263, 272
Parole 225, 255, 273, 274
Patient patients 225, 314, 317
Poetik 287, 324, 325, 327–331, 334, 336
– Investigative 321, 323, 324, 325, 326, 327, 328, 329, 330, 331, 332, 334, 335
Poetische 24, 294, 325, 326–328, 330–333
Poeto-Forensik 241, 283, 332, 333
Positivismus 16, 79, 97, 98, 233
– Neo- 97, 233
– streit 117
Postfaktizität 45, 239, 240
Posthumanismus/posthumanistisch 63, 71, 76, 146, 149, 233, 282, 308
Poststrukturalismus/poststrukturalistisch 17, 25, 38, 40, 41, 47, 57, 69, 96, 98, 108–111, 117, 132, 138, 237, 239, 295, 304, 317, 318, 337, 345
Praktisch
– e Philosophie 14, 70, 131
– es Register des Rechts 109
– es Wissen 313, 332
Probe 21, 25, 29, 80, 91, 100, 139, 196, 203, 206, 261, 265, 327, 332, 334
– Kalte 265
Proxy 32, 67, 197, 250, 253, 259, 260, 297

Prozess
– Eichmann- 8, 169, 170, 176, 200
– Juristen- 344
– kultur 48
– Nürnberger 16, 30, 115, 116, 167, 168, 170, 171, 306, 314
– Schau- 344
Psychoanalyse/psychoanalytisch 16, 25, 83, 139, 145, 150, 152, 154, 156, 160, 162, 182–184, 241, 315–317, 331, 336, 337
– Archivtheorie 183
– Filmtheorie 156, 157
Public truth 45, 59, 188, 234, 239
Publikationsformat 28, 44, 50

Rätsel 174, 230, 232, 269
Realismus 17
– Rechts- 79, 118
Realität 2, 4, 55, 100, 166, 183, 238, 317, 319, 334
– sbedarf 17
– skrise 2
Recht
– Moral u. 53
– sarchitektur 11, 35, 308
– sforschung, interdisziplinäre 41, 104
– sforschung, kritische 79
– skritik 36, 79, 95, 105, 108, 111, 296
– spflege 2, 106, 237, 238
– spluralismus 52, 92
– spositivismus 71, 78, 97, 98, 112, 148, 219
– sspielraum 62
– ssubjekt/ssubjektivität 14, 58, 113, 184, 260, 302
– ssystem 15, 50, 71, 106, 148, 168, 219, 231, 243, 291, 342
– staatlichkeit 219, 339
– streit 277, 287, 290, 291
– sverletzung 7, 248, 312
– sverweigerungsverbot 107
– Un- 32, 41, 299, 322, 334, 344
Reenactment 21, 116, 143, 174, 175, 177, 178, 198, 204, 275, 290, 302, 335
Regime
– Aktivistisches 31, 225
– Ästhetisches (Rancière) 220–222, 225
– Epistemisches (Busch) 222, 225

– Ethisches (Rancière) 221, 222
– Repräsentatives (Rancière) 221
Repräsentation
– Post- (Sternfeld) 69
– skrise 28, 39
– skritik 17, 44, 54
Re: Rehearsals (Ruhm) 23, 29, 125, 142, 322
Response-ability (Haraway) 1, 312
Rhetorizität 12, 340
Rückblende 44, 199
Rumor 73, 134, 135, 254, 332, 340

Sache 16, 18, 45, 46, 47, 61, 80, 110, 131, 145, 196–198, 213, 222, 292, 311
– Tat- 103, 199, 228, 229, 231
Satire 328, 343, 346
Schizo-Analyse (Deleuze/Guattari) 150, 154
Sensorium 4, 149, 220, 264
Service 58, 81, 199, 236, 237, 242, 244, 302, 338
– Denial-of- 249
Simulation 18, 31, 100, 131, 164, 181, 190, 195, 206, 309
– Computer- 18, 22, 25, 114, 117, 205, 266, 271, 322
– Repräsentation u. 206
– sarchitektur 205, 211
– skontroverse 50, 324
Sklaverei 276, 282, 299, 302
Sophismus 138, 325, 332, 345
Sophistik/sophistisch 113, 165, 244, 340, 341
Sorge 33, 63, 238, 277, 305, 312, 313, 316, 317, 319
– arbeit 63, 238, 305, 310, 317, 319
– Für- 305, 310, 317
Sounding 282, 294
Spendenmodell 135, 243
Spion 32, 226, 244, 250, 251, 253, 254, 259–261, 269, 310
– age 11, 226, 248, 250, 253, 255, 308
Spitzel 251
Spur 5, 7, 22, 31, 32, 51, 103, 143, 149, 161–163, 174, 185, 189, 193, 206, 211, 214–216, 280, 281, 283, 286, 288, 291, 295, 303, 309, 311, 315, 326, 328
– Bild- (Didi-Huberman) 214, 216, 249

– enlesen 162, 230
– los verschwunden 189
Staat 6, 8, 40, 56–58, 60, 63, 65, 66, 68, 79, 98, 112, 129, 174, 194, 222, 230, 232, 236, 238, 240, 245, 248, 251, 258, 296, 311, –313, 317, 329, 339, 343, 346
– sgeheimnis 247, 259, 345
Stil
– d. Objektiven 230, 339
– Gutachten- 176
– isierung 338
– istische Methode 328
– Methodischer 328
– Urteils- 176
Stimme
– Fürsprecherlose 197, 251
– Mittlere / middle voice 235, 276, 294, 295, 296, 301
Symptom 12, 58, 157, 161–163, 204, 241, 290, 302, 316, 317, 332
– atische Lektüre (Althusser) 5, 26
– linderung 241, 317
– produktion 317
Synchronisation 22, 37, 125, 261
– De-/desynchronisiert 266, 309
Szenarien 173, 175, 178, 196, 206, 234, 265
Talking cure 170, 302, 310, 316
Tatort 35, 36, 129, 150, 152, 162, 177, 178, 190, 196, 200, 224, 245, 264, 265, 322, 344
– Erde als 346
– Erster Ordnung 35, 264
– Filmset u. 127
– sarchitektur 35, 36
– simulation 196
– Zweiter Ordnung 35, 264

Test Drive (Ronell) 23, 323
Testimony 170, 176, 202, 217, 297, 298, 300, 301, 310
– Situated (Forensic Architecture) 202
Textualität 11, 37, 110, 152
The Architecture of Memory (Forensic Architecture) 31, 200–203, 215, 322
Theatralität/theatral 4, 25, 71, 80, 88–91, 100, 102, 112, 114, 130, 136, 144, 169, 177, 183, 184, 195, 269, 271

Theatrokratie (Platon) 70
The (re)Orient (Armaly) 30, 141, 142
Thing 4, 8, 18, 44-46, 196, 233
– stätte 45
Tisch 93, 121, 178, 195, 223, 225
Tod 7, 8, 35, 109, 204, 263, 269, 270, 290, 296
– Un-, medialer 181, 283
Towards an Investigative Aesthetics (Forensic Architecture) 3, 29, 41, 119, 121, 130, 216, 225, 322
Tragödie, antike 14, 88, 91, 184
Transduktivität (Simondon) 28, 72, 73, 76, 79, 110, 154, 217, 324, 329
Transitional justice 1, 4, 16, 92, 105, 220, 238, 260, 297, 347
Trauer 14, 32, 276, 282, 294, 296, 297, 302, 322
– arbeit 280, 282, 293, 296, 297
Trauma trial (Felman) 176
Tribunal 9, 29, 37, 44, 45, 46, 61, 85, 87-91, 93, 97, 111, 112, 114, 139, 169, 176, 177, 195, 208, 219, 240, 247, 258, 314, 322
– d'artistes 15
– isierung/tribunalisiert 2, 45, 90, 93, 94
– Kapitalismus- 29, 46, 111, 115, 116
– Kongo 29, 111, 113-115
– Militär- 167, 344
– NSU-Komplex auflösen 29, 64, 71, 114, 115, 169, 172, 175, 178, 246, 247
– People's 67, 247
– Russell / Russell-Sartre / Vietnam War Crimes 29, 111, 112, 114-116
– sgericht 118
– smuseum 260
– Urteilsempfehlendes 314
Turn
– Documentary 18, 30, 158, 159
– Educational, in curating (Rogoff) 48
– Forensic 8, 119
– Iconic 211
– Linguistic 82, 239, 345
– Performative 153, 294, 345
– Practical 17
– Spatial 59

Unbewusste 150, 155, 156, 162, 331
Underwriting 80, 287
Untersuchung 21, 28, 31, 91, 144, 230, 251, 290, 321, 323, 327, 332, 334, 335
– Dogmatische 104
– d. Untersuchung 321
– Fall-zu-Fall- 82, 319
– Forensische 18, 122, 145, 165, 166, 178, 185
– Sensorische 314
Update 243
Urteil 15, 25, 29, 50, 60, 71, 77, 78, 85, 86, 87, 89, 94, 101, 102, 103, 107, 111-117, 122, 134, 177, 199, 211, 220, 239, 258, 268, 295, 306, 309, 314, 322, 335, 344-346
– Als Spiel suspendiertes 111, 112
– Ästhetisches 15, 49, 71, 117, 118, 162, 241
– Geschmacks- 71, 132
– Juristisches 15
– Nicht- 112
– sempfehlung 89
– sfindung 2, 15, 85, 100, 258, 306
– sgesellschaft (Eribon) 336
– skraft 22, 29, 86, 87, 96, 98, 326
– Wert- 131

Valorisierungssphäre (Guattari) 1, 324
Vasanizomai (Boletsi) 32, 294, 295, 296
Verletzlichkeit 276, 295, 296, 308, 312
Verneinung 330, 333
Versammlung 40, 46, 47, 59, 71, 88, 114, 116, 221, 223, 226, 246, 255
Versprechen 18, 26, 28, 55, 95, 99, 107-109, 188, 234, 238, 249, 255, 306
– Enthüllungs- 188, 313
Verteidigungsstrategie der Wiedererkennung (Vismann) 345
Vertrag 32, 66, 242, 338
Vorlass 125, 133, 272

Wahrheit
– Ermittlungs- 47, 66
– sästhetik 45, 47, 239
– sdefizit 2
– sermittlung 91, 227, 326
– skommission 9, 64, 88, 188, 317

– skrise 11, 239, 314
– skritik 44, 334
– stechnik 91, 324, 326, 327
Wahrnehmung 2, 20, 49, 50, 65, 146, 221, 254, 311, 324
– Empfindung u. 120
– Kolonialität d. (Mignolo) 15
– sdispositiv 20, 31, 125
– Wirkung u. 209
Wake work (Sharpe) 32, 282, 297
Werk
– begriff 9, 16, 19, 37–39, 43, 47, 77, 129, 158, 241–243, 338
– kritik 72, 242, 322, 325
– vertrag 234, 242
Whistleblower:in 249, 257
Widerfahrenen 33, 314
Wissen
– Anderes (Busch) 330
– schaftskritik 335
– stransfer 123

Zeug:innen 8, 118, 169, 170, 177, 202, 214, 217, 254, 265, 310, 311, 322
– aussage 9, 166, 173, 174, 217, 280, 281, 300
– schaft 32, 94, 103, 140, 170, 186, 202, 245, 256, 276, 283, 287, 288, 301, 310, 311, 322, 326, 330, 336
Ziviler Ungehorsam 28, 62, 63, 238, 247, 274
Zong! (Philip) 23, 25, 26, 32, 130, 276, 277, 280, 282–285, 287, 288, 290–297, 299, 300, 302, 303, 322, 333
Zweikampf 91, 327

www.ingramcontent.com/pod-product-compliance
Lightning Source LLC
Chambersburg PA
CBHW050045230526
45470CB00004B/1417